专利代理人执业培训系列教程

ZHUANLI DAILIREN ZHIYE PEIXUN XILIE JIAOCHENG

# 专利侵权与诉讼

ZHUANLI QINQUAN YU SUSONG

中华全国专利代理人协会　中国知识产权培训中心／组织编写

李　勇／主编

知识产权出版社

全国百佳图书出版单位

## 内容提要

　　本书由国内资深专利代理人、审查员以及法官组成团队共同创作完成，并经权威专家审定，内容以专利民事诉讼为主、专利行政诉讼为辅、专利刑事诉讼为补充，重点突出从功能或效果表述的权利要求法律规定及实务、落入专利权保护范围判定、侵犯专利权行为的认定、专利侵权抗辩及其法律责任承担等实体问题到侵犯专利民事诉讼司法审判、执行程序和其他纠纷解决途径等程序问题的解析，并且特别介绍了涉外专利诉讼司法实践。此书立足司法实践，结合最新施行的《民事诉讼法》，全面介绍专利诉讼的基础理论知识，并辅以大量案例评析，可作为专利代理人的培训教材，也可作为高等院校、科研院所、企业等从事专利管理工作的人员以及法律实务工作者的权威参考读物。

　　读者对象：高等院校、科研院所或企业专利管理人员，以及专利代理人、法律实务工作者。

责任编辑：李　琳　倪江云　　　　　责任校对：韩秀天

封面设计：独角鹭工作室　平面设计　　　　　责任出版：卢运霞

## 图书在版编目（CIP）数据

专利侵权与诉讼/李勇主编. —北京：知识产权出版社，2013.4（2016.10重印）

ISBN 978 – 7 – 5130 – 1864 – 7

Ⅰ.①专… Ⅱ.①李… Ⅲ.①专利法—侵权行为—中国—教材
②专利—民事诉讼—中国—教材 Ⅳ.①D923.42

中国版本图书馆 CIP 数据核字（2013）第 017505 号

‖专利代理人执业培训系列教程‖

# 专利侵权与诉讼

李　勇　主编

| | | | |
|---|---|---|---|
| 出版发行： | 知识产权出版社 有限责任公司 | 网　　址： | http：//www.ipph.cn |
| 社　　址： | 北京市海淀区西外太平庄 55 号 | 邮　　编： | 100081 |
| 责编电话： | 010 – 82000860 转 8335 | 责编邮箱： | wangyumao@cnipr.com |
| 发行电话： | 010 – 82000860 转 8101/8102 | 发行传真： | 010 – 82000893/82005070/82000270 |
| 印　　刷： | 三河市国英印务有限公司 | 经　　销： | 各大网上书店、新华书店及相关专业书店 |
| 开　　本： | 787mm×1092mm　1/16 | 印　　张： | 27.25 |
| 版　　次： | 2013 年 4 月第 1 版 | 印　　次： | 2016 年 10 月第 2 次印刷 |
| 字　　数： | 578 千字 | 定　　价： | 76.00 元 |

**ISBN 978 – 7 – 5130 – 1864 – 7/D·1683（4712）**

## 《专利侵权与诉讼》

# 序　言

目前，知识产权在推动经济社会发展中的作用和地位越来越凸显，已经成为世界各国竞争的一个焦点。温家宝总理曾经指出："世界未来的竞争，就是知识产权的竞争。"我国正处于转变经济发展方式、调整产业结构的转型期，全社会的研发投入大幅增加，知识产权保护意识不断提升，专利申请数量快速增长，我国知识产权事业正处于重要的战略发展机遇期，要求我们必须直面知识产权工作面临的巨大挑战。

随着国家知识产权战略的实施，企业创新行为更加活跃，创新主体对专利中介服务的需求增加，专利中介服务业务量激增，专利代理行业的市场需求逐年增大。2011年，我国年度专利申请量达到 1 633 347 件，其中委托代理机构代理申请的达到 1 055 247 件，自 1985 年专利代理制度成立以来年度代理量首次突破 100 万件。其中，代理国外申请 128 667 件、国内申请 926 580 件。以上各项数据充分表明，我国专利代理行业的主渠道作用越来越明显，已经成为实践知识产权制度的重要支柱之一。专利代理事业的蓬勃发展也促使了专利代理人队伍的不断壮大，截至 2012 年 10 月 31日，全国执业专利代理人人数已增至 7 949 人，专利代理机构达到 909 家。作为"第二发明人"，专利代理人的工作是一项法律性、技术性都极强的工作，需要由经过专门培训的高素质人员来完成。目前，我国专利中介服务能力随着专利事业的发展取得了举世瞩目的成绩。

随着国际形势的变化和我国知识产权事业的发展，专利代理能力提升面临前所未有的机遇与挑战。申请量、代理量的不断增大，专利审查工作的严格细致，对专利代理工作提出了更加高效、更加准确、更加专业的工作目标。社会需求的不断扩大，发明人、企业发明的多样化，对专利代理人的能力和水平也提出了更高的要求，迫切要求专利代理人全面提升服务能力。应当说，全面提升专利代理能力是知识产权事业发展的必然要求。专利代理人执业培训，是全面提升专利代理人服务能力的重要途径。《国家知识产权战略纲要》对知识产权中介服务职业培训提出了明确要求："建立知识产权中介服务执业培训制度，加强中介服务职业培训，规范执业资质管理。"《专利代理行业发展规划（2009 年—2015 年)》则对专利代理服务执业培训作出了系统性的安排。

为此，中华全国专利代理人协会在上述国际、国内形势的背景下，深入贯彻落实《国家知识产权战略纲要》和《专利代理行业发展规划（2009 年—2015 年)》的要求，组织编写专利代理人执业培训系列教程，具有历史性的意义。中华全国专利代理人协会精心组织，挑选在业界具有盛名的相关领域专家组成编写工作组，聘请来自国家知识产权局、最高人民法院知识产权审判庭、相关高校的资深专家与专利代理界的资深专家组成统稿及审稿工作组，并专门成立组织协调工作组承担大量的组织、协调工作。可以说，中华全国专利代理人协会对专利代理人执业培训系列教程编写工作的精心组织和有序推进，有力地保障了该系列教程的编写质量。作为专利代理人执业培训教材的垦荒者和实践者，他们为我国知识产权事业作出了重要贡献。

此次编写的专利代理人执业培训系列教程，内容涵盖专利代理职业道德、专利代理事务及流程、专利申请代理实务、专利复审及无效代理实务、专利侵权与诉讼、专利咨询服务等各个方面。这一套系列教程具有如下特点：开创性——编写专利代理人执业培训系列教程尚属首次，具有开创意义；实操性——此次编写的专利代理人执业培训系列教程在内容上注重贴合我国法律实践，对于实际操作具有重要指导意义；全面性——此次编写的专利代理人执业培训系列教程涵盖专利代理人中介服务的方方面面，能够全面提升专利代理人的服务能力；权威性——此次承担专利代理人执业培训系列教程编写任务的同志均是相关领域的专家，具有丰富的实务经验和理论水平。相信通过这样一套集开创、实操、全面、权威为一体的专利代理人执业培训系列教程的编写与出版，能够有效提高专利代理机构的服务质量以及专利代理人的业务能力，推动提高专利代理行业的业务水平。

专利代理能力的提升，是一个永恒的时代话题，一个永远跳跃着的音符。感谢为本套系列教程的组织、编写和出版付出心血的所有工作人员，大家的工作有利于提高全社会知识产权创造、运用、保护和管理能力。我相信，专利代理人执业培训系列教程的出版，对于推动专利代理能力的全面提升具有历史性的意义，必然有利于推动专利代理行业又好又快地发展，有利于服务和保障知识产权事业的发展大局。走过筚路蓝缕的岁月，迎接荆棘遍布的挑战，我相信随着专利代理能力的进一步提升，专利代理界将为我国创新型国家建设和经济发展方式的转变作出更大的贡献！

贺化

2012 年 12 月

# 前　　言

本书是专利代理人执业培训系列教程之一。按照该执业培训系列教程整体编写内容进行划分，本书将全面阐述有关专利诉讼的知识，并重点阐述侵犯专利权民事诉讼的知识，为从业两年以上、积累了一定业务经验的专利代理人提供一本具有较强科学性、实操性、全面性、权威性的有关专利诉讼尤其是侵犯专利权民事诉讼的执业培训教程。

在内容设计上，本书力求展现有关专利诉讼的全貌，以专利民事诉讼为主，专利行政诉讼为辅，专利刑事诉讼为补充。在专利民事诉讼中，重点突出侵犯专利权民事诉讼的内容，涵盖了从落入专利权保护范围的判定、侵犯专利权行为的认定、侵犯专利权的抗辩以及法律责任承担等实体问题到侵犯专利权民事诉讼司法程序和其他解决途径等程序问题的全过程。通过对本书内容的科学合理设计，力求使其内容翔实、突出重点、详略得当。

在体例编排上，本书系统设计了专利侵权与诉讼的基础知识和实践技能，按照先总后分、先实体后程序、先侵权认定后责任承担的逻辑思路进行编排。本书立足于司法实践，除全面介绍有关专利诉讼的基础理论知识和审判实例外，还分析了相关的常见问题及其解决方式。同时，也不乏对实践中前沿问题的探讨，并就一些有争议的问题亦阐述了本书的观点。

另外，本书的体例编排上还有三大特色。第一，除了系统介绍权利要求一般技术特征的解释以外，还专门介绍了功能或效果表述的权利要求技术特征的法律规定及司法实践。第二，将侵犯专利权的抗辩单列成章，突出其在侵犯专利权的认定过程中的重要性。第三，除了系统介绍专利民事诉讼的审判程序和执行程序以及侵犯专利权民事诉讼的要点以外，还设专章特别介绍涉外专利诉讼中的特殊问题。

值得一提的是，在本书编写过程中，正值《民事诉讼法》的修订且最终颁布，为了能够全面及时地反映《民事诉讼法》2012 年第二次修订的内容，编写小组迅速调整相应章节的内容以便在本书出版时可以呈现最新、最实时的内容。

本书共分为十章。具体内容如下：

第 1 章总体概述专利民事纠纷尤其是侵犯专利权民事纠纷及其解决途径，包括我国特色的行政和司法"双轨制"的解决途径、仲裁等其他途径；以及专利行政诉讼的基本概念、种类等内容。专利民事诉讼和专利行政诉讼的详细内容，进一步在后续章节叙述。本章还概述专利刑事诉讼相关内容，特别是假冒专利罪的构成及其基本诉讼程序。专利刑事诉讼作为专利诉讼的补充，仅在本章中概述。

第2～5章分别系统地介绍专利权保护范围的确定和落入专利权保护范围的判定、侵犯专利权行为的认定、侵犯专利权的抗辩以及侵犯专利权的法律责任。

第2章介绍了专利权有效规则、全部技术特征规则、全面覆盖规则和等同规则等专利权保护范围的确定和落入专利权保护范围的判定的规则，并对权利要求技术特征划分的重要性以及权利要求书、说明书及专利文档等证据在权利要求解释中的作用加以解说，同时通过典型案例阐述了落入相同或等同保护范围的判定方法。考虑到功能或效果表述的权利要求的特殊性，本章对以功能或效果表述的技术特征的认定、解释方法以及功能或效果技术特征下的等同实施方式与等同特征的关系等作了介绍。本章还探讨了外观设计专利权保护范围的判断主体标准，特别是有关"普通消费者"概念的理解，并结合案例对落入外观设计专利权保护范围的判断方式及相关问题进行深入分析和说明。

第3章阐述了侵犯专利权行为的各种法定形式，展示了实践中侵犯专利权行为的认定的复杂性，并重点分析了侵犯专利权行为认定的一些疑难问题。另外，还从传统民法中的共同侵权理论出发，分析和探讨了共同侵犯专利权的概念、特点、法律责任及其认定等，并介绍了共同侵犯专利权行为认定中的各种情形，分析探讨了共同侵权与间接侵权的关系和异同。

第4章介绍了侵犯专利权的抗辩概念、种类、特征以及作用等基本问题，具体涉及否定专利权效力的抗辩、否定落入专利权保护范围的抗辩、现有技术及现有设计抗辩、不视为侵犯专利权的抗辩以及侵犯专利权的其他抗辩，并阐述了禁反言规则、捐献技术抗辩规则、权利用尽、先用权、临时过境、科学实验和研究目的等情形。

第5章介绍了与侵犯专利权法律责任相关的基本概念、侵权法理论和确定侵犯专利权法律责任的法律依据、归责原则、构成要件及其相关问题；详细阐述了停止侵权、销毁和损害赔偿三种责任承担形式，以及损害赔偿计算方式及其相关法律问题；还阐述了诉前禁令、证据保全、财产保全、先予执行等侵犯专利权诉讼中的临时措施，并介绍了侵犯专利权的民事制裁、行政责任等相关问题。

第6章主要介绍实践中较为常见和专利代理人较为关注的除侵犯专利权纠纷以外的10种其他专利纠纷的民事诉讼，例如确认不侵犯专利权诉讼、专利申请权和专利权权属诉讼、职务发明创造发明人（设计人）奖励/报酬诉讼以及专利实施许可合同诉讼等。具体介绍这些其他专利纠纷民事诉讼中的主要法律问题、相关法律法规指引以及主要问题辨析，其中主要问题辨析部分就各纠纷所涉及的重点或疑难问题进行详细讨论，引发对这些问题的重视和进一步思考。

第7～10章分别系统地介绍专利民事诉讼的审判程序和执行程序、侵犯专利权的民事诉讼要点、专利行政诉讼以及涉外专利诉讼中的特殊问题。

第7章一般性介绍各种专利民事纠纷通用的司法程序，详细阐述了起诉、受理、送达、答辩、举证期限、诉讼证据、开庭审理以及第三人撤销之诉等一审程序的各个环节中涉及的重要法律规定和实务知识；重点介绍了二审程序不同于一审程序的相关法律规定，包括二审程序的启动、审理方式、审理范围以及二审裁判等内容；阐述了再审程序的三种启动方式以及各种启动方式下的相关法律规定、再审程序的审理范围以及再审程序和一、二审程序的关系；并且介绍了执行程序的一般规定，如执行机构、执行依据、执行管辖、执行开始、执行措施、执行中止以及执行终结等内容。

第 8 章专门阐述侵犯专利权的民事诉讼要点，介绍了侵犯专利权诉讼案件的管辖，包括级别管辖、地域管辖和指定管辖；还说明了侵犯专利权民事诉讼中的特殊法律问题，包括起诉与受理、诉讼当事人的适格、实用新型专利及外观设计专利的评价报告、诉讼时效、证据保全、诉前禁令、诉讼程序的中止、专门性问题的解决；并且阐述了侵犯专利权民事诉讼的证据及证明责任，主要内容包括证据、证据种类、证据的效力及证据的取得等内容。

第 9 章专门介绍专利行政诉讼，从历史沿革的历史维度分析了现行专利行政诉讼相关法律制度的缘起；介绍专利行政诉讼的基本原则，包括合法性审查原则、以行政决定为限原则和当事人诉讼权利平衡原则；介绍了专利行政诉讼的审查范围，包括专利行政诉讼的审理依据、对"参照规章"的理解、合法性全面审查的理解、国家赔偿的相关法律问题以及审查范围中程序与实体之间的关系等；还介绍了专利行政诉讼的证据和举证，包括专利行政诉讼中可以接纳的"新的证据"以及公知常识性证据材料的证明力等问题等。本章的讨论集中于不服专利复审委员会行政决定提起的行政诉讼，兼顾其他专利行政诉讼的情形。

第 10 章专门介绍涉外专利诉讼中的特殊问题，介绍了涉外专利民事诉讼的管辖、管辖依据及其特殊情形分析；从国际私法及其冲突规范和准据法的角度，分析了若干涉外专利民事纠纷法律适用的情形；还介绍了外国人在我国参加诉讼的若干问题和域外证据、外文证据的相关问题；最后介绍了有关涉外专利诉讼期间的特别规定以及国际司法协助和区际司法协助的相关内容。

《专利侵权与诉讼》由中华全国专利代理人协会与中国知识产权培训中心组织编写，由编写小组组长中国专利代理（香港）有限公司总经理李勇主持具体编写工作并负责组建编写小组成员报编委会审核。在中华全国专利代理人协会的协助下，编写小组组长李勇坚持选任理论与实践相结合的复合人才并将此作为甄选原则，最终组建了由专利代理人、审查员以及法官构成的编写小组，除编写小组组长外，共 5 名编写小组成员，分别为中国专利代理（香港）有限公司专利代理人吴玉和、中国专利代理（香港）有限公司专利代理人李江、中国国际贸易促进委员会专利商标事务所专利代理人杨国旭、国家知识产权局专利复审委员会审查员张鹏以及北京市高级人民法院知识产权庭法官刘晓军。编写小组中的专利代理人李勇、吴玉和、李江和杨国旭均具有丰富的专利诉讼（包括涉外专利诉讼）实践经验，能够从专利代理人的角度出发把握专利代理人在专利侵权与诉讼中所需的知识内容和实践技能；编写小组中的审查员张鹏多年从事专利复审和无效宣告请求审查工作以及专利行政诉讼应诉工作，能够从审查员的角度出发把握专利代理人在专利行政诉讼当中所需的知识内容和实践技能；编写小组中的法官刘晓军多年从事包括专利在内的知识产权审判工作，无论是专利侵权判定的实体问题还是专利诉讼的程序问题均具有很深的见解。编写小组的全体成员，不仅在实践中具有很深的造诣，还在学术及理论中具有很高的建树，均在各自精通的专利领域及相关知识产权领域发表过许多文章和著作。

本书的编写实行组长负责制，由编写小组组长李勇负责主持全部的编写工作，同时，各个编写小组成员集思广益，每一章由两名或两名以上小组成员负责编写和组内审稿，同时，各小组成员均阅读全书并交叉审稿。具体编写和组内审稿分工为：第1章：吴玉和、张鹏、李江、刘晓军；第2章：吴玉和、张鹏、刘晓军；第3章：刘晓军、吴玉和；第4章：刘晓军、杨国旭；第5章：刘晓军、张鹏；第6章：李江、杨国旭；第7章：杨国旭、刘晓军；第8章：杨国旭、李江；第9章：张鹏、吴玉和；第10章：李江、张鹏、吴玉和。

《专利侵权与诉讼》的编写经过编写小组、统稿及审稿小组以及编委会的三级统审并最终完成。本书由编写小组组长李勇主持并负责大纲的章节设计、正文的内容编排以及编写小组的第一级统稿及审稿工作；由最高人民法院知识产权庭庭长孔祥俊和中国人民大学法学院副教授张广良担任统稿及审稿小组组长，负责第二级统稿及审稿工作。张广良副教授对本书大纲的章节设计以及各章节的编写均提出了许多宝贵的意见和建议，为本书实体内容的准确性和体例编排的科学性提供了有价值的帮助。孔祥俊庭长对本书高屋建瓴、细致入微地给出了建设性的指导意见，并对本书中的有关问题给出了方向性的指引和指导。

在本书编写过程中，纵使编写小组尽可能地追求完美，但毕竟水平和能力有限，仍有遗憾、不足乃至可能存在错误之处，故还望各专家学者、专利代理人以及广大读者不吝赐教。

最后，本书编写小组感谢中华全国专利代理人协会、北京市高级人民法院、国家知识产权局专利复审委员会、中国专利代理（香港）有限公司以及中国国际贸易促进委员会专利商标事务所对本书编写工作给予的大力支持；特别感谢孔祥俊庭长和张广良副教授对本书的编写给予的指导和帮助；还要感谢中华全国专利代理人协会副秘书长徐媛媛对本书的编写提出的宝贵意见以及提供的联络保障支持；最后感谢《中国专利与商标》杂志社主编莫修、中国专利代理（香港）有限公司法律部熊延峰、王津晶、李荣欣等员工以及在本书编写过程中提供过任何帮助的专家学者及朋友。

2012 年 12 月

# 目　　录

# 第1章　专利诉讼概述

　　"专利诉讼"是指人民法院按照法定的程序，依法审判，解决当事人之间与专利有关的纠纷的专门活动。由于与专利有关的纠纷所涉及的社会关系可能由我国不同部门法调整，因此，根据调整的部门法的不同进行分类，专利诉讼可以分为专利民事诉讼、专利行政诉讼以及专利刑事诉讼。

　　本章总体介绍了这三种类型的专利诉讼。第1节为"专利民事纠纷及其解决途径概述"，重点解说专利民事纠纷的主要类型——侵犯专利权民事纠纷，并对其他类型的专利民事纠纷作出说明。解决纠纷的途径并不局限于诉讼一种，本节还附带介绍了解决专利民事纠纷的其他途径，如协商、行政途径等。第2节为"专利行政诉讼概述"，简述了专利行政诉讼基本理论，包括专利行政诉讼的基本概念、种类等。本章第1节和第2节所涉及的专利民事诉讼以及专利行政诉讼的内容还将在本书其他章节作进一步详细阐述。第3节为"专利刑事诉讼概述"。专利刑事诉讼作为专利诉讼的一种，似应在本书中单列一章加以介绍。然而，考虑到专利刑事诉讼的特殊性以及专利代理人在专利刑事诉讼中的作用的有限性，仅在本章中对专利刑事诉讼作出概述，未单列成章。

## 第1节　专利民事纠纷及其解决途径概述

### 1　侵犯专利权民事纠纷及其解决途径

#### 1.1　侵犯专利权的定义

　　《专利法》赋予专利权人一种排他性的民事权利。《专利法》第11条规定："发明和实用新型专利权被授予后，除本法另有规定的以外，任何单位或者个人未经专利权人许可，都不得实施其专利，即不得为生产经营目的制造、使用、许诺销售、销售、进口其专利产品，或者使用其专利方法以及使用、许诺销售、销售、进口依照该专利方法直接获得的产品。外观设计专利权被授予后，任何单位或者个人未经专利权人许可，都不得实施其专利，即不得为生产经营目的制造、许诺销售、销售、进口其外观设计专利产品。"

　　从上述规定中可以看出，当申请专利的发明、实用新型或外观设计被授予专利权

第 1 章

后，除《专利法》另有规定的情形以外，任何单位或个人实施其专利应依法获得专利权人的许可。《专利法》第 60 条规定，"未经专利权人许可，实施其专利，即侵犯其专利权，……"，此条款的实质内容在《专利法》的历次修改中均未改变，该条款的规定被视为对侵犯专利权的定义。❶

也有学者曾提出，英文单词"infringement"和"tort"均为侵权的意思，但二者的含义有所区别。"infringement"的覆盖面较宽，它除了把"tort"涵盖在内之外，还涵盖了一切侵犯他人权利或利益范围的行为。从字面上看，只要进入"in"了他人的圈"fringe"，即只要有了"侵入"事实，侵权"infringement"即可确定，而这不再以行为人主观状态、实际损害等为前提。❷

因此，在专利实务中，人们使用"专利侵权"有时意在表述构成专利侵权的事实，而有时则意在表述构成专利侵权依法应当承担侵权法律责任的专利侵权行为。例如，目标产品落入专利权保护范围的事实，人们有时简称为产品侵权或侵权产品；落入专利权相同保护范围，人们有时简称为相同侵权；专利代理人接受专利尽职调查委托，进行目标产品或方法的专利侵权风险分析评估等，❸ 此时"侵权"、"专利侵权"往往指向目标产品或方法落入专利权保护范围的事实；而当法院判定构成专利侵权时，此时"专利侵权"指向被告未经专利权人许可擅自实施其专利而应承担相应侵权法律责任的专利实施行为。

根据《麦卡锡知识产权百科全书》中的记载❹，"infringement"是特指知识产权的侵权，对知识产权的侵权是一种"tort"，也就是说，"infringement"是特指知识产权的侵权如专利侵权（patent infringement）。然而，专利侵权或 patent infringement 在不同的法律环境中其含义会有所不同，在确定专利侵权和侵权责任承担的判定中，由于不同的法律环境下其归责原则等差异的原因，行为人需要承担相应的法律责任也会有所差异。由此，对专利侵权的理解要在具体的法律环境下结合特定的法律规定来进行。

按照我国《专利法》第 60 条规定，"未经专利权人许可，实施其专利，即侵犯其专利权，……"。本书将这种情形称为"侵犯专利权"，也称为"专利侵权"、"专利侵权行为"或"侵犯专利权的行为"，其均指行为人未经专利权人许可，实施其专利而应承担相应侵权法律责任的行为。目标产品或方法是否落入专利权保护范围的事实判断，是判定侵犯专利权行为成立与否的必要条件。当目标产品或方法落入专利权保护范围的事实得以确认后，在许多情形下，侵犯专利权行为的成立就变得显而易见，这可能是人们有时将落入专利权保护范围简称为专利侵权的一个原因。对落入专利权

---

❶ 汤宗舜. 专利法解说［M］. 修订版. 北京：知识产权出版社，2002：335.
❷ 郑成思. 知识产权论［M］. 修订版. 北京：社律出版社，2001：274 – 277.
❸ 中华全国代理人协会. 专利代理服务指导标准，2009：83 – 86.
❹ J. Thomas McCarthy, Roger E. Schechter, David J. Franklyn. McCarthy's Desk Encyclopedia of Intellectual Property［M］. 3rd ed. Washington, D. C. : The Bureau of National Affairs, Inc., 2004.

保护范围的判定，是侵犯专利权行为判定的必经步骤，在进行侵犯专利权行为的判定之前，需要首先进行专利权保护范围的确定和落入专利权保护范围的判定。对此本书后续章节将进一步阐述。

## 1.2　侵犯专利权纠纷解决的主要途径

侵犯专利权纠纷（或称专利侵权纠纷），是专利权纠纷的一种典型形式。专利侵权纠纷的解决机制，是指缓解和消除专利侵权纠纷的方法和制度。一般而言，根据纠纷处理的方法和制度，纠纷解决机制通常包括自力救济、社会救济和公力救济三种，其中，自力救济包括自决与和解，是指纠纷主体依靠自身力量解决纠纷，以达到维护自身权益的目的；社会救济包括诉讼外调解和仲裁；公力救济则主要包括行政途径和司法途径。❶

具体到侵犯专利权纠纷而言，根据《专利法》第 60 条的规定：“未经专利权人许可，实施其专利，即侵犯其专利权，引起纠纷的，由当事人协商解决；不愿协商或者协商不成的，专利权人或者利害关系人可以向人民法院起诉，也可以请求管理专利工作的部门处理。管理专利工作的部门处理时，认定侵权行为成立的，可以责令侵权人立即停止侵权行为，当事人不服的，可以自收到处理通知之日起 15 日内依照《行政诉讼法》向人民法院起诉；侵权人期满不起诉又不停止侵权行为的，管理专利工作的部门可以申请人民法院强制执行。进行处理的管理专利工作的部门应当事人的请求，可以就侵犯专利权的赔偿数额进行调解；调解不成的，当事人可以依照《中华人民共和国民事诉讼法》向人民法院起诉。”

可见，当专利侵权行为发生时，专利权人可以进行自力救济，自行与侵权人协商解决，如果不愿意协商或者协商不成，希望寻求公力救济的，有两种方式——诉至人民法院请求司法保护或者请求行政处理。亦即，《专利法》第 60 条规定了协商这一典型的自力救济方式以及行政途径、司法途径这两类典型的公力救济方式。可以说，我国专利权保护主要包括自力保护、司法保护和行政保护。❷以下主要介绍上述三种专利侵权纠纷处理的途径，附带介绍包括仲裁和诉讼外调解等在内的社会救济方式。

### 1.2.1　协　　商

专利权是一种民事权利，专利侵权纠纷是民事纠纷。民事主体对于民事权利享有处分权，因此，发生专利侵权纠纷之后，当事人可以选择协商解决。需要指出的是，在实务中，协商这一解决专利侵权纠纷的途径常常和司法途径、行政途径交织使用，或者说，当事人之间的协商贯穿于司法途径或者行政途径之中。

### 1.2.2　司　法　途　径

如果当事人协商不成或者不愿意通过协商的方式解决专利侵权纠纷，那么可以向

---

❶　江伟，肖建国. 民事诉讼法［M］. 4 版. 北京：中国人民大学出版社，2008：8 - 9.
❷　吴汉东. 科学发展与知识产权战略实施［M］. 北京：北京大学出版社，2012：219 - 220.

人民法院提起民事诉讼，即通过司法途径解决专利侵权纠纷。

司法途径的法律依据：专利侵权的司法保护途径，主要依据《专利法》等实体法、《民事诉讼法》等程序法以及《最高人民法院关于审理专利纠纷案件适用法律问题的若干规定》（以下简称"《专利纠纷司法解释2001》"）和《最高人民法院关于审理侵犯专利权纠纷案件应用法律若干问题的解释》（以下简称"《专利侵权纠纷司法解释2009》"）等司法解释进行。

司法途径所具有的特点在于，采用司法途径解决纠纷有利于专利权人或者利害关系人通过诉讼程序获得侵权损害赔偿，专利权人或者利害关系人的起诉需要符合法定条件，人民法院应当按照《民事诉讼法》的规定予以受理并进行审理，举证责任则按照"谁主张，谁举证"的基本原则以及法定的举证责任分配规则❶进行分配。

本书后续章节将以司法保护途径为主要内容，在此不再赘述。

### 1.2.3 行政途径

协商不成或者不愿意通过协商的方式解决专利侵权纠纷，专利权人或者利害关系人也可以向管理专利工作的部门申请调处。专利侵权纠纷的行政解决途径是我国专利权"双轨制"保护模式的重要组成部分。

#### 1.2.3.1 管理专利工作的部门及其职能

《专利法实施细则》第79条的规定："专利法和本细则所称管理专利工作的部门，是指由省、自治区、直辖市人民政府以及专利管理工作量大又有实际处理能力的设区的市人民政府设立的管理专利工作的部门。"省、自治区、直辖市人民政府以及专利管理工作量大又有实际处理能力的设区的市人民政府设立的管理专利工作的部门，亦即地方知识产权局，享有执法权。国家知识产权局对地方知识产权局处理专利侵权纠纷、查处假冒专利行为、调解专利纠纷进行业务指导。

根据《专利法》第60条和第63条、《专利法实施细则》第85条以及《专利行政执法办法》的规定，管理专利工作的部门所享有的执法权包括处理专利侵权纠纷、调解专利纠纷以及查处假冒专利行为。具体而言，包括责令停止专利侵权行为、调解专利侵权损害赔偿数额、调解关于专利临时保护期间费用的纠纷、调解专利申请权纠纷、调解专利权属纠纷、调解职务发明创造的发明人或者设计人与单位之间发生的奖金或者报酬纠纷、调解发明人或者设计人资格纠纷、查处假冒专利行为。

#### 1.2.3.2 侵权纠纷行政途径的特点

专利侵权纠纷的行政解决途径具有以下特点：

第一，专利侵权纠纷行政解决途径具有快捷性。专利侵权纠纷的行政解决途径立案快、查处快、结案快，程序简便。正是由于专利行政执法的快捷性，所以针对中国

---

❶ 例如，《专利法》第61条第1款规定："专利侵权纠纷涉及新产品制造方法的发明专利的，制造同样产品的单位或者个人应当提供其产品制造方法不同于专利方法的证明。"

进出口商品交易会（广交会）等展会中发生的专利侵权纠纷，专利行政执法具有较大优势。

第二，专利侵权纠纷行政解决途径具有便民性。专利侵权纠纷的行政解决途径中普遍采用现场勘验程序，并且可以由执法主体主动调查取证，在特定情形下可以采用封存、暂扣等强制措施，降低民事主体的举证难度，具有方便解决纠纷的特点。

第三，专利侵权纠纷行政解决途径具有经济性。专利侵权纠纷的行政解决途径的立案费用较低。

第四，专利侵权纠纷行政解决途径具有体系性。管理专利工作的部门可以与公安部门、工商管理部门等联合开展执法，可以与其他地区的专利行政部门开展执法合作，从而形成体系化的行政执法，便于专利行政执法的社会效果的发挥。

第五，专利侵权纠纷行政解决途径具有延伸性。专利侵权纠纷的行政途径可以以专利权的保护为核心，延伸涵盖到创造、运用和管理等其他方面。专利行政执法可以与协会知识产权保护、展会知识产权保护紧密结合，通过专利行政执法，结合地方专利管理政策，推动行业协会知识产权保护与纠纷调解机制的建立，推动良好市场秩序的建立。需要指出的是，根据《专利纠纷司法解释2001》第25条规定，"人民法院受理的侵犯专利权纠纷案件，已经过管理专利工作的部门作出侵权或者不侵权认定的，人民法院仍应当就当事人的诉讼请求进行全面审查。"也就是说，对于侵犯专利权纠纷案件，人民法院不受专利管理部门所作出的侵权或者不侵权结论的约束，应当就当事人的诉讼请求进行全面审查。

例如在"剥线机"专利侵权纠纷一案中，台湾创群机械有限公司于2010年11月5日以东莞市的某自动化设备厂涉嫌侵权其专利号为ZL200420118265.3、ZL200620007519.3、ZL200620007520.6的三项专利权为由，请求广东省知识产权局立案处理。这三起涉及电学、机械学领域的涉台专利侵权纠纷复杂案件，执法人员对相关案情进行了充分研究之后进行现场勘验，最终促使双方达成了和解，充分体现了专利行政执法的三大优势：一是案件处理时间短，这三起案件从立案到达成和解协议，仅用了17天；二是维权成本低，和解结案，为当事人节约了维权成本；三是社会效益明显。❶

### 1.2.3.3　侵权纠纷行政解决途径的新进展

行政途径作为解决专利侵权纠纷的重要途径之一也在日益发展和完善。为了充分发挥专利侵权纠纷行政解决途径的快捷性、便民性、体系性和延伸性的特点，专利管理部门作了一些新的探索。

一方面，为了不断优化知识产权行政保护制度和切实加强知识产权保护力度，专

---

❶　广东省知识产权局. 发挥行政执法优势　快速处理涉外专利纠纷案件［EB/OL］.［2012 - 06 - 16］. http：// www.gdipo.gov.cn/shared/news_content.aspx? news_id = 6593.

利管理部门探索了知识产权跨区域行政执法协作机制。知识产权跨区域行政执法协作机制，是指不同行政区域内的知识产权行政执法部门相互配合、资源共享、协作处理案件的一整套制度和运作方式。❶ 目前，江苏、浙江等16省市签订了《省际专利行政执法协议》，长沙市、株洲市、湘潭市签订了《长沙市、株洲市、湘潭市专利行政执法协作协议》，广东、广西、福建、湖南等9省以及香港、澳门特别行政区签订了《泛珠三角区域知识产权合作协议》等。

另一方面，为了提高专利纠纷解决机制运行效率，促进专利纠纷高效、公正地解决，国家知识产权局专利复审委员会（以下简称"专利复审委员会"）与地方知识产权局开展联合执法，将专利确权纠纷和专利侵权纠纷联合处理，从而充分发挥专利侵权纠纷行政途径的快捷性和便民性。例如，广东省知识产权局于2010年6月8日受理了美国某公司请求处理东莞某电脑制品有限公司涉嫌侵犯其发明专利权一案。广东省知识产权局立案并进行了现场勘验调查之后，两被请求人于6月25日就该案所涉专利向专利复审委提出无效宣告请求。为了发挥"委局共建"优势，经广东省知识产权局商国家知识产权局专利复审委同意，双方决定尝试建立专利确权与专利侵权处理相衔接的全新专利保护合作机制，在广州一并处理此案。两机关于2010年9月27日先后对专利确权案和专利侵权案进行了审理，并在查清事实的基础上，分别促成了两案的调解。❷ 又如，专利复审委员会与北京市知识产权局于2012年2月14日开展针对一件专利的无效及侵权纠纷案件联合执法。该纠纷涉及发明名称为"一种密封的自动停车设备操作装置及其密封方法"的专利权无效宣告请求案件及相关专利产品的专利侵权纠纷案件。当天，专利复审委员会针对无效宣告请求案件进行了审理，北京市知识产权局对专利侵权案件进行了审理，实现同期、同地口审。❸

#### 1.2.3.4 展会知识产权保护

随着我国各地举办的展会越来越多，例如2010年上海世博会、中国进出口商品交易会（广交会）、中国国际高新技术成果交易会（高交会）、中国国际服务贸易交易会（京交会）等，展会中出现的知识产权违法行为时有发生，并且展会具有会期短、临时性和流动性等特点，使得知识产权保护面临一定难度。

为了解决上述问题，商务部、国家工商行政管理总局、国家版权局和国家知识产权局审议通过了《展会知识产权保护办法》。根据《展会知识产权保护办法》第16条的规定，"展会投诉机构需要地方知识产权局协助的，地方知识产权局应当积极配合，参与展会知识产权保护工作。地方知识产权局在展会期间的工作可以包括：①接受展

---

❶ 邓建志. WTO框架下中国知识产权行政保护［M］. 北京：知识产权出版社，2009：270－272.
❷ 广东省知识产权局. 首例专利确权与专利侵权行政处理程序衔接案审结［EB/OL］.［2012－06－16］. http：//www. gdipo. gov. cn/shared/news_ content. aspx? news_ id＝6432.
❸ 国家知识产权局专利复审委员会. 复审委与北京市知识产权局首次开展专利案件联合办理工作［EB/OL］.［2012－06－16］. http：//www. sipo－reexam. gov. cn/xwgg/fsw-xw/201202/t20120227_ 141563. html.

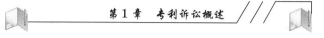

会投诉机构移交的关于涉嫌侵犯专利权的投诉，依照专利法律法规的有关规定进行处理；②受理展出项目涉嫌侵犯专利权的专利侵权纠纷处理请求，依照专利法第 57 条❶的规定进行处理；③受理展出项目涉嫌假冒他人专利和冒充专利的举报，或者依职权查处展出项目中假冒他人专利和冒充专利的行为，依据专利法第 58 条和第 59 条❷的规定进行处罚。”由此可见，在展会中出现专利侵权纠纷时，由于展会期限较短，除了通过司法途径采取例如诉前禁令等临时措施等方式之外，可以通过行政途径由地方知识产权局加以处理。

为了适应展会知识产权保护独特之处，展会知识产权行政执法采取了快捷的程序设置。根据《展会知识产权保护办法》第 17 条的规定，“有下列情形之一的，地方知识产权局对侵犯专利权的投诉或者处理请求不予受理：①投诉人或者请求人已经向人民法院提起专利侵权诉讼的；②专利权正处于无效宣告请求程序之中的；③专利权存在权属纠纷，正处于人民法院的审理程序或者管理专利工作的部门的调解程序之中的；④专利权已经终止，专利权人正在办理权利恢复的。”由此，明确了展会专利侵权行政执法的受理条件。根据《展会知识产权保护办法》第 18 条的规定，“地方知识产权局在通知被投诉人或者被请求人时，可以即行调查取证，查阅、复制与案件有关的文件，询问当事人，采用拍照、摄像等方式进行现场勘验，也可以抽样取证。地方知识产权局收集证据应当制作笔录，由承办人员、被调查取证的当事人签名盖章。被调查取证的当事人拒绝签名盖章的，应当在笔录上注明原因；有其他人在现场的，也可同时由其他人签名。”展会专利侵权行政执法采取现场勘验等方式，提高处理效率。

## 1.2.4　其他途径

除了协商、司法途径和行政途径之外，专利侵权纠纷处理的途径还包括仲裁。有关仲裁概念以及仲裁范围等内容，将在本章第 2.3 节进行详细介绍。

长期以来，对于专利侵权纠纷的可仲裁性存在一定争议。有观点认为，侵权关系中一方当事人享有绝对权利，是受侵害一方，另一方由于实施侵害行为而有过错，双方地位不平等，因此，侵权案件不应该在仲裁的适用范围之内。❷《仲裁法》第 2 条规

---

❶❷　《展会知识产权保护办法》于 2006 年 1 月 10 日审议通过，因此其所引用的《专利法》系 2000 年 8 月 25 日修正后的《专利法》。2000 年《专利法》第 57 条第 1 款规定：“未经专利权人许可，实施其专利，即侵犯其专利权，引起纠纷的，由当事人协商解决；不愿协商或者协商不成的，专利权人或者利害关系人可以向人民法院起诉，也可以请求管理专利工作的部门处理。管理专利工作的部门处理时，认定侵权行为成立的，可以责令侵权人立即停止侵权行为，当事人不服的，可以自收到处理通知之日起 15 日内依照《中华人民共和国行政诉讼法》向人民法院起诉；侵权人期满不起诉又不停止侵权行为的，管理专利工作的部门可以申请人民法院强制执行。进行处理的管理专利工作的部门应当事人的请求，可以就侵犯专利权的赔偿数额进行调解；调解不成的，当事人可以依照《中华人民共和国民事诉讼法》向人民法院起诉。”2000 年《专利法》第 58 条规定：“假冒专利的，除依法承担民事责任外，由管理专利工作的部门责令改正并予公告，没收违法所得，可以并处违法所得 3 倍以下的罚款，没有违法所得的，可以处 5 万元以下的罚款；构成犯罪的，依法追究刑事责任。”2000 年《专利法》第 59 条规定：“以非专利产品冒充专利产品、以非专利方法冒充专利方法的，由管理专利工作的部门责令改正并予公告，可以处 5 万元以下的罚款。”

❷　张建华. 仲裁新论［M］. 北京：中国法制出版社，2002：98.

定："平等主体的公民、法人和其他组织之间发生的合同纠纷和其他财产权益纠纷，可以仲裁。"也就是说，合同纠纷、侵权纠纷等财产权益纠纷均可以适用仲裁。侵权纠纷亦能够适用仲裁，江苏轻纺公司诉香港裕亿公司等侵权纠纷上诉案❶即属此例。另外，《著作权法》第 55 条明文规定了著作权纠纷的可仲裁性，包括著作权侵权纠纷，❷ 这对于专利侵权纠纷具有一定的参照作用。另外，1958 年的《承认及执行外国仲裁裁决公约》（以下简称《纽约公约》）第 2 条承认"非契约性纠纷"具有可仲裁性，而专利侵权纠纷即属于非契约性纠纷，应当承认知识产权侵权纠纷的可仲裁性，这与仲裁条款独立性原则也是相吻合的。从当前的实践情况来看，专利侵权纠纷采取仲裁方式来解决的案例还不是很多，知识产权仲裁尚未发展成为常态。❸ 这主要和侵权纠纷本身的特点有关。由于合同纠纷多数会在纠纷发生之前签订仲裁协议，所以适用较为广泛。一旦发生侵权纠纷，双方当事人往往难以达成仲裁解决纠纷的协议。

### 1.2.5 各类解决途径之间的关系

上述各类纠纷解决方式都有各自的特点，解决纠纷的功能各有侧重，在价值取向、适用程序、措施力度和法律效力等方面均有所不同。作为专利代理人，需要结合案件情况，全面分析当事人的主要诉求，选择适用。一方面，需要结合案件情况以及当事人的主要诉求，选择司法途径、行政途径或者其他途径。另一方面，需要综合分析专利侵权纠纷、专利确权纠纷之间的关系，全面规划整体纠纷解决机制下的诉讼策略。

下面通过正泰集团股份有限公司与施耐德电气低压（天津）有限公司等实用新型专利纠纷案展现上述诉讼策略的适用。

2006 年 8 月 2 日，正泰集团股份有限公司以侵犯专利权为由，将施耐德电气低压（天津）有限公司等诉至浙江省温州市中级人民法院。2006 年 8 月 21 日，施耐德电气低压（天津）有限公司向专利复审委员会提出无效宣告请求，请求宣告涉案专利全部无效。2007 年 4 月 29 日，专利复审委员会维持权利要求 2 有效。2007 年 7 月 18 日，施耐德不服专利复审委员会无效宣告请求决定，向北京第一中级人民法院提起行政诉讼。2007 年 9 月 26 日，温州市中级人民法院对此案进行一审民事判决，判定施耐德电气低压（天津）有限公司专利侵权成立，并于判决生效之日起 10 日内赔偿正泰集团股份有限公司损失 3.3 亿元。2007 年 10 月 9 日，施耐德电气低压（天津）有限公司不服一审民事判决，向浙江省高级人民法院上诉。2009 年 3 月 26 日，在专利行政

---

❶ 齐树洁，蔡从燕. 江苏轻纺公司诉香港裕亿公司等侵权纠纷上诉案评析——关于仲裁制度价值、争议事项可仲裁性及仲裁条款独立性等问题 [J]. 厦门大学法律评论，2001（1）.

❷ 《著作权法》第 55 条规定："著作权纠纷可以调解，也可以根据当事人达成的书面仲裁协议或者著作权合同中的仲裁条款，向仲裁机构申请仲裁。当事人没有书面仲裁协议，也没有在著作权合同中订立仲裁条款的，可以直接向人民法院起诉。"

❸ 徐妤. 知识产权仲裁的理论与实践 [J]. 仲裁研究，2008（1）：66.

诉讼二审程序中，北京市高级人民法院维持专利复审委员会行政决定。2009 年 4 月 15 日，正泰集团股份有限公司、施耐德电气低压（天津）有限公司达成全球和解，协商解决了专利纠纷。

本案中，综合分析专利侵权纠纷、专利确权纠纷之间的关系，可以看出，被控侵权人之一在专利侵权诉讼一审答辩期之内就提起了无效宣告请求，温州市中级人民法院在专利复审委员会作出无效宣告请求审查决定之后，作出专利侵权纠纷一审判决。在浙江省高级人民法院二审期间，维持专利复审委员会作出无效宣告请求审查决定的二审行政判决作出之后，专利侵权纠纷的双方当事人通过协商解决专利纠纷。

由此可见，上述专利侵权纠纷处理的途径需要综合运用，并且全面分析专利侵权纠纷、专利确权纠纷之间的关系，制定合理的综合性的纠纷解决总体策略安排。

## 2 其他专利民事纠纷及其争议解决途径

### 2.1 其他专利民事纠纷的种类

侵犯专利权纠纷是专利诉讼中最为常见的类型，但是除侵犯专利权纠纷外，还存在着与专利有关的诸多民事纠纷类型，涉及权属、合同、署名权等。

参照《最高人民法院民事案件案由规定》，将与专利有关的其他民事纠纷概括如下：

①专利合同纠纷，包括：专利申请权转让合同纠纷、专利权转让合同纠纷、发明专利实施许可合同纠纷、实用新型专利实施许可合同纠纷、外观设计专利实施许可合同纠纷、专利代理合同纠纷；②专利权属纠纷，包括：专利申请权权属纠纷、专利权权属纠纷。③假冒他人专利纠纷；④发明专利临时保护期使用费纠纷；⑤职务发明创造发明人、设计人奖励、报酬纠纷；⑥发明创造发明人、设计人署名权纠纷；⑦确认不侵犯专利权纠纷；⑧专利权质押合同纠纷；⑨专利权宣告无效后返还费用纠纷；⑩因申请诉前停止侵害专利权损害责任纠纷；⑪因申请海关知识产权保护措施损害责任纠纷；⑫因恶意提起专利诉讼损害责任纠纷。

### 2.2 其他专利民事纠纷的主要解决途径概述

与专利侵权纠纷一样，其他专利民事纠纷的当事人可以通过协商解决，协商不成的，可以向人民法院起诉。此外，对于专利申请权和专利权归属纠纷、发明人设计人资格纠纷、职务发明创造的发明人、设计人的奖励和报酬纠纷、在发明专利申请公布后专利权授予前使用发明而未支付适当费用的纠纷以及其他专利纠纷，还可以请求管理专利工作的部门进行调解。对于假冒专利纠纷，可以请求管理专利工作的部门进行行政查处。前面已对专利侵权纠纷的协商、司法途径和行政途径进行概述，其他专利民事纠纷与专利侵权纠纷在这些处理途径的特点和处理机关等诸多方面是基本相同的，不再赘述。

在其他专利民事纠纷中，专利合同纠纷占有很大的比重。与专利侵权纠纷当事人之间通常较难就解决争议途径协商一致不同，合同本身就是基于双方的合意而达成的，在签订合同时当事人之间往往也能就可能出现的纠纷解决途径达成一致。仲裁是纠纷当事人之间通过协议选择的纠纷解决途径，在合同纠纷中，特别是对于跨国的专利实施许可合同等纠纷中，仲裁因其独具的优点而被广为采用。下面将对仲裁制度作简单介绍。

## 2.3 仲　　裁

仲裁一般是当事人根据他们之间订立的仲裁协议，自愿将其争议提交由非官方身份的仲裁员组成的仲裁庭进行裁判，并受该裁判约束的一种制度。

《仲裁法》第2条规定："平等主体的公民，法人和其他组织之间发生的合同纠纷和其他财产权益纠纷，可以仲裁。"该条规定具有两个含义，一是纠纷的双方当事人须是平等的民事主体；二是纠纷的范围是合同纠纷和其他财产权益纠纷。

### 2.3.1　仲裁的特点

（1）自愿性

当事人的自愿性是仲裁最突出的特点。仲裁以双方当事人的自愿选择为前提，当事人之间的纠纷是否提交仲裁、在何地仲裁、由哪个仲裁机构仲裁、仲裁庭由谁组成以及仲裁的审理方式等都是在自愿的基础上由双方当事人协商确定的。

（2）专业性

民商事纠纷往往涉及特殊的知识领域，会遇到许多复杂的法律、经济贸易和有关的技术性问题，故专家裁判更能体现专业权威性。由具有一定专业水平和能力的专家担任仲裁员对当事人之间的纠纷进行裁决是仲裁公正性的重要保障。根据《仲裁法》的规定，仲裁机构都备有按专业划分的专家组成的仲裁员名册供当事人进行选择，专家仲裁由此成为民商事仲裁的重要特点之一。专利纠纷，特别是专利实施许可合同等纠纷，往往涉及特定的专利领域、行业标准、惯例等，专家仲裁为纠纷的公正和合理解决提供了保障。

（3）灵活性

在仲裁中，当事人享有选定仲裁员、仲裁地、仲裁语言以及适用法律的自由。当事人还可以就开庭审理、证据的提交和意见的陈述等事项达成协议，设计符合自己特殊需要的仲裁程序。与法院严格的诉讼程序和时间表相比，仲裁程序更为灵活。

（4）保密性

仲裁以不公开审理为原则，有关仲裁法律和仲裁规则也规定了仲裁员及仲裁秘书人员的保密义务，因此当事人的商业秘密和贸易活动不会因仲裁活动而泄露。相反，审判公开是民事诉讼的一项基本原则，除特定不公开审理的案件外，任何人都可以旁听案件的审理。

（5）快捷性

仲裁实行一裁终局制，仲裁裁决不能上诉，一经作出即为终局，对当事人具有约束力，这使得当事人之间的纠纷能够迅速得以解决。

（6）经济性

程序和时间上的快捷性使得仲裁总体所需的费用相对减少；仲裁无须多审级收费，使得仲裁费往往低于诉讼费；仲裁的自愿性、保密性使当事人之间的商业秘密不必公之于世，对当事人之间今后的商业机会影响较小。

（7）独立性

仲裁机构独立于行政机构，仲裁机构之间也无隶属关系。在仲裁过程中，仲裁庭独立进行仲裁，不受任何机关、社会团体和个人的干涉，亦不受仲裁机构的干涉，显示出最大的独立性。虽然仲裁裁决也受到司法审查的约束，可能在裁决作出地被法院裁定撤销或在执行地被法院裁定不予承认和执行，但是法院裁定撤销或不予承认和执行的理由是非常有限的，在涉外仲裁中通常仅限于程序问题。

（8）国际性

《纽约公约》现有缔约的国家和地区146个，根据该公约，仲裁裁决可以在这些缔约方得到承认和执行。仲裁裁决还可根据其他一些有关仲裁的国际公约和条约得到执行。

### 2.3.2　仲裁基本制度

（1）协议仲裁制度

当事人采用仲裁方式解决纠纷，应当双方自愿，达成仲裁协议。没有仲裁协议，一方申请仲裁的，仲裁委员会不予受理。协议仲裁制度是仲裁中当事人自愿原则的最根本体现，也是自愿原则在仲裁过程中得以实现的最基本的保证。仲裁的依据为当事人达成书面的仲裁协议。仲裁协议可以是合同中写明的仲裁条款，也可以是单独书写的仲裁协议书。

（2）或裁或审制度

或裁或审是尊重当事人选择解决争议途径的制度。其含义是，当事人达成书面仲裁协议的，应当向仲裁机构申请仲裁，不能向法院起诉，法院也不受理有仲裁协议的起诉。如果一方当事人出于自身的利益或者其他原因，没有信守仲裁协议或者有意回避仲裁而将争议起诉到法院，那么被诉方可以依据仲裁协议向法院提出管辖权异议，要求法院驳回起诉。法院按照《仲裁法》的规定，将对具有有效仲裁协议的起诉予以驳回并告知当事人将争议交付仲裁。

（3）一裁终局制度

仲裁实行一裁终局制度，裁决作出后，当事人就同一纠纷再申请仲裁或者向法院起诉的，仲裁委员会或者人民法院不予受理。裁决作出后，即产生法律效力，即使当事人对裁决不服，也不能就同一案件向法院提出起诉。

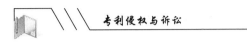

### 2.3.3 仲裁协议

仲裁协议是当事人之间达成的，旨在将已发生或将来可能产生于特定法律关系的民商事争议提交仲裁解决的书面协议。

仲裁条款和仲裁协议书是仲裁协议最普遍采用的方式。仲裁协议可以是主合同中的仲裁条款，也可以是当事人之间在争议之前或之后订立的同意将争议提交仲裁机构进行仲裁的单独协议。与仲裁条款相比，单独仲裁协议书是完全独立存在的，不受主合同的约束，而且在单独的仲裁协议书中约定的仲裁事项范围不仅限于合同纠纷，也包括其他财产权益纠纷。❶

根据我国《仲裁法》规定，仲裁协议至少应当具备三项基本内容，一是请求仲裁的意思表示，二是仲裁事项，三是选定的仲裁委员会。此外，仲裁条款中还可以约定仲裁规则、仲裁地点和费用负担等。

### 2.3.4 仲裁裁决的执行、不予执行和撤销

仲裁庭在调查清楚争议事实、宣布闭庭后，会进行仲裁庭评议，并按照多数仲裁员的意见作出裁决。如果仲裁庭不能形成多数意见时，则按照首席仲裁员的意见作出裁决。

仲裁裁决书自作出之日起发生法律效力，双方当事人在收到裁决书后，应当自觉履行仲裁裁决。通常情况下，因为仲裁是当事人协商一致选择的争议解决途径，一般都会自觉履行仲裁裁决。然而，但由于种种原因，也存在当事人不自动履行仲裁裁决的情况。在这种情况下，另一方当事人即可请求法院强制执行仲裁裁决。

法院接到当事人的执行申请后，应当及时按照仲裁裁决予以执行。但是，如果被申请执行人提出证据证明仲裁裁决有法定不应执行的情形的，可以请求法院不予执行该仲裁裁决；法院经审查核实后，认为属于不予执行情况的，裁定不予执行。根据《仲裁法》第63条和《民事诉讼法》第237条❷的规定，对于国内仲裁而言，不予执行仲裁裁决的情形包括：

① 当事人在合同中没有仲裁条款或者事后没有达成书面仲裁协议的。

② 裁决的事项不属于仲裁协议的范围或者仲裁机构无权仲裁的。

③ 仲裁庭的组成或者仲裁的程序违反法定程序的。

④ 裁决所根据的证据是伪造的。

⑤ 对方当事人隐瞒了足以影响公正裁决的证据的。

⑥ 仲裁员在仲裁该案时有索贿受贿、徇私舞弊、枉法裁决行为的。

此外，仲裁庭作出仲裁裁决后，任何一方当事人均可以依据特定的事由，向法院

---

❶ 江伟. 仲裁法［M］. 北京：中国人民大学出版社，2010：102.

❷ 2012年8月31日第十一届全国人民代表大会常务委员会第二十八次会议修正了《中华人民共和国民事诉讼法》，并于2013年1月1日起正式实施。本书此后章节所援引的《民事诉讼法》，如无特别说明，均指2013年1月1日施行的版本。

提出撤销仲裁裁决的申请。根据《仲裁法》规定，申请撤销仲裁裁决的理由包括：

① 没有仲裁协议的。

② 裁决的事项不属于仲裁协议的范围或者仲裁委员会无权仲裁的。

③ 仲裁庭的组成或者仲裁的程序违反法定程序的。

④ 裁决所根据的证据是伪造的。

⑤ 对方当事人隐瞒了足以影响公正裁决的证据的。

⑥ 仲裁员在仲裁该案时有索贿受贿，徇私舞弊，枉法裁决行为的。

法院经组成合议庭审查核实裁决有前款规定情形之一的，应当裁定撤销。

从上述的规定中可以看出，《民事诉讼法》的施行使得国内仲裁不予执行的法定理由与申请撤销国内仲裁裁定的理由得到了统一。

# 第2节 专利行政诉讼概述

专利民事诉讼、专利行政诉讼和专利刑事诉讼是专利诉讼的重要组成部分。本节对于专利行政诉讼的基本概念和种类加以介绍。

## 1 专利行政诉讼基本概念

### 1.1 行政诉讼的含义

《行政诉讼法》第2条规定："公民、法人或者其他组织认为行政机关和行政机关工作人员的具体行政行为侵犯其合法权益，有权依照本法向人民法院提起诉讼。"其中，行政行为是指享有行政权能的组织或者个人运用行政权对行政相对人所为的法律行为，其包括具体行政行为和抽象行政行为。具体行政行为，是指行政主体针对特定行政相对人所作的行政行为。[1]

行政诉讼，是公民、法人或者其他组织认为行政机关和法律、法规授权组织的具体行政行为侵犯其合法利益，依照法定程序向人民法院起诉，人民法院在当事人和其他诉讼参与人的参加下，对具体行政行为的合法性进行审理并作出裁决的活动。[2] 就其基本性质而言，行政诉讼对于行政主体而言是一种司法审查制度，对于行政相对人而言是一种行政法律救济制度。[3] 行政诉讼相对于民事诉讼而言，在诉讼主体、诉讼客体、诉讼目的、审理程序、举证责任、判决方式等方面有所不同。就诉讼主体而言，行政诉讼原告是认为具体行政行为侵权其合法权益的行政相对人，被告是实施具体行政行为的国家行政机关或者法律、法规授权的组织，而民事诉讼发生在平等的民

[1] 姜明安. 行政法与行政诉讼法 [M]. 北京：北京大学出版社，高等教育出版社，2007：174 - 181.

[2] 张正钊，胡锦光，李元起. 行政法与行政诉讼法 [M]. 4 版. 北京：中国人民大学出版社，2009：277.

[3] 姜明安. 行政法与行政诉讼法 [M]. 北京：北京大学出版社，高等教育出版社，2007：448.

第1章

事主体之间；就诉讼客体而言，行政诉讼的诉讼客体是行政争议，即基于行政相对人认为行政主体的具体行政行为侵犯其合法权益，而民事诉讼的诉讼客体是民事争议；就诉讼目的而言，行政诉讼的主要目的在于审查行政行为的合法性，并且为公民、法人或者其他组织提供法律救济，而民事诉讼的目的在于保障民事权益和促进民事纠纷的解决；● 就审理程序而言，行政诉讼和民事诉讼在审理程序、一审程序和二审程序的审理期限等方面均存在不同，尤其是，行政诉讼不适用调解；就举证责任而言，行政诉讼的举证责任主要由被告承担，即被告对作出的具体行政行为负有举证责任，而民事诉讼则主要依据"谁主张、谁举证"的原则确定举证责任。就判决方式而言，行政诉讼中针对具体行政行为作出维持、撤销、部分撤销、变更、履行等判决，民事诉讼则对当事人的民事权利义务直接作出判定。

## 1.2　专利行政诉讼的内涵

专利行政诉讼属于行政诉讼的一种形式。专利行政诉讼，是指当事人不服国务院专利行政部门以及地方管理专利工作的部门等专利主管机关的具体行政行为提起的行政诉讼。●

专利行政诉讼虽然涉及专利领域的行政管理事项，但是其仍然系针对具体行政行为的诉讼活动，属于行政诉讼的范畴。鉴于专利行政诉讼系当事人针对行政主体作出的具体行政行为提出的诉讼，其应当遵循《行政诉讼法》的基本原则。

## 1.3　专利行政诉讼的外延

专利行政诉讼主要包括当事人不服专利复审委员会、国家知识产权局以及地方知识产权局和海关知识产权执法机构的具体行政行为提起的行政诉讼。其中，当事人不服国家知识产权局专利复审委员会具体行政行为提起的行政诉讼，由专利复审委员会承担应诉职责；当事人不服国家知识产权局的具体行政行为提起的行政诉讼，由国家知识产权局承担应诉职责；当事人不服地方知识产权局的具体行政行为提起的行政诉讼，则由地方知识产权局承担应诉职责。

## 2　专利行政诉讼的种类

按照不同的分类标准，专利行政诉讼可以进行如下分类。

## 2.1　以行政主体作为划分标准

以行政主体作为划分标准，专利行政诉讼可以划分为以下几种。

---

● 关于民事诉讼的目的，具有私权保护说、维护私法秩序说、纠纷解决说、程序保障说、权利保障说和多元说等，并且我国对民事诉讼目的论的研究还处于起步阶段，上述各种学说尚需进一步论证，目前均未取得通说地位。参见：江伟，肖建国. 民事诉讼法［M］. 4 版. 北京：中国人民法大学出版社，2008：11 - 14.

● 国家知识产权局专利复审委员会. 专利行政诉讼概论与案例精解［M］. 北京：知识产权出版社，2011：1 - 2.

**2.1.1　以专利复审委员会为被告的专利行政诉讼**

根据《关于国家知识产权局专利局部分内设机构调整的批复》（中央编办复字〔2003〕156 号），专利复审委员会的主要职能是："一、对不服国家知识产权局驳回专利申请及集成电路布图设计登记申请决定提出的复审请求进行审查；二、对宣告专利权无效的请求及集成电路布图设计专有权撤销案件进行审理；三、负责专利复审委员会作为行政诉讼被告的应诉工作；四、参与专利、集成电路布图设计确权和侵权技术判定的研究工作；五、接受人民法院和管理专利的部门委托，对专利确权和专利侵权案件的处理提供咨询意见。"其中，第三项即明确了专利复审委员会作为行政诉讼被告的应诉工作。《专利法》第 41 条、第 45 条、第 46 条明确规定，当事人不服专利复审委员会作出的复审请求审查决定、无效宣告请求审查决定的，可以提起行政诉讼。该条款赋予当事人以诉权，明确专利复审委员会作出的决定属于可以被提起行政诉讼的具体行政行为。

以专利复审委员会为被告的专利行政诉讼主要包括：不服专利复审委员会复审决定提起的专利行政诉讼、不服专利复审委员会无效宣告请求审查决定提起的专利行政诉讼以及不服专利复审委员会集成电路布图设计复审决定和撤销决定提起的专利行政诉讼。

（1）不服专利复审委员会复审决定提起的专利行政诉讼

《专利法》第 41 条规定："国务院专利行政部门设立专利复审委员会。专利申请人对国务院专利行政部门驳回申请的决定不服的，可以自收到通知之日起 3 个月内，向专利复审委员会请求复审。专利复审委员会复审后，作出决定，并通知专利申请人。专利申请人对专利复审委员会的复审决定不服的，可以自收到通知之日起 3 个月内向人民法院起诉。"

具体而言，专利申请人对于国家知识产权局专利局作出的驳回专利申请的决定不服的，向专利复审委员会提出复审请求，对于专利复审委员会作出的复审请求审查决定，复审请求人（专利申请人）可以以专利复审委员会为被告，向北京市第一中级人民法院提起专利行政诉讼。对于一审判决不服的，当事人可向北京市高级人民法院提起上诉。

（2）不服专利复审委员会专利权无效宣告请求审查决定提起的行政诉讼

《专利法》第 46 条规定："专利复审委员会对宣告专利权无效的请求应当及时审查和作出决定，并通知请求人和专利权人。宣告专利权无效的决定，由国务院专利行政部门登记和公告。对专利复审委员会宣告专利权无效或者维持专利权的决定不服的，可以自收到通知之日起 3 个月内向人民法院起诉。人民法院应当通知无效宣告请求程序的对方当事人作为第三人参加诉讼。"

根据《专利法》的规定，专利权被授予之后，任何单位或者个人认为该专利权的授予不符合专利法相关规定的，可以请求专利复审委员会宣告该专利权无效。专利复

第1章

审委员会经过审查，可以作出宣告专利权无效、宣告专利权部分无效和维持专利权有效的无效宣告请求审查决定。

当事人不服专利复审委员会专利权无效宣告请求审查决定提起的行政诉讼通常包括三种情况：专利权人作为原告，无效宣告请求人作为第三人，对专利复审委员会作出的宣告专利权无效或者部分无效的决定不服提起的专利行政诉讼；无效宣告请求人作为原告，专利权人作为第三人，对专利复审委员会作出的维持专利权有效或者宣告专利权部分无效的决定不服提起的专利行政诉讼；无效宣告请求人和专利权人分别作为原告，对专利复审委员会作出的宣告专利权部分无效的决定不服提起的专利行政诉讼。对于上述第三种情形而言，应当列入一个行政诉讼案件中加以审理。❶

（3）不服专利复审委员会集成电路布图设计复审决定和撤销决定提起的行政诉讼

《集成电路布图设计保护条例》第 19 条规定："布图设计登记申请人对国务院知识产权行政部门驳回其登记申请的决定不服的，可以自收到通知之日起 3 个月内，向国务院知识产权行政部门请求复审。国务院知识产权行政部门复审后，作出决定，并通知布图设计登记申请人。布图设计登记申请人对国务院知识产权行政部门的复审决定仍不服的，可以自收到通知之日起 3 个月内向人民法院起诉。"可见，布图设计登记申请人对专利复审委员会作出的复审决定不服的，可以提起专利行政诉讼。目前，尚无此类案例。

《集成电路布图设计保护条例》第 20 条规定："布图设计获准登记后，国务院知识产权行政部门发现该登记不符本条例规定的，应当予以撤销，通知布图设计权利人，并予以公告。布图设计权利人对国务院知识产权行政部门撤销布图设计登记的决定不服的，可以自收到通知之日起 3 个月内向人民法院起诉。"可见，布图设计权利人对国务院知识产权行政部门撤销布图设计登记的决定不服的，可以提起专利行政诉讼。目前，专利复审委员会已经作出若干件集成电路布图设计撤销决定，❷ 首例当事人不服专利复审委员会集成电路布图设计撤销决定提起的专利行政诉讼已经得以立案。

---

❶ 最高人民法院行政裁定书（2010）行提字第 1 号和最高人民法院行政裁定书（2010）行提字第 2 号。

❷ 例如 JC0004 号集成电路布图设计撤销案，该案被评选为专利复审委员会 2011 年度重大案件。2009 年 8 月 3 日，深圳市天微电子有限公司针对深圳市明微电子股份有限公司（以下简称"明微电子"）所拥有的登记号为 BS. 08500671. 8、名称为 SM9935B（MW7001）的布图设计向专利复审委提出专利权无效宣告请求，认为相对于其在先销售的 TM9936 产品不具独创性，该 TM9936 产品已经获得登记号为 BS. 09500108. 5 的集成电路布图设计专权。明微电子则认为，首先，无法认定已经公开销售商品是登记时的布图设计，原因是集成电路生产公司在对其产品进行改造时，如无太多变化则可能并不改变产品的名称；其次，关于独创性，两布图设计存在本质区别。后经专利复审委审查后认为，BS. 08500671. 8 布图设计专权不符合《集成电路布图设计保护条例》第 4 条有关独创性的规定，遂于 2011 年 6 月 29 日作出撤销该布图设计专权的审查决定。参见：专利复审委员会. 专利复审委员会评选并发布十件 2011 年度重大案件 [EB/OL]. [2012 - 06 - 16]. http：//www. sipo - reexam. gov. cn/xwgg/fsw xw/201204/t20120416_ 142976. html.

2.1.2　以国家知识产权局为被告的专利行政诉讼

以国家知识产权局为被告的专利行政诉讼主要包括：①不服国家知识产权局行政复议决定提起的专利行政诉讼；②不服国家知识产权局作出的强制许可决定或者实施强制许可的使用费裁决提起的行政诉讼。

（1）不服国家知识产权局行政复议决定提起的专利行政诉讼

当事人不服国家知识产权局作出的具体行政行为，可以向国家知识产权局请求行政复议，对于上述行政复议决定不服的，可以提出行政诉讼。❶ 国家知识产权局负责法制工作的机构（简称"行政复议机构"）具体办理行政复议事项，履行下列职责：

① 受理行政复议申请。

② 向有关部门及人员调查取证，调阅有关文档和资料。

③ 审查具体行政行为是否合法与适当。

④ 办理一并请求的行政赔偿事项。

⑤ 拟订、制作和发送行政复议法律文书。

⑥ 办理因不服行政复议决定提起行政诉讼的应诉事项。

⑦ 督促行政复议决定的履行。

⑧ 办理行政复议、行政应诉案件统计和重大行政复议决定备案事项。

⑨ 研究行政复议工作中发现的问题，及时向有关部门提出行政复议意见或者建议。

根据《国家知识产权局行政复议规程 2012》第 4 条的规定，可以依法申请行政复议的具体行政行为包括：

① 对国家知识产权局作出的有关专利申请、专利权的具体行政行为不服的。

② 对国家知识产权局作出的有关集成电路布图设计登记申请、布图设计专有权的具体行政行为不服的。

③ 对国家知识产权局专利复审委员会作出的有关专利复审、无效的程序性决定不服的。

④ 对国家知识产权局作出的有关专利代理管理的具体行政行为不服的。

⑤ 认为国家知识产权局作出的其他具体行政行为侵犯其合法权益的。

根据《国家知识产权局行政复议规程 2012》第 4 条的规定，可以依法申请行政复议的具体行政行为包括：

根据《国家知识产权局行政复议规程 2012》第 4 条的规定，可以依法申请行政复议的具体行政行为包括：

---

❶ 《行政复议法》第 14 条规定："对国务院部门或者省、自治区、直辖市人民政府的具体行政行为不服的，向作出该具体行政行为的国务院部门或者省、自治区、直辖市人民政府申请行政复议。对行政复议决定不服的，可以向人民法院提起行政诉讼；也可以向国务院申请裁决，国务院依照本法的规定作出最终裁决。"

① 专利申请人对驳回专利申请的决定不服的。

② 复审请求人对复审请求审查决定不服的。

③ 专利权人或者无效宣告请求人对无效宣告请求审查决定不服的。

④ 专利权人或者专利实施强制许可的被许可人对强制许可使用费的裁决不服的。

⑤ 国际申请的申请人对国家知识产权局作为国际申请的受理单位、国际检索单位和国际初步审查单位所作决定不服的。

⑥ 集成电路布图设计登记申请人对驳回登记申请的决定不服的。

⑦ 集成电路布图设计登记申请人对复审决定不服的。

⑧ 集成电路布图设计权利人对撤销布图设计登记的决定不服的。

⑨ 集成电路布图设计权利人、非自愿许可取得人对非自愿许可报酬的裁决不服的。

⑩ 集成电路布图设计权利人、被控侵权人对集成电路布图设计专有权侵权纠纷处理决定不服的。

⑪ 法律、法规规定的其他不能申请行政复议的情形。

（2）不服国家知识产权局作出的强制许可决定或者实施强制许可的使用费裁决等行政行为提起的行政诉讼

《专利法》第 58 条规定："专利权人对国务院专利行政部门关于实施强制许可的决定不服的，专利权人和取得实施强制许可的单位或者个人对国务院专利行政部门关于实施强制许可的使用费的裁决不服的，可以自收到通知之日起 3 个月内向人民法院起诉。"《专利实施强制许可办法》第 41 条规定："当事人对国家知识产权局关于强制许可的决定不服的，可以依法申请行政复议或者提起行政诉讼。"可见，专利权人不服国家知识产权局作出的强制许可决定可以以国家知识产权局作为被告提起专利行政诉讼。

2.1.3　以管理专利工作的部门为被告的专利行政诉讼

如本书第 1 章第 1 节所述，管理专利工作的部门享有专利行政执法的职权。《专利法》第 3 条规定："国务院专利行政部门负责管理全国的专利工作；统一受理和审查专利申请，依法授予专利权。省、自治区、直辖市人民政府管理专利工作的部门负责本行政区域内的专利管理工作。"《专利执法办法》第 2 条规定："管理专利工作的部门开展的专利行政执法包括处理专利侵权纠纷、调解专利纠纷以及查处假冒专利行为。其中，调解专利纠纷包括调解侵权损害赔偿数额纠纷、调解临时保护期间的费用纠纷、调解专利申请权纠纷、调解专利权归属纠纷、调解职务发明创造的发明人或者设计人与单位之间发生的奖金或者报酬纠纷、调解发明人或者设计人资格纠纷等。"当事人不服上述专利行政执法行为，均可以提起专利行政诉讼。

（1）不服管理专利工作的部门处理专利侵权纠纷提起的行政诉讼

《专利法》第 60 条规定："未经专利权人许可，实施其专利，即侵犯其专利权，引起纠纷的，由当事人协商解决；不愿协商或者协商不成的，专利权人或者利害关系人可以向人民法院起诉，也可以请求管理专利工作的部门处理。管理专利工作的部门可以根据请求人的请求责令侵权人立即停止侵权行为，也可以根据当事人的请求就侵犯专利权的赔偿数额进行调解。当事人不服管理专利工作的部门的上述具体行政行为，可以自收到处理通知之日起15日内依照《行政诉讼法》向人民法院起诉。"值得注意的是，管理专利工作的部门作出认定专利侵权行为成立并责令侵权人立即停止侵权行为的处理决定后，被请求人向人民法院提起行政诉讼的，在诉讼期间不停止决定的执行。

（2）不服管理专利工作的部门查处假冒专利行为提起的行政诉讼

《专利法》第63条规定："假冒专利的，除依法承担民事责任外，由管理专利工作的部门责令改正并予公告，没收违法所得，可以并处违法所得四倍以下的罚款；没有违法所得的，可以处20万元以下的罚款；构成犯罪的，依法追究刑事责任。"经过调查，假冒专利行为成立应当予以处罚的，管理专利工作的部门应当制作处罚决定书。专利管理部门处罚假冒专利行为是专利法授予的权力，有权依法主动查处。当事人不服上述处罚决定书，可以在收到行政处罚决定书之日起15日内提起行政诉讼。

综上所述，对于地方管理专利工作的部门针对专利侵权、专利假冒作出的处理决定，当事人可以提起专利行政诉讼。另外，根据《专利代理惩戒规则（试行）》的规定，国家知识产权局和各省、自治区、直辖市知识产权局分别设立专利代理惩戒委员会，省、自治区、直辖市专利代理惩戒委员会由省、自治区、直辖市知识产权局的人员和专利代理人的代表组成，专利代理惩戒委员会对专利代理机构和专利代理人的违规行为进行惩戒。专利代理惩戒委员会应当在受理投诉之日或者主动立案之日起的3个月内作出决定。省、自治区、直辖市专利代理惩戒委员会认为需要吊销专利代理人资格、撤销专利代理机构的，应当将其调查结果和惩戒理由上报国家知识产权局专利代理惩戒委员会。国家知识产权局专利代理惩戒委员会应当在收到上报材料之日起的2个月内作出决定。对专利代理惩戒委员会的惩戒决定不服的，可以在收到惩戒决定书之日起的2个月内依法申请复议，也可以直接向人民法院提起行政诉讼。其中，对专利代理惩戒委员会的惩戒决定提起的行政诉讼，亦属于专利行政诉讼的范畴。

2.1.4　以海关为被告的专利行政诉讼

根据《知识产权海关保护条例》的规定，海关查处进出口中的知识产权侵权案件，包括进出口中的专利侵权案件。当事人不服海关在专利侵权案件查处中作出的具体行政行为，也可以提起行政诉讼。

**2.2　以具体行政行为的内容作为划分标准**

根据具体行政行为的内容，专利行政诉讼包括：对无效宣告请求审查决定提起的行政诉讼、对复审请求审查决定提起的行政诉讼、对行政复议决定提起的行政诉讼、

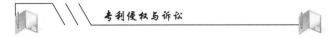

对专利侵权行政处理提起的行政诉讼、对专利行政强制许可决定和专利强制许可使用费裁决决定提起的行政诉讼。

## 第3节　专利刑事诉讼概述

### 1　专利违法行为刑事责任概要

#### 1.1　现行法律体系下的专利违法行为的刑事责任

相对于民事责任和行政责任，刑事责任是最严厉的法律责任，它是对严重危害社会的犯罪行为给予的刑事制裁。对于和专利有关的严重危害社会的犯罪行为，我国制定了相关法律。《专利法》第63条规定，假冒专利构成犯罪的，依法追究刑事责任。《专利法》第71条规定，违法向外国申请专利，泄露国家秘密构成犯罪的，依法追究刑事责任。《专利法》第74条还规定，从事专利管理工作的国家机关工作人员以及其他有关国家机关工作人员玩忽职守、滥用职权、徇私舞弊，构成犯罪的，依法追究刑事责任。

罪刑法定原则，即法无明文规定不为罪，是刑法中的基本原则。《专利法》中规定的依法追究刑事责任的情形，只有被《刑法》规定为犯罪的，才能适用《刑法》追究刑事责任。这就是说，《专利法》中的违法行为只要没有被《刑法》规定为犯罪行为，就不能追究行为人的刑事责任。《刑法》第216条规定："假冒他人专利，情节严重的，处3年以下有期徒刑或者拘役，并处或者单处罚金。"该条规定了假冒专利罪，这将是本节介绍的重点。《刑法》第398条规定："国家机关工作人员违反保守国家秘密法的规定，故意或者过失泄露国家秘密，情节严重的，处3年以下有期徒刑或者拘役；情节特别严重的，处3年以上7年以下有期徒刑。非国家机关工作人员犯前款罪的，依照前款的规定酌情处罚。"因此，非国家机关工作人员的申请人违法向国外申请专利构成泄露国家秘密的，可以根据《刑法》的上述规定追究刑事责任。

#### 1.2　假冒专利罪的法律规定

##### 1.2.1　《刑法》的规定

1997年10月1日开始施行的《刑法》在分则第3章破坏社会主义市场经济秩序罪第7节侵犯知识产权罪项下专设第216条规定："假冒他人专利，情节严重的，处三年以下有期徒刑或者拘役，并处或者单处罚金。"《最高人民法院关于执行〈中华人民共和国刑法〉确定罪名的规定》将《刑法》第216条的犯罪确定罪名为"假冒专利罪"。这是目前中国刑法典中唯一设立的旨在保护专利权的罪名。

### 1.2.2　司法解释的规定

2004 年出台的《最高人民法院、最高人民检察院关于办理侵犯知识产权刑事案件具体应用法律若干问题的解释》规定了假冒专利犯罪"情节严重"的具体情形，也对假冒专利行为的类型等作出了规定。

2007 年出台的《最高人民法院、最高人民检察院关于办理侵犯知识产权刑事案件具体应用法律若干问题的解释（二）》，对假冒专利罪的起诉条件、刑罚处罚中有关适用缓刑、罚金的标准作出具体规定。❶

2011 年出台的《最高人民法院、最高人民检察院、公安部、司法部关于办理侵犯知识产权刑事案件适用法律若干问题的意见》也总体上对假冒专利刑事诉讼有关管辖、证据收集、鉴定等方面作出了相应规定。

### 1.2.3　刑 事 责 任

根据《刑法》规定，对于构成犯罪的假冒专利行为，人民法院应以假冒专利罪判处被告人 3 年以下有期徒刑或者拘役，并处或者单处罚金。

对于罚金的计算，《最高人民法院、最高人民检察院关于办理侵犯知识产权刑事案件具体应用法律若干问题的解释（二）》第 4 条规定："对于侵犯知识产权犯罪的，人民法院应当综合考虑犯罪的违法所得、非法经营数额、给权利人造成的损失、社会危害性等情节，依法判处罚金。罚金数额一般在违法所得的一倍以上五倍以下，或者按照非法经营数额的 50% 以上一倍以下确定。"

对于单位犯本罪的，在最高人民法院和最高人民检察院 2004 年发布的司法解释中规定"按照相应个人犯罪的定罪量刑标准的 3 倍定罪量刑"，但是前述 2007 年最高人民法院和最高检察院法解释第 6 条改变了这一规定，将自然人与单位犯本罪的数额标准统一起来，以克服单位犯罪和个人区别对待、不公平的问题，防止单位犯罪人逃避法律制裁。

## 1.3　假冒专利罪的犯罪构成

### 1.3.1　犯 罪 主 体

假冒专利罪的犯罪主体是一般主体，包括一般自然人主体和一般单位主体。其中，一般自然人主体是指年满 16 周岁具有刑事责任能力的自然人。

### 1.3.2　犯 罪 客 体

假冒专利罪的犯罪客体是复杂客体，包括国家的专利管理制度和专利权人的专利

---

❶ 《最高人民法院、最高人民检察院关于办理侵犯知识产权刑事案件具体应用法律若干问题的解释（二）》（法释〔2007〕6 号）第 3 条规定："侵犯知识产权犯罪，符合刑法规定的缓刑条件的，依法适用缓刑。有下列情形之一的，一般不适用缓刑：（一）因侵犯知识产权被刑事处罚或者行政处罚后，再次侵犯知识产权构成犯罪的；（二）不具有悔罪表现的；（三）拒不交出违法所得的；（四）其他不宜适用缓刑的情形。"第 5 条规定："被害人有证据证明的侵犯知识产权刑事案件，直接向人民法院起诉的，人民法院应当依法受理；严重危害社会秩序和国家利益的侵犯知识产权刑事案件，由人民检察院依法提起公诉。"

权。❶ 假冒他人专利的行为，不仅侵犯了专利权人的专利权益，而且破坏了国家的专利管理制度，必须依法予以惩处。

### 1.3.3　犯罪的主观方面

假冒专利罪的主观方面表现为故意，因过失而错标他人专利号、专利标记不构成犯罪。此外，犯罪动机并不影响本罪成立，不是本罪主观方面的构成要件，司法实践中本罪多出于非法谋取经济利益的目的，但不排除其他动机如破坏他人商誉、傍名牌等。虽然动机不影响本罪成立，但能够反映行为人的主观恶性程度，可以作为酌定的量刑情节。

### 1.3.4　犯罪的客观方面

犯罪客观方面是指《刑法》所规定的、说明行为对《刑法》所保护的社会关系造成侵害的客观外在事实特征，假冒专利罪在客观方面表现为违反国家专利管理制度，假冒他人专利，情节严重，危害行为及具有严重情节是重要的构成要件。

（1）危害行为

本罪的危害行为是假冒专利的行为，违反了国家专利管理制度，侵害了专利权人的权益。国家就专利证书、专利文件、专利申请文件产生的条件和程序、专利标记和专利号标注方式等制定了相应的法律法规和规章，其目的在于保障专利权，规范与专利有关的权利人及社会公众的行为，而假冒专利行为违反了专利管理制度，特别是有关专利标识和专利标记的制度。

关于假冒专利行为的方式，2004 年 11 月最高人民法院和最高人民检察院发布的《关于侵犯知识产权刑事案件中具体应用法律若干问题的解释》第 10 条对假冒专利行为的行为方式作了具体的规定，"（一）未经许可，在其制造或者销售的产品、产品的包装上标注他人专利号的；（二）未经许可，在广告或者其他宣传材料中使用他人的专利号，使人将所涉及的技术误认为是他人专利技术的；（三）未经许可，在合同中使用他人的专利号，使人将合同涉及的技术误认为是他人专利技术的；（四）伪造或者变造他人的专利证书、专利文件或者专利申请文件的。"2010 年修改后的《专利法实施细则》第 84 条也界定了假冒专利行为的范围，该条规定："下列行为属于专利法第 63 条规定的假冒专利的行为：（一）在未被授予专利权的产品或者其包装上标注专利标识，专利权被宣告无效后或者终止后继续在产品或者其包装上标注专利标识，或者未经许可在产品或者产品包装上标注他人的专利号；（二）销售第（一）项所述产品；（三）在产品说明书等材料中将未被授予专利权的技术或者设计称为专利技术或者专利设计，将专利申请称为专利，或者未经许可使用他人的专利号，使公众将所涉及的技术或者设计误认为是专利技术或者专利设计；（四）伪造或者变造专利证书、专利文件或者专利申请文件；（五）其他使公众混淆，将未被授予专利权的技术或者

❶ 赵秉志. 侵犯知识产权犯罪研究［M］. 北京：中国方正出版社，1999：149.

设计误认为是专利技术或者专利设计的行为。专利权终止前依法在专利产品、依照专利方法直接获得的产品或者其包装上标注专利标识，在专利权终止后许诺销售、销售该产品的，不属于假冒专利行为。"

假冒专利罪中的"假冒专利行为"与《专利法》侵犯专利权违法行为中的"实施他人专利行为"并不相同，后者并非我国《刑法》调整的内容，因此，后者也不可能构成犯罪。在早期极个别的案例❶中，曾发生过将实施他人专利行为认定为假冒专利罪的情形。在该案中，被告人只是未经专利权人许可，实施了专利；法院认定被告人未经专利权人许可，为生产经营目的非法制造、销售侵犯他人专利权的产品，属假冒专利行为，并根据被告人生产、销售侵权产品的数量，非法经营额和非法获利数额判断，属假冒专利情节严重，严重侵犯了国家的专利管理制度和他人的专利专有权，构成假冒专利罪，并处以刑罚。此案的法院裁决在 2000 年作出，表明人们当时对假冒专利行为的一种理解。然而，如本节前文所述，根据 2004 年 11 月最高人民法院和最高人民检察院发布的《关于侵犯知识产权刑事案件中具体应用法律若干问题的解释》第 10 条规定，未经专利权人许可而实施其专利的专利侵权行为，不属于假冒他人专利行为的范畴。假冒专利的犯罪行为，在于行为人采用一定的方法，以非专利产品冒充专利产品。虽然实践中假冒专利的行为存在多种方式，但其实质都是将不具有专利权的产品或方法假冒专利产品或专利方法。与假冒专利行为相比，专利侵权行为是将他人的专利技术应用于自己的产品之中，其核心是未经专利权人许可而非法实施其专利。

（2）具有严重情节

假冒专利罪属于法定的情节犯。行为人除了具有假冒专利的行为，还必须具有严重的犯罪情节。对于程度不构成"严重"的假冒专利行为，《刑法》并不规定其为犯罪。因此"情节严重"是本罪犯罪构成的一个要件。情节犯是我国《刑法》特有的犯罪形态，是指某种危害社会的行为以"情节严重"或者"情节恶劣"为犯罪成立要件的犯罪形态。根据通常的理解，假冒专利罪是谋利型的经济犯罪，其情节严重的程度，应当主要从非法经营额、违法所得或专利权人的直接经济损失等角度来衡量。根据 2010 年《最高人民检察院、公安部关于公安机关管辖的刑事案件立案追诉标准的规定（二）》规定，假冒专利罪的严重情节是指：①非法经营数额在 20 万元以上或者违法所得数额在 10 万元以上的；②给专利权人造成直接经济损失 50 万元以上的；③假冒两项以上他人专利，非法经营数额在 10 万元以上或者违法所得数额在 5 万元以上；④其他情节严重的情形。

---

❶ 山东省阳谷县法院刑事判决书（2000）阳刑初字第 33 号和山东省聊城市中级人民法院刑事判决书（2000）聊刑经终字第 7 号。

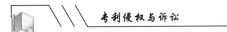
第1章

## 2 专利刑事诉讼程序概要

### 2.1 管 辖

#### 2.1.1 级别管辖

根据《刑事诉讼法》❶第 19 条的规定,专利刑事诉讼的一审案件一般由基层人民法院负责管辖。

#### 2.1.2 地域管辖

2011 年最高人民法院、最高人民检察院、公安部、司法部发布的《关于办理侵犯知识产权刑事案件适用法律若干问题的意见》规定:"侵犯知识产权犯罪案件由犯罪地公安机关立案侦查。必要时,可以由犯罪嫌疑人居住地公安机关立案侦查。侵犯知识产权犯罪案件的犯罪地,包括侵权产品制造地、储存地、运输地、销售地……权利人受到实际侵害的犯罪结果发生地。对有多个侵犯知识产权犯罪地的,由最初受理的公安机关或者主要犯罪地公安机关管辖。多个侵犯知识产权犯罪地的公安机关对管辖有争议的,由共同的上级公安机关指定管辖,需要提请批准逮捕、移送审查起诉、提起公诉的,由该公安机关所在地的同级人民检察院、人民法院受理。对于不同犯罪嫌疑人、犯罪团伙跨地区实施的涉及同一批侵权产品的制造、储存、运输、销售等侵犯知识产权犯罪行为,符合并案处理要求的,有关公安机关可以一并立案侦查,需要提请批准逮捕、移送审查起诉、提起公诉的,由该公安机关所在地的同级人民检察院、人民法院受理。"

### 2.2 侦查、调查与起诉

#### 2.2.1 公诉案件的立案、侦查与起诉

(1)立案

假冒专利公诉案件的程序由立案开始。立案是公安机关发现犯罪事实或者犯罪嫌疑人之后,按照《刑事诉讼法》关于管辖范围的规定,决定将该案件纳入工作日程的刑事诉讼行为。公安机关对于报案、移送的假冒专利案件,都应当接受。对于不属于自己管辖的,应当移送主管机关处理,并且通知报案人、控告人;对于不属于自己管辖而又必须采取紧急措施的,应当先采取紧急措施,然后移送专管机关。公安机关接受了关于假冒专利案件的报案、控告材料,应当按照管辖范围,迅速进行审查,认为有犯罪事实需要追究刑事责任的,即应立案。人民检察院认为公安机关应当立案侦查的假冒专利案件,而公安机关不立案侦查的,或者被害人认为公安机关对应当立案侦查的假冒专利案件不立案侦查,而向人民检察院提出的,人民检察院应当要求公安机

---

❶ 如未特殊指明,本节所涉《刑事诉讼法》均指 2012 年修正、并自 2013 年 1 月 1 日起施行的《中华人民共和国刑事诉讼法》。

关说明不立案的理由。人民检察院认为公安机关不立案的理由不能成立的，应当通知公安机关立案，公安机关接到通知后应当立案。

（2）侦查

公安机关对已经立案的假冒专利案件，应当进行侦查、收集、调取犯罪嫌疑人有罪或者无罪、罪轻或者罪重的证据材料。就假冒专利犯罪，公安机关应当收集、调取的证据材料主要有：

① 自然人涉嫌犯本罪的，应当取得证明犯罪嫌疑人是否具备刑事责任能力方面的证据。为此，应当取得犯罪嫌疑人的身份证、户籍资料等书证，犯罪嫌疑人的供述或同案犯供述，从而证明犯罪嫌疑人作案之时是否年满16周岁。如果怀疑犯罪嫌疑人有精神病的，应当取得证明或者排除其精神病的相关证据，或者证明其尚未完全丧失辨认或者控制自己行为能力的证据。如有必要，还要取得其是否又聋又哑或者是否为盲人的证据。

② 单位涉嫌犯罪的，应当取得证明该单位法人资格地位的证据，如营业执照、法定代表人及单位主要成员等书证。

③ 自然人涉嫌犯本罪的，应当取得犯罪嫌疑人明知其行为假冒他人专利，而希望危害结果发生的证据。

④ 单位涉嫌犯罪的，应当取得该行为是否由单位集体研究决定或者由单位法定代表人、负责人决定的证据。如果存在单位中的成员为单位利益、未经单位事先同意而实施假冒专利行为的情况，则应当取得证明单位已经在该行为事中或事后进行认可、追认或者默认的证据。

⑤ 专利权属遭受非法侵害的证据。具体包括：证明专利权有效存在的证据；犯罪嫌疑人未经许可，在其制造、销售的产品、产品的包装上标注他人专利号的证据；犯罪嫌疑人未经许可在其广告或者其他宣传材料中使用他人专利号，使人将所涉及的技术误认为是他人的专利技术的证据；犯罪嫌疑人未经许可，在合同中使用他人的专利号，使人将所涉及的技术误认为是他人专利技术的证据；犯罪嫌疑人伪造或者变造专利证书、专利文件或者专利申请文件的证据。

⑥ 假冒专利行为所获违法所得数额的证据，给专利权人造成直接经济损失的证据，曾因假冒专利行为受过两次以上行政处罚的证据，以及造成恶劣影响的证据。

（3）强制措施

公安机关对于假冒专利案件的犯罪嫌疑人可以依法采取拘传、拘留、取保候审或者监视居住方式等强制措施。对犯罪嫌疑人取保候审最长不得超过12个月，监视居住最长不得超过6个月。在取保候审和监视居住期间，不得中断对案件的侦查。对于发现不应当追究刑事责任或者取保候审、监视居住期限届满的，应当及时解除取保候

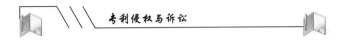

审、监视居住，并及时通知被取保候审、监视居住人和有关单位。❶

（4）侦查程序的终结

公安机关在侦查过程中，发现不应对涉嫌假冒专利犯罪的犯罪嫌疑人追究刑事责任的，应当撤销案件。在经过侦查，对有证据证明假冒他人专利犯罪事实存在的案件，应当进行预审，即对收集、调取的证据材料予以核实。认为假冒专利犯罪事实清楚，情节严重，证据确实、充分，公安机关应当制作起诉意见书，连同案件材料、证据一并移送同级人民检察院审查决定。此时，公诉案件的侦查程序终结。

（5）提起公诉

人民检察院审查公安机关移送的假冒专利案件，必须查明：

① 犯罪事实、情节是否清楚，证据是否确实、充分，犯罪行为是否与假冒专利罪的犯罪构成相符。

② 有无遗漏罪行和其他应当追究刑事责任的人。

③ 是否属于不应追究刑事责任的情形。

④ 有无附带民事诉讼。

⑤ 公安机关的侦查活动是否合法。

根据《刑事诉讼法》第169条的规定，人民检察院审查起诉的期限为1个月。重大复杂的假冒专利案件，1个月内无法作出决定的，可以延长半个月。

人民检察院审查刑事案件，认为需要补充侦查的，可以退回公安机关补充侦查，也可以自行侦查。对于补充侦查的案件，应当在1个月内补充侦查完毕。补充侦查以两次为限。补充侦查完毕移送人民检察院后，人民检察院重新计算审查起诉期限。对于补充侦查的案件，人民检察院仍然认为证据不足，不符合起诉条件的，可以作出不起诉的决定。❷

假冒专利刑事案件，如有下列情形之一的，人民检察院应当作出不起诉决定：①虽有假冒他人专利违法行为，但不属于情节严重的；②犯罪经过5年之后公安机关立案侦查的假冒专利案件，但刑事法律法规有特别规定的除外；③经特赦令免除刑罚的；④犯罪嫌疑人死亡的；⑤其他法律规定免于追究其刑事责任的。

人民检察院认为犯罪嫌疑人的犯罪事实已经查清，证据确实、充分，依法应当追究刑事责任的，应当作出起诉决定，按照审判管辖的规定，向人民法院提起公诉。

2.2.2　自诉案件的起诉

《刑事诉讼法》第204条规定的自诉案件包括三种，其中一种是被害人有证据证明的轻微刑事案件。根据《最高人民法院关于执行〈中华人民共和国刑事诉讼法〉若干问题的解释》第1条第2款的规定，"人民检察院没有提起公诉，被害人有证据证

---

❶《刑事诉讼法》第77条。
❷《刑事诉讼法》第171条。

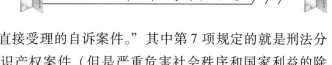
明的轻微刑事案件为人民法院直接受理的自诉案件。"其中第 7 项规定的就是刑法分则第 3 章第 7 节规定的侵犯知识产权案件（但是严重危害社会秩序和国家利益的除外）。根据这一规定，假冒专利犯罪案件的被害人发现假冒自己专利权的犯罪行为后，有权直接向人民法院起诉。

（1）假冒专利刑事案件的自诉人

是指其专利权遭受犯罪行为直接侵害而向人民法院提起自诉的公民、法人和其他组织。如果被害人是公民，且该等被害人死亡、丧失行为能力或者因受强制、威胁等原因无法告诉，或者是限制行为能力人由于病、盲、聋、哑等原因不能亲自告诉，其法定代理人、近亲属可以代为提起自诉。代为告诉人应当提供其与被害人关系的证明和被害人不能亲自告诉的原因的证明。

共同被害人中只有部分人告诉的，人民法院应当通知其他被害人参加诉讼。被通知人接到通知后表示不参加诉讼或者不出庭的，即视为放弃告诉权利。第一审宣判后又提起自诉，人民法院不予受理，但是，当事人另行提起民事诉讼的，人民法院可以依法受理。

（2）假冒专利刑事案件的被告人

此处的被告人就是构成《刑法》规定的假冒专利行为的实施者。

假冒专利案件提起自诉应当具备的条件：

① 属于假冒专利自诉案件范围的。

② 符合《刑事诉讼法》有关地域管辖、级别管辖的规定，属于该人民法院管辖的。

③ 被害人（受到侵害的专利权人）告诉的。

④ 有明确的被告人、具体的诉讼请求和证明被告人假冒专利犯罪事实的证据。

假冒专利案件提起自诉的程序：自诉人因他人假冒其专利提起自诉的，应当向人民法院提交刑事自诉状，并附有能证明被告人假冒自诉人专利且情节严重的犯罪事实的证据。提起附带民事诉讼的，还应当提交附带民事诉状，并附有自诉人由于被告人假冒其专利而遭受物质损失的证据。

具有下列情形之一的涉嫌假冒专利犯罪案件，不宜提起自诉，如若告诉，可能被人民法院裁定驳回起诉：

① 不符合假冒专利案件提起自诉应当具备的条件的。

② 证明被告人假冒自诉人专利犯罪事实的证据不充分的。

③ 经公安机关立案侦查的假冒专利案件，立案时间是在犯罪经过 5 年之后的。

④ 提起自诉的时间是在假冒专利犯罪经过 5 年以后的。

⑤ 被告人死亡的。

⑥ 除因证据不足而撤诉的以外，自诉人撤诉后就同一事实又告诉的。

⑦ 经人民法院调解结案后，自诉人反悔，就同一事实再行告诉的。

人民法院应当在收到自诉状或口头告诉第 2 日起 15 日内作出是否立案的决定，并书面通知自诉人或者代为告诉人。

人民法院对于自诉人提起的自诉，应当按照管辖范围，迅速进行审查，认为有犯罪事实需要追究被告人刑事责任的，应当立案；认为没有犯罪事实，或者犯罪事实显著轻微，不需要追究刑事责任的，不予立案，并且将不立案的原因通知自诉人。自诉人如果不服，可以申请复议。

经公安机关侦查的假冒专利案件，人民检察院决定不起诉的，应当将不起诉决定书送达被害人。被害人如果不服，可以自收到决定书后 7 日以内向上一级人民检察院申诉，请求提起公诉。人民检察院应当将复审决定告知被害人。人民检察院维持不起诉决定的，被害人可以向人民法院提起自诉。被害人也可以不经申诉，而于收到不起诉决定书后，直接向人民法院提起自诉。人民法院受理自诉案件后，人民检察院应当将有关案件材料移送人民法院。

对于自诉案件，被告人或者其法定代理人可以在诉讼过程中针对自诉人提起反诉。反诉案件适用自诉案件的规定，人民法院应当将自诉案件与反诉案件一并审理。但是，原自诉人撤诉的，不影响反诉案件的继续审理。

人民法院审理假冒专利自诉案件作出被告人有罪判决的，通过生效判决的执行以惩罚犯罪，保护专利权人的合法权益、维护经济秩序。对于依法宣告无罪的假冒专利自诉案件，就其附带民事诉讼部分，人民法院将依法进行调解或者一并作出判决。

## 2.3 审判程序

人民法院对提起公诉的案件进行审查后，对于起诉书中有明确的指控犯罪事实并且附有证据目录、证人名单和主要证据复印件或者照片的，应当决定开庭审判。除涉及国家秘密或者个人隐私的案件，人民法院审判第一审案件应当公开进行。

辩护律师自人民法院受理案件之日起，可以查阅、摘抄、复制本案所指控的犯罪事实的材料，可以同在押的被告人会见和通信。

人民法院审理公诉案件，应当在受理后 2 个月以内宣判，至迟不得超过 3 个月。对于可能判处死刑的案件或者附带民事诉讼的案件，以及有本法第 156 条规定之一的，经上一级人民法院批准，可以延长 3 个月；因特殊情况还需延长的，报请最高人民法院批准。

对于刑事案件，公开审判是一项基本原则。但审理可能涉及商业秘密的时候，根据《最高人民法院关于执行〈中华人民共和国刑事诉讼法〉若干问题的解释》第 121 条规定，"……对于当事人提出申请的确属涉及商业秘密的案件，法庭应当决定不公开审理。"

法庭审理后，人民法院根据已经查明的事实、证据和有关的法律规定，分别作出以下判决：

① 案件事实清楚，证据确实、充分，依据法律认定被告人有罪的，应当作出有罪判决。

② 依据法律认定被告人无罪的，应当作出无罪判决。

③ 证据不足，不能认定被告人有罪的，应当作出证据不足、指控的犯罪不能成立的无罪判决。

被告人、自诉人和他们的法定代理人，不服地方各级人民法院第一审的判决、裁定，有权用书状或者口头向上一级人民法院上诉。被告人的辩护人和近亲属，经被告人同意，可以提出上诉。不服判决的上诉和抗诉的期限为10日。

第二审人民法院对上诉案件，应当组成合议庭，开庭审理。合议庭经过阅卷，讯问被告人，听取其他当事人、辩护人、诉讼代理人的意见，对事实清楚的，可以不开庭审理。

第二审人民法院对不服第一审判决的上诉、抗诉案件，经过审理后，应当按照下列情形分别处理：

① 原判决认定事实和适用法律正确、量刑适当的，应当裁定驳回上诉或者抗诉，维持原判。

② 原判决认定事实没有错误，但适用法律有错误，或者量刑不当的，应当改判。

③ 原判决事实不清楚或者证据不足的，可以在查清事实后改判；也可以裁定撤销原判，发回原审人民法院重新审判。

第二审的判决、裁定和最高人民法院的判决、裁定，都是终审的判决、裁定。被告人不能上诉。

### 2.4　刑事附带民事诉讼

《刑事诉讼法》第99条规定："被害人由于被告人的犯罪行为而遭受物质损失的，在刑事诉讼过程中，有权提起附带民事诉讼。被害人死亡或者丧失行为能力的，被害人的法定代理人、近亲属有权提起附带民事诉讼。如果是国家财产、集体财产遭受损失的，人民检察院在提起公诉的时候，可以提起附带民事诉讼。"因此，在进行专利刑事诉讼过程中，被害人和人民检察院均可以提起附带民事诉讼。

（1）附带民事诉讼的程序

附带民事诉讼应当在刑事案件立案以后、一审法院程序判决宣告以前提起。自诉案件可以在提起自诉时附带民事诉讼。有权提起附带民事诉讼的当事人在一审判决宣告前没有提起的，不得再提起附带民事诉讼，但可以在刑事判决生效后另行提起民事诉讼。附带民事诉讼的原告一般应当另行提交附带民事诉状，并提供证据以支持其诉讼请求。

人民法院在收到附带民事诉状后，应当进行审查，并在7日内决定是否立案。符合《刑事诉讼法》规定的，应当受理；不符合规定的，应当裁定驳回起诉。

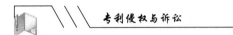

人民法院审理附带民事诉讼案件，在必要时，可以决定查封或者扣押被告人财产。

人民法院审理附带民事诉讼案件，除适用《刑法》、《刑事诉讼法》外，还应当适用《民法通则》、《民事诉讼法》有关规定。

附带民事诉讼部分的辩论应当在刑事诉讼部分的辩论结束后进行。先由附带民事诉讼原告人及其诉讼代理人发言，然后由被告人及其诉讼代理人答辩。

审理自诉案件时，人民法院应当按照《刑事诉讼法》的有关规定作出判决。对于依法宣告无罪的案件，其附带民事诉讼部分应当依法进行调解或者一并作出判决。

被告人已经赔偿被害人物质损失的，人民法院可以作为量刑情节予以考虑。

（2）附带民事诉讼的范围

根据《刑事诉讼法》第 99 条和《最高人民法院关于刑事附带民事诉讼范围问题的规定》，专利刑事附带民事诉讼的范围主要针对被害人遭受的物质损失，对于被害人因犯罪行为遭受精神损失而提起附带民事诉讼的，人民法院不予受理。被害人因犯罪行为遭受的物质损失，是指被害人因犯罪行为已经遭受的实际损失和必然遭受的损失。

# 第2章 专利权保护范围的确定和
落入专利权保护范围的判定

专利权保护范围的确定和落入专利权保护范围的判定是侵犯专利权判定中的核心问题和难点问题之一。本书将这一问题单列成章，凸显其重要性。本章重点介绍了相关的法理基础、法律制度和实践中遇到的疑难问题。

本章第1节为"发明及实用新型专利权保护范围的确定和落入专利权专利权保护范围的判定"。本节在介绍了相关判定主体及其主体标准、判定对象之后，以较大篇幅重点介绍了有关的判定规则，包括专利权有效规则、全部技术特征规则、全面覆盖规则和等同规则及其限制，并对权利要求技术特征划分的重要性以及权利要求书、说明书及专利文档等证据在权利要求解释中的作用加以解说，同时通过典型案例解释了落入相同或等同保护范围的判定方法。考虑到功能或效果表述的权利要求的特殊性，本节还专门讲解了如何确定该类权利要求保护范围，对以功能或效果表述的技术特征的认定、解释方法以及功能或效果技术特征下的等同实施方式与等同特征的关系等作了介绍。

本章第2节为"外观设计专利权保护范围的确定和落入专利权保护范围的判定"。本节首先探讨了外观设计专利权保护范围的判断主体问题，特别是其中涉及的对"普通消费者"概念的理解；然后介绍了外观设计专利权保护范围的确定；最后结合案例，对落入外观设计专利权保护范围判定的判断方式和落入保护范围判定中的相关问题进行深入分析和说明。

## 第1节 发明及实用新型专利权保护范围的
确定和落入专利权保护范围的判定

### 1 判定主体及主体标准

发明及实用新型专利权保护范围的确定和落入专利权保护范围的判定，是侵犯发明或实用新型专利权行为判定的重要环节。在侵犯专利权的判定过程中，需要进行发明及实用新型专利权保护范围的确定和落入专利权保护范围的判定，这首先需要明确其判定主体及主体标准。

根据《专利法》第60条的规定，未经专利权人许可，实施其专利，即侵犯其专利权，引起纠纷的，由当事人协商解决；不愿协商或者协商不成的，专利权人或者利害关系人可以向人民法院起诉，也可以请求管理专利工作的部门处理。

据此，专利权人或者利害关系人向人民法院起诉侵犯其专利权而引起纠纷的，其判定主体是人民法院。对于侵犯发明及实用新型专利权的纠纷，人民法院需要进行发明及实用新型专利权保护范围的确定和落入专利权保护范围的判定。考虑到管理专利工作的部门也有权处理专利侵权纠纷，并且管理专利工作的部门处理专利侵权纠纷时，也有权认定侵权行为成立，管理专利工作的部门无疑也是专利权保护范围的确定和落入专利权保护范围的判定主体。实务中，由人民法院或者管理专利工作的部门的有关审判和审理人员具体进行判定，而相关诉讼当事人和参与人在判定中也可发表专利权保护范围的有关观点和意见。

根据《专利侵权纠纷司法解释2009》第2条的规定，人民法院应当根据权利要求的记载，结合本领域普通技术人员阅读说明书及附图后对权利要求的理解，确定《专利法》第59条第1款规定的权利要求的内容。《专利纠纷司法解释2001》也涉及"本领域的普通技术人员"在专利权保护范围的判定中的角色，例如该司法解释第17条规定，"……等同特征是指……本领域的普通技术人员无须经过创造性劳动就能够联想到的特征"。北京市高级人民法院在2001年的《北京市高级人民法院关于专利侵权判定若干问题的意见（试行）》（以下简称《北京高院专利意见2001》）中也规定，"进行等同侵权判断，应当以该专利所属领域的普通技术人员的专业知识水平为准，而不应以所属领域的高级技术专家的专业知识水平为准。"

据此，有关审判和审理人员在确定专利权保护范围和判定落入专利权保护范围时，应当以"所属技术领域的普通技术人员"的角度进行分析和判定。

"所属技术领域的技术人员"的概念，首先在适用于专利授权和确权案件的行政规章即《专利审查指南2010》规定发明创造性时给出。根据《专利审查指南2010》第二部分第四章的规定，所属技术领域的技术人员，也可称为本领域的技术人员，是指一种假设的"人"，假定他知晓申请日或者优先权日之前发明所属技术领域所有的普通技术知识，能够获知该领域中所有的现有技术，并且具有应用该日期之前常规实验手段的能力，但他不具有创造能力。设定这一概念的目的，在于统一审查标准，尽量避免审查员主观因素的影响。对于专利侵权案件而言，《北京高院专利意见2001》规定，"本领域普通技术人员"是指具有侵权发生日之前该技术领域一般的公知知识，能够获知该技术领域一般现有技术，并且具备各种常规试验和普通分析工作的手段和能力的技术人员。

所属技术领域的普通技术人员，不是指具体的某一个人或某一类人，而是指一种假设的"人"，不宜用文化程度、职称、级别等具体标准来参照套用。根据《专利审查指南2010》，专利授权和确权案件的本领域的技术人员相关知识的时间点是专利申请日或者优先权日；而根据《北京高院专利意见 2001》，专利侵权案件的本领域普通技术人员相关知识的时间点是侵权发生日。当事人对所属技术领域的普通技术人员是否具有某项普通技术知识以及运用某种常规实验手段的能力有争议的，可以举证证明。

## 2 判定对象

根据《专利侵权纠纷司法解释 2009》第 1 条的规定，人民法院应当根据权利人主张的权利要求，依据《专利法》第 59 条第 1 款的规定确定专利权的保护范围。权利人主张以从属权利要求确定专利权保护范围的，人民法院应当以该从属权利要求记载的附加技术特征及其引用的权利要求记载的技术特征，确定专利权的保护范围。

据此，发明或者实用新型专利权的保护范围，依据《专利法》第 59 条第 1 款的规定，以其权利要求的内容为准，具体而言，应当根据权利人主张的权利要求，确定专利权的保护范围。实务中，独立权利要求从整体上反映发明或者实用新型专利的技术方案，记载发明或者实用新型的必要技术特征，其保护范围与从属权利要求相比最大；确定专利权保护范围时，可以对保护范围最大的独立权利要求作出解释。权利人可同时以独立权利要求和从属权利要求主张权利，当权利人主张以从属权利要求确定专利权保护范围的，人民法院应当以该从属权利要求确定专利权的保护范围。当权利人以多项权利要求主张权利时，人民法院有时可能要求当事人择一主张，以简化审理程序和提高审判效率。权利人坚持以多项权利要求主张权利的，人民法院应当以多项权利要求作为判定对象分别确定保护范围。

在原告苏根公司、法马西亚及厄普约翰公司诉被告台州市晟欣医药化工有限公司、北京西林布克网络科技有限公司侵犯发明专利纠纷一案❶中，原告主张被告实施舒尼替尼及其可药用盐分别落入专利权利要求 1、2、4、5、7 和 8 的保护范围，侵犯其发明专利权。北京市第一中级人民法院依法审理本案，以原告主张的权利要求 1、2、4、5、7 和 8 分别确定各权利要求的保护范围，认定被控舒尼替尼及其可药用盐落入相应权利要求保护范围。因此，发明或者实用新型专利权的保护范围，是对权利人主张的有效专利权利要求作为对象并以此为基础进行判定。

## 3 判定的基本规则

发明及实用新型专利权保护范围的确定和落入专利权保护范围的判定的规则，习惯上也称原则，包括例如专利权有效规则、全部技术特征规则、全面覆盖规则、等同规则等。禁止反悔规则、捐献规则可用以限缩专利权利要求的保护范围和抗辩权利人

---

❶ 北京市第一中级人民法院民事判决书（2011）一中民初字第 5309 号。

有关落入专利权保护范围的主张，这将在本书后续章节中进行介绍。专利理论中还经常提及"周边限定原则"和"中心限定原则"，但这些并非为我国专利实践所采用，"多余指定原则"在实务中则已摒弃，因此这些在本书中均不详述。

## 3.1　专利权有效规则

专利权有效规则，习惯上也称为专利权有效原则。专利权有效规则的确立，与法院审理专利纠纷案件的职权有关。以美国为代表的一些国家，其法院审理专利侵权纠纷时，不仅审查被诉技术方案是否落入专利权利要求的保护范围，而且同时审查专利权利要求的有效性（validity）❶和可行使性（enforceability）。我国专利有效性的实质审查由国务院专利行政部门及其专利复审委员会负责，人民法院审理专利侵权纠纷一般以国务院专利行政部门及其专利复审委员会所审定的专利为基础，在国务院专利行政部门及其专利复审委员会认可专利有效后，审理专利侵权纠纷的人民法院一般不质疑该专利的有效性。

专利权有效规则在《北京高院专利意见 2001》中称为专利权有效原则，该原则实质上也体现在我国专利司法实践中。

专利权有效规则首先表现为请求保护的必须是一项受《专利法》保护的有效专利权，而不能是已被宣告无效的专利，并且通常也不是已过保护期或者已被专利权人放弃的专利；对于已经过保护期或者已被专利权人放弃的专利，可以就专利权效力存续期间发生的侵犯专利权的行为寻求救济。

专利权有效规则进一步表现为对专利权效力的推定，即对发生法律效力的授权确权之专利的专利有效性的推定。应当以国务院专利行政部门公告授权的专利文本、专利单行本或者已经发生法律效力的专利无效宣告请求审查决定、行政判决所确定的专利文本作为确定发明及实用新型专利权效力的依据，人民法院据此推定专利有效进而确定专利权的保护范围。

如果当事人对专利是否符合《专利法》相关授权条件或专利是否应当被宣告无效存在争议时，按专利权有效原则，人民法院在审理专利侵权纠纷时则不审理该专利是否符合《专利法》相关授权条件和是否应被宣告无效的争议。这些争议当事人应当通过专利无效宣告程序另行解决。

## 3.2　全部技术特征规则

全部技术特征规则，习惯上也称为全部技术特征原则。根据《专利纠纷司法解释 2001》第 17 条的规定，《专利法》所称的"发明或者实用新型专利权的保护范围以其权利要求的内容为准，说明书及附图可以用于解释权利要求"，是指专利权的保护范

---

❶　2011 年 9 月 16 日签署的《美国发明法案》（AIA）在原有双方复审程序、单方复审程序的基础上增加了授权后复审程序，美国专利商标局也将在专利权有效性判断方面发挥一定作用。

围应当以权利要求书中明确记载的必要技术特征所确定的范围为准，也包括与该必要技术特征相等同的特征所确定的范围。

在之后的司法实践中，人们对权利要求中的技术特征是否均为必要技术特征存在争议，在某些案件中也曾认定权利要求中的某个技术特征属于多余指定的非必要技术特征，对专利权利要求保护范围不起限定作用。然而，最高人民法院 2005 年在大连新益建材有限公司与大连仁达新型墙体建材厂的专利提审案❶中指出：首先，应当认为凡是专利权人写入独立权利要求的技术特征都是必要技术特征，都不应当被忽略，而均应纳入技术特征比较之列。最高人民法院不赞成轻率地借鉴适用所谓的"多余指定原则"。其次，权利要求书的作用是确定专利权的保护范围，即通过向公众表明构成发明或者实用新型的技术方案的全部技术特征，使公众能够清楚地知道实施何种技术会侵犯专利权，从而一方面为专利权人提供有效合理的保护，另一方面确保公众享有实施其他技术的自由。只有对权利要求书所记载的全部技术特征给予全面、充分的尊重，社会公众才不会因权利要求内容不可预见的变动而无所适从，从而保障法律权力的确定性，从根本上保证专利制度的正常运作和价值实现。

《专利侵权纠纷司法解释 2009》第 7 条进一步规定，人民法院判定被诉侵权技术方案是否落入专利权的保护范围，应当审查权利人主张的权利要求所记载的全部技术特征。被诉侵权技术方案包含与权利要求记载的全部技术特征相同或者等同的技术特征的，人民法院应当认定其落入专利权的保护范围；被诉侵权技术方案的技术特征与权利要求记载的全部技术特征相比，缺少权利要求记载的一个以上的技术特征，或者有一个以上技术特征不相同也不等同的，人民法院应当认定其没有落入专利权的保护范围。

据此，最高人民法院以司法解释的形式，奠定了专利权利要求解释的全部技术特征规则：即在审查专利权的保护范围时，应当审查权利要求记载的全部技术特征；被诉侵权技术方案的技术特征与权利要求记载的全部技术特征相同或者等同的，人民法院应当认定该被诉侵权技术方案落入专利权的保护范围。

权利要求所记载的全部技术特征，并非仅仅限于权利要求文字表面记载的技术内容。例如，对于存在多个步骤的方法权利要求，虽然权利要求文字表面没有记载实施步骤的顺序，其步骤之间的顺序可能对专利权的保护范围起到限定作用。对此，最高人民法院在 OBE－工厂·翁玛郝特与鲍姆盖特纳有限公司与浙江康华眼镜有限公司侵犯发明专利权再审案❷中认为：由于现行法律没有对是否应当在方法权利要求中限定各步骤的实施顺序进行规定，在权利要求没有对各步骤的实施顺序进行限定时，国务院专利行政部门在专利授权、确权程序中一般即根据各步骤在权利要求中记载的顺序

---

❶　最高人民法院民事判决书（2005）民三提字第 1 号。

❷　最高人民法院民事裁定书（2008）民申字第 980 号。

对权利要求进行审查，而不会将权利要求的保护范围解释为能够以任意顺序实施各步骤。因此，在侵权诉讼中，不应以权利要求没有对步骤顺序进行限定为由，不考虑步骤顺序对权利要求的限定作用，而是应当结合说明书和附图、审查档案、权利要求记载的整体技术方案以及各个步骤之间的逻辑关系，从本领域普通技术人员的角度出发确定各步骤的实施顺序。

### 3.3　全面覆盖规则

全面覆盖规则，习惯上也称为全面覆盖原则。全面覆盖规则是判断被控侵权产品或方法是否落入专利权保护范围的重要规则。全面覆盖规则的适用，首先需要确定一项专利权利要求的全部技术特征在该权利要求保护范围确定中的限定作用。根据专利权有效规则和全部技术特征规则，每一项专利权利要求所保护的技术方案均被推定为能够解决现有技术问题并达到专利技术效果的完整技术方案；权利要求记载的每一技术特征均被推定为对权利要求记载的技术方案有限定作用，在确定专利权的保护范围时均需要同等考虑。确定专利权的保护范围时，应将一项专利权利要求中记载的全部技术特征所表达的技术内容作为整体技术方案对待，记载在前序部分的技术特征和记载在特征部分的技术特征，对于限定保护范围具有同等作用，共同界定权利要求使之成为一项完整的技术方案。以从属权利要求确定专利权保护范围的，从属权利要求记载的附加技术特征及其引用的权利要求记载的技术特征所表达的技术内容，作为整体技术方案对待，对于限定保护范围具有同等作用。

全面覆盖规则首先规定于《北京高院专利意见 2001》。根据该规定，对于是否落入专利权保护范围的判定依据全面覆盖原则，当被控侵权物（产品或方法）体现了一项专利权利要求中记载的技术方案的全部技术特征，被控侵权物（产品或方法）与一项专利权利要求中记载的全部技术特征一一对应并且相同，则落入专利权的保护范围。

但是，最高人民法院在福建多棱钢公司与启东八菱钢丸公司的专利侵权案❶裁决中认为：根据专利侵权判定的'全面覆盖原则'，被诉侵权方法的技术特征与权利要求记载的全部技术特征相比，缺少权利要求记载的一个以上的技术特征，或者有一个以上技术特征不相同也不等同的，都应当认定没有落入专利权的保护范围。即使被控侵权方法的选材与涉案专利技术的选材相同，但缺少其他技术特征，也不能认定落入涉案专利的保护范围。最高人民法院的此裁决表明，全面覆盖原则对于相同侵权和等同侵权的判定均适用，而不限于《北京高院专利意见 2001》所规定的适用于相同侵权的情形。

### 3.4　等同规则及其限制

等同规则，习惯上也称为等同原则。等同规则也是判断被控侵权产品或方法是否

---

❶ 最高人民法院民事裁定书（2010）民申字第 979 号。

落入专利权保护范围的重要规则。等同规则的适用，需要确定权利要求技术特征的等同特征及该等同特征所界定的专利权等同保护范围。

等同规则早在1992年8月就记载于《中国的知识产权制度》（中国科学技术蓝皮书第7号）（以下简称《蓝皮书第7号》）。《蓝皮书第7号》在其"知识产权的司法保护制度"一节中写道："我国专利制度在确认争议技术是否属于专利技术保护范围时，按照世界通行的做法，采用等同原则。所谓等同原则，是指为实现相同的发明目的，所采用的技术手段在本质上相同，起到了实质上相同的作用，获得了实质上相同的效果，并且所属领域的普通技术人员研究说明书和附图后不经过创造性的智力劳动就能够联想到的技术手段，应当认为属于专利权的保护范围。"《蓝皮书第7号》记载了审判实践中运用等同原则判定侵权时主要考虑的几种情形：①产品部件移位或者方法步骤顺序的变化；②等同替换；③略去非必要技术特征；④分解或者合并技术特征。《蓝皮书第7号》就等同原则的介绍，是我国当时等同原则适用的真实写照。随着时代的发展和进步，等同原则的内容同样与时俱进，例如《蓝皮书第7号》所列举的"略去非必要技术特征"的等同情形，在我国目前实务中已摒弃。

《北京高院专利意见2001》则在我国首次提出了"等同物应当是具体技术特征之间的彼此替换，而不是完整技术方案之间的彼此替换"，即"全部技术特征"规则同样反映在等同侵权判断中。根据《北京高院专利意见2001》的规定，适用等同原则解释权利要求时，不应拘泥于权利要求文字、措辞的字面含义，而应当坚持以权利要求的内容为准的原则，既要避免采用周边限定原则，将专利的保护范围限定为与权利要求文字记载的保护范围完全一致，说明书及附图只能用于澄清权利要求中某些含糊不清之处；又要避免采用中心限定原则，将权利要求用以确定发明核心，使保护范围扩展到所属技术领域的技术人员通过阅读说明书及附图后需要经过创造性劳动才能联想到的内容。解释权利要求时，应折中解释，使之处于上述两个极端解释原则的中间，把对专利权人的适度保护与对公众的合理利益的保护有机结合起来。

根据上述折中原则的精神，我国发明和实用新型专利的保护范围，实质上包括两部分的内容，一是由权利要求字面含义所确立的保护范围，即类似于按周边限定原则所确立的专利权保护范围；二是依等同原则所确立的专利权保护范围。最高人民法院在2001年对等同原则进行规范。《专利纠纷司法解释2001》第17条规定，《专利法》所称的"发明或者实用新型专利权的保护范围以其权利要求的内容为准，说明书及附图可以用于解释权利要求"，是指专利权的保护范围应当以权利要求书中明确记载的必要技术特征所确定的范围为准，也包括与该必要技术特征相等同的特征所确定的范围。等同特征是指与所记载的技术特征以基本相同的手段，实现基本相同的功能，达到基本相同的效果，并且本领域的普通技术人员无须经过创造性劳动就能够联想到的特征。等同原则在中国成文法的法律体系中由此得到了认可。最高人民法院随即在

2001 年审理的宁波市东方机芯总厂诉江阴金铃五金制品有限公司一案❶中适用等同原则，判定了专利侵权成立。

然而，《专利法》及最高人民法院对等同原则的适用和等同物的主张也进行了适当的限制，当事人依等同原则主张等同物时，不得解释为涵盖了现有技术的情形，也不得涵盖权利人所放弃或捐献的内容。《专利法》第 62 条规定，在专利侵权纠纷中，被控侵权人有证据证明其实施的技术或者设计属于现有技术或者现有设计的，不构成侵犯专利权。《专利侵权纠纷司法解释 2009》第 5 条规定："对于仅在说明书或者附图中描述而在权利要求中未记载的技术方案，权利人在侵犯专利权纠纷案件中将其纳入专利权保护范围的，人民法院不予支持。"这一规定被称为"捐献原则"在司法解释中的体现。《专利侵权纠纷司法解释 2009》第 6 条规定："专利申请人、专利权人在专利授权或者无效宣告程序中，通过对权利要求、说明书的修改或者意见陈述而放弃的技术方案，权利人在侵犯专利权纠纷案件中又将其纳入专利权保护范围的，人民法院不予支持。"这一规定体现人们所说的"禁止反悔原则"。有关现有技术、现有设计、技术捐献以及禁止反悔等内容将在本书第 4 章中详述，在此不再进行赘述。

## 4　发明及实用新型专利权利要求保护范围的确定

判定落入专利权的保护范围之前，需要确定专利权的保护范围，而发明及实用新型专利权利要求技术特征的划分和解释，是确定专利权利要求保护范围的重要步骤。

### 4.1　权利要求技术特征的划分

在全部技术特征规则之下，依据全面覆盖原则或等同原则判定被控技术方案是否落入专利权利要求保护范围时，如何对权利要求技术特征进行恰当划分，在我国尚无相关的法律指引，而国际上亦属难题。例如，美国在依据等同原则判定等同物时，权利要求中的哪些技术内容足以和正好构成一项技术特征，尚有待回答。美国法院意识到，由于在讨论权利要求时误解或误用"技术特征"，全部技术特征规则的运用会出现混乱；"技术特征"可能被用以表示单一的一项技术限定，但也被用以表示共同构成权利要求技术方案的某一部件的若干技术限定的集合。❷

一般认为，相同侵权的判定，受技术特征划分的影响不大；无论权利要求的技术特征如何划分，相同判定的结论均取决于其技术特征或技术限定之内容是否一一对应相同地体现在被控侵权产品或方法上。但是，对于等同侵权的判定，由于等同特征是指与所记载的技术特征以基本相同的手段，实现基本相同的功能，达到基本相同的效果，并且本领域的普通技术人员无须经过创造性劳动就能够联想到的特征，技术特征的划分对于

---

❶　最高人民法院民事判决书（2001）民三提字第 1 号。

❷　*Corning Glass Works v. Sumitomo Electric U. S. A.*, 868 F. 2d 1251（Fed. Cir. 1989）.

等同特征的确定有较大影响，进而影响等同保护范围和等同侵权结论的判定。

例如，在周林诉北京华奥电子医疗仪器有限公司（以下简称"华奥公司"）和北京奥美光机电联合开发公司（以下简称"奥美公司"）案件❶中，将权利要求记载的"模拟人体频谱发生层"的全部氧化物及其比例关系作为一项技术特征的等同侵权结论，与假如将权利要求记载的各个氧化物及其比例关系分别作为独立的多项技术特征的等同侵权结论，有可能完全不同。该涉案专利在专利无效宣告程序后所确立的新的产品频谱仪权利要求内容如下：

一种人体频谱匹配效应场治疗装置，它包括由普通耐热绝缘材料制成的效应场发生器基体（13），该效应场发生器基体（13）上设有按一定的材料比例用高温固熔法制成的材料换能层（12），换能控制电路以及加热部件的机械支撑和保护系统，与效应场配套使用的具有特定结构的机械部件与整机机体呈可移式固定形式连接，其特征在于：a. 上述换能层（12）上又设置有模拟人体频谱发生层（11），该模拟人体频谱发生层（11）选用氧化镁、氧化铁、氧化锰、氧化钼、氧化锌、氧化锂、氧化铜、氧化钛、氧化锶、氧化铬、氧化钴、氧化钒、金属铬、氧化镧等混合稀土元素材料，按氧化镁:氧化铁:氧化锰:氧化钼:氧化锌:氧化锂:氧化铜:氧化钛:氧化锶:氧化铬:氧化钴:氧化钒:金属铬:氧化镧等混合稀土元素材料 ＝ （0.5－8）:（7－30）:（0－6）:（0.6－5）:（1－17）:（0－4）:（1－7）:（0－7）:（0－5.5）:（25－85）:（0－5）:（0－10）:（0.5－4）:（0－40）制成的厚膜层；b. 立体声放音系统及音乐电流穴位刺激器及其控制电路装置于整机体内。

该权利要求中的"换能层（12）"上设置的、"模拟人体频谱发生层（11）"以及其中选用的氧化镁、氧化铁、氧化锰、氧化钼、氧化锌、氧化锂、氧化铜、氧化钛、氧化锶、氧化铬、氧化钴、氧化钒、金属铬、氧化镧等混合稀土元素材料及其比例关系，在权利要求中是多项技术特征还是一项技术特征？案件中经查明的事实是，权利要求所记载的 14 种氧化物组分中，被控侵权产品缺少 2 种，且其中四种必要组分即氧化钼、氧化锌、氧化铜、金属铬的含量也远未达到专利权利要求记载的含量。该案的权利要求技术特征划分，是将"换能层上的由 14 种包括金属氧化物、金属铬和氧化镧等混合稀土的组分及含量制成的模拟人体频谱发生层"作为一项技术特征，并得出被控产品相应特征与之等同的结论。而倘若将 14 种氧化物组分及其比例关系分别作为独立特征的话，则被控产品上显然因缺少 2 种组分而缺乏 2 项特征，且因 4 种组分的含量不同而 4 项特征不同，这对等同侵权判定无疑会有较大影响并可能颠覆其结论。

然而，专利相关法律法规和部门规章包括《专利审查指南 2010》尚未对权利要求的技术特征进行定义，也没有规定如何划分权利要求中的技术特征。《专利审查指

---

❶　北京市高级人民法院民事判决书（1995）高知终字第 22 号。

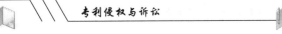

南 2010》在规定创造性标准时，提到了技术特征功能、效果等的关系。例如，《专利审查指南 2010》在组合发明的创造性中规定，"组合后的各技术特征在功能上是否彼此相互支持……"，"如果组合的各技术特征在功能上彼此支持，并取得了新的技术效果；或者说组合后的技术效果比每个技术特征效果的总和更优越，则这种组合具有突出的实质性特点和显著的进步，发明具备创造性"。由此，在专利有效性的判定中，技术特征和权利要求中能够取得技术效果、达到技术功能相关。根据《专利纠纷司法解释 2001》的规定，等同特征是指与所记载的技术特征以基本相同的手段，实现基本相同的功能，达到基本相同的效果，并且本领域的普通技术人员无须经过创造性劳动就能够联想到的特征。由此，在专利侵权判定中，技术特征是否是指在权利要求所限定的技术方案中，能够相对独立地执行一定的技术功能、并能产生相对独立的技术效果的最小技术单元或者单元组合？

　　一般而言，由于技术特征对权利要求的保护范围具有限定作用，权利要求的技术特征越多，则保护范围所受到的限制或限定也越多。对于某一确定的权利要求，技术特征划分越多，则越有利于显示更多的与被控侵权物的区别。在上述案件中，技术特征的划分显然充分考虑了功能、效果等因素，权利要求所记载的 14 种氧化物组分各自单独显然没有相对独立地执行一定的技术功能，并能产生相对独立的技术效果；而"换能层上的由 14 种包括金属氧化物、金属铬和氧化镧等混合稀土的组分及含量制成的模拟人体频谱发生层"作为一项技术特征，则能够相对独立地执行一定的技术功能、并能产生相对独立的技术效果。由此，被控产品与获得专利权的频谱治疗装置虽然在模拟人体频谱发生层配方中某些氧化物组分的差异及组分含量的差异，但其相应的"模拟人体频谱发生层"技术特征能够判定为实质上是一种技术上的等效手段替换，其功能和技术效果基本相同或一致，属于等同替换。然而，值得注意的是，在随后周林诉兴运实业（成都）有限公司等侵犯专利权纠纷案❶中，法院对权利要求的技术特征划分与上案基本一致，但发现本案的被控侵权产品中模拟人体频谱发生层所含物质和含量与本专利权利要求所记载的相应物质之组分及含量具有极大的不同，对于本领域的普通技术人员而言，二者已可认定为两个不同的技术特征。同时原告未提供证据证明被控产品的该技术特征属于本专利对应的技术特征等同，对于原告认为被告产品与本专利构成实质等同的主张不予支持。

## 4.2　权利要求的解释

　　《专利侵权纠纷司法解释 2009》第 3 条规定，人民法院对于权利要求，可以运用说明书及附图、权利要求书中的相关权利要求、专利审查档案进行解释。说明书对权利要求用语有特别界定的，从其特别界定。以上述方法仍不能明确权利要求含义的，

---

❶ 北京市第一中级人民法院民事判决书（1996）一中知初字第 28 号。

可以结合工具书、教科书等公知文献以及本领域普通技术人员的通常理解进行解释。

因此，用于解释权利要求的证据包括：内部证据，包括专利文本（权利要求书、说明书及附图）和专利授权过程中权利人对专利文本进行的修改及意见陈述等审查文档资料；以及外部证据，包括本领域的工具书、教科书等公知文献、相关现有技术以及专家证言等。有研究论述运用内部证据解释权利要求的原则、时机和方法，并认为权利要求的解释在一定的前提条件下是积极和主动的。❶ 就内部和外部证据的证据效力，通常是内部证据优先于外部证据。

### 4.2.1　权利要求书、说明书及专利文档

在确定权利要求的保护范围时，专利说明书及附图、权利要求书中的其他权利要求以及专利审查档案中的权利人对专利文本的修改及意见陈述，可以用于解释权利要求。❷

说明书及其附图可以解释权利要求，尤其是当权利要求的表述内容产生不同理解，导致对权利要求保护范围产生争议时更是如此。在申请再审人台山先驱建材有限公司与被申请人广州新绿环阻燃装饰材料有限公司、付志洪侵犯实用新型专利权纠纷案❸中，就专利权利要求 1 的"竹、木、植物纤维"三者属于并列还是选择关系的争议，最高人民法院审理认为，《专利法》第 56 条第 1 款规定发明或者实用新型专利权的保护范围以其权利要求的内容为准，说明书及附图可以用于解释权利要求。因此，如果对权利要求的表述内容产生不同理解，导致对权利要求保护范围产生争议，说明书及其附图可以用于解释权利要求。仅从本专利权利要求 1 对"竹、木、植物纤维"三者关系的文字表述看，很难判断三者是"和"的关系还是"或"的关系，应当结合说明书记载的相关内容进行解释。专利说明书实施例的记载："镁质胶凝植物纤维层是由氯化镁、氧化镁和竹纤维或木糠或植物纤维制成的混合物。"由此可见，专利权利要求 1 对"竹、木、植物纤维"三者关系的表述，其含义应当包括选择关系，即三者具备其中之一即可，而非竹、木及植物纤维三者必须同时具备。

和说明书及附图一样，权利要求书的相关权利要求也可用于解释争议的权利要求用语。在申请再审人广州市兆鹰五金有限公司与被申请人黄冈艾格尔五金制造有限公司侵犯实用新型专利权纠纷案❹中，最高人民法院运用说明书和权利要求书中的相关权利要求共同确定和澄清争议权利要求技术术语"空腔"的含义和位置关系。最高人民法院审理认为，说明书及附图、权利要求书的相关权利要求都是专利授权文件的组成部分，其与权利要求的关系最为密切，可用于澄清争议用语。对于本案涉及的"空

---

❶　张鹏. 论权利要求保护范围解释的原则、时机和方法//［G］. 国家知识产权局条法司. 专利法研究 2009. 北京：知识产权出版社，2010：264.

❷　最高人民法院民事裁定书（2008）民申字第 980 号。

❸　最高人民法院民事裁定书（2010）民申字第 871 号。

❹　最高人民法院民事裁定书（2010）民申字第 1180 号。

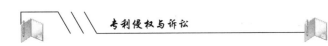

腔"的含义，可以运用说明书及附图、权利要求书中的相关权利要求、专利审查档案进行解释。涉案权利要求 1 记载"烟筒的下端与盛水容器的连接处设有一个空腔"，专利权利要求 2 记载"排烟阀与空腔连通"，说明书明确标注了空腔的位置。据此，空腔应当解释为是在烟筒下端，盛水容器瓶口上方，并与烟孔接头连通。说明书记载排烟阀与烟筒下端的空腔连通，其作用在于盛水容器内烟气浓度过大时，可拧松排烟阀，从烟嘴处吹气，排出浓烟，因此，空腔的形状只能是环绕烟管四周的中空结构，且连通烟孔接头与排气阀。

但是，在用说明书解释权利要求时，当权利要求书记载为上位概念而在说明书中公开相应下位具体概念时，通常不应当以说明书中公开的具体概念来限缩性"解释"该上位概念。在申请再审人徐永伟与被申请人宁波市华拓太阳能科技有限公司侵犯发明专利权纠纷案❶中，最高人民法院指出，运用说明书及附图解释权利要求时，由于实施例只是发明的例示，不应当以说明书及附图的例示性描述限制专利权的保护范围。对于原审法院的限缩性解释，最高人民法院再审认为：权利要求的作用在于界定专利权的权利边界，说明书及附图主要用于清楚、完整地描述专利技术方案，使本领域技术人员能够理解和实施该专利。而教导本领域技术人员实施专利的最好方式之一是提供实施例，但实施例只是发明的例示，因为《专利法》不要求、也不可能要求说明书列举实施发明的所有具体方式。因此，运用说明书及附图解释权利要求时，不应当以说明书及附图的例示性描述限制专利权的保护范围。否则，就会不合理地限制专利权的保护范围，有违鼓励发明创造的立法本意。就本案所争议的技术术语电筒"后端盖"、"可脱卸"等，最高人民法院也指出，专利权利要求书并未记载电筒"后端盖"，仅在说明书的实施例部分及附图部分有所提及，不能将"后端盖"作为界定本案专利权保护范围的依据。同时，专利权利要求 1 中的"可脱卸"是指电池板与罩盖之间的可脱卸以及罩盖、电池板与筒体之间的可脱卸，而后端盖的开合是指后端盖与筒体之间的可脱卸，二者并非同一含义。此外，华拓太阳能科技有限公司在申请再审中提交的专利审查档案进一步印证，后端盖不属于本案专利所述"可脱卸连接结构"的组成构件。因此，专利权利要求中"可脱卸"部件或者连接结构等技术特征与后端盖能否开合无关。被诉侵权产品的后端盖不能通过人力打开，并不意味着其不具有专利权利要求中的"可脱卸"特征。被诉侵权产品具备专利权利要求 1 的全部技术特征，落入本案专利权的保护范围。

专利文档资料也可用以解释权利要求。事实上，认可专利文档中记载的权利人对专利文本的修改及意见陈述，对权利要求的解释作用，已有较长时间的司法实践。例如，在深圳创格科技实业有限公司等诉美国康柏电脑公司专利权纠纷案❷中，专利文

---

❶ 最高人民法院民事判决书（2011）民提字第 64 号。

❷ 北京市高级人民法院民事判决书（1998）高知初字第 36 号。

档中记载的专利权人在确权程序中的意见陈述被用以解释专利权利要求并相应限缩专利权人所主张的专利权利要求的保护范围。

母案申请则可构成分案申请的特殊的专利审查档案。在申请再审人邱则有与被申请人山东鲁班建设集团总公司侵犯专利权纠纷案❶中，最高人民法院审理认为，母案申请构成分案申请的特殊的专利审查档案，在确定分案申请授权专利的权利要求保护范围时，超出母案申请公开范围的内容不能作为解释分案申请授权专利的权利要求的依据。分案申请是一类特殊的申请，是为了保证专利申请人的正当利益不受到损害，允许专利申请人将其在申请日提交的母案申请文件中已经披露、但因单一性等原因不能在母案中获得保护的发明创造另行提出专利申请，同时保留原申请日的一种制度。该制度在保护专利申请人利益的同时，为了平衡社会公众的利益，要求分案申请不得超出母案申请文件公开的范围，即不得在分案申请中补充母案申请文件未曾记载的新内容，以避免专利申请人将申请日后完成的发明创造通过分案申请抢占在先的申请日。因此，分案申请要受到母案申请文件的约束。在此意义上，母案申请构成分案申请特殊的专利审查档案，母案中未公开的内容不能作为权利人基于分案申请主张权利的依据。

### 4.2.2 外 部 证 据

如前文所述，外部证据是指专利说明书及附图、权利要求书和专利授权过程中权利人对专利文本的修改和意见陈述等内部证据之外的可用以解释权利要求的证据，包括本领域的工具书、教科书等公知文献、相关现有技术以及专家证言等。

关于外部证据，其证据效力通常低于内部证据：不能直接通过说明书及附图对技术术语和概念作出解释的，应当根据所属领域的技术人员所理解的通常含义来解释。有关技术术语和概念存在两种或者两种以上的解释时，字典、百科全书、技术工具书和已公开发表的论文中的解释视为所属领域的技术人员所理解的通常含义；存在多种通常含义的，结合专利档案的记录，采纳与该专利发明创造主题有关的全部通常含义。采用前述方式仍不能确定有关术语和概念的含义的，参考专家证人的证言等予以解释。

在申请再审人深圳市蓝鹰五金塑胶制品厂与被申请人罗士中侵犯实用新型专利权纠纷案❷中，使用了外部证据例如《现代汉语词典》、《化工辞典》等证据资料用以解释权利要求。在该案中，最高人民法院认为，在专利说明书对权利要求的用语无特别界定时，一般应根据本领域普通技术人员理解的通常含义进行解释，不能简单地将该用语的含义限缩为说明书给出的某一具体实施方式体现的内容。在该案中，最高人民法院借助《现代汉语词典》等外部证据确定本领域普通技术人员对权利要求相关技术

---

❶ 最高人民法院民事裁定书（2011）民申字第1309号。
❷ 最高人民法院民事判决书（2011）民提字第248号。

内容理解的通常含义。在申请再审人福建多棱钢业集团有限公司与被申请人启东市八菱钢丸有限公司侵犯发明专利权纠纷案❶中，就当事人有关权利要求技术术语"两级破碎"含义的争议，最高人民法院综合说明书和技术辞典等内部和外部证据进行解释，确认原一、二审法院将"两级破碎"解释为只能是先粗碎再细碎的两级破碎方法，并无不当。

## 5　落入发明及实用新型专利权保护范围的判定

落入专利权保护范围的判定，有时也简称为"专利侵权判定"。按照最高人民法院《专利侵权纠纷司法解释2009》第7条的规定，人民法院判定被诉侵权技术方案是否落入专利权的保护范围，应当审查权利人主张的权利要求所记载的全部技术特征。被诉侵权技术方案包含与权利要求记载的全部技术特征相同或者等同的技术特征的，人民法院应当认定其落入专利权的保护范围；被诉侵权技术方案的技术特征与权利要求记载的全部技术特征相比，缺少权利要求记载的一个以上的技术特征，或者有一个以上技术特征不相同也不等同的，人民法院应当认定其没有落入专利权的保护范围。

### 5.1　落入相同保护范围的判定

相同保护范围，也称为字义（或字面）保护范围。落入相同保护范围的判定，有时也简称"相同侵权判定"。当被诉侵权技术方案（产品或方法）与一项专利权利要求中记载的技术方案的全部技术特征一一对应并且相同，即前者再现了后者权利要求中记载的全部技术特征，则应当认定其落入专利权的相同保护范围；被诉侵权技术方案的技术特征与权利要求记载的全部技术特征相比，缺少权利要求记载的一个以上的技术特征，或者有一个以上技术特征不相同，应当认定其没有落入专利权的相同保护范围。

技术特征相同，并非指被控技术方案的文字表述在形式上与专利权利要求的相应技术特征相同，而是指二者在内容上的相同。在广州市英勇宝贝商贸有限公司诉上海梓航塑胶制品有限公司专利侵权纠纷案❷中，被控侵权产品的技术特征"在远离断口处的外圈位置上设有扣体"与涉案专利权利要求1的对应技术特征"断口处设有扣体"以及被控侵权产品的技术特征"在内圈上设有长条形带状黏结区，该长条形带状黏结区表面形成若干个突起的颗粒"与涉案专利权利要求1的对应技术特征"在内圈上设有凹槽，该凹槽的大小可以容纳婴幼儿的下颌"分别在文字表述形式上存在差异，当事人对于这两组比对特征是否分属相同特征存在争议。对此，上海市高级人民法院审理认为：将被控侵权产品的技术特征"在远离断口处的外圈位置上设有扣体"

---

❶　最高人民法院民事裁定书（2010）民申字第979号。
❷　上海市高级人民法院民事判决书（2011）沪高民三（知）终字第7号。

与涉案专利权利要求1的对应技术特征"断口处设有扣体"相比对,二者均是在整个圆环形圈的断口处设置有扣体,以达到扣合圆环形圈断口的效果,因此该两个技术特征属于相同的技术特征。关于被控侵权产品的技术特征"在内圈上设有长条形带状黏结区,该长条形带状黏结区表面形成若干个突起的颗粒"与涉案专利权利要求1的对应技术特征"在内圈上设有凹槽,该凹槽的大小可以容纳婴幼儿的下颌",涉案专利权利要求1并未限定凹槽的形状;而被控侵权产品充气后,长条形带状黏结区和与之相邻的游泳圈内圈壁共同形成一凹槽,该凹槽可以容纳婴幼儿的下颌;虽然长条形带状黏结区的两个末端各有一微小的突起颗粒,但这并不影响该长条形带状黏结区形成凹槽以容纳婴幼儿的下颌;且被控侵权产品充气后,长条形带状黏结区外侧的内圈壁呈向上倾斜的坡状,并不适于婴幼儿放置下颌,故上诉人关于"婴幼儿的下颌实际放置在该长条形带状黏结区再往外的位置上"的主张并不能成立。因此,被控侵权产品的技术特征"在内圈上设有长条形带状黏结区,该长条形带状黏结区表面形成若干个突起的颗粒"(长条形带状黏结区表面形成若干个突起的颗粒实为长条形带状黏结区的两个末端各有一个微小的突起颗粒)与涉案专利权利要求1的对应技术特征"在内圈上设有凹槽,该凹槽的大小可以容纳婴幼儿的下颌",属于相同的技术特征。

落入专利权保护范围的判定,是将被控侵权技术方案与专利权利要求进行比较和判断,既不是与具体的专利产品或专利方法进行比较,也不是和专利具体实施例相比。当权利要求中记载的技术特征属于上位概念特征,而被诉侵权技术方案的相应技术特征表达具体实施方式时,应当认定二者属于相同技术特征。

在申请再审人深圳市蓝鹰五金塑胶制品厂(以下简称"蓝鹰厂")与被申请人罗士中侵犯实用新型专利权纠纷案❶中,最高人民法院对此给出了指引。最高人民法院再审认为:本案专利产品OK-310BA折叠式方向盘自动锁是本案专利实施例1的具体体现,在确定本案专利权的保护范围时,可以帮助理解权利要求的内容。但是,侵权判断时,应该防止将该具体的实施例与被诉侵权产品进行对比,以免不当地缩小专利权的保护范围。本案中,当事人对锁体内部结构以及转轴结构及配合关系技术特征是否相同或者等同存在争议:关于锁体内部结构,本案专利权利要求中相应技术特征为"垂直大孔的两侧设有贯穿其中心的纵向孔"。"贯穿"不是一个专业技术术语,在本案专利说明书中也没有对其含义作出特别界定,应根据其通常含义对其进行解释。根据《现代汉语词典》载明,"贯"的意思是"穿、贯通、连贯","贯穿"的意思是"穿过、连通"。因此,该技术特征的字面含义为两侧的纵向孔连通并且穿过垂直大孔中心。垂直大孔是立体的,其中心指的是其轴向中心线,而不是轴向中心线的中心。要实现这一点,垂直大孔两侧的纵向孔可以在一条直线上,与垂直大孔形成"十"形结构,也可以上下错位设置,与垂直大孔形成"Z"形结构。因为垂直大孔

---

❶ 最高人民法院民事判决书(2011)民提字第248号。

和纵向孔都是中空的，上述两种结构均可以实现垂直大孔两侧的纵向孔连通并且穿过垂直大孔中心。被诉侵权产品锁体内部结构的技术特征为：垂直大孔两侧的纵向孔上下错位设置，分别与垂直大孔的中心相贯通，与垂直大孔形成"Z"形结构。因此，被诉侵权产品关于锁体结构的技术特征与本案专利相同。关于转轴结构及配合关系，本案专利权利要求中相应技术特征为"转轴下端的中部设有径向凹坑，其位置与锁止元件和弹性定位掣相对应"。"径向凹坑"的字面含义为沿转轴直径方向凹陷的坑状结构。在权利要求中没有对径向凹坑的形状、数量及组合方式的限制，也没有对与锁止元件和弹性定位掣相对应的径向凹坑是同一个还是不同的进行限制。本案专利说明书中实施例1和实施例2分别设置了一个和两个径向凹坑与锁止元件、弹性定位掣同时和分别对应。根据上述对锁体内部结构的分析，在垂直大孔两侧的纵向孔上下错位设置的情形下，也必定有不同的径向凹坑分别与锁止元件和弹性定位掣相对应。被诉侵权产品转轴结构的技术特征为：转轴下端分成上下两部分，错位开设两种不同滑槽分别与锁止元件和弹性定位掣相对应。位于上方的4个齿形滑槽（两个径向设置、两个非径向设置）与锁止元件相对应，位于下方的横截面为半圆弧形的滑槽（非径向设置）与方形弹性定位掣相对应。判断被诉侵权产品的滑槽与本案专利的径向凹坑是否相同或等同，还应该进一步确定径向凹坑的作用，而不能仅停留在其字面含义。本案专利中的径向凹坑与被诉侵权产品中的滑槽，其作用均是与弹性定位掣和锁止元件相配合，实现锁紧和开锁，以及保持组合锁梁和止动杆的折叠状态。尽管被诉侵权产品中的滑槽有些非径向设置，但其实质上和本案专利中的径向凹坑是相同的。本案专利权利要求和说明书中，对转轴转动过程中弹性定位掣的位置没有记载，也就是说没有排除在转轴转动过程中弹性定位掣始终弹顶在径向凹坑内的技术方案。被诉侵权产品弹性定位掣在转轴转动过程中，始终弹顶在横截面为半圆弧形的滑槽内，其作用也在于开锁旋转180度后顶在滑槽和锁体之间，保持锁体与组合锁梁折叠状态的相对稳定。在本案专利的权利要求范围内，会有不同的实施方式，不同的实施方式可能会带来技术效果上的差别，但是都落入专利权的保护范围之内。因此，在锁止元件、弹性定位掣与转轴的配合关系上，被诉侵权产品与本案专利相同，落入本案专利权保护范围。

## 5.2 落入等同保护范围的判定

落入等同保护范围的判定，有时也简称"等同侵权判定"，是在被诉侵权技术方案与专利权利要求不相同时，依据等同原则对被诉技术方案是否落入专利权利要求的等同保护范围的判定。

当被诉侵权技术方案（产品或方法）与一项专利权利要求中记载的技术方案相比，权项要求的一个或多个技术特征与被诉技术方案对应特征不相同时，根据等同原则，需要判定这些不相同的技术特征是否分属于等同特征；倘若属于等同特征，则应当认定其落入专利权的等同保护范围；被诉侵权技术方案的技术特征与权利要求记载的全部技术特征不相同也不等同的，应当认定其没有落入专利权的等同保护范围。

等同保护范围在我国司法实践的判定和运用，在我国《专利法》制定和实施后不久就已经开始；在天津东郊农场诉中国人民解放军 3608 工厂侵犯专利权纠纷案❶中，北京市中级人民法院认为：本案被告制造……发酵机，虽然与原告的专利技术存在部分区别，但这种区别并非实质区别，而属于以实质上相同的技术手段来替换纳入专利保护范围的必要技术特征，产生实质上一样的技术效果，故应当确认这种区别仍未超出专利权的保护范围。该一审判决后被北京市高级人民法院撤销，但北京市高级人民法院在二审判决并未否认原审专利保护范围的审判思路；北京市高级人民法院确认：判断专利侵权，应当以专利权利要求中记载的必要技术特征为准，经过对比，有一项以上必要技术特征不相等，且不构成等同物替换时，则不构成侵权。❷

在专利侵权判定中引入了"等同物"或"等同特征"的概念，增加了判定的难度。为统一尺度，最高人民法院在《专利纠纷司法解释2001》第 17 条规定，等同特征是指与所记载的技术特征以基本相同的手段，实现基本相同的功能，达到基本相同的效果，并且本领域的普通技术人员无须经过创造性劳动就能够联想到的特征。自 2001 年以来，最高人民法院还多次以裁判文书的形式对等同范围的判断给出进一步的指引。

最高人民法院审理的适用等同原则的首例案件，是 2001 年审理的宁波市东方机芯总厂诉江阴金铃五金制品有限公司案❸。本案涉及"机械奏鸣装置音板成键方法及其设备"的发明专利。专利权利要求 1 的成键加工设备的技术特征可以分解为五个：

① 一种机械奏鸣装置音板成键加工设备，它包括在平板型金属盲板上切割出梳状缝隙的割刀和将被加工的金属盲板夹持的固定装置。

② 所述的割刀是由多片圆形薄片状磨轮按半径自小到大的顺序平行同心的组成一塔状的割刀组。

③ 所述的盲板固定装置是一个开有梳缝的导向板，它是一块厚实而耐磨的块板，其作为导向槽的每条梳缝相互平行、均布、等宽。

④ 所述的塔状割刀组，其相邻刀片之间的间距距离与所述导向板相邻梳缝之间的导向板厚度大体相等。

⑤ 所述的塔状割刀组的磨轮按其半径排列的梯度等于音板的音键按其长短排列的梯度。被控侵权的设备与专利发明主题相同，都是一种机械奏鸣装置音板的成键设备，且都采用塔状割刀组的每片磨轮始终嵌入导向板或者防震限位板的平行、均布、

❶ 北京市中级人民法院民事判决书（1991）中经字第 565 号。
❷ 北京市高级人民法院民事判决书（1992）高经终字第 16 号。
❸ 最高人民法院民事判决书（2001）民三提字第 1 号。

等宽的梳缝槽内作往复运动，以实现将盲板加工成规定割深的音键。

就被控侵权的成键设备来说，其与专利权利要求相对应的五个技术特征相比，①②③④⑤四个特征相同；与特征③的区别在于：被控侵权设备的盲板不是固定在防震限位板（权利要求所说的导向板）上，而是另增加一个工件拖板，盲板固定在工件拖板上。就被控侵权的成键方法来说，被控侵权的成键方法与专利权利要求相对应的三个技术特征相比，①②两个特征完全相同，与特征③的区别在于：被控侵权的成键方法，其盲板不是夹固在防震限位板上，而是夹固在工件拖板上。原审法院认定被控侵权产品未落入专利权保护范围。

最高人民法院审理认为：被控侵权的产品和方法与专利相比，在工作原理、方法上是一样的，导向板和防震限位板这两个重要零件的主要工作面的结构形状是相似的；二者技术特征的不同之处，对于具有机械专业知识的普通技术人员而言，无须创造性的劳动就能实现。据此，可以认定二者在技术手段上基本相同。专利中的导向板和被控侵权产品中的防震限位板这两个重要零件的主要功能基本一致，可以认为二者所要实现的功能基本相同。特别是当把被控侵权产品中的防震限位板与工件拖板作为一个整体来看时，其功能与专利中的导向板并无实质性不同。被控侵权产品将工件固定在工件拖板上，而不固定在防震限位板上，相对于专利将工件固定在导向板上来说，不利于削弱工件的加工振动。专利中导向板具有工件（盲板）支承功能，有利于削弱工件的加工振动，提高加工质量，但并非被控侵权产品中的防震限位板不具有减震效果或者减震效果根本不同。据此，可以认为二者所要达到的技术效果也是基本相同的。此外，查阅机芯总厂专利的申请文档，盲板固定在防震限位装置上这一必要技术特征，并不是专利权人为了获得专利授权而在审查员的建议下特别进行修改的，故也不属于禁止反悔的情况。因此，被控侵权产品以将专利中固定盲板和导向为一体的导向板一个技术特征，分解成分别进行固定盲板和导向的防震限位板和工件拖板两个技术特征相替换，属于与专利权利要求中的必要技术特征以基本相同的手段，实现基本相同的功能，达到基本相同的效果的等同物，落入机芯总厂专利权的保护范围，构成侵犯专利权。最高人民法院在判决中特别指出，原审法院的错误在于：在认定等同物替换的侵犯专利权行为时，对被控侵权产品和方法的效果与专利的效果进行比较是必要的。但在比较二者的效果时，不应强调它们之间完全相等，只要基本相同即可。有时专利的效果要比被控侵权产品和方法的效果稍好，有时也可能是稍差的情况，都不影响对侵犯专利权行为的判断。

最高人民法院在 2005 年的大连仁达新型墙体建材厂诉大连新益建材有限公司专利侵权纠纷案❶中，再次适用等同原则并得出不侵权的结论。该实用新型专利权利要求书的内容为：

---

❶  最高人民法院民事判决书（2005）民三提字第 1 号。

第
2
章

一种混凝土薄壁筒体构件，它由筒管和封闭筒管两端管口的筒底组成，其特征在于所述筒底以至少二层以上的玻璃纤维布叠合而成，各层玻璃纤维布之间由一层硫铝酸盐水泥无机胶凝材料或铁铝酸盐水泥无机胶凝材料相粘接，筒底两侧板面亦分别覆盖有一层硫铝酸盐水泥无机胶凝材料或铁铝酸盐水泥无机胶凝材料。同样，所述筒管以至少二层以上的玻璃纤维布筒叠套而成，各层玻璃纤维布筒之间由一层硫铝酸盐水泥无机胶凝材料或铁铝酸盐水泥无机胶凝材料相粘接，筒管内腔表面与外柱面亦分别覆盖有一层硫铝酸盐水泥无机胶凝材料或铁铝酸盐水泥无机胶凝材料。

被控侵权产品也是由筒管和封闭筒管两端的筒底组成，与专利的前序部分相同。被控侵权产品筒管管壁的内部结构为两层水泥无机胶凝材料夹着一层玻璃纤维布，筒底壁不带玻璃纤维层。原一审法院审理认为：从手段上看，二者都是在水泥无机胶凝材料层之间增设玻璃纤维布，本质都是在水泥层之间增加了玻璃纤维布结构，一层与两层只是数量的差别，这种差别不会引起质的变化，所以，二者的手段基本相同；从功能上看，二者增设玻璃纤维布层都起到了增强薄壁强度的功能作用，特别是起到增加薄壁受力变形拉伸强度的功能；从效果上看，二者都是有效地减少了筒体的重量及楼层面的重量，效果基本相同。通过上述比较，可以看出，该领域的普通技术人员可以根据需要选择玻璃纤维层数量多少且不引起功能的本质变化的构造，无须经过创造性劳动就能想到，并达到基本相同的效果。所以，被控侵权产品在手段、功能和效果上，与涉案专利基本相同，构成等同侵权。原二审法院认为：被控侵权产品与专利产品是基于同行业使用形成的提高产品强度、减轻产品重量的产品，二者在技术构思上是基本相同的，而且均由筒管和封闭筒管两端的筒底组成，与权利要求书前序部分相同。虽然被控侵权产品与专利权利要求书载明的必要技术特征存在玻璃纤维布层数的差别，但这种差别与化合物和组合物等数值范围的限定不同，它只是数量的替换，并没有引起产品本质的变化。一审法院判定等同侵权成立，并无不当。

最高人民法院审理认为：首先，由于本案专利权利要求书在叙述玻璃纤维布层数时，明确使用了"至少二层以上"这种界线非常清楚的限定词，说明书亦明确记载玻璃纤维布筒的套叠层"可以少到仅两层"，故在解释权利要求时，不应突破这一明确的限定条件。应当认为，本领域的普通技术人员通过阅读权利要求书和说明书，无法联想到仅含有一层玻璃纤维布或者不含玻璃纤维布仍然可以实现发明目的，故仅含有一层玻璃纤维布或者不含有玻璃纤维布的结构应被排除在专利权保护范围之外。否则，就等于从独立权利要求中删去了"至少二层以上"，导致专利权保护范围不合理的扩大，有损社会公众的利益。其次，本案专利中玻璃纤维布层数的不同，不能简单地认为只是数量的差别，而是对于筒体构件的抗压能力、内腔容积以及楼层重量具有不同的物理力学意义上的作用。筒管部分含有"至少二层以上"玻璃纤维布，在增强抗压能力、减轻楼层重量、增加内腔容积方面达到的技术效果应优于筒管部分仅含

"一层"玻璃纤维布的效果。应当认为，仅含"一层"玻璃纤维布不能达到含有"至少二层以上"玻璃纤维布基本相同的效果，故被控侵权产品筒管部分在水泥无机胶凝材料中夹有一层玻璃纤维布不属于与专利相应技术特征的等同特征，更不是相同特征。因此，被控侵权产品亦没有落入专利权的保护范围。

最高人民法院对等同保护范围的判定思路，对下级人民法院无疑会产生影响。在西安高科陕西金方药业公司（以下简称"金方药业"）与山东方明药业股份有限公司（以下简称"方明药业"）确认不侵犯专利权纠纷一案❶中，受诉法院对权利要求中涉及数值的技术特征的等同判定采取了较为谨慎的态度。该案件涉及的专利权利要求1的内容为：

> 一种抗菌消炎药泡腾片剂，其特征在于该片剂每片含有甲硝唑 0.18～0.22g、克霉唑 0.144～0.176g、醋酸洗必泰 0.007 2～0.008 8g 和泡腾剂辅料 0.32～0.38g。

被告方明药业生产的"双唑泰阴道泡腾片"与涉案专利权利要求相比，除泡腾剂辅料含量为 0.472 1g 与权利要求不同外，其他技术特征均相同。原审法院认为，"泡腾剂辅料 0.32～0.38g"这一技术特征不仅清楚地写入权利要求1，而且得到说明书的支持。同时，在专利无效审查程序中，金方药业陈述意见时也进一步论证了该技术特征且为国家知识产权局专利复审委员会所采信。专利作为一种经申请人申请并经国家知识产权局审查授权公告的知识产权，其一经产生就应具有确定性和稳定性，随意将已经进入权利要求的技术特征解释为非必要技术特征，就会破坏专利的稳定性，使社会公众对具有公示性和确定性的专利权利要求无所适从。金方药业的泡腾剂辅料 0.32～0.38g 这一技术特征，作为一个数值范围是明确具体的，而方明药业的对应特征为泡腾剂辅料为 0.4721g，二者明显不同，金方药业适用等同原则将二者解释为相等同的技术特征证据不足。而且，金方药业专利中的泡腾剂辅料 0.32～0.38g 不仅为其专利必要技术特征，而且是体现专利突出的实质性特点的技术特征，这已为金方药业在专利无效审查程序中进一步确认。对体现专利创造性的技术特征在进行侵权比对时应谨慎适用等同原则，因为，对体现专利创造性高度的技术特征适用等同原则，会不适当地扩大专利的保护范围，打破专利授权时就已经形成的专利权人与社会公众之间的利益平衡。同时，金方药业将泡腾剂辅料 0.32～0.38g 写入权利要求并得到授权，社会公众有理由相信专利权人选择该数值范围已经使其技术方案最佳化和权利最大化。山东省高级人民法院二审进一步认为：首先，在国家知识产权局专利复审委员会针对涉案专利的无效宣告请求审查中，金方药业作为专利权人，明确主张涉案专利权利要求1的突出的实质性特点为泡腾片剂剂型、辅料和含量，且导出这些区别特征的非显而易见性。专利复审委员会在无效宣告请求审查决定书中亦采纳了金方药业的

---

❶ 山东省高级人民法院民事判决书（2009）鲁民三终字第89号。

上述意见，认定"权利要求1的技术方案是非显而易见的，并且产生了意外的有益效果，具有突出的实质性特点和显著的进步，权利要求1符合《专利法》第22条第3款的规定"。因此，涉案专利权利要求1所载明的泡腾剂辅料含量这一技术特征，具有突出的实质性特点，体现了涉案专利的创造性。其次，对于体现专利创造性的技术特征，须审慎适用等同原则，否则，将会导致专利的保护范围过宽，对公众利益造成不适当的侵害。最后，涉案专利权利要求1对泡腾剂辅料含量数值作出了明确限定，即"0.32～0.38g"，从字面上来看，该数值范围的含义是明确的，因此应根据该字面含义严格限定涉案专利权利保护范围。并且，基于专利权利要求的公示性，在本案中，如果容许专利权人突破该字面含义对辅料含量数值进行扩大解释，将使社会公众对涉案专利的保护范围陷入模糊认识。综上所述，本案不应适用等同原则，被控侵权药品的"泡腾剂辅料0.4721g"与涉案专利权利要求载明的"泡腾剂含量0.32～0.38g"技术特征不相同，也不等同，方明药业生产、销售的被控侵权药品未落入金方药业涉案专利权利保护范围。

　　最高人民法院在湖北午时药业股份有限公司与澳诺（中国）制药有限公司、王军社侵犯发明专利权纠纷案❶中，适用了禁止反悔原则，对原审人民法院关于等同范围的判断予以纠正；同时指明等同特征的判断要从专利法意义上进行判定，而非仅仅关注其技术功效。涉案专利权利要求1为：

　　　　一种防治钙质缺损的药物，其特征在于：它是由下述重量配比的原料制成的药剂：活性钙4～8份，葡萄糖酸锌0.1～0.4份，谷氨酰胺或谷氨酸0.8～1.2份。

　　被控口服溶液产品每10ml含葡萄糖酸钙600mg、葡萄糖酸锌30mg、盐酸赖氨酸100mg。争议主要在于活性钙与葡萄糖酸钙是否等同，以及谷氨酰胺或谷氨酸与盐酸赖氨酸是否等同。

　　涉案专利申请公开文本中，其独立权利要求为可溶性钙剂，可溶性钙剂包括葡萄糖酸钙、氯化钙、乳酸钙、碳酸钙或活性钙。在国家知识产权局第一次审查意见通知书中，审查员认为，该权利要求书中使用的上位概念"可溶性钙剂"包括各种可溶性的含钙物质，它概括了一个较宽的保护范围，而申请人仅对其中的"葡萄糖酸钙"和"活性钙"提供了配制药物的实施例，对于其他的可溶性钙剂没有提供配方和效果实施例，所属技术领域的技术人员难于预见其他的可溶性钙剂按本发明进行配方是否也能在人体中发挥相同的作用，权利要求在实质上得不到说明书的支持，应当对其进行修改。申请人根据审查员的要求，对权利要求书进行了修改，将"可溶性钙剂"修改为"活性钙"。

　　最高人民法院首先解释权利要求1中记载的"活性钙"是否包含了"葡萄糖酸

---

❶　最高人民法院民事判决书（2009）民提字第20号。

钙"，认为涉案专利申请公开文本权利要求 2 以及说明书第 2 页明确记载，可溶性钙剂是"葡萄糖酸钙、氯化钙、乳酸钙、碳酸钙或活性钙"。可见，在专利申请公开文本中，葡萄糖酸钙与活性钙是并列的两种可溶性钙剂，葡萄糖酸钙并非活性钙的一种。此外，涉案专利申请公开文本说明书实施例 1 记载了以葡萄糖酸钙作为原料的技术方案，实施例 2 记载了以活性钙作为原料的技术方案，进一步说明了葡萄糖酸钙与活性钙是并列的特定钙原料，葡萄糖酸钙并非活性钙的一种。专利申请人在涉案专利的审批过程中，将"可溶性钙剂"修改为"活性钙"，从涉案专利审批文档中可以看出，专利申请人进行上述修改是针对国家知识产权局认为涉案专利申请公开文本权利要求中"可溶性钙剂"保护范围过宽，在实质上得不到说明书支持的审查意见而进行的，同时，专利申请人在修改时的意见陈述中，并未说明活性钙包括了葡萄糖酸钙，故被申请人认为涉案专利中的活性钙包含葡萄糖酸钙的主张不能成立。由于专利权人在专利授权程序中对权利要求 1 所进行的修改，放弃了包含"葡萄糖酸钙"技术特征的技术方案。根据禁止反悔原则，专利申请人或者专利权人在专利授权或者无效宣告程序中，通过对权利要求、说明书的修改或者意见陈述而放弃的技术方案，在专利侵权纠纷中不能将其纳入专利权的保护范围。因此，涉案专利权的保护范围不应包括"葡萄糖酸钙"技术特征的技术方案。被诉侵权产品的相应技术特征为葡萄糖酸钙，属于专利权人在专利授权程序中放弃的技术方案，不应当认为其与权利要求 1 中记载的"活性钙"技术特征等同而将其纳入专利权的保护范围。

关于谷氨酰胺或谷氨酸与盐酸赖氨酸是否等同问题，澳诺制药有限公司就"一种防止或治疗钙质缺损的口服溶液及其制备方法"，向国家知识产权局另行申请了发明专利。最高人民法院审理认为：专利权人在该另行申请的专利审批过程中提供的意见陈述中称，在葡萄糖酸锌溶液中加入盐酸赖氨酸，与加入谷氨酰胺或谷氨酸的配方相比，前者使葡萄糖酸钙口服液在理化性质上有意料之外的效果，在葡萄糖酸钙的溶解度和稳定性等方面都有显著的进步，并提供了相应的实验数据证明其上述主张。国家知识产权局也据此申辩主张授予了专利权。由于该另行申请的专利的权利要求 1 与涉案专利权利要求 1 的主要区别，就在于将涉案专利权利要求 1 记载的"谷氨酸或谷氨酰胺"变更为"盐酸赖氨酸"，可见，从专利法意义上讲，"谷氨酸或谷氨酰胺"与"盐酸赖氨酸"这两个技术特征，对于制造葡萄糖酸锌溶液来说，二者存在着实质性差异。被诉侵权产品的相应技术特征为盐酸赖氨酸，与涉案专利权利要求 1 记载的"谷氨酸或谷氨酰胺"技术特征相比，二者不应当属于等同的技术特征。国家药品监督管理局国药管安〔2000〕131 号《通知》附件中，虽然公布了可以"用盐酸赖氨酸 10g 代替谷氨酸 10g"，但这只是国家采用的一种行政管理措施，并非专利法意义上的等同替换，不能据此就认为被诉侵权产品的盐酸赖氨酸技术特征与涉案专利权利要求 1 记载的"谷氨酸或谷氨酰胺"技术特征等同。鉴于被诉侵权产品的"葡萄糖酸钙"和"盐酸赖氨酸"两项技术特征，与涉案专利权利要求 1 记载的相应技术特征"活性钙"和"谷氨酸或谷氨酰胺"既不相同也不等同，被诉侵权产品没有落入专利权的保护范围。

## 6 以功能或效果表述的技术特征的权利要求保护范围的确定

《专利侵权纠纷司法解释2009》第4条规定："对于权利要求中以功能或者效果表述的技术特征，人民法院应当结合说明书和附图描述的该功能或者效果的具体实施方式及其等同的实施方式，确定该技术特征的内容。"

### 6.1 以功能或效果表述的技术特征的认定

由于以功能或效果表述的技术特征（以下简称"功能性技术特征"），按《专利侵权纠纷司法解释2009》的规定，在专利侵权纠纷案件的审理中，需要采用与一般技术特征相区别的特殊解释方式，所以首先应当清楚地区分哪些技术特征是"功能性技术特征"。

在"功能性技术特征"概念起源的美国，在早年实践中存在一种认识，只要某一技术特征中具有了功能或效果描述的内容（以下简称"功能性描述"），就认定为功能性技术特征。然而，现在被法院和业内所接受的观点是，并非所有含有功能性描述的技术特征都是可适用特定解释规则的"功能性技术特征"，而是要求构成"功能性技术特征"的，必须是"纯功能性限定"，即不能包含一定程度上的结构描述。❶ 在美国实践中，当技术特征中以"means/step for"开始时，首先会推定其为功能性技术特征，如果该特征中不具有具体的结构、材料或动作描述，则可最终确认该特征是功能性技术特征，并按照《美国专利法》第112条第6款的规定进行"具体实施方式加等同实施方式"的解释方式；❷ 相反，如果在该特征中还具有具体的结构、材料或动作描述，则推翻（rebut）之前的推定。❸

我国实践中没有类似于美国的技术特征中用"means/step for"推定功能性技术特征的做法，法律法规包括《专利法》及其实施细则和司法解释，也尚未对功能性技术特征的定义进行专门解释和规定。国家知识产权局《审查指南2001》、《审查指南2006》和《专利审查指南2010》中有关功能性技术特征的规定如下："通常，对产品权利要求来说，应当尽量避免使用功能或者效果特征来限定发明。只有在某一技术特征无法用结构特征来限定，或者技术特征用结构特征限定不如用功能或效果特征来限定更为恰当，而且该功能或者效果能通过说明书中规定的实验或者操作或者所属技术

---

❶ United States Patent and Trademark Office, Commerce. Supplementary Examination Guidelines for Determining Compliance With 35 U. S. C. 112 and for Treatment of Related Issues in Patent Applications. Federal Register, Notice, February 9, 2011, Vol. 76, No. 27: 7162 [EB/OL]. [2012 – 10 – 16]. http: //www. uspto. gov/patents/law/notices/2011. jsp.

❷❸ *Callicrate v. Wadsworth Mfg. , Inc.* , 427 F. 3d 1361, 77 USPQ2d 1041 (Fed. Cir. 2005).

领域的惯用手段直接和肯定地验证的情况下，使用功能或者效果特征来限定发明才可能是允许的。

对于权利要求中所包含的功能性技术特征，应当理解为覆盖了所有能够实现所述功能的实现方式。"❶

在《专利侵权纠纷司法解释 2009》第 4 条中，有关功能性技术特征的规定表述为："对于权利要求中以功能或者效果表述的技术特征，人民法院应当结合说明书和附图描述的该功能或者效果的具体实施方式及其等同的实施方式确定该技术特征的内容。"但是，在目前的法律法规中并没有对功能性技术特征给出明确定义，这使得在司法实践中，人民法院缺乏认定功能性技术特征的明确标准。由于我国没有专门的专利法院，而有权审理专利案件的法院又多达上百家，在以往的案件中，各地、各级人民法院在认定功能性技术特征时缺乏一致性，有些法院在认定时主要关注技术特征是否具有功能性的描述，有些法院认为功能性技术特征必须排除结构和位置描述。还有一部分案件，法院在审理中回避了功能性技术特征的认定。北京、上海等地的法院对功能性技术特征的认定则引起人们更多的关注。下面将结合过去几年中审结的若干案件对我国目前有关功能性技术特征认定的实践进行介绍。

2006 年，在曾展翅诉河北珍誉工贸有限公司、北京双龙顺仓储购物中心侵犯专利权案❷中，涉案专利权利要求 1 为"一种除臭吸汗鞋垫，其特征是它是由两层防滑层于相对的内面各附设一单向渗透层，其间再叠置黏结吸汗层、透气层、除臭层组成，吸汗层与透气层相邻"。北京市高级人民法院明确将其中的"单向渗透层"认定为功能性技术特征，虽然在判决中并未给出关于这一认定的具体分析理由，但法院在案后评述中指出：功能性限定技术特征是指在专利的权利要求中不是采用结构性特征或者方法步骤特征来限定发明或者实用新型，而是采用零部件或者步骤在发明或者实用新型中所起到的作用、功能或者所产生的效果来限定发明或者实用新型。

2009 年，在深圳矽感科技有限公司诉上海向隆电子科技有限公司侵犯发明专利权纠纷一案❸中，对于权利要求 1 中的技术特征"一个接口模块，用于将所说扫描仪连接到一个计算装置上，并从该计算装置接收电源和系统控制信号"，一审法院认为其属于"采用结构加功能的方式来界定接口模块的技术特征"。在二审中，上海市高级人民法院认为：根据查明事实，涉案专利的权利要求 1 仅从功能上对接口模块作了界定。对于仅以功能表达的技术特征，应根据说明书及附图的记载，合理确定专利权的保护范围。

同年，在 ICU 医学有限公司诉中国人民解放军总医院第一附属医院等侵犯专利权

---

❶ 中华人民共和国国家知识产权局. 专利审查指南 2010 [M]. 北京：知识产权出版社，2010：143 - 146.

❷ 北京市高级人民法院民事判决书（2006）高民终字第 367 号。

❸ 上海市高级人民法院民事判决书（2009）沪高民三（知）终字第 13 号。

纠纷案❶中，对于将涉案权利要求1的技术特征"所说的腔包括一个在所说的密封在所说的第一位置时对所说的出口开放的第一液体腔，和一个在所说的密封在所说的第二位置时对所说的出口开放的较小的第二液体腔，从而在所述主体内的腔的变化在所述出口的方向产生一个正向液体流动"认定为功能性技术特征，北京市第一中级人民法院的解释是：权利要求1中并没有限定密封、第一液体腔和第二液体腔的具体结构，亦没有限定密封与第一液体腔和第二液体腔的位置关系，仅限定密封在第一位置和第二位置之间移动，当密封由第一位置移动至第二位置，腔由第一液体变为较小的第二液体，这种腔由第一液体腔变为较小的第二液体腔的变化属于功能变化，而非结构变化，正向液体流动是这种功能变化最终产生的效果。

由此，法院认为第一、第二液体腔与"开口"之间的位置关系（"……对所说的出口开放的第一液体腔，和……对所说的出口开放的较小的第二液体腔"）不属于足够清楚的结构或位置描述。

在以上三个案例中，法院均认为功能性技术特征应当使用功能而非结构进行限定。此外，法院均认为涉案特征中明示或暗示的结构、位置关系不够清楚，不足以使技术特征被认定为非功能性技术特征。换言之，其认定标准在于技术特征应当主要使用功能进行限定，而没有采用足够清楚的结构语言进行限定。相反，如果采用了结构描述，那么即使该特征中也包含效果方面的描述，该特征也不应认定为是功能性技术特征。

在2009年的北京英特莱摩根热陶瓷纺织有限公司诉北京德源快捷门窗厂侵犯发明专利权纠纷案❷中，权利要求1内容如下：

> 一种防火隔热卷帘耐火纤维复合帘面，其中所说的帘面由多层耐火纤维制品复合缝制而成，其特征在于所说的帘面包括中间植有增强用耐高温的不锈钢丝或不锈钢丝绳的耐火纤维毡夹芯，由耐火纤维纱线织成的用于两面固定该夹芯的耐火纤维布以及位于其中的金属铝箔层。

北京市第二中级人民法院认为：对于含有功能性限定的特征的权利要求，应当判断该功能性限定是否得到说明书的支持。虽然涉案发明专利权利要求1中包括"防火隔热"、"耐火"、"耐高温"等内容，但其并未使用功能特征来限定涉案发明专利的保护范围，而是采用了相应的结构特征予以描述，因此不应将说明书中的相关内容纳入涉案发明专利保护范围。

受诉法院的上述认定表明，即使技术特征中记载有"防火隔热"、"耐火"、"耐高温"等效果，但如果该技术特征同时还包含了结构限定，则法院也不将其视为使用功能特征进行限定的技术特征，因此并未采用功能性技术特征的解释方式。

---

❶　北京市第一中级人民法院民事判决书（2009）一中民初字第1966号。
❷　北京市第二中级人民法院民事判决书（2009）二中民初字第08543号。

2010 年，在曲声波与新世界（中国）科技传媒有限公司等实用新型专利侵权纠纷上诉案❶中，权利要求 1 内容如下：

　　一种多线路公交电子站牌，由站名显示器，到站预报电子显示屏，多线路车站列表显示板，和支撑固定座组成，其特征在于：（a）站名显示器位于站牌的顶部；（b）到站预报电子显示屏位于站牌的上部，连接在站名显示器的下方；（c）多线路车站列表显示板固定在到站预报电子显示屏和支撑固定座之间。

关于"到站预报电子显示屏"，上海市高级人民法院认为：根据专利说明书的描述，该"到站预报电子显示屏"中的电子显示屏是多行显示 LED 点阵显示屏，但权利要求与说明书均未记载或者描述采取什么具体技术手段，使该采用多行显示 LED 点阵显示屏的"到站预报电子显示屏"能够滚动显示各条线路最近到达车辆的预计到站时间和到达本站距离等动态信息。本案中，没有相应的证据可以证明，在所属技术领域中，已经存在技术结构相对固定且为所属领域一般技术人员所熟知的，能够滚动显示各条线路最近到达车辆的预计到站时间和到达本站距离等动态信息的"到站预报电子显示屏"。权利要求中的"到站预报电子显示屏"技术特征只是描述了该特征所要实现的"到站预报"功能（根据说明书可以进一步确定"到站预报"功能是指预报"各条线路最近到达车辆的预计到站时间和到达本站距离等动态信息"的功能），但权利要求中并未记载实现该功能的具体技术手段，故该"到站预报电子显示屏"是一项功能性技术特征。

在本案中，上海市高级人民法院除了分析技术特征语言本身仅描述了功能、且未记载具体技术手段以外，还进一步指出，在现有技术中也没有"技术结构相对固定且为所属领域一般技术人员所熟知"的到站预报电子显示屏。由此看出，如果现有技术中存在了熟知的预报显示屏结构，那么即使在技术特征中没有明确包含结构描述，法院也可能认为其实际上暗示了一定的结构描述，从而否定该技术特征是功能性技术特征。

关于这一点，最高人民法院在 2011 年的梁锦水与李昌众、上海欧纳包装制品有限公司侵犯专利权纠纷一案❷中也表达了相同的观点："并不是所有以功能或者效果表述的技术特征均属于功能性特征，因为在同一技术领域中有很多已成熟技术的既定概念也使用了功能性的表述，如'变压器'、'放大镜'、'发动机'等，本领域技术人员能够明了这些概念所指的技术是如何实现的，其基本结构如何。二审判决以涉案专利技术特征 A、B、C、D、E、F、G、H、I 均只是陈述了相应装置的功能而未描述相应装置的具体结构为由认定这些技术特征一律为功能性特征，不尽准确。"

虽然我国法律法规中并没有对功能性技术特征进行明确定义，但从 2006～2011

---

❶ 上海市高级人民法院民事判决书（2010）沪高民三（知）终字第 89 号。
❷ 最高人民法院民事裁定书（2009）民监字第 567 号。

年之间审结的上述几起案件中可以看出，法院在功能性技术特征的认定中的几种思路：①完全不含有结构描述的功能性特征才是功能性技术特征；②由功能进行限定的技术特征中只要不含有足够清楚的结构描述就可能被认为是功能性技术特征；③对特征中的术语是否具有暗示的公知结构是认定功能性技术特征应考量的因素加以了考虑。这些案件所体现的法院的总体态度是，功能性技术特征应当是：①以功能性进行限定；②没有包含明确的、足够清楚的结构描述；③已成熟技术的既定概念中使用的功能性的表述，如"变压器"、"放大镜"、"发动机"等，不属于功能性技术特征。美国在2011年颁布的《涉及美国专利法第112条的补充审查指南》❶ 中有关功能性技术特征的定义也与中国上述案件的认定非常接近。

## 6.2 功能性技术特征的解释方法

在认定功能性技术特征后，需要对其进行解释，以确定专利权利要求的保护范围。如前所述，在专利侵权纠纷案件的审理中，与其他类型的技术特征不同，功能性技术特征适用特殊的解释方式。对于普通技术特征而言，其所限定的保护范围应解释为由技术特征的相同和等同特征所覆盖；对于功能性技术特征，在专利侵权案件中，则将其解释为覆盖说明书实施例中实现该功能的具体实施方式，及其等同实施方式。然而，在授权和确权案件中，目前国家知识产权局和法院对功能性技术特征仍然按照或参照《专利审查指南2010》所规定的解释方式，即只要是能够实现所述功能的实现方式都覆盖在该特征之内。

《专利侵权纠纷司法解释2009》颁布以前，法院在审理专利侵权纠纷案件涉及功能性技术特征权利要求的解释时，已开始认识到功能性技术特征不应当覆盖能够实现该功能的所有方式，因为该功能性技术特征覆盖的范围可能过宽，有些已经覆盖了超出发明创造对现有技术实际作出的贡献范围，覆盖了一切可实施相同功能的方式，从而妨碍社会公众的利益。《专利侵权纠纷司法解释2009》规定，"对于权利要求中以功能或者效果表述的技术特征，人民法院应当结合说明书和附图描述的该功能或者效果的具体实施方式及其等同的实施方式确定该技术特征的内容"，即以"具体实施方式加等同实施方式"确定功能性技术特征内容的解释方法。以下结合几个2009年前后的案例，说明侵权案件中功能性技术特征的解释方式。

如在前述2006年的曾展翅案中，北京市高级人民法院在推翻一审判决时认为："对于采用功能性限定特征的权利要求，不应当按照其字面含义解释为涵盖了能够实现该功能的所有方式，而是应当受到专利说明书中记载的实现该功能的具体方式的限

❶ United States Patent and Trademark Office, Commerce. Supplementary Examination Guidelines for Determining Compliance With 35 U. S. C. 112 and for Treatment of Related Issues in Patent Applications. Federal Register, Notice, February 9, 2011, Vol. 76, No. 27：7162［EB/OL］.［2012 - 10 - 16］. http：//www. uspto. gov/patents/law/notices/ 2011. jsp.

制。具体而言，在侵权判断中应当对功能性限定特征解释为仅仅涵盖了说明书中记载的具体实现方式及其等同方式……涉案专利说明书中对单向渗透层明确指明'为一种具有漏斗状孔隙的布面'，而涉案被控侵权产品单向渗透层采用的是非织造布，并非是与具有漏斗状孔隙的布面相同或相等同的技术特征，因此，被控侵权产品没有落入涉案专利权的保护范围。"

在《专利侵权纠纷司法解释 2009》颁布后，各地法院在专利侵权纠纷中开始统一适用"具体实施方式加等同实施方式"的解释方法。

在前述的 ICU 医学有限公司案中，北京市第一中级人民法院认为："对于权利要求中以功能或者效果表述的技术特征，不应当按照其字面含义解释为涵盖了能够实现该功能的所有方式，而应当结合说明书和附图描述的该功能或者效果的具体实施方式及其等同的实施方式，确定该技术特征的内容。而说明书描述了 14 个实施例，在所有的实施例中密封均具有一个从中穿过的通道，该通道至少以其部分限定了腔，从而实现当密封由第一位置移动至第二位置，腔由第一液体腔变为较小的第二液体腔的功能，达到产生正向液体流动的效果。而被控侵权产品的密封为实心的，并不具有从中穿过的通道，亦不参与限定腔，并非与上述本专利为实现其功能的具体实施方式相同或者相等同的技术特征，因此被控侵权产品没有落入本专利权利要求 1 的保护范围。"

同样在曲声波案中，上海市高级人民法院也按照最高人民法院司法解释，在说明书中寻找实现特征所述功能的相应结构，在之后章节中会有后续介绍。

虽然如上所述，最高人民法院在《专利侵权纠纷司法解释 2009》中规定了对于功能性技术特征权利要求应当采用"具体实施方式加等同实施方式"的解释方法，但是在授权和确权案件中，专利局、专利复审委员会和法院仍然普遍适用《专利审查指南 2010》。《审查指南 2001》、《审查指南 2006》和《专利审查指南 2010》均规定"……对于权利要求中的功能性技术特征，应当理解为覆盖了所有能够实现所述功能的实施方式"，即"覆盖所有实施方式"的解释方法。在这一点上，2009 年的司法解释制定时没有采用《审查指南 2006》所规定的解释方法，而《专利审查指南 2010》制定时也没有参考司法解释的相关规定，二者没有进行统一。与此相似，美国在 1952年改法加入功能性技术特征之后，到 1994 年之前也存在着与中国现阶段相类似的情形，即"具体实施方式加等同实施方式"的解释方法仅适用于专利侵权案件中，而美国专利商标局和一些法院在授权和确权案件中并没有完全采用这种解释方法。❶ 直到 1994 年联邦巡回上诉法院（CAFC）全席审理的 *In re Donaldson* 案❷中，法院判定在专利的授权、确权案件中，也应该采用与侵权案件相统一的解释方法，即"具体实施方式加等同实施方式"的解释方法。遵从该案判决的精神，美国专利商标局颁布了新的

❶ *In re Lundberg*, 244 F. 2d 543, 113 USPQ 530（CCPA 1957）.

❷ *In re Donaldson Co.*, 16 F. 3d 1189（Fed. Cir. 1994）.

功能性技术特征补充审查指南❶，从而结束了长期存在的分歧。我国《专利法》并未对功能性技术特征的解释方法作出明确的规定，这和《美国专利法》第112条第6款对此有具体规定不同。美国在专利法层面对此进行了专门规定，为解决美国法院和专利商标局就功能性技术特征解释方法的争议，并进而统一其解释方法，奠定了法律基础。我国在专利授权和确权案件审理和侵权案件审理中对功能性技术特征的解释方法尚不统一，业内近年来也在积极研究讨论二者是否应当统一以及如何统一的问题。

### 6.3　功能性技术特征的权利要求保护范围的确定

在专利侵权案件中，在对功能性技术特征采用"具体实施方式加等同实施方式"的解释方式时，需要阅读说明书以寻找实现所述功能的具体实施方式及其功能性技术特征相应的结构特征，以确定该功能或者效果技术特征的具体实施方式及其等同的实施方式的内容；在被控产品的特征与说明书记载的相应特征的具体实施方式内容不相同时，还需要判断是否是其等同的实施方式的内容。

因此，功能性技术特征的权利要求的保护范围的确定，涉及说明书中是否公开了实现所述功能的具体实施方式及功能性技术特征相应的具体结构，哪些是与功能性技术特征相对应的"必需结构"，以在被控产品的特征与说明书的具体实施方式内容不相同时，根据该"必需结构"进一步判定其等同实施方式的内容，以及功能性技术特征解释中的"等同实施方式"中与"等同原则"中的等同特征或等同物之间的关系。

### 6.3.1　说明书中具体实施方式的识别

功能性技术特征的专利说明书是否公开了实现所述功能的相应结构特征的具体实施方式，以及公开的实现所述功能的相应结构特征数量的多少，均可能影响权利要求功能性技术特征内容的确定。然而，在以往各国案例中，均有发现说明书中没有记载任何相应结构特征，从而导致无法清楚地界定权利要求保护范围的问题。例如，在美国相关案例中，法院则以权利要求保护范围无法清楚确定❷为由判定专利无效。在我国2009年的曲声波案中，上海市高级人民法院在认定功能性技术特征之后，在阅读说明书实施例以确认权利要求保护范围时指出："说明书中没有记载实现相应功能的具体实施方式，故依据最高人民法院的前述司法解释，不能确定涉案专利权利要求1中技术特征'到站预报电子显示屏'的内容，进而也无法确定涉案专利权利要求1的保护范围。由于涉案专利权利要求1的保护范围不能确定，故无论被控侵权站亭的技术方案如何，上诉人曲声波的侵权指控均不能成立。"

从中可以看出，对于该案中的功能性技术特征，上海市高级人民法院严格按照最高人民法院司法解释的精神进行解释，即将其覆盖范围解释为说明书中所公开的具体

---

❶　CHARLES E. VAN HORN. Means or Step Plus Function Limitation Under 35 U. S. C. 112, 6th Paragraph［EB/OL］. （1994 - 04 - 20）［2012 - 10 - 16］. http：//www. uspto. gov/web/offices/com/sol/og/con/files/cons089. htm.

❷　35 USC 112, para. 2 Indefiniteness.

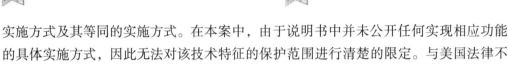

实施方式及其等同的实施方式。在本案中，由于说明书中并未公开任何实现相应功能的具体实施方式，因此无法对该技术特征的保护范围进行清楚的限定。与美国法律不同，中国目前没有任何法律规定可以使法院以保护范围无法确定为由直接宣告权利要求无效。在这种情况下，法院采取了直接判定由于无法确定保护范围而无法确定侵权的方式结案。

### 6.3.2 说明书中具体实施方式中"必需结构"特征的认定

另一种情形是，说明书中针对功能性技术特征公开了充分的具体结构。在这样的情形下，在判断侵权时也会产生应当考虑说明书中的哪些具体结构特征的争议。举例而言，说明书公开了五个相关结构特征，原告主张其中只有三个是用于实现功能性技术特征所必需的对应结构，因此应当将功能性技术特征解释为这三个结构特征及其等同方式，而不去考虑另外两个结构特征；而被告会主张五个结构特征全部都是必需的结构特征，并且在判断侵权时都应当被考虑。例如，在 2011 年审结的胡贝尔和茹纳股份公司诉常州市武进凤市通信设备有限公司侵犯发明专利权纠纷案❶中，法院认定涉案权利要求 1 中"紧固套设置"技术特征属于以功能或者效果表达的技术特征，且双方认可涉案专利说明书的"具体实施方式"中载明"该紧固套设有轴向缝隙并构成多个弹性卡舌。在这些卡舌的前端形成径向内向的卡钩。在外面分别通过轴肩构成止档。如图所示，紧固套的端面突出于外导体套的接触面"的内容系涉及紧固套设置技术特征的内容，其中"在外面分别通过轴肩构成止档"的内容非为实现卡锁—压紧的功能而设定，不属于涉案专利权利要求 1 中紧固套设置技术特征的内容。双方分歧在于被告认为权利要求 1 中紧固套设置技术特征应当包括"该紧固套设有轴向缝隙并构成多个弹性卡舌，在这些卡舌的前端形成径向内向的卡钩，紧固套的端面突出于外导体套的接触面"的全部内容，原告认为"该紧固套设有轴向缝隙并构成多个弹性卡舌"、"紧固套的端面突出于外导体套的接触面"并非紧固套设置的必要技术特征，不应作为紧固套设置技术特征的内容。虽然该案最终因为原告举证不足而法院没有在判决书中对这一事由进行详细论述，但是双方在这一点上的争议也为今后类似案件的争辩提供了参考素材。

对于这一问题，美国具有类似的实践。《美国专利法》第 112 条第 6 款规定，"……用于执行一特定功能的装置或步骤……应当被解释为覆盖了说明书记载的相应结构、材料或者动作及其等同方式"，其中的"相应"结构，只有在专利说明书或审查历史清楚地将一个结构与权利要求中所述的功能相联系起来的时候，该结构才是"相应"的。这种将结构与功能相联系的责任是第 112 条第 6 款规定所带来的方便的对价（quid pro quo）。❷例如，在 1999 年的 *Chiuminatta Concrete Concepts, Inc. v. Cardinal*

---

❶ 江苏省常州市中级人民法院民事判决书（2010）常知民初字第 99 号。

❷ *B. Braun Med. Inc. v. Abbott Laboratories*, 124 F. 3d 1419, 1424（Fed. Cir. 1997）.

Indus. *Inc.* 案[1]中，权利要求技术特征为"连接到锯子用于支撑混凝土表面的装置"，该装置在说明书中对应于一个防撞击滑板。在解释该装置时，除了与执行权利要求所述功能相关的结构特征以外，CAFC 明确排除了该滑板上的其他所有无关结构特征。

### 6.3.3 功能性技术特征的等同实施方式及其与等同特征的关系

对于含有功能性技术特征的权利要求，在判定保护范围时，其"等同实施方式"所确定的内容，是属于权利要求相同保护范围的内容，还是等同保护范围的内容，这涉及功能性技术特征下的等同实施方式与等同原则下的等同特征的关系，也引发了业内关注。

最高人民法院《专利纠纷司法解释2001》第 17 条规定："我国《专利法》第 56 条第 1 款所称的'发明或者实用新型专利权的保护范围以其权利要求的内容为准，说明书及附图可以用于解释权利要求'，是指专利权的保护范围应当以权利要求书中明确记载的必要技术特征所确定的范围为准，也包括与该必要技术特征相等同的特征所确定的范围。等同特征是指与所记载的技术特征以基本相同的手段，实现基本相同的功能，达到基本相同的效果，并且本领域的普通技术人员无须经过创造性劳动就能够联想到的特征。"

同时，《专利侵权纠纷司法解释2009》第 4 条规定："对于权利要求中以功能或者效果表述的技术特征，人民法院应当结合说明书和附图描述的该功能或者效果的具体实施方式及其等同的实施方式，确定该技术特征的内容。"

上述司法解释没有明确规定在判定功能性技术特征的权利要求保护范围时，其"等同实施方式"所确定的内容，是属于权利要求相同保护范围的内容，还是等同保护范围的内容。我国的司法实践中，也尚未发现在确定"等同实施方式"之后适用等同原则进一步确定等同物或等同特征的案例。

在美国实践中，美国法院认为，在侵权判断中，如果认定被控侵权技术不但实现了相同的功能（注意：不是等同的功能），而且实现该功能的方式与专利说明书中加载的具体实现方式相同或等同，则可以得出构成相同侵权的结论。[2] 至于不构成相同侵权，是否继续判断等同侵权，美国法院认为，在认定相同侵权不成立的情况下，仍然允许对采用功能性技术特征的权利要求适用等同原则，认定等同侵权成立。[3]

按照美国在这方面的实践，就功能性技术特征的等同实施方式，其和等同原则的等同特征有以下两个主要区别点：

---

[1] *Chiuminatta Concrete Concepts*，*Inc. v. Cardinal Indus. Inc.*，145 F. 3d 1303，46 U. S. P. Q. 2d 1752（Fed. Cir. 1998）.

[2] *Data Line Corp. v. Micro Techs.*，*Inc.*，813 F. 2d 1196，1201，1 USPQ 2d 2052，2055（Fed. Cir. 1987）.

[3] *Chiuminatta Concrete Concepts*，*Inc. v. Cardinal Indus. Inc.*，145 F. 3d 1303，46 U. S. P. Q. 2d 1752（Fed. Cir. 1998）.

① 等同实施方式的判定，要求功能上的完全相同；而等同特征的分析，仅需功能基本相同。

② 等同实施方式判断时间点为专利申请日；而等同特征的判断时间点为侵权日。

因此，在判定保护范围时，美国的实践是，对于功能性技术特征的权利要求，其"等同实施方式"所确定的内容，属于权利要求相同保护范围内的内容；在确定"等同实施方式"后，还可以依等同原则进一步确定等同保护范围的内容，等同实施方式和等同原则下的等同特征二者是并存的。但是，可以依据等同原则认定等同侵权成立的情况仅限于授予专利权时所述领域中的技术人员尚不能认识到的等同特征的情形❶。虽然 CAFC 在 1998 年的 *Dawn Equip. Co. v. Kentucky Farms Inc.* 案❷中也提出过适用两次等同会使得专利权人二次得利（two bites at the apple）的观点，但在适用《美国专利法》第 112 条解释方式时应当将其视为一个整体解释，即一种相对于传统字面解释而言更窄的解释方式（被限缩到说明书公开的"具体实施方式及其等同实施方式"），而不能将其中的"等同实施方式"单独隔离出来视为一次获利。在整体观察第 112 条解释方式时，其并不是一次获利，而是"吃亏"。由于并未获利，因此也就不存在该案中所说的"二次得利"问题。相反，如在 *Valmont Industries Inc. v. Reinke Manufacturing Co.* 案❸和 *Chiuminatta Concrete Concepts, Inc. v. Cardinal Indus. Inc.* 案❹两案中所评述的，两次等同的含义、动机和目的都不相同，即使先判断了第 112 条下的等同实施方式，也不能替代案例法中适用等同原则的判定等同特征作用——弥补由于字面描述限制而无法概括所有实施方式以及未来技术发展所带来的新实施方式的不足。

因此，根据美国当前发展情况，主流观点认为，功能性技术特征的"等同实施方式"与等同原则下的等同特征之间存在较大差异，并且是并存的两个独立判定过程。我国对"等同实施方式"和等同特征这两个等同并存是否允许，有待探索研究和司法实践的释明。

---

❶ *Al – Site Corp. v. VSI Int'l, Inc.* , 174 F. 3d 1308, 50 USPQ2d 1161（Fed. Cir. 1999）.

❷ *Dawn Equip. Co. v. Kentucky Farms Inc.* , 140 F. 3d 1009（Fed. Cir. 1998）.

❸ *Valmont Industries Inc. v. Reinke Manufacturing Co.* , 983 F. 2d 1039, 25 USPQ2d 1451（Fed. Cir. 1993）. 该案判决认为："第 112 条第 6 款与等同原则的起源和目标都不一样。第 112 条第 6 款的作用是将组合式权利要求中的功能性技术特征的宽泛语言限缩到说明书中所公开的结构、材料或动作的等同方式，而等同原则是衡平地扩展排他性的专利权。"

❹ *Chiuminatta Concrete Concepts, Inc. v. Cardinal Indus. Inc.* , 145 F. 3d 1303, 46 U. S. P. Q. 2d 1752（Fed. Cir. 1998）. 该案判决认为："等同原则仍然是必要的，因为一个人不能预料未来。由于技术进步，专利授权后，发明可能被改变，而这种改变可能包含专利权利要求中的一个非实质性的变化以至于其应当被认定为侵权。这种基于在后研发技术的改变，本不能在专利中披露。即使由于其不等同于专利说明书中所披露的具体结构，这样的特征即便没有被认定为第 112 条下的等同实施方式，也不应该将其排除在等同原则的等同特征范围外。"

# 第 2 节　外观设计专利权保护范围的
# 确定和落入专利权保护范围的判定

## 1　判定主体标准

在进行被控侵权产品是否落入外观设计专利权保护范围的判断中，首先需要解决的问题是应当以何种主体的眼光和审美观察能力为标准判断被控侵权产品与外观设计专利是否相同或者近似。显然，不同专业背景知识、不同认知能力、不同观察注意程度的主体对相同的判断对象会得出截然不同的结论。其中，所谓判断主体，是指在作侵权判断时，法官应该将自己放置在何种立场去判断是否成立外观设计侵权。❶

### 1.1　主体标准的基本规定与理解

《专利侵权纠纷司法解释 2009》第 10 条规定："人民法院应当以外观设计专利产品的一般消费者的知识水平和认知能力，判断外观设计是否相同或者近似。"但是，上述司法解释并未对于一般消费者的认知水平作出明确规定，只是明确在专利侵权诉讼中外观设计专利侵权的判断主体是一般消费者，而非以该外观设计专利所属领域的专业设计人员的审美观察能力为标准。

对"一般消费者"的理解。首先，就"一般消费者"的基本属性而言，一般消费者是法律拟制的"人"，不是具体的某个人或某类人。其次，就"一般消费者"的基本能力而言，一般消费者对被诉侵权行为发生日之前相同或者相近种类产品的外观设计状况具有常识性的知晓，对外观设计产品之间在形状、图案以及色彩上的区别具有一定的分辨力，但不会注意到产品的形状、图案以及色彩的微小变化，同时，一般消费者不具有设计能力。

### 1.2　主体标准的历史演进

我国《专利法》以及《专利法实施细则》并未对外观设计侵权判定的主体和确权认定的主体作出规定。在早期外观设计专利侵权案件审理实践中，最高人民法院并未对于外观设计专利侵权制定主体作出明确规范，地方人民法院在审判实践中首先进行了探索。例如，《北京高院专利意见 2001》第 65 条规定："进行外观设计专利侵权判定，即判断被控侵权产品与外观设计专利产品是否构成相同或者相近似，应当以普通消费者的眼光和审美观察能力为标准，不应当以该外观设计专利所属领域的专业设计人员的眼光和审美观察能力为标准。"第 66 条规定："普通消费者作为一

---

❶　应振芳，林建军，梁朝玉，等. 外观设计专利授权标准和保护范围//［G］国家知识产权局条法司.《专利法》及《专利法实施细则》第三次修改专题报告. 北京：知识产权出版社，2006：472.

个特殊消费群体，是指该外观设计专利同类产品或者类似产品的购买群体或者使用群体。"

可以看出，在我国司法实践中，一开始就将"一般消费者"与同类产品或者类似产品的购买群体或者使用群体联系在一起。

### 1.3 主体标准的认定

主体标准的认定涉及"一般消费者"的判定与证明。"一般消费者"是法律拟制的主体，这与发明、实用新型专利创造性判断中的"本领域技术人员"的概念，以及传统民法中"善良家父"的概念一样，都属于抽象概念，其旨在于界定对相关外观设计状况的了解程度以及水平。

因此，对于一般消费者的认定，人民法院应当重点审查一般消费者对于相关外观设计状况的知识水平和认知能力，不应当拘泥于具体的消费者类别。当事人对一般消费者所具有的知识水平和认知能力有争议的，应当举证证明。不能将一类人作为某种产品外观设计的一般消费者，也不能把和某种产品毫不相关的主体认定为这类产品的一般消费者。

### 1.4 主体标准认定的特殊问题

（1）购买群体与使用群体的选择

实务中对于作为外观设计侵权判定主体的"一般消费者"究竟为购买群体还是使用群体存在一定争议。现举一个外观设计侵权纠纷案件和一个外观设计确权纠纷案件作为示例。

在"电线套管"外观设计专利侵权案❶中，专利界就曾有过不同看法。一种观点认为，这种电线套管一旦安装在房间中，住在这个房间中的主人可以直观地看见它，住在房间中的人就是有权评判这种外观设计和被控侵权物之间是否相同或者相近似的普通消费者。另一种观点认为，只有购买电线套管的人、装修房屋使用电线套管的安装人员，才能认定是这种产品的普通消费者。用这两种不同层次的普通消费者的眼光进行判断，得出的结论肯定是不同的。因此，判断一种产品和专利设计是否相同或者相近似，似乎不能不首先确定谁是该产品真正的普通消费者。法院既不能认为某一类人是所有产品的普通消费者，也不能把和某一种产品毫无相关的人，认为是这种产品的普通消费者。

在"路灯"（飞船形）外观设计专利无效宣告请求一案中，国家知识产权局专利复审委员会认为，通常情况下，路灯是安装在电线杆顶部的，与公众距离较远，因此对路灯类产品适用整体观察、综合判断方法进行对比。在本案中，由于二者产品设计形状近似，在灯具外形以弧线型设计为主的情况下，弧线曲率的差异对于产品外观设

---

❶ 广东省高级人民法院民事判决书（1996）粤知终字第15号。

计的整体视觉效果不具有显著影响，因此本专利与对比设计相近似。一审判决认为，就本案所涉及的路灯类产品而言，具有关注此类产品的心理状态并具有一定的知识水平和认知能力的一般消费者应当是这类产品的购买者、安装以及维护人员。二审判决认为，路灯属于公共服务设施，消费者对在使用状态下的路灯进行观察和欣赏。在界定路灯类产品的一般消费者的时候，应当注重该类产品的使用状态。路灯的使用者和路灯功能的享用者显然包括不特定的过往行人，将路灯的判断主体确定为过往行人，即"公众"，并未不当。二审判决撤销一审判决，维持国家知识产权局专利复审委员会无效宣告请求审查决定。可见，在本案中，对于"一般消费者"的理解具有两种观点：一种观点认为，应当以路人作为判断主体，理由在于，界定路灯类产品的一般消费者时，应当注意该类产品的使用状态。路灯的最终使用者及路灯功能的享有者是不特定的过往行人，而非专门从事路灯制造、销售、购买、安装及维修的人员。另一种观点认为，应当以实际购买、安装及维修人员作为判断主体。理由在于，具有关注路灯产品的心理状态并具有一定的知识水平和认知能力的一般消费者应当是这类产品的制造、销售、购买、安装及维修人员，行人不应当作为路灯产品外观设计相同或相近似的判断主体。

（2）中间产品外观设计的"一般消费者"

对于中间产品的外观设计相近似性的判断主体，是购买者还是最终使用者在实务中存在争议。现举专利确权纠纷的案例作为例证。例如，在T框型材外观设计无效宣告请求一案中，涉案专利是名称为"T框型材"的外观设计专利，对比文件是sP60－02型材的外观设计截面图。国家知识产权局专利复审委员会和北京市第一中级人民法院均将中间产品型材的使用状态界定为未经再加工或者未与其他产品组合形成最终产品时的初始状态，认为型材的购买者、使用者即为型材类产品的"一般消费者"，即将中间产品的生产消费者作为本外观设计判断主体，认定型材作为中间产品其购买者、使用者应是专门从事型材加工的专业采购人员，他们购买型材是将型材作为生产材料再加工形成门窗、柜台等。而北京市高级人民法院将型材产品的使用状态界定为型材经再加工后形成门、窗时的最终使用状态，将型材经过再加工形成门、窗后的购买者、使用者即最终产品的使用者认定为型材产品的"一般消费者"作为本外观设计判断主体，他们往往并不具有型材类产品的专业技术知识，往往只注意型材在最终使用状态时暴露在外部分的表面形状，而观察不到也不会考虑体现型材功能的截面形状的异同。同一件中间产品，依据其不同的使用状态界定相应的购买者或者使用者作为外观设计相同相近似性判断主体，由于不同的判断主体之间知识、能力之间存在差距，在相近似性判断时完全可能得出相反的结论。❶

────────────

❶　钟华. 试析外观设计相近似性的判断主体［EB/OL］.［2012－06－19］. http：//www. acpaa. cn/dl_yjdt. asp? news_ id＝52&catid＝32.

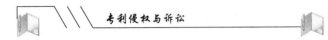

综上所述，在侵权诉讼中，外观设计专利侵权的判断主体应为一般消费者，而不应以该外观设计专利所属领域的专业设计人员的审美观察能力为标准。一般消费者作为一个特殊消费群体，是指该外观设计专利同类产品或者类似产品的购买群体或者使用群体，不能将现实生活中的任何实际消费者直接认定为一般消费者。

## 2 外观设计专利权保护范围的确定

《专利法》第 59 条第 2 款规定："外观设计专利权的保护范围以表示在图片或者照片中的该产品的外观设计为准，简要说明可以用于解释图片或者照片所表示的该产品的外观设计。"

### 2.1 以产品的外观设计为准

《专利法》第 59 条第 2 款中的"图片或者照片"包括正投影视图、立体图、展开图、剖视图、剖面图、放大图、变化状态图等，上述图片或者照片直接表达外观设计形状、图案或色彩，从而限定外观设计专利权的保护范围。外观设计专利权的保护范围是表现在图片或者照片上的产品的外观设计。需要指出的是，外观设计必须以产品为载体，外观设计专利权保护的对象是设计。

"以表示在图片或者照片中的该产品的外观设计为准"的含义包括：一方面，简要说明的解释作用应以图片或照片为依据，不能超出其表示的内容；另一方面，简要说明与图片或者照片不一致的情况下，应以图片或者照片为准。

在某外观设计专利侵权纠纷中，某木钟厂设计出猫头鹰型机械木钟，并获得外观设计专利。后来该厂设计出猫头鹰石英钟产品，但是并未再申请专利，开始生产产品，并投放市场。不久，木钟厂发现某钟表厂生产和销售的一种猫头鹰石英钟，认为这种猫头鹰石英钟侵犯了自己的外观设计，向人民法院提起诉讼，要求被告停止侵权行为，并且赔偿经济损失。被告在答辩中提出，外观设计专利保护范围应当以申请人向国家知识产权局提交，并在外观设计专利公报上公开的照片和图片所显示的内容为准。通过比较原告的专利图片和被告的产品，就不难发现被控侵权产品不构成对原告专利的侵权。人民法院认为，原告生产销售的产品是在自己专利设计的基础上发展的一种新的设计。这种新设计和原告的专利设计已经不一样。尽管原告的产品和被告的产品在很多方面都很相似，但是，被告的产品和原告的设计存在本质区别，被告的产品不构成对原告的外观设计专利的侵权。❶ 因为外观设计专利权的保护范围以表示在图片或者照片中的该产品的外观设计为准，所以在外观设计专利侵权判断中需要将被控侵权产品与涉案专利的图片或者照片中所示出的形状、图案以及色彩进行比较，不能将专利权人实际生产销售的外观设计产品作为侵权判断的根据。

---

❶ 程永顺. 专利纠纷与处理 [M]. 北京：知识产权出版社，2011：125 – 126.

## 2.2 简要说明的法律地位

（1）简要说明的内容

根据《专利法》第 27 条第 1 款的规定，申请外观设计专利的，应当提交请求书、该外观设计的图片或者照片以及对该外观设计的简要说明等文件。《专利法实施细则》第 28 条规定："外观设计的简要说明应当写明外观设计产品的名称、用途，外观设计的设计要点，并指定一幅最能表明设计要点的图片或者照片。省略视图或者请求保护色彩的，应当在简要说明中写明。对同一产品的多项相似外观设计提出一件外观设计专利申请的，应当在简要说明中指定其中一项作为基本设计。简要说明不得使用商业性宣传用语，也不能用来说明产品的性能。"由此可见，简要说明的内容主要包括外观设计产品的名称，外观设计产品的用途，外观设计的设计要点，最能表明设计要点的图片或者照片的指定，省略视图或者请求保护色彩的情况，以及同一产品的多项相似外观设计中所指定的基本设计等。

（2）简要说明中设计要点的地位

对于设计要点在确定外观设计专利权保护范围中的作用，存在两种不同观点。一种观点认为，设计要点对于外观设计相同或者相近似判断具有推定作用。也就是说，被诉侵权设计未包含授权外观设计的任何设计要点的，人民法院一般应当推定被诉侵权设计与授权外观设计在整体视觉效果上存在差异或者实质性差异。被诉侵权设计包含授权外观设计的全部设计要点的，人民法院一般应当推定该全部设计要点相对于其他设计特征对于整体视觉效果更具有影响。具体而言，区分外观设计中专利权保护范围的内容和现有技术内容，可以采用以下方法：一是以申请人主张的设计要点为基础推定剩余部分为现有设计部分，并禁止权利人反悔，即在审批过程中确定并已经公告的设计要点，在侵权诉讼过程中不得作扩充性解释。二是由于我国目前外观设计专利采用初步审查制，经过授权的外观设计专利权中的设计要点部分是否就是权利人独创设计，尚难确定。因此，应当允许被控侵权人举证证明专利权人所谓的设计要点中存在现有设计部分内容，然后在经过充分质证，认定事实，将被控侵权人举证证明为现有设计部分的内容排除出去，重新确定设计要点部分和现有设计部分的内容。❶ 也有观点认为，设计要点不同于"要部"，在对被控侵权设计与授权外观设计的比较中，仍应该坚持整体观察、综合判断的方式，只是设计要点通常对于整体视觉效果具有更高的影响。本书认为，在外观设计保护范围的确定以及是否落入外观设计保护范围的判定中，应当坚持整体观察、综合判断的要求，仍然应当进行整体对比，设计要点通常对于整体视觉效果具有更高的影响。

---

❶ 徐新. 外观设计专利权保护范围的解释原则——以外观设计专利侵权判定为视角［J］. 知识产权，2009（6）：55－59.

### 2.3 使用状态参考图的法律地位

使用状态参考图能否对外观设计专利的保护范围具有限定作用，在现行《专利审查指南 2010》和司法解释中并无明确规定，在理论界和实务界存在不同观点。一种观点认为，使用状态参考图主要用于表示外观设计的使用方法、使用场所或者用途等，其对外观设计专利权的保护范围没有限定作用。并且，使用状态参考图与使用状态图地位完全不同。变化状态的产品应当以其使用状态所示的外观设计作为与对比设计进行比较的对象，因此使用状态图对于外观设计保护范围具有限定作用。另一种观点认为，根据《专利法》第 59 条第 2 款规定，"外观设计专利权的保护范围以表示在图片或者照片中的该产品的外观设计为准，简要说明可以用于解释图片或者照片所表示的该产品的外观设计。"上述条文中并未对图片或者照片有所区分，按照《专利法》第 59 条第 2 款的立法本意，所有图片或者照片对于外观设计专利权的保护范围均有限定作用。

## 3 组件产品与成套产品外观设计、相似外观设计专利保护范围的确定

组件产品，是指由多个构件相结合构成的一件产品。对于组装关系唯一的组件产品，例如由水壶和加热底座组成的电热开水壶组件产品，在购买和使用这类产品时，一般消费者会对各构件组合后的电热开水壶的整体外观设计留下印象；而由榨汁杯、刨冰杯与底座组成的榨汁刨冰机，在购买和使用这类产品时，一般消费者会对榨汁杯与底座组合后的榨汁机、刨冰杯与底座组合后的刨冰机的整体外观设计留下印象，所以，应当以上述组合状态下的整体外观设计为对象，而不是以所有单个构件的外观为对象进行判断。

对于组装关系不唯一的组件产品，例如插接组件玩具产品，在购买和插接这类产品的过程中，一般消费者会对单个构件的外观留下印象，所以，应当以插接组件的所有单个构件的外观为对象，而不是以插接后整体的外观设计为对象进行判断。

对于各构件之间无组装关系的组件产品，例如扑克牌、象棋棋子等组件产品，在购买和使用这类产品的过程中，一般消费者会对单个构件的外观留下印象，所以，应当以所有单个构件的外观为对象进行判断。

例如，在"推拉窗构件（维卡 85 系列）"外观设计专利侵权一案中，在无效宣告程序中双方当事人均确认涉案专利系组装关系唯一的组件产品。一审法院认为，鉴于系争专利属于组装关系唯一的组件产品，系争专利的保护范围应当限于各组件的组合状态。被告确实在 2 份宣传材料中宣传自己生产、销售了 ZT83 系列拉窗，相应节点图也反映了 ZT83 系列推拉窗中各组件的完整组合状态，但是相同系列的型材可以由不同的组合方式，比如在原告购得的推拉窗上就没有加上纱窗扇，而且原告也没有证据证明两被告实际生产、销售的纱窗扇外观形状是否与节点图中的纱窗扇图样一致，

故仅凭这些宣传材料并不能证明两被告实际生产、销售的推拉窗形状与原告的外观设计完全一致。由于系争专利的保护范围应当限于各组件的组合状态，故原告提供的证据不足以证明被告事实上生产、销售了与原告专利相同或者近似的推拉窗。二审判决与之观点相同。❶

涉案专利包含有若干项具有独立使用价值的产品的外观设计的，例如成套产品外观设计或者同一产品两项以上的相似外观设计，可以用不同的对比设计与其所对应的各项外观设计分别进行单独对比。

（1）成套产品外观设计专利保护范围的确定

根据《专利法实施细则》第 35 条第 2 款规定，用于同一类别并且成套出售或者使用的产品并且具有相同设计构思的两项以上外观设计，可以作为一件申请提出。成套产品是指由两件以上（含两件）属于同一大类、各自独立的产品组成，各产品的设计构思相同，其中每一件产品具有独立的使用价值，而各件产品组合在一起又能体现出其组合使用价值的产品，例如由咖啡杯、咖啡壶、牛奶壶和糖罐组成的咖啡器具。在成套产品外观设计的专利侵权判定时，由于每一件产品具有独立的使用价值，而各件产品组合在一起又能体现出其组合使用价值的产品，所以既可以以每一件产品的外观设计为基础进行比较，也可以将各件产品组合在一起的产品的外观设计为基础进行比较。

（2）相似外观设计专利保护范围的确定

根据《专利法》第 31 条第 2 款的规定，同一产品两项以上的相似外观设计可以作为一件申请提出。其中，一件申请中的各项外观设计应当为同一产品的外观设计。根据《专利法实施细则》第 35 条第 1 款的规定，同一产品的其他外观设计应当与简要说明中指定的基本外观设计相似。判断相似外观设计时，应当将其他外观设计与基本外观设计单独进行对比。由此可见，我国相似外观设计制度，系单一性的例外。属于相似外观设计、采取合案申请方式提出的各项外观设计均为独立的产品外观设计，都可以与被控侵权产品单独比较判断是否构成侵权。

## 4　落入外观设计专利权保护范围判定的判断方式

在判断是否落入外观设计专利权的保护范围时，需要遵循整体观察、综合判断，单独对比，以及直接对比等判断方式的要求。

### 4.1　整体观察、综合判断

（1）整体观察、综合判断的基本含义

人民法院认定外观设计是否相同或者近似时，应当遵循全面观察设计特征、综合

---

❶　上海市第一中级人民法院民事判决书（2001）沪一中民五（知）初字第 102 号和上海市高级人民法院民事判决书（2004）沪高民三（知）终字第 109 号。

判断整体视觉效果的基本原则。通过整体观察、综合判断，综合考虑涉案外观设计专利和被控侵权产品的相同点和不同点，综合确定产品整体外观的视觉效果是否相同或相近似。

（2）整体观察、综合判断与设计要点

被诉侵权设计未包含授权外观设计的任何设计要点的，人民法院一般应当推定被诉侵权设计与授权外观设计在整体视觉效果上存在差异或者实质性差异。被诉侵权设计包含授权外观设计的全部设计要点的，人民法院一般应当推定该全部设计要点相对于其他设计特征对于整体视觉效果更具有影响。也就是说，在整体观察、综合判断原则的法律适用中，设计要点绝非以前要部判断原则所述的"要部"。设计要点系当事人在提出外观设计专利申请时对其投入智力劳动和在美学上创造应用的部分，❶ 是当事人认为该外观设计专利申请区别于现有设计之处。在进行是否落入外观设计专利权保护范围的判定时，仍然应当站在"一般消费者"的角度进行整体观察、综合判断。也就是说，在进行是否落入外观设计保护范围的判断中，通常在被控侵权产品包含了涉案外观设计的创新点并且从整体上与涉案外观设计构成相同相近似的情况下，才能认定被控侵权产品落入外观设计保护范围。其中，"在被控侵权产品包含了涉案外观设计的创新点"的判断，需要结合设计要点、设计空间等因素综合考虑。

## 4.2 单独对比

一般应当将被控侵权产品与涉案专利进行单独对比，不应将两个或者两个以上的被控侵权产品结合与涉案专利进行对比，也不能将被控侵权产品与专利产品进行对比。如果涉案专利是包含若干项具有独立使用价值的产品的外观设计，例如成套产品外观设计或者同一产品两项以上的相似外观设计，可以采用不同的外观设计与对应的各项外观设计单独对比。对于组件产品外观设计，可以将与组装后的被控侵权产品进行对比。关于成套产品外观设计、组件产品外观设计和相似产品外观设计的保护范围确定，在下面的章节还会进一步讨论。

## 4.3 直接对比

在进行是否落入外观设计专利权保护范围的判断中，需要通过视觉直接观察而非借助仪器或者化学分析手段，进而判断被控侵权产品与涉案外观设计是否相同或者相近似。

## 5 落入外观设计专利权保护范围的判定

在确定专利权的保护范围之后，需要判断被诉侵权设计是否落入外观设计专利权的保护范围之内。本节主要讨论如何进行被控侵权设计和涉案外观设计的比较。

---

❶ 胡充寒. 外观设计专利侵权判定理论与实务研究 ［M］. 北京：法律出版社，2010：60 - 61.

## 5.1 落入外观设计专利权保护范围判定的总体思路

《专利侵权纠纷司法解释2009》第8条规定："在与外观设计专利产品相同或者相近种类产品上，采用与授权外观设计相同或者近似的外观设计的，人民法院应当认定被诉侵权设计落入专利法第59条第2款规定的外观设计专利权的保护范围。"

因此，在对是否落入外观设计专利权保护范围作出判定时，首先要确定被诉侵权产品与专利产品是否属于同类产品。在随后判定被诉侵权设计是否落入涉案专利的保护范围，应当采用整体观察、综合判断方法，以一般消费者的知识水平和认知能力为标准判断二者是否相同或者近似。

同时，也有观点认为，无论《专利法》还是《专利法实施细则》均没有限定产品种类，《专利法》第59条第2款规定中"外观设计专利权的保护范围以表示在图片或者照片中的该产品的外观设计为准"，其中"该产品"的含义主要在于表明外观设计的设计方案必须与产品相结合，不能脱离产品之外单独予以保护。只要被控侵权人出于改善其产品外观设计装饰效果的目的，在其产品上采用授权外观设计，使其被控侵权产品在形状、图案或者色彩上与专利产品相同或者实质上相同，就应当认定构成了侵权行为，至于二者从功能或者用途角度来看是否存在何种区别是无关紧要的。❶

## 5.2 相同、相近产品种类的判定

（1）产品种类判断的主要依据

《专利侵权纠纷司法解释2009》第9条规定："人民法院应当根据外观设计产品的用途，认定产品种类是否相同或者相近。确定产品的用途，可以参考外观设计的简要说明、国际外观设计分类表、产品的功能以及产品销售、实际使用的情况等因素。"

（2）产品种类判断的主要思路

在外观设计侵权判定中，需要确定专利产品与被控侵权产品的用途、种类是否相同或相近似。只有在二者产品用途完全相同、部分相同或者相近似的情况下，才能进一步判断是否侵犯了外观设计专利权人的权利。不应当将比对的尺度放宽到所有产品上。产品种类是否相同或相近似的依据是外观设计产品的用途，相同种类产品是指用途完全相同的产品。相近种类的产品是指用途相近的产品。当产品具有多种用途时，如果其中部分用途相同，而其他用途不同，则二者应属于相近种类的产品。产品的用途可以参考外观设计的简要说明、国际外观设计分类号、产品的功能以及产品销售、实际使用的情况等因素综合考虑。虽然在外观设计实质性授权条件中增加了对外观设

---

❶ 尹新天. 中国专利法详解 ［M］. 北京：知识产权出版社，2012：642－644.

计的转用的要求❶，但是外观设计专利侵权判定仍然限定在涉案专利种类相同或相近的种类上进行。

例如，在"木纤维编织物（2）"外观设计专利侵权纠纷一案❷中，涉案专利的产品名称是木纤维编织物（2），在国际外观设计专利分类表中属于纺织品、人造或者天然被单类材料大类中的纺织纤维品类（05－05），而被控侵权产品为"西西美"亚草席，其上的图案设计与涉案外观设计专利相同，被控侵权产品是席子，在国际外观设计专利分类表中属于家具大类中的地毯、地垫、小地毯类（06－11）。

浙江省宁波市中级人民法院法院认为：涉案专利和被控侵权设计在国际外观设计专利分类表中属于不同大类的产品，从产品的功能与用途上来看，涉案专利属于片才类，该片才具有透气、凉爽等特点，适宜作席子、枕巾、沙发垫等夏季用品。而被控侵权产品为席子，与涉案专利产品在功能和用途上都不相同，因此，二者属于不同类的产品，不构成侵权。

浙江省高级人民法院认为：相同产品一般是指产品的用途和功能完全相同的产品，相似产品是指产品的用途相同但是具体功能有所不同，因此相同或者相似产品的认定应当以产品的用途与功能来进行判定，不能以产品的类别作为依据。产品的类别、名称、销售和实际使用情况可以作为产品用途的参考。根据本案专利的照片以及简要说明中记载的内容显示，专利产品属于平面产品，其图案四方连续，并且简要说明中未对平面产品的单元图案四方连续有无限定边界的情况作出说明，因此可以认定专利产品为有限定边界的平面产品。根据专利产品适用的材料和编织方法，并结合专利照片可确定专利产品具有透气、凉爽的功能，其用途可以用作夏季用品中的席子、坐垫等。本案中的被控侵权产品也是一种席子，并且与专利产品所使用的材料相同，均为人工合成编织物。虽然专利产品除席子之外还有其他用途，但是这并不影响二者用途相同，因此可以认定本案专利产品与本案被控侵权产品属于相同或者相似产品。

由本案可以看出，相近种类的产品是指用途相近的产品。当产品具有多种用途时，如果其中部分用途相同，而其他用途不同，则二者应属于相近种类的产品。产品的用途可以参考外观设计的简要说明、国际外观设计分类号、产品的功能以及产品销售、实际使用的情况等因素综合考虑。

---

❶ 《专利审查指南2010》第四部分第五章规定：根据《专利法》第23条第2款的规定，授予专利权的外观设计与现有设计或者现有设计特征的组合相比，应当具有明显区别。涉案专利与现有设计或者现有设计特征的组合相比不具有明显区别是指如下几种情形：（1）涉案专利与相同或者相近种类产品现有设计相比不具有明显区别；（2）涉案专利是由现有设计转用得到的，二者的设计特征相同或者仅有细微差别，且该具体的转用手法在相同或者相近种类产品的现有设计中存在启示；（3）涉案专利是由现有设计或者现有设计特征组合得到的，所述现有设计与涉案专利的相应设计部分相同或者仅有细微差别，且该具体的组合手法在相同或者相近种类产品的现有设计中存在启示。对于涉案专利是由现有设计通过转用和组合之后得到的，应当依照（2）（3）所述规定综合考虑。应当注意的是，上述转用和/或组合后产生独特视觉效果的除外。

❷ 浙江省高级人民法院民事判决书（2005）浙民三终字第26号。

## 5.3 相同、相近似外观设计的判定

在认定属于相同、相近种类产品的外观设计的基础上，需要对于外观设计是否构成相同或者相近似进行判断。

### 5.3.1 总体思路

根据《专利侵权纠纷司法解释 2009》第 11 条的规定，人民法院认定外观设计是否相同或者近似时，应当根据授权外观设计、被诉侵权设计的设计特征，以外观设计的整体视觉效果进行综合判断；对于主要由技术功能决定的设计特征以及对整体视觉效果不产生影响的产品的材料、内部结构等特征，应当不予考虑。下列情形，通常对外观设计的整体视觉效果更具有影响：①产品正常使用时容易被直接观察到的部位相对于其他部位；②授权外观设计区别于现有设计的设计特征相对于授权外观设计的其他设计特征。被诉侵权设计与授权外观设计在整体视觉效果上无差异的，人民法院应当认定二者相同；在整体视觉效果上无实质性差异的，应当认定二者近似。

也就是说，外观设计是否相同或者近似的判断，以外观设计的整体视觉效果为基础进行。如果被诉侵权设计与授权外观设计在整体视觉效果上无差异的，人民法院应当认定二者相同；在整体视觉效果上无实质性差异的，应当认定二者近似。在进行整体视觉效果是否无实质性差异时，不仅要考虑差别在整体设计中所占比例，同时需要考虑区别于现有设计的设计特征、新功能产生的整体视觉效果变化、材质和制作工艺产生的整体视觉效果变化、区别点所处的位置是否为视觉关注以及设计要点和惯常设计的影响等。

### 5.3.2 区别于现有设计的设计特征

在"三抽柜（蛋形）"外观设计专利侵权纠纷一案❶中，涉案专利如图 2 - 1 所示，产品是一款有三个抽屉柜子，该柜子由柜顶、柜体和柜脚三个部分组成。从主视图看，柜体设置有三个抽屉上下依次排列，抽屉均是呈长方形，中间有一个圆形拉手，每两个抽屉之间有一条状间隔，正面有一支类似百合花状图案贯通三个抽屉；从俯视图看柜顶呈蛋形的椭圆状、边缘有围栏式的突起，使柜顶呈一个盆状，盆中央是一支与主视图类似的百合花状图案；从左视图看柜体上设置有一个长条形八角装饰块，其内有一支类似百合花状图案；从后视图看，柜体左右两侧各有一装饰条，中间位置为空白；从仰视图看，柜脚外形也呈椭圆形，在椭圆形中对称分布四只 T 形脚座。本专利的简要说明为"右视图与左视图对称，省略右视图"。

被诉侵权产品如图 2 - 2 所示，将其与涉案专利进行比对，原告认为本专利与被诉侵权产品除了表面花状图案表现不同外，二者其他方面均相似。被告认可被诉侵权产品与本专利外观设计的外观形状是相似的，但被诉侵权产品表面上的图案与本专利

---

❶ 广东省中山市中级人民法院民事判决书（2010）中中法民三初字第 83 号、广东省高级人民法院民事判决书（2011）粤高法民三终字第 229 号和最高人民法院民事判决书（2011）民申字第 1406 号。

完全不同。被告认为首先是花形不同，本专利花形类似百合花，被诉侵权产品图案是牡丹花。其次在表现形式上，本专利主视图是一支花贯通三个抽屉，被诉侵权产品则是每个抽屉上都有独立的花形，三个抽屉上的花形独立没有贯通。最后从俯视图看，本专利柜顶盆状中央有花的图案，而被诉侵权产品没有。因此，在外观形状上被诉侵权产品虽与本专利相似，因所附图案不同，被诉侵权产品与本专利不相似。原告则认为，一般消费者主要是通过形状来认知三抽柜，被告也承认被诉侵权产品与本专利构成近似，花形图案对产品的整体外观不足以构成影响；被诉侵权产品在本专利有花纹的地方均设置了花状图案，这也是近似的一部分。以一般消费者眼光首先注意的就是产品外观形状，消费者看到被诉侵权产品花纹也会对本专利产生一定的联想而造成混淆，所以花纹部分不足以影响产品整体的外观效果，被诉侵权产品与本专利相似。

图 2－1　涉案专利

图 2－2　被控侵权产品

一审法院认为：本案中，双方争议的焦点问题是被诉侵权产品的外观设计与本专利是否相似。经查，本专利与被诉侵权产品均是有三个抽屉的椭圆形柜子，为同类产品。庭审中将本专利与被诉侵权产品进行比对，本专利与被诉侵权产品的柜顶、柜体和柜脚三个部分外观设计的外观形状均相似，被告对此也没有异议。但从被诉侵权产品表面花状图案、图案的表现形式及俯视图看，本专利柜顶盆状中央有花状图案，而被诉侵权产品没有，这些差异也是明显存在的。双方当事人对以上差异是否影响被诉侵权产品与本专利相似的认定存在争议。本专利的保护范围既包括产品外观形状，也包括产品上所附花状图案以及以上二者的结合所展现的外观设计，是对产品的形状、图案及其结合所作出的富有美感并适于工业应用的新设计。相应该外观设计应包括产品的外观形状、图案及其结合等设计要素。比对中双方认可的外观形状相似只是其中一部分，还必须对产品外观设计的图形及其外形与图形的结合等要素全面进行比对才可确认二者外观设计是否相似。而对产品图形的对比主要从图形的题材、构图方法、表现方式及花样大小等因素观察，对二者的结合应主要从有无图形及图形位置等方面考虑。庭审查明的事实显示，本专利与被诉侵权产品外观设计中的图形、题材、构图方法、表现方式及花样大小均不同。本专利图形的整体视觉效果表现为图形的布局具有统一性，布局较宽大，花形图案的设计纤细、飘逸。被诉侵权产品图形的整体视觉效果表现为图形分布较均匀、集中，各花形独立、位置居中，花形与枝叶紧凑。二者图形具有不同的美感和表达方式，并不相似。在外观形状与图形的结合方面，二者的图形位置虽大致相同，但因花形上的差异，造成本专利图形所占面积较多，几乎充满所附装饰块的空间，而被诉侵权产品的花形只占所附装饰块面积的中间部分，周边较空。特别是从产品正常使用中使消费者容易直接观察到的俯视图看，本专利柜顶盆状中央有花状图案，被诉侵权产品没有，二者在此部分有重大区别。因此本专利与被诉侵权产品设计在外观形状与图形的结合方面也不同。综上，本专利与被诉侵权产品的外观设计虽然在外观形状上相似，但由于在图形及外观形状与图形的结合上存在差异，使二者的整体视觉效果不同，以一般消费者的知识水平和认知能力是可以将二者区别开来，不会因被诉侵权产品而对本专利产生联想造成混淆，因此本专利与被诉侵权产品不相似。

　　二审判决认为：本案被诉侵权产品与专利产品"三抽柜"，系同类产品。将被诉侵权设计与专利相比对，相同之处为：二者的柜顶均呈蛋形的椭圆盆状；二者的柜体正面均有三个抽屉上下依次排列，各抽屉呈四边形，每两个抽屉之间有一条状间隔，中央位置有一圆形突起，柜体的两个侧面均设置有八边形装饰条；柜脚均呈椭圆形，四角各有一T形脚座，对称排列。被诉侵权设计与专利的不同之处为：前者柜顶无装饰，后者柜顶有百合花样装饰；前者柜体正面每个抽屉中央位置有一团簇状牡丹花装饰，且各抽屉的牡丹花相互独立，不贯通，后者正面三个抽屉由一支贯通的百合花装饰，且该支百合花的花和叶飘逸、匀称地遍布三个抽屉表面；前者柜体两侧的八边形装饰条内仅中部位置各有一团簇状牡丹花装饰，后者柜体两侧的八边形装饰条内各有

第2章

一支飘逸、匀称遍布状百合花装饰；前者T形脚座有阶梯状材料组成，后者T形脚座由弧形材料组成。从上述分析可见，被诉侵权设计与本案专利在柜体的整体形状、柜体各组成部分的形状以及布局方式等方面基本相同，但在装饰图案方面有差异。本案专利系经国家知识产权局初步审查后合法授权，在君豪公司未举证证明该专利产品的形状为该类产品的惯常设计的情况下，四方形三抽柜和八边形装饰框与"蛋形"圆柱体柜体按照特定的方式结合、布局，是本专利最显著的设计特征，形状对于整体的视觉效果影响更大。而图案的差异仅为局部的、细微的差异，以一般消费者的知识水平和认知能力，难以认为二者在整体视觉效果上存在实质性差异，应当认定被诉侵权设计与本案专利构成近似，落入本案专利的保护范围。

最高人民法院认为：被诉侵权产品与涉案外观设计专利产品均为蛋形三抽柜，二者在柜顶、柜体和柜脚部分的外观形状基本相同。其主要的区别点是装饰图案不同：一是前者柜顶无装饰，后者柜顶有百合花装饰；二是后者以一支飘逸、匀称遍布状百合花装饰的部分，前者均以一团簇状牡丹花装饰。结合本案的现有证据来看，四方形三抽柜和八边形装饰框与"蛋形"柜体的组合和布局是本案专利设计区别于现有设计的设计特征。因此，被诉侵权产品和本案专利产品的外观设计在柜体的整体形状、柜体各组成部分的形状以及布局方式上的基本相同相比其他设计特征对于外观设计的整体视觉效果更具有影响。被诉侵权设计与本案专利设计虽然在装饰图案上存在差异，但二者均为花卉图案，图案的题材相同，在柜体的装饰布局上也基本相同，被诉侵权设计实质采用了本案专利设计的设计方案。以牡丹花图案替换本案专利设计的百合花图案，这种简单替换所导致的差异对于整体视觉效果的影响是局部的、细微的，以一般消费者的知识水平和认知能力来判断，该差异不足以将被诉侵权设计和本案专利设计区分开来，对于判断被诉侵权设计和本案专利设计在整体视觉效果上构成近似无实质性影响。

由此可见，根据最高人民法院判决的观点，外观设计专利区别于现有设计的设计特征对于外观设计的整体视觉效果更具有显著影响。判断是否构成相同或者相近似外观设计的时候，需要着重考虑外观设计专利区别于现有设计的设计特征。在被诉侵权设计采用了涉案外观设计专利的设计特征的前提下，装饰图案的简单替换不会影响二者整体视觉效果的近似。

### 5.3.3 新功能产生的整体视觉效果变化

认定外观设计是否相同或者近似时，由于产生新的功能给形状、图案和色彩造成改变，产生新的视觉效果是需要考虑的因素。

在包装袋案（一）❶中，图2-3左侧系在先设计，右侧系涉案外观设计。日本特

---

❶ 参见：日方《为跟进第5次外观设计的中日复审会议的意见交流（第5回日中审判会合JPOプレゼン（意匠部分））》讲稿，为了分析解读的需要对案例作出部分简化。

许厅审判部认为，鉴于在包装袋的左右上部切出 V 字形的开袋用缺口是一种常见的做法，将在表面上添加图案与在左右上部切出 V 字形的开袋用缺口的做法组合到一起也是一种常见的做法，从而上述涉案外观设计与在先设计相比不具有创作非容易性。

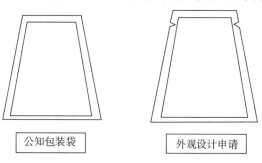

公知包装袋　　　　　外观设计申请

**图 2 - 3　包装袋案（一）涉案专利对比图**

在包装袋案（二）[1] 中，图 2 - 4 左侧系在先设计，右侧系涉案外观设计。日本特许厅审判部认为，上述涉案外观设计与在先设计相比，由于上部增加盖子产生新的功能，从而给形状、图案和色彩造成改变，产生新的视觉效果，因此该外观设计专利申请相对于公知包装袋具有创作非容易性。需要强调的是，即使上述盖子所占比例较小，相对于公知包装袋亦同样不属于局部细微差别。

公知包装袋　　　　　外观设计申请

**图 2 - 4　包装袋案（二）涉案专利对比图**

### 5.3.4　材质和制作工艺产生的整体视觉效果变化

如果涉案外观设计与被控侵权设计相比，由于采用了不同的材质并且采用不同的制作工艺从而导致整体视觉效果变化，那么不能认定为相近似的外观设计。

在网球拍案[2] 中，图 2 - 5 左侧系涉案外观设计，右侧系在先设计。美国专利商标局专利审判与申诉委员会（PTAB）认为，涉案外观设计与在先设计相比，由于采用了与在先设计不同的网球拍材质，并且采用不同的制作工艺，从而实现一体成型。涉案外观设计与在先设计在材质和制作工艺上的不同，使得涉案外观设计相对于在先设

---

❶　参见：日方《为跟进第 6 次外观设计的中日复审会议的意见交流（第 6 回日中审判会合 JPOプレゼン（意匠部分））》讲稿，为了分析解读的需要对于案例作出部分简化。

❷　参见：美国专利商标局专利审判与申诉委员会第 D394094 号决定书。

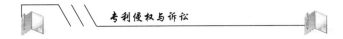

计产生新的视觉效果——一体成型的视觉效果，普通观察者认为是一项新的设计。

图 2 - 5　网球拍案涉案专利对比图

### 5.3.5　区别点所处的位置是否为视觉关注

如果被控侵权产品与涉案专利的区别点所处的位置处于视觉关注的位置，那么通常二者整体视觉效果具有实质性差异。下面举一起确权案件作为示例。

在"鼠标"外观设计专利无效纠纷一案❶中，涉及一件鼠标产品的外观设计专利无效宣告请求，图 2 - 6 左侧系在先设计 1，中侧系在先设计 2，右侧系涉案外观设计。请求人主张在先设计 1、2 分别与涉案专利相比较，二者仅存在局部细微差别。

图 2 - 6　本专利与在先设计

国家知识产权局专利复审委员会认为，评价一项外观设计是否与在先设计相近似，应当基于一般消费者看到该外观设计时是否产生了明显不同于看到现有外观设计时所产生的整体视觉印象。就鼠标而言，一般消费者了解鼠标属于计算机的外部设备，其功能是在界面上实现指针控制、点击和滚动操作，所述功能由按键和滚轮实现。一般消费者所熟悉的鼠标外观设计通常包含两个按键（左、右键）和一个滚轮，以使鼠标可以实现它的功能。

将涉案专利和在先设计 1、2 分别相比较，其主要相同点在于二者整体形状都是扁平的圆角长方体，都有两个按键；上部都呈略微凸起的曲面。其主要的不同点在于：滚轮的位置不同，在先设计 1、2 的滚轮位于两个按键的中间，而涉案专利的滚轮位于鼠标的一侧；在先设计 1、2 的上部分割为 3 个区域，涉案专利的相应部位被分割成 4 个区域；涉案专利鼠标的四角各有两条自上而下的曲线，在先设计 1、2 没有表现出此设计。

国家知识产权局专利复审委员会认为，在一般消费者眼中，鼠标最基本的设计特征就是拥有左右按键和位于左右键中间的滚轮。由于滚轮是实现鼠标功能的重要组成部分，当一般消费者在观察涉案专利时，首先会寻找本专利设计的滚轮，验证滚轮所

---

❶　专利复审委员会第 15173 号无效宣告请求审查决定。

能实现的功能。上述过程必须通过视觉实现，所以尽管滚轮在整个鼠标中所占空间比例较小，然而涉案专利滚轮所在位置设计使涉案专利外观设计产生了与现有外观设计明显不同的整体视觉印象，即其设计的变化对视觉效果具有显著影响，且二者正面的区域分割不同，涉案专利特有的四块区域划分设计导致二者的正面视觉效果明显不同。故涉案专利和在先设计3不相同也不相近似。基于同样的理由，无效决定认定三项在先设计与涉案专利的差别不属于局部细微差别，相反，均对整体视觉效果具有显著影响，遂维持涉案专利权有效。

### 5.3.6 设计要点与惯常设计

（1）设计要点对于相近似判断的影响

通常而言，被诉侵权设计未包含授权外观设计的任何设计要点的，人民法院一般应当推定被诉侵权设计与授权外观设计在整体视觉效果上存在差异或者实质性差异。被诉侵权设计包含授权外观设计的全部设计要点的，人民法院一般应当推定该全部设计要点相对于其他设计特征对于整体视觉效果更具有影响。

（2）惯常设计对于相近似判断的影响

通常而言，当事人举证证明某设计特征属于惯常设计的，人民法院应当认定不属于惯常设计的其他设计特征相对于该设计特征对于整体视觉效果更具有影响。

在"味精包装袋"外观设计专利侵权纠纷一案❶中，原告专利所示的味精包装袋形状为长方形，包装袋正面中下部有一只大的龙虾图案，其头朝右上方尾朝左下方，图案上部偏右有"味精"几个大字以及其他较小文字和标志图案，图案下方为一行较小文字，袋的两侧边缘各有一列较小文字，包装袋背面为产品说明性图表、文字和条形码。被告的味精包装袋形状为长方形，包装袋正面中下部有一大一小两只龙虾图案，其均头朝右上方尾朝左下方，图案上部有"特级"、"无盐味精"几个大字及其他较小文字和标志图案，图案下方为一行较小文字，包装袋背面为产品说明性图表、文字和条形码。

一审法院和二审法院认为，将被告的味精包装袋与原告专利公告图片中所示的该外观设计专利产品相比对，二者包装袋的形状和所采用的龙虾图案相同；而二者包装袋的文字内容、部分文字排列和标志图案以及龙虾数量、大小比例不同。由于长方形的味精包装袋是同类产品的常规设计，并且包装袋背面有关产品的说明性文字图表设计在外观视觉效果上是十分次要和弱化的，因此，味精包装袋外观设计上引起一般消费者注意的主要是正面的图案。被告的味精包装袋采用的龙虾图案虽然和原告专利产品的龙虾图案相同，但是由于二者图案上的龙虾数量不同，对于一般消费者来说具有明显差异，二者不属于相近似的外观设计。

---

❶ 浙江省宁波市中级人民法院民事判决书（2005）甬民二初字第4号和浙江省高级人民法院民事判决书（2005）浙民三终字第222号。

# 第3章 侵犯专利权行为

侵犯专利权行为的认定是侵犯专利权的判定中的核心问题之一。本章共分为三节。第1节为概述，介绍了侵犯专利权行为的概念、构成要件、特征以及分类等基本理论知识。第2节为侵犯专利权行为的认定，也是本章的重点内容，详细阐述了法定的侵犯专利权行为的各种形式，展示了实践中侵犯专利权行为的认定的复杂性，并重点分析了侵犯专利权行为认定的一些疑难问题。第3节为共同侵犯专利权行为，介绍了共同侵犯专利权的概念、特点、法律责任以及其认定等，还详细介绍了共同侵犯专利权行为认定中的各种情形，分析探讨了共同侵权与间接侵权的关系和异同。

## 第1节 侵犯专利权行为概述

### 1 侵犯专利权行为的概念

对侵犯专利权的判定是判断被控行为是否侵犯了他人专利权，通常简称专利侵权判定。被控侵权人客观上实施了某一行为，该行为被控侵犯了他人专利权，专利侵权判定就是判断该行为是否侵犯了他人专利权。侵犯专利权的行为就是指未经专利权人许可亦无法律依据擅自实施他人专利的行为。

在我国《专利法》中，侵犯专利权的行为都是实施专利的行为。从《专利法》第11条的规定来看，实施专利的构成包括主观上的生产经营目的和客观上的实施行为。主观上的生产经营目的主要是指生产经营活动的商业性或营利性，客观上的实施行为是指我国《专利法》第11条规定的具体实施行为。主观上的生产经营目的和客观上的实施行为共同统一于"实施专利"这一概念中，二者均是判断被控行为是否构成侵犯专利行为的重要因素，缺一不可。这就是说，如果不具备主观上的生产经营目的，无论被控行为是否属于我国《专利法》明确规定的构成侵权的实施专利行为的具体样态，被控行为均不构成侵犯专利权的实施专利的行为；如果被控行为不属于我国《专利法》明确规定的构成侵权的实施专利行为的具体样态，无论行为人主观上是否具有生产经营目的，被控行为均不构成侵犯专利权的实施专利的行为。

实施专利的行为可以分为合法实施专利权的行为和非法实施专利的行为。合法实施专利的行为既包括专利权人实施专利的行为，也包括非专利权人经专利权人许可或者根据法律的特别规定实施他人专利的行为。非法实施专利的行为主要是指未经专利权人许可也无其他法律依据擅自实施他人专利的行为，也包括专利权人实施自己专利权或者经专利权人授权实施专利的行为的特定情形，如专利权人已经将其专利权实施权授予他人，并约定专利权人不得实施也不得许可他人实施该专利，专利权人违反该约定实施其专利或者授权他人实施其专利的，仍可能构成非法实施专利的行为。

## 2　侵犯专利权行为的构成要件

### 2.1　实施他人专利的行为

实施专利的行为通常都是实质性利用专利技术方案或专利外观设计的行为。狭义的实施行为仅指再现专利技术方案或者专利外观设计的行为，一般仅限于制造产品及使用专利方法的行为。广义的实施行为是指直接或间接再现专利技术方案或专利外观设计的行为。实施专利的行为具有多样性和无穷性，《专利法》不可能规定所有实施专利的具体行为样态，《专利法》只是规定了某些可能构成侵权的实施专利的行为。我国《专利法》规定的实施专利的行为是指广义的实施专利的行为。如对于发明专利和实用新型专利而言，实施专利的行为通常是直接或间接利用了他人专利技术方案的行为；对于外观设计专利而言，实施专利的行为通常是直接或间接利用他人专利外观设计的行为。

《专利法》第11条规定："发明和实用新型专利权被授予后，除本法另有规定的以外，任何单位或者个人未经专利权人许可，都不得实施其专利；外观设计专利权被授予后，任何单位或者个人未经专利权人许可，都不得实施其专利。"对于产品的发明和实用新型来说，即指未经专利权人许可亦无其他法律依据擅自制造、使用、许诺销售、销售、进口专利产品的行为；对方法专利来说，即指未经专利权人许可亦无其他法律依据擅自使用专利方法以及使用、许诺销售、销售、进口依照该专利方法直接获得的产品的行为；对于外观设计专利来说，即指未经专利权人许可擅自制造、许诺销售、销售、进口其外观设计专利产品的行为。

### 2.2　出于生产经营目的

生产经营目的通常是指生产经营活动所具有的营利性或商业性。出于生产经营目的擅自实施他人专利的行为才可能构成侵权。侵犯专利权的行为是生产经营目的和客观实施行为的统一，被控侵权人实施被控行为的目的就是通过该实施行为直接获得商业利益，或者说被控行为就是被控行为人的生产经营行为。

生产经营目的是在原告专利权有效期内的生产经营目的。如果被控行为并不具有直接的生产经营目的，或者说被控行为是为在他人专利权失效后出于生产经营目的实施该专利，则被控行为不应被认定为侵权行为。

### 2.3　未经许可擅自实施

专利权是一种排他实施权，专利权人在专利有效期内享有禁止他人实施其专利的权利。为保障专利权人利益的实现，专利权人既可以自己实施其专利，也可以授权他人实施其专利，故专利权人自己实施或者授权他人实施其专利的行为一般都不构成侵犯专利权的行为。

对于发明和实用新型专利来说，在发明和实用新型专利权被授予后，任何未经专利权人许可亦无法律依据而实施其专利的行为，都属于侵犯专利权的行为。这就是说，对于发明和实用新型专利来说，未经专利权人许可实施其专利的行为，如果有法律依据，则不属于侵犯专利权的行为。但需要注意的是，《专利法》第11条明确规定了"除本法另有规定的以外"，这表明未经专利权人许可可实施其发明或实用新型专利且不构成侵权的法律仅限于我国《专利法》。例如，我国《专利法》第14条规定："国有企业事业单位的发明专利，对国家利益或者公共利益具有重大意义的，国务院有关主管部门和省、自治区、直辖市人民政府报经国务院批准，可以决定在批准的范围内推广应用，允许指定的单位实施，由实施单位按照国家规定向专利权人支付使用费。"这就是说，国有企业事业单位对国家利益或者公共利益具有重大意义的发明专利，经国务院有关主管部门和省、自治区、直辖市人民政府报经国务院批准推广应用的，无论专利权人是否许可，都不构成侵犯专利权的行为。

对于外观设计专利来说，外观设计专利权被授予后，任何单位或者个人未经专利权人许可，都不得实施其专利。与发明和实用新型专利相比，我国《专利法》没有针对外观设计专利规定"除本法另有规定的以外"，故对于已授权的有效外观设计专利来说，只要未经专利权人的许可实施其专利的行为，都可能构成侵权。

## 3　侵犯专利权行为的特征

### 3.1　法　定　性

侵犯专利权行为的法定性，是指侵犯专利权的行为都是法律具体规定的行为样态，如侵犯发明和实用新型专利权的行为是制造、使用、许诺销售、销售、进口其专利产品的实施行为，或者使用其专利方法以及使用、许诺销售、销售、进口依照该专利方法直接获得的产品的行为；侵犯外观设计专利权的行为是制造、许诺销售、销售、进口其外观设计专利产品的实施行为。法律没有规定的行为样态，都不是侵犯专利权的行为。如我国《专利法》没有规定使用侵犯外观设计专利权的产品的行为构成侵权，则任何使用落入外观设计专利权保护范围的产品的行为，都不构成侵犯外观设计专利权。

### 3.2　目　的　性

侵犯专利权行为的目的性是指侵犯专利权的行为都是出于生产经营的目的，都是企图谋取商业利益的行为。专利权具有可以垄断实施专利以谋取利益的财产权属性，专利权的垄断实施往往能够带来巨大的经济利益，侵犯专利权的行为往往是基于对这种经济利益的渴求。因此，如果能够证明被控不具有生产经营目的，例如不具有商业性，或者被控行为并不追求在专利权有效期内的商业性，则可以对抗专利权人的侵权指控。

## 3.3  复  杂  性

虽然我国《专利法》规定的侵犯专利权的具体行为样态似乎并不多，判断被控行为属于哪一种侵权行为，如属于制造行为，还是销售行为，或者进口行为，在多数情形似乎并不太难，但有时很难用某一法定的侵权行为样态去套用实际案例中的侵权行为。例如，将侵犯他人专利权的产品作为自己制造的产品的零部件使用的行为是否构成侵权，如果构成侵权应属于哪一种侵权行为样态，实践中不无争议。为此，《专利侵权纠纷司法解释2009》第12条规定："将侵犯发明或者实用新型专利权的产品作为零部件，制造另一产品的，人民法院应当认定属于专利法第11条规定的使用行为；销售该另一产品的，人民法院应当认定属于专利法第11条规定的销售行为。将侵犯外观设计专利权的产品作为零部件，制造另一产品并销售的，人民法院应当认定属于专利法第11条规定的销售行为，但侵犯外观设计专利权的产品在该另一产品中仅具有技术功能的除外。"

## 3.4  可 转 化 性

侵权行为的可转化性，是指即使被控行为客观上属于法定的侵权行为的样态，仍可以转化为非侵权行为。专利权是私权，专利权人对专利权拥有完整的财产权利，包括实施专利的权利，也包括追究侵权的权利。如果专利权人不追究他人侵权的，或者为寻求市场的扩大而与侵权人合作，对侵权人过去的侵权行为不予追究并予以授权认可，都可以使被控侵权行为转化为非侵权行为。

从我国《专利法》第11条的规定来看，侵犯专利权的行为都是未经专利权人许可擅自实施其专利的行为，因此，如果被控行为能获得专利权人的许可，即使是在被控行为发生之后专利权人的追认，都可以使侵权行为转化为非侵权行为。虽然对于发明和实用新型专利来说，这种转化既可以依赖专利权人的授权，也可以依赖专利法的特别规定，而专利法的特别规定是指《专利法》第11条"本法另有规定的"情形，如《专利法》第14条规定的对国有企业事业单位的发明专利未经专利权人许可予以实施可不构成侵权的情形。从实践来看，从《专利法》的特别规定上寻找转化依据难度较大，故与专利权人合作以寻求专利权人的谅解和认可，是将侵权行为转化为非侵权行为的最佳选择。对于外观设计专利权来说，将侵犯外观设计专利权的行为转化为非侵权行为，主要是寻求专利权人的授权。

此外，针对专利权人的侵权指控，如果能够依法宣告原告专利权无效，也是将被控行为转化为非侵权行为的有效方式。

## 4 侵犯专利权行为的分类

按照不同的标准，侵犯专利权的行为有不同的分类。

① 按照法定的侵权行为样态的不同，侵犯专利权的行为可以分为制造行为、使用行为、销售行为、许诺销售行为、进口行为。

② 按照侵权行为实施者为单方还是两方或者两方以上，侵犯专利权的行为可以分为单方侵权行为和共同侵权行为。单方侵权行为是指一个侵权人实施的侵权行为，共同侵权行为是指两个或两个以上侵权人共同实施的侵权行为。

③ 按照是否实质性实施他人专利技术或专利外观设计，侵犯专利权的行为可以分为即发侵权和已发侵权。即发侵权是指为实质性实施侵犯专利权的行为创造条件、提供设备的行为，即发侵权本质上是即将发生但实际尚未发生的侵权。已发侵权是指已经实际发生的侵犯他人专利权的行为，如制造、销售、进口、使用侵犯发明或实用新型专利权的产品的行为。

④ 从社会经济秩序的过程来看，侵犯专利权的行为可以分为源头型侵权行为、中间型侵权行为和终端型侵权行为。源头性侵权行为主要是指处于制造领域的侵权行为，如制造侵权产品的行为和使用侵权方法的行为；中间型侵权行为是指侵权产品在市场流通环节中产生的侵权行为，如销售侵权产品的行为；终端型侵权行为是指实现侵权产品使用价值的侵权行为，如使用侵权产品的行为。

# 第2节 侵犯专利权行为的认定

根据我国《专利法》第11条的规定，侵犯专利权的具体行为样态可以分为：①对涉及产品的发明和实用新型专利来说，侵权行为的具体样态包括未经专利权人许可亦无其他法律依据擅自制造、使用、许诺销售、销售、进口其专利产品的行为；②对方法专利来说，侵权行为的具体样态包括未经专利权人许可亦无其他法律依据擅自使用其专利方法以及使用、许诺销售、销售、进口依照该专利方法直接获得的产品的行为；③对于外观设计专利来说，侵权行为的具体样态包括未经专利权人许可擅自制造、许诺销售、销售、进口其外观设计专利产品的行为。

## 1 制 造 行 为

就产品专利来说，制造行为是未经专利权人许可亦无法律依据擅自生产出专利产品的行为。一般来说，制造行为客观上表现为侵权产品从无到有的生产过程，即利用相关原材料、设备装置生产出专利产品。在多数情形制造行为是容易认定的，但在某

第3章

些特殊情形制造行为的认定较为复杂。

## 1.1　不能实现外观设计专利产品功能的制造行为

外观设计专利仅保护产品的外观设计，通常与产品的技术功能和用途无关。我国《专利法》第2条第4款规定："外观设计，是指对产品的形状、图案或者其结合以及色彩与形状、图案的结合所作出的富有美感并适于工业应用的新设计。"但某些外观设计专利产品的描述可能具有一定的功能性，如果这些功能是显然不能实现的，可能被认为不符合《专利法》上述规定中"适于工业应用"的条件而不被授权。但由于外观设计专利的授权过程并不进行实质审查，如果这种外观设计一旦获得授权，被控侵权产品虽然在外观上与之构成相同或近似的外观设计，但显然不能实现专利产品所描述的功能的，能否被认定为侵权？

例如，原告外观设计专利是一种时光穿梭器，按照原告的说法这种时光穿梭器能够穿越时空，被告仿照原专利生产了一种椅子，二者从外观设计上看无实质性差别。原告起诉被告制造被控侵权产品的行为构成侵权，被告抗辩称二者不构成相同或类似产品，故其制造被控侵权产品的行为不构成侵权。在此案中，原告的专利产品虽然被命名为"时光穿梭器"，但鉴于目前人类尚未掌握时光穿越的奥秘，可以认定原告的专利产品并不能真正实现时光穿越的功能，因此很可能将原告的专利产品按照外观设计专利产品的分类表进行分类。由于目前我国《专利法》仅保护产品外观设计，尚未脱离产品抽象地保护设计，故本案似乎不宜认定被告制造被控侵权产品的行为侵犯原告外观设计专利权。

## 1.2　在产品上添加专利设计图案的行为

外观设计是指对产品的形状、图案或者其结合以及色彩与形状、图案的结合所作出的富有美感并适于工业应用的新设计，组成外观设计的要素是形状、图案和色彩，外观设计保护的是产品的形状、图案、形状和图案的结合、形状与色彩的结合、图案与色彩的结合以及形状同图案和色彩的结合。如果外观设计专利保护的是产品图案或图案与色彩的结合，被控行为是在已有产品上添加专利图案或图案与设计的行为，该行为仍属于制造行为。

例如，原告专利系名称为出租汽车的外观设计专利，其专利设计系出租汽车涂抹的特定图案和色彩，以方便消费者的识别。被告在其用于营运的汽车上涂抹上了原告专利图案和色彩。原告遂起诉被告侵犯其外观设计专利权。在这一侵权纠纷中，被控行为应被认定为制造行为。当然，并不是被告制造了原告的汽车，而是被告在已有汽车上涂抹了原告专利设计图案及色彩，在这一制造行为中，汽车只是一个中间产品，相对于涂抹了原告专利图案及色彩后的汽车而言，未涂抹原告专利图案及色彩后的汽车类似于《专利侵权纠纷司法解释2009》第12条规定中的"零部件"，在汽车上涂抹图案及色彩的行为相当于是民法中的添附行为，由于其结果是形成了一种使用了原告外观设计专利的汽车,故被控行为应视为制造行为。

### 1.3 制造侵权产品仅供出口的行为

未经专利权人许可擅自制造侵权产品的行为一般应认定为侵犯专利权的产品,但如果未经专利权人许可擅自制造的侵权产品全部出口销售到国外,该制造行为是否应被认定为侵犯专利权的行为,实践中存在一些争议。一种观点认为,这种制造行为不应被规定为侵权行为,理由是专利权属于财产权并有地域性,这种制造行为因其产品全部销往国外,不会损害本国专利权人在本国实现其专利权。另一种观点认为应当构成侵权,理由是这种制造行为是发生在我国的未经专利权人许可的制造行为,根据《专利法》第 11 条的规定应被认定为侵犯专利权的行为。本书认为,依据现行的《专利法》,这种行为应当被认定为侵权行为。我国《专利法》明确规定未经专利权人许可实施其专利的行为属于侵犯专利权的行为,未经专利权人许可擅自制造的侵权产品即使全部出口销售到国外,其制造行为也完全符合侵权行为的构成要件,应认定为侵权。

## 2 使用专利方法的行为

专利技术方案可以分为产品技术方案和方法技术方案,产品技术方案是对产品的限定,一般是通过对产品的构成、组分、装置、零部件、连接关系等特征的描述以限定的技术方案。方法技术方案一般可以分为产品制造方法和操作使用方法。产品制造方法是制造某种产品的方法,一般是通过设定一定条件、使用特定的装置设备并按照特定的工艺步骤使某种物品如原材料、中间产品在结构、形状或物理化学特性上发生变化并形成新的产品的方法。操作使用方法是对特定装置设备、特定产品的操作使用,如测量、计算、制冷、通讯方法等。

使用专利方法,是指方法专利权利要求中记载的专利方法技术方案的每一个步骤均被实现的行为。对于方法专利来说,使用专利方法的行为就是源头型侵权行为。对于产品制造方法专利来说,使用产品制造方法就是按照专利方法生产出相应产品的行为,通常表现为制造相关产品的过程,在结果上表现为制造出了相应的产品。如专利方法是一种具有语音和记忆功能的电子笔的制造方法,使用专利方法就是按照专利方法的描述生产出专利电子笔的过程。如果产品制造方法在获得专利的同时,还获得了相应的产品专利,即依照该专利方法获得的专利产品也受专利保护,则即使被控侵权人制造的专利产品未使用专利方法,仍可能侵犯该产品专利。对于操作使用方法专利来说,使用专利方法就是生产经营过程中按照专利方法的步骤、条件逐一再现专利方法的全过程。需要注意的是,使用专利方法是指专利方法的完整再现。如果专利方法有特定步骤顺序的,则使用专利方法还应遵循该顺序。一般来说,省略专利方法的步骤或者未按专利方法的顺序完整地再现专利方法,均不构成使用专利方法的侵权行为。

在东莞市双知艺坊洁具有限公司（以下简称"双知艺坊公司"）诉北京励展华群展览有限公司（以下简称"励展华群公司"）、曾秋红因侵犯发明专利权纠纷一案❶中，原告双知艺坊公司拥有名称为"利用不饱和聚酯树脂生产卫浴产品及工艺方法和生产设备"的发明专利，其指控曾秋红生产并在励展华群公司主办的"第二十三届中国北京国际礼品、赠品及家庭用品展览会"销售的不饱和聚酯树脂五件套卫浴用品侵犯其专利权。经查，原告专利方法具有以下技术特征：①制作模具；②喷涂脱模剂；③按照不饱和聚酯树脂、硬化剂、促进剂重量比为 100∶0.1～0.5∶0.3～1.5 的配比关系配置原材；④加入填料；⑤浇注或喷涂不饱和聚酯树脂胶壳；⑥常温下固化；⑦在胶壳上制作或粘贴图案；⑧将原料浇注到模具中；⑨真空脱泡；⑩常温固化；⑪脱模；⑫制品后处理。被控侵权产品的生产工艺流程具有以下技术特征：①准备模具；②按照不饱和聚酯树脂∶硬化剂∶促进剂质量比为 100∶0.52∶0.15 的配比关系配制原料；③在模芯上刷不饱和聚酯树脂原料；④将模芯真空脱泡；⑤模芯上的不饱和聚酯树脂胶化；⑥粘贴干燥叶子；⑦二次刷模芯；⑧合模；⑨将不饱和聚酯树脂原料浇注到模具中；⑩真空脱泡；⑪固化；⑫脱模；⑬研磨；⑭浸泡；⑮抛光；⑯清洗；⑰手绘；⑱喷亮油；⑲产品后处理后装箱。法院认为，原告专利记载了一种由不饱和聚酯树脂生产卫浴产品的工艺方法，其中"加入填料"系原告专利技术方案的必要技术特征。原告在认可被告提交被控侵权产品的生产工艺流程，被控侵权产品的工艺流程缺少原告专利中"加入填料"这一技术特征，被控侵权产品的颜色系由"手绘"步骤中喷金色而产生，并非加入色料等填料而成。原告专利中"加入填料"与被控侵权产品中的"手绘"属于不同的技术手段，二者未构成相同或等同技术特征，故被控侵权产品未落入涉案专利的保护范围。

在上述案例中，由于被控侵权方法并未完整地再现原告的专利方法，而是省略了原告专利方法的几个步骤，且被控侵权方法中的有的步骤与原告专利方法中的相应技术特征既不相同也不等同，故被控侵权方法未使用原告专利方法，其未落入原告专利权的保护范围，不构成对原告专利权的侵犯。需要注意的是，方法专利通常会在说明书中记载相应的技术效果，事实上方法专利相对于现有技术取得有益的技术效果是其能够获得专利保护的重要条件。如果被控侵权人完整地使用了原告的专利方法，但却未取得原告专利方法相应的技术效果，也应认定其构成侵权。是否取得专利技术效果可能依赖于多方面的因素，被控侵权人只要完整地再现了原告的专利方法，都可能构成侵权。如果被告确有证据证明原告专利方法不具有其所宣称的技术效果，可以依法请求专利复审委员会宣告原告的专利权无效。

---

❶　北京市高级人民法院民事判决书（2011）高民终字第 4135 号和北京市第二中级人民法院民事判决书（2011）二中民初字第 10440 号。

## 3　销　售　行　为

销售行为是指因销售侵权产品构成侵权的行为。销售通常是指转让被销售商品所有权的交易行为。销售侵权产品的行为被认定为是侵权，主要是因为侵权产品被制造出来后，销售是保障侵权产品的制造商获取利润的主要方式，将销售侵权产品的行为作为侵权行为予以规范，有利于遏制侵权产品制造商的获利渠道，从商业利益上打击侵权，有效制止侵权行为的发生和蔓延。销售侵权产品构成侵权相对来说是比较容易判定的，但从专利侵权判定实践来看，仍然存在一些难点问题。

### 3.1　搭　售　行　为

搭售是一种销售技术或方式，它是指销售商或服务提供商要求消费者在购买其商品或服务的同时也购买其另一种商品或服务。狭义的搭售是一种附条件的交易行为，它要求两种产品必须具有关联关系，如销售汽车时要求客户必须在销售商处维修保养，并且其中一种商品或服务交易的成立是另一种商品或服务交易成立的前提条件，故其中一种商品或服务被称为搭售品，另一种商品或服务被称为被搭售品。广义的搭售行为已不再强调搭售品与被搭售品之间的关联性，如在购买皮鞋时搭售食盐等，但交易的附条件性依然存在。

尽管搭售品与被搭售品之间往往具有某种关联性，但搭售交易中的搭售品和被搭售品必须是独立的不同商品，通常意义上的同一商品的各组成部分被放在一起销售，一般不宜被认定为搭售行为。例如鞋子有左右之分，消费者如果只买其中一只鞋，销售者一般不会提供比销售一双鞋更低的价格，而且销售者通常也会要求消费者买另一只鞋，但由于人们通常认为一双鞋而不是一只鞋构成独立的商品，故销售者要求只购买一只鞋的消费者同时购买另一只鞋的行为并不构成搭售。

虽然搭售行为可能引起消费者的反感，但搭售行为并非一无是处。例如，出于产品的完整性，销售者通常会把鞋和鞋带一起销售，尽管这两种商品完全可以分开销售，但这样的搭售行为不仅可以节约销售时间，也节约了消费者的购物时间。某些时候搭售行为有利于控制商品或服务的品质，例如柯达公司曾经要求顾客购买了柯达公司的胶卷后必须送回柯达公司冲洗，其理由是其他的胶卷冲洗商无法如柯达公司一样娴熟地冲洗胶卷。显然，柯达公司的行为构成搭售行为，但在早期这种理由曾经是有依据的。

搭售行为是一种销售行为，搭售行为构成侵权既包括搭售品与被搭售品均构成侵权的情形，也包括仅搭售品构成侵权而被搭售品未构成侵权的情形。无论搭售行为与被搭售行为是否具有关联性，也无论搭售行为是否构成被搭售行为的交易前提条件，在侵权认定中搭售行为都可以认定为单独的销售侵权行为。当然，如果搭售商品和被搭售商品都构成侵权，则搭售行为和被搭售行为构成两个独立的销售侵权行为。

## 3.2　搭送行为

搭送行为，即销售者在销售某种商品或提供服务时，基于广告宣传等目的免费赠送某种商品或服务。与搭售行为不同的是，搭送行为通常是免费行为，至少在形式上对消费者是免费的，消费者对搭送行为通常具有选择权和决定权，即其有权自主决定是否接受该种免费的商品或服务，当销售者提供了多种免费的商品或服务时，消费者有权选择并决定是否拒绝或接受部分或全部免费商品或服务。搭送行为与销售者提供的主销售行为通常没有关联性，即消费者是否接受搭送的商品或服务并不是影响或决定销售行为是否成立，销售者通常也不会以消费者未接受或者未全部接受其提供的商品或服务为由不向其销售某种商品或提供某种服务。

搭送行为是指销售者搭送的商品或服务构成侵权时，其搭送行为也构成侵权。根据我国《专利法》第 11 条的规定，侵犯专利权的行为都是出于生产经营目的的实施行为。搭送行为虽然对消费者来说可能是免费的，但销售者实施的搭送行为多是出于推广宣传其产品或服务的目的，且销售者在销售某种商品或提供某种服务时，搭送行为也有助于其销售该商品或服务。因此，搭售行为同样出于生产经营目的，其与其他商品或服务的销售行为具有紧密关联性，故搭送行为可以被视为一种特殊的销售行为，如果搭送的商品或服务侵犯他人专利权，搭送行为构成一种独立的销售侵权行为。

## 3.3　回收包装、容器及标识类专利产品并与相关商品共同出售的行为

在经济生活中，包装和容器及标识都是用来包装或标识其他商品的，如酒瓶是用来装酒的，汽车铭牌是用来标识汽车的。对于包装和容器及标识类专利来说，虽然专利产品是该包装和容器及标识，但该包装和容器及标识通常是与相关商品共同出售的，而且在该包装和容器及标识与相关商品共同出售后，通常该包装和容器及标识的专利权也随之而权利用尽。但是，如果有人回收这些包装和容器及标识，并与相关商品共同出售，是否构成侵犯专利权存在较大分歧。在司法实践中，不同法院对同一案例的处理结果甚至完全相反。

在鞠爱军诉山东武城古贝春集团总公司侵犯外观设计专利权纠纷一案❶中，鞠爱军系第 ZL96323288.6 号、名称为"酒瓶"的外观设计的专利权人，其授权山东银河酒业（集团）总厂（以下简称"银河酒厂"）独家使用其专利酒瓶。山东武城古贝春集团总公司（以下简称"古贝春公司"）与诸城康业副食品经销处（以下简称"康业经销处"）签订协议，授权康业经销处为古贝春系列酒在诸城市的总经销商，约定了由康业经销处提供酒瓶，负责把酒瓶送到古贝春公司仓库，古贝春公司提供剩余包装

❶　山东省济南市中级人民法院民事判决书（1999）济知初字第 57 号和山东省高级人民法院民事判决书（2000）鲁经终字第 339 号。

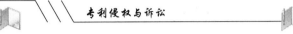

物及散酒，生产一种由康业经销处独立销售的"古贝春头曲"。协议签订后，古贝春公司开始生产古贝春头曲酒，交予康业经销处销售，使用的酒瓶为康业经销处回收的旧酒瓶，由古贝春公司清洗消毒后灌瓶、包装。经查，康业经销处向古贝春公司提供的酒瓶系回收银河酒厂的酒瓶。鞠爱军以古贝春公司侵犯其外观设计专利权为由提起诉讼。古贝春公司主张其使用的是专利权人鞠爱军已售出的专利产品（酒瓶），依法不构成侵权。

山东省济南市中级人民法院一审认为，《专利法》规定的"专利权人制造或者经专利权人许可制造的专利产品售出后，使用或者销售该产品的，不构成侵权"，是指在这些产品合法的投入市场后，任何人买到了这种产品，无论是自己使用还是再次销售，都无须征得专利权人的同意，即所谓的专利权人的权利用尽原则。本案专利产品名称为酒瓶，其工业上应用价值在于作为酒的包装物与酒作为一个整体投入市场。因此，专利权穷竭即专利权人权利用尽应指使用这种设计的酒瓶的酒产品合法投入市场并售出后，购买者自己使用或再次销售该酒产品的行为。这里的使用仅指就产品功能本身的发挥而言。对于回收与此种设计相同或近似的酒瓶并作为自己同类酒产品的包装物以生产经营为目的的生产销售行为已突破了专利产品合法购入者使用的内涵，而成为一种变相的生产制造外观设计专利产品的行为，因此，被告主张专利权人权利用尽的抗辩理由不能成立。外观设计专利权保护的对象是一种智力成果，是体现特定产品设计的无形资产，体现该设计的酒瓶的物权即所有权转移并不意味着外观设计专利权的转移或丧失。因此，古贝春公司以生产经营为目的，与诸城康业副食经销处签订生产销售"古贝春头曲"协议，利用后者提供的与原告专利产品设计相同或近似的旧酒瓶制造并销售古贝春头曲，其行为侵犯了原告外观设计专利权。

山东省高级人民法院二审认为，当专利权人许可银河酒厂独占实施，银河酒厂使用该外观设计专利酒瓶生产、销售白酒，白酒售出后，专利权人和银河酒厂已经获得了收益，体现在酒瓶的专利权已经用尽，根据专利权用尽原则，购买者的使用或者再销售行为就不构成侵犯其专利权。古贝春公司生产、销售古贝春头曲，使用回收的旧酒瓶，因旧酒瓶上的专利权已经用尽，故无论这些旧酒瓶是否与专利权人的外观设计专利酒瓶相同或近似，都不构成对专利权人外观设计专利权的侵犯，故专利权人的侵权指控不成立，其诉讼请求无事实和法律依据。

### 3.4 将侵权产品作为零部件制造并销售另一产品的行为

《专利侵权纠纷司法解释2009》第12条规定："将侵犯发明或者实用新型专利权的产品作为零部件，制造另一产品的，人民法院应当认定属于专利法第11条规定的使用行为；销售该另一产品的，人民法院应当认定属于专利法第11条规定的销售行为。将侵犯外观设计专利权的产品作为零部件，制造另一产品并销售的，人民法院应当认定属于专利法第11条规定的销售行为，但侵犯外观设计专利权的产品在该另一产品中仅具有技术功能的除外。"据此，将侵犯专利权的产品作为零部件制造另一产品后，该侵权产品的价值已经作为零部件体现在其该另一产品中，再销售时也必然包含了该侵权产品的价值，因此，销售该另一产品的行为属于销售行为。

需要注意的是，针对外观设计专利，上述司法解释特别规定"将侵犯外观设计专利权的产品作为零部件，制造另一产品并销售的，人民法院应当认定属于专利法第11条规定的销售行为，但侵犯外观设计专利权的产品在该另一产品中仅具有技术功能的除外"。其中"制造另一产品并销售的"主要是指该另一产品的制造商制造该另一产品并销售的行为，由于该制造行为不宜被认定为侵犯外观设计专利权的行为，故司法解释主要是从规范该另一产品的销售行为的角度来规范其制造商的，即制造商将侵犯外观设计专利权的产品作为零部件制造另一产品并销售的，可按销售侵权行为处理，而不是说销售该另一产品的行为不构成侵权，只有"制造另一产品并销售"才构成销售侵权。实际上，将侵犯外观设计专利权的产品作为零部件制造另一产品并销售，他人购买该另一产品后再行销售的行为虽然缺少制造行为，仍可认定为销售侵权行为。

还应当注意的是，在规定"将侵犯外观设计专利权的产品作为零部件，制造另一产品并销售"属于《专利法》第11条规定的销售行为的同时，还进一步规定"但侵犯外观设计专利权的产品在该另一产品中仅具有技术功能的除外"。本书认为，"但侵犯外观设计专利权的产品在该另一产品中仅具有技术功能的除外"并不是针对销售行为的但书，而是针对销售侵权的但书。这就是说，将侵犯外观设计专利权的产品作为零部件，制造另一产品并销售的，即使该侵犯外观设计专利权的产品在该另一产品中仅具有技术功能，仍属于销售行为，但鉴于侵犯外观设计专利权的产品在该另一产品中仅具有技术功能，即其未体现出外观设计的专利价值，故不将这种销售行为认定为侵权行为。

# 4 许诺销售行为

许诺销售是相对于实际销售而言的，它是指为产品的实际销售所作的广告宣传、缔约协商、产品展示、先期体验等营销活动，它概括了产品销售前为销售产品所进行的各种活动。根据许诺销售对象是否具有特定性，许诺销售可以分为针对特定人的许诺销售行为和针对不特定人的许诺销售行为。针对特定人的许诺销售是指许诺销售的对象是特定人的许诺销售行为，如购买人就产品销售展开的缔约谈判行为就属于许诺销售行为，由于其对象是特定的购买人，故其属于针对特定人的许诺销售。针对不特定人的许诺销售是指许诺销售的对象不是特定人的许诺销售行为，如商业广告行为、在展览会上展示产品的行为针对的是商品或服务的任何可能的消费者，一般不针对特定的对象，故属于针对不特定人的许诺销售行为。许诺销售是一种正常的营销手段，它被广泛应用于现代社会。

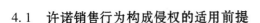

### 4.1 许诺销售行为构成侵权的适用前提

许诺销售通常是向消费者承诺销售某种商品或服务，当该商品或服务未落入某一专利权的保护范围时，许诺销售行为自然也不可能侵犯同一专利权。只有在许诺销售的商品或服务落入他人专利权的保护范围时，许诺销售行为才可能侵犯同一专利权。

### 4.2 许诺销售与实际销售的关系

在许诺销售与实际销售的关系上，我国《专利法》将许诺销售规定为单独的侵权行为，似乎表明许诺销售侵权的认定与实际销售行为无关，许诺销售侵权及其损害独立于实际销售侵权及其损害；即使许诺销售时明确表示实际销售不会发生于专利有效期间，该许诺销售可能导致专利产品的消费者放弃对专利产品的购买而坐等专利权有效期满后的仿制产品时，该许诺销售行为给专利权人造成的实质性损害也是显而易见的，故许诺销售行为的认定不应当以所许诺的销售行为在专利权有效期间的实际发生或可能发生为适用前提。然而，从司法实践来看，虽然我国《专利法》将许诺销售规定为侵权行为，但许诺销售行为应以许诺销售所针对的实际销售行为在原告专利权有效期内已经发生或确有可能发生为前提。许诺销售行为是相对于实际销售行为而言的，而且构成一种独立于实际销售行为的侵权形态。许诺销售行为是否构成侵权在很大程度上取决于实际销售行为的实际发生或即将发生。当实际销售行为未发生，或者根本就不存在实际销售行为发生的可能时，或者现有证据不能证明实际销售行为侵犯专利权时，则许诺销售行为不构成侵犯同一专利权。如果被告在实施许诺销售行为的同时，明确表示其不会在原告专利权有效期间实际销售其许诺销售的商品，或者明确表示其只会在原告专利权失效后销售其所许诺销售的商品，且现有证据也不能证明被告在原告专利权有效期内实施或可能实施销售侵犯原告专利权的商品的，则该许诺销售行为不宜被认定为独立的侵权行为。

例如，在北京法院 2007 年审结的伊莱利利公司诉甘李药业有限公司侵犯专利权纠纷一案❶中，伊莱利利公司系名称为"含有胰岛素类似物的药物制剂的制备方法"的发明的专利权人。甘李公司向中华人民共和国食品药品监督管理局提交了"双时相重组赖脯胰岛素注射液 75/25"药品注册并取得了临床研究批件，目前尚未取得药物注册批件。此外，甘李公司在其网站对其研制的药物"速秀霖"（系商品名称，通用名称为"赖脯胰岛素"）进行了宣传，称"该药物的活性成分为赖脯胰岛素……是新一代胰岛素制剂……"。伊莱利利公司起诉称：甘李公司向中华人民共和国食品药品监督管理局申报了"双时相重组赖脯胰岛素注射液 75/25"药品注册申请，上述药物中的活性成分是原告专利技术方案中指定的赖脯胰岛素，而且有载体，据此可以判

---

❶ 北京市高级人民法院民事判决书（2007）高民终字第 1844 号和北京市第二中级人民法院民事判决书（2005）二中民初字第 6026 号。

断被告的上述药物落入原告专利权的保护范围。被告已经取得了临床批件，而且在此之前被告已经通过网络宣传其申请的上述药物，其行为性质属于即发侵权和许诺销售，构成对原告专利权的侵犯。原告请求法院判令被告甘李公司停止侵权行为。一审法院认为：鉴于涉案药品尚处于注册审批阶段，并不具备上市条件，被告网站上的相关宣传内容不属于许诺销售行为，也不构成即发侵权，故判决驳回伊莱利利公司的诉讼请求。

二审法院认为：涉案专利权利要求2中涉及的胰岛素类似物为赖脯胰岛素（insulin lispro），甘李公司在其网站宣传的"速秀霖"的基本成分即为赖脯胰岛素。虽然甘李公司向药监局申报的"重组赖脯胰岛素注射液"已经获得了药品注册批件，具备了上市条件，但甘李公在网上宣传行为的直接目的并不是为了使药监局批准其申请的被控侵权产品作为药品注册、生产，并不构成以生产经营为目的使用伊莱利利公司享有专利权的涉案专利方法的行为。因此，甘李公司向药监局申报"重组赖脯胰岛素注射液"并且获得药品注册批件的行为并非实施涉案专利的行为。许诺销售是指以做广告、在商店橱窗中陈列或者在展销会上展出等方式作出销售商品的意思表示。许诺销售行为发生在实际销售行为之前，其目的是为了实际销售。专利法禁止许诺销售的目的在于尽可能早地制止专利产品或依照专利方法直接获得的产品的交易，使专利权人在被控侵权产品扩散之前就有可能制止对其发明创造的侵权利用，被控侵权人不但应当具有即将销售侵犯专利权的产品的明确意思表示，而且在作出该意思表示之时其产品应当处于能够销售的状态。本案中，尽管甘李公司在其网站上对其"速秀霖"产品进行宣传，但现有证据不能证明甘李公司所进行的宣传系欲达到销售该产品的目的。因此，甘李公司在其网站上进行宣传的行为不构成许诺销售。现有证据不能证明甘李公司在涉案专利保护期内存在从事生产、销售、许诺销售被控侵权产品的可能性，故其行为不构成即将实施的侵权行为。二审法院遂维持原判。

## 4.3　赠　送　行　为

商业赠送行为，是指产品销售商或服务提供商出于某种商业目的向消费者免费提供某种商品或服务的行为。例如，一些销售者在大卖场向顾客提供的免费体验或免费品尝活动。与搭售、搭送行为不同的是，商业赠送行为不以其他交易的成立为前提条件，商业赠送行为几乎是面向任何人的，客观上几乎任何人都可能有机会参与到商业赠送活动中。从销售实践来看，商业赠送行为通常发生在特定的场所和特定的时间段，尤其是一些新产品或新的服务类型上市时，在其上市初期提供免费赠送是一种常见的商业销售手段。

关于商业赠送行为是否构成侵犯专利权，实践中具有较大的分歧。一种观点认为，商业赠送行为是侵犯专利权的行为，其理由是，由于商业赠送的产品或服务已经构成侵犯他人专利权，商业赠送行为会对专利权造成损害，特别是经济实力雄厚的经营者可能用商业赠送的方法打垮竞争对手。相反的观点认为，商业赠送行为不是侵犯专利权的行为，因为它是没有直接对价的赠送，即未以生产经营为直接目的，且其不属于《专利法》明确规定的实施行为，故不宜作为侵犯专利权的行为。当然，如果经营者通过商业赠送行为打击竞争对手，破坏正常的市场经济秩序的，可以适用《反不正当竞争法》中有关"低价倾销"的条款来处理。在主张商业赠送构成侵权的观点中，对商业赠送行为属于《专利法》规定的哪种实施行为，同样存在分歧。一种观点认为，商业赠送行为是销售行为，其主要理由是销售行为可以是零对价，商业赠送行为实现了侵权产品所有权的转移，只是其对价为零，故可以视为销售行为。另一种观点认为，商业赠送行为因为其零对价故不能构成销售行为，但商业赠送行为目的是为将来的实际销售行为进行广告宣传和产品推广，是为将来的实际销售行为作准备的行为，故其应构成许诺销售行为。本书认为，商业赠送行为有其复杂性的一面，但在许多情况下，商业赠送行为具有许诺销售的性质。

目前，司法实践认定商业赠送行为具有生产经营目的，但尚未认定这种行为是否构成侵权以及构成何种侵权。例如，在原告北京动力机械研究所（以下简称"动力机械所"）诉被告中山华帝燃具股份有限公司（以下简称"中山华帝公司"）侵犯实用新型专利权纠纷一案❶中，中山华帝公司为中国第十一届全运会提供了 2 200 把"如意"火炬。"如意"火炬的内部燃烧系统落入原告专利的保护范围，在第十一届全运会结束后，原告公证购买"如意"火炬一把。原告认为被告向第十一届全运会提供"如意"火炬的行为具有"生产经营目的"，获得了市场知名度等商业利益，已经构成侵犯原告专利权的行为，其在十一届全运会之后，仍然生产、销售侵权产品，构成继续侵权行为并诉至法院。中山华帝公司辩称：被告为十一届全运会制造"如意"火炬是无偿赞助，没有生产经营目的；被告在十一届全运会开始前已将"如意"火炬生产完毕并交付，并未向其他人销售火炬，原告所述制造、销售行为不存在；原告所称在北京购买"如意"火炬的行为与被告无关；"如意"火炬所使用的技术并未侵犯原告的专利权；故请求法院驳回原告的诉讼请求。一审法院认定被控侵权物落入原告专利权的保护范围，被告制造和销售侵权产品的行为应当侵权责任，也认定被告向第十一届全运会组委会赠送提供 2 200 把"如意"火炬的行为具有商业性，系出于生产经营目的，但原审法院并未就该行为是否构成销售还是许诺销售作出认定。本案二审法院虽然维持了原审判决，但同样未对中山华帝公司为中国第十一届全运会提供 2 200 把"如意"火炬的行为性质作出认定。❷

---

❶ 北京市第二中级人民法院民事判决书（2010）二中民初字第 4743 号。
❷ 北京市高级人民法院民事判决书（2011）高民终字第 1638 号。

## 5 进口行为

进口专利产品是指由专利产品组成或包含专利产品的物品被输入国内，它不仅要求货物物理位置从国外转移到国内，还要求货物的物权尤其是所有权的转移。

### 5.1 进口行为的性质

进口行为本质上属于购买行为。由于销售侵权产品的行为属于法定的侵权行为样态，而购买侵权产品的行为一般不认定为侵权行为，但进口侵权产品的行为却被《专利法》规定为侵权行为。侵犯专利权的行为具有法定性，进口侵犯专利权的产品的行为因为被《专利法》规定为侵权行为，所以它属于法定侵犯专利权的行为样态。

进口侵犯专利权的产品之所以被规定为独立的侵犯专利权的行为，这主要是因为随着现代社会经济和科技的快速发展，货物之间的国际贸易日益频繁，而专利权具有地域性，如果受本国《专利法》保护的产品的制造和销售行为均发生在国外，则国内法很难追究。而进口侵犯专利权的行为恰恰是使侵权货物流入进口国的初始环节，将进口侵犯专利权的产品的行为规定为侵权行为，有利于全面保护本国专利权。

专利权是一种具有地域性的权利，其表现在专利权是依据专利法的规定获得的民事权利，它只有在相应的法域内才能获得该专利法的保护。专利产品的进口一般是指所进口的产品在进口国是受专利法保护的产品，与其是否在制造国或出口国享有专利权无关。如果所进口的产品仅在制造国或出口国享有专利权而在进口国不享有专利权，则对进口国来说其所进口的产品就不构成受进口国专利法保护的专利产品。

专利产品的进口属于专利权的效力范围，任何人未经专利权人许可亦无专利法律依据，擅自进口在进口国受到专利法保护的专利产品，都可能构成侵权。这里的专利产品对方法专利来说，是指依据专利方法直接获得的产品，对产品专利来说是指专利技术方案或专利外观设计直接描述的产品。

专利产品虽然形式上进入我国，但其并不构成进口，则专利产品进入我国的行为本身不构成侵犯专利权。如临时通过中国领陆、领水、领空的外国运输工具的某些装置和设备实施了受我国专利保护的技术方案或外观设计，尽管其是在国外制造并也进入了我国境内，但由于其并未构成进口行为，故其进入我国境内的行为不构成受我国《专利法》保护的进口行为。

### 5.2 平行进口

根据我国《专利法》的规定，进口的产品如果是侵犯我国专利权的产品，则该进口行为构成侵犯专利权的行为。进口的产品侵犯我国专利权应以进口的产品落入我国专利权的保护范围为前提。进口行为将这些货物带到我国境内，如果这些货物在国外的生产或销售均未获得我国专利权人的授权，则进口行为通常会被认定为侵权行为。但是，如果进口的商品属于经我国专利权人许可制造或销售的商品，则这种进口行为就属于平行进口。所谓平行进口，就是指经专利权人授权制造或销售的产品从国外进口到国内的行为。从进口商品的来源来看，平行进口大致可以分为两种，一种是基于授权制造的平行进口，进口到国内的货物是经国内专利权人的授权在国外制造的专利产品。另一种是基于授权销售的平行进口，即国内专利权人生产的专利产品销售到国外后，他人从国外取得这些专利产品后在返销到国内的进口行为。

平行进口不仅存在于专利领域，在商标、版权领域也极为常见。平行进口是否构成侵权，历来存在较大争议。但应当注意的是，我国《专利法》第69条规定："有下列情形之一的，不视为侵犯专利权：（一）专利产品或者依照专利方法直接获得的产品，由专利权人或者经其许可的单位、个人售出后，使用、许诺销售、销售、进口该产品的；……"这表明，专利产品或者依照专利方法直接获得的产品是专利权人实施或经专利权人授权实施专利后形成的专利产品，无论这种实施行为实际发生在我国境内还是境外，在其基础上形成的平行进口均不视为侵犯专利权的行为。他人即使从国外获得这些产品后返销到国内，也不视为侵权。未经专利权人授权制造的侵权产品，取得专利权人的追认授权；或者专利权人同意这些侵权产品上市交易的，他人在境外获得这些产品并返销到国内的，也不视为侵权。

### 5.3 出口侵权产品的行为

未经专利权人许可擅自制造侵权产品的行为，无论该侵权产品是否在国内销售或使用，该制造行为一般都应认定为侵犯专利权的产品。但是，如果未经专利权人许可擅自制造的侵权产品全部出口销售到国外，该出口行为是否构成侵权行为？从理论上讲，出口行为实质上是一种销售行为，而销售行为是否构成侵权在很大程度上取决于所销售的商品是否侵犯专利权。专利权是具有较强地域性的民事权利，出口行为是将货物销往国外，其并不损害我国专利权人在我国的专利权价值或利益，所以单纯出口侵权产品的行为原则上不应被认定为侵犯我国专利权的行为。但应当注意的是，《知识产权海关保护条例》规定了知识产权的备案制度，海关发现出口的产品可能侵犯我国专利权的，有权阻止其出口，专利权人也可起诉该行为构成侵权。

## 6 使 用 行 为

产品的使用有多种方式，而根据我国《专利法》第11条的规定，对于发明和实用新型专利来说，使用侵犯该发明或实用新型专利权的产品可能构成侵犯专利权的行为。使用产品或产品的使用，通常指产品的价值得到实现的过程，但并不是对侵权产品的任何使用行为都构成侵权，对于产品有多种价值的，使用产品一般是指产品主要价值的实现。

发明和实用新型能够获得《专利法》保护，一般就可以推定该发明或实用新型相对于现有技术具有实质性特点和进步，取得了一定的技术效果。使用发明和实用新型专利产品,通常就是实现该发明或实用新型有益技术效果的过程。如果对发明和实用新型专利产品的使用与该发明或实用新型所要解决的技术问题和所能够实现的技术效果完全无关,如实用新型专利是一种笔迹能够自动消失的水彩笔,被控侵权产品是能够实现同样功能的水彩笔,如果他人仅将被控侵权产品悬挂起来用于装饰,则这种使用不构成侵犯专利权意义上的对被控侵权产品的使用,一般不宜认定为侵权行为。

## 6.1　中间侵权产品的使用

中间产品是指将某个产品作为其他产品的零部件或原材料使用的产品。中间产品通常也是独立产品,称之为中间产品是相对而言的,即相对于中间产品被作为零部件或原材料使用后最终形成的产品而言其被视为中间产品,但相对于中间产品自身的生产过程来说其又是独立产品。将侵犯他人专利权的中间产品作为其他产品的零部件使用是否构成侵权,目前司法实践中已经明确。在经济生活中,产品的独立性是相对而言的,一些产品的主要用途就是作为其他产品的零部件使用,汽车发动机就是作为汽车的一个重要部件发挥其作用的,离开了汽车,汽车的发动机就丧失了发挥其功能作用的场所。将侵犯他人专利的产品作为另一产品的零部件使用,是否构成侵权曾经存在争议。《专利侵权纠纷司法解释 2009》第 12 条规定:"将侵犯发明或者实用新型专利权的产品作为零部件,制造另一产品的,人民法院应当认定属于专利法第 11 条规定的使用行为;销售该另一产品的,人民法院应当认定属于专利法第 11 条规定的销售行为。将侵犯外观设计专利权的产品作为零部件,制造另一产品并销售的,人民法院应当认定属于专利法第 11 条规定的销售行为,但侵犯外观设计专利权的产品在该另一产品中仅具有技术功能的除外。"

根据上述司法解释的规定,将侵犯他人专利的产品作为另一产品的零部件使用的构成侵权,但具体的侵权行为样态可能因原告专利权类型的不同而有所差异。例如原告就汽车的座椅拥有一项专利,被告购买了侵犯原告专利权的座椅并安放在其制造的汽车上,当汽车进入市场时,该侵权座椅也随之进入了市场。如果原告就该汽车座椅获得是发明或实用新型专利权,则被告将侵权座椅作为汽车的部件使用,该行为构成使用侵权行为。如果原告就该汽车座椅获得的是外观设计专利权,被告将侵犯原告外观设计专利权的汽车座椅安装在其汽车上的行为属于使用行为,由于使用行为不是我国《专利法》规定的侵犯外观设计专利权的行为样态,故被告将侵犯原告外观设计专利权的汽车座椅安装在其汽车上的行为不构成侵权。

但是,将中间产品作为零部件使用通常是针对机械领域的专利而言的,对于化学、生物、医药等领域来说,中间产品通常是作为原材料而不是零部件使用。而上述司法解释明确规定中间产品作为其他产品的零部件使用的情形,不包括中间产品作为其他产品的原材料使用的情形。那么,将中间产品作为其他产品的原材料使用的情形,可否适用上述规定?本书认为,可以参照适用司法解释的上述规定。需要注意的

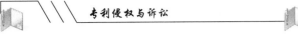

是，对于包装类专利来说，侵犯该包装类专利的产品被用来包装其他产品并随其他产品一起销售的，不宜将侵犯该包装类专利的产品作为零部件或中间产品。如原告专利产品是具有实用新型专利权的酒瓶，被告将侵犯原告专利权的酒瓶装上自己生产的酒后上市销售，该行为直接构成对原告专利权的使用侵权，无须认定酒瓶相对于市场上销售的酒属于中间产品。

## 6.2　对将侵权产品作为中间产品使用而形成的最终产品的使用

将侵权产品作为中间产品使用，是指将侵犯他人专利权的产品作为其他产品的零部件、原材料使用，该侵权产品使用于该最终产品形成过程中的某个环节，故相对于最终形成的产品而言该侵权产品属于中间产品。同样，相对于该中间产品而言，使用该中间产品后最终形成的产品标志着其制造环节的终结，故可以称之为最终产品。根据《专利侵权纠纷司法解释2009》第12条的规定，将侵犯发明或者实用新型专利权的产品作为零部件制造另一产品属于使用行为，销售该另一产品属于销售行为；将侵犯外观设计专利权的产品作为零部件制造另一产品并销售的属于销售行为。但是，对于该另一产品即最终产品的使用行为是否基于中间产品侵权而构成同样的侵权，司法解释尚无明确规定，实践中存在分歧。

本书认为，目前对该另一产品即最终产品的使用不宜认定为侵权行为。首先，如果中间产品仅仅是侵犯他人外观设计专利权，则仅将该中间侵权产品作为该另一产品的零部件使用的行为并不构成侵权，如果该另一产品上市销售的，则可以认定该销售行为侵犯了他人外观设计专利权，但他人购买该另一产品并使用的，由于购买和使用行为都不是我国《专利法》第11条规定的侵犯外观设计专利权的行为，故此时针对该另一产品的使用行为不构成侵犯他人外观设计专利权。其次，就侵犯发明或者实用新型专利权的中间产品来说，将侵权产品作为中间产品使用以及将使用了该侵权产品的另一产品上市销售的行为均构成侵权，但目前尚无法律法规或司法解释明确规定对该另一产品的使用行为同样侵犯他人发明或实用新型专利权。根据侵犯专利权行为的法定性原理，在缺乏明确法律规定的前提下，购买或使用该另一产品的行为不构成侵权。再次，使用该另一产品不构成侵权是指任何人对该另一产品的使用均不构成侵权，这里不仅包括他人取得该另一产品后的使用行为不构成侵权，也包括使用该中间产品制造该另一产品的制造者，也不因为该中间产品侵权导致其自身对该另一产品的使用侵犯同样的专利权。

## 6.3　ODM 委托加工与专利技术使用

ODM（Original Design Manufacturer），直译为"原始设计制造商"，即制造商利用自身的设计和生产能力生产出的产品被品牌商看中后，这些品牌商通过与制造商的合作将制造商生产的产品使用品牌商的品牌上市。这样做的好处是，对于制造商来说其无须费心费力地营建自己的营销体系即可实现产品的销售，对于品牌商来说减少了研发投入。❶ 由此引发的法律问题是，专利权人授权制造商生产的专利产品被品牌商看中后，如果这些专利产品上并不标注实际的制造商，只是标注品牌商为生产商，专利权人能否起诉品牌商侵犯其专利权？

在敖谦平诉飞利浦侵犯发明专利一案❷中，敖谦平系名称为"安全插座"的发明的专利权人，其许可深圳和宏公司实施其专利。由于深圳和宏公司没有自己的生产基地，敖谦平同意深圳和宏公司在许可期限与产品范围内将专利技术许可给第三方以OEM（Original Equipment Manufacturer）或 ODM 委托加工的方式使用。在该许可期限内，敖谦平发现市场上出现了飞利浦公司为生产商且生产地为中国惠州的安全插座，其上甚至标注了敖谦平专利的专利号。敖谦平遂起诉飞利浦公司侵犯其专利权。经查，被控侵权产品是飞利浦公司通过 ODM 方式委托深圳和宏公司制造的，实际制造商是接受深圳和宏公司以 ODM 方式委托的惠州和宏公司。宁波市中级人民法院一审认为，敖谦平许可深圳和宏公司以 ODM 委托加工的方式实施其专利，不应包括深圳和宏公司接受其他人定牌生产这种 ODM 关系，该约定的许可对象是深圳和宏公司，其制造、销售的产品对应的亦是深圳和宏公司自己的产品而非其他公司的产品。因此，飞利浦公司通过深圳和宏公司定牌生产被控侵权产品的行为，并未获得专利权人的许可，已构成侵权；深圳和宏公司生产销售被控侵权产品的行为也构成侵权。宁波市中级人民法院遂一审判决深圳和宏公司和飞利浦公司停止侵权，共同赔偿专利权人经济损失 80 万元并销毁生产模具和库存产品。

深圳和宏公司和飞利浦公司均不服一审判决并提出上诉。浙江省高级人民法院二审认为，本案被控侵权产品的技术提供者是深圳和宏公司，飞利浦公司仅授权深圳和宏公司在涉案产品上使用其商标和名称，对产品的技术来源、技术特征、制造、销售及售后服务等均由深圳和宏公司负责，故本案的生产模式当属 ODM 方式，承接制造业务的深圳和宏公司为 ODM 厂商，所生产的产品为 ODM 产品。敖谦平授权深圳和宏公司许可第三方以 OEM 或 ODM 委托加工的方式实施专利技术，其中并没有对第三方作出限定，没有限定 OEM 或 ODM 委托加工的定做方只能是深圳和宏公司，也没有限定深圳和宏公司实施敖谦平专利生产的产品必须使用深圳和宏公司的品牌。因此，深圳和宏公司在获得飞利浦公司的授权后，许可惠州和宏公司作为加工方，利用敖谦平的专利技术生产标有飞利浦公司商标的专利产品，且在该专利产品上标注敖谦平专利号的行为，符合敖谦平与深圳和宏公司有关深圳和宏公司将敖谦平的专利技术许可惠州和宏公司以 OEM 或 ODM 委托加工的方式生产专利产品的约定，故敖谦平的侵权指控不能成立。浙江省高级人民法院遂改判撤销原审判决并驳回敖谦平的诉讼请求。❸

---

❶ 李永波. 审慎专利许可过程中的 OEM、ODM 条款［J］. 中国知识产权，2012（4）：45.
❷ 浙江省宁波市中级人民法院民事判决书（2010）浙甬知初字第 669 号。
❸ 浙江省高级人民法院民事判决书（2011）浙知终字第 172 号。

上述案例引发的争论并未随着浙江省高级人民法院的二审判决而终结，因为其目前仍在最高人民法院的再审程序之中。本书认为，品牌商委托制造商生产的产品属于侵犯他人专利权的产品的，如果能够证明品牌商与侵权产品使用的技术方案无关，品牌商对关注的商品产品的质量而不是其实际使用的技术方案，品牌商并未向制造商提供技术方案，也没有诱使制造商使用某种技术方案，或者说品牌商根本就不关注制造商实际使用的技术方案，只是委托制造商在其制造的质量合格的产品上使用品牌商的品牌的，则品牌商一般不应就制造商生产的产品侵犯他人专利权承担侵权责任。

# 第3节　共同侵犯专利权行为

## 1　民法中的共同侵权

民法中的共同侵权又称共同过错、共同致人损害、共同侵权行为、共同侵权责任、共同不法侵害等，它是相对于单独侵权而言的。如果说单独侵权是由一个侵权主体实施的侵权行为，共同侵权就是数个侵权主体共同实施的侵权行为。"共同侵权行为，谓数人共同不法对于同一之损害与以条件或原因之行为。"❶ 从立法上看，《民法通则》第130条规定："二人以上共同侵权造成他人损害的，应当承担连带责任。"《侵权责任法》第8条规定："二人以上共同实施侵权行为，造成他人损害的，应当承担连带责任。"共同侵权的构成有主观说和客观说，主观说认为只有各行为人具有主观上共同侵权的意思联络才能构成共同侵权，客观说认为只有各行为人的行为在客观上造成了共同损害的后果就构成共同侵权。

在传统民法理论中，共同侵权多坚持主观说，既要求各行为人主观上有共同过错，又要求各行为人客观上有共同行为。目前我国民法学者多持共同侵权的主观说。典型的共同侵权有四大支柱：共同过错、共同行为、共同损害、共同责任。共同过错主要是指侵权人之间有共同的侵权故意，即每个共同侵权人相互之间知道彼此均在故意实施侵权行为，"共同侵权行为的本质特征在于数个行为人对损害结果具有共同过错"。❷ 至于每个侵权人对其实施的侵权行为是否具有过错，一般不属于共同过错的考察范围，通常只有基于过错归责原则的侵权行为，才会考察各行为人主观上对其实施侵权行为是否具有主观过错。共同行为是指即使每个侵权人的单独行为组合后共同构成一个造成损害后果的整体行为，通常每个侵权人的单独行为都不构成一个完整的侵权行为，但每个侵权人单独行为的组合共同构成一个造成损害后果的整体行为。共同损害是指共同侵权人的共同行为造成的损害后果。在共同侵权中，单独地看也许个别

---

❶ 史尚宽. 债法总论 [M]. 北京：中国政法大学出版社，2000：172.
❷ 王利明. 民法·侵权行为法 [M]. 北京：中国人民大学出版社，1993：354.

侵权人的行为并未造成损害他人合法权益的后果，但数个侵权人单独行为的结合共同造成损害他人合法权益的后果。共同责任是指共同侵权人共同承担侵权法上的法律责任，尤其是在损害赔偿上通常应承担连带赔偿责任。对于典型的共同侵权来说，四大支柱既是缺一不可的，也是认定是否构成共同侵权的标准。

共同侵权与连带责任是两个既有区别又有联系的概念。连带责任是指任一共同侵权人均可就数个侵权人实施的共同侵权行为承担全部法律责任。共同侵权可能导致连带责任，但导致连带责任的未必就是共同侵权。"共同侵权与连带责任的范围并不完全重合。数人承担连带责任的原因，除了共同侵权行为外，还有其他一些适用连带责任的情形，如……高度危险物的所有人与管理人承担连带责任。"❶ 如《侵权责任法》第 10 条规定："二人以上实施危及他人人身、财产安全的行为，其中一人或者数人的行为造成他人损害，能够确定具体侵权人的，由侵权人承担责任；不能确定具体侵权人的，行为人承担连带责任。"第 11 条规定："二人以上分别实施侵权行为造成同一损害，每个人的侵权行为都足以造成全部损害的，行为人承担连带责任。"这里承担连带责任的侵权人或行为人的行为显然也未构成共同侵权。

我国《侵权责任法》从责任救济而不是从侵权行为的角度立法，既规避传统民法中共同侵权的烦琐定义和理论分歧外，也澄清了共同侵权与连带责任的关系，同时也符合侵权责任法是救济法的基本定位。"侵权责任法是一种救济法，它调整在权利被侵害后形成的扭曲的社会关系，对受损的私权利人提供补救，其解决的核心问题是：哪些权利或者利益应当受到侵权责任法的保护？如何对私权提供有效保护？侵权责任法只有在损害后果发生之后才能发挥调整社会关系的功能。"❷ "如果将侵权责任法定位于救济法，则势必要以损害赔偿为中心，而非以惩罚加害人为中心。"❸ 为了突出《侵权责任法》的救济作用，只要发生损害首先考虑的是对损害的救济而不是对行为的定性，从某种意义上讲在法律适用上体现了"根据大局、形势、主流价值等的需求，先确定裁判方向甚至裁判结果，然后寻求法律依据"❹ 的反向裁判方法。"法律的适用不仅需要考虑和依靠逻辑，还应当考虑解决实际问题的需要和效果。在适用法律时，即使在逻辑或者法理上头头是道或者非常严密，倘若实际效果不好或者不能有效解决实际问题，同样不能因为追求逻辑或者法理上的严密而牺牲解决实际问题的效果和智慧。"❺

❶ 全国人大常委会法制工作委员会民法室. 中华人民共和国侵权责任法条文说明、立法理由及相关规定［M］. 北京：北京大学出版社，2010：35.

❷ 王利明. 侵权责任法制定中的若干问题［J］. 当代法学，2008（5）.

❸ 王利明. 我国侵权责任法的体系构建——以救济法为中心的思考［J］. 中国法学，2008（4）.

❹ 孔祥俊. 司法哲学与裁判方法［M］. 北京：人民法院出版社，2010：126.

❺ 孔祥俊. 商标法适用的基本问题［M］. 北京：中国法制出版社，2012：281-282.

## 2 专利法意义上的共同侵权

### 2.1 共同侵犯专利权的概念

有关专利权的共同侵权就是共同侵犯专利权，即数个民事主体共同实施的侵犯他人专利权的行为。知识产权本质上是私权，知识产权法属于民法。传统民法中的侵权法理论同样适用于专利侵权，有关专利权的共同侵权也应适用侵权行为法中的共同侵权规则。民法中侵权行为法的发展尤其是共同侵权理论和实践的演进深刻地影响了知识产权法尤其是专利法意义上的共同侵权的认定。

民法中的侵权行为主要是侵犯人身权和财产权的行为，由于侵权行为的多样性，传统民法中的侵权行为法通常不可能具体规定侵权行为的具体样态，大多只是笼统规定侵犯他人人身或财产权利造成损害的构成侵权。我国《侵权责任法》也只是规定侵害民事权益应当依法承担侵权责任，并进一步规定民事权益的类型，❶ 并未规定具体的侵权行为样态。与之不同的是，《专利法》规定了侵犯专利权的具体行为样态。根据我国《专利法》第11条的规定，对涉及产品的发明和实用新型专利来说，侵权行为是指未经专利权人许可亦无其他法律依据擅自制造、使用、许诺销售、销售、进口其专利产品的行为；对方法专利来说，侵权行为是指未经专利权人许可亦无其他法律依据擅自使用其专利方法以及使用、许诺销售、销售、进口依照该专利方法直接获得的产品的行为；对于外观设计专利来说，侵权行为是指未经专利权人许可擅自制造、许诺销售、销售、进口其外观设计专利产品的行为。

既然我国《专利法》具体规定了侵犯专利权的具体行为样态，共同侵犯专利权的行为在客观上必须是我国《专利法》第11条规定的具体行为样态，否则就不能被认定为侵权。例如我国《专利法》没有规定购买侵权产品的行为构成侵权，则数人共同购买侵权产品的行为就不能被视为侵权行为，自然也就不构成共同侵权行为。对于同一种侵权行为来说，数人共同实施该行为就构成共同侵权。如数个侵权人共同实施了制造侵权产品的行为，则数人构成共同侵权。如果数个侵权人实施的不是同一种侵权行为，如数个侵权人中有的制造侵权产品，有的销售侵权产品，有的使用侵权产品，且数个侵权人之间有共同故意的，也可以认定为共同侵权。

### 2.2 共同侵犯专利权的构成

传统民法中关于共同侵权认定的主观说和客观说的分歧深深地影响着共同侵犯专利权的认定。我国司法实践中曾一度流行客观说，在侵权产品的相关流动环节中的参与者均可能被认定为共同侵权，如侵权产品的制造者、销售者、使用者即使缺乏共同

---

❶ 《侵权责任法》第2条规定："侵害民事权益，应当依法承担侵权责任。本法所称民事权益包括生命权、健康权、姓名权、名誉权、荣誉权、肖像权、隐私权、婚姻自主权、监护权、所有权、用益物权、担保物权、著作权、专利权、商标专用权、发现权、股权、继承权等人身、财产权益。"

侵权的主观故意, 仍可能构成共同侵权并承担共同责任。

本书认为, 共同侵犯专利权应当坚持主观说, 即当数个侵权人主观上具有共同过错时, 才能被认定为共同侵权。这里共同过错是指行为人具有共同实施侵犯他人专利权行为的故意, 即行为人相互之间具有一定的分工合作关系, 知道各行为人各自实施的行为将会被结合起来视为一个整体的行为, 但并不包括各行为人认识到其单独行为或单独行为结合后的整体行为会构成侵权。典型的共同侵犯专利权就是数个侵权人共同故意侵犯专利权。

共同侵犯专利权的行为多为数个行为人共同实施同一种侵权行为。例如, 数个侵权人共同实施了制造侵权产品的行为, 或者说在侵权产品的制造过程中数个侵权人具有明确的分工合作, 则可以认定其构成共同侵权。如在"复合多种连接器为一体的电信连接器"实用新型专利侵权案中, 原告先后从翰洋公司、拓洋公司和广洋厂取得了被控侵权产品, 还从翰洋公司处取得了被控侵权产品的说明书目录, 该说明书目录登载有被控侵权产品的图片和文字介绍, 同时载有拓洋公司和广洋厂的名称、地址和联系方式, 其中被控侵权产品已经落入原告专利权的保护范围。法院认为"因该说明书系从翰洋公司经公证取得, 且该说明书由拓洋公司和广洋厂署名, 故应认定系其共同行为", 翰洋公司、拓洋公司和广洋厂该共同行为构成"共同许诺销售行为"。❶

### 2.3 上、下游行为是否构成共同侵权的认定

我国《专利法》规定了多种侵犯专利权的行为, 这些侵权行为的发生实际上是有一定联系的。例如对于发明或实用新型产品专利来说, 侵权行为包括制造行为、使用行为、许诺销售行为、销售行为和进口行为, 其中制造行为属于源头性侵权行为, 制造行为未发生在我国的, 则进口行为属于源头性侵权行为。当侵权产品被制造出来或者被进口到我国后, 如果有许诺销售及销售行为的, 则许诺销售和销售行为属于中间环节的侵权行为。侵权产品被最终使用的, 则使用行为属于终端型侵权行为。

本书认为, 在侵权产品的生产和流通过程中, 一般来说处于上游的侵权行为具有主动性, 当上游行为人与下游行为人有共同的侵权故意时, 二者应承担共同侵权责任。这就是说, 数个行为人合意实施了具有上、下游关系的数种侵权行为, 也构成共同侵犯专利权的行为。例如, 行为人之间具有明确的分工合作, 由部分侵权人制造侵犯他人发明专利权的产品后, 部分侵权人销售该侵权产品, 甚至划定了制造者和销售之间的利润分成模式。此时虽然制造者从事的是侵权产品的制造行为, 销售者从事的侵权产品的销售行为, 其无论是制造行为还是销售行为均可独立构成侵犯专利权的行为, 但由于制造者和销售之间具有共同侵权过错, 故其构成共同侵权。例如, 在"一

---

❶ 江苏省高级人民法院民事判决书 (2004) 苏民三终字第 103 号, 转引自: 程永顺. 侵犯专利权判例 [M]. 北京: 知识产权出版社, 2010: 264.

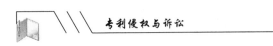

种新颖的除草组合物"专利侵权案中，被告江苏省激素研究所有限公司负责研制被控侵权产品，故法院认定"两被告对生产、销售、许诺销售涉案侵权产品及使用涉案专利方法是具有合意的行为，共同侵犯了原告的专利权，应对其共同的侵权行为承担共同责任。"❶

但需要注意的是，在认定上、下游共同侵权时，不能仅仅因为上游行为人处于侵权环节的上游，就使其同下游行为人承担共同的侵权责任。这就是说，如果上游行为人与下游行为人没有共同侵权故意的，则不应由二者承担共同侵权责任，尤其是不应承担连带赔偿责任。事实上，即使上游行为人明知其提供的是侵权产品仍提供给下游行为人的，如果下游行为人是通过正常渠道或者说合法渠道取得该侵权产品且不知其取得的是侵权产品的，此时虽可以认定上游行为人放纵下游侵权产品行为的发生，但尚不足以认定下游行为人与上游行为人具有共同过错，也就不宜认定二者承担共同侵权的法律责任，更不能让二者承担连带赔偿责任。

## 3　共同侵犯专利权的特点

### 3.1　侵权主体的复数性

共同侵犯专利权是数个民事主体实施的行为侵犯了他人的专利权，侵权主体的复数性是指共同侵犯专利权的行为人不止一个。共同侵权的共同性首先就体现在侵权主体的复数性上。共同侵权的"行为人必须是两个或两个以上。即共同侵权行为的主体必须数个，如果仅仅为一个，则不构成共同侵权行为"。❷当然，共同侵权的每一行为人既可以是自然人，也可以是法人。

### 3.2　侵权行为的整体性

共同侵权行为的整体性就是数个侵权人各自实施的被控行为整体上构成一个侵权行为。共同侵权行为的整体性体现了一个从量变到质变的过程，一个从单个行为人的行为可能不构成侵权到多个行为人的行为整体构成侵权的演变过程。这就是说，虽然在客观上数个侵权人各自均实施了特定行为，且孤立地看数个侵权人各自实施的行为可能都不构成侵权，但数个侵权人各自实施的行为整体上构成侵权。如专利产品的制造可能需要全部步骤，数个侵权人分别实施了其中的部分步骤，但任何一个侵权人均未完整地实施全部步骤，则孤立地看每个侵权人可能都不构成侵权，但数个侵权人各自行为的总和构成一个完整的制造侵权产品的过程，故数个侵权人各自实施的行为的总和构成一个共同侵权行为，相对于这个共同侵权行为而言，数个侵权人各自实施的行为仅仅是侵权行为的部分或片段而已。

---

❶　江苏省高级人民法院民事判决书（2005）苏民三终字第 014 号，转引自：程永顺. 侵犯专利权判例[M]. 北京：知识产权出版社，2010：186.
❷　陈绪赣. 环境共同侵权行为民事责任初探［J］. 当代法学，2002（5）.

第
3
章

### 3.3 侵权客体的单一性

侵犯专利权的行为都是对特定专利权的侵害，被侵犯的专利权构成侵权行为的客体。共同侵犯专利权行为中，侵权客体的单一性是指共同侵权行为侵犯的是一个专利权。共同侵犯专利权通常是根据侵权人的复数性来定的，它是数个侵权主体共同实施的侵犯专利权的行为，它与被侵犯的专利权的数量无关，即使被侵犯的专利权只有一个，只要侵权行为是由多人实施的，都有可能构成共同侵权。反之，同一个侵权主体实施的侵权行为无论侵犯了多少个专利权，都不能被认定为共同侵权，如果数个侵权人各自实施的被控行为分别侵犯了不同的专利权，而未构成对同一专利权的侵犯，也不构成共同侵权。这就是说，被侵犯专利权的数量并不是衡量是否构成共同侵权的标志，或者说是否构成共同侵权与有多少个专利权被侵犯无关。如果多个侵权人实施的侵权行为指向的是不同的专利权，无论这些专利权是否归属于同一权利主体，都不能仅仅因为被侵犯的专利权的数量而被认定为共同侵权。同样，如果存在权利竞合的情形，即在同一发明创造上存在多个专利权，尽管这种情形构成重复授权并应通过无效宣告程序保留其中一个专利权，但在被依法被宣告无效之前，并存于同一发明创造上的多个专利权依然是有效专利，被控侵权行为尽管在形式上侵犯了数个专利权，但并不能仅因此就被认定为共同侵权。

### 3.4 损害后果的共同性

损害后果的共同性是指数个侵权人的行为共同造成了侵害他人专利权的后果。共同侵权行为"须因关联共同之违法行为，而生损害"。❶ 虽然孤立地看数个侵权人的单独行为可能都不构成侵权，也可能都没有造成侵权意义上的损害后果，但由于数个侵权人的行为整体上构成侵权，共同侵权人的行为在损害后果上均指向对同一专利权。

### 3.5 行为性质的可转化性

侵权行为的可转化性，是指即使被控行为客观上属于法定的侵权行为的样态，仍可以转化为非侵权行为。专利权是私权，专利权人对专利权拥有完整的财产权利，包括实施专利的权利，也包括追究侵权的权利。例如，专利权人对侵权人过去的侵权行为予以追认授权，可以使被控侵权行为转化为非侵权行为。从我国《专利法》第11条的规定来看，侵犯专利权的行为都是未经专利权人许可擅自实施其专利权的行为，因此，如果被控行为能取得专利权人的授权，即使是在被控行为发生之后专利权人的追认，都可以使侵权行为转化为非侵权行为。虽然对于发明和实用新型专利来说，这种转化既可以依赖专利权人的授权，也可以依赖《专利法》的特别规定，所谓《专利法》的特别规定是指《专利法》第11条针对发明和实用新型所设的"本法另有规定

❶ 史尚宽. 债法总论［M］. 北京：中国政法大学出版社，2000：174.

的"情形，如《专利法》第14条规定对国有企业事业单位的发明专利未经专利权人许可予以实施可不构成侵权。从实践来看从《专利法》的特别规定上寻找转化依据难度较大，故与专利权人合作以寻求专利权人的谅解和认可，是将侵权行为转化为非侵权行为的最佳选择。对于外观设计专利权来说，侵犯外观设计专利权的行为要转化为非侵权行为主要依赖专利权人的授权。此外，针对专利权人的侵权指控，如果能够依法宣告原告专利权无效，也是将被控行为转化为非侵权行为的有效方式。

## 4 共同侵犯专利权的法律责任

### 4.1 共同责任

共同责任，是指数个侵权人因其侵权行为共同承担的侵权责任。共同责任通常是指共同侵权人共同承担的法律责任，如共同侵权人承担的连带赔偿责任就是一种共同责任。对于损害赔偿责任来说，共同责任包括连带责任、替代责任、补充责任和分别责任。就非损害赔偿责任来说，共同责任主要指各侵权人分别承担侵权责任，且各侵权人相互之间具有一定的配合注意义务，以确保法律责任的实现。这里需要特别强调的是，共同责任不同于连带责任，连带责任只是共同责任的一种，而且通常只有财产责任如损害赔偿责任才能适用连带责任。共同侵权的后果是导致共同侵权人承担共同责任，这种共同责任并不完全是连带责任，在某些情形甚至无法适用连带责任。

在共同侵犯专利权的法律责任中，连带责任通常仅适用于赔偿责任，除了赔偿责任之外的其他共同侵权责任，如停止侵害行为的法律责任，通常难以适用连带责任。这是因为停止侵害已经不仅仅是财产责任，它更需要侵权人以某种行为来承担的法律责任，故其在一定程度上类似于人身责任。各共同侵权人只能停止自己的侵害行为，虽然有时候部分侵权人可能阻止其他共同侵权人实施侵害行为，但一般来说是否停止侵害行为主要还是由各共同侵权人自行决定，共同侵权人承担的停止侵害行为虽然不宜适用连带责任。但是，共同侵权人就非财产责任的承担应具有一定的关联性，以确保作为整体的共同侵权行为能够被停止。例如，承担停止侵害行为责任的各共同侵权人之间负有相互有配合的义务，如销售者停止侵害行为通常是不得再销售侵权产品，销售者在停止销售侵权产品后依据合同约定将侵权产品退返给生产者时，生产者负有接收侵权产品的义务。显然，共同侵权人承担的停止侵害的责任既不是连带责任，也不是各自完全独立的侵权责任，由于各侵权人承担的停止侵害行为责任之间具有一定的关联性，故其属于共同责任。

需要注意的是，对于某些非共同侵权来说，数个侵权人之间也可能负有一定的协助配合义务。例如，当侵权产品的制造商和销售商未构成共同侵权时，销售商因停止侵害行为而根据合同约定将侵权产品退还该制造商时，制造商可能负有从销售商处回收侵权产品的义务。

## 4.2　连　带　责　任

在传统侵权法中，侵权行为是债的原因之一，损害赔偿是最主要的侵权责任，共同侵权的法律责任也被描述为连带责任。"共同侵权行为是指两个或两个以上的行为人，基于共同的故意或过失侵害他人合法民事权益，应当承担连带赔偿责任。"❶ 侵权法中的连带责任是指数个责任人都负有侵权责任，且任一责任人都负有替其他责任人对受害人承担侵权责任的义务。"共同侵权主体基于共同的加害行为及结果，决定了主体责任的不可分割性，各侵权主体都应对共同的损害结果承担全部赔偿责任，此后侵权主体之间根据责任大小发生内部求偿关系。"❷

共同侵犯专利权的连带责任也就是共同侵权的任一侵权人都负有对专利权人承担全部侵权责任的义务。《侵权责任法》第 13 条规定："法律规定承担连带责任的，被侵权人有权请求部分或者全部连带责任人承担责任。"侵犯专利权的法律责任主要是停止侵权和赔偿损失，停止侵权一般不具有连带性，故共同侵权责任的连带性主要体现在赔偿责任的连带性上，即专利权人可以请求共同侵权人中的任一侵权人承担全部赔偿责任，共同侵权人中的任一侵权人也负有承担全部赔偿责任的义务。《侵权责任法》第 14 条规定："连带责任人根据各自责任大小确定相应的赔偿数额；难以确定责任大小的，平均承担赔偿责任。支付超出自己赔偿数额的连带责任人，有权向其他连带责任人追偿。"这就是说，共同侵权人中的任一侵权人对专利权人承担了全部赔偿责任后，可以就超过其应当承担的赔偿责任的赔偿数额向其他侵权人追偿。

连带责任只能适用于财产责任，但侵权责任显然不仅仅是财产责任，如侵犯专利权等知识产权的法律责任除了损害赔偿责任外，更多的是停止侵权的责任。因此，虽然连带责任是共同侵权损害赔偿责任区别于非共同侵权责任的重要特征，但连带责任并不是侵权责任的全部。

## 4.3　替　代　责　任

在当前的侵犯专利权诉讼实务中，共同侵权尤其是连带责任出现了扩大化适用的倾向，一些不具备共同过错的独立侵权行为也被视为共同侵权行为，侵权产品往往成为这些独立侵权行为构成共同侵权行为的枢纽。例如，制造商制造出侵犯他人发明专利权的产品后，销售商销售该侵权产品，购买者使用该侵权产品，如果专利权人一并起诉上述制造、销售和使用侵权产品的行为构成侵权，有时候在没有查明使侵权产品的制造商、销售商、使用者是否具有共同侵权过错的情况下，也可能认定侵权产品的制造商、销售商和使用者构成共同侵权并承担连带责任。

本书认为，数个侵权人主观上并无共同的侵权过错时，因不构成共同侵权故不能

❶　杨立新. 侵权法论［M］. 北京：人民法院出版社，2004：535.
❷　刘志勇，詹芬芬. 试论共同侵权行为的构成及责任承担［J］. 中国检察论坛，2004 (3).

适用共同侵权的法律责任，但可适用替代责任。侵权法中替代责任也称转承责任，是指在发生侵权行为时侵权行为的直接实施者不承担全部或部分侵权责任，而有他人替代其承担全部或部分侵权责任。替代责任的最大特点就是，尽管从形式上看侵权行为是由行为人实施的，但行为人却不用对其侵权行为承担侵权责任，而有他人对其侵权行为承担侵权责任。在侵权法中比较典型的替代责任是雇主为雇工实施的行为承担全部责任，以及国家机关为国家机关雇主人员实施的侵权行为承担侵权责任。一般来说，雇工在履行职责或者国家机关在履行职务过程中侵犯他人合法权益的，应由雇主或国家机关承担全部侵权责任，但如果雇工或者国家机关的工作人员对侵权行为的发生具有主观过错的，雇主或国家机关在承担了侵权责任后，可以向其追偿。

　　侵犯专利权的替代责任在侵犯专利权诉讼中适用的典型情形是雇工替代责任，即雇主雇佣他人实施侵犯专利权的行为，如果雇工本身并无任何过错，则雇工的侵权责任应由雇主全部承担。如果雇工对侵权行为的发生或持续是有过错的，如明知或应当知道其实施的是侵权行为仍然接受雇主的指派实施侵权行为的，则可能与雇主构成共同侵权并承担侵权责任。雇主的替代责任在侵犯专利权诉讼中有扩大适用的趋势，如在委托加工、承揽加工等情形，如果实际实施侵权行为的受托人或加工者完全是受他人委托或指派实施侵权行为，且其主观上并无过错，即不知道也没有合理理由应当知道其实施的是侵权行为的，则应有委托人承担全部侵权责任。当然，如果其对侵权行为的发生或持续是有过错的，如明知其实施的是侵权行为而仍为之，则其应与委托人承担共同侵权的责任。

　　侵犯专利权的替代责任在侵犯专利权诉讼中适用的另一种典型情形是上游侵权人为下游侵权人承担替代责任。下游侵权人在没有共同过错也没有侵权过错的情形，可根据《合同法》、《产品质量法》等法律的相关规定向上游侵权人追求因该侵权产品结其造成的损失。上游的侵权商应当替代下游的侵权商承担侵权责任，尤其是承担赔偿责任。因此，专利权人起诉同一侵权产品的上、下游侵权行为时，如果缺乏共同侵权故意且下游侵权人也没有侵权过错时，在损害赔偿责任适用上可以判决上游侵权人承担全部赔偿责任，包括下游侵权因其侵权行为所应承担的赔偿责任。例如，侵权产品的制造者应为侵权产品在流通过程中所造成的全部侵权行为承担全部责任，包括侵权产品的许诺销售、销售、使用等环节中的侵权行为承担全部侵权责任，同理，侵权产品的销售者应为购买者的使用行为承担全部侵权责任。从司法实践来看，只有下游侵权者对行为的发生没有过错时才可能由上游侵权者承担替代侵权责任，而且多适用于损害赔偿责任。如侵权产品的销售商不知道其销售的是侵权产品且能够提供合法来源的，则其可不承担赔偿责任，该赔偿责任实践上由其上游侵权者替代赔偿。

　　侵犯专利权诉讼的替代责任在适用形式大致也有两种，一种是由实际侵权人先行承担侵权责任，然后再向其上游侵权人追偿。例如，使用侵权产品构成侵权后行为人可能先承担侵权责任，然后其可以向供货商或制造商追偿其已经承担的侵权责任，甚至还可以要求供货商或制造商承担相应的损失。替代责任在侵犯专利权诉讼中的另一种适用形式是，法律直接规定下游侵权人可以不承担侵权责任或部分侵权责任，由此实现该侵权责任向上游侵权人的转移。例如，《专利法》第 70 条规定："为生产经营目的使用、许诺销售或者销售不知道是未经专利权人许可而制造并售出的专利侵权产品，能证明该产品合法来源的，不承担赔偿责任。"表明下游侵权人如侵权产品的使用、许诺销售或者销售者对侵权行为的发生或持续如果不具有主观过错且能够提供合法来源的，则不承担损害赔偿责任，包括不用先承担损害赔偿责任后再向其上游侵权人追偿。《专利法》的上述规定实际上是引导权利人追究上游侵权人的赔偿责任。

替代责任和连带责任表面上看都是由部分侵权人为其他侵权人的侵权行为向被侵权人承担侵权责任，但二者的区别十分明显。替代责任不是共同侵权责任，其原则上不可追偿，或者说通常只有在被替代者对侵权行为的发生或持续有过错时才可能被追偿，而连带责任属于共同侵责责任，部分侵权人承担连带责任后可以就超过其责任部分向其他侵权人追偿。从当前司法实践来看，替代责任是侵犯专利权民事责任适用的薄弱地带，连带责任的适用也应更多地考虑侵犯专利权诉讼的特征。从积极保护知识产权和有效遏制侵权，实现专利权人和社会公众和谐共处，平等保护二者合法权益的目的出发，替代责任的适用是一种治标更治本的方法，在侵犯专利权等各种知识产权的诉讼中将有很大的适用空间。

## 5　共同侵权与间接侵权

### 5.1　间接侵权的概念与发展

知识产权间接侵权是指没有实施受知识产权"专有权利"控制的行为，但故意引诱他人实施"直接侵权"，或在明知或应知他人即将实施或正在实施"直接"侵权时为其提供实质性的帮助，以及特定情况下"直接侵权"的准备和扩大其侵权后果的行为。[1] 间接侵权最开始起源于美国的判例，后被《美国专利法》吸收。在 1871 年的华乐斯诉荷姆一案中，原告的专利是包括灯口和灯罩的灯，专利的发明点在于灯口部分，而被告就生产和出售这种灯口，顾客在购买被告的灯口之后可以到玻璃店去配灯罩。法院判定被告出售灯口部分构成侵权并指出，被告和其顾客的"一致行动造成了专利侵权的后果，他们应该作为共同侵权人承担法律责任"。[2]

在 1952 年修订的《美国专利法》第 271 条涉及间接侵权的规定如下："（b）任何

---

[1]　王迁，王凌红. 知识产权间接侵权研究 [M]. 北京：中国人民大学出版社，2008：3，145 - 146.
[2]　王剑锋，陈婷婷. 美国专利法中引诱侵权的责任认定——评 Amersham 诉 Perkin - Elmer 侵犯专利权一案 [J]. 经济与法，2003（10）.

主动诱导侵犯一项专利权的人应当承担侵权责任。(c)任何在美国提供、出售或者进口专利产品的部件或者用于实施一项专利方法的材料或装置，如果他明知这样的部件、材料或装置是为侵犯专利权而专门制造的或者专门供侵犯专利权使用的，而且这样的部件不是一种常用商品或者具有实质性非侵权用途的商品，则应当承担连带侵权（contributory infringer）的责任。……（f）（1）任何人未经专利权人许可，向美国或者从美国提供或者导致提供一项专利发明的全部部件或者基本部件，尽管这些部件尚未被组装或者尚未被完全组装起来，但该人主动诱导在美国境外将这些部件组装起来，假如这样的组装行为发生在美国境内就会构成专利侵权行为，则应当承担侵权的责任。(f)(2)任何人未经专利权人许可，向美国或者从美国提供或者导致提供专门供实施一项专利发明用部件，这样的部件不是常用的商品或者是具有实质性非侵权用途的商品，尽管这样的部件尚未被组装或者尚未被完全组装起来，但是该人明知这样的部件是专门用于实施专利发明的，并希望它们在美国境外被组装起来，假如这样的组装行为发生在美国就会构成专利侵权行为，则应当承担侵权的责任。"❶

有学者认为，美国专利法中引诱责任的最终目标，是使那些为了利益而积极引诱他人侵犯专利权的人对其给专利权人所造成的损害后果负责，从而对他们产生威慑并使之不再主动帮助侵犯专利权，故构成引诱侵权至少需要满足两个条件：第一，引诱侵权必须以直接侵权为前提；第二，被控侵权人必须是积极主动地去引诱和教唆其他人侵犯专利权，也就是被控侵权人具有主观故意。❷

在间接侵权的认定过程中，受行为人诱导、怂恿、教唆或者放纵的人实际实施了侵犯专利权的行为，该行为由于是我国《专利法》第11条规定的侵犯专利权的行为，可以证据根据我国《专利法》的有关规定认定为侵权，故该行为被认定为直接侵权行为，实施该行为即构成直接侵权；行为人实施的是诱导、怂恿、教唆或者放纵行为，即行为人诱导、怂恿、教唆或者放纵他人实施直接侵犯专利权的行为，由于该诱导、怂恿、教唆或者放纵行为并不是我国《专利法》第11条规定的侵犯专利权的行为，且行为人也未实际实施或参与实施该直接侵犯专利权的行为，但行为人的诱导、怂恿、教唆或者放纵行为与他人实施直接侵犯专利权行为具有密切联系，故行为人的行为间接侵犯专利权，简称间接侵权。"专利间接侵权是指未经专利权人的同意，以间接的方式实施其发明的行为，即行为人的行为并不构成专利侵权，但是却鼓励、怂恿、教唆别人实施的专利侵权行为。"❸

尽管间接侵权的概念在我国专利实务界曾经十分风光，也确实有一些判例直接认

❶ 黄幼陵，唐丽荣，吕建平. 由一件专利侵权纠纷撤诉案引发的思考［J］. 知识产权，2004（1）.
❷ 王剑锋，陈婷婷. 美国专利法中引诱侵权的责任认定——评 Amersham 诉 Perkin - Elmer 侵犯专利权一案［J］. 经济与法，2003（10）.
❸ 陈武，胡杰. 专利间接侵权制度初论［J］. 知识产权，2006（1）.

定了间接侵权。❶ 但不可否认的是，间接侵权本身并不是我国《专利法》第11条规定的侵权行为的具体样态，将间接侵权认定为独立的侵权行为违反了知识产权侵权行为的法定性原理。间接侵权不能独立构成侵权行为，它必须依赖于直接侵权行为的成立，如果没有发生实际的直接侵权行为，则不可能认定单纯的间接侵权行为的存在。也许正是因为间接侵权所具有的诸多缺陷，尽管在第三次修订《专利法》时也出现了许多呼吁规定间接侵权的呼声，"除了期待《民法典》早日出台，提供较为完善的一般侵权法规则之外，我国《专利法》在修改时有必要逐步引入对间接侵权的具体规定"，❷ 但2008年《专利法》仍然没有关于间接侵权的任何规定。第三次修订后的《专利法》公布后，最高人民法院在制定《专利侵权纠纷司法解释2009》的过程中，又多次出现了规定间接侵权的呼声，但2009年12月28日公布的上述司法解释也没有规定间接侵权。这表明，在经历地方法院数十年的专利司法实践后，间接侵权目前仍未被我国的立法机关及最高人民法院以成文法规及司法解释的形式所接受。

## 5.2　部分间接侵权被作为共同侵权处理

从当前的司法实践来看，人民法院几乎不再认定独立的间接侵权行为，但共同侵权的扩大化适用部分地承接了间接侵权原来的适用范围，在一定程度上有效缓解了不认定间接侵权后可能面临的尴尬。既然间接侵权的认定应以直接侵权的发生为前提，将间接侵权与直接侵权一起认定为共同侵权，用直接侵权来吸附部分间接侵权而不再将间接侵权作为独立的侵权行为似乎是可行之举，间接侵权人应当承担的侵权责任也并未因此而有所减少。对专利权人来说，将间接侵权与直接侵权一起认定为共同侵权等于是让间接侵权人与直接侵权人共同承担甚至是连带承担侵权责任，专利权人的利益将更有保障，法院判决的侵权责任将更容易得到执行。

## 5.3　间接侵权作为共同侵权处理的反思

将间接侵权作为共同侵权后，打破了我国专利实务界对共同侵权中共同过错的要求。例如，对于一项产品专利而言，提供、出售或者进口专用于制造该专利产品的原料或者零部件，以及对一项方法专利而言，提供、出售或者进口专用于该专利方法的材料、器件或者设备在过去都被视为典型的间接侵权。直接侵权人购买上述专用的原料、零部件或者材料、器件、设备后擅自制造侵权产品，但直接侵权人与间接侵权人似乎并没有共同过错。即使认定上述专用的原料、零部件或者材料、器件、设备的提供者可能具有引诱他人实施直接侵权行为的故意，至少放任了该直接侵权行为的发

---

❶　例如，上海市第一中级法院审理的吕学忠等诉航空所等擅自制造销售专利产品关键部件侵权案，以及太原重型机器厂诉太原电子系统工程公司等擅自制造销售专利产品关键部件侵权案，均系在未认定存在直接侵权行为的情况下直接认定被控侵权人构成间接侵权并承担相应的侵权责任。参见：崔立红．我国知识产权间接侵权的定位与规制探讨［J］．电子知识产权，2010（2）．

❷　陈武，胡杰．专利间接侵权制度初论［J］．知识产权，2006（1）．

专利侵权与诉讼

生，但这也只能说明间接侵权人的单方或者片面的共同故意，很难认定直接侵权人具有共同故意。事实上，如果此时的直接侵权人和间接侵权人具有共同故意，如双方具有分工合作的规划，则属于典型的共同侵权行为，司法上将其认定为共同侵犯专利权几乎不存在任何障碍。但司法实践中更多的是间接侵权人可能具有"落花有意，流水无情"式的片面共同过错而直接侵权人可能根本就不具有共同过错的情形，此时不认可间接侵权而将间接侵权人与直接侵权人就直接侵权人直接实施的侵权行为认定为共同侵权，似乎是不恰当的。因为此时侵权行为的实施者是可以查明的，至少可以查明间接侵权人并未实际实施直接侵权行为。因此，将间接侵权纳入共同侵权并不总是适宜的，"将专利间接侵权作为共同侵权来对待，适用共同侵权的规则，并不能真正解决专利间接侵权纠纷的实质"。❶ 应当确立的一个基本原则是，在法律没有明确规定的情况下，所谓的间接侵权行为不是法定的侵权行为，间接侵权的认定原则上缺乏明确的法律依据。

当代社会已经步入了全球化的轨道，许多企业的分支机构遍布全球。一些企业为了规避侵权，可能在不同国家或地区实施不同的行为，现代网络技术的发展为此提供了便利。单独看这些企业在每一个国家或地区实施的行为都不构成侵权，但如果将整体地看这些行为则可能落入某一专利权的保护范围。相应的产品如果在专利国家内上市，很可能被认定为侵权产品，但专利权人很难追究制造侵权产品的行为。如果制造产品的行为的某些步骤或片段发生在专利国家内，按照过去间接侵权的理论可能被认定为间接侵权，但在否定间接侵权后，这些行为由于不是完整地实施他人专利的行为，故不能被认定为侵权。这在一定程度上确实弱化了对专利权的保护，为某些企业规避侵权提供了一条通道。为此，是否应对间接侵权的认定网开一面，至少在关键的侵权步骤发生在国内时对整体侵权行为是否应具有管辖权，可能涉及专利法的域外效力及司法主权的问题，尚需进一步研究。

## 5.4 作为共同侵权处理的间接侵权行为

### 5.4.1 为侵权行为提供物质便利的行为

为侵权行为提供物质便利，是指为侵权人实施侵犯他人专利权的行为创造物质条件或者提供侵权环境等各种便利条件的行为，如提供专门用于实施他人专利的原材料、专用设备或者零部件，或者为侵权行为提供熟练工、仓储、运输等中介服务的行为。如前所述，在过去的专利司法实践中，为侵权行为提供便利的行为很可能作为间接侵权处理，但目前的司法实践倾向于摒弃间接侵权的理论和做法，将为侵权行为提供便利的行为吸附到该侵权行为中，如果不同主体实施的侵权行为和为该侵权行为提供便利的行为，则二者有可能构成共同侵权。

---

❶ 张玲. 我国专利间接侵权的困境及立法［J］. 政法论丛，2009（2）.

但需要注意的是，共同侵犯专利权通常需要考察各行为人是否具有共同过错。为侵权行为提供便利的行为人与该侵权行为的实际实施者就被控行为的发生如果具有共同过错，如二者有明确的分工合作，或者行为人明知他人会利用其提供的便利条件从事侵权行为，他人也明知行为人为其提供了从事侵权行为的便利条件，则二者将构成共同侵权，事实上这也是典型的共同侵犯专利权的行为。但是，如果客观上虽然为他人实施侵犯专利权的行为提供了便利，但行为人并未意识到他人利用了其提供的便利条件实施侵权行为，且也没有正当理由应当知道他人利用其提供的便利条件实施侵权行为的，即便他人具有利用行为人提供的便利条件实施侵权行为的故意，也不宜认定行为人为他人实施侵犯专利权的行为提供便利条件的行为与他人构成共同侵权。同样，如果行为人虽有为他人提供侵权便利的故意，但他人并未意识到其系利用行为人提供的便利在从事侵权行为，也不宜认定行为人与该他人构成共同侵权。例如，行为人销售侵犯他人专利权的商品的行为构成侵权，但行为人通过快递公司向购买者送达侵犯他人专利权的商品并不能导致快递公司与其构成共同侵权，因为无论行为人是否具有通过快递公司实施侵权行为的主观过错，快递公司丝毫没有与行为人共同实施侵权行为的共同过错，故不宜认定快递公司为行为人销售侵权商品提供便利的行为构成侵权，也不宜认定快递公司与行为人构成共同侵权。

例外的情况是，为他人实施侵犯专利权的行为提供便利的行为如果具有单方共同过错，则可能构成共同侵权。所谓单方共同过错，是指行为人明知或应当知道他人可能会利用其提供的便利条件实施侵犯他人专利权的行为，仍向其提供该便利条件，而他人仅仅是利用了行为人提供的便利，没有与行为人共同实施实质性侵犯他人专利权的行为的共同过错，但行为人应对该他人实施的侵权行为的放任而使之与他人具有了共同过错。由于这种过错是单方的，其仅属于行为人，与实际实施侵权行为的他人无关，故这种过错被称为单方共同过错，也可称之为不真正共同过错或准共同过错。从某种意义上讲，单方共同过错是为将间接侵权接纳为共同侵权所作的理论准备或理论阐释，其意义在于表明并不是任何为侵权行为提供便利条件的行为都构成共同侵权，只有为侵权行为提供便利的行为人具有单方共同过错时，才可能被认定为共同侵权。仍借用上述例子，如果快递公司明知他人销售的侵犯专利权的商品仍然帮助送达，则快递公司可能与他人构成共同侵权。

### 5.4.2　促使他人实施侵犯专利权行为者可能构成共同侵权

促使他人实施侵犯专利权的行为，是指他人原本无意或无力实施侵犯专利权的行为，行为人采取某种行为使他人能够或实际实施侵犯专利权的行为。较为常见的促使他人侵犯实施侵犯专利权的行为包括故意诱导、怂恿、教唆、胁迫他人实施侵犯专利权的行为，以及为他人提供侵权技术方案等行为。促使他人实施侵犯专利权的行为虽然也是为他人实施侵犯专利权的行为提供了便利条件，但促使他人实施侵犯专利权的行为主要是为侵权人实施侵权行为提供智力支持而不是物质支持，如在侵权人原本无

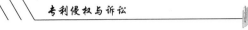

实施侵权行为的心思时通过威胁、引诱、怂恿、教唆等方式促使其产生实施侵权行为的心思并将之付诸实施；在侵权人实施侵权行为的意志不够坚决时为其打气助威，促使其坚持实施侵权行为；在侵权人未掌握侵权技术方案时向其提供侵权技术方案甚至教导侵权人如何实施侵权技术方案。

促使他人实施侵犯专利权的行为大致可以分为两种，一种是从犯意上支持，主要表现在行为人促使他人产生实施侵权行为的意志，或者行为人促使他人原本不坚定的实施侵权行为的意志变得坚决或保持坚定；另一种是为行为人提供侵权技术方案，帮助行为人掌握侵权技术方案。无论是哪一种促使他人实施侵犯专利权的行为，实际的侵犯专利权的行为是由他人实施的，行为人客观上并未与他人共同实施侵犯专利权的行为。但是，他人实际实施侵犯专利权的行为，行为人是难辞其咎的，可以说行为人与该他人对侵权行为的设施是具有共同过错的，可以说没有行为人的怂恿、教唆或提供技术方案，侵权人就很可能不实际实施侵权行为。行为人促使他人实施侵权行为和他人在行为人的教唆指引下实施侵权行为都表明二者具有共同过错。正是从这个意义上讲，促使他人实施侵犯专利权的行为人与该他人共同侵犯专利权，二者共同承担侵犯专利权的法律责任。

当然，促使他人实施侵犯专利权行为，行为人是否与他人构成共同侵权，以及在构成共同侵权时的责任区分上，还与侵权行为的实际实施者是否具有完全民事行为能力有关。最高人民法院1990年12月5日发布的《关于贯彻执行〈民法通则〉若干问题的意见》（修改稿）第170条规定："教唆、帮助他人实施侵权行为的人，为共同侵权人，应当承担连带民事责任。教唆、帮助无民事行为能力人实施侵权行为的人，为侵权人，应当承担民事责任。教唆、帮助限制民事行为能力人实施侵权行为的人，为共同侵权人，应当承担主要民事责任。"《侵权责任法》第9条规定："教唆、帮助他人实施侵权行为的，应当与行为人承担连带责任。教唆、帮助无民事行为能力人、限制民事行为能力人实施侵权行为的，应当承担侵权责任；该无民事行为能力人、限制民事行为能力人的监护人未尽到监护责任的，应当承担相应的责任。"这表明，如果他人为完全民事行为能力或者限制行为能力人，促使他人实施侵犯专利权行为者将与该他人构成共同侵权，但行为人在是否承担主要侵权责任上是有区别的；如果他人为无民事行为能力人，则该无民事行为能力人实施的侵犯专利权的行为将视为行为人的行为，其不与行为人构成共同侵权，而由行为人单独构成侵权。当然，如果行为人是多人，即多人共同促使他人实施侵犯专利权行为的，则该多人构成共同侵权。

## 6  共同侵犯专利权的认定

相对于单独侵权来说，共同侵权仅仅是侵权人不再是唯一的，而是多个行为人共同实施了侵权行为，故在责任承担上需要确定多个侵权人作为共同侵权人，需要对侵权行为承担的侵权责任以及多个侵权人之间就其共同承担的侵权责任进行区分。《专利法》中共同侵权认定的一般规则是，侵权行为必须具有法定性，即必须是我国《专利法》第11条规定的侵权行为，侵权行为必须是由数个侵权主体共同实施行为，如果仅有一个侵权主体实施了侵权行为，则不构成共同侵权。此外，一般来说，共同侵犯专利权还应当强调数个侵权人之间存在共同过错。

## 6.1 共同过错的认定

无论是否共同侵权还是单独侵权，侵犯专利权的认定一般推定行为人具有主观过错，即所谓的过错推定原则。这里的主观过错通常包括两种主观心理状态，一种是行为人明知其行为侵犯或可能侵犯他人专利权而依然实施被控行为，另一种是行为人虽然不知道但其应当知道被控行为侵犯他人专利权或可能侵犯他人专利权。"对于知识产权侵权行为的民事责任应当依据不同的场合确定其归责原则，具体言之，当知识产权遭受侵犯时，权利人要求行为人仅承担停止侵害的责任的场合，以无过错责任为原则，以过错责任原则为例外；在知识产权遭受侵犯时权利人要求行为人承担赔偿损失的责任的场合，以过错责任为原则，以无过错责任为例外。"❶

对于认定共同侵权来说，大多数情形需要考虑各行为人的共同过错。"共同侵权行为不同于普通的单独侵权行为的最大之处就在于：共同侵权行为中各行为人之间存在意思联络，即共同故意。"❷ 因此，"各加害人有意思上之联络者，应就区别损害连带负赔偿责任。各加害人无意思上之联络者，仅就其加害部分分别负赔偿责任。"❸ 这就是说，在判断数个行为人的共同行为是否构成共同侵犯他人专利权时，虽然可以不考察行为人是否具有侵犯他人专利权的主观故意或过失，但却需要考察行为人是否具有共同过错，即行为人是否意识到他们是在共同实施被控行为。如果行为人之间各自实施的行为整体客观上虽然构成侵权，但如果每一个行为人单独实施的行为均不构成独立的侵权行为，且行为人之间并没有共同的侵权过错，即每个行为人之间既没有分工合作关系，也未意识到他们是在共同实施被控行为，更没有意识到他们各自独立实施的行为片段将构成一个整体行为，则不宜认定各行为人构成侵权，更不宜认定各行为人构成共同侵权。

## 6.2 商标许可使用中商标权人承担共同侵权责任的风险分析

商标是揭示商品或服务来源的商业标志，我国《商标法》主要保护注册商标，对未注册商标仅提供有限的法律保护。根据我国《商标法》的规定，商标注册人对其注册商标享有专有权，商标权人可以在其自己制造的产品或提供的服务上使用其注册商标，也可以许可他人使用其注册商标；商标注册人许可他人使用

❶ 孙玉红. 论知识产权侵权归责原则［J］. 河北法学, 2006（2）.
❷ 程啸. 论意思联络作为共同侵权行为构成要件的意义［J］. 法学家, 2003（4）.
❸ 王泽鉴. 侵权行为［M］. 北京：北京大学出版社, 2009：352.

其注册商标时，对被许可人使用其注册商标的商品或服务负有一定的质量监管或品质保障的义务，通常商标权人应当监督被许可人使用该注册商标的商品或服务至少具有与商标注册人相应的商品或服务具有同等品质；许可他人使用其注册商标的，应当在相应的商品或服务上标注注册商标的许可人和被许可人的情况。由此产生的问题是，商标注册人许可他人使用其注册商标，被许可人使用该注册商标的商品或服务侵犯他人有效专利权时，作为许可人的商标注册人是否应当与被许可人构成共同侵犯专利权？

在商标许可人并未实际制造或参与制造被许可人使用其商标的产品，仅仅根据注册商标的许可使用关系就将商标许可人视为被许可人使用其商标的商品的制造者，曾经得到最高人民法院的认可。针对北京市高级人民法院《关于荆其廉、张新荣等诉美国通用汽车公司、美国通用汽车海外公司损害赔偿案诉讼主体确立问题处理结果的请示报告》的请示，2002 年 7 月 11 日公布、自 2002 年 7 月 28 日起施行的《最高人民法院关于产品侵权案件的受害人能否以产品的商标所有人为被告提起民事诉讼的批复》指出："任何将自己的姓名、名称、商标或者可资识别的其他标识体现在产品上，表示其为产品制造者的企业或个人，均属于《民法通则》第 122 条规定的'产品制造者'和《产品质量法》规定的'生产者'。本案中美国通用汽车公司为事故车的商标所有人，根据受害人的起诉和本案的实际情况，本案以通用汽车公司、通用汽车海外公司、通用汽车巴西公司为被告并无不当。"

北京法院在"烧开水的壶"外观设计专利侵权一案中，仅仅依据商标许可使用关系将商标注册人与被许可人认定为共同制造了侵犯他人专利权的商品，显然是受到了最高人民法院上述批复的影响。在该案中，被告北京林氏伟业家电有限公司授权上海紫隆都电器有限公司在电热水壶上使用其"朗博飞"注册商标，后该电热水壶被诉侵犯原告百灵公司的外观设计专利权。北京市第一中级人民法院一审在认定海紫隆都电器有限公司生产销售的"朗博飞"电热水壶侵犯原告专利权的同时，认为企业名称、商标的主要功能在于区别商品的来源即生产者，任何将自己的企业名称、商标等标识体现在产品上，表示其为产品制造者的企业，均属于《民法通则》第 122 条规定的"产品制造者"和《产品质量法》规定的"生产者"。本案中，"朗博飞"牌电热水壶的外包装及产品上均标注了"朗博飞"商标和紫隆都公司的字样，故紫隆都公司和"朗博飞"的商标专用权人林氏伟业公司为该商品的生产者。由于"朗博飞"牌电热水壶是侵犯百灵公司专利权的产品，因此，紫隆都公司和林氏伟业公司制造、销售侵权产品的行为侵犯了百灵公司的专利权，依法应承担包括停止侵权、赔偿百灵公司因其侵权行为而遭受经济损失的法律责任。北京市高级人民法院二审也认为，"林氏伟业公司在被控侵权产品包装上标注自己的注册商标和企业名称，其客观效果是向消费者示明该产品的生产来源，并非仅仅是销售者。林氏伟业公司应当与紫隆都公司对百灵公司承担连带侵权赔偿责任。"❶ 显然，本案两审法院均认为，商标注册人许可他人使用其注册商标时，如果使用该注册商标的商品侵犯他人专利权，则商标注册人与被许可人构成共同侵犯专利权。实际上，类似的做法已经被各地法院广为认可，如湖南省长沙市中级人民法院及湖北省武汉市中级人民法院分别在审理雅洁专利侵权案中，均依据最高人民法院上述批复，均将仅仅具有授权许可关系的商标注册人作为共同的专利权侵权人处理。❷ 当然，在一些案例中当事人对此也提出了质疑，如在"圆珠笔"外观设计专利侵权一案中，被告认为其从未生产过涉案被控侵权产品，原告不能依据产品外包装上印有被告名称和商标就认定该笔就是被告制造的，但受诉法院仍然适用最高人民法院的上述批复否定了被告的上述主张。❸

但是，仅仅依据商标许可使用关系认定商标注册人与被许可人就被许可人生产的侵犯他人专利权的产品构成共同侵权可能是不恰当的。最高人民法院上述批复针对的是存在质量问题的产品，其出发点是保护消费者的生命财产安全，避免因产品质量致人损害却无法找到该产品的实际生产者，而且上述批复针对的存在质量问题的产品是国外制造的，在无法找到该产品的实际生产者时，为保护我国消费者的合法权益将该产品所使用的商标的注册人或许可人作为被告，体现了我国的司法主权。这从该批复所引用的《民法通则》及《产品质量法》的相关规定也可以解读出来，即该批复仅表明：当产品存在质量瑕疵或缺陷并损害消费者的合法人身或财产合法权益时，该产品所使用商标的授权许可方可以作为该产品的制造商承担侵权责任。

商标注册人许可他人使用其注册商标时，如果其与被许可人仅是单纯的商标许可关系，并未参与到被许可人生产被授权使用其商标的相关商品中来，则应当认定商标注册人客观上并未制造或参与制造被许可人使用商标注册人的注册商标的商品。虽然我国《商标法》第40条规定，"许可人应当监督被许可人使用其注册商标的商品质量。被许可人应当保证使用该注册商标的商品质量"，但"被许可人应当保证使用该注册商标的商品质量"是指被许可人应当保证其使用商标注册人的商品或服务的品质至少应相当于商标注册人使用其注册商标的商品或服务的品质，"许可人应当监督被许可人使用其注册商标的商品质量"也是指许可人应当监督被许可人使用商标注册人的商品或服务的品质至少应相当于商标注册人使用其注册商标的商品或服务的品质。如果商标注册人并未实际使用其注册商标的，其在授权他人使用其注册商标时也应明确一定的品质要求。总体来说，商标注册人许可他人使用其注册商标时，其负有的品

---

❶ 百灵有限公司诉上海紫隆都电器有限公司、北京林氏伟业家电有限公、北京市大中电器有限公司专利侵权案。参见：北京市第一中级人民法院民事判决书（2005）一中民初字第4593号和北京市高级人民法院民事判决书（2006）高民终字第515号。

❷ 湖南省长沙市中级人民法院民事判决书（2010）长中民三初字第0060号和湖北省武汉市中级人民法院民事判决书（2011）武知初字第448号。

❸ 三菱铅笔株式会社诉汕头市宝克文具有限公司、北京理想文仪商贸中心侵犯专利权案。参见：北京市第二中级人民法院民事判决书（2006）二中民初字第7225号。

质保障责任实际上仅仅是要求其被许可人使用该注册商标的商品或服务准确使用其注册商标，商标注册人通常不应当对被许可人生产的商品的产品质量负责，产品质量通常应当由其实际生产者负责。

如果仅仅依据商标许可使用关系将商标注册人也作为相关商品侵犯专利权时的制造者，在商标注册人同时拥有注册商标和专利权时，如果其仅授权他人使用其注册商标的商品落入其专利权的保护范围，则可以推定制造该商品的行为未侵犯商标注册人的专利权，因为商标注册人参与了该商品的制造行为。但客观事实是，商标注册人虽然同时许可他人使用其注册商标，但并未许可他人实施其专利。显然，这里产生了一个悖论：商标许可使用合同暗含了专利许可实施条款，但实际上商标使用合同中没有丝毫类似的内容，甚至商标注册人与被许可人在签订商标许可使用合同时往往也没有任何有关专利许可实施的意思或内容。因此，商标注册人许可他人使用其注册商标并不表明其实际制造或参与制造了被许可人制造的商品，如果被许可人经授权使用他人注册商标的商品侵犯他人专利权，通常与商标注册人无关，除非商标注册人确实制造或参与了制造侵权商品的生产过程。

最高人民法院的上述批复其实是非常严谨的，其仅仅是针对使用他人注册商标的商品具有质量问题，而非针对使用他人注册商标的商品是否侵犯有效专利权的问题，而且该批复所针对的个案也涉及司法主权等因素，该批复并未涉及商标注册人是否应对他人经其授权使用其注册商标的商品承担侵犯专利权的责任问题。侵犯知识产权的商品未必就是具有产品质量问题的商品，甚至有些侵犯他人知识产权的商品具有更优的质量也并非少见。在侵犯专利权案件中，如果仅仅依据商标许可使用关系就将商标注册人认定为侵犯他人专利权的共同责任人，显然是对最高人民法院上述批复的简单化的扩大性误读。"在商品质量保障功能得到法律确认，商标许可成为商标使用的常态下，不能简单依据商标标识和区分商品来源的基本功能，认定专利权侵权商品上的商标的注册人为商标生产者，判令其承担专利侵权责任。商标注册人是否承担专利侵权责任要看其是否参与了侵权产品的生产，是否对侵权商品的生产制造有实质的控制力，或者在侵权商品流通过程中给专利权人造成的损失主观上是否存在过错。"❶ 当然，如果在侵犯专利权诉讼中非要适用最高人民法院上述司法解释认定注册商标的许可人构成共同侵犯他人专利权，也应当给予商标注册人提供相反主张和证据的机会，只要商标注册人能够证明其与侵权产品的制造无关，就不宜仅仅依据商标许可使用关系特定其承担共同侵犯专利权的法律责任。

需要指出的是，最近的权威判例肯定了上述观点和做法。在门锁面板及把手（H7296G）外观设计专利侵权案中，被控侵权产品上没有生产商信息，仅标有浙江省

❶ 周雨沁，魏大海. 商标注册人在专利侵权诉讼中的诉讼主体地位及责任承担——兼析法释〔2002〕22号的理解与适用〔J〕. 电子知识产权，2012（1）：89.

温州市蓝天知识产权独立有限公司（以下简称"温州蓝天公司"）的注册商标。原告遂指控温州蓝天公司侵犯其专利权。天津市第二中级人民法院一审认为，涉案产品属于侵权产品，温州蓝天公司作为被控侵权产品上标注的注册商标所有人，应当被推定为生产商并承担侵犯专利权的责任。天津市高级人民法院二审认为，原告主张被告是侵权产品的制造商的依据仅有被控侵权产品上标注的商标，考虑到被告的生产经营范围并不包括生产、销售被控侵权产品，在原告不能补充其他证据的情况下，难以认定被告的侵权责任，判决被告不承担侵权责任。原告遂向最高人民法院申诉，并援引最高人民法院2002年7月公布并施行的《最高人民法院关于产品侵权案件的受害人能否以产品的商标所有人为被告提起民事诉讼的批复》，主张温州蓝天公司系被控侵权产品的制造商。最高人民法院肯定二审法院的认定，认为上述批复主要针对商标所有人许可他人使用其标识条件下出现产品质量问题导致人身损害时，标识所有人应当与产品的实际生产者共同承担损害赔偿责任，而本案并不涉及产品质量问题，因此不适用上述批复。❶

## 6.3 委托制造及承揽加工共同侵犯他人专利权的认定

委托制造，是指委托人委托他人制造特定产品。承揽加工，是指根据他人的要求为他人制造特定产品。委托制造和承揽加工较为常见的是 OEM 其含义是指定品牌合作生产，俗称"代工"或"贴牌"，即在产品上标明的品牌生产者一般不直接生产产品，而是利用其掌握的关键设计或核心技术来负责产品的设计和新产品的研发，控制和利用销售渠道来进行销售，一般情况下其生产能力有限或者说没有自己的生产线，主要通过合同订购的方式委托劳动力低廉的同类产品厂家进行生产，将委托生产的产品低价买断，并贴上自己的商标进行销售。❷ 就如同销售包括出售和购买两方一样，很多时候委托制造和承揽加工是也是同一制造行为的两个方面，委托人委托受托人制造特定产品，受托人根据委托人的要求加工、定做、制造特定产品。当受托人最终制造出来的产品落入他人有效专利权的保护范围时，就可能涉及委托人与受托人是否构成共同侵权的委托。

首先，委托他人制造的产品侵犯专利权的，单纯的委托行为并不构成独立的侵权行为，这是因为单纯的委托行为不是我国《专利法》规定的实施专利的行为。这就是说，如果委托人的行为构成侵权，则一定是基于受托人制造行为的侵权，即委托人为受托人的实际制造行为承担侵权责任。

其次，委托制造的产品侵犯他人专利权的，如果委托人明知或应当知道委托受托人制造侵犯他人专利权的产品的，即委托人在委托时就已经知道或者应当知道其委托

---

❶ 袁博. 论商标权人的商品权利瑕疵担保义务——广东雅洁公司诉温州蓝天公司专利权侵权案评析［J］. 中国知识产权，2012（9）：64.

❷ 李永波. 审慎专利许可过程中的 OEM、ODM 条款［J］. 中国知识产权，2012（4）：45.

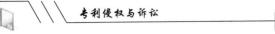

制造的是侵权产品的，如委托人提供的技术方案本身技术侵权技术方案，委托人提供的样品本身就是侵犯他人外观设计专利权的产品，则委托人与受托人共同侵犯他人专利权。如果委托人在委托时并不知道且不应当知道其委托制造的产品属于侵权产品，但在受托人制造过程中委托人已经知道或者应当知道其委托制造的产品属于侵权产品而未终止委托的，则委托人与受托人共同构成制造侵权行为。

再次，关于受托人是否构成共同侵权的问题。如果受托人明知委托人委托制造的产品侵犯他人专利权仍接受委托承揽加工的，则受托人与委托人构成共同侵权；受托人在接受委托时不知道其承揽加工的产品侵犯他人专利权，但在承揽加工过程中已经知道或者应当知道其承揽加工的产品侵犯他人专利权的，受托人仍与委托人构成共同侵权。事实上，由于侵犯专利权的认定一般不考虑行为人是否具有主观过错，即无论行为人主观上是否具有侵权的故意或过失，只要其擅自使用了他人的专利接受方案或专利外观设计，均可认定构成侵权。因此，无论是委托人还是受托人，只要委托人委托受托人制造的产品，或者说受托人接受委托人的委托制造的产品落入他人专利权的保护范围，一般均应认定委托人和受托人共同侵犯他人专利权。

最后，在委托制造及承揽加工情形，是否构成侵权的行为主要是受托人实际从事的承揽加工行为是否构成侵权。如果受托人实际从事的承揽加工行为未侵犯他人专利权，则委托人和受托人均不侵犯他人专利权。只有在受托人实际从事的承揽加工行为侵犯他人专利权时，才可能认定委托人和受托人共同侵犯专利权。事实上，虽然在委托制造及承揽加工的产品侵犯他人专利权时一般应认定委托人和受托人构成共同侵权，但仍然存在某些例外情形。例如，受托人为无民事行为能力人时，则受托人的侵权行为完全视为委托人的侵权行为，由委托人承担全部侵权责任，受托人的行为不构成侵权也不承担任何侵权责任。又如，对于生产方法专利来说，如果存在其他不同的生产方法且同样能够获得依照专利方法取得的产品，委托人在委托时并未要求受托人使用他人的专利方法，甚至明确约定受托人在制造过程中不得擅自使用他人专利方法或不得有其他侵权行为，但受托人擅自使用他人专利方法的，则委托人不宜被认定为与受托人共同实施了制造侵权行为。同样，如果委托人在委托制造时明确要求受托人不得使用侵犯他人专利权的零部件、原材料或中间产品，但受托人在制造过程中擅自使用了侵犯他人专利权的零部件、原材料或中间产品的，委托人也不宜被认定为与受托人共同实施了制造侵权行为。但是，在上述两种情形中，如果受托人在有引诱、暗示受托人使用他人专利方法或者侵犯他人专利权的零部件、原材料或中间产品的，则应认定受托人与委托人共同实施了制造侵权行为。

## 6.4 "监制"行为与制造行为的共同侵权认定

监制行为并不是独立的侵权行为，在侵权产品上标注"监制"等类似用语行为本身并不构成侵权。在产品上标注"监制"等类似用语的，应分析监制者为什么要标注。如果是基于商标许可使用合同而标识"监制"等类似用语的，表明监制者只是基于对其品牌形象的维护而监制产品，其并不在专利法意义上承担监制责任，此时如果该产品侵犯他人专利权的，监制者不应承担专利法意义上的侵权责任。但是，如果在产品上标注"监制"等类似用语是基于专利实施授权关系，如专利权人授权他人实施其专利权，并在他人依据其专利技术方案或专利外观设计生产出来的产品上标注"监制"等类似用语，而该产品又被认定为侵犯他人专利权的，则标注"监制"等类似用语的专利权人与其被许可人可能认定为共同实施了制造侵权行为。但需要注意的是，并不是专利权人许可他人实施其专利的行为本身构成侵权，也不是专利权人在被许可人依照其专利技术方案或专利外观设计生产出来的产品上标注"监制"的行为本身构成侵权，而是因为被许可人的制造行为构成侵权，而被许可人的制造行为恰恰是基于专利权人的许可并实施了专利权人的专利技术方案或专利外观设计，故作为监制者的专利权人与其被许可人共同承担侵权责任，尽管专利权人可能并未实际从事侵权产品的任何具体生产行为。

在产品上标注"监制"或类似用语的原因可能是多方面的，除基于专利、商标等知识产权许可关系而标注"监制"或类似用语的情形外，现实生活中在他人生产的产品上标注"监制"或类似用语的情形千差万别。有的监制者基于某种职责，例如在生产者为其产品质量投保后，保险公司可能会监督检查投保产品的质量，并因此在产品上标注由该保险公司"监制"或类似用语；某些行政机关出于其监管职责的需要，为保障某些商品的质量进行监督检查，并因此标注由该行政机关"监制"或类似用语；母公司或其他关联公司出于企业管理为保障产品质量的需要对产品生产过程进行监督管理，并因此标注由该公司或其他关联公司"监制"或类似用语；社会团体、行业组织出于公益或其他目的监管某些产品的生产流通，并因此标注由该社会团体、行业组织"监制"或类似用语；有的是因为整个行业出现严重危机，如前些年由国内某著名品牌不当使用三聚氰胺而导致的整个奶粉行业的危机，一些从业者邀请独立公正的第三方监督其产品的生产流通，并在其产品上标注该第三方"监制"字样。对于这些监制行为，如果被其监制的产品构成侵犯他人专利权，监制者是否应承担共同侵犯专利权的责任？有种观点认定："不论产品的制造者涉及多少，在产品上标识自己为制造人的主体，应当认定为就是法律所规定的制造人或者生产者。如果缺乏这种推定，保护第三人和公共利益方面的法律规定，就会形同虚设。"❶ 本书认为，监制者是否承担侵犯专利权的责任应根据监制者所监制的具体内容来定。如果监制者是对产品的技术方案或产品外观设计进行监制，则在其监制的产品侵犯他人专利权时，监制应承担共同侵权责任。如果监制者只是对产品质量、流通等方面进行监管，并不对产品技术方案或产品外观设计进行监制，则不宜承担侵犯专利权的法律责任，上述情形中的监制

---

❶ 杜传鹏. 知识产权共同侵权问题研究 [J]. 广东法学, 2006 (4).

者似均不承担侵犯专利权的责任。因此，在追究监制者侵犯专利权的责任时，应当允许监制者提供反证，如果监制者能够证明其并不监管产品的技术方案或产品的外观设计，则不宜将其认定为共同侵权人。

总之，监制行为是否侵犯专利权，主要是看监制者是否实际参加了侵权产品的制造行为，或者对侵权产品的制造过程是否具有实际的控制力。如果在侵权产品上标注"监制"等类似用语表明监制者参与了被监制产品的生产，如提供了相应的技术方案或产品外观设计的，则应当认定监制者参与了制造行为，与被监制产品的实际生产者共同承担侵犯专利权的法律责任，在某些情形甚至由监制者独立承担全部侵权责任。相反，虽然产品上标注由其监制，但如果监制者能够提供证据证明其实际上并未监制侵权产品的生产过程，或者其并不对侵权产品所实施的技术方案或外观设计进行监制，则不应认定监制者参与了侵权产品的制造行为并由此承担侵犯他人专利权的法律责任。

# 第4章 侵犯专利权的抗辩

侵犯专利权的抗辩是针对专利权人的侵权指控而进行的反驳和争辩，专利权人指控他人侵犯其专利权，侵犯专利权的抗辩与之针锋相对，直接对抗专利权人的侵权指控。在民事诉讼中，原告的诉讼权利与被告的诉讼权利是平等的，抗辩权作为被告一项重要的诉讼权利有时在诉讼中发挥着很大的作用，一项有效的抗辩有时可以遏制原告的全部诉讼请求。

本章共分为六节。第1节为"侵犯专利权的抗辩概述"，介绍了侵犯专利权的抗辩概念、种类、特征以及作用等基本问题。第2节为"否定专利权效力的抗辩"，介绍了此类抗辩中可以作为抗辩事由的主要抗辩形式，即不构成专利权的抗辩、非生效专利的抗辩、失效专利的抗辩、主张原告专利权为无效专利的抗辩以及以原告专利为已无效专利的抗辩。第3节为"否定落入专利权保护范围的抗辩"，介绍了此类抗辩中可以作为抗辩事由的主要抗辩形式，即缺少专利技术特征的抗辩、禁止反悔规则、捐献技术抗辩规则以及否定落入外观设计专利权保护范围的侵权抗辩。第4节为"现有技术及现有设计抗辩"，详细阐述了现有技术及现有技术抗辩的相关法律制度和法律规定。第5节为"不视为侵犯专利权的抗辩"，介绍了此类抗辩中可以作为抗辩事由的主要抗辩形式，即权利用尽抗辩、先用权抗辩、临时过境抗辩、科学实验和研究抗辩以及药品及医疗器械行政审批抗辩。第6节为"侵犯专利权的其他抗辩"，对本章前五节以外的其他类型的抗辩进行了介绍。

## 第1节 侵犯专利权的抗辩概述

### 1 侵犯专利权的抗辩概念

#### 1.1 诉讼抗辩概述

##### 1.1.1 抗辩和诉讼抗辩

抗辩是对相对方某种主张的反驳和辩解。抗辩是生活中常见的现象，人们之间的交流和沟通充满了主张和抗辩。从广义上讲，当我们不同意他人的某种观点、主张或意见时，我们可以反驳。当他人的观点、主张或意见与我们息息相关时，我们在反驳时还可以辩解。这种反驳和辩解就是抗辩，其目的都是要证明对方的主张不能成立。

诉讼抗辩是一种特殊的抗辩，它是对对方当事人诉讼主张的对抗，它是存在于司法诉讼程序中的一种抗辩，是诉讼当事人在诉讼程序中表达己方观点和驳斥对方观点的一种诉讼形式。与日常生活中的抗辩不同的是，诉讼抗辩将直接产生法律效力，诉讼抗辩成功将导致对方当事人的相应诉讼主张不能成立，诉讼抗辩不成功将导致己方相应诉讼主张不能成立，从而直接影响诉讼结果。

诉讼抗辩通常是诉讼被告方当事人所享有的诉讼权利。在刑事诉讼中，公诉机关或自诉人针对被告人提出控诉主张；在民事诉讼中，原告方针对被告提出诉讼请求；在行政诉讼中，原告针对作为被告的行政机关提出诉讼请求。在这些诉讼中，原告方当事人有提供有效证据证明其控告或诉讼请求成立的义务或权利，被告方在诉讼中则通常需要针对公诉机关、自诉人或原告方的诉讼指控进行抗辩，其目的就是证明上述指控不能成立。

### 1.1.2　诉讼抗辩的分类

按照不同的标准，诉讼抗辩可以有不同的分类。

按照诉讼性质的不同，诉讼抗辩可以分为刑事诉讼抗辩、行政诉讼抗辩和民事诉讼抗辩。刑事诉讼抗辩是指发生在刑事诉讼过程中的抗辩，如犯罪嫌疑人主张其未成年的抗辩、其非主犯的抗辩、其未实施被控犯罪行为的抗辩、其行为未构成犯罪的抗辩、追诉时效抗辩等。行政诉讼抗辩是指发生在行政诉讼程序中的抗辩，如行政相对人主张行政机关无权或越权进行行政处罚的抗辩、其未实施行政违法行为的抗辩等。民事诉讼抗辩是指发生在民事诉讼程序中的抗辩，如当事人不适格抗辩、诉讼时效抗辩、不侵权抗辩等。

按照提出抗辩时机的不同，诉讼抗辩可以分为一审诉讼抗辩、二审诉讼抗辩和再审诉讼抗辩。一审抗辩是指在一审诉讼程序中主张的诉讼抗辩，如诉讼时效抗辩、管辖抗辩。二审抗辩是指在二审诉讼程序中主张的抗辩，如上诉不加刑抗辩、诉讼主体不适格。再审抗辩是指在再审程序中主张的抗辩，如不侵权抗辩、不承担某种法律责任的抗辩。需要指出的是，对于同一性质的诉讼程序来说，大多数诉讼抗辩事由通行于一审、二审或再审程序中，只有少数抗辩程序才仅适用于部分程序。如诉讼时效抗辩一般仅适用于民事诉讼一审程序，而主体不适格的抗辩则通行于所有民事诉讼程序。

按照可能产生的法律后果的不同，诉讼抗辩可以分为影响定性的抗辩和影响责任的抗辩。所谓影响定性的抗辩，是指可能影响被诉行为是否构成违法行为的抗辩，如刑事诉讼中被告有关其未实施被控犯罪行为的抗辩，行政诉讼中相对人有关其未实施被控违法行政行为的抗辩，民事诉讼中有关其行为不构成侵权或违约的抗辩。可以影响定性的抗辩一旦成功，抗辩人将不再承担被诉法律责任。所谓影响责任的抗辩，是指可能影响行为人是否应承担相应法律责任的抗辩。如刑事诉讼中主张犯罪嫌疑人具有自首情节、立功情节等可以减轻或从轻处罚情节的抗辩，行政诉讼中主张行政处罚过重的抗辩，民事诉讼中主张其无须承担赔偿责任的抗辩等。

### 1.1.3 诉讼抗辩的作用

诉讼抗辩的首要作用是对抗对方当事人的诉讼主张，即在对方当事人提出某种诉讼主张时，己方当事人得主张某种不同的法律事实或法律关系。主张诉讼抗辩的目的是对抗、抵消、吞没对方当事人的诉讼请求或诉讼主张。

诉讼抗辩的另一作用是有利于人民法院查清案件事实。真理越辩越明，如果缺少当事人之间的抗辩，诉讼查明的事实可能会有失偏颇，甚至与客观事实相差甚远。诉讼抗辩是保证诉讼事实接近客观事实的重要手段。

诉讼抗辩是保障当事人诉讼权利的重要形式。辩论权是当事人享有的诉讼权利，诉讼抗辩是辩论权的重要内容。我国三大诉讼法都明确规定当事人在诉讼中享有辩论权。辩论权的内容一方面是提出己方的诉讼主张及相应的事实、理由和证据，另一方面是反驳对方的诉讼主张并提出相应的事实、理由和证据。通常来说，诉讼抗辩贯穿于诉讼辩论的全过程。

## 1.2 侵犯专利权的抗辩

侵犯专利权的抗辩是指发生在侵犯专利权诉讼中的抗辩。侵犯专利权诉讼本质上属于民事诉讼，故侵犯专利的抗辩也属于民事诉讼抗辩的一种，它具有民事诉讼的全部特征和作用。同时，侵犯专利权诉讼作为一种特殊的民事诉讼，其中的抗辩也有不同于一般民事诉讼的特色，如在抗辩事由上，现有技术抗辩就是侵犯专利权诉讼特有的抗辩事由。

从广义上讲，侵犯专利权的抗辩既可以指抗辩权，也可以指抗辩事由，还可以指主张抗辩的行为或过程。从狭义上理解，侵犯专利权诉讼的抗辩主要是指抗辩事由，即侵犯专利权诉讼的被告在诉讼中针对原告的诉讼请求、事实和理由可以主张的抗辩事由，如先用权抗辩、临时过境抗辩等。

从概念上看，侵犯专利权的抗辩可以简称侵权抗辩，也有人称之为不侵权抗辩。如果从字面上看，侵权抗辩和不侵权抗辩显然应当是矛盾的，但二者实质是相同的，都是针对专利权人提起的侵犯专利权诉讼的抗辩，其目的都是对抗专利权的诉讼主张，以达到被控侵权行为被认定为不是侵权行为，被控侵权人不构成侵权的目的。问题是，既然表达了完全相同的含义，为什么要选择形式上两个含义似乎截然不同的概念呢？

本书认为，侵权抗辩是针对专利权人侵权指控而言的，专利权人指控被告侵权，侵权抗辩与之针锋相对，直接对抗专利权人的侵权指控。因此，侵权抗辩这一概念突出了其针对性，即针对专利权人的侵权指控所主张的抗辩，故简称侵权抗辩。不侵权抗辩这一概念在抗辩结果意义上使用的，它是指侵权抗辩成立时的结果会导致专利权人的侵权指控不成立，被控侵权行为将不构成侵权行为，被控侵权人也将不成为实际的侵权人。因此，不侵权抗辩这一概念突出了侵权抗辩的结果意义。

从上面的分析来看，尽管专利侵权诉讼中的侵权抗辩和不侵权抗辩表示了完全相同的含义，但相对来说侵权抗辩这一概念似乎更为恰当。首先，从语词上讲，侵权抗辩这一概念更为简洁。其次，侵权诉讼中的抗辩具有强烈的目的和针对性，在于其直接针对原告的诉讼请求，其目的就是要抵消、吞没原告的诉讼请求，使原告不得再针对同一被告提出同样的侵权主张。而在侵犯专利权诉讼中长期以来未能够清醒地认识到侵权抗辩的针对性，致使一些不是侵权抗辩的事由被作为侵权抗辩对待，如所谓的合同抗辩，其实质不是导致专利权人诉讼请求的消灭，而是转移专利权人诉讼主张的指向，因此其本质上根本不是侵犯专利权诉讼的抗辩事由，但我国司法实践中却长期将其作为侵犯专利权诉讼的抗辩事由。● 这反映了专利界长期以来对侵犯专利权诉讼的抗辩认识不够清晰的现状，对侵犯专利权诉讼的抗辩的针对性缺乏足够的认识。而侵权抗辩这一概念恰恰突出了其针对性，即针对专利权人的侵权主张的抗辩。再次，侵权抗辩这一概念在很大程度上也突出了其抗辩结果，而且其对抗辩结果的突出更具有全面性、客观性和综合性。侵权抗辩既然是针对专利权人侵权主张的抗辩，其抗辩结果自然就是侵权成立或者不成立，侵权抗辩成立将导致原告诉讼主张的消灭，侵权抗辩不成立可能导致原告诉讼请求的成立。显然，侵权抗辩这一概念蕴涵的抗辩结果更为客观和全面。不侵权抗辩这一概念在结果意义上突出了不侵权的结果，而基于抗辩导致的不侵权的结果显然以抗辩成立为前提，更容易使人认为或偏向于认为侵犯专利权诉讼的抗辩的结果就是不侵权。但事实上侵犯专利权诉讼抗辩的结果取决于抗辩的过程，不侵权只是侵权抗辩的一种结果，侵权抗辩还可能有另一种结果，就是侵权抗辩不成立时被认定为侵权。这就是说，不侵权抗辩这一概念在突出其结果意义上的不侵权的同时，可能存在忽视侵权抗辩不成立时侵权成立的结果。这一概念对其结果的选择性记忆或消亡使其不能完整客观地反映侵权抗辩的结果，故相对于侵权抗辩这一概念来说其不具有足够的可取性。因此，基于上述对于侵权抗辩和不侵权抗辩这两个概念的比较，我们更倾向于选择侵权抗辩这一概念，但在某些情形虽然也可能使用不侵权抗辩这一概念。但应当指出的是，此时侵权抗辩和不侵权抗辩是完全可以替换使用的。

当然，侵权抗辩这一概念似乎也有一些不够完美的地方。至少从过去的专利实践来看，侵权抗辩这一概念容易使人认为是对侵权的抗辩，故需以被控侵权行为构成侵权为前提。实际上这是对侵权抗辩这一概念的误解。侵权抗辩这一概念实际是针对原告侵权指控的抗辩，其具有突出的目的性和针对性，将侵权抗辩中的"侵权"理解为侵权成立，显然是一种误解。如果侵权已经成立了，还有什么抗辩可言？抗辩一定是

---

● 北京市高级人民法院 2001 年 9 月 29 日下发的《关于专利侵权判定若干问题的意见（试行）》（京高法发〔2001〕229 号）就专门将合同抗辩作为重要的事由加以规定。尽管在当时的历史环境中该规定具有一定的正当性，但从法律逻辑及侵犯专利权诉讼的本质上看，这种规定显然没有认识到合同抗辩本质上并不是侵犯专利权诉讼的抗辩，其抗辩结果通常也不可能使原告的诉讼请求归于消亡。

发生在侵权成立或者不成立这一结论之前，侵权成立或者不成立一定是侵权判定的最后结论。从侵权判定过程的逻辑上看，通常是在原告专利权有效的基础上，确定专利权的保护范围并判断被控侵权物是否落入原告专利权的保护范围，在这一过程中随时都可能有相应的侵权抗辩事由，如针对原告专利权的效力，可以提出否定原告专利权的抗辩；针对原告专利权的保护范围，可以提出原告专利权保护范围不清楚的抗辩或者特定技术方案不属于原告专利权保护范围的抗辩。即使在确定原告专利权保护范围并认定被控侵权物已落入原告专利权保护范围后，仍可以被控侵权行为不构成侵权进行抗辩，如先用权抗辩等。只有在被控侵权物已经被认定落入原告专利的保护范围且此时被控侵权人主张的抗辩事由均不成立时，才可能认定侵权成立。显然，侵权抗辩中的"侵权"指的专利权人的侵权指控，不可能是侵权成立。

就侵权判定的含义来讲，狭义的侵权判定是对侵权与否的定性，其过程包括确认专利权的效力、确定专利权的保护范围、判定被控侵权物是否落入原告专利的保护范围、审查被告主张的侵权抗辩是否成立，并在此基础上得出被告是否侵权的结论。值得注意的是，这里的结论是被告是否侵权，而不是被控侵权物是否构成侵权，也不是被控侵权行为是否构成侵权。显然，狭义的侵权判定是对被控侵权物的定性，并进一步判定被控侵权行为是否属于法定的侵权行为，被告实施被控侵权行为是否具有法定的豁免或抗辩事由。广义的侵权判定不仅包括对侵权与否的定性，还包括在侵权成立基础上的责任判定，即在认定专利权人的侵权指控成立被告构成侵权的基础上确定侵权人的法律责任。因此，侵权抗辩也可以相应地分为狭义的侵权抗辩和广义的侵权抗辩。狭义的侵权抗辩仅指在狭义的侵权判定中的侵权抗辩，其目的是消灭专利权人的诉讼请求，论证被控侵权人实施的被控侵权行为不构成侵犯原告专利权。广义的侵权抗辩除了包括狭义的侵权抗辩外，还包括在责任判定过程中的抗辩，即在被控侵权行为被认定为侵权行为，被控侵权人被认定为侵权人的基础上，被控侵权人针对专利权人有关其应承担的侵权责任的指控上的抗辩，例如专利权人指控侵权人应承担侵权赔偿责任，被控侵权人主张其不应承担侵权赔偿责任的抗辩；专利权人主张侵权人应承担停止侵权的法律责任，侵权人主张其不应承担停止侵权的法律责任的抗辩。

## 2　侵犯专利权的抗辩种类

侵犯专利权诉讼本质上属于民事诉讼，因此民事诉讼中抗辩的分类也同样适用于侵犯专利权诉讼的抗辩。如按照提出抗辩时机的不同，侵犯专利权诉讼抗辩也可以分为一审诉讼抗辩、二审诉讼抗辩和再审诉讼抗辩。这里将介绍几种其他的分类。

### 2.1　影响专利权效力的抗辩和不影响专利权效力的抗辩

按照抗辩是否影响原告专利权效力，侵犯专利权诉讼抗辩可以分为影响专利权效力的抗辩和不影响专利权效力的抗辩。影响专利权效力的抗辩是指侵犯专利权诉讼的被告针对原告专利权效力提出的抗辩，例如主张原告专利权已过有效保护期，原告专利权应为无效专利。不影响原告专利权效力的抗辩是指基于承认原告专利权效力的诉讼抗辩，如现有技术抗辩、不视为侵权的抗辩等。

### 2.2　针对诉讼程序事项的抗辩和针对诉讼实体事项的抗辩

按照抗辩对象是程序事项还是实体事项，侵犯专利权诉讼的抗辩可以分为针对诉讼程序事项的抗辩和针对诉讼实体事项的抗辩。针对诉讼程序事项的抗辩是指以侵犯专利权诉讼中的程序事项为抗辩对象的抗辩，如有关原告不是专利权人或利害关系人故无权提出诉讼主张的抗辩，以及有关被告不是被控侵权行为的实施者的抗辩。针对诉讼实体事项的抗辩是指直接针对诉讼实体内容如被控行为是否构成侵权、被告是否应承担侵权责任等抗辩。

### 2.3　针对侵权认定的抗辩和针对侵权责任的抗辩

按照抗辩后果影响的是侵权认定还是责任认定，侵犯专利权诉讼的抗辩可以分为针对侵权认定的抗辩和针对侵权责任的抗辩。针对侵权认定的抗辩是指针对原告的侵权指控提出的被控行为不构成侵犯原告专利权的抗辩，如被控侵权物未落入原告专利权的抗辩、被控行为不属于法定侵权行为的抗辩等。针对侵权责任的抗辩是指在原告侵权主张成立后针对原告有关被告应承担的侵权责任的抗辩，如被告有关其销售的被控侵权产品因具有合理来源故不承担赔偿责任的抗辩，以及被控侵权行为因涉及公共利益等因素故不宜停止被控侵权行为的抗辩等。

## 3　侵犯专利权的抗辩特点

### 3.1　法　定　性

侵犯专利权诉讼抗辩的法定性，是指侵犯专利权诉讼的抗辩事由的法定性，被控侵权人只能主张法律规定的抗辩事由。一般来说，侵犯专利权诉讼的实体性抗辩事由通常由《专利法》规定，侵犯专利权诉讼的程序性抗辩事由通常由《民事诉讼法》规定。

### 3.2　被　动　性

侵犯专利权诉讼抗辩的被动性，是指在侵犯专利权诉讼中，是否主张侵权抗辩应当由被控侵权人主张，受诉法院不得在被告未主张侵权抗辩的情形下主动适用侵权抗辩事由，也不得主动适用被告未主张的侵权抗辩事由。

侵犯专利权诉讼本质上属于民事诉讼，人民法院应当站在中立的角度，不偏不倚地审理案件，不得偏向于任何一方当事人。对原告未提出的诉讼请求，法院不得主动审理；对于被告未主张的抗辩事由，法院也不得主动引入诉讼以对抗原告的诉讼请求。

诉讼抗辩主张的被动性应以当事人能力的对等为前提，如果诉讼当事人之间的诉讼能力明显不对等，人民法院可以适当行使释明权，保障诉讼当事人诉讼能力的实质平等。但是，人民法院行使释明权的限度是坚持民事诉讼的被动性，不得替当事人提出诉讼主张，也不得审查当事人未提出的诉讼主张，且通常只有在法律有明确规定的情形才能行使释明权。

## 3.3　对　抗　性

侵犯专利权诉讼抗辩的对抗性，是指在侵犯专利权诉讼中，请求抗辩是对抗专利权人的诉讼主张提出来的，同时对于被告主张的请求抗辩，专利权人也有权进一步提出相对抗的诉讼主张。因此，诉讼抗辩既是对抗专利权人侵权指控的主张，也是引发新一轮诉讼对抗的开始。例如，针对专利权人的侵权指控，被告抗辩称被控侵权物未落入原告专利权的保护范围，专利权人可以进一步主张被证明被控侵权物已落入其专利权的保护范围，被告则可主张即使被控侵权物落入原告专利权的保护范围，但被控侵权物实施的是现有技术。显然，侵权抗辩增加了专利诉讼的对抗性。

## 3.4　体　系　性

侵犯专利权诉讼抗辩的体系性是相对于侵权抗辩的体系性而言的。侵犯专利权诉讼的过程大致可以分为如下几个阶段：确定原告专利权效力、确定原告专利权保护范围、确定被控侵权物是否落入原告专利权的保护范围、确定被告的侵权责任。

侵犯专利权诉讼的抗辩可以发生在侵权判定过程中的任一阶段。如在确定原告专利权效力阶段，被告可以抗辩称原告专利权为失效专利；在确定原告专利权保护范围阶段，被告可以主张捐献技术抗辩规则、禁止反悔抗辩规则，以将某些特定的技术方案排除在原告专利权的保护范围内；在比对被控侵权物是否落入原告专利权保护范围的阶段，被告可以主张被控侵权物缺少原告专利技术特征从而未落入原告专利权保护范围的抗辩；在认定被控侵权物已经落入原告专利权保护范围后，被告可以主张先用权抗辩；在侵权成立的基础上，被告还可以主张不承担或减轻承担侵权责任或部分侵权责任的抗辩。

需要注意的是，从逻辑上看侵权判定过程的阶段性虽然比较清晰，但具体的侵权判定过程中却是模糊的，例如确定专利权保护范围与比对被控侵权物是否落入原告专利权保护范围，在侵权判定过程中很多时候是融为一体的，尤其是确定专利权的等同保护范围与判断被控侵权物是否落入专利权的等同保护范围几乎就是同一硬币的两面。因此，侵犯专利权诉讼的抗辩的适用也同样具有这种模糊性，虽然说某些抗辩事由可能有大致的适用阶段，但更多的时候一些抗辩事由几乎可以适用到侵权诉讼的每一个阶段，或者说这些抗辩事由几乎可以在侵权诉讼中随时主张。例如，司法实践中曾经认为现有技术抗辩只能在被控侵权物落入原告专利权保护范围后才能主张，但目前的司法实践一般认为，现有技术抗辩的适用不以被控侵权物落入原告专利权保护范围为前提，它可以随时适用于侵权判定的全过程。

## 4 侵犯专利权的抗辩作用

### 4.1 合理确定专利权的保护范围

专利权的保护范围包括其字面（相同）保护范围和扩展（等同或近似）保护范围。

《专利法》第59条规定："发明或者实用新型专利权的保护范围以其权利要求的内容为准，说明书及附图可以用于解释权利要求的内容。外观设计专利权的保护范围以表示在图片或者照片中的该产品的外观设计为准，简要说明可以用于解释图片或者照片所表示的该产品的外观设计。"

专利权的字面保护范围就是通过阅读专利权相关文件就能确定的保护范围。对于发明和实用新型专利来说，专利权相关文件主要是指权利要求书和说明书；对于外观设计专利来说，专利权相关文件主要是指授权文本中的专利权图片或照片，以及简要说明。本领域普通技术人员在阅读发明或者实用新型专利权相关文件后能够清楚地、毫无疑义地认识到的专利技术方案，就是专利权的字面保护范围。同样，本领域一般设计人员或者一般消费者在看到外观设计专利相关文件后，能够清楚地、毫无疑义地确定的外观设计专利的保护范围，就是外观设计专利权的字面保护范围。一般来说，发明或者实用新型专利权的字面保护范围是指具备专利全部技术特征且具体技术手段、技术效果相同的技术方案，外观设计专利权的相同保护范围则是指与专利产品的专利设计相同的产品的外观设计。

专利权的扩展保护范围是指在专利权字面或相同保护范围基础上适当扩充的保护范围。专利本身体现了专利权人的发明创造思想，而其实际表达却不得不借助文字、照片或图片、设计图、化学分子式等符号来体现。不管是基于符号的局限性还是基于表达的局限性，在很多时候以符号表现出来的专利可能难以完整和真实地表达出专利权人的发明创造。如果仅仅受制于授权文件中文字等符号表达来确定专利权的保护范围并进行侵权判定，可能不仅对专利权人不公平，还可能会鼓励一些投机取巧甚至是巧取豪夺的行为，由此导致创新的萎缩和秩序的破坏。因此，在授权文件的基础上，适当扩充专利权的保护范围具有其合理性。

对于发明或实用新型专利权来说，其扩展保护范围通常表现为等同保护范围。《专利纠纷司法解释2001》第17条规定的"发明或者实用新型专利权的保护范围以其权利要求的内容为准，说明书及附图可以用于解释权利要求"，是指专利权的保护范围应当以权利要求书中明确记载的必要技术特征所确定的范围为准，也包括与该必要技术特征相等同的特征所确定的范围。对于外观设计专利权来说，其扩展保护范围通常表现为类似产品和近似设计的扩展，即外观设计专利权的保护范围不仅包括专利产品上的专利设计，还包括专利产品上与外观设计近似的外观设计、与专利产品类似

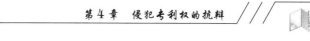

的产品上与专利设计相同或近似的外观设计。

专利权保护范围的确定，尤其是专利权扩展保护范围的确定，大大有利于保护专利权人的利益，但也要注意防止专利权人不恰当地扩展专利权的保护范围，而专利抗辩在一定程度上能够遏制专利权人不恰当地扩展其专利保护范围。如全部技术特征规则将缺少专利技术特征的技术方案排除在专利权保护范围之外，现有技术或现有设计抗辩能够将公有领域的技术或设计排除在专利权保护范围之外，禁止反悔规则将专利权明确放弃的技术方案排除在专利权保护范围之外，捐献技术抗辩能够将专利权人明示或默示捐献给社会公众的技术方案排除在专利权保护范围之外，都有利于准确界定专利权的保护范围，防止专利权人不恰当地扩展其专利权保护范围。

## 4.2  准确判断被控行为是否构成侵权

侵犯专利权的判定必须是在原告专利权有效的基础上恰当确定专利权的保护范围，并比较被控侵权物是否落入原告专利权的保护范围，在认定被控侵权物已落入原告专利权保护范围后还要审查被告有关其不构成侵权的抗辩是否成立，最后才能得出被告是否侵权的结论。这是一个严密且逻辑性和技术性都极强的专业判断过程，它不仅依赖专利权人的举证，包括对专利权的效力、保护范围、被控侵权行为的举证，还需要审查被告主张的侵权抗辩。侵权判定的结论是否正确，取决于对原告的侵权指控和被告的侵权抗辩的审查结论是否正确。

原告的侵权指控和被告的侵权抗辩是侵犯专利权诉讼的两个方面。侵权判定既要审查原告的侵权指控，也要审查被告的侵权抗辩。只有在原告的侵权指控成立而被告的侵权抗辩不成立时，才能判定为侵权。同样，只有被告的侵权抗辩成立而原告的侵权指控不成立时，才能判定为不侵权。因此，被告的侵权抗辩与原告的侵权指控就像跷跷板的两端，二者在侵权判定过程中起到了相互制衡作用，有利于人民法院查明案件事实，正确进行侵权判定。

## 4.3  平衡保护专利权人和社会公众

专利权的独占或垄断本身就是平衡专利权人和社会公众利益的体现。法律一方面规定专利权人对其专利就是有独占实施权，另一方面又限定了独占实施的具体方式。侵权抗辩对专利权人和社会公众平衡保护的体现就是，法律一方面规定未经专利权人许可擅自实施他人专利构成侵权，另一方面又规定即使擅自实施他人专利也存在不侵权的抗辩事由。

专利权的垄断性是有限的，这种有限性就体现在法律规定上，而法律对专利权垄断有限性的规定并非空穴来风，它是在日常生活经验的基础上规定的限制。《专利法》的立法目的不仅是要保护专利权，同时也要促进专利技术的推广。保护专利权不是竭泽而渔，同样需要实现可持续发展，促进专利技术的推广和实施就是保障技术创新源源不断的重要方式。如同今人的创新是站在前人创新的基础上一样，后人的创新也需要站在今人的基础上。

### 4.4 合理确定侵权责任

侵犯专利权诉讼抗辩不仅包括针对侵权认定的抗辩，还包括针对责任认定的抗辩。就针对侵权认定的抗辩来说，由于其抗辩结果直接影响侵权是否成立，而侵权是否成立是决定被控侵权人是否承担侵权责任的前提，故针对侵权认定的抗辩是合理确定侵权责任的基础。如果针对侵权认定的抗辩成立，则被控侵权行为不构成侵权，被控侵权人也就不需要承担任何侵权责任。

就针对责任认定的抗辩来说，由于针对责任认定的抗辩通常是不影响侵权认定，即针对责任认定的抗辩通常是在侵权认定的基础上就被控侵权人是否应承担侵权责任及承担什么样的侵权责任进行的抗辩，故针对责任认定的抗辩直接影响能否合理确定侵权责任。如被控侵权人抗辩主张其销售的被控侵权产品具有合理来源，该抗辩不会影响对其销售的被控侵权产品属于侵权产品的认定，但如果该抗辩成功，则被控侵权人可以不承担侵权赔偿责任。

## 5 侵权抗辩的规则性

在侵犯专利权诉讼中，原告可以主张相同侵权，也可主张等同侵权，其中等同侵权一度被称为等同原则；被告可以主张一些侵权抗辩事由来对抗原告的侵权指控，例如被告可以主张现有技术抗辩、禁止反悔抗辩等，这些也一度被称为现有技术原则、禁止反悔原则。无论是等同原则、现有技术原则还是禁止反悔原则的概念，在新中国专利理论界和实务界中一直传承今天。但是，如果将《专利法》真正视为私法的一部分，将专利权真正视为一种民事权利，上述概念被定位为原则就值得反思。

原则在法律上具有特定含义。在现代汉语中，"原"同"源"，是最初的、开始的、根本的意思，故"原则"一词是指最初的、开始的、根本的规则，而法律原则是指寓存于法律之中，最初的、根本的规则，是为法律规则提供某种基础或根源的综合性、指导性的价值准则，是法律诉讼、法律程序和法律裁决的确认规范。❶ 基于法律原则的初始性、根本性，法律原则又具有抽象性、稳定性、平衡性、补充性的特征。法律实施的过程实质上是进行法律解释和法律推理的过程。法律解释不能背离法律宗旨，而集中体现法律宗旨的法律要素是法律原则，离开了法律原则去解释法律，就是对法律的曲解，就会有损法律的精神。在具体的司法工作中，法律原则的作用还表现为两个方面：一是在其部门法律没有出台或一部法律的分则没有具体规定的情况下，可以直接作为司法裁判的准则；二是在某些特殊情况下，法律原则还是司法人员行使

---

❶ 参见：吴传毅. 论法律原则 [J]. 湖南政法管理干部学院学报，2002（2）.

自由裁量权的合理界限。❶

　　法律原则的抽象性、稳定性、平衡性、补充性特征是相对于法律规则而言的。相对于法律原则来说，法律规则更为具体明确。从内容上看，法律规则注重的是行为或事件的共性，其内容规定本身明确、具体，目的是为法律适用提供具体的法律依据，以消除或防止法律适用中的"自由裁量"。从适用范围上看，由于法律规则的内容具体明确，其调整面单一，因而它的适用范围狭窄。具体来说，它只适用某一类型的行为或事件。从适用方式上看，法律规则不同于法律原则的适用。美国法理学家德沃金认为：法律规则是以"全有或全无的方式"应用于个案当中。即如果一条规则所规定的事实是既定的，或者这条规则是有效的，在这种情况下，必须接受该规则所提供的解决方法，或者该规则是无效的，在这种情况下，该规则对裁决不起任何作用。从司法适用上看，法律规则在法律适用中的作用是普遍的，法律原则在法律适用中只是在特殊情况下发挥作用。具体来说，当遇到新型案件和疑难案件时，法律原则的作用才得以发挥。由于法律原则是法律规则的本源或基础，是用来进行法律推理和论证的权威出发点，因而，当只有较少规则的场合或者在没有规则可循的各种新情况下，执法人员才可以根据法律原则来定性裁判。❷

　　专利侵权判断中的等同侵权、现有技术抗辩及禁止反悔抗辩虽然被称为原则，但是它们真的是法律原则吗？根据上述对法律原则的论述，答案显然应当是否定的。等同侵权、现有技术抗辩及禁止反悔抗辩绝不是侵权判断应当适用的法律原则，它最多只是适用于侵权判断的规则而已。因此，我们将摒弃将等同侵权、现有技术抗辩及禁止反悔抗辩定位为原则的传统概念，而一律将其定位为规则。当然，鉴于将等同侵权、现有技术抗辩及禁止反悔抗辩作为原则称呼的概念已久，我们在引文中仍保持其原有称呼。

# 第2节　否定专利权效力的抗辩

## 1　否定专利权效力的抗辩概述

### 1.1　否定专利权效力的抗辩概念

　　否定专利权效力的抗辩，是指当原告起诉被告侵犯其专利权时，被告否定原告专利的法律效力的抗辩。否定专利权效力的抗辩是一种釜底抽薪式的抗辩，对被告来说，否定专利权效力抗辩的后果极为严重。如果被告抗辩不成功，则其可能承担侵权责任，但只要被告抗辩成功，不仅原告所提起的侵犯专利权诉讼不可能获得胜诉，甚

---

❶❷　参见：吴传毅. 论法律原则［J］. 湖南政法管理干部学院学报，2002（2）.

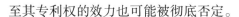

至其专利权的效力也可能被彻底否定。

在侵犯专利权诉讼中，原告据以提起诉讼的专利权应属合法、有效。原告据以提起诉讼的专利权为有效专利，是原告提起侵权诉讼并使诉讼能够持续进行的前提，同时也是原告可能获得胜诉的前提。《专利法》只应保护保护有效的专利，因此只有对有效的专利，才有确定其保护范围，进而认定其权利是否受到侵害的必要。虽然专利权是经过审查而获得的权利，但专利权的效力或者法律状态并不稳定。在审判实践中，专利权有效原则是确定专利权保护范围基本原则，即只要专利权人能够提供初步证明，如合法有效的专利证书、权利要求书、说明书等专利文献以及交纳年费的收据，则应推定涉案专利权是有效的。❶

### 1.2　否定专利权效力的抗辩适用

一般来说，在侵犯专利权诉讼中，被告可以随时主张否定原告专利权效力的抗辩。如果原告据以提起诉讼的专利权的效力被否定，则原告提起的侵犯专利权诉讼将不会被法院受理，已经受理的也将被驳回起诉。如果是在一审诉讼结束后原告专利权效力被否定的事实才被证明，则二审法院将撤销原审裁判并裁定驳回原告起诉。

### 1.3　否定专利权效力的抗辩分类

按照被告主张原告专利应属为无效的事由的不同，否定专利权效力的抗辩可以分为未构成专利权抗辩、未生效专利抗辩、已失效专利抗辩和应为无效专利权的抗辩。

## 2　不构成专利权的抗辩

专利权是受法律保护的民事权利，专利权的取得需经过申请和审查，并在审查合格后依法授权。我国《专利法》对能够获得专利保护的发明创造规定了条件，包括程序条件和实质性条件。

根据《专利法》的规定，专利权必须经过申请并经审查合格被核准。申请获得专利保护的发明，是指对产品、方法或者其改进所提出的新的技术方案。申请获得专利保护的实用新型，是指对产品的形状、构造或者其结合所提出的适于实用的新的技术方案。申请获得专利保护的外观设计，是指对产品的形状、图案或者其结合以及色彩与形状、图案的结合所作出的富有美感并适于工业应用的新设计。申请发明或者实用新型专利的，应当提交请求书、说明书及其摘要和权利要求书等文件；请求书应当写明发明或者实用新型的名称、发明人的姓名、申请人姓名或者名称、地址，以及其他事项；说明书应当对发明或者实用新型作出清楚、完整的说明，以所属技术领域的技术人员能够实现为准，必要的时候，应当有附图；摘要应当简要说明发明或者实用新型的技术要点；权利要求书应当以说明书为依据，清楚、简要地限定要求专利保护的

---

❶　张广良. 论专利权保护范围的确定原则［J］. 电子知识产权，2009（10）.

范围。申请外观设计专利的，应当提交请求书、该外观设计的图片或者照片以及对该外观设计的简要说明等文件，申请人提交的有关图片或者照片应当清楚地显示要求专利保护的产品的外观设计。

对于申请人提交的专利申请，国家知识产权局将依法进行审查，其中对于发明专利申请来说，授权实体审查的重点是申请专利保护的发明创造是否具备新颖性、创造性和实用性，对于实用新型和外观设计专利申请来说，授权审查一般不进行实体审查，其实体审查主要放在授权之后的无效宣告程序中。

提起侵犯专利权诉讼的原告据以提起诉讼的专利权应当为已授权专利。所谓已授权专利是指经过申请及国家知识产权局审查合格后授予的专利权。如果原告据以提起侵权诉讼只是尚处于授权审查阶段的专利申请而不是一项已授权专利，或者说只是一项已经撤回或被视为撤回的专利申请，甚至根本就未提出专利申请，则被告可以直接以原告据以提起侵权诉讼的"专利"不是专利或不属于已授权的专利进行抗辩，从而对抗原告的侵权指控。

司法实践中比较常见的现象是申请人同时申请发明或实用新型专利的情形。就同一发明创造可以基于优先权提出多个申请。《专利法》第 29 条第 2 款规定："申请人自发明或者实用新型在中国第一次提出专利申请之日起 12 个月内，又向国务院专利行政部门就相同主题提出专利申请的，可以享有优先权。"《专利法实施细则》第 32 条第 2 款规定："申请人要求本国优先权，在先申请是发明专利申请的，可以就相同主题提出发明或者实用新型专利申请；在先申请是实用新型专利申请的，可以就相同主题提出实用新型或者发明专利申请。"

申请人就同一发明主题提出的多个申请均符合授权条件的，不得同时授予多个专利权。《专利法》第 9 条第 1 款规定："同样的发明创造只能授予一项专利权。但是，同一申请人同日对同样的发明创造既申请实用新型专利又申请发明专利，先获得的实用新型专利权尚未终止，且申请人声明放弃该实用新型专利权的，可以授予发明专利权。"对此，《专利法实施细则》第 41 条第 4 款进一步规定："发明专利申请经审查没有发现驳回理由，国务院专利行政部门应当通知申请人在规定期限内声明放弃实用新型专利权。申请人声明放弃的，国务院专利行政部门应当作出授予发明专利权的决定，并在公告授予发明专利权时一并公告申请人放弃实用新型专利权声明。申请人不同意放弃的，国务院专利行政部门应当驳回该发明专利申请；申请人期满未答复的，视为撤回该发明专利申请。"

从司法实践来看，专利权人既申请发明专利又申请实用新型专利且实用新型专利在先获得授权的，当国家知识产权局决定授予其发明专利权时，根据国家知识产权局的通知专利权人应当选择在规定期限内声明放弃实用新型专利权。如果专利权人在接到该通知后即以其发明专利为依据提起侵权诉讼，但不同意放弃其实用新型专利或未在国家知识产权局指定期限内依法声明放弃其实用新型专利的，却以被告侵犯其发明专利为由提起侵权诉讼，则该侵权诉讼依据的发明专利权只是一个不能获得授权的发明专利申请，被告可以据此抗辩原告的侵权指控不能成立。

## 3 非生效专利的抗辩

非生效专利的抗辩是指，在侵犯专利权诉讼中，当原告指控被告侵犯其专利权时，被告主张原告专利为非生效专利权的侵权抗辩。非生效专利抗辩包括三种情形：被控侵权行为实施于原告专利申请日至公开日期间的抗辩、被控侵权行为实施于原告专利公开日至授权日期间的抗辩以及原告专利虽已被国家知识产权局决定授权但尚未公告的抗辩。

### 3.1 被控侵权行为实施于原告专利申请日至公开日期间的抗辩

《专利法》第34条规定："国务院专利行政部门收到发明专利申请后，经初步审查认为符合本法要求的，自申请日起满18个月，即行公布。国务院专利行政部门可以根据申请人的请求早日公布其申请。"这就是说，发明专利申请提交到国家知识产权局后将在一段时期内处于保密状态，这种保密状态最长可以持续到自提交申请之日起18个月。在这18个月内，专利申请可以根据申请人的要求而公开，如果申请人始终未请求国家知识产权局公开其专利申请，则国家知识产权局将在该发明专利申请自申请日起满18个月时即行公开。因此，在正常情况下发明专利申请未公开前社会公众是不可能接触到该发明专利技术方案的，如果被控侵权行为发生在发明专利申请公开之前，由于此时原告的发明专利申请尚未获得授权，可以认定被告不具有实施侵权行为的故意，故被控侵权行为不应当被认定为侵犯原告发明专利权的行为，被告可以主张被控侵权行为实施于原告专利申请日至公开日期间的抗辩。

我国《专利法》第40条规定："实用新型和外观设计专利申请经初步审查没有发现驳回理由的，由国务院专利行政部门作出授予实用新型专利权或者外观设计专利权的决定，发给相应的专利证书，同时予以登记和公告。实用新型专利权和外观设计专利权自公告之日起生效。"这就是说，由于实用新型和外观设计专利的授权不经过实质审查，仅由国家知识产权局经过初步审查或者说形式审查后就可以获得授权，故实用新型和外观设计专利申请在授权公告之前一直是保密的，社会公众正常情况下是不会接触到该实用新型或外观设计的，即使其客观上实施了该实用新型或外观设计，也不会认定其具有主观过错。因此，被告可以主张被控侵权行为实施于原告专利申请日至公开日期间的抗辩。

需要注意的是，无论是发明专利还是实用新型、外观设计专利，在其专利申请被公开之前，他人如果实施了该发明、实用新型或外观设计，都不能被认定为侵权。对此，1992年12月31日公布的《最高人民法院关于审理专利纠纷案件若干问题的解答》第2条明确规定："在发明专利申请日至公布日期间，专利法对提出专利申请的技术未规定给予保护。在此期间，他人将独立研制出的与申请专利的技术相同的发明付诸实施或者转让的，不承担侵权责任。"当然，如果他人从发明人处以不正当方式取得发明、实用新型或外观设计并在该发明、实用新型或外观设计申请公开前实施的，由于此时该发明、实用新型或外观设计并未获得授权，故仍不能认定被控行为构成侵权。更为极端的情形是，根据我国《专利法》第 24 条的规定，申请专利的发明创造在申请日以前 6 月内，他人未经申请人同意而泄露其内容的，不丧失新颖性。即使他人从发明人处以不正当方式取得其发明创造并予以公开，如果发明人未在该公开之日起 6 月内申请专利，则其专利申请将因此不具备新颖性而不能获得授权，已经获得授权的也可能因此被宣告无效。当然，如果确有证据证明其发明创造是被他人以不正当方式获取并公开的，发明人可以追究其法律责任，包括民事责任甚至刑事责任。

### 3.2  被控侵权行为实施于原告专利公开日至授权日期间的抗辩

对于发明专利申请来说，各国专利法都采取了实质审查制度，即发明人提交其发明申请后，国家知识产权局先是进行初步审查，主要是从形式上审查发明专利申请是否符合法定条件，包括发明整体是否属于可以申请专利的发明创造，申请文件是否符合要求，申请人是否具备申请条件等。初步审查合格后，国家知识产权局将根据申请人的请求或者依职权公开该发明专利申请。发明专利申请自申请日起 3 年内，国务院专利行政部门可以根据申请人随时提出的请求，对其申请进行实质审查；申请人无正当理由逾期不请求实质审查的，该申请即被视为撤回；国务院专利行政部门认为必要的时候，可以自行对发明专利申请进行实质审查。

这就是说，发明专利申请从公开到获得授权需要经历一个期间，对于某些类型如电学、光学、化学、生物等领域的发明专利申请来说，从专利申请的公开到获得授权往往需要经历一个较长的期间。他人如果在这一期间实施了该发明专利，该发明专利在获得授权后，专利权人能否起诉上述实施行为？本书认为，在发明专利申请公开到其获得授权期间实施该发明专利申请的行为不属于侵权行为，因为此时原告专利尚未获得授权。如果发明专利权人主张侵权的被控行为发生在该发明专利公开日到授权期间，则被告可以主张被控侵权行为实施于原告专利公开日至授权日期间的抗辩。

虽然在发明专利申请公开日至授权日期间实施该发明专利的行为不应被认定为侵权行为，但这并不是说专利权人的利益完全得不到保障。因为这种实施行为发生在发明专利申请公开后，故实施者可能会有一定的过错。因此，我国《专利法》第 13 条规定："发明专利申请公布后，申请人可以要求实施其发明的单位或者个人支付适当的费用。"这就是专利实务界所称的发明专利申请临时保护制度。1992 年 12 月 31 日公布的《最高人民法院关于审理专利纠纷案件若干问题的解答》第 2 条明确规定："专利申请公布以后，继续使用该项技术的，依据专利法规定，则应支付适当的费用。"发明专利权人或专利申请人主张临时保护受到某些限制，如被控实施行为发生在发明专利申请公开之后授权之前，如果该发明专利申请尚未获得授权则实施者有可能主张原告专利不具备授权前景而不支付费用，实施者甚至可以主张先用权抗辩、现有技术抗辩等抗辩事由。因此，对于发明专利申请人主张临时保护，如果实施者主张原告专利不能获得授权的，一般应中止诉讼并等待原告发明专利申请的审查结果。

此外，根据我国《专利法》第68条第2款的规定，发明专利申请公布后至专利权授予前使用该发明未支付适当使用费的，专利权人要求支付使用费的诉讼时效为2年，自专利权人得知或者应当得知他人使用其发明之日起计算，但是，专利权人于专利权授予之日前即已得知或者应当得知的，自专利权授予之日起计算。

### 3.3　原告专利虽已被国家知识产权局决定授权但尚未公告的抗辩

根据我国《专利法》的规定，专利权的保护期限自申请日起计算，发明专利申请经实质审查没有发现驳回理由的，实用新型和外观设计专利申请经初步审查没有发现驳回理由的，由国务院专利行政部门作出授予发明专利权或者授予实用新型专利权、外观设计专利权的决定，发给相应的专利证书，同时予以登记和公告，发明、实用新型专利权和外观设计专利权自公告之日起生效。《专利法实施细则》第54条规定："国务院专利行政部门发出授予专利权的通知后，申请人应当自收到通知之日起2个月内办理登记手续。申请人按期办理登记手续的，国务院专利行政部门应当授予专利权，颁发专利证书，并予以公告。期满未办理登记手续的，视为放弃取得专利权的权利。"第97条规定："申请人办理登记手续时，应当缴纳专利登记费、公告印刷费和授予专利权当年的年费；期满未缴纳或者未缴足的，视为未办理登记手续。"

这就是说，从国家知识产权局决定授予专利权到颁发专利证书并公告授权之间存在一定期间，在此期间申请人可以放弃登记从而放弃其专利，其放弃形式既可以主动声明放弃，也可以不办理登记手续或不缴纳年费等相关费用的形式放弃。因此，虽然我国专利权的保护期限是从其申请日开始计算，但专利权的生效却是从国务院专利行政部门对该专利权进行公告之日开始，故专利权的保护也是从该公告之日开始。在该公告日之前，由于专利权尚未生效，专利申请人尚未转化为专利权人，尚不能以侵犯专利权为由提起侵权诉讼。因此，如果专利申请人在其专利权尚未公告之前提起侵权诉讼，则被告可以主张原告专利为未生效专利的抗辩。所谓未生效专利抗辩，是指侵犯专利权诉讼的被告主张原告专利尚未依法生效的抗辩。

从司法实践来看，有时国务院专利行政部门已经决定授予专利权并已发放了相应的专利证书，但尚未对该专利权进行公告，而专利权人以为自己已经获得专利证书就可以起诉他人的侵权行为，故其在专利权尚未依法公告前就提起了侵权诉讼。此时，被告只要主张原告专利权为未生效专利的抗辩事由，专利权人就面临着难以胜诉的尴尬，而最为得不偿失的是原告的贸然起诉行为可能打草惊蛇，暴露了自己的专利战略和市场布局意图，并可能导致某种得不偿失的后果。

## 4　失效专利的抗辩

### 4.1　失效专利的概念

专利失效，是指已经获得授权的专利因法定事由失去专利效力，失效专利就是失去专利效力的专利。失效专利只是针对已授权专利权而言的，对于未获得授权的专利来说，由于其不曾获得专利权的保护，故不存在失去专利效力的前提。已授权专利失效的事由是法定的。专利失效通常不具备溯及力。

按照失效是否出于专利权人的意愿，失效专利可以分为主动失效的专利和被动失效的专利。主动失效的专利是指专利权人主动放弃专利效力导致失效的专利，如主动声明放弃专利权、拒不缴纳维持年费的专利；被动失效的专利是指非基于专利权人主观意愿而失效的专利，如依法被宣告无效的专利等。本节按照失效的事由，重点论述已过有效保护期的失效、未缴纳年费的失效和专利权人书面声明导致的失效。

### 4.2　以原告专利权已过有效保护期的抗辩

我国《专利法》第 42 条规定："发明专利权的期限为 20 年，实用新型专利权和外观设计专利权的期限为 10 年……"这就是说，专利权的保护是有法定期限的，超出法定保护期限后的专利技术不再受专利法的保护，成为任何人均可自由实施的公知技术。因此，在原告专利权已过保护期后，任何人再实施该专利权技术均不构成对原告专利权的侵犯，如果专利权人起诉他人在其专利保护期满后实施该专利技术的行为侵犯其专利权，被告只需以原告专利权已过保护期为由进行抗辩，就可以大获全胜。

但需要注意的是，虽然原告系在其专利权有效期满后起诉他人侵犯其专利权，但被控侵权行为发生在原告专利权有效期内的，被告有关原告专利权已过保护期的抗辩主张能否成立？本书认为，只要专利权人的起诉未超过诉讼时效，则被告有关原告专利权已过保护期的抗辩主张不能成立。这主要是因为被控侵权行为发生在原告专利权有效期内，即使原告起诉时其专利权已过有效保护期，也不能改变被控侵权行为发生时系侵犯原告专利权这一客观事实，故只要原告的起诉未超过诉讼时效，被告有关原告专利权已过保护期的抗辩主张就不应获得支持。事实上，对于失效专利来说，由于其失效不具有溯及力，故专利权人对失效前的侵权行为均可提起侵权诉讼。

### 4.3　以原告专利权因未缴纳年费而失效的抗辩

这里的失效专利是指本来应在专利权保护期内的有效专利因为某种客观事实的发生而失去权利效力的专利。根据《专利法》第 43 条、第 44 条的规定，专利权人应当自被授予专利权的当年开始缴纳年费，没有按照规定缴纳年费的，专利权在期限届满前终止，但需由国务院专利行政部门登记和公告。

根据《专利法实施细则》第 98 条的规定，授予专利权当年以后的年费应当在上一年度期满前缴纳，专利权人未缴纳或者未缴足的，国务院专利行政部门应当通知专利权人自应当缴纳年费期满之日起 6 个月内补缴，同时缴纳滞纳金；滞纳金的金额按照每超过规定的缴费时间 1 个月，加收当年全额年费的 5% 计算；期满未缴纳的，专利权自应当缴纳年费期满之日起终止。至于年费的缴纳方式，既可以直接向国务院专利行政部门缴纳，也可以通过邮局或者银行汇付，或者以国务院专利行政部门规定的其他方式缴纳。通过邮局或者银行汇付的，应当在送交国务院专利行政部门的汇单上写明正确的申请号或者专利号以及缴纳的费用名称，否则将视为未办理缴费手续。直接向国务院专利行政部门缴纳费用的，以缴纳当日为缴费日；以邮局汇付方式缴纳费用的，以邮局汇出的邮戳日为缴费日；以银行汇付方式缴纳费用的，以银行实际汇出日为缴费日。

专利权人未按时缴纳年费导致其专利权失效的情形时有发生，因此，实务中一般都要求专利权人在侵犯专利权诉讼时应提交其已按时缴纳年费的证据。这里需要特别注意的是，维持专利权的年费应当按照规定缴纳，如果未按规定缴纳年费导致专利权失效的，该失效专利是不可能再恢复效力的。实践中，有的专利权人在其专利权的保护期的初期，由于疏忽或经济困难等种种原因未能及时缴纳年费导致其专利已被公告为失效专利，随后当其发现有人实施其专利技术时试图提起侵犯专利权诉讼，此时只要被告主张原告专利权为失效专利的抗辩即可击退原告的侵权主张。

### 4.4　因专利权人的书面声明导致原告专利权失效的抗辩

专利获得授权后，专利权人通常可以随时声明放弃其专利权。专利权是一种私权，放弃专利权是专利权人的自由，专利权人放弃其专利通常不需要作任何解释。但在某些情形下，专利权人应当依法放弃其专利权。如专利权人就同一发明创造申请发明和实用新型专利的，在其获得实用新型专利权后，如果发明申请也符合授权条件且专利权人想要获得该发明专利，则应当在国家知识产权局指定的期限内放弃其实用新型专利。为了确保放弃专利权系专利权人真实意思表示，我国《专利法》对专利权人放弃专利权的意思表示形式进行了限制，即专利权人必须以书面声明的形式放弃其专利权。当然，专利权人在保护期限届满前放弃其专利权的，应由国务院专利行政部门登记和公告。

在侵犯专利权诉讼中，如果原告据以提起侵权诉讼的专利权已被专利权人声明放弃，则被告可以主张原告专利为失效专利权的抗辩。如果被告能够提供专利权人放弃专利权及国家知识产权局相关登记公告的有效证明，人民法院可以认定被告的抗辩主张成立并作出不侵权的认定。虽然被告能够提供专利权人放弃专利权的有效证据，但国家知识产权局尚未根据专利权人放弃其专利权的意思表示进行登记和公告的，人民法院不宜直接认定被告的抗辩主张成立，而应中止侵权诉讼的审理或以其他方式等待国家知识产权局的公告。只有国家知识产权依法公告后，原告据以提起侵权诉讼的专利权才能被视为失效专利。

需要指出的是，专利权人放弃专利权与专利权被依法宣告无效是不同的。被依法宣告无效的专利具有溯及力，其效力自始就被否定，即从专利权被依法宣告无效之日起，该专利就从其被授权之日起无效。而专利权人放弃专利权通常不具有溯及力，专利权通常从有效放弃之日起失效，而不是自始无效。因此，在侵犯专利权诉讼中被告主张原告专利为失效专利的抗辩时，应审查被控行为是发生在原告专利权失效之前还是失效之后。如果被控行为发生在原告专利权失效之前，则被告的该抗辩不能成立。只有被控行为发生在原告专利权失效之后，被告的该抗辩才能成立。

## 5 主张原告专利权为无效专利的抗辩

我国《专利法》对可以授予专利权的发明创造规定了某些条件和标准，如授予专利权的发明、实用新型专利应当具备新颖性、创造性和实用性，不具备这些条件的专利申请不应被授予专利，已经被授予专利权的也可以被依法宣告无效。

在侵犯专利权诉讼中，被告明确提出了原告专利权应为无效专利的抗辩主张并请求中止审理的，受诉法院经审查发现原告专利权确属不应授予专利权或者具备其他应被宣告无效的情形，且被告已经依法请求专利复审委员会宣告该专利无效，审理侵权诉讼的法院可以依法中止该侵权诉讼的审理，待原告专利权被确定宣告无效后再判决驳回原告诉讼请求。

从司法实践来看，有的当事人在侵犯专利权诉讼中明确陈述在涉案专利申请日前已经公开了该专利技术并提供了相应的证据材料，被告往往据此主张原告专利权应为无效专利权且已启动了无效宣告程序。此时侵权诉讼可以调解处理，调解内容通常是原告撤回其侵权诉讼请求和被告撤回其无效宣告请求，如无法调解，则可中止诉讼，待专利复审委员会相关无效审查决定生效后再行处理。

如果专利复审委员会的无效审查决定宣告原告专利权无效且该决定已生效的，则应裁定驳回原告起诉；如果专利复审委员会的无效审查决定宣告原告专利权无效但该决定因进入诉讼审查程序而未生效的，则可以裁定驳回原告起诉；如果专利复审委员会决定维持原告专利权有效，则可以继续审查该侵权诉讼。

## 6 以原告专利为已无效专利的抗辩

专利无效是指已经授予的专利权被依法宣告无效，无效专利就是被依法宣告无效的专利。我国专利法规定了授予专利权应当符合的各种条件，但专利授权审查程序并不都对专利申请是否符合全部授权条件进行审查。根据《专利法》的规定，对发明专利申请的审查包括初步审查和实质审查，对发明专利申请是否具备《专利法》规定的全部要件进行审查，而对实用新型和外观设计专利申请仅进行初步审查，一般不审查其是否具备实质性授权条件，如是否具备创造性的授权条件。

事实上，无论对专利申请是否进行实质审查，也无论国家知识产权局对专利申请的审查多么严格，都难以保证所有授权的专利符合《专利法》规定的全部要件。这一方面是因为客观条件的限制，如审查员很难检索到一份专利申请的全部现有技术，故其对专利申请的新颖性和创造性的判断不可避免地会具有一定的局限性；另一方面，专利授权审查是一项具有较强主观性的工作，如对本领域一般技术人员所具有的技术知识和能力的把握、对非显而易见性的判断都不可避免地会糅进判断者的主观认识，有时候不同的审查员甚至会得出截然相反的结论。

为尽量避免专利授权审查的主观性，保障已经授权的专利符合专利法的规定，我国《专利法》及相关法律文件一方面通过规定本领域技术人员的技术知识和能力、规定非显而易见性和积极技术效果的具体判断要素等方式限制专利授权审查的主观性，另一方面又通过赋予社会公众对已授权专利的监督权，促使不符合专利授权条件的已授权专利被淘汰。例如，《专利法》第 45 条规定："自国务院专利行政部门公告授予专利权之日起，任何单位或者个人认为该专利权的授予不符合本法有关规定的，可以请求专利复审委员会宣告该专利权无效。"第 46 条规定："专利复审委员会对宣告专利权无效的请求应当及时审查和作出决定，并通知请求人和专利权人。宣告专利权无效的决定，由国务院专利行政部门登记和公告。对专利复审委员会宣告专利权无效或者维持专利权的决定不服的，可以自收到通知之日起 3 个月内向人民法院起诉。人民法院应当通知无效宣告请求程序的对方当事人作为第三人参加诉讼。"

无效专利和失效专利都是失去效力的专利，但二者却是不同的。首先，从效力上看，失效专利不具有溯及力，它从失效之日起失效，失效之前其仍是有效专利；无效专利则是自始无效，从被依法宣告无效之日起，无效专利就从其被授权之日起失去专利效力。其次，从事由来看，失效专利往往是符合专利法规定的授权条件的，只是出于其他原因才失效；无效专利是因为其不符合专利法规定的授权条件才被宣告无效，从这一点上讲失效专利依然可以称为专利，而无效专利是因其不符合法定授权条件被自始宣告无效故其似乎不应被称之为专利，只是鉴于其曾经被授权的事实才勉为其难地称其为无效专利。再次，从程序上看，失效专利通常是由于某种客观事实或专利权人的主观意愿导致失效，故只要该客观事实已经发生或者专利权人确以书面形式放弃其专利权，就应当被登记公告为失效专利；无效专利是通过专门的无效宣告请求审查程序确定的专利，请求人必须向专利复审委员会请求宣告某一已授权专利无效，并应说明相应的事实和理由和提供相应的证据，专利复审委员会经过审查后才能决定是否宣告该专利无效。根据当事人的请求，对专利复审委员会的审查决定可以进行司法审查。

在侵犯专利权诉讼中，如果被告主张原告据以起诉专利为已经被宣告无效的专利的侵权抗辩并能提供有效证据的，则应裁定驳回原告起诉。需要注意的是，在侵犯专利权诉讼中，原告据以提起诉讼的专利虽被专利复审委员会宣告无效，但专利复审委

第 4 章

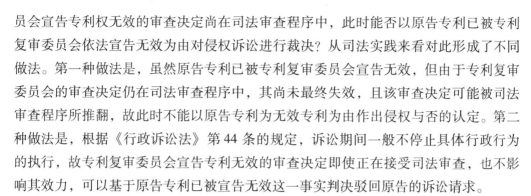
员会宣告专利权无效的审查决定尚在司法审查程序中，此时能否以原告专利已被专利复审委员会依法宣告无效为由对侵权诉讼进行裁决？从司法实践来看对此形成了不同做法。第一种做法是，虽然原告专利已被专利复审委员会宣告无效，但由于专利复审委员会的审查决定仍在司法审查程序中，其尚未最终失效，且该审查决定可能被司法审查程序所推翻，故此时不能以原告专利为无效专利为由作出侵权与否的认定。第二种做法是，根据《行政诉讼法》第44条的规定，诉讼期间一般不停止具体行政行为的执行，故专利复审委员会宣告专利无效的审查决定即使正在接受司法审查，也不影响其效力，可以基于原告专利已被宣告无效这一事实判决驳回原告的诉讼请求。

本书认为，两种做法都有一定道理，第一种做法体现了对司法审查的尊重，第二种做法追求专利侵权诉讼的效率。这里有一个行政和司法的分工和价值取向问题。行政程序以效率为首选价值，可能会牺牲个案的公正，司法以公正为首选价值，它体现了对行政程序合法性和适当性的问题的矫正。司法不是行政的重复，如果司法仍同行政一样以追求效率为首要，则必然会导致在行政程序中牺牲的个案公正在司法程序中可能仍得不到伸张，这显然不应当是法治社会应当有的东西。司法的效率是有限度的，这个限度就是要屈从于实体公正。让实体正义在得到保障的前提下尽快到来，才是司法的最高追求。

在目前的专利司法实践中，比较注重司法效率，且审限制度执行严格，第二种做法的出现也就显得情有可原。为了缓解司法效率对司法公正的影响，目前专利司法实务中还有一种做法是对上述两种做法的折中，即在原告专利被专利复审委员会宣告无效但专利复审委员会的审查决定仍在接受司法审查时，审理侵犯专利权诉讼的人民法院可以据此裁定驳回原告起诉，而不是判决驳回其诉讼请求。如果专利复审委员会宣告专利无效的审查决定被司法审查程序改变，即司法审查认为被专利复审委员会宣告无效的专利应为有效专利时，原告可以另行起诉。这种做法虽然适当平衡了司法公正与司法效率，但其仍面临一个麻烦，就是原告提起侵权诉讼的时效问题。如果专利复审委员会的审查决定被司法最终改变的程序过于漫长，如何确保专利权人再次提起的侵权诉讼仍在诉讼时效期限内？尤其是对于非持续性侵权来说，诉讼时效的超过对专利权人的打击将是致命的。

# 第3节　否定落入专利权保护范围的抗辩

在侵犯专利权诉讼中，确定原告专利权保护范围后，通常需要判定是否落入专利权的保护范围（习惯上称为"侵权比对"）。尽管确定专利权的保护范围与侵权比对在多数情形是同一过程的两个侧面，在具体的侵权判定过程中往往难以区分为截然不同的两段，但从对侵权判定过程的抽象观察来看，其在一定程度上也是可以区分的。当被告针对原告专利权提出否定效力抗辩后，接下来可以针对原告专利权的保护范围，以否定落入原告专利权保护范围进行抗辩，即针对原告有关侵犯其专利权的指控，被告主张被控侵权物未落入原告专利权保护范围的抗辩。需要指出的是，否定落入专利权保护范围的抗辩不仅适用于侵犯专利权诉讼，在发明专利申请人或发明专利权人主张临时保护时，被告也可主张其在临时保护期内实施的技术方案未落入原告专利权保护范围的抗辩。

## 1 专利权保护范围无法确定

专利权保护范围是指法律确定对已授权专利的保护范围。专利权保护范围的概念具有多面性，《专利法》也是从多个方面规定专利权保护范围的。从专利权人排他实施的具体行为来看，发明和实用新型专利权人可依法禁止他人实施的法定行为包括为生产经营目的制造、使用、许诺销售、销售、进口其专利产品，或者使用其专利方法以及使用、许诺销售、销售、进口依照该专利方法直接获得的产品的行为，外观设计专利权人的可依法禁止他人实施行为包括为生产经营目的制造、许诺销售、销售、进口其外观设计专利产品的行为。而从专利权人独占实施的对象来看，专利权人有权可依法禁止他人实施仅系其专利技术方案或专利外观设计。由于专利技术方案和专利外观设计是用文字、图形、结构式、分子式或照片、图片等形式表达出来的，受限于表达形式的制约，用这些形式表达出来的专利技术方案或专利外观设计往往难以甚至不能准确表达出专利权的保护范围，故正确理解专利技术方案或专利权外观设计是确定专利权保护范围的重要前提。

民事权利的保护范围一般包括积极权利范围和消极权利范围两个方面，积极权利范围通常是指权利人可以积极作为的权利范围，消极权利范围是指权利人可以禁止他人作为的权利范围。民事权利的消极范围一般大于积极权利范围，其大于部分就是权利人有权禁止他人作为而自己不作为部分。作为一种民事权利，专利权是一种垄断实施专利技术的法定权利，其积极保护范围是指专利权人依法独占实施其专利技术的权利范围，其消极保护范围是指专利权人有权禁止他人实施其专利技术或与其专利技术无实质性差异的技术方案的权利范围。虽然《专利法》从多个方面规定了专利权的保护范围，但通常所说的专利权保护范围是指受专利权保护的专利技术方案或专利外观设计的保护范围。

确定专利权保护范围是判断被控侵权物是否落入专利权保护范围的前提，因此专利权应当有明确的保护范围。对于发明和实用新型专利来说，确定专利权保护范围应当以权利要求书为依据，对于外观设计专利来说，确定专利权保护范围应当以授权公告中的图片或者照片为依据。《专利法》第 59 条规定："发明或者实用新型专利权的保护范围以其权利要求的内容为准，说明书及附图可以用于解释权利要求的内容。外观设计专利权的保护范围以表示在图片或者照片中的该产品的外观设计为准，简要说明可以用于解释图片或者照片所表示的该产品的外观设计。"

需要指出的是，不仅确定专利权保护范围是侵权判定的前提，而且专利权保护范围的清晰界定也是法定专利授权条件。根据《专利法》第 26 条的规定，申请发明或者实用新型专利的，应当提交请求书、说明书及其摘要和权利要求书等文件。其中，说明书应当对发明或者实用新型作出清楚、完整的说明，以所属技术领域的技术人员能够实现为准，必要的时候，应当有附图；权利要求书应当以说明书为依据，清楚、简要地限定要求专利保护的范围。根据《专利法》第 27 条的规定，申请外观设计专利的，应当提交请求书、该外观设计的图片或者照片以及对该外观设计的简要说明等文件，申请人提交的有关图片或者照片应当清楚地显示要求专利保护的产品的外观设计。由此可见，由权利要求书或照片、图片限定的专利权保护范围必须清楚的，否则已经授予的专利权也可能被宣告无效。

专利权保护范围无法确定，是指根据原告提供的专利相关文件无法确定其专利权保护范围。专利权保护范围无法确定的原因较多，如发明和实用新型专利权利要求中出现相互矛盾的内容致使无法认定专利权的保护范围，外观设计专利图片或照片模糊无法清晰地表达外观设计专利的保护范围。在侵犯专利权诉讼中，当被告针对原告的侵权指控以原告专利权保护范围不清进行抗辩时，人民法院应当审查被告的侵权抗辩是否成立。如果该侵权抗辩不成立，可以继续进行侵权审查。但在被告的侵权抗辩成立时，人民法院应当如何处理，存在不同的做法。第一种做法认为，既然原告据以提起侵权诉讼的专利权保护范围不能确定，显然也无法继续进行侵权认定，故此时应当认定被告侵权抗辩成立，判决驳回原告诉讼请求。第二种做法认为，虽然被告主张原告专利权保护范围无法确定，但专利权保护范围能否确定是宣告专利权无效的法定理由，而不是侵权诉讼能够解决的问题，故此时应当释明被告以此为由依法请求宣告原告专利权无效。当有人以此为由宣告原告专利权无效时，应当中止诉讼并等待无效裁决的结果。第三种做法认为，如果被告主张原告专利权保护范围不清楚的侵权抗辩成立，应当告知被告依法请求宣告原告专利权无效，被告未依法请求宣告原告专利权无效的，仍应当确定专利权保护范围。❶ 如独立权利要求中缺少必要技术特征导致其权利要求保护范围不清楚且被控侵权人也未请求宣告该专利权无效，则根据专利权推定有效原则，法院应依据专利权人的主张来确定专利权的保护范围。❷

本书认为，专利权保护范围是否清楚，或者说能否清楚、完整地确定专利权的保护范围，不仅是专利权无效宣告的理由，同时也是侵犯专利权诉讼必须审查的内容。只有专利权具有清楚、完整的保护范围，本领域技术人员在阅读专利文件后能够清楚地确定专利权的保护范围，才能继续审理侵权诉讼。专利权的保护范围能否确定，并

❶ 参见：2012 年 5 月发布的《北京市高级人民法院专利侵权判定若干问题的意见》第 15 条。
❷ 张广良. 论专利权保护范围的确定原则 [J]. 电子知识产权，2009（10）.

不只是无效审查的事由，也是侵权诉讼必须审查的事由。实际上，无论是侵权诉讼还是无效审查均有一些共同或共通的地方，甚至某些时候对某些内容的审查还具有一定的关联性甚至是共性。如对专利权保护范围的审查，无论是侵权诉讼还是无效审查都需要以专利文件尤其是权利要求书、说明书为依据并结合本领域技术人员的知识水平。对专利权保护范围是否清楚的判断并未超出侵权诉讼法官的审查能力，侵权诉讼的法官完全能够对原告专利权保护范围是否清楚完整、是否能够确定原告专利权的保护范围作出准确的判断。

从抗辩角度，当被告主张原告专利权保护范围无法确定时，审理侵权诉讼的法官应当对被告的侵权抗辩进行审查，如根据权利要求的记载并结合本领域普通技术人员阅读说明书及附图后对权利要求的理解，合理确定专利权利要求的内容和保护范围。如果经审查原告专利权保护范围确实无法确定时，则应判决驳回原告诉讼请求，例如在曲声波与新世界（中国）科技传媒有限公司等实用新型专利侵权纠纷上诉案❶中，由于专利权利要求保护范围不能确定，上海市高级人民法院认定侵权指控不能成立，驳回了原告诉讼请求；如果原告专利权保护范围能确定时，则应认定被告侵权抗辩主张不能成立，并继续进行侵权判断。当然，如果经侵权诉讼法官的释明被告以原告专利权保护范围不清楚依法请求专利复审委员会宣告其无效的，也可以中止侵权诉讼的审理而等待无效审查的结果。

## 2 缺少专利技术特征的抗辩

权利要求是对技术方案的描述，专利权保护范围实际上是由权利要求记载的技术方案组成的，而技术方案是由技术特征来限定的。是否侵犯专利权的判断，实际上是判断被控侵权物是否实施了原告专利技术方案。如果原告专利包含了多个技术方案，则原告可以主张其全部或部分技术方案，侵权判断则需要将被控侵权物与原告实际主张的专利技术方案进行比对判断。

根据《专利纠纷司法解释2001》第17条的规定，专利法所称的"发明或者实用新型专利权的保护范围以其权利要求的内容为准，说明书及附图可以用于解释权利要求"，是指专利权的保护范围应当以权利要求书中明确记载的必要技术特征所确定的范围为准，包括与该必要技术特征相等同的特征所确定的范围。缺少专利技术特征的抗辩，是指在侵犯专利权诉讼中，针对原告主张被控侵权物落入原告专利权保护范围的指控，被告主张被控侵权物因缺少原告专利技术方案的技术特征从而未落入原告专利权保护范围，故其行为不侵犯原告专利权的侵权抗辩。

专利权侵权判断应当坚持全部技术特征规则。根据全部技术特征规则，被控侵权

---

❶ 上海市高级人民法院民事判决书（2010）沪高民三（知）终字第89号。

物再现原告主张的专利权利要求全部技术特征，则落入专利权保护范围。《专利侵权纠纷司法解释 2009》第 7 条第 1 款规定："人民法院判定被诉侵权技术方案是否落入专利权的保护范围，应当审查权利人主张的权利要求所记载的全部技术特征。"该条第 2 款规定："被诉侵权技术方案包含与权利要求记载的全部技术特征相同或者等同的技术特征的，人民法院应当认定其落入专利权的保护范围。"被控侵权物具备原告专利技术方案的技术特征包括两种形式，一种是二者完全相同，一种是二者虽不完全相同但并无实质差异。《北京高院专利意见 2001》第 92 条规定："被控侵权物（产品或方法）缺少原告的发明或者实用新型专利权利要求中记载的必要技术特征，不构成侵犯专利权。"

被控侵权物缺少专利技术特征是指被控侵权物缺少与原告专利技术特征相同或等同的技术特征。专利技术特征是有限的，而被控侵权物作为具体物品其特征往往可以无限划分。因此，这种"缺少技术特征"是指相应专利技术特征在被控侵权物上的缺少，包括两种情形，一种情形是被控侵权物的相应技术特征的数量少于原告专利技术方案的技术特征的数量，如原告专利技术方案有五个技术特征，而被控侵权物只有四个相应技术特征，显然被控侵权物缺少了原告专利技术方案的一个相应技术特征，故被控侵权物未落入原告专利权的保护范围。另一种"缺少技术特征"的情形是，被控侵权物的相应技术特征的数量虽然不少于原告专利技术方案的技术特征数量，但其中至少有一个技术特征与原告专利技术方案的技术特征既不相同也不等同。如原告专利技术方案有五个技术特征，被控侵权物也有五个或者更多的技术特征，但其技术特征与原告专利技术方案中至少一个技术特征既不相同也不等同。实际上，被诉侵权技术方案的技术特征与权利要求记载的全部技术特征相比，"有一个以上技术特征不相同也不等同"又可以分为两种情形，其一是在部分技术特征既不相同也不等同的情况下，被控侵权物的其他技术特征与原告专利技术方案的技术特征构成相同或等同技术特征，其二是在部分技术特征既不相同也不等同的情况下，被控侵权物的其他技术特征与原告专利技术方案的技术特征同样既不相同也不等同。无论如何，只要被控侵权物的技术特征与原告专利技术方案的至少一个技术特征既不相同也不等同，则应当认定被控侵权物未落入原告专利权的保护范围。

《专利侵权纠纷司法解释 2009》第 7 条第 2 款规定："被诉侵权技术方案的技术特征与权利要求记载的全部技术特征相比，缺少权利要求记载的一个以上的技术特征，或者有一个以上技术特征不相同也不等同的，人民法院应当认定其没有落入专利权的保护范围。"该款规定了两种"人民法院应当认定其没有落入专利权的保护范围"的情形，其一是被诉侵权技术方案的技术特征与权利要求记载的全部技术特征相比"缺少权利要求记载的一个以上的技术特征"，其二是被诉侵权技术方案的技术特征与权利要求记载的全部技术特征相比"有一个以上技术特征不相同也不等同"。但是，上述规定的"缺少权利要求记载的一个以上的技术特征"与"有一个以上技术特征不相

同也不等同"并非要表达一种并列选择关系，二者实际上应为从属关系，"有一个以上技术特征不相同也不等同"只是"缺少权利要求记载的一个以上的技术特征"的一种表现形式而已。"人无我有、人有我异"表达了人我不同的差异，但只要这种差异构成本质性差异，即在侵权判断中构成既不相同也不等同的技术特征，二者才会构成实质性不同。

在侵犯专利权诉讼中，被告主张被控侵权物不具备原告专利技术方案全部技术特征，无论是主张被控侵权物缺少原告专利技术方案的一个以上技术特征，还是被控侵权物与原告专利技术方案技术特征既不相同也不等同，只要该侵权抗辩主张成立，均应认定被控侵权物未落入原告专利权的保护范围。

## 3 禁止反悔规则

### 3.1 禁止反悔规则的概念

禁止反悔规则，也称禁止反悔原则，是指专利申请人或专利权人在专利授权及无效审查程序中，为确保其专利申请或已授权专利具备新颖性、创造性等专利性条件而通过书面声明或者修改专利文件等方式，限制或者放弃部分专利权利要求的技术内容并由此获得了专利权或者被维持专利权有效，那么在侵犯该专利权的民事诉讼中，原告不得就上述限制或者放弃的技术内容主张权利，即原告主张的专利权的保护范围不得包括上述已经限制或者放弃的技术内容。

### 3.2 禁止反悔规则是对专利权保护范围的限制

长期以来，禁止反悔规则被视为对等同侵权的限制。《北京高院专利意见2001》第43条在规定禁止反悔规则的概念时，明确规定法院在专利侵权诉讼中"适用等同原则确定专利权的保护范围时，应当禁止专利权人将已被限制、排除或者已经放弃的内容重新纳入专利权保护范围"。第44条进一步规定："当等同原则与禁止反悔原则在适用上发生冲突时，即原告主张适用等同原则判定被告侵犯其专利权，而被告主张适用禁止反悔原则判定自己不构成侵犯专利权的情况下，应当优先适用禁止反悔原则。"禁止反悔规则的作用真的是这样吗?

在专利侵权判断中，从理论上看确定专利权的保护范围和侵权比对似乎是可以分离的两个阶段，或者说是具有一定逻辑关系的前后两个阶段，其逻辑关系表现在只有确定了专利权的保护范围，才有可能进一步进行侵权比对，故确定专利权的保护范围构成侵权比对的前提。应当说上述理论关系是清楚并符合逻辑关系的，在一定程度上能够构建起一种理论体系。事实上，从理论上划分，专利侵权判定的过程大致也确实可以划分这么几个阶段：确定原告专利权的保护范围、将被控侵权物与原告专利权进行侵权比对也确定被控侵权物是否落入原告专利权的保护范围、审查被告主张的侵权抗辩事由是否成立、确定是否侵权并在认定侵权的基础上确定侵权责任。本书也赞同对侵权过程从理论上所作的上述阶段性区分，这种划分使侵权判定过程一目了然，大大增强了侵权判定过程的方向性和操作性。

任何理论都来源于现实，但理论更重要的意义在于对现实的指导作用。从理论上对专利侵权过程作上述阶段性划分似乎并无不可，但在侵权判定的实务过程中，各个阶段可能并非泾渭分明，甚至可能是完全一体的。例如在适用等同侵权判断规则时，一方面需要通过等同规则扩充专利权的字面保护范围，另一方面又需要判断被控侵权物是否落入已经扩充的原告专利权保护范围。这两个方面虽然从理论上已经被确定为侵权判断的两个阶段，即确定专利权保护范围和侵权比对，但在实际的侵权判断过程中这两个阶段有时是融为一体难以区分开。等同侵权判断规则本身就是有的放矢，这个"的"就是被控侵权物，这个"矢"就是是否侵权的结论。离开了被控侵权物空谈等同规则、扩大专利权的保护范围是没有任何意义的。因此，上述对专利权侵权判断过程的阶段性划分可以适用于相同侵权的判断，其中确定专利权的保护范围就是确定专利权的字面保护范围。对于等同侵权来说，如果离开被控侵权物奢谈确定专利权的保护范围，通常只能得到专利权的字面保护范围，而不包括等同保护范围的大小。事实上，专利权的等同保护范围只有在面对被控侵权物时才便于确定。由于被控侵权物可能是千姿百态的，故专利权的等同保护范围在实务中也是针对千姿百态的被控侵权物，通过专利权利要求或说明书等文件证据资料而个案确定其等同保护范围，即在个案中确定的等同保护范围也仅仅是面对个案的被控侵权物得出的结论。

等同侵权判断规则在适用过程中可以区分为确定原告专利权的等同保护范围和比对被控侵权物是否落入原告专利权的等同保护范围，但这一区分仅仅具有理论意义，因为在等同规则的实际适用过程中，确定原告专利权的等同保护范围是为被控侵权物量身定做的，确定原告专利权的等同保护范围就是判断被控侵权物是否落入原告专利权保护范围的过程。因此，如果说禁止反悔规则是对等同规则的限制，也主要是对确定原告专利权等同保护范围的限制，它时刻提醒专利权人：这是你曾经放弃过的东西，现在你不能再用这些你曾经放弃过的东西来扩充你的地盘。正是在这种意义上，禁止反悔规则是对扩充专利权保护范围的限制，被告如果主张禁止反悔规则的侵权抗辩事由，其实质是说专利权人在授权及无效审查程序中曾经明确放弃的技术方案不属于专利权的保护范围。因此，本书将禁止反悔规则确定为否定落入原告专利权保护范围的一种抗辩规则。

能不能将禁止反悔规则作为一种侵权比对完成以后的侵权抗辩规则呢？可否先无视被告主张的禁止反悔规则而在认定被控侵权物已经落入原告专利权的等同保护范围后，再审查被告主张的禁反言抗辩规则是否成立呢？事实上这正是我国专利侵权实务判断中的传统做法，无论是禁止反悔规则还是现有技术抗辩规则，都曾经被规定了一个适用前提：被控侵权物落入原告专利权的保护范围。现在，司法实践已不再强调该适用前提。这里仅就禁止反悔规则来说，显然不宜将其作为侵权比对完成以后的侵权抗辩规则。禁止反悔规则直接限制的是原告专利权的保护范围，它不仅限制原告专利权的等同保护范围，对于原告专利权的字面保护也构成限制。即使原告专利权利要求的字面保护范围是明确的，但只要其在说明书中明确放弃了权利要求中的部分技术方案，这种放弃当然构成禁止反悔规则的适用范围。在被告明确主张禁止反悔规则抗辩后，无视被告的抗辩事由而认定被控侵权物落入原告专利权的保护范围，然后再通过禁止反悔规则来限制原告专利权的保护范围，并将已经被认定为落入原告专利权等同保护范围的被控侵权物通过禁止反悔规则从原告专利权保护范围中捞出来。因此，禁反言抗辩规则的作用主要对原告专利权保护范围的限制，故应作为与原告专利权保护范围有关的侵权抗辩事由。

### 3.3　禁止反悔规则的理解

首先，禁止反悔规则是专利申请人在授权审查过程中或者专利权人在无效审查过程中对专利权保护范围所作的部分放弃、限制等陈述，对侵权诉讼中确定同一专利权保护范围具有拘束作用。如果无视这一拘束作用，则专利申请人为通过授权审查或专利权人为确保已授权专利权维持有效可以作出任何承诺，其在侵权诉讼中又可以作出相反的陈述，这显然鼓励了投机取巧的不诚信行为。因此，各国在专利诉讼中都承认禁止反悔规则。

其次，禁止反悔规则的适用通常是针对同一专利权而不是同一专利权主体。专利权和专利申请权都是可以转让的，专利权人可能不是专利申请人，侵权诉讼的原告也可能不是专利权人。在适用禁反言抗辩规则时，侵权诉讼的原告往往会主张其专利是从他人处受让的，其不是专利授权及无效审查中的专利申请人或专利权人，故不应受专利申请人或专利权人在专利授权及无效审查程序中相关陈述的约束。原告的这种主张是不能成立的，既然其受让了专利权，也就受让了专利权应当受到的约束。

再次，禁止反悔规则主要是一种限制专利权人随意解释和扩充专利权保护范围的侵权抗辩规则，其更上位的法律原则是诚实信用的民法原则。

### 3.4　禁止反悔规则的扩大适用情形

#### 3.4.1　授权及无效审查程序中的意见陈述适用于侵权诉讼中专利保护范围的确定

从专利实践来看，禁止反悔规则有扩大适用的趋势，如禁止反悔规则的侵权诉讼及授权或无效审查程序之间的反向适用、禁止反悔规则在无效与授权审查程序的相互适用、禁止反悔规则在行政处罚程序与侵权诉讼或授权无效审查程序中之间的转换适用问题。本书认为，侵权诉讼中的禁止反悔规则只有一种情形，即专利申请人或专利权人在授权审查、无效行政审查及诉讼阶段的某些陈述对侵权诉讼中确定专利权保护范围具有约束作用，这是禁止反悔规则常规的适用范围，也是其最大的适用范围，是侵权民事诉讼中禁止反悔规则的基本要义。其他情形虽然也打着禁止反悔规则的旗号，但它不是侵犯专利权诉讼中的禁止反悔规则，其直接体现的是民法最基本的诚实信用原则。当前，要么创设一个新的法律概念来统一目前除侵权诉讼之外的其他适用禁止反悔规则的情形，要么就顺时应势重新定义禁止反悔规则，不再将其限定为仅仅是侵犯专利权诉讼中确定专利权保护范围的规则。本书更倾向于后者，故这里对禁止反悔规则的扩大适用情形也略作介绍。

### 3.4.2 授权审查程序中的意见陈述适用于无效审查程序

专利申请人在授权过程中的某些陈述，对专利无效审查过程同样具有约束作用。例如，专利权人在授权审查中明确了权利要求中某一技术术语的特定含义，那么在无效审查中其不能就同一技术术语作出相反的解释。如在尹佐国诉专利复审委员会及台达电子工业股份有限公司（以下简称"台达公司"）发明专利权无效纠纷一案❶中，台达公司系"组合式风扇及其扇框构造"发明的专利权人，该专利权利要求1中披露了"扇框构造与风扇耦合"的技术特征。在授权审查过程中台达公司两次回复审查员的意见时都称"耦合"既包括一体成型，又包括分体成型。尹佐国请求宣告本专利无效时，提供了扇框构造与风扇一体成型的现有技术，台达公司在无效过程中遂将其专利中的"耦合"解释成分体成型而不包括一体成型。专利复审委员会认可了该解释并维持本专利有效。尹佐国以台达公司违反禁止反悔规则并诉至法院。

### 3.4.3 专利权人在专利无效审查程序中的意见陈述对专利授权程序的约束作用

一般来说，专利申请及授权审查程序在先，专利无效审查程序在后，通常不会发生专利授权程序受到专利权人在专利无效审查程序中某些陈述约束的情形。但在特殊情形下专利权人在专利无效审查程序中的某些陈述对专利授权程序产生约束作用。例如，申请人就同样的发明创造同时申请发明和实用新型专利时，通常实用新型能在较短的时间内获得授权。如果有人针对该实用新型专利提出无效宣告请求，则专利权人针对该实用新型专利的某些陈述可能会对尚处于授权审查过程中发明专利申请产生约束作用。

### 3.4.4 专利权人在行政处罚及相应的司法审查程序中的相关陈述一般不对专利权的无效审查及侵权诉讼产生约束力

根据我国《专利法》的规定，行政机关有权查处侵犯专利权及假冒专利的行为。行政机关在查处涉及专利的违法行为的突出特点是高效率，其并不像人民法院那样适用严格的程序和规则进行侵权判定，一些专利权人在行政程序中涉及专利权利要求及其保护范围、专利说明书的陈述不够严谨，甚至故意作一些夸大、误导性的解释。行政机关根据专利权人的这些陈述作出的行政处罚决定生效后，专利权人在行政处罚程序中的这种陈述能否对相应的专利无效宣告程序起到约束作用？这里是否有禁止反悔规则的适用余地？在早期的专利权无效审查程序中，曾经给出了明确的肯定答复，认

---

❶ 北京市第一中级人民法院行政判决书（2011）一中知行初字第 1262 号。

为禁止反悔规则适用于这种情形。本书认为，这种情形不属于禁止反悔规则的适用范围。因为涉及专利权的行政处罚及相应的行政诉讼程序并不记录于专利授权及无效审查档案，专利权人的相关陈述不具有足够的公示性和公信力，社会公众更多的是基于专利权自身并结合专利权审查档案的记录及本领域技术人员的知识水平来认定专利权的保护范围。

## 4 捐献技术抗辩规则

### 4.1 捐献技术抗辩规则的概念

专利权保护范围以权利要求的内容为主，意味着只有纳入权利要求的技术方案才能受到专利权的保护，对于仅记载在专利说明书及附图而未反映在专利权利要求书中的技术方案，不能纳入专利权的保护范围，即不能以说明书及附图作为依据来确定专利权的保护范围。在确定专利权的保护范围时，如何处理那些仅记载在专利说明书及附图而未反映在专利权利要求书中的技术方案？这就是捐献技术抗辩规则的作用了。

捐献技术抗辩规则简称"捐献规则"，它是指如果通过专利说明书等专利文件阐述的技术方案没有记录在权利要求书中，就视为专利权人捐献给社会公众的技术内容，专利权人不得再就这部分技术方案主张专利权。捐献规则是美国联邦最高法院在 *Miller v. Brass* 案中提出的规则，美国联邦巡回上诉法院在随后的 *Johnson&Johnson Assicuates v. R. E. Service Co.* 案中再次明确了捐献规则："当专利起草者披露但未要求保护某主题时，……此举将未保护的主题捐献给了公众。"❶ 这就是说，在确定专利权保护范围时，在说明书中披露但没有要求保护的技术方案，不在专利权的保护范围之内。❷

我国专利实践早就引进了捐献规则，如《北京高院专利意见2001》第15条规定，仅记载在专利说明书及附图中，而未反映在专利权利要求书中的技术方案，不能纳入专利权保护范围。即不能以说明书及附图为依据，确定专利权的保护范围；如果一项技术方案在专利说明书中做了充分的公开，有具体的描述和体现，但在其权利要求书中没有记载，则应认定该技术方案不在专利保护范围之内，不允许在解释专利权利要求时，将其纳入专利权保护范围；如果专利权利要求书中记载的技术内容与专利说明书中的描述或体现不尽相同，则专利权利要求书中的记载优先，不能以说明书及附图记载的内容"纠正"专利权利要求书记载的内容；如果专利说明书及附图中公开的技术内容范围宽，而专利权利要求书中请求保护的范围窄，则原则上只能以权利要求中的技术内容确定专利权的保护范围。在各地方法院专利实践的基础上，《专利侵权纠

---

❶ 285 F. 3d 1046，1054（Fed. Cir. 2002）（en banc）.（"When a patent drafter discloses but declines to claim subject matter…，this action dedicates that unclaimed subject matter to the public."）

❷ 闫文军. 专利权保护范围［M］. 北京：法律出版社，2007：145.

纷司法解释2009》第5条规定："对于仅在说明书或者附图中描述而在权利要求中未记载的技术方案，权利人在侵犯专利权纠纷案件中将其纳入专利权保护范围的，人民法院不予支持。"

## 4.2　捐献技术抗辩规则的定位

捐献技术抗辩规则是一项侵权抗辩规则，但其到底是针对专利权保护范围的抗辩还是在认可专利权保护范围的基础上基于诚实信用原则甚至禁止反悔规则的抗辩，依然是一个值得探讨的问题。

从词义上讲，捐献通常是出于自愿的行为，但专利侵权诉讼中捐献规则所针对的技术内容，可能并不完全是出于专利权人的自愿。虽然不排除专利权人故意将在专利说明书等文件中记载的某些技术方案不记载在权利要求书中，但多数情形是专利权人出于疏漏或者为确保专利技术的新颖性和创造性以消除审查员的疑虑才未将专利说明书等文件中记载的某些技术方案记载在权利要求书中，专利权人主观上往往并不是心甘情愿地放弃这些技术方案，其内心实际上更愿意将其记载在权利要求书中。

如果说捐献抗辩技术规则是针对专利权保护范围的抗辩，则其适用过程是，当原告主张被控侵权物落入专利权保护范围时，被告抗辩称被控侵权物实施的是专利权人仅记载在说明书但未记载在权利要求书的技术方案；由于该技术方案可以视为专利权人捐献给社会公众的技术方案，故其不属于专利权的保护范围，因此被控侵权物未落入原告专利权保护范围，不构成对原告专利权的侵犯。如果说捐献技术抗辩规则是在认可被控侵权物已落入原告专利权保护范围的抗辩，则其适用过程是，当原告主张被控侵权物落入原告专利权保护范围时，被告抗辩称被控侵权物实施的不是原告专利权利要求保护的技术方案，而是原告专利权人已经捐献给社会公众的技术方案，因此被控侵权物不构成对原告专利权的侵犯。

应当注意的是，如果将捐献技术抗辩规则定位于认可被控侵权物已落入原告专利权保护范围的抗辩，仍然要回答为什么专利权人已记载在说明书但未记载在权利要求书中的技术方案就属于捐献给社会公众的技术方案。问题还会回到专利权保护范围上来。发明及实用新型专利权保护范围以专利权利要求书记载的内容为准，仅记载在说明书等专利权文件而没有记载在专利权利要求书中的技术方案，不属于专利权的保护范围。也正是因为这些技术方案不属于专利权的保护范围，专利权人无权就这样的技术方案主张专利权，故社会公众可以自由实施该技术方案，而该技术方案才被视为捐献给社会公众的技术方案。因此，无论捐献技术抗辩规则是针对专利权保护范围的抗辩还是在认可专利权保护范围的基础上的抗辩，都是基于被捐献的技术方案记载在专利权利要求书中这一客观事实，故其不属于专利权保护范围。因此，本书更倾向于将捐献技术抗辩规则定位为针对原告专利权保护范围的侵权抗辩，其核心是被控侵权物实施的不是记载在原告专利权利要求书的技术方案，故其未落入专利权保护范围，因此被控侵权物不构成对原告专利权的侵犯。

捐献技术抗辩规则在一定程度上与禁止反悔规则具有联系。捐献技术抗辩规则适用的一个前提是，专利权保护范围是由专利权利要求书记载的技术方案构成的，专利权人想要保护某一技术方案，就应当将该技术方案记载于专利权利要求书中。如果专利申请人未将某一技术方案记载在专利权利要求书中，无论专利申请人是有意还是无意为之，即使其将该技术方案记载在说明书等其他专利文件中，都表明专利申请人无意将其作为受专利权保护的技术方案。如果专利权人在侵权诉讼中就仅记载在说明书等专利权文件而没有记载在专利权利要求书中的技术方案主张专利权，显然违背了民法中诚实信用的基本原则。如果说禁止反悔规则是因为专利申请人或专利权人的明确陈述导致某些技术方案不属于专利权的保护范围，那么捐献技术抗辩规则就是因为专利申请人仅在说明书等专利权文件中而未在专利权利要求书中记载某一技术方案的行为本身导致该技术方案不属于专利权的保护范围。从这个意义上讲，如果禁止反悔规则适用于针对专利权保护范围的抗辩，则捐献技术抗辩规则也适用于针对专利权保护范围的抗辩。

### 4.3　有关捐献技术抗辩规则的争论

捐献技术抗辩规则主要适用于专利申请人记载在专利说明书却未记载在专利权利要求书中的技术方案。对于未明确记载在专利权利要求书中的技术方案，实际上并不是一律不受专利权的保护。从等同规则的适用情况来看，没有明确记载在专利权利要求书中的技术方案如果落入专利等同保护范围，则依然受专利法的保护。有关捐献技术抗辩规则的争议，主要是其适用范围的争议，更具体地说，就是仅记载在说明书而未记载在权利要求书中但与专利技术方案等同的技术方案是否应适用捐献技术抗辩规则。

已经记载在专利说明书却未记载在专利权利要求书中的技术方案大致可以分两种，其一是与专利技术方案等同的技术方案，其二是与专利技术方案不等同的技术方案。对于已经记载在专利说明书却未记载在专利权利要求书中且与专利技术方案不等同的技术方案，其显然不属于专利权保护范围，被控侵权物如果实施了该技术方案，被告可以直接主张捐献技术抗辩。但是，对于已经记载在专利说明书却未记载在专利权利要求书中但与专利技术方案等同的技术方案，如何适用捐献技术抗辩规则仍存在一定争议。

一般认为，捐献技术抗辩规则主要针对的是已经记载在专利说明书却未记载在专利权利要求书中但与专利技术方案等同的技术方案。由于这些技术方案未记载在专利权利要求书中，故在专利授权及无效审查过程中，其很可能逃过新颖性、创造性的审查，甚至有可能是专利申请人为故意逃避新颖性、创造性的审查而未将其记载在专利权利要求书中。专利申请人如果认为这些技术方案属于专利权保护范围，就应当将这些技术方案明确写入权利要求书中。专利权人将这些技术方案写进专利说明书中，表明其在申请专利时已经意识到了该技术方案，但其未将这些技术方案写进权利要求，表明其有意不将这些技术方案纳入专利权的保护范围。如果在侵犯专利权诉讼中仍将这些技术方案作为专利权保护范围，不仅违背了专利申请人在申请专利时的意愿，有违诚实信用的民事法律基本原则，而且也可能鼓励专利申请人在申请专利时故意不将某些技术方案写进权利要求书以逃避授权及无效审查，从而不利于提高专利授权质量，并造成专利权人在授权及无效审查与侵权诉讼中左右逢源、两头获利。

但是，也有人认为捐献技术抗辩规则应当仅指与专利技术方案不等同的技术方案，而不包括与专利技术方案等同的技术方案。其主要理由是，我国鼓励专利技术方案的充分公开是专利法的立法宗旨之一，在专利权利要求书中记载了明确的技术方案后，说明书中记载的技术方案如果与专利权利要求中记载的技术方案既不相同也不等同，表明专利申请人无意就这些技术方案获得专利权保护，故这些技术方案当然不应当作为专利技术方案受到保护。但是，对于仅记载在说明书而未记载在权利要求书中但与专利技术方案等同的技术方案而言，专利权人未将其记载在权利要求书中，并不表示其必然具有放弃对该技术方案寻求专利权保护的主观意愿。恰恰相反，正是因为这些技术方案与已经记载在专利权利要求书中的技术方案构成等同，足可以认定专利申请人具有将这些技术方案纳入专利权保护范围的主观意愿，虽然其未被记载在专利权利要求书中，但这可能是出于精简文字的需要。将这些技术方案写入权利要求书，可能会使权利要求书显得过于臃肿，将其记载在说明书中既体现了充分公开专利技术方案的立法宗旨，又因为其与权利要求书中记载的技术方案构成等同技术方案而受到专利权的保护，也许是一个不错的做法。

## 5 否定落入外观设计专利权保护范围的侵权抗辩

外观设计专利与发明或实用新型专利具有较大的差异。发明是指对产品、方法或者其改进所提出的新的技术方案，实用新型是指对产品的形状、构造或者其结合所提出的适于实用的新的技术方案，而外观设计是指对产品的形状、图案或者其结合以及对色彩与形状、图案的结合所作的富有美感并适于工业应用的新设计。显然，发明和实用新型是一种技术方案，这种技术方案既可以是产品技术方案，也可以是方法技术方案，外观设计专利不是一种技术方案，它仅仅是对产品外观进行的设计，这种设计主要用形状、图案或者其结合以及色彩与形状、图案的结合来表达，其应当具有工业实用性并具有美感。正是因为外观设计专利不是一种技术方案，其侵权判定过程包括侵权抗辩也具有某些不同于发明及实用新型专利侵权判定过程的地方。

在侵犯外观设计专利权诉讼中，依然需要确定专利权的保护范围。在原告外观设计专利权保护范围清楚、完整的情况下，被告主张被控侵权物未落入原告专利权保护范围的侵权抗辩，仍然是其主要的侵权抗辩方式。《专利法》第59条第2款规定："外观设计专利权的保护范围以表示在图片或者照片中的该产品的外观设计为准，简要说明可以用于解释图片或者照片所表示的该产品的外观设计。"由于外观设计专利是产品的外观设计，故外观设计专利权的保护范围是由产品和设计两方面来确定的。与发明或实用新型专利侵权判定相似的是，外观设计专利的保护范围大致也可以分为字面保护范围和扩充保护范围。外观设计专利的字面保护范围是指专利公告的产品图片或照片完全相同的保护范围，大致相当于发明及实用新型专利的字面保护范围；外观设计专利的扩充保护范围是指与专利公告的产品类似及图片或照片相似的保护范围，大致相当于发明或实用新型专利的等同保护范围。更具体地说，外观设计专利的扩充保护范围包括在相同产品上的近似外观设计、类似产品上的相同外观设计及类似产品上的近似外观设计。

由于外观设计专利权保护范围的确定主要由专利公告的产品及外观设计两方面来确定，故否定落入外观设计专利权保护范围的抗辩也主要是针对这两方面来进行抗辩。例如，被告主张被控侵权外观设计与原告专利外观设计既不相同也不近似，或者主张被控侵权外观设计使用的产品与原告外观设计专利产品既不相同也不类似，均属于否定落入原告专利权保护范围的抗辩。

## 第4节　现有技术及现有设计抗辩

### 1　现有技术及现有设计的认定

现有技术又称公知技术、已有技术。同样，现有设计又称公知设计、已知设计。现有技术和现有设计必须是公开的技术和设计。这里所谓的"公开"是指该技术或设计处于公开状态能够为公众所知，任何人都可以接触到该技术或设计。对于尚未公开的技术或设计，例如仍处于保密状态的技术或设计，无论该技术或设计产生于多少年前，都不能视为现有技术或现有设计。在《专利法》中，现有技术和现有设计是相对于具体的某一个专利技术或专利设计而言的，它是决定某一专利申请是否具备新颖性和创造性以及是否应获得授权的重要因素。现有技术或现有设计与专利技术或专利设计是相对而言的，一方面不同的专利具有不同的现有技术或现有设计，另一方面相对于不同的专利技术或专利设计，其现有技术或现有设计的范围是不同的。

正因为现有技术是相对于某一具体的专利技术而言的，故确定现有技术的时间点具有重要意义。通常是相对于某一专利技术的某个时间点来确定其现有技术的，而专利技术往往具有多个时间点，如该专利技术的研发开始日、完成日、专利申请日、专利授权日、专利技术的实际实施日等。我国《专利法》第22条第5款规定："本法所称现有技术，是指申请日以前在国内外为公众所知的技术。"第 23 条第 4 款规定："本法所称现有设计，是指申请日以前在国内外为公众所知的设计。"这里就明确了是以专利申请日为基准来判断现有技术和现有设计，即在专利申请日之前的所有在先为公众所知的技术或设计都是现有技术或现有设计。

现有技术或现有设计可以分为自由现有技术或现有设计和非自由现有技或现有设计。所谓自由现有技术或现有设计是指现有技术或现有设计领域中任何人都可以使用的技术或设计，而非自由现有技术或现有设计是指现有技术或现有设计中虽已公开但并不是任何人都可以随意使用的技术或设计。如已经过了专利权保护期的技术通常就是自由现有技术，任何人都可以使用，而尚处在专利保护期内的技术虽然已经公开，但并不是任何人都可以自由使用的，实施他人专利技术尚需取得专利权人的许可，故尚在专利保护期内的现有技术就属于非自由现有技术。区分自由现有技术或现有设计与非自由现有技术或现有设计的主要标准是看该技术或设计是不是任何人都能随意使用，即对该技术或设计的使用是否会受到一定限制。专利法领域中的自由现有技术或现有设计与非自由现有技术或现有设计的一个重要的区分标准就是，任何人在实施该技术或设计时是否需要获得该技术或设计的权利人或持有人的授权。如果任何人无须获得授权就可以使用的技术或设计就属于自由现有技术或现有设计，需要获得权利人、持有人或其他利害关系人的授权才能实施的技术一般就不属于自由现有技术或现有设计。

根据我国《专利法》的规定，专利技术必须具备新颖性和创造性，外观设计专利必须区别于现有设计或现有设计的简单组合，专利技术的新颖性和创造性及外观设计的区别性恰恰是相对于现有技术或现有设计而言的。现有技术和现有设计具有公共性，原则上任何人都可以使用，即使是非自由现有技术或现有设计，其权利人没有恰当理由不许可他人实施的，他人可能以《反垄断法》、《反不正当竞争法》及《专利法》中的强制许可制度为依据取得实施权。因此，专利权人不能就现有技术或现有设计申请专利。我国《专利法》虽然规定了专利申请技术应当具备新颖性和创造性，但即使是经过实质审查后授权的发明专利，也可能出现该专利技术因不当侵占现有技术而被请求宣告无效的情况。对于未经过实质审查就授权的实用新型专利和外观设计专利来说，更有可能出现将现有技术或现有设计申请专利并获得授权的情况。当出现这种情况时，任何人都可依法请求宣告该专利权无效。但对于社会公众来说，是否请求宣告专利权无效只是其一种选择，实施现有技术或现有设计的任何人并无法定义务去请求宣告某一专利权无效。因此，当专利权人主张他人侵犯其专利，而被控侵权人认为其实施的系现有技术或现有设计从而未侵犯原告专利权的，被控侵权人的主张就是现有技术或现有设计抗辩。简单地说，现有技术或现有设计抗辩就是被控侵权人以其系实施现有技术为由对抗专利权人的侵权主张，人民法院经审查确认被控侵权人实施的系现有技术或现有设计的，应当判定侵权不成立。

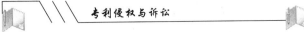

## 2 现有技术或现有设计抗辩的定位

专利权是一种垄断私权，专利技术方案和专利外观设计构成专利权保护范围的核心。专利权的扩充保护范围则是为切实保障专利权的排他实施而扩展的保护范围，其以保障专利权人排他实施功能为必要边界，即专利权的扩展保护范围以保障专利权排他实施权功能为必要，只有为切实保障专利权人对其专利技术方案或者专利外观设计对专利权保护范围进行的扩展才能构成专利权的扩充保护范围，超出保护专利权人排他实施功能之必要的扩充不属于专利权的保护范围。

专利权在保护专利权人实施其专利技术或专利外观设计的同时，还要平衡保护社会公众对非专利技术方案或非专利外观设计甚至是专利技术或专利外观设计的合理利用。就专利技术或专利外观设计来说，我国《专利法》只是规定了专利权人在一定范围内的排他实施权，包括对排他实施的期限、方式都进行了明确规定，即使在排他实施权范围内，《专利法》也规定了某些不视为侵权的事由等限制性因素。

现有技术或现有设计抗辩是基于被控侵权物实施的是现有技术或现有设计的抗辩，由于现有技术或现有设计不属于原告专利权的保护范围，故现有技术或现有设计可以是针对原告专利权保护范围的抗辩。最高人民法院在1997年2月17日针对广东省高级人民法院《关于不属于外观设计专利的保护对象，但又授予了外观设计专利的产品是否保护的请示》所作的答复中也明确指出，人民法院在审理产品外观设计专利侵权纠纷案件中，应当依法确定专利权的保护范围，"专利法所保护的产品外观设计专利权的内容应当是表示在图片或者照片中的该外观设计专利产品的外表的形状、图案、色彩或者其结合所作出的富有美感的新设计部分；在专利申请日前该产品已有的外表形状，该产品内部结构形状以及该产品技术功能所决定的外表形状，不属于该外观设计专利所保护的内容。本案中，原审被告产品的外表形状因与原审原告专利申请日前该产品的已有外表形状相同，属于可自由利用的已有技术范围，不属于原审原告外观设计专利保护的内容，故原审被告制造的产品不构成侵犯原审原告享有的外观设计专利权。"这表明，针对原告的侵权指控，被告可以主张被控侵权物因属于现有技术或现有设计，故不属于原告专利权保护范围，从而不构成侵权。因此，现有技术或现有设计抗辩本质上应当属于否定落入原告专利权保护范围的抗辩。

从司法实践来看，早期在适用现有技术或现有设计抗辩以被控侵权物落入原告专利权保护范围为适用前提，但近年来的司法实践不再强调该适用前提。《专利法》第62条规定："在专利侵权纠纷中，被控侵权人有证据证明其实施的技术或者设计属于现有技术或者现有设计的，不构成侵犯专利权。"《专利侵权纠纷司法解释2009》第14条规定："被诉落入专利权保护范围的全部技术特征，与一项现有技术方案中的相应技术特征相同或者无实质性差异的，人民法院应当认定被诉侵权人实施的技术属于

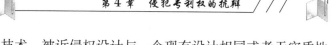

《专利法》第 62 条规定的现有技术。被诉侵权设计与一个现有设计相同或者无实质性差异的，人民法院应当认定被诉侵权人实施的设计属于《专利法》第 62 条规定的现有设计。"

## 3　现有技术或现有设计抗辩事由分类

第一种情形是，被控侵权人实施的技术方案或产品外观设计属于任何人均可自由实施的现有技术或现有设计。这是典型的现有技术或现有设计抗辩事由，由于被控侵权技术方案或外观设计已经进入任何人均可自由实施的公有领域，被控侵权行为显然不应构成侵权。

第二种情形是，被控侵权人实施的技术方案或产品外观设计虽然不属于任何人均可自由实施的现有技术或现有设计，但属于他人在先公开的专利技术方案或专利外观设计。此时，被控侵权物即使构成侵权，也是侵犯其他人的专利权而不是原告在该案诉讼中主张的专利权，此时被告仍可主张现有技术或现有设计抗辩。

第三种情形是，被控侵权人实施的技术方案或产品外观设计既不属于任何人均可自由实施的现有技术或现有设计，也不属于他人在先公开的专利技术方案或专利外观设计，而是原告所拥有的在先专利。此时，被控侵权物即使构成对原告专利权的侵犯，也不是侵犯原告在该案中主张的专利权，故被告仍可主张现有技术或现有设计抗辩。至于被告是否构成对原告其他专利权的侵犯，应由原告另行主张。

需要注意的是，如果被控侵权人实施的技术方案或产品外观设计属于其他在后专利公开的专利技术方案或专利外观设计，由于该在后专利的申请日在原告专利申请日之后，无论其是否先于原告专利公开，都不可能构成原告专利的现有技术或现有设计。

## 4　现有技术或现有设计抗辩的适用

### 4.1　适用的前提和时机

在早期的司法实践中，有种观点认为，现有技术抗辩是侵权抗辩的一种事由，应以被控侵权物落入原告专利权的保护范围为前提，因此如果被告主张现有技术抗辩，则应先审查被控侵权物是否落入原告专利权的保护范围。❶ 如果被控侵权物未落入原告专利权的保护范围，则无须审查被告的现有技术抗辩即可直接判决驳回原告的侵权主张。只有在被控侵权物落入原告专利权的保护范围后，才能进一步审查被告的现有技术抗辩主张是否成立，而不能在未查明被控侵权物是否落入原告专利权的保护范围之前直接审查被告现有技术抗辩理由是否成立。

---

❶　参见：程永顺. 专利侵权判定实务［M］. 北京：法律出版社，2002：61.

目前的司法实践一般认为，在被告提出现有技术抗辩后，是先审查被控侵权物是否落入原告专利权的保护范围还是先审查被告的现有技术抗辩理由是否成立并不必然遵守某种先后顺序，如果要求现有技术抗辩必须以被控侵权物落入原告专利权的保护范围为适用前提，是不符合诉讼效率的，尤其是在被控侵权物是否落入原告专利权的保护范围较难判定但现有技术抗辩却容易判定时，如果要求现有技术抗辩的适用必须以被控侵权物落入原告专利权的保护范围为前提，必然大量增加人民法院的无效劳动。实际上，是先审查被控侵权物是否落入原告专利权的保护范围还是先审查被告的现有技术抗辩理由是否成立应由法院自主决定，如果被控侵权物与现有技术完全相同且易于查明时，人民法院可以直接判决被告有关现有技术抗辩的理由成立，同时驳回原告的侵权诉讼主张。

这就是说，当前的专利司法实践已经不再要求现有技术抗辩必须以被控侵权物落入原告专利保护范围为其适用前提。如在涉及"一种带硬质加强层的轻质发泡材料填充件"的实用新型专利侵权纠纷一案❶中，二审法院在其判决书中指出："在侵犯实用新型专利权诉讼中，当被控侵权人主张公知技术抗辩时，既可在先判定被控侵权技术与专利技术相同或等同的基础上进一步判定被控侵权技术是否属于公知技术，也可先行判定被控侵权技术是否属于公知技术。所谓被控侵权技术属于公知技术，是指被控侵权技术使用的技术与公知技术相同或等同。只要判定被控侵权技术使用的是公知技术，就可判定侵权不成立，而无须进一步判定被控侵权技术与专利技术是否构成相同或等同。"

不以被控侵权物落入原告专利权保护范围为适用前提，是因为被控侵权物一旦属于现有技术或现有设计，就可以认定其不属于或不应当属于原告专利权的保护范围，从而可以否定被控侵权物落入原告专利权的保护范围，并可直接认定原告的侵权主张不能成立。当然，实践中也可能出现原告专利包括现有技术或现有设计的情形，此时虽然从形式上看实施现有技术或现有设计的被控侵权物也落入原告专利权的保护范围，但依然基于被控侵权物实施的是现有技术或现有设计的事实而否定原告的侵权主张。这主要是因为原告专利如果包含了现有技术或现有设计，则其本身就不应当获得专利权，已经授予的专利权可以被宣告无效。但是否宣告无效并不是侵权诉讼的被告应当承担的法定义务，在被告不愿意宣告无效的情况下，基于被控侵权物实施的是现有技术或现有设计的事实而否定原告的侵权主张就成了最佳选择。

因此，不构成侵犯专利权的抗辩，即现有技术或现有设计抗辩本质上是针对原告专利权保护范围的抗辩，但其在诉讼中可以优先审查，一旦能够认定被控侵权物属于现有技术或现有设计，则可以不再进行侵权判断的其他程序，直接认定原告的侵权主张不能成立。

---

❶ 北京市高级人民法院民事判决书（2008）高民终字第 1165 号。

## 4.2 当事人的主张及法院的释明

现有技术或现有设计抗辩是否必须以当事人主张为前提？这一问题也可以有另一种提法，即在当事人未主张现有技术或现有设计抗辩时，人民法院能否以被控侵权物与现有技术相同或等同为由判决侵权不成立并驳回原告诉讼请求？司法实践中对这一问题也有不同观点，有的认为既然现有技术或现有设计抗辩是一种侵权抗辩，则只能由被控侵权人主张，当被控侵权人未主张现有技术或现有设计抗辩时，人民法院不得主动适用现有技术或现有设计抗辩来驳回原告的侵权主张。"公知技术抗辩是被控侵权人的一种抗辩手段，只有当被控侵权人提出适用公知技术抗辩的请求时，审理专利侵权纠纷的法院或专利行政部门才应当予以考虑。审理、处理专利侵权纠纷的法院和专利行政部门没有主动进行检索和发掘公知技术的义务。"❶ 而相反的做法却以探求客观真实和实质公平为目标，当人民法院已经查明被控侵权物与现有技术相同或等同时，无论被告是否主张了现有技术或现有设计抗辩，都可直接适用该抗辩规则认定侵权不成立并驳回原告侵权诉讼请求。

本书认为，现有技术或现有设计抗辩是一种诉讼对抗手段，是否主张现有技术或现有设计抗辩应当是被控侵权行为人的权利。如果被告未主张现有技术或现有设计抗辩，人民法院可以适当行使释明权。如果经人民法院释明后被告仍不主张现有技术或现有设计抗辩的，则人民法院一般不得以被控侵权物与现有技术或现有设计相同或等同为由判决侵权不成立。

## 4.3 单独对比抗辩方式

所谓现有技术抗辩中的单独对比抗辩，是指作为不侵权抗辩的现有技术只能是一项技术，而不是多项技术的组合。在司法实践中对于现有技术抗辩是否必须是单独对比有不同的观点，但主流观点和做法是，在审查现有技术抗辩是否成立时应当坚持单独对比抗辩原则，即作为对比的现有技术只能是一项技术，而不能是多项技术。"作为抗辩他人专利的公知技术，应当掌握一比一的原则，即用一项已有公知技术去比他人的一项专利技术，切忌将分散的公知技术加以综合或组合后去作为抗辩的公知技术。"❷

本书认为，现有技术抗辩原则上应坚持单独对比的原则，这主要是因为如果允许将多项现有技术组合起来，则很可能出现"事后诸葛亮"式的错误。事实上多项技术的组合本身就可能具备创造性，从多项技术的组合中推导出专利技术是否导致该专利丧失可专利性，这属于专利授权及无效审查的内容，超出了侵权诉讼的审理范围。因此，在适用现有技术抗辩时原则上应坚持单独对比抗辩的方法。如果被控侵权技术方

---

❶ 尹新天. 专利权的保护 ［M］. 2 版. 北京：知识产权出版社，2005：508.
❷ 程永顺. 专利侵权判定实务 ［M］. 北京：法律出版社，2002：87.

案本身属于一项完整的现有技术，或者其与一项现有技术相比不同之处属于本领域惯常手段替换，则应认定被告的现有技术抗辩主张成立。

## 第5节　不视为侵犯专利权的抗辩

不视为侵犯专利权是专利法规定的侵权抗辩事由。《专利法》第69条规定："有下列情形之一的，不视为侵犯专利权：（一）专利产品或者依照专利方法直接获得的产品，由专利权人或者经其许可的单位、个人售出后，使用、许诺销售、销售、进口该产品的；（二）在专利申请日前已经制造相同产品、使用相同方法，或者已经作好制造、使用的必要准备，并且仅在原有范围内继续制造、使用的；（三）临时通过中国领陆、领水、领空的外国运输工具，依照其所属国同中国签订的协议或者共同参加的国际条约，或者依照互惠原则，为运输工具自身需要而在其装置和设备中使用有关专利的；（四）专为科学研究和实验而使用有关专利的；（五）为提供行政审批所需要的信息，制造、使用、进口专利药品或者专利医疗器械的，以及专门为其制造、进口专利药品或者专利医疗器械的。"需要注意的是，上述五种不视为侵犯专利权的情形中，前四种是我国1984年制定《专利法》时就有的情形，而第5种情形是2008年第三次修订的《专利法》新增加的不视为侵犯专利权的情形。

### 1　权利用尽抗辩

权利用尽抗辩是指在原告指控被告侵犯其专利权时，被告主张原告专利权在被告实施被控行为之前就已经用尽的侵权抗辩事由。专利权是一种有限的独占实施权，一方面专利权人只能在法定范围内独占实施其专利，另一方面即使在法定垄断范围内，专利权人的独占实施权也受到一定的限制。专利权被限制在法定范围内，超出法定范围是专利权效力所不能及的地方。权利用尽抗辩就是超出专利权边界的抗辩规则。如根据《专利法》第11条的规定，发明和实用新型专利权人享有独占制造、使用、许诺销售、销售、进口其专利产品的权利，专利权人制造并销售专利产品后，任何人购买该产品并再次销售或使用该产品的行为就不受专利权人的控制，专利权人的独占实施权在其制造并合法售出专利产品后，其专利权的效力就此结束，不再延及到对合法购买者对该专利产品的合法使用。

根据我国《专利法》第11条的规定，"未经专利权人许可"或具有其他法律依据通常是构成侵犯专利权的条件之一。在侵犯专利权诉讼中，如果被告主张其实施被控侵权行为已获得有效授权，如系在专利权人有效许可范围内的实施行为，或依据《专利法》的其他规定实施的被控行为，则这种抗辩属于权利用尽的抗辩，可以有效阻击原告的侵权指控。这种权利用尽是基于法律的特别规定或专利权人的特别授权。专利

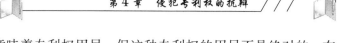

产品的所有权合法转让通常意味着专利权用尽，但这种专利权的用尽不是绝对的，在某些时候如下文所述情形中，已经用尽的专利权仍可能死而复生。

## 1.1　对专利产品的维修行为

专利产品的所有权一经合法转让，专利权人就不得再基于该专利产品行使专利权。专利产品本身是有一定使用寿命的，专利产品的所有权合法转让后，该专利产品在使用过程中可能会发生损耗。对于损坏的专利产品，其所有人可能会采取某些措施修复该产品。一般来说，基于权利用尽规则，对专利产品的维修行为不受专利权的控制，专利产品的所有人可以采取各种措施保养、维修其专利产品。

对专利产品的维修超出了必要界限，这种维修行为等同于制造行为时，如对专利产品全部核心部件的更换，使该专利产品表面上属于过期产品，实际功能完全等同于全新的专利产品时，该维修行为就应当视为对专利产品的制造行为。如果这种行为未获得专利权人的许可时，可能构成对专利权的侵犯。当专利权人起诉这种维修行为构成侵权时，被控侵权人如果以权利用尽原则进行抗辩，恐怕难以得到支持。

## 1.2　销售已修复专利产品的行为

专利产品的所有权一旦转移，专利权人将失去基于该专利产品的专利权效力，即体现在该专利产品上的专利权效力通常会消失。这是因为专利权人已经从专利产品所有权转移过程中获得了收益。但专利权效力的消失并不是绝对的，修复已损坏的专利产品并上市销售的行为，可能并不适用专利权用尽规则。

现代社会是一个高速发展的社会，现代科技的迅速发展使各种产品更新换代较为频繁。专利产品的所有权合法转移后，如果有所损坏，许多人宁愿选择购买新的产品而不是对旧产品的维修，这在通讯产品领域表现得极为明显。一些人看到了其中的商机，就购买已经损坏的旧产品进行修理，如果这种修理行为构成上述实质性制造的，将这种修复产品上市出售的行为可能构成对专利权的侵犯，被控侵权人主张的权利用尽抗辩规则可能得不到支持。

但需要注意的是，收集没有损坏的专利产品重新进行销售的，或者其对专利产品的修理未构成实质性制造的，仍然受权利用尽规则的约束。此时由于缺少制造行为，即销售的仍然是专利权人制造的专利产品，故专利权在专利产品合法销售后就已用尽，上述销售行为将不构成侵权，被控侵权人可以主张权利用尽抗辩。

## 1.3　他人权利用尽的产品外观设计重新投入商业利用的行为

外观设计专利产品的所有权合法转让后，外观设计专利权亦将因此而用尽。但是，对于一些包装外观设计来说，随着产品所有权的合法转移，虽然包装外观设计专利权通常也因此用尽权利，但这种权利用尽可能是相对的，在某些时候仍可能起死回生。例如，白酒的酒瓶具有外观设计，一般来说白酒产品合法售出后，酒瓶的外观设计专利权也由此用尽。但是，如果有人从消费者手中收集这种酒瓶，重新装上白酒出售，通常仍会被认定为侵犯外观设计专利权，此时被控侵权人如果以权利用尽规则主张侵权抗辩，可能得不到支持。

### 1.4　他人专利产品作为零部件或原材料利用的行为

从专利权人或经专利权人授权的其他人处取得专利产品后，将该专利产品作为另一产品的零部件或原材料使用的行为一般不构成侵权。专利权人起诉他人将其专利产品作为零部件或原材料使用的，被控侵权人可以主张权利用尽抗辩规则。

### 1.5　更改产品外观设计并投入商业利用的行为

外观设计专利产品投放市场后，他人合法取得该专利产品一般就意味基于该专利产品的专利权的用尽。他人对其合法取得的专利产品可以享有完整的物权，其对专利产品外观设计的更改一般不构成侵权，其将外观设计专利产品的外观设计更改后重新投入市场的行为，一般也不构成侵权。

## 2　先用权抗辩

### 2.1　先用权抗辩的概念

先用抗辩是指在侵犯专利权诉讼中，被告主张其在专利申请日前已经制造相同产品、使用相同方法，或者已经作好制造、使用的必要准备，并且仅在原有范围内继续制造、使用故不视为侵权的抗辩。先用权抗辩是基于在先使用或准备使用与专利技术方案或专利外观设计相同或近似的技术方案或外观设计而获得的一种对抗该在后专利的诉讼抗辩。

### 2.2　先用权抗辩的特点

首先，先用权抗辩是基于在先使用或准备使用这一客观事实而形成的抗辩权。被控侵权人主张先用权抗辩，其必须证明在先使用或准备使用的事实。

其次，先用权仅适用于针对侵犯专利权指控的抗辩，它并不意味着先用权人对其在先使用或准备使用的技术方案或产品外观设计具有任何的独占性权利。虽然在专利公开前，先用权人的先用技术方案或产品外观设计可能构成商业秘密，但在专利公开后，该商业秘密也将不再符合法定的商业秘密构成要件。

再次，先用权人仅能在原有范围内实施其技术方案或外观设计。"原有范围"一般从使用主体、生产规模、使用区域等方面综合界定。使用主体的限制是指先用权人对其技术方案或外观设计的使用仅限于已有的实施主体，不得再通过授权许可等方式扩充实施其技术方案或外观设计的主体范围。生产规模的限制是指先用权人仅在现有生产规模上实施其技术方案或外观设计，不得再扩大其生产规模。使用区域的限制是指先用权人应在已经使用的区域内继续实施其技术方案或外观设计，不得扩大其使用技术方案或外观设计的地域范围。

最后，虽然《专利法》第 69 条规定在专利申请日前已经制造相同产品、使用相同方法或者已经做好制造、使用的必要准备的，才可能构成先用权抗辩，但由于对专利技术方案或专利外观设计来说，判断产品、产品的外观设计、方法是否相同具有一定的灵活性，技术更新是社会生活和企业发展的常态，先用权抗辩并不要求专利申请日前制造的产品或使用的方法或利用的产品外观设计必须与被控侵权物完全一致，事实上二者相同或者近似都可构成先用权抗辩。如果专利申请日前制造的产品或使用的方法与被控侵权物完全属于等同技术方案，或者专利申请日前使用的产品外观设计与被控侵权物构成近似外观设计，仍可主张先用权抗辩。

## 2.3　先用权抗辩的适用

首先，先用权抗辩适用的一个前提是，先用权人在先使用或准备使用的技术方案或外观设计与被诉侵权的技术方案或外观设计应当构成相同或近似的技术方案或外观设计。如果二者不构成相同或近似的技术方案或外观设计，则被控侵权人主张的先用权抗辩将得不到支持。

其次，先用权抗辩的适用不以被诉侵权的技术方案或外观设计落入原告专利权保护范围为前提。长期以来，先用权抗辩的适用必须以被诉侵权的技术方案或外观设计落入原告专利权保护范围为前提，只有被控侵权物落入原告专利权的保护范围后，被控侵权人才能主张先用权抗辩。但新近的司法实践表明，如果判断被控侵权物与被控侵权人主张先用权抗辩的技术方案或外观设计是否构成相同或近似的技术方案或外观设计，比判断被控侵权物是否落入原告专利权保护范围更为容易，应当允许法官在未判断被控侵权物是否落入原告专利权保护范围的情况下，先行判断被控侵权物与被控侵权人主张先用权抗辩的技术方案或外观设计是否构成相同或近似的技术方案或外观设计。如果被控侵权物与被控侵权人主张先用权抗辩的技术方案或外观设计已经构成相同或近似的技术方案或外观设计，则可以直接认定被控侵权人主张的先用权抗辩成立，并判定被告不侵权。相反，如果被控侵权物与被控侵权人主张先用权抗辩的技术方案或外观设计未构成相同或近似的技术方案或外观设计，则应继续案件的审理。

再次，先用权抗辩是基于在先使用或准备使用的客观事实，其中先用权人的在先使用或准备使用可能导致相应技术方案或外观设计的公开，因此一些被控侵权人在侵权诉讼中可能主张原告专利权无效。从我国《专利法》的规定及专利实践来看，专利权无效制度有不同于侵权诉讼的制度和程序，专利权有效规则是侵权诉讼的基本规则，即侵权诉讼不得质疑专利权的效力，更不得否定专利权的效力，而应在坚持专利权为有效权利的前提下审理侵权诉讼。因此，在侵权诉讼中，被控侵权人基于其先用事实质疑甚至否定原告专利权效力不会得到支持。当然，被控侵权人可以基于其先用事实依法向专利复审委员会提起宣告原告专利无效请求。

最后，先用权抗辩的使用不限于制造和使用侵权行为。我国《专利法》第 69 条虽然规定仅在原有范围内继续制造、使用不视为侵权，但这种规定具有"举重以明轻"的意思。一般来说，制造行为是侵犯专利权的源头，通常是制造行为构成侵权，决定着销售、使用及进口行为构成侵权，如果制造行为不视为侵权，销售、使用、进口行为都不视为侵权。先用权抗辩主要是针对制造和使用行为的，如果被控侵权产品的制造商主张的先用权抗辩成立，则针对该被控侵权产品的销售、使用和进口等行为都可以依据制造商的先用权不被视为侵权。

还应当指出的是，先用权抗辩通常是针对侵犯专利权诉讼的抗辩，即在原告主张被告侵犯其专利权时，被告主张先用权抗辩。但先用权抗辩不仅适用于侵犯专利权的诉讼，还可以适用于发明专利申请临时保护诉讼。如果发明专利权人或专利申请人主张在其发明专利公开日至申请日期间他人实施了其发明专利申请并主张实施者向其支付一定费用的，实施者可以主张先用权抗辩，如果该抗辩成立，则其无须向专利权人或专利申请人支付费用。

## 3 临时过境抗辩

### 3.1 临时过境抗辩的概念

临时过境抗辩是指临时通过中国领陆、领水、领空的外国运输工具，依照其所属国同中国签订的协议或者共同参加的国际条约，或者依照互惠原则，为运输工具自身需要而在其装置和设备中使用有关专利的行为不视为侵权。

### 3.2 临时过境抗辩的特点

第一，临时过境具有临时性。交通工具上使用的有关专利虽然在客观上可能已经落入我国专利权的保护范围，但该交通工具只是临时通过我国的领土。过境的临时性表明了过境时间的短暂性，如外国飞机从我国领空飞过，国际列车驶入我国领土后又按计划驶离我国领土等。

第二，临时过境既包括不停留地通过我国的领土，还包括某些有停留地通过我国的领土，其中这种停留既包括无计划的停留，如飞机遇到偶然事件必须临时停靠在我国的机场，也包括有计划的停留，如外轮进入我国港口停留等待卸货。

第三，有关专利必须是受我国《专利法》保护的专利。专利权的取得和保护具有地域性，受我国《专利法》保护的专利应是在我国取得合法授权的专利。主张临时过境的交通工具侵犯其专利权，必须以在我国取得授权的专利为权利依据。

第四，临时过境的交通工具为其自身需要使用有关专利。能够主张临时过境抗辩的仅仅限于交通工具自身装置和设备上使用有关专利的行为，发生在交通工具上的其他侵权行为，如有人在临时过境的交通工具上生产某种侵犯我国专利权的商品的行为，不得依据临时过境抗辩规则主张不视为侵权。

第五，临时过境抗辩规则以国际条约或双边协议为不视为侵权的判断依据。主权国家或地区相互之间保护各自的民事权利一般遵从平等原则，在我国临时过境的外国交通工具所属主权国家或地区与我国有双边协议，或者与我国共同参加的有关国际公约规定了临时过境抗辩规则，且该主权国家或地区与我国均未就此提出保留的，才能适用临时过境规则。

## 3.3 临时过境抗辩的适用

我国《专利法》从1984年开始就规定了临时过境抗辩，但从多年的专利实践来看，适用临时过境抗辩规则的案例极为罕见。这主要是因为临时过境的交通工具根本不在我国停留或仅作短暂停留，专利权人即使想起诉侵权通常很难取得相关的侵权证据，即使其能够取得临时过境的交通工具使用了其专利技术方案，也存在侵权人难以确定、法律文书难以送达的实际问题，况且法律明确规定了临时过境抗辩规则，故专利权人几乎不会就临时过境的交通工具提起侵犯专利权诉讼。

临时过境抗辩规则仅适用于临时过境的外国运输工具为其自身需要而在其装置和设备中使用有关专利的情形，临时过境的交通工具被诉侵犯专利权通常是因为其使用了某种专利产品或者依照专利方法直接取得产品。这就是说，临时过境抗辩规则适用的是使用专利产品或依照专利方法直接取得的产品的行为，它不包括制造、进口、销售侵权产品的行为。

同时，既然临时过境抗辩规则仅适用使用产品的行为，而我国《专利法》仅针对发明和实用新型专利权规定了使用侵犯该发明或实用新型专利权的产品构成侵权，而未规定使用侵犯外观设计专利权的产品构成对该外观设计专利权的侵犯。也就是说，我国《专利法》规定外观设计专利权人的独占实施权不包括使用行为，故使用侵犯外观设计专利产品的行为不侵犯该外观设计专利权。因此，临时过境抗辩规则仅适用于侵犯发明或实用新型专利权的诉讼。

# 4 科学实验和研究抗辩

现代专利基本上都是在现有技术或现有设计上进行的创新，可以说完全脱离现有技术的绝对的开拓性发明创造，即完全不依赖现有技术而完成的发明创造几乎是不存在的。保护专利权的目的是以专利的公开为对价的，我国《专利法》第1条也将"鼓励发明创造，推动发明创造的应用，提高创新能力，促进科学技术进步和经济社会发展"作为重要的立法宗旨，而专利的公开是实现该宗旨的重要前提。对于已经公开的专利，任何人均可不以生产经营目的自由利用该专利，包括对该专利进行科学实验和研究。

对专利进行科学实验和研究既包括对专利技术本身的试验和研究，完整实施专利技术以验证其是否具有实用性和是否具有相应的积极技术效果及可能带来的负面效果，又包括以专利技术为基础的实验和研究工作，如专利技术公开了某个数值范围，他人为需求该数值范围内的最佳数值而对该专利反复进行的试验或实验；又如，专利

技术是一种新型通讯产品，他人为进一步完善该通讯产品的功能而进行的实验和研究等。

科学实验和研究抗辩规则既适用于发明和实用新型专利，也适用于外观设计专利。如为验证外观设计专利产品的实用性而制造该外观设计专利产品，可能适用科学实验和研究抗辩规则。但相应需要注意的是，由于外观设计专利权不包括独占使用权，故将外观设计专利产品或者侵犯外观设计专利权的产品作为科学实验和研究的原材料、工具、设备、装置使用的，不适用科学实验和研究抗辩规则，因为此时可以直接依据外观设计专利权的保护范围认定专利权人的侵权指控不能成立。

科学实验和研究抗辩规则要求对专利产品或专利技术的使用目的是科学实验和研究，但并不要求以科学实验和研究为唯一目的。事实上，很多科学实验和研究都具有或可以具有或多或少的商业目的，完全排除商业目的或其他目的的单纯科学实验和研究目的一般仅存在于学校及科研机构中，如学校为教学需要而进行的科学实验和研究。实际上，在现代市场经济社会中，甚至学校和科研机构也不是世外桃源，其所进行的某些科学实验和研究也很难说完全不具有科学实验和研究之外的其他目的。因此，对于主张科学实验和研究抗辩的，应将科学实验和研究目的和其他目的进行比较，如果实施他人专利系以科学实验和研究为主要目的，就可以主张科学实验和研究抗辩，如科学实验和研究目的仅仅是次要或极为不重要目的的，则被控侵权人主张的科学实验和研究抗辩就可能得不到支持。

在陆正明诉上海工程成套总公司（以下简称"上海成套公司"）、无锡市环境卫生工程试验厂（以下简称"无锡环卫厂"）侵犯专利权诉讼中，陆正明系第87207485.4号"熟化垃圾组合筛碎机"实用新型的专利权人。无锡环卫厂承担了国家"全国城乡建设科学建设发展规划"中有关"无锡市城市生活垃圾无害化处理建设的开发研究"的任务，其委托上海成套公司研制"筛分破碎机"，费用为13万元。上海成套公司又委托案外人东台市环境机械设备厂按照上海成套公司提供的图纸和要求，承担"筛分破碎机"的加工、制造、运输、现场安装、调试和售后服务，费用为10万元。上海成套公司研制的"筛分破碎机"交付后，无锡环卫厂大量使用该"筛分破碎机"。陆正明认为上海成套公司研制的"筛分破碎机"侵犯了其专利权并诉至法院，上海成套公司和无锡环卫厂则主张被控行为系出于科学实验和研究的需要故不侵犯陆正明的专利权。经查，上海成套公司研制的"筛分破碎机"落入陆正明第87207485.4号专利权的保护范围。一审法院认为上海成套公司和无锡环卫厂生产"筛分破碎机"系出于科学实验和研究的需要，故判决驳回了陆正明的诉讼请求。二审法院认为，《专利法》中"专为科学研究和实验而使用有关专利"不视为侵权，是指在实验室条件下，为了在已有专利技术的基础上探索新的发明创造，演示性地利用有关专利，或者考察验证有关专利的技术经济效果。本案中，上海成套公司为完成无锡环卫厂的研究任务，直接利用陆正明的专利设计制造机械设备，然后销售给无锡环卫厂，不能视为"专为科学研究和实验而使用有关专利"，构成对陆正明专利权的侵害。无锡环卫厂在科研项目获得通过后，使用上海成套公司销售的侵权产品处理垃圾，亦不符合"专为科学研究和实验而使用有关专利"的条件，应认定为侵权。二审法院遂改判侵权成立。❶

## 5　药品及医疗器械行政审批抗辩

### 5.1　药品及医疗器械行政审批抗辩的概念

药品及医疗器械行政审批抗辩是指，在原告指控被告侵犯其药品或医疗器械专利时，被告主张其实施原告专利系为提供行政审批所需要的信息，从而被控行为不应被认定为侵权的抗辩。药品及医疗器械行政审批抗辩是我国2008年第三次修订《专利法》时增加的不视为侵权的抗辩事由，其原本起源于美国专利诉讼确定的"Bolar"例外规则，故药品及医疗器械行政审批抗辩也被称为"Bolar"例外规则。

### 5.2　药品及医疗器械行政审批抗辩的形成

药品及医疗器械行政审批抗辩规则主要是基于药品及医疗器械的行业特点，从事药品及医疗器械往往需要经历较多的审批，制造、销售、使用药品及医疗器械都需要专门的审批程序，这些审批往往需要耗费较长的时间。专利权保护期限届满后任何人都可自由实施该专利，但对药品及医疗器械专利权来说，如果专利权保护期限届满后社会公众才能为提供行政审批所需要的信息而制造、使用、进口专利药品或者专利医疗器械的，以及专门为其制造、进口专利药品或者专利医疗器械，由于行政审批的时间较长，客观上导致专利权保护期限届满后社会公众也无法实施该专利并向社会公众提供相应的专利产品，从而使这类专利权的保护期限实质上得到延长。这不仅不符合专利法有关专利权保护期限的规定，也不利于社会公众尽快获得廉价的、不再受专利保护的产品。

正是基于这种认识，为了能够在药品及医疗器械专利权保护期限届满后迅速推出相关的产品，一些药品及医疗器械制造商便在他人药品及医疗器械专利权的保护期届满之前制造、使用、进口专利药品或者专利医疗器械，以及专门为其制造、进口专利药品或者专利医疗器械，并用以行政审批所需。由于这种实施行为仍在他人专利权有效保护期内，仍可能被认定为侵犯专利权的行为，故美国专利诉讼形成了"Bolar"例外规则，专门为这种以通过行政审批信息为目的实施他人药品及医疗器械专利的行为予以豁免，我国专利法也吸取了这种做法，并在2008年第三次修订《专利法》时，明确将其规定为"不视为侵权"的情形。

---

❶　吴振合. 最高人民法院公报案例评析·民事卷·知识产权案例［M］. 北京：中国民主发展出版社，2004：73.

当然，反对"Bolar"例外规则的声音也从来就没有缺席过。例如，一种批评的声音认为，"Bolar"例外规则在考虑社会公众利益的同时，忽略了对药品及医疗器械专利权的平衡保护。药品及医疗器械的生产需要履行较为严格的审批程序，虽然没有"Bolar"例外规则似乎是延长了药品及医疗器械专利权的保护期限，但在很多时候正是基于同样的理由，即药品及医疗器械的生产需要履行过于严厉的审批手续导致专利授权审查时间过长。由于专利权的保护期限从申请日开始计算，但专利权却是从授权公告日开始生效，导致一些药品及医疗器械专利在获得授权后，所剩保护时间不多。药品及医疗器械专利权人的利益因为专利授权期限过长受到了极大的损害，如果再严格适用"Bolar"例外规则，医药行业的创新热情必然受到沉重打击。虽然反对的声音曾经十分强烈，但美国专利诉讼最终还是确定了"Bolar"例外规则。我国是发展中国家，医药行业仿制现象较为普遍，第三次修订的《专利法》规定药品及医疗器械行政审批抗辩规则是适合现阶段的国情的，但我们在适用药品及医疗器械行政审批抗辩规则时，也要注意促进我国医药行业的健康发展，避免医药行业过于依赖仿制而轻视了科技创新。

### 5.3　药品及医疗器械行政审批抗辩的适用

首先，药品及医疗器械行政审批抗辩规则仅适用于药品及医疗器械领域。虽然除了药品及医疗器械领域外，其他领域的专利授权也可能存在授权审查期限过长的情形，但由于药品及医疗器械涉及公共卫生领域，关系到全人类的生命及健康，故目前《专利法》仅对药品及医疗器械行业适用"Bolar"例外规则。

其次，适用药品及医疗器械行政审批抗辩规则应注意与"非生产经营目的"抗辩的协调。根据我国《专利法》第11条的规定，侵犯专利权的行为必须以"生产经营"为目的，非以生产经营为目的实施他人专利权的行为不属于侵犯专利权的行为。药品及医疗器械行政审批抗辩规则的适用以"提供行政审批所需要信息"为目的，也属于"非生产经营目的"的抗辩事由。事实上，在2008年修订《专利法》之前，被控侵权人均是以"非生产经营目的"为抗辩事由，并获得了人民法院的支持。因此，药品及医疗器械行政审批抗辩规则系"非生产经营目的"抗辩事由的一种，只是基于法律的特别规定才将药品及医疗器械行政审批抗辩规则作为"非生产经营目的"抗辩事由之外的独立的不视为侵权的抗辩规则。

再次，适用药品及医疗器械行政审批抗辩规则的关键是对被诉侵权行为目的的把握。被告虽然实施了制造、使用、进口专利药品或者专利医疗器械，以及专门为其制造、进口专利药品或者专利医疗器械的行为，只要这种行为是出于为提供行政审批所需信息的需要，就可以适用药品及医疗器械行政审批抗辩规则。如果被控侵权行为既有出于为提供行政审批所需信息的需要，也有部分产品超出了该需要的范围，如上市经销，则该部分行为不宜适用药品及医疗器械行政审批抗辩规则。

## 第 6 节　侵犯专利权的其他抗辩

### 1　非生产经营目的抗辩

#### 1.1　非生产经营目的抗辩的概念

非生产经营目的抗辩是指在原告指控被告侵犯其专利权时，被告主张其实施被控行为不是出于生产经营目的故不侵犯原告专利权的侵权抗辩。非生产经营目的抗辩的被告主张其实施被控行为不是出于生产经营目的，或者说被控行为即使具有一定的生产经营目的，这个生产经营目的也不会发生在原告专利权有效期内。

我国《专利法》第 11 条规定："发明和实用新型专利权被授予后，除本法另有规定的以外，任何单位或者个人未经专利权人许可，都不得实施其专利，即不得为生产经营目的制造、使用、许诺销售、销售、进口其专利产品，或者使用其专利方法以及使用、许诺销售、销售、进口依照该专利方法直接获得的产品。外观设计专利权被授予后，任何单位或者个人未经专利权人许可，都不得实施其专利，即不得为生产经营目的制造、许诺销售、销售、进口其外观设计专利产品。"显然，我国《专利法》规定的侵犯专利权的行为都是实施专利的行为，且构成侵犯专利权的实施行为必须是出于"生产经营"目的。因此，如果侵犯专利权诉讼的被控侵权人能够证明其实施的被控行为不是出于"生产经营目的"，则原告的侵权指控将不能成立。

在侵犯专利权诉讼中，无论被控行为是否属于法定实施行为，只要被告能够证明其实施被控行为不是出于生产经营目的，就能够有效对抗原告的侵权指控。如对发明或实用新型专利来说，即使被控行为是制造、使用、许诺销售、销售、进口原告专利产品，或者使用原告专利方法以及使用、许诺销售、销售、进口依照该专利方法直接获得的产品的行为；对于外观设计专利来说，即使被控行为属于制造、许诺销售、销售、进口原告外观设计专利产品的行为，被告只要能够证明其实施上述行为不是出于生产经营目的，就可以摆脱原告的侵权指控。

在前述原告北京动力机械研究所（以下简称"动力机械所"）诉被告中山华帝燃具股份有限公司（以下简称"中山华帝公司"）侵犯实用新型专利权纠纷一案❶中，中山华帝公司为中国第十一届全运会提供了 2 200 把"如意"火炬，"如意"火炬的内部燃烧系统落入原告专利的保护范围，原告认为被告向第十一届全运会提供"如意"火炬的行为具有"生产经营目的"，获得了市场知名度等商业利益，已经构成侵

---

❶　北京市高级人民法院民事判决书（2011）高民终字第 1638 号和北京市第二中级人民法院民事判决书（2010）二中民初字第 4743 号。

犯原告涉案专利权的行为。一审法院认为，被告向第十一届全运会组委会赠2 200把"如意"火炬的行为具有商业性，系出于生产经营目的。二审法院亦认为，虽然中山华帝公司称其将2 200把"如意"火炬捐赠给第十一届全运会委会的行为属于无偿赠与的性质，并无生产经营目的，但是根据动力机械所提供的公证书中记载的关于互联网上的相关报道及宣传资料等证据可以看出，其捐赠"如意"火炬的行为明显具有广告宣传的效果和影响，对中山华帝公司而言，具有商业价值，故其关于制造被控侵权产品并无生产经营目的的主张不能成立。

## 1.2　非生产经营目的抗辩特征及分类

非生产经营目的抗辩是指原告专利权有效期间的非生产经营目的。在侵犯专利权诉讼中，非生产经营目的抗辩是相当于原告专利权的有效期而言的，它是指在原告专利权有效期内被告实施的被控侵权行为不是出于生产经营目的，并不涉及在原告专利权有效期外的实施原告专利的行为目的。这就是说，被告主张其实施被控行为的非生产经营目的具有一定的期限，这个期限就是原告专利权的有效期间。如果被告能够证明其实施原告专利的行为不是出于生产经营目的，或者能够证明至少在原告专利权有效期内被告不会出于生产经营目的实施原告专利，或者能够证明被告实施原告专利的生产经营目的不会发生在原告专利权有效期内，则原告的侵权指控将不会获得支持。

非生产经营目的抗辩包括完全非生产经营目的抗辩和非直接生产经营目的的抗辩。完全非生产经营目的抗辩是指绝对的不带任何生产经营目的的抗辩，既包括在原告专利权有效期内被告不以生产经营目的实施原告专利，也包括在原告专利权有效期届满后被告仍不以生产经营目的实施原告专利，如大学等科研机构出于研究目的实施他人专利。非直接生产经营目的的抗辩是指在原告专利权有效期内不以生产经营目的实施他人专利，但在他人专利权有效期届满后可能会以生产经营目的实施他人专利技术。应当说完全非生产经营目的抗辩一旦成立，即侵犯专利权诉讼的被告一旦能够证明其实施原告专利的行为无论是在原告专利权有效期内还是在专利权有效期届满后都不会以生产经营为目的，则被控行为不侵犯原告专利权。

从司法实践来看，非直接生产经营目的抗辩更容易引起争议，这是因为被告主张非直接生产经营目的抗辩时，被控行为固然不以生产经营为直接目的，且被告也不存在其他以生产经营目的实施原告有效专利权的行为，但被告往往会在原告专利权失效后以生产经营目的实施原告专利技术，而且被告在原告专利权有效期内以非生产经营目的实施原告专利往往正是为了在原告专利权失效后以生产经营目的实施原告专利技术。如被告为了能够在原告专利权有效期届满年后尽快推出相应的产品，在原告专利权有效期内出于尽快熟练掌握原告专利技术的目的的需要反复试制原告专利产品，在被告熟练掌握原告专利技术后这些仿制品悉数被销毁，在原告专利权有效期届满后，被告才利用其已经掌握的原告专利技术制造相关产品并推向市场，有力地拉低了这类产品的市场价格。专利权人遂指控被告侵权。

　　本书认为，在这种侵犯专利权诉讼中，如果被告能够证明其抗辩主张，则一般不应当判定侵权。具体来说，针对专利权人指控被告在原告专利权有效期届满后实施原告专利技术的行为，被告可以主张原告专利权为失效专利的抗辩。针对专利权人指控被告在原告专利权有效期内为掌握原告专利技术反复试制原告专利产品的指控，被告可以主张"非生产经营目的"抗辩。原告主张被告实施被控行为是出于生产经营目的，因为被告在原告专利权有效期届满后出于生产经营目的仿制了原告专利产品。但应当看到，被告实施被控侵权行为的直接目的是为了掌握原告的专利技术，尽管掌握原告专利技术的目的是为了生产经营目的尽快仿制原告的专利产品，但这种生产经营目的并未发生在原告专利权有效期内。这就是说，被告在原告专利权有效期内实施原告专利的直接目的是为了掌握原告专利技术，尽管其间接目的是生产经营，但这种生产经营并不发生在原告专利权有效期内，故被告可以主张非生产经营目的的抗辩。

　　因此，非生产经营目的抗辩是指被告只要能够证明其实施原告专利的目的不是为了在原告专利权有效期内出于生产经营目的实施原告专利，或者说被控行为虽然是出于生产经营目的，但这个生产经营目的是指专利权有效期届满后的生产经营目的，而不是原告专利权有效期内的生产经营目的，现有证据也不能证明这个生产经营目的是原告专利权有效期内的生产经营目的。被告实施被控行为的目的并不是在原告专利权有效期内出于生产经营目的实施原告专利权，或者说被告实施被控行为的目的是为了被告在原告专利权有效期届满后出于生产经营目的实施原告专利权，而不是为了在原告专利权有效期内出于生产经营目的实施原告专利权，则被告主张的非生产经营目的抗辩能够成立。

### 1.3　非生产经营目的抗辩与药品及医疗器械行政审批抗辩

　　我国《专利法》第 69 条在规定不视为侵权的抗辩时，特别规定了药品及医疗器械行政审批抗辩，即在原告指控被告侵犯其药品或医疗器械专利时，被告主张其实施原告专利系为提供行政审批所需要的信息，从而被控行为不应被认定为侵权的抗辩。药品及医疗器械行政审批抗辩的重要理由就是，被告虽然在原告专利权有效期内实施了原告专利技术，但被告实施被控行为的直接目的是满足行政审批的需要，而不是为了在原告专利权有效期内出于生产经营目的实施原告专利技术，尽管被告在原告专利权有效期内出于满足行政审批的需要实施被控行为有利于被告在原告专利权有效期届满后尽快推出仿制产品，但由于被告直接出于生产经营目的实施原告专利的行为并未发生在原告专利权有效期内，故我国《专利法》特别规定这种行为不视为侵犯专利权的行为。

　　在我国《专利法》第 11 条已经规定侵犯专利权的行为应当是出于生产经营目的的情况下，我国《专利法》第 69 条又特别规定了药品及医疗器械行政审批抗辩。应当说《专利法》第11条和第69条有关药品及医疗器械行政审批抗辩在一定程度上是竞合的，如果说《专利法》第11条是一般规定，根据该规定非出于生产经营目的的任何实施他人专利的行为均不是侵犯专利权的行为，那么《专利法》第69条的规定就是一种特别规定，它在《专利法》第11条一般规定的基础上特别规定，在原告专利有效期内出于行政审批的需要实施他人药品及医疗器械不视为侵犯专利权。这就是说，在《专利法》第11条规定非生产经营目的实施他人专利不侵权的基础上，《专利法》第69条进一步规定在原告专利有效期内实施其药品及医疗器械专利如果出于行政审批的需要，则属于《专利法》第11条规定的非生产经营目的的一种情形。在涉及药品及医疗器械专利的案件中，被控侵权人以被控行为出于行政审判目的为抗辩事由的，优先适用《专利法》第69条的规定，其他情形一律适用《专利法》第11条的"生产经营目的"抗辩。

从我国专利司法实践来看，在专利法未规定药品及医疗器械行政审批抗辩之前，主要适用非生产经营目的抗辩来审理这类案件。如在原告三共株式会社、上海三共制药有限公司（以下简称"三共制药公司"）诉被告北京万生药业有限责任公司（以下简称"万生公司"）侵犯专利权纠纷一案❶中，三共株式会社系"用于治疗或预防高血压症的药物组合物的制备方法"发明的专利权人，三共制药公司系其被许可人。被告万生公司正在国家食品和药品监督管理局（以下简称"国家药监局"）申请"奥美沙坦酯片"的新药注册，表明被告的药品注册申请已经进入申请上市阶段。被告为申请新药注册已经生产了"奥美沙坦酯片"。原告认为"奥美沙坦酯片"落入其专利权的保护范围。被告为申请新药生产许可所生产的3批产品，在取得药品生产批准文号后可以上市销售，因此被告生产了可供销售的涉案药品，被告生产涉案药品的行为侵犯了涉案方法发明专利权。原告诉至法院请求判令被告停止使用涉案专利方法制造"奥美沙坦酯片"并赔偿两原告经济损失人民币50万元及为诉讼支出的费用人民币20万元。北京市第二中级人民法院一审认为，被告万生公司申请注册的涉案药品"奥美沙坦酯片"与原告专利所涉及的产品化学结构式相同，因此二者属于相同产品，被告万生公司使用的方法与涉案专利方法基本相同。但是，原告指控被告万生公司侵权的涉案药品"奥美沙坦酯片"尚处于药品注册审批阶段，虽然被告万生公司为实现进行临床试验和申请生产许可的目的使用涉案专利方法制造了涉案药品，但其制造行为是为了满足国家相关部门对于药品注册行政审批的需要，以检验其生产的涉案药品的安全性和有效性。鉴于被告万生公司的制造涉案药品的行为并非直接以销售为目的，不属于我国《专利法》所规定的为生产经营目的实施专利的行为，故被告万生公司的涉案行为不构成对涉案专利权的侵犯。一审法院遂判决驳回原告的诉讼请求。

事实上，与药品及医疗器械行政审批抗辩相同的是，《专利法》第69条规定的科

---

❶ 北京市第二中级人民法院民事判决书（2006）二中民初字第4134号。

学实验和研究抗辩也是在《专利法》第11条规定非生产经营目的实施他人专利不侵权的基础上，进一步规定在原告专利有效期内实施其专利如果出于科学实验和研究的需要，则属于《专利法》第11条规定的非生产经营目的的一种情形。

### 1.4　非生产经营目的抗辩与许诺销售侵权

专利侵权中的许诺销售侵权，是指被控侵权人并未实质性实施原告专利，只是为实质性实施原告专利从事了某些预备行为，基于法律的特别规定被认定为侵权。所谓实质性实施原告专利，对于发明和实用新型专利来说，是指制造、使用、销售、进口原告专利产品，或者使用原告专利方法以及使用、销售、进口依照该专利方法直接获得的产品的行为；对于外观设计专利来说，是指制造、销售、进口原告外观设计专利产品的行为。所谓为实质性实施原告专利的某些预备行为，包括为实质性实施原告专利创造条件、提供机会的行为。需要注意的是，并不是为实质性实施原告专利从事的预备行为都是侵犯原告专利权的行为，只有基于法律特别规定的某些预备侵权行为构成侵犯原告专利权的行为。

从我国《专利法》的规定来看，只有许诺销售行为才可能构成侵犯专利权的行为。许诺销售是指针对销售行为的预备行为，制造、销售、使用、进口是我国《专利法》规定的实质性实施原告专利可能构成侵犯原告专利权的行为，同时我国《专利法》也仅仅针对销售行为规定了某些预备销售行为可能构成侵犯他人专利权，针对其他实质性实施他人专利权的行为并未规定其预备行为也可能侵犯原告专利权。因此，根据我国《专利法》的规定，许诺侵权是指许诺销售行为的侵权，即为销售侵犯他人专利权的产品实施的某些预备行为，如为销售侵权产品进行广告、参加展览会等行为。

在许诺行为侵权案件中，被告主张非生产经营目的的抗辩时应当审查该抗辩理由是否成立。被告虽然在原告专利权有效期内实施了某些许诺销售行为，但如果现有证据确实能够证明被告实施的许诺销售行为所针对的实际销售行为不会在原告专利权有效期内实施，则被告主张的非生产经营目的抗辩可以帮助其摆脱原告的侵权指控。如被告在原告专利权有效期内宣称其将在原告专利权失效后销售仿制原告专利技术的产品，并为此进行了广告宣传行为，由于被告许诺销售行为所针对的实际销售行为并未也不会发生在原告专利权有效期内，故应认定被告有关非生产经营目的的侵权抗辩主张成立。也就是说，虽然我国《专利法》将许诺销售规定为侵权行为，但许诺销售行为应以许诺销售所针对的实际销售行为在原告专利权有效期内已经发生或确有可能发生为前提，如果现有证据表明许诺销售行为所针对的实际销售行为不会发生在原告专利权有效期内，则该单纯的许诺销售行为不应被视为侵犯专利权的行为。

## 2　不构成法定实施行为抗辩

不构成法定实施行为的抗辩，是指针对原告侵犯专利权的指控，被告主张其实施的被控行为不是法定实施专利行为的抗辩。

我国《专利法》第11条规定："发明和实用新型专利权被授予后，除本法另有规定的以外，任何单位或者个人未经专利权人许可，都不得实施其专利，即不得为生产经营目的制造、使用、许诺销售、销售、进口其专利产品，或者使用其专利方法以及使用、许诺销售、销售、进口依照该专利方法直接获得的产品。外观设计专利权被授予后，任何单位或者个人未经专利权人许可，都不得实施其专利，即不得为生产经营目的制造、许诺销售、销售、进口其外观设计专利产品。"这就是说，侵犯发明和实用新型专利权的行为仅有制造、使用、许诺销售、销售、进口行为；侵犯外观设计专利权的行为仅有制造、许诺销售、销售、进口行为。只要被控行为不是上述行为，就不是侵犯专利权的行为。

在"屏风上角盖"外观设计专利侵权案❶中，被告上海奥美广告有限公司北京分公司购买并使用了侵犯该专利的产品，专利权人起诉该行为侵犯其外观设计专利权，被告抗辩其行为不构成侵权。一审法院认为，"被告奥美北京公司使用包含有侵犯涉案专利权的上角盖的屏风产品，其行为不构成对涉案外观设计专利权的侵犯。"在"多规格笔画拼字玩具"外观设计专利侵权案❷中，专利人发现市场上销售的"天天10字智能早教机"玩具与原告的上述专利极为相似，而包装及广告宣传页上均署有"产品发明人董浩"字样，并附有董浩肖像，不仅如此，董浩在VCD广告片中也声称其为该产品的发明人。原告认为被告董浩不是该产品的发明人，而被告故意在不同场合，利用不同方式做此种宣传，其行为已构成对原告专利权的侵犯。一审法院认为，是否实施了专利权人的专利是评判是否构成侵犯专利权的要件之一。根据我国2000年《专利法》第11条第2款的规定，外观设计专利权被授予后，任何单位或者个人未经专利权人许可，都不得实施其专利，即不得为生产经营目的制造、销售、进口其外观设计专利产品。该规定明确指出对于外观设计专利，实施是指为生产经营目的制造、销售、进口其外观设计专利产品。本案被告的行为属于产品宣传行为，显然不符合该法律规范的行为属性，因此不属于实施原告外观设计专利的行为，即没有满足侵犯外观设计专利权所具备的构成要件，故原告诉被告侵犯其外观设计专利权的主张不成立。二审法院认为，陈淑红指控董浩以发明人的名义通过媒体及光盘等形式，为与陈淑红的外观设计专利极其相似的"天天10字智能早教机"进行广告宣传，以达到推广销售被控侵权产品的目的。但上述行为不属于专利法规定的侵犯外观设计专利权的几种法定情形，不属于本案审理范围，应当依照其他相关法律另案处理。

---

❶　华润励致洋行家私（珠海）有限公司诉北京华铭空间家具有限公司、上海奥美广告有限公司北京分公司、天津市利生档案用品有限公司专利侵权案。参见：北京市第二中级人民法院民事判决书（2004）二中民初字第8450号和北京市高级人民法院民事判决书（2005）高民终字第310号。

❷　陈淑红诉董浩专利侵权案。参见：北京市第二中级人民法院民事判决书（2004）一中民初字第11693号和北京市高级人民法院民事判决书（2005）高民终字第768号。

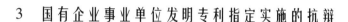

## 3　国有企业事业单位发明专利指定实施的抗辩

### 3.1　国有企业事业单位发明专利指定实施抗辩的概念

国有企业事业单位发明专利指定实施的抗辩，是指作为发明专利权人的国有企业事业单位指控被告侵犯其发明专利权时，如果被告是根据国务院有关主管部门决定或省、自治区、直辖市人民政府报经国务院批准后的决定在批准的范围内实施该发明专利的，可以据此主张其被控行为不侵犯原告专利权的侵权抗辩。

### 3.2　国有企业事业单位发明专利指定实施抗辩的立法沿革

自 1984 年我国制定《专利法》以来，虽然《专利法》历经三次修订，具有较强的中国特色的国有企业事业单位发明专利指定实施的抗辩制度却一直被规定为《专利法》第 14 条的内容被保留下来，并随着我国专利法的修订而不断完善。

1984 年《专利法》第 14 条规定："国务院有关主管部门和省、自治区、直辖市人民政府根据国家计划，有权决定本系统内或者所管辖的全民所有制单位持有的重要发明创造专利允许指定的单位实施，由实施单位按照国家规定向持有专利权的单位支付使用费。中国集体所有制单位和个人的专利，对国家利益或者公共利益具有重大意义，需要推广应用的，由国务院有关主管部门报国务院批准后，参照上款规定办理。"根据该规定，享有该抗辩权针对的专利不限于发明专利，还包括实用新型和外观设计专利，不限于国有单位的专利，还包括中国集体所有制单位和个人的专利。

1993 年《专利法》第 14 条规定："国务院有关主管部门和省、自治区、直辖市人民政府根据国家计划，有权决定本系统内或者所管辖的全民所有制单位持有的重要发明创造专利允许指定的单位实施，由实施单位按照国家规定向持有专利权的单位支付使用费。中国集体所有制单位和个人的专利，对国家利益或者公共利益具有重大意义，需要推广应用的，由国务院有关主管部门报国务院批准后，参照上款规定办理。"显然，1993 年《专利法》第 14 条对 1984 年《专利法》第 14 条作了一些修改，将有权实施他人专利的单位限制在了本系统内，但并未作大幅度的改动。

2000 年《专利法》第 14 条规定："国有企业事业单位的发明专利，对国家利益或者公共利益具有重大意义的，国务院有关主管部门和省、自治区、直辖市人民政府报经国务院批准，可以决定在批准的范围内推广应用，允许指定的单位实施，由实施单位按照国家规定向专利权人支付使用费。中国集体所有制单位和个人的发明专利，对国家利益或者公共利益具有重大意义，需要推广应用的，参照前款规定办理。"显然，2000 年《专利法》作出了较大的修改，其中最为突出的修改是将可以被指定实施的专利限定为发明专利，而不再包括实用新型和外观设计专利。

2008 年《专利法》第 14 条规定："国有企业事业单位的发明专利，对国家利益或者公共利益具有重大意义的，国务院有关主管部门和省、自治区、直辖市人民政府报经国务院批准，可以决定在批准的范围内推广应用，允许指定的单位实施，由实施单位按照国家规定向专利权人支付使用费。"显然，2008 年《专利法》再次对本条款进行了大幅度的修改，取消修改前《专利法》第 14 条第 2 款的规定，即对中国集体所有制单位和个人的发明专利，有关部门不得在依据本条规定指定实施。

### 3.3　国有企业事业单位发明专利指定实施的抗辩的理解

国有企业事业单位发明专利指定实施的抗辩只能针对国有企业事业单位的发明专利。这就是说，被指定实施的专利只能是国有企业事业单位的发明专利，国有企业事业单位的非发明专利，国有非企业事业单位的专利和非国有企业事业单位的专利，都不能被指定实施。而且被指定实施的专利应当是对国家利益或者公共利益具有重大意义的发明专利，如对公共卫生、食品、国防建设具有重大意义的发明专利。

国有企业事业单位发明专利指定实施的抗辩只能针对指定范围内实施他人发明专利的行为，这里的特定范围既包括地域范围，又包括实施者范围，既包括实施专利的方式，又包括实施专利的期限。有关部门指定实施专利时，应当明确被指定者的范围、被指定者实施专利的发生和地域及实施期限、被指定者根据指定实施国有企业事业单位发明专利的期限。被指定者对指定专利的实施应当受到上述指定范围的限制。

指定实施国有企业事业单位的发明专利应当由国务院有关主管部门和省、自治区、直辖市人民政府报经国务院批准后决定，指定实施的同时还应当明确被指定实施者向专利权人支付使用费的数额、方式等。专利权人不服国务院有关主管部门和省、自治区、直辖市人民政府报经国务院批准的有关指定实施其发明专利的决定的，可以依法提起诉讼。

## 4　抵触申请技术抗辩

### 4.1　抵触申请技术的含义

抵触申请是相对于被抵触的申请而言的，抵触申请与被抵触的申请的先后也是相对而言的，如从申请日来看，抵触申请是在先申请，被抵触的申请是在后申请；从公开日期来看，抵触申请是在后申请，被抵触申请是在先申请。由于申请日是专利申请的起点，其在专利制度中具有不可替代的作用，故在论述抵触申请与被抵触的申请先后时，通常以申请日而不是公开日为依据，即申请日在先的为在先申请，申请日在后的为在后申请。因此，抵触申请是在先申请，被抵触的申请属于在后申请。

我国《专利法》并未出现抵触申请的概念，但并不缺乏有关抵触申请内容的规定。1984 年《专利法》第 22 条第 2 款规定："新颖性，是指在申请日以前没有同样的发明或者实用新型在国内外出版物上公开发表过、在国内公开使用过或者以其他方式为公众所知，也没有同样的发明或者实用新型由他人向专利局提出过申请并且记载在申请日以后公布的专利申请文件中。"这一规定在 1993 年及 2000 年两次修订《专利法》时均未作实质性修订，2008 年修订后的《专利法》对抵触申请的内容虽略有修订，但基本沿袭 1984 年《专利法》以来对抵触申请内容的规定，2008 年《专利法》第 22 条第 2 款规定："新颖性，是指该发明或者实用新型不属于现有技术；也没有任何单位或者个人就同样的发明或者实用新型在申请日以前向国务院专利行政部门提出过申请，并记载在申请日以后公布的专利申请文件或者公告的专利文件中。"《专利审查指南 2010》第 2 部分第 3 章第 2.2 节规定："根据专利法第 22 条第 3 款的规定，在发明和实用新型新颖性的判断中，由任何单位或者个人就同样的发明或实用新型在申请日以前向专利权提出并且在申请日以后（含申请日）公布的专利申请文件或者公告的专利文件损害该申请日提出的专利申请的新颖性。为描述简便，在判断新颖性时，将这种损害新颖性的专利权申请，称为抵触申请。"这表明，抵触申请是指在某一专利申请的申请日之前提交并在该专利申请的申请日或申请日以后公开的同样的专利申请。

## 4.2　抵触申请技术抗辩的含义

在专利制度中，抵触申请是作为授权及无效审查中判断专利申请新颖性的内容出现的，其在专利制度中的主要作用是否定在后专利申请的新颖性。目前，我国有关专利的法律法规及司法解释均未出现抵触申请这一概念，抵触申请这一概念出现在国家知识产权局制定的《专利审查指南 2010》中。在侵犯专利诉讼中，被控侵权人主张其实施的是抵触申请的情形也时有出现。从当前的司法实践来看，当被控侵权人主张其实施的不是原告专利技术而是其抵触申请技术时，法院经审查如果认定被告该抗辩主张成立，往往会向当事人释明，告知当事人可以依法请求国家知识产权局专利复审委员会宣告原告专利权无效。

所谓抵触申请技术抗辩，是指在侵犯专利权诉讼中，被控侵权人主张被控侵权物实施的是原告专利的抵触申请技术从而对抗原告侵权指控的诉讼抗辩制度。在 2008 年第三次修订《专利法》之前，虽然法律没有明确规定，但抵触申请和现有技术均在司法实践中被引用以抗辩专利侵权指控。但是，在 2008 年《专利法》第 62 条明确规定了现有技术抗辩，且《专利法》第 22 条也定义"现有技术是指专利申请日以前的技术，抵触申请技术因未在专利申请日前公开故不可能被视为原告专利的现有技术"，这使得抵触申请技术能否成为一种独立的侵权抗辩事由的问题逐渐浮出水面。《专利法》自 2009 年实施以来，将抵触申请技术作为侵权抗辩事由的呼声也越来越高，目前的理论界和实务界更倾向于将抵触申请技术作为独立的侵权诉讼抗辩事由。

## 4.3　抵触申请技术抗辩的司法适用

第三次修订的《专利法》实施以来，人民法院已经适用抵触申请技术抗辩审理了十余起案件，这里略举一例。

在邱则有诉上海灵拓建材有限公司、上海舜基新型建材有限公司、上海新兴技术

开发区联合发展有限公司、中国核工业华兴建设有限公司侵害发明专利权纠纷一案❶
中，原告邱则有于 2002 年 5 月 29 日向国家知识产权局提出了名称为"钢筋砼用空心
管及其制作方法、专用模具"的发明专利申请，并于 2004 年 10 月 6 日获得专利授权
（以下简称"原告专利"）。案外人王瑾于 2000 年 12 月 27 日向国家知识产权局申请了
名称为"现浇空心楼板用芯管的制造方法"的发明专利（以下简称"王瑾专利"），
公开日为 2002 年 7 月 31 日，并于 2003 年 9 月 24 日获得专利授权。经审查王瑾的专
利已构成原告专利的抵触申请。原告指控被告上海灵拓建材有限公司、上海舜基新型
建材有限公司未经其允许，擅自使用其专利技术生产制造、销售空心管产品，被告上
海新兴技术开发区联合发展有限公司、中国核工业华兴建设有限公司在上海市徐汇区
漕宝路 801 号"上海漕河泾新兴技术开发区兴园技术中心工程"项目现场，使用被告
上海灵拓建材有限公司、被告上海舜基新型建材有限公司提供的侵权空心管制作现浇
空心楼盖，均侵犯了其专利。被告则主张其实施的是王瑾专利，故不构成侵权。

　　上海市第一中级人民法院一审认为，发明专利权被授予后，任何单位或者个人未
经专利权人许可而实施其专利，属于侵犯专利权的行为，依法应当承担相应的民事责
任，但如果被控侵权人有证据证明其实施的技术属于现有技术的，则不构成侵权。王
瑾专利虽然申请日在原告专利申请日之前，但公开日却在原告专利申请日之后，其相
对于原告专利不属于现有技术。但是，专利侵权诉讼中现有技术抗辩制度的法理基础
在于授予专利的发明必须具备新颖性和创造性。抵触申请能够损害在后申请专利的新
颖性，并导致在后申请不能获得专利授权，在这点上其与现有技术性质相同。因此，
如果被告援引抵触申请技术作为抗辩的话，人民法院可以类推适用现有技术抗辩的法
理进行处理。本案中，王瑾专利应构成原告专利的抵触申请，故被告所主张的抵触申
请技术抗辩成立，原告指控各被告构成侵权并不成立故判决驳回原告邱则有全部诉讼
请求。上海市高级人民法院二审认为，现有技术可以破坏专利的有效性，但由于专利
有效性审理与专利侵权判断职权的分工，在专利侵权民事诉讼程序中，法院不能直接
评判专利的有效性，但在被控侵权人实施的技术属于现有技术的情况下，如果因为不
能评判专利的有效性，就直接认定侵权成立，则明显不合理，故才有了现有技术抗辩
的制度设计。由于抵触申请也可以破坏专利的有效性，故依据现有技术可以用于不侵
权抗辩的法理，抵触申请技术应可以类推适用现有技术抗辩。但抵触申请技术与现有
技术相比，其破坏专利有效性的效力有限，抵触申请只能用于评价新颖性，而不能用
于评价创造性，故抵触申请技术类推适用现有技术抗辩时，其抗辩的效力也应受到相
一致的限制。为此，抵触申请技术类推适用现有技术抗辩应限于在相同侵权中才能进
行抗辩，且被控侵权技术方案与抵触申请中记载的技术方案相同时，不侵权抗辩才能

---

　　❶ 上海市高级人民法院民事判决书（2011）沪高民三（知）终字第 77 号和上海市第一中级人民法院民事
判决书（2008）沪一中民五（知）初字第 174 号。

成立。抵触申请技术类推适用现有技术抗辩引用的法律依据应当是现有技术抗辩的相应法律依据。由于王瑾专利应构成原告专利的抵触申请，且被控侵权技术属于王瑾专利，故被告抵触申请技术抗辩主张成立。上海市高级人民法院遂维持原判。

上述案例的重要意义在于明确了抵触申请技术抗辩可以成为侵犯专利权诉讼中的独立侵权抗辩事由，同时在我国《专利法》未明确规定抵触申请技术作为侵权抗辩事由情况下将抵触申请技术抗辩类推适用现有技术抗辩是恰当的，毕竟抵触申请技术和现有技术具有一定的共性，尤其是二者都是独立于原告专利的合法技术存在且都能够影响原告专利权的效力。但也应当看到，抵触申请技术与现有技术的差别也是明显的，抵触申请技术抗辩类推适用现有技术抗辩的某些规则是多少有些反向裁判方法中"先确定裁判方向甚至裁判结果，然后再寻求法律依据"的意味，体现了效果取向的最终决定性。❶

### 4.4　抵触申请技术抗辩适用中的比对方式

在侵犯专利权诉讼中，如果被告主张其实施的是原告专利的抵触申请技术，则应当承担相应的举证责任。这种举证责任包括需要证明其所主张的抵触申请确系原告专利的抵触申请、被控侵权物与该抵触申请属于相同的发明创造。当然，如果被告已经请求专利复审委员会宣告原告专利权无效的，也可提供相应的证据。

在判断抵触申请与在后申请是否属于"同样的发明或者实用新型"时，应当确立比较的对象。对于发明和实用新型专利申请来说，其申请材料通常包括请求书、说明书及其摘要和权利要求书等文件，说明书往往又包括文字部分及实施例、附图等，而发明和实用新型专利权的保护范围通常是由其权利要求书记载的内容确定的。因此，在判断抵触申请与在后申请是否属于"同样的发明或者实用新型"时，比较的对象是在先申请的全文和在后申请的权利要求书，有人称之为"在先申请全文比较原则"。❷在先申请的全文包括权利要求书、说明书、附图等，只要在后申请的权利要求记载的技术方案在在先申请中已有记载，无论这种记载存在于在先申请的权利要求书中，还是存在于在先申请的说明书、附图等其他文件中，该在先申请就构成该在后申请的抵触申请。

## 5　侵犯专利权诉讼的其他抗辩

### 5.1　强制许可抗辩

强制许可抗辩是指在面对侵犯专利权的指控时，被控侵权人主张被控行为系根据强制许可实施他人专利的侵权抗辩。强制许可是国务院专利行政部门根据具备实施条

❶ 孔祥俊. 司法哲学与裁判方法［M］. 北京：人民法院出版社，2010：126.
❷ 仪军. 抵触申请在实践中的应用［J］. 电子知识产权，2002（12）.

件的单位或者个人的申请，在未取得专利权人授权的情况下依职权给予申请人实施他人发明专利或者实用新型专利的许可。由于这种许可未征得专利权人的同意，系国务院专利行政部门依职权决定给予申请人实施他人专利的许可，故称之为强制许可。

## 5.2　诉讼时效抗辩

诉讼时效抗辩是侵权诉讼中较为常见的抗辩制度，它一般依赖于被告的主张，法院通常不得在被告未主张诉讼时效抗辩的情况下主动适用。侵犯专利权诉讼中的诉讼时效抗辩适用民事诉讼时效抗辩制度的一般规则，即侵犯专利权的诉讼时效为 2 年，自专利权人或者利害关系人得知或者应当得知侵权行为之日起计算。但需要注意的是，侵犯专利权的行为通常是持续性侵权行为，自专利权人或者利害关系人知道或者应当知道侵权行为之日起超过 2 年起诉的，如果侵权行为在起诉时仍在继续，在该项专利权有效期内，人民法院应当判决被告停止侵权行为，侵权损害赔偿数额应当自权利人向人民法院起诉之日起向前推算 2 年计算。

这里需要特别注意的是，诉讼时效的抗辩依赖于当事人的主张。对于持续性侵权行为来说，主张诉讼时效的主要作用是将原告的索赔数额限制在起诉之日倒推 2 年之内。如果被告没有主张诉讼时效抗辩，则原告索赔数额的确定就不应受由起诉之日倒推 2 年的限制，而应考虑侵权行为持续的时间等因素综合确定。此外，对于零部件产品侵权来说，如果专利权人对侵权零部件产品的追诉已过诉讼时效，则其对他人使用该侵权产品作为零部件生产另一产品的侵权行为的追诉亦应一并超过诉讼时效。

## 5.3　原告专利被纳入强制性技术标准抗辩

具有强制性的技术标准通常是有权机关发布的在某一行业或者某一地区施行的标准，相应的行业或者地区的从业者在生产经营活动中必须实施该标准。在侵犯专利权诉讼中，如果原告专利被纳入了国家、行业或者地方标准的，能否视为其已经默示许可他人实施其专利？如果因为实施国家、行业或者地方标准而实施了他人专利技术被控侵权的，被告能否以其行为不侵权进行抗辩？

从目前的司法实践来看，因实施国家、行业或者地方标准而被控侵权的，被告可以作不侵权的抗辩。最高人民法院 2008 年 7 月 8 日答复辽宁省高级人民法院《关于朝阳兴诺公司按照建设部颁发的行业标准〈复合载体夯扩桩设计规程〉设计、施工而实施标准中专利的行为说法构成侵犯专利权问题请示案》时指出："鉴于目前我国标准制定机关尚未建立有关标准中专利信息的公开披露及使用制度的实际情况，专利权人参与了标准的制定或者经其同意，将专利纳入国家、行业或者地方标准的，视为专利权人许可他人在实施标准的同时实施该专利，他人的有关实施行为不属于专利法第 11 条所规定的侵犯专利权的行为。专利权人可以要求实施人支付一定的使用费，但支付的数额应明显低于正常的许可使用费；专利权人承诺放弃专利使用费的，依其承诺处理。"

# 第5章 侵犯专利权的法律责任

根据我国传统民法理论，一般情况下，行为人侵犯他人合法权益应依法承担相应的法律责任，侵犯专利权也不例外。本章分为四节。第1节为"侵犯专利权的法律责任概述"，介绍了与侵犯专利权法律责任相关的基本概念、侵权法理论和确定侵犯专利权法律责任的法律依据；侵犯专利权法律责任的归责原则及其相关问题；侵犯专利权法律责任的构成要件以及侵犯专利权法律责任的责任抗辩。第2节为"侵犯专利权的民事责任形式"，详细阐述了法律明确规定的三种责任承担形式，即停止侵权、销毁和损害赔偿，还详细介绍了损害赔偿这一责任承担形式的相关法律问题。第3节为"侵犯专利权诉讼中的临时措施"。侵犯专利权诉讼中的临时措施并非严格意义上的侵犯专利权法律责任问题，但考虑到这种临时措施的施行在一定程度上遏制了侵权行为人的侵权行为的同时科以侵权行为人某种责任，因此在本章中单列一节详细阐述，主要包括诉前禁令、证据保全、财产保全、先予执行。第4节为"侵犯专利权的其他法律责任"，介绍了侵犯专利权的民事制裁、行政责任等相关问题。

## 第1节 侵犯专利权的法律责任概述

## 1 民法中的侵权责任

### 1.1 侵权与权利

侵权是指对他人权益的损害。损害他人权益是一种古老的社会现象，可以说有人类活动以来就不断有各种侵犯他人权益的行为发生。具有法律意义的侵权是指对他人享有的由法律规定的权益的侵害。因此，法律意义上的侵权应以法律规定他人享有权益为前提，它至少应当是人类摆脱原始社会进入阶级社会后的产物。随着国家的产生，统治阶级开始利用其掌握的国家机器制定一些法律，这些法律中往往包括保护人或者说至少是部分人的权利。这些受到法律的保护的权利受到侵害时，统治阶级可以利用国家暴力机构追究加害者的法律责任。

随着社会的发展，法律规定的人的权利体系越来越丰富，对权利的保护机制也越来越完善。法律保护的人的权利不限于私权，它还包括对人的政治权利如选举权与被选举权、结社权等的保护。因此，对权利的侵犯不仅包括对私权的侵犯，还包括对人的政治权利的侵犯。不仅侵犯私权应当承担法律责任，侵犯人的政治权利也同样要承担一定的法律责任。此外，损害社会公共秩序及损害全人类共同利益的，也是一种侵权。这就是说，广义的法律意义上的侵权并不仅仅指侵犯特定个人的私权，也包括对特定个人的公权的侵犯，甚至还包括侵犯不特定的人或者所有人的正当权益。

民法中的侵权主要是指对个人私权的侵害，虽然侵害不特定的个人或者所有人的正当利益也可能被作为民法中的侵权对待，但民法中的侵权不涉及对个人公权的侵害。例如，侵犯他人选举权和被选举权通常不受民法的调整。当然，在侵犯他人选举权与被选举权的同时，如果伴随有侵害他人民事权益的，则侵犯他人民事权益的部分属于民法中的侵权。此外，民法中的侵权虽然可能涉及侵害不特定的个人或者所有人的正当利益，但适用民法中的侵权责任法来追究侵害者的法律责任时，通常需要合法权益受到侵害的特定民事主体启动民事诉讼程序。

民法中的侵权责任，是指侵害民事权益导致侵害人承担的民事法律责任。民法调整平等主体的公民之间、法人之间、公民和法人之间的财产关系和人身关系，当事人在民事活动中的地位平等，任何人都不得非法侵害他人合法的民事权益。《民法通则》第5条规定："公民、法人的合法的民事权益受法律保护，任何组织和个人不得侵犯。"民事侵权责任的认定应以民事权益受到侵害为前提，民事权益一般包括民事权利和民事利益。民事权利是指民事法律明确规定的权利，而民事利益是指法律虽未明确规定为民事权利但确属应受法律保护的民事主体所享有的正当利益。《侵权责任法》第2条规定："侵害民事权益，应当依照本法承担侵权责任。本法所称民事权益，包括生命权、健康权、姓名权、名誉权、荣誉权、肖像权、隐私权、婚姻自主权、监护权、所有权、用益物权、担保物权、著作权、专利权、商标专用权、发现权、股权、继承权等人身、财产权益。"

尽管民法中的侵权主要是指对个人私权的侵害，但即便是侵害民事权益的行为可能并不仅仅产生民法中的侵权责任。当侵害民事权益的行为严重损害社会秩序时，可能会产生刑事责任。如故意伤害致人死亡的，不仅要承担民法中侵犯他人人身权的侵权责任，还要承担《刑法》规定的刑事责任。此外，侵害个人私权的行为还可能导致行政责任的适用。如"殴打他人的，或者故意伤害他人身体的"，对受害人而言既构成了民法中的侵权，同时根据《治安管理处罚法》第43条第1款的规定，也可以"处5日以上10日以下拘留，并处200元以上500元以下罚款；情节较轻的，处5日以下拘留或者500元以下罚款"。

## 1.2　侵权与行为

行为是指民事主体的行为，民事主体的行为是否构成侵权，涉及法律适用问题。行为具有客观性，任何人无时无刻不在行为。民事主体的行为大致可以分为作为和不作为。作为是积极采取行动的积极性行为，如焚毁他人财物、擅自实施他人专利技术，故作为是积极性行为。不作为是指未采取积极行动的行为，如明知自己转让给他人的技术方案可能侵犯专利权仍放纵他人实施该技术方案的行为，故不作为是消极性行为。将民事主体的行为分为作为和不作为是相对而言的，不作为之所以构成侵权，往往是因为不作为的行为人负有某种积极作为的义务，一旦其积极作为就可以有效制止或防止侵权，但却没有积极作为才导致侵权的发生。不作为的行为人负有的某种积极作为的义务往往是基于其先前的某种积极作为，或者基于法律的特别规定。因此从某种意义上讲，不作为其实也是一种作为。

民事主体具有法律意义的行为通常都是受民事主体的主观意志所控制的，民事主体客观上的某些行动如果与其主观意志完全无关，即无论适用过错归责原则还是无过错归责原则，均不属于可以归责的被控侵权人的行为，一般不构成民法中的行为。如果被控侵权人客观上的行动与其主观意志毫无关系，即使造成了损害后果，一般也不适用侵权责任法来调整。尽管在适用无过错归责原则时，一般不考虑行为人是否具有主观过错，但必须考察被控行为是不是被控侵权人的行为，如果其不构成被控侵权人的行为，或如果其与被控侵权人的主观意志无关，完全不受被控侵权人的主观意志的控制，则被控侵权行为不构成法律意义上的行为，自然也就不构成侵权行为，也就无须适用侵权责任法来确定被控侵权人的侵权责任。

行为是客观的过程，侵权是主观判定的法律适用，侵权法的重要功能就是判断某一行为是否侵犯他人合法权益。包括侵权人在内的任何人无时无刻不在实施着某种行为，任何人的任何行为都可能与他人相关，某一行为是否会损害他人利益还是增加他人的利益往往是相对而言的，有的行为会损害他人的利益，有的行为无损于他人的利益，有的行为在损害一部分人的利益的同时可能有益于另一部分人，有的行为在有益于一部分人的同时可能会损害另一部分人的利益。即使在判断同一行为是损害他人的利益还是增加他人的利益，不同的判断者可能会得出不同的结论，依据不同的法律也可能会得出不同的结论，站在不同的角度也会得出不同的结论。

民法中的侵权行为是行为的一种，它是指被依法判定为侵害他人合法民事权益的行为。"侵权行为是指侵害他人权利或利益的违法行为。"❶侵权行为的判定具有溯及力性，侵权行为发生时或发生后，它开始还仅仅是一种行为，当受害人或其他人意识到该行为侵犯其合法权益并予以控诉时，该行为还是一种被控侵权行为。只有在法律上确定其为侵权行为后，它才从法律上被判定为侵权行为。当然，通过诉讼或其他方式判定被控行为为侵权行为后，这种判定具有溯及力，表明该行为从其发生时就是一种侵权行为，而不是指该行为在被判定为侵权时才成为侵权行为，在被判定为侵权行为之前就不是侵权行为。

---

❶　史尚宽. 债法总论［M］. 北京：中国政法大学出版社，2000：105.

## 1.3　侵权与责任

如果说侵权是因，责任就是果。侵犯他人民事权利的，应当承担一定的法律责任。在我国的法律责任体系中，侵犯民事权益承担的责任通常不限于民事责任，还可能导致行政责任甚至刑事责任的适用，如《民法通则》第 110 条规定："对承担民事责任的公民、法人需要追究行政责任的，应当追究行政责任；构成犯罪的，对公民、法人的法定代表人应当依法追究刑事责任。"但无论是适用哪种法律责任，都应以侵权为前提。正是因为侵权人实施的行为侵犯了他人的合法权益，才导致其承担相应的法律责任，而侵权责任只是因侵权行为产生的法律责任的一种。但是，在因侵权行为产生的民事责任、行政责任和刑事责任出现冲突时，民事责任的承担，一般应当优先适用于另外两种责任，这是因为侵权行为首先侵害的是民事主体的合法民事权益。

民法中的侵权责任，通常是指侵犯他人合法权益产生的民事责任，侵权的民事责任也往往简称为侵权责任。"侵权责任是当事人违反民事义务所应承担的民法上的不利后果。"❶ 侵权人负有的民事义务就是不得侵犯他人的民事权利，绝对性民事权利具有对世性，任何人都负有不得侵犯他人享有的绝对性民事权利的义务，这种义务一般是要求义务人不得采取积极行为妨碍他人民事权利的实现，当义务人违反这种不作为的义务时，就可能构成侵权。当然，权利人也负有一定的容忍限度，当他人的行为妨碍其民事权利的实现时，需要从法律上判断他人行为是否构成侵权，只有在判定他人行为构成侵权后，才可能导致侵权责任的适用。

侵权判定中最重要的内容是侵权行为判定和侵权责任判定。侵权行为判定是指对被控行为是否构成侵权行为的判定。如果被控行为未被判定为侵权，则受害人对被控侵权人的侵权指控就会被全部驳回。只有在判定被控行为构成侵权后，才涉及责任的判定。侵权责任判定就是在被控行为被判定为侵权的基础上对侵权人应当承担的民事责任的判定。侵权人是多人的，还应当对多个侵权人是否应承担共同侵权责任进行认定，当受害人对侵权行为的发生也有过错的，侵权责任的判定还涉及受害人的过错在多大程度上影响侵权人应当承担的责任的认定。

侵权责任是侵权行为的法律后果，侵权行为人应当就其侵权行为承担侵权责任。但在民法体系中的侵权行为属于一种债的发生原因，侵权责任也在一定意义上被视为一种债法上的责任。因此，尽管侵权责任应当是侵权行为的法律后果，但侵权人对侵权责任的承担并不是必然的，这是因为在一些情形下侵权人可能不具有责任能力，或者侵权人已去世或将具备其他不可能承担侵权责任的正当理由，或者受害人已经放弃追究侵权责任，甚至放弃追究侵权行为。

---

❶ 张新宝. 侵权责任法原理 [M]. 北京：中国人民大学出版社，2005：19.

## 2　侵权责任的法律体系

侵权责任的法律体系，是指规定民事侵权责任的法律体系。我国民法中的侵权责任体系，目前是由一般法、特别法和专门法共同构建的。在法律适用上，可以先适用一般法的规定，但特别法有特别规定的，适用特别法的规定，同时如果专门法在一般法和特别法的基础上还有专门规定的，则应适用专门法的规定。

### 2.1　侵权责任的一般法律规定

侵权责任的一般法是指《民法通则》，该法 1986 年 4 月 12 日经第六届全国人民代表大会第四次会议通过后，自 1987 年 1 月 1 日起施行，经历了 2009 年 8 月 27 日第十一届全国人民代表大会常务委员会第十次会议的部分修正，目前仍然是我国民事法律中最重要和最基础的法律。其将民事责任分为合同责任和侵权责任两大体系，同时规定了民事责任的具体形式即适用方式。

根据《民法通则》第 134 条的规定，承担民事责任的方式主要有 10 种：①停止侵害；②排除妨碍；③消除危险；④返还财产；⑤恢复原状；⑥修理、重作、更换；⑦赔偿损失；⑧支付违约金；⑨消除影响、恢复名誉；⑩赔礼道歉。以上承担民事责任的方式，可以单独适用，也可以合并适用。

《民法通则》第 134 条的规定基本建立了较为完善的民事责任体系，其对我国民事法律责任的总体性规定，为后来的合同责任体系及侵权责任体系的建立和完善都起到了基础性作用。

### 2.2　侵权责任的特别法律规定

侵权责任的特别法律规定是指《侵权责任法》的规定。虽然《民法通则》早已初步确立了民事责任体系，合同责任体系也随着《合同法》在 1999 年 10 月 1 日开始实施而得以建立和完善，但侵权责任除《民法通则》的总体性规定外，长期散落各专门法律规定中。2009 年 12 月 26 日，《侵权责任法》由中华人民共和国第十一届全国人民代表大会常务委员会第十二次会议通过并自 2010 年 7 月 1 日起施行，标志着侵权责任立法体系的建立。

从责任形式上看，《民法通则》第 134 条规定了十种民事责任体系，其中既有合同责任，也有侵权责任。《侵权责任法》第 15 条规定："承担侵权责任的方式主要有：（一）停止侵害；（二）排除妨碍；（三）消除危险；（四）返还财产；（五）恢复原状；（六）赔偿损失；（七）赔礼道歉；（八）消除影响、恢复名誉。"《侵权责任法》在《民法通则》规定的十种民事责任形式的基础上，明确了其中八种民事责任形式为侵权责任形式。尽管《侵权责任法》规定的侵权责任形式比《民法通则》规定的民事责任体系少了"修理、重作、更换"和"支付违约金"两种形式，但二者并无矛盾，因为一般认为"修理、重作、更换"和"支付违约金"属于债法上的责任形式，而不是侵权责任形式。

　　法律适用上，确定侵权人的侵权责任当然应适用《民法通则》的规定。当然，如果《侵权责任法》有特别规定的，则应适用《侵权责任法》的特别规定。

### 2.3　侵权责任的专门法规定

　　民法中的专门法律，是指民事总体性立法体系中按照一定法律体系制定的法律，如按照民事权利体系，民法中的专门法律有涉及物权、债权、知识产权、婚姻家庭继承等法律。专门法律的规定通常在一般法或一般法的特别法的规定的基础上，在更小的范围内对某些专门性问题所作的法律规定。物权的专门法律就是《物权法》，如涉及债权法中最主要的专门法律就是《合同法》。知识产权是较为特殊的民事权利，在民事权利体系下，知识产权本身又构成一个权利体系或权利束，所以涉及知识产权的专门法律主要按各种知识产权的具体权利类型来制定，如《专利法》、《商标法》以及《著作权法》等。

　　专门法律一般在《民法通则》及《侵权责任法》的基础上规定专门的民事责任，因此在法律适用上通常先适用《民法通则》及《侵权责任法》的规定，但如果专门法律有专门规定的，则适用专门法律的规定。例如，我国《专利法》主要规定了两种侵权责任形式，即停止侵权、损害赔偿，虽然《民法通则》及《侵权责任法》也规定了损害赔偿的责任形式，鉴于《专利法》在此基础上还就损害赔偿数额的确定作出了更为具体的规定，因此在确定侵犯专利权的赔偿责任时，应适用我国《专利法》的专门规定。

## 3　专利法中的法律责任

### 3.1　侵犯专利权的法律责任体系

　　虽然专利权是私权，《专利法》也应是私法，但从立法来看，《专利法》规定的内容并不总是私法的内容，它还涉及较多的行政法的内容，如《专利法》对专利申请及无效审查程序的规定，涉及绝对行政机关相应行政行为的规范。因此，在《专利法》规定的法律责任体系中，也不全是民事责任。

　　从我国《专利法》规定的法律责任所针对的违法行为来看，我国《专利法》规定的违法行为不仅包括侵权行为，还包括其他与专利有关的违法行为。例如，我国《专利法》第63条是针对假冒专利的行为规定相应的法律责任；第68条是针对发明专利申请公布后至专利权授予前使用该发明的行为应当支付使用费所作的规定；第71条是针对擅自向外国申请专利泄露国家秘密的行为规定的法律责任；第72条是针对侵夺发明人或者设计人的非职务发明创造专利申请权和其他合法权益的行为规定的法律责任；第73条是针对管理专利工作的部门擅自参与向社会推荐专利产品等经营活动的行为规定的法律责任；第74条是针对从事专利管理工作的国家机关工作人员以及其他有关国家机关工作人员玩忽职守、滥用职权、徇私舞弊的行为规定的法律责任。

从我国《专利法》规定的责任类型上看，其规定的责任既有民事责任，又有行政责任，还有刑事责任。如我国《专利法》第63条规定："假冒专利的，除依法承担民事责任外，由管理专利工作的部门责令改正并予公告，没收违法所得，可以并处违法所得4倍以下的罚款；没有违法所得的，可以处20万元以下的罚款；构成犯罪的，依法追究刑事责任。"其中"假冒专利的，除依法承担民事责任外"表明假冒专利应承担民事责任；"由管理专利工作的部门责令改正并予公告，没收违法所得，可以并处违法所得4倍以下的罚款"属于行政责任；"构成犯罪的，依法追究刑事责任"则属于刑事责任。当然，我国《专利法》对刑事责任的规定应进一步适用《刑法》的相关规定。如针对假冒专利的行为，《刑法》第216条规定："假冒他人专利，情节严重的，处3年以下有期徒刑或者拘役，并处或者单处罚金。"虽然我国《专利法》规定"构成犯罪的，依法追究刑事责任"，但在追究假冒专利的刑事责任时，还应进一步适用《刑法》的上述规定。

## 3.2 侵犯专利权的法律责任与专利权的本质

知识产权本质上是一种私权，知识产权所反映和调整的社会关系具有平等性，主要是主体之间的财产关系，因而具备了私权最本质的特征。无论从国际公约还是从我国的民事立法来看，知识产权都是一种私权。如TRIPS协定开篇即要求各成员"承认知识产权为私权"。1986年4月12日第6届全国人民代表大会第四次会议通过的《民法通则》第5章"民事权利"部分在规定了"物权"和"债权"后，专节规定了"知识产权"。显然，《民法通则》将知识产权规定为一种民事权利，该规定深远地影响了此后的知识产权立法、司法和学术研究。如有学者明确指出，"知识产权作为民事权利的属性是客观的，它不依人的主观意志而改变"，[1]"知识产权是一种民事权利，亦即是一种私权"。[2]

专利权是典型的知识产权，无论国际公约还是我国的民事立法对此都有明确的规定。如《巴黎公约》第1条规定："工业产权的保护以发明专利权、实用新型、工业品式样、商标、服务商标、商店名称、产地标记或原产地名称，以及制止不正当的竞争，作为对象。"《建立世界知识产权组织公约》第1条规定："知识产权包括有关下列项目的权利：文学艺术和科学作品；表演艺术家、录音和广播的演出；在人类一切活动领域内的发明；科学发现，；外型设计；商标服务标记、商号名称和牌号；制止不正当竞争；及在工业、科学、文学或艺术领域内其他一切来自知识活动的权利。"TRIPS协定第二部分在规定知识产权的类型时，特别规定了"工业品外观设计"和"专利"。《民法通则》第5章第3节在规定知识产权时，特别规定"公民、法人依法

---

[1] 刘春田. 知识产权法［M］. 3版. 北京：中国人民大学出版社，2007：22.
[2] 王迁. 知识产权法教程［M］. 北京：中国人民大学出版社，2007：14.

取得的专利权受法律保护"。因此,专利权在本质上是一种知识产权,是一种民事权利,是一种私权。

既然专利权是一种私权,侵犯专利权的法律责任也主要是一种私法上的法律责任。私权最重要的特征是平等性和自主性,即私权主体是平等的,权利人有权自主处分其私权,包括对侵权责任的处分。因此,在侵犯专利权的法律责任中,民事责任应当优先于其他法律责任得到补偿,权利人有权自主决定追究侵权责任,也有权自主决定放弃追究侵权责任。任何人、任何单位以任何借口违背专利权人的意志追究侵权责任或放弃追究侵权责任,都是与专利权的私权本质南辕北辙。

还需要指出的是,专利权是私权,是财产权,完整地说专利权的本质是私有财产权。侵犯财产权的责任形式与侵犯人身权的责任形式是有差异的,尽管二者可能都可以适用损害赔偿、消除危险的法律责任,但某些专属于侵犯人身权的法律责任是不能适用于侵犯财产权的。例如,赔礼道歉是适用于侵犯人身权的法律责任,它一般不适用于侵犯财产权。从司法实践来看,有相当多的专利权人在起诉他人侵犯其专利权时要求侵权人向其赔礼道歉,目前人民法院基本上不支持专利权人要求侵权人向其赔礼道歉的诉讼请求。

### 3.3　侵犯专利权的法律责任与侵犯专利权的行为

侵犯专利权的责任与侵犯专利权的行为具有必然的联系,正是行为人的被控行为被判定为侵犯专利权的行为,行为人才需要因此承担侵犯专利权的法律责任。从侵犯专利权的法律判定逻辑来看,只有行为人实施了侵犯专利权的行为,才有可能承担侵犯专利权的法律责任,但行为人实施了侵犯专利权的行为却并不是必然要承担侵犯专利权的法律责任,这是因为专利权人可能放弃对侵权行为或侵权责任的追究,或者专利权人对侵权行为或侵权责任的追究可能因为超过诉讼时效等原因得不到支持。但是,行为人承担了侵犯专利权的法律责任,往往意味着其已经实施了侵犯专利权的行为。

如果将侵犯专利权的行为产生的法律责任简称为侵权责任,则广义的侵权责任并不限于民事责任,还可能产生行政责任。根据我国《专利法》第60条的规定,侵犯专利权引起纠纷的,专利权人或者利害关系人可以请求管理专利工作的部门处理,管理专利工作的部门处理时,认定侵权行为成立的,可以责令侵权人立即停止侵权行为。管理专利工作的部门责令侵权人停止侵权行为即属于行政责任。需要指出的是,侵犯专利权的法律责任即使在广义上也不包括刑事责任,这是因为我国《专利法》并未规定侵犯专利权应当承担刑事责任,我国《刑法》也没有规定侵犯专利权应当承担刑事责任。

《专利法》中的侵权责任一般是指狭义的侵权责任,即仅仅是指侵犯专利权的民事责任,而不包括侵犯专利权可能产生的行政责任。这主要是因为专利权本质上是私

第5章

权，专利权人有权决定是否追究侵权行为和侵权责任。事实上，专利权人的意志可能决定着被控行为是否构成侵犯专利权的行为。这是因为，侵犯专利权的行为主要表现为未经专利权人的许可擅自实施其专利，意味着任何人只要取得专利权人的许可实施其专利就不可能构成侵权，而他人既可以在专利权人许可后实施其专利，也可以在他人实施其专利后再通过追认的方式许可该实施行为。对于后者，专利权人的许可行为促使了侵权行为向合法行为的转化。

### 3.4　侵犯专利权的法律责任的分类

按照不同的标准，侵犯专利权的法律责任有不同的分类。

按照法律责任属性的不同，侵犯专利权的法律责任可以分为广义的侵权责任和狭义的侵权责任。广义的侵权责任包括由侵犯专利权导致的民事责任和行政责任，狭义的侵权责任仅指侵犯专利权的民事责任。

按照责任形式的不同，侵犯专利权的法律责任可以分为积极作为的法律责任和消极作为的法律责任。积极作为的法律责任需要行为人以某种积极性的行为承担的责任，如损害赔偿责任。消极作为的法律责任是指需要行为人以停止某种积极作为的形式承担的法律责任，如停止侵权的法律责任需要行为人不再实施侵犯专利权的行为。

按照责任内容的不同，侵犯专利权的法律责任可以分为金钱责任和行为责任。金钱责任是指承担支付金钱的法律责任，如损害赔偿、支付专利权人为制止侵权行为所支付的合理支出。行为责任是指需要侵权人通过某种行为承担的侵权责任，如销毁专用于侵权的模具、设备。

按照承担责任的主体数量的不同，侵犯专利权的法律责任可以分为单一责任和分担责任。单一责任是指由一个侵权人承担全部侵权责任，分担责任是指多个侵权人共同承担全部侵权责任。单一责任是可以分为因侵权人单一导致的单一责任和因替代责任导致的单一责任。因侵权人单一导致的单一责任是指由于侵权人只有一个人故由其承担全部侵权责任。因替代责任导致的单一责任是指虽然从形式上看有多个侵权人实施了侵权行为，但因其中一个侵权人对其他侵权人的侵权行为承担替代责任而导致的实质上的单一责任。分担责任又可以分为独立分担责任和连带分担责任。独立分担责任是指多个侵权人独立承担部分侵权责任，连带分担责任是指多个侵权人对其共同侵权行为承担连带法律责任，即其中任何一个侵权人均有义务承担其他侵权人应当承担的侵权责任，并在其承担该部分侵权责任后有权向其他侵权人追偿。

## 4　侵犯专利权的责任归责原则

### 4.1　归责原则概述

归责就是责任的归属，就是将法律责任归属到特定的责任人。凡损害必有原因，当该原因能够归属到某个特定的行为人时，行为人为其行为负责就是为其行为后果负责。在侵权法理论中，侵权行为人对其侵权行为负责就是对由该侵权行为造成的损害后果负责。"在法律规范原理上，使遭受的损害之权益，与促使损害发生之原因者结合，将损害因而转嫁由原因者承担之法律价值判断因素，即为归责意义之核心。"❶

归责是责任的归属而不是损害后果的归属。在侵权法中，损害后果是行为人的特定行为所造成的损害后果，该损害后果通常归属于行为人之外的其他人。侵权行为一经发生或完成，其损害后果的归属就是确定的，即其归属于受害人。也正是因为损害后果归属于受害人，才需要确定对该损害后果的弥补问题，就是确定侵权责任的问题。

侵权责任与损害后果是不同的概念。损害后果是侵权行为所造成的损害他人合法权益的后果。损害后果归属于受害人，损害后果一经发生是无法转移的。侵权责任是对损害后果的弥补，正是由于损害后果无法转移，侵权行为人应当对其造成的损害后果负责。侵权责任可以转移，也可以由多人分担，但其目的都是对损害后果的弥补。

### 4.2 侵权责任的归责原则

侵权责任的归责原则是指确认和追究行为人承担侵权责任的依据。行为人的特定行为造成特定损害后果后，确定行为人为什么要对该损害后果负责的依据就是侵权责任的归则原则。侵权法中的归责原则是对各种具体侵权行为可归责事由的理论抽象。

在《侵权责任法》中，侵权责任的归责原则一般是两种，即过错归责原则和无过错归责原则。《民法通则》第106条规定："公民、法人违反合同或者不履行其他义务的，应当承担民事责任。公民、法人由于过错侵害国家的、集体的财产，侵害他人财产、人身的应当承担民事责任。没有过错，但法律规定应当承担民事责任的，应当承担民事责任。"学术界有人据此认为我国侵权责任的归责原则除过错原则、无过错原则外，还包括过错推定原则。此外，《民法通则》第132条规定："当事人对造成损害都没有过错的，可以根据实际情况，由当事人分担民事责任。"《侵权责任法》第24条规定："受害人和行为人对损害的发生都没有过错的，可以根据实际情况，由双方分担损失。"有的学者据此主张公平原则也是侵权归责原则。

本书认为，在我国的侵权法体系中，侵权责任的归责原则仅有两种：过错原则和无过错原则。过错原则是指行为人对其行为造成的损害后果具有过错的，应当承担侵权责任，这里的过错包括故意和过失两种主观心态，故意又包括直接追求损害后果的故意和放任损害后果的故意。无过错原则是指无须考虑行为人对损害后果的发生是否具有过错，只要行为人的行为造成了损害后果，行为人就应承担相应的侵权责任。

过错推定就是推定行为人对损害后果的发生具有过错，因此过错推定并非不考虑行为人的过错。恰恰相反，过错推定正是在考虑了行为人的过错后确定的侵权责任。

---

❶ 邱聪智. 庞德民事归责理论之评介［J］. 台大法学论丛，11（2）：277.

只是在是否具有过错的认定上，过错推定先行推定行为人对损害后果的发生具有过错，在行为人无法举出相反的证据证明其对损害后果的发生不具有过错的情况下，认定行为人应当对基于其过错行为所造成的损害后果承担侵权责任。因此，过错推定与其他过错归责相比，其改变的仅仅是行为人过错的证明方式，并没有改变行为人承担侵权责任都需要考虑行为人的主观过错这一本质要求。从立法上看，《侵权责任法》第 6 条规定："行为人因过错侵害他人民事权益，应当承担侵权责任。根据法律规定推定行为人有过错，行为人不能证明自己没有过错的，应当承担侵权责任。"显然，上述规定是针对过错归责原则的，而且将过错与过错推定规定在同一个法律条文中，由此也可佐证过错推定是过错原则的一种形式。因此，过错推定不是侵权责任独立的归责原则，它仅仅是过错归责原则的一种，或者说过错推定是一种特殊的过错归责原则，其适用情形通常需要法律的特别规定。根据《侵权责任法》第 85 条规定，建筑物、构筑物或者其他设施及其搁置物、悬挂物发生脱落、坠落造成他人损害，所有人、管理人或者使用人不能证明自己没有过错的，应当承担侵权责任。

无过错原则是指在判定行为人对其行为造成的损害后果承担侵权责任时不考虑行为人对该损害后果的发生是否具有过错。不考虑行为人对损害后果是否具有过错，并不是说行为人对损害后果的发生不具有过错，也不是说行为人对损害后果的发生具有过错，而是说确定行为人是否应就其侵权行为承担侵权责任时无须考虑行为人是否具有过错。《侵权责任法》第 7 条规定："行为人损害他人民事权益，不论行为人有无过错，法律规定应当承担侵权责任的，依照其规定。"无过错原则的适用情形具有法定性，根据《侵权责任法》的规定，因产品存在缺陷造成他人损害、机动车发生交通事故造成损害、因污染环境造成损害，从事高度危险作业造成他人损害，应适用无过错原则判断侵权责任。与过错责任相比，无过错原则是根本就不考虑行为人对损害后果的发生是否具有过错，行为人对损害后果的发生是否具有过错也根本就不影响其就损害后果承担侵权责任。

至于《民法通则》第 132 条规定的所谓的公平原则，即当事人对造成损害都没有过错的，可以根据实际情况由当事人分担民事责任，并不是没有考虑过错，而是考虑过错后发现各方当事人均无过错，且又不属于应当适用无过错归责的情形，在行为人、受害人之间进行适当的损害后果分担补偿。由于这种行为已经不是侵权行为，所以此时当事人承担的补偿责任不应被视为侵权责任。因此，公平原则不是侵权责任的归责原则。

## 4.3　侵权责任归责原则的作用

归责原则是判断被控行为是否构成侵权行为的依据。行为人实施的被控行为造成了一定的损害后果，或者说损害了他人的合法权益，但仅有损害后果尚不足以认定被控行为构成侵权行为。只有根据侵权归责原则认定行为人应当对该损害后果承担侵权法律责任时，才能认定被控行为构成侵权行为，行为人也才能因此被认定为侵权行为人。如果被控行为虽造成了损害后果，但行为人依法不应为该损害后果承担法律责任，或者说根据侵权归责原则行为人不应承担侵权法律责任，则被控行为不构成侵权行为。

归责原则表明被控行为具有违法性。凡是行为均可产生一定的后果，当行为产生了损害他人合法权益的后果时，该行为不一定是违法行为，行为人也不一定应就其行为造成的损害后果承担侵权法律责任。只有在适用侵权归责原则确定行为人的行为构成侵权行为，行为人应当就其行为造成的损害后果承担侵权法律责任时，才使其行为具有违法性，才能适用侵权责任法等相关法律进一步确定侵权行为人的具体侵权法律责任。

归责原则是判断行为人承担侵权法律责任的依据。被控行为即使造成了一定的损害后果，在判断行为人是否应就该损害后果承担侵权责任时，还要根据侵权归责原则进行判断。归责原则最主要的作用就是确定侵权责任的归属，为侵权责任找到合适的承担者，尤其是确定行为人是否应承担侵权法律责任。例如根据过错归责原则，行为人能够证明其对被控行为造成的损害后果不具有过错的，则不承担侵权责任。归责原则的适用，表明侵权行为具有可归责性，侵权人应当就其侵权行为造成的损害后果承担侵权法律责任。

### 4.4 侵犯专利权的责任归责原则

侵犯专利权的法律责任，是指侵权人就其实施的侵犯专利权的行为承担的侵权法上的法律责任。侵权人要承担侵犯专利权的法律责任，其实施的被控行为必须构成侵权行为，并且这种行为必须具有违法性。侵犯专利权的责任归责原则是确定侵权人就其侵犯专利权行为应当承担侵权责任的归责依据。一些民法学者认为，"对于侵害知识产权的案件，可以考虑适用过错推定的方法予以解决。"❶ "专利侵权应采用过错原则为主、公平原则为辅的归责原则。"❷ 也有许多学者认为，侵犯知识产权采用的无过错归责原则，无须考虑行为人实施侵权行为时的主观过错。

## 5 侵犯专利权责任的主要构成要件

侵犯专利权的责任构成要件，是指侵权人就其侵权行为承担侵权责任时需要具备哪些条件。按照我国《民法通则》的规定，"任何人或者法人承担民事责任一般应有过错；没有过错，但法律规定应当承担民事责任的，应当承担民事责任。"也就是说，在我国传统侵权责任理论中，一般将过错作为侵权责任构成要件之一，适用过错归责

❶ 张新宝. 侵权责任法原理 [M]. 北京：中国人民大学出版社，2005：164.
❷ 李高峰. 浅析我国专利侵权中的归责原则 [J]. 政法论丛，2002（6）.

原则，无过错归责原则的适用应以有法律规定为前提。适用无过错归责原则时，不考察侵权人就其侵权行为造成的损害后果是否具有主观过错，无论行为人是否具有主观过错均不影响对侵权人应当承担的侵权责任的认定。侵犯专利权的归责原则并未在我国法律中明确规定为无过错责任原则，根据《专利法》第11条的规定，未经专利权人许可实施其专利即侵犯其专利权，而国家知识产权局对专利授权文件实行公告制度，公众对专利技术内容知悉或者应当知悉。因此在侵犯专利权的诉讼案件的审理实务中，往往无须考察行为人的主观过错，故本书就侵犯专利权的责任的构成要件主要介绍侵权行为、损害后果及二者之间的因果关系。

## 5.1 侵 权 行 为

侵权行为是指侵权人实施的侵犯他人有效专利的行为。侵犯专利权的行为具有法定性，即只有法律规定为侵权的行为才可能构成侵权，法律没有规定为侵权的行为一律不得认定为侵权行为。根据我国《专利法》第11条的规定，"发明和实用新型专利权被授予后，除本法另有规定的以外，任何单位或者个人未经专利权人许可，都不得实施其专利，即不得为生产经营目的制造、使用、许诺销售、销售、进口其专利产品，或者使用其专利方法以及使用、许诺销售、销售、进口依照该专利方法直接获得的产品。外观设计专利权被授予后，任何单位或者个人未经专利权人许可，都不得实施其专利，即不得为生产经营目的制造、许诺销售、销售、进口其外观设计专利产品。"这就是说，对于发明和实用新型产品专利来说，侵权行为是指未经专利权人许可为生产经营目的制造、使用、许诺销售、销售、进口其专利产品；对于方法专利来说，侵权行为是指未经专利权人许可为生产经营目的使用其专利方法以及使用、许诺销售、销售、进口依照该专利方法直接获得的产品；对于外观设计专利来说，侵权行为是指未经专利权人许可为生产经营目的生产经营目的制造、许诺销售、销售、进口其外观设计专利产品。由于《专利法》没有规定针对外观设计专利权的侵权行为包括使用侵犯外观设计专利权的产品的行为，也没有规定购买侵犯专利权的产品的行为构成侵权，故这些行为都不能认定为侵犯专利权的行为。

## 5.2 损 害 后 果

在《侵权责任法》中，损害后果因受到侵犯的权利的不同而有所差异，如侵犯财产权利的损害后果主要是财产损失，侵犯人身权利的损害后果主要是精神损害，当然侵犯财产权利有时候也会造成精神损害，侵犯人身权利往往也伴随着财产损失。侵犯专利权的行为造成的损害后果就是侵犯专利权的后果，由于专利权本质上主要是一种私有财产权，故侵犯专利权的损害后果主要是财产损失，一般表现在因侵权行为的发生导致专利产品的滞销。例如，侵权产品的上市造成鱼目混珠，可能导致消费者误认为是专利权人的专利产品而购买，从而挤占了专利产品的市场，直接损害专利权人的财产利益。

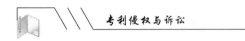

侵犯专利权的行为客观上也可能造成非财产性损失。如果专利权人非自然人，侵犯专利权的行为可能造成其商誉受到损害，社会评价受到减损。这种损害与侵犯人身权产生的精神损害是不同的，故侵犯专利权一般不会产生精神损害赔偿的法律责任。

侵犯专利权的损害后果包括实际的损害和可能的损害。实际损害是指侵权行为已经实际造成的损害，如侵权产品已经大量上市销售，实际造成了专利权人的财产损失；可能损害是指侵权行为虽尚未造成实际的损害后果，但如果放任侵权行为的继续，则必然造成的损害后果。侵犯专利的实际损害和可能损害具有相对性，实际损害是放任侵权行为致使原来的可能损害向现实的转化，可能损害是将来会发生的实际损害。针对不同的损害后果，《专利法》设置了不同的制度，如针对可能发生的损害后果，《专利法》规定了诉前停止侵权行为的临时措施，针对实际发生的损害后果，《专利法》规定了损害赔偿、停止侵害等制度。

## 5.3　因果关系

侵权法中的因果关系表达出侵权行为与损害后果之间的必然联系性，即侵权行为引发了损害后果，损害后果系由侵权行为引发。在社会生活中，一个行为可能引发多种后果，一个后果可能是由多个原因造成的。如果将侵权法中的侵权行为与损害后果放置到社会生活的大环境中，也可能出现"一因多果"和"一果多因"的复杂局面。人类社会具有普遍联系性，如果放任对某一行为可能后果的联想，或者放任对某一后果可能原因的追溯，侵权行为与侵权责任的联系将会被削弱，侵权法中的因果关系将难以建立，或者说难以具有足够的说服力。因此，侵权法中的侵权行为与损害后果的因果关系的确立应当忽视一些细节，寻求具有法律意义的行为与结果的联系。

侵权法需要从中挑选出具有法律意义的行为和结果，确定特定行为产生的具有法律意义的特定结果，确定应当对特定结果承担法律责任的特定行为人。侵权法中行为与结果对应关系的确立标准就是二者之间的因果关系，它强调行为与结果之间的直接性和必然性或极大可能性。例如，侵犯专利权的行为可能造成专利权人财产损失的后果，如果专利权人因为无力承受财产损失的后果而自杀，则侵权人不应对专利权人自杀的后果负责，因为侵犯专利权的行为一般不会直接导致专利权人自杀的后果。

在《专利法》中，因果关系强调了侵权行为与侵权结果之间的直接和必然的联系性。尽管在很多时候，侵犯专利权的行为和其所造成的损害后果是明显的，其间的因果关系似乎可以不证自明。但在更多的时候，这种因果关系是模糊的，例如尽管侵犯专利权的行为可能造成专利权人的损失，但专利权人的损失却可能是多种原因造成的，经营不善、管理落后、成本过高、服务不好等因素都可能造成或扩大专利权人的损失，因此当事人提供有效证据证明被控侵权人实施的被控侵权行为造成了其损害后果实际上是具有一定难度的。在很多时候侵权行为只是造成专利权人损害后果的部分原因。当然，也许正是受这种因素的影响，在侵犯专利权的诉讼中专利权人通常很难证明因为被控行为

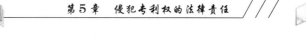

遭受的实际损失的具体数额，导致人民法院在这类案件中大量酌定赔偿数额。

## 6 侵犯专利权的责任抗辩

侵犯专利权的责任抗辩，是指在侵犯专利权诉讼中确定责任时，侵权人就其不承担或减轻承担全部或部分侵权责任所进行的抗辩。侵犯专利权的责任抗辩也可称为"免责抗辩"，其与不侵犯专利权抗辩的区别在于，免责抗辩通常是在判定构成侵权后主张免除某些侵权责任，其主要是针对侵权责任的抗辩，抗辩成功导致全部或部分侵权责任的免除，但被控行为依然被认定为侵权行为。不侵犯专利权抗辩则是完全否认侵犯专利权的抗辩，其是针对侵权指控的抗辩。

侵犯专利权的责任抗辩与不侵犯专利权的抗辩的联系在于，不侵犯专利权的抗辩必然包括免责抗辩，因为不侵犯专利权抗辩如果成功，被告就不承担任何侵权责任，这就相当于免除了被告的所有侵权责任。而免责抗辩通常是免除被告的部分侵权责任，而不太可能免除被告的全部侵权责任。当然，如果免责抗辩成功其被免除的侵权责任恰恰就是专利权人主张的全部侵权责任，则此时的免责抗辩也是全部免责抗辩，但其与不侵犯专利权的抗辩相比，前者是否全部免责过于依赖原告的主张，因此是一种不真正的全部免责抗辩。从这个意义上讲，不侵犯专利权的抗辩是一种免除全部侵权责任的免责抗辩，广义的免责抗辩包括免除被告全部侵权责任的不侵犯专利权的抗辩和狭义的免责抗辩，而狭义的免责抗辩就是免除部分侵权责任的抗辩。

典型的侵犯专利权的免责抗辩就是销售商不承担赔偿责任的抗辩。我国《专利法》第10条规定："为生产经营目的使用、许诺销售或者销售不知道是未经专利权人许可而制造并售出的专利侵权产品，能证明该产品合法来源的，不承担赔偿责任。"这表明，当专利权人指控销售者销售侵犯专利权的产品侵犯其专利权并应承担赔偿责任的，如果销售者能够证明其不知道其销售的是未经专利权人许可而制造并售出的专利侵权产品，且能证明该产品合法来源的，将免除其赔偿责任。

# 第 2 节 侵犯专利权的民事责任形式

虽然我国《专利法》仅规定了停止侵权和损害赔偿两种责任形式，但由于专利权是一种民事权利，故侵犯专利权的民事责任还应包括《民法通则》及《侵权责任法》规定的责任形式。

## 1 停止侵权行为

### 1.1 停止侵权行为的概念

《专利法》中的停止侵权责任，是指在判定被控行为构成侵犯专利权后，侵权人不得继续实施被控侵权行为的责任。作为《专利法》中侵权责任的停止侵权责任，其适用应以被控行为构成侵权为前提。如果被控行为尚未被判定为侵权行为，则被控侵权人不应当承担停止侵权行为的法律责任，即使出于法律的某些特别规定要求被控行为人立即停止被控行为，此时停止的也不是侵权行为。

停止侵权的适用以确有适用必要为前提。所谓适用必要是指停止侵权一般是针对持续性侵权行为而言的，对于非持续性侵权行为不适用停止侵害的法律责任，因为这类侵权行为一经实施即已完成，不存在可以"停止侵权"的侵权行为。而且即使是持续性侵权行为，如果在诉讼中其已经停止的，也不宜再判决侵权人承担停止侵权的法律责任。这就是说，一般来说，侵权行为在诉讼过程中仍在继续的，可以适用"停止侵权"的责任形式，侵权行为在诉讼过程中虽已停止，但确有再次发生可能的，仍可适用停止侵权的责任。

停止侵权行为的侵权责任源于《民法通则》第134条和《侵权责任法》第15条规定的"停止侵害"的侵权责任形式。在法律适用上，虽然《民法通则》第134条和《侵权责任法》第15条的规定为"停止侵害"，但由于《专利法》规定为"停止侵权行为"，故在侵犯专利权诉讼中应适用《专利法》规定，即侵权人应当承担"停止侵权行为"的侵权责任。

## 1.2 停止侵权行为的分类

按照不同的分类标准，停止侵权行为可以分为不同的种类。

按照是否附有停止侵权的期限，停止侵权行为分为附有期限的停止侵权行为和未附有期限的停止侵权行为。附有期限的停止侵权行为是指被控侵权人应从所附期限届满之日起停止侵权行为。未附有期限的停止侵权行为就是立即停止侵权行为，即侵权人应自认定构成侵权的判决生效之日起停止侵权行为。

按照是否附有停止侵权的条件，停止侵权行为可以分为附有条件的停止侵权行为和未附有条件的停止侵权行为。附有条件的停止侵权行为是指责令侵权人在一定条件的基础上停止侵权行为，如要求侵权人将侵权产品转让给专利权人或专利权人指定的人的基础上判令侵权人停止侵权行为，未附有条件的停止侵权行为是指被控行为被判定为侵权行为后不再附件其他条件直接判令侵权人停止侵权行为。

## 1.3 法律规定的停止侵权行为

严格来说，从1984年制定《专利法》至今，我国《专利法》虽经历三次修订，但都只是将停止侵权行为作为行政机关处理侵犯专利权纠纷时的责任形式，而未将其作为人民法院判定侵犯专利权的责任形式。例如，1984年《专利法》第60条第1款规定："对未经专利权人许可，实施其专利的侵权行为，专利权人或者利害关系人可以请求专利管理机关进行处理，也可以直接向人民法院起诉。专利管理机关处理的时候，有权责令侵权人停止侵权行为，并赔偿损失；当事人不服的，可以在收到通知之日起 3 个月内向人民法院起诉；期满不起诉又不履行的，专利管理机关可以请求人民法院强制执行。"在 1992 年第一次修订的《专利法》中，上述规定被完全保留。可以看出，无论是 1984 年《专利法》还是 1992 年《专利法》，其规定的都是"侵权人停止侵权行为"。

2000 年第二次修订的《专利法》第 57 条规定："未经专利权人许可，实施其专利，即侵犯其专利权，引起纠纷的，由当事人协商解决；不愿协商或者协商不成的，专利权人或者利害关系人可以向人民法院起诉，也可以请求管理专利工作的部门处理。管理专利工作的部门处理时，认定侵权行为成立的，可以责令侵权人立即停止侵权行为，当事人不服的，可以自收到处理通知之日起 15 日内依照《行政诉讼法》向人民法院起诉；侵权人期满不起诉又不停止侵权行为的，管理专利工作的部门可以申请人民法院强制执行。进行处理的管理专利工作的部门应当事人的请求，可以就侵犯专利权的赔偿数额进行调解；调解不成的，当事人可以依照《民事诉讼法》向人民法院起诉。"在 2008 年第三次修订的《专利法》中，上述规定被完全保留。可见，2000 年《专利法》将原来规定的"侵权人停止侵权行为"修订为"侵权人立即停止侵权行为"并被 2008 年《专利法》所保留。从"侵权人停止侵权行为"到"侵权人立即停止侵权行为"，表明《专利法》对侵权行为制裁力度的加强。

但是，我国《专利法》自 1984 年出台至今，只是规定专利管理机关或管理专利工作的部门在处理侵犯专利权纠纷时，有权责令侵权人停止侵权行为或立即停止侵权行为，而没有直接规定人民法院可以判令侵权人承担停止侵权责任。应当说这并不是我国《专利法》的疏忽，因为在《民法通则》第 134 条已经规定了"停止侵害"的民事责任情况下，专利权作为一种民事权利受到侵害时，侵权人应当承担的民事责任自然可以适用《民法通则》的上述规定。在《侵权责任法》自 2010 年 7 月 1 日起施行后，侵犯专利权的侵权人还可以依据《侵权责任法》的规定承担"停止侵害"的民事责任。当然，在侵犯专利权的责任形式表述上，由于《专利法》中使用了"停止侵权行为"，故司法实践中一般将其表述为"停止侵权行为"，而不是"停止侵害"。

## 1.4　停止侵权行为的适用

停止侵权行为在我国的专利侵权诉讼中得到了较为广泛的适用。一般来说，只要专利权人请求人民法院判决被告停止侵权行为，而被控行为确已构成侵权行为且仍在继续的，人民法院一般都会判决侵权人停止侵权行为。

例如，在发美利株式会社诉福建日科电子有限公司（以下简称"日科公司"）及北京首商集团股份有限公司（以下简称"首商公司"）侵犯外观设计专利权纠纷一案❶中，发美利株式会社诉称其拥有名称为"按摩椅"专利号为 200930188072.3 的外

---

❶　北京市高级人民法院民事判决书（2012）高民终字第 1027 号和北京市第一中级人民法院民事判决书（2011）一中民初字第 10930 号。

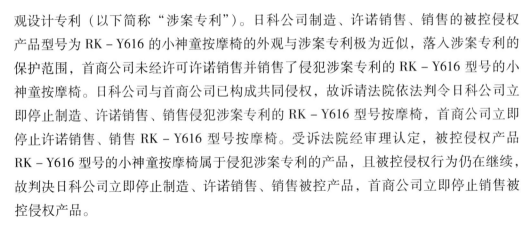

观设计专利（以下简称"涉案专利"）。日科公司制造、许诺销售、销售的被控侵权产品型号为 RK-Y616 的小神童按摩椅的外观与涉案专利极为近似，落入涉案专利的保护范围，首商公司未经许可许诺销售并销售了侵犯涉案专利的 RK-Y616 型号的小神童按摩椅。日科公司与首商公司已构成共同侵权，故诉请法院依法判令日科公司立即停止制造、许诺销售、销售侵犯涉案专利的 RK-Y616 型号按摩椅，首商公司立即停止许诺销售、销售 RK-Y616 型号按摩椅。受诉法院经审理认定，被控侵权产品 RK-Y616 型号的小神童按摩椅属于侵犯涉案专利的产品，且被控侵权行为仍在继续，故判决日科公司立即停止制造、许诺销售、销售被控产品，首商公司立即停止销售被控侵权产品。

## 1.5 免除停止侵权责任的抗辩

我国《专利法》规定，侵犯专利权诉讼的原告可以请求被告承担停止侵权的法律责任。在大多数专利侵权诉讼中，只要原告请求被告承担停止侵权责任且被告确已构成侵权的，鲜有未判决被告不承担停止侵权责任的。许多法官也认为，只要侵害行为正在进行，原则上应判令停止侵害。[1] 即使在诉讼过程中已经查明被告早已停止了被控侵权行为的，也可能会判决被告承担停止侵权的责任。停止侵权责任的广泛适用带来的执行难等问题已经引起了重视，学界也有人在探讨可以免除被告承担停止被控侵权行为的情形。从司法实践来看，被告主张不承担停止侵权责任时，其抗辩事由通常包括停止被控行为可能会损害公共利益、停止被控行为事实上不可能或者停止被控行为虽有可能但损耗过巨、停止侵权行为不会使专利权人获得更多利益等事由。"如果停止有关行为会造成当事人之间的重大利益失衡，或者有悖社会公共利益，或者实际上无法执行，可以根据案件具体情况进行利益衡量，不判决停止行为，而采取更充分的赔偿或者经济补偿等替代性措施了断纠纷。"[2] 从一些成功抗辩的案例来看，虽然免除了被告承担停止被控行为的责任，但被告往往会付出更多的赔偿额，或者由人民法院确定被告向专利权人支付更多的使用费。

在北京英特莱摩根热陶瓷纺织有限公司（以下简称"英特莱摩根公司"）诉北京光华安富业门窗有限公司（以下简称"光华安富业公司"）、华坤商业投资管理有限公司（以下简称"华坤公司"）侵犯发明专利权纠纷一案[3]中，英特莱公司系涉案发明专利"防火隔热卷帘用耐火纤维复合卷帘及其应用"的专利权人，华坤公司是位于北京市丰台区嘉园路南侧嘉园一里丰开苑小区东侧的"搜宝商务中心1#建筑工程"

❶ 朱理，郜中林. 知识产权侵权责任若干问题——知识产权侵权责任调研课题成果论证会综述［J］. 人民法院报，2008-09-25（5）.

❷《最高人民法院关于当前经济形势下知识产权审判服务大局若干问题的意见》第15条（法发〔2009〕23号）。

❸ 北京市高级人民法院民事判决书（2011）高民终字第869号和北京市第二中级人民法院民事判决书（2010）二中民初字第17491号。

· 200 ·

的建设单位，光华安富业公司向华坤公司提供的用于"搜宝商务中心 1#建筑工程"的卷帘门侵犯了英特莱公司的涉案专利。英特莱公司请求判令光华安富业公司和华坤公司承担停止侵权行为及赔偿损失等法律责任。原审法院认为，英特莱摩根公司作为涉案专利的权利人，其所享有的专利权应当受到法律保护，被控侵权产品落入涉案专利保护范围。光华安富业公司为涉案搜宝商务中心 1#建筑工程中安装的涉案防火卷帘产品的生产者，其未经许可制造、销售侵犯涉案发明专利权的防火卷帘产品并在搜宝商务中心 1#工程中安装使用，构成对涉案专利的侵犯，应承担停止侵权、赔偿损失的法律责任。华坤公司在其搜宝商务中心 1#工程中使用涉案侵权防火卷帘产品，具有合法来源，仅应承担停止侵权的法律责任。原审法院判决：光华安富业公司于判决生效之日起，停止生产、销售侵犯涉案专利的涉案防火卷帘产品，华坤公司于判决生效之日起，停止使用侵犯涉案专利的涉案防火卷帘产品，还判决光华安富业公司承担的损害赔偿责任。光华安富业公司不服原审判决并提出上诉。在关于华坤公司是否应停止使用侵权产品的问题上，二审法院认为："鉴于被控侵权产品已经实际安装使用，如果拆卸将破坏巨大且成本过高，亦不利于维护已经形成的社会经济秩序，故本案不宜判决华坤公司停止使用被控侵权产品"，故二审法院最终改判撤销原审判决有关华坤公司停止使用侵权产品的内容。

在珠海市晶艺玻璃工程有限公司（以下简称"晶艺公司"）诉深圳市机场股份有限公司（以下简称"深圳机场"）、北方国际合作股份有限公司（以下简称"北方公司"）玻璃幕墙连接装置侵犯专利权纠纷案❶中，原告请求法院判令：两被告停止侵权行为，赔偿原告经济损失并向原告支付专利技术使用费共计 50 万元。深圳市中级人民法院一审认为，深圳机场是经营性质的企业，候机楼为经营场所其使用原告专利技术的性质为商业使用，但是考虑到深圳机场的特殊性，如果判令深圳机场停止侵权，将意味着要拆除已经建好的工程，使社会利益蒙受巨大损失，而这对原告晶艺公司来说亦并未使其获得任何利益。因此，深圳市中级人民法院在认定被告侵权后，判决深圳机场向晶艺公司支付使用费，同时驳回了原告有关深圳机场停止侵害的诉讼请求。在二审诉讼中，经调解北方公司同意一次性支付晶艺公司经济补偿费用 25 万元，深圳机场不再另行承担任何责任。❷ 该案原告还在广州市中级人民法院另案起诉广州白云国际机场股份有限公司（以下简称"白云机场公司"）、广东省机场管理集团公司（以下简称"机场管理公司"）、深圳市三鑫特种玻璃技术股份有限公司（以下简称"三鑫公司"）在建设广州白云机场过程中使用了其专利技术的相关当事人。广州市中级人民法院在判定侵权后，认为三鑫公司制造、销售被控侵权产品构成侵权之后，被告白云机场公司本应停止使用被控侵权产品。但考虑到机场的特殊性，判令停

---

❶ 深圳市中级人民法院民事判决书（2004）深中法民三初字第 587 号。
❷ 广东省高级人民法院民事调解书（2005）粤高法民三终字第 129 号。

止使用被控侵权产品不符合社会公共利益，因此被告白云机场公司可继续使用被控侵权产品，但应当适当支付使用费。❶

## 2　销毁责任

### 2.1　销毁责任的含义

销毁是对物体的毁灭性破坏。作为侵犯专利权的法律责任之一，销毁是对侵权人侵权能力的破坏，通常包括对侵权产品的销毁和侵权设备及模具的销毁。销毁可以视为是停止侵害的具体责任方式，同时从《民法通则》的规定来看，销毁也是一种民事制裁的方式。在侵犯知识产权诉讼中，专利权人主张销毁责任的情形较多，故本书对销毁责任予以专门论述。

TRIPS协定第46条在规定"其他救济"时，特别规定："为了对侵权活动造成有效威慑，司法当局应有权在不进行任何补偿的情况下，将已经发现的正处于侵权状态的商品排除出商业渠道，排除程度以避免对权利持有人造成任何损害为限，或者，只要不违背现行宪法的要求，应有权责令销毁该商品。司法当局还应有权在不进行任何补偿的情况下，责令将主要用于制作侵权商品的原料与工具排除出商业渠道，排除程度以尽可能减少进一步侵权的危险为限。在考虑这类请求时，应顾及第三方利益，并顾及侵权的严重程度和所下令使用的救济之间相协调的需要。对于假冒商标的商品，除了个别场合，仅将非法附着在商品上的商标拿掉，尚不足以允许这类商品投放商业渠道。"显然，销毁是一种较为严厉的制裁侵权行为的法律责任，TRIPS协定对适用销毁责任的规定是比较谨慎的。

事实上，无论是侵权产品还是侵权专用的设备或模具，其在社会经济生活中一般都能发挥一定的积极作用，从物质意义上看销毁侵权产品或侵权专用设备及模具都是对社会经济的一种破坏，因此我国《专利法》并未专门规定销毁的民事责任，实践中对销毁责任的适用也比较慎重。从司法实践来看，对侵权产品的销毁主要是销毁难以保存的侵权产品，对于容易保存的侵权产品如果不存在产品质量方面的问题，一般可以通过其他方式发挥其经济价值，如可由专利权人低价收购以抵偿侵权人的损害赔偿。即使是不容易保存的侵权产品，在其不存在质量方面的问题时，如果能够采取其他方式实现其积极价值，一般也可不予销毁。对于侵权专用的设备或模具，如果能够采取其他方式实现其经济价值，如由专利权人或专利权人指定的其他人购买，通常也不予以销毁。一般来说，在用侵权专用的设备或模具生产的侵权产品为质量不合格的产品时，这样的侵权专用设备或模具更可能被销毁。

### 2.2　法律规定的销毁责任

我国《专利法》未明确规定销毁责任，但从《民法通则》及《侵权责任法》规

---

❶　广东省广州市中级人民法院民事判决书（2004）穗中法民三知初字第581号。

定的责任形式来看，《专利法》中的销毁责任只是《民法通则》及《侵权责任法》规定的侵权责任形式在《专利法》中的细化。

从专利实践来看，虽然我国《专利法》没有规定销毁的民事责任，但专利行政执法机关在查处侵犯专利权的纠纷时，可以责令侵权人承担销毁制造侵权产品的专用设备、模具及侵权产品的法律责任。例如，根据《专利行政执法办法》第 41 条的规定："管理专利工作的部门认定专利侵权行为成立，作出处理决定，责令侵权人立即停止侵权行为的，应当采取下列制止侵权行为的措施：（一）侵权人制造专利侵权产品的，责令其立即停止制造行为，销毁制造侵权产品的专用设备、模具，并且不得销售、使用尚未售出的侵权产品或者以任何其他形式将其投放市场；侵权产品难以保存的，责令侵权人销毁该产品；（二）侵权人未经专利权人许可使用专利方法的，责令侵权人立即停止使用行为，销毁实施专利方法的专用设备、模具，并且不得销售、使用尚未售出的依照专利方法所直接获得的侵权产品或者以任何其他形式将其投放市场；侵权产品难以保存的，责令侵权人销毁该产品；（三）侵权人销售专利侵权产品或者依照专利方法直接获得的侵权产品的，责令其立即停止销售行为，并且不得使用尚未售出的侵权产品或者以任何其他形式将其投放市场；尚未售出的侵权产品难以保存的，责令侵权人销毁该产品；（四）侵权人许诺销售专利侵权产品或者依照专利方法直接获得的侵权产品的，责令其立即停止许诺销售行为，消除影响，并且不得进行任何实际销售行为；（五）侵权人进口专利侵权产品或者依照专利方法直接获得的侵权产品的，责令侵权人立即停止进口行为；侵权产品已经入境的，不得销售、使用该侵权产品或者以任何其他形式将其投放市场；侵权产品难以保存的，责令侵权人销毁该产品；侵权产品尚未入境的，可以将处理决定通知有关海关；（六）停止侵权行为的其他必要措施。"

从《专利行政执法办法》的上述规定可以看出，在我国《专利法》未明确将销毁作为侵犯专利权的民事责任予以规定的情况下，《专利行政执法办法》将销毁作为《专利法》规定的"停止侵权行为"项下更具体的一种责任方式。

### 2.3　销毁责任的适用

销毁责任是消除危险责任在《专利法》中的适用。在我国《专利法》未明确规定销毁责任的情况下，目前的专利实践中对销毁责任的认识是存在一些分歧的。从《专利行政执法办法》的上述规定来看，销毁不是侵犯专利权的独立民事责任形式，它只是对"停止侵权行为"责任形式的具体执行，无论是销毁侵权产品还是销毁侵权专用的设备或模具，都是侵权人停止侵权行为的具体方式。在司法实践中有人认为，销毁有关机器设备属于令被告人承担消除危险的民事责任，销毁侵权产品属于排除妨碍的民事责任。❶

---

❶　郭晓望. 谈几种专利侵权责任的适用［J］. 人民司法，2003（3）.

其实，销毁侵权产品或侵权专用的设备或模具与停止侵权行为是有一定差别的。停止侵权行为是《民法通则》及《侵权责任法》中"停止侵害"的责任形式在《专利法》中的具体适用，销毁侵权产品或侵权专用的设备或模具固然可能在客观上实现停止侵权行为的后果，但一方面销毁侵权产品或侵权专用的设备或模具并不能确保侵权人停止侵权行为，另一方面侵权人停止侵权行为除了销毁侵权产品或侵权专用的设备或模具外，还可以有其他停止侵权行为的方式。停止侵权行为只是侵权人不再实施被控侵权行为的后果，只要侵权人确实停止被诉侵权行为，则销毁侵权产品或侵权专用的设备或模具已经突破了侵权人承担停止侵权行为的责任范围。这就是说，如果只是判决侵权人停止侵权行为而没有判决侵权人销毁侵权产品或侵权专用的设备或模具，如果确有证据表明侵权人确已停止被诉侵权行为，则销毁侵权产品或侵权专用的设备或模具就显得师出无名了。此外，销毁侵权产品也不属于排除妨碍的民事责任，侵权产品本身并不直接对专利权造成妨碍，在判定侵权行为后，侵权产品如果投放到市场才会实际损害专利权人的利益，如果侵权人不出于商业目的使用其侵权产品，该使用行为一般不构成侵权。因此，销毁侵权产品也是消除危险的一种责任方式，即消除该侵权产品被用作商业目的的危险。

　　因此，销毁侵权产品或侵权专用的设备或模具与停止侵权行为没有必然联系，销毁侵权产品或侵权专用的设备或模具有必要成为《专利法》中一种独立的侵权责任形式。《专利行政执法办法》第41条的规定只是在现行《专利法》没有将销毁侵权产品或侵权专用的设备或模具规定为独立的侵权责任形式下的一种退而求其次的办法。而从《民法通则》及《侵权责任法》的规定来看，尽管其规定的"停止侵害"、"排除妨碍"、"消除危险"等责任方式似乎与销毁责任均有一定关系，但应当说《专利法》中的销毁责任，即销毁侵权产品或侵权专用的设备或模具，只是《民法通则》及《侵权责任法》规定"消除危险"这种责任形式的具体适用。当被诉行为构成侵权行为后，如果侵权人仍掌握制造侵权产品的专用设备、模具，或者仍掌握大量的侵权产品，则这些侵权产品有流入市场的风险，制造侵权产品的专用设备、模具仍有可能被继续用来制造侵权产品。对于专利权人来说，掌握在他人手中的侵权产品及制造侵权产品的专用设备、模具始终是悬挂在头顶上的利剑，它使侵权行为的再次发生具有较大的现实可能性，故销毁制造侵权产品的专用设备、模具及侵权产品，就是消除他人再次利用制造侵权产品的专用设备、模具及侵权产品从事侵权行为的危险。因此，销毁制造侵权产品的专用设备、模具及侵权产品是消除危险的民事责任方式在《专利法》中的运用。

　　但需要注意的是，销毁责任应当与侵权损害相适应。"根据当事人的诉讼请求、案件的具体情况和停止侵害的实际需要，可以明确责令当事人销毁制造侵权产品的专用材料、工具等，但采取销毁措施应当以确有必要为前提，与侵权行为的严重程度相当，且不能造成不必要的损失。"❶ 扩大或者缩小侵权人承担销毁责任的范围，都会造成专利权的保护与社会公众利益的失衡。

## 3  损害赔偿

### 3.1  损害赔偿的功能

损害赔偿的基本功能是填补受害人的损失，但侵犯专利权的损害赔偿是否仅限于填补专利权人的损失，损害赔偿是否具有对侵权人的惩罚功能，损害赔偿的范围能否超出专利权人因侵权所受损失的范围，是一个不无争议的话题。有人认为，现代的侵权民事责任应具有补偿和惩罚制裁的双重功能，知识产权领域应采用惩罚性赔偿，惩罚性赔偿的目的不仅在于弥补权利人的损失，还要通过加重侵权人的赔偿责任对侵权人给以经济上的惩罚从而制止知识产权侵权行为。对于知识产权损害赔偿案件除适用补偿性赔偿原则外，还应对故意侵犯知识产权、情节严重的侵权人实行惩罚性赔偿，即侵权人除在赔偿被侵权人实际经济损失外，还应在一定幅度内给予惩罚性赔偿。也就是说，侵权人的赔偿责任不仅限于弥补受害人的损失，而且在赔偿受害人的实际损失之外还应赔偿受害人一定的费用。事实上，无论是传统侵权法领域，还是知识产权或专利领域，通常通过比较损害赔偿的数额与权利人因侵权行为所遭受损失的大小来判断损害赔偿是否具有惩罚功能，如果损害赔偿的数额大于权利人因侵权行为所遭受损失，则认定这样的损害赔偿具有惩罚功能。❷

应当说，损害赔偿在具有填补受害人损失的基本功能的同时，其在客观上一般也具有某种惩罚性，尤其是在侵权人通过侵权行为获得的利益不足以赔偿专利权人所受的损失甚至侵权人尚未获利时，让侵权人承担损害赔偿责任必然体现了对侵权人的某种惩罚性。因此，可以说在侵犯专利权的法律责任中，损害赔偿在客观上必然具有填补功能和惩罚功能。损害赔偿的填补功能是针对专利权人的损失而言的，损害赔偿的直接目的就是填补专利权人因侵权行为遭受的损失，理想的损害赔偿使专利权人的利益恢复到如同未发生侵权行为。损害赔偿的惩罚功能是针对侵权人而言的，侵权人只要从事了侵犯他人专利权的行为，无论该行为是否使侵权人获得了多少利益，也无论该行为使专利权人遭受了多大的损害，甚至有的情形可能尚未实际给专利权人造成任何经济利益的损害，侵权人仍应承担损害赔偿的民事责任。

因此，损害赔偿责任本身就具有填补功能和惩罚功能，而不是说只有侵权人承担的损害赔偿责任大于专利权人受到的损失时才能认定损害赔偿具有惩罚功能。而且，无论是填补功能和惩罚功能，对损害赔偿责任来说是同等重要的。由于确定侵犯专利

---

❶ 《最高人民法院关于当前经济形势下知识产权审判服务大局若干问题的意见》第 15 条（法发〔2009〕23 号）。

❷ 李国庆. 侵害知识产权损害赔偿若干问题探讨［J］. 法学评论，2006（2）.

权的赔偿责任时通常难以确定赔偿数额，因此难免出现侵权人实际承担的损害赔偿责任与专利权人实际遭受的损失不一致的情形。如果认为只有侵权人承担的损害赔偿责任大于专利权人受到的损失时才能认定损害赔偿具有惩罚功能，那么是否意味着如果侵权人承担的损害赔偿责任小于专利权人受到的损失时，就可以说损害赔偿责任具有激励侵权人的功能？答案显然是否定的。损害赔偿客观上具有填补功能和惩罚功能，比较侵权人承担的赔偿数额与专利权人所受损失的大小来确定损害赔偿是否具有惩罚功能本身就是不恰当的。

侵权责任的损害赔偿在客观上应当具有填补功能和惩罚功能的双功能，我国《专利法》对损害赔偿责任的规定以及司法实践中对损害赔偿责任的适用，较好地阐释了损害赔偿所具备的填补和惩罚双功能。

首先，按照专利权人的损失或侵权人的获利确定赔偿数额，体现了损害赔偿的双功能。TRIPS 协定第 45 条第 2 款规定："在适当场合即使侵权人不知、或无充分理由应知自己从事之活动系侵权，成员仍可以授权司法当局责令其返还所得利润或令其支付法定赔偿额，或二者并处。"按照权利人的损失确定侵权赔偿数额，是指专利权人因侵权行为所受到的损失有多大，侵权人就应承担多大的损害赔偿责任。按照权利人的损失确定侵权赔偿数额，首先体现的是损害赔偿责任的填补功能，其理想状态是使得侵权行为如同未发生一样。按照侵权人的获利确定侵权赔偿数额，是指侵权人因为侵权行为获得了多大的利益，就应当承担多大数额的损害赔偿责任。当侵权人的获利与专利权人的损失相等时，按照侵权人获利确定的赔偿数额首先也体现了损害赔偿的填补功能。但是，无论是按照专利权人的损失还是侵权人的获利确定损害赔偿责任，也无论侵权人的获利是否大于专利权人的损失，损害赔偿责任在体现填补功能的同时，客观上其必然具备一定的惩罚功能，体现了法律对侵权行为的否定性或谴责性评价。

其次，参照专利权许可费或由法官在法定赔偿限度内酌定损害赔偿责任也体现了损害赔偿的双功能。在侵犯专利权诉讼中确定侵权人的损害赔偿数额时，如果专利权人因侵权行为所遭受的损失或者侵权人因侵权行为所获得的利益难以确定的，可以参照该专利许可使用费的倍数合理确定赔偿数额；专利许可使用费也难以确定的，如原告专利权未许可他人使用，或者其许可使用费不具有参照价值的，可以根据专利权的类型、侵权行为的性质和情节等因素，确定给予 1 万元以上 100 万元以下的赔偿。当然，无论是参照专利权许可费或由法官在法定限度内酌定损害赔偿责任，都试图使侵权人的赔偿责任与专利权人的损失大致相当，这体现了损害赔偿的填补功能。同时，无论是参照专利权许可费或由法官在法定限度内酌定损害赔偿责任，侵权人对侵权行为的发生是否具有过错，是偶然实施侵权行为还是长期一贯实施侵权行为，是否明知其行为侵权仍实施之都是确定侵权赔偿数额的主要考察因素。事实上，在确定赔偿数额时适当考虑侵权人的过错，本身就体现了损害赔偿责任的惩罚性功能。

最后，损害赔偿具有填补和惩罚双功能，但填补和惩罚并不是损害赔偿的全部功能。法律的实施不仅使纠纷的当事人认识到违法行为不可做，同时社会公众也能通过纠纷的解决意识到违法行为不可取。侵权人对其侵权行为承担损害赔偿责任，对社会公众具有指引作用，使社会公众能够意识到实施侵权行为具有承担损害赔偿的法律责任等风险，从而尽量避免实施侵犯他人专利权的行为。同时，侵权人对其侵权行为承担损害赔偿责任，对潜在的侵权人具有威慑作用，一些潜在侵权人意图实施侵权行为时，在先的侵权人承担侵权责任对其来说构成前车之鉴。因此，在侵犯专利权诉讼中需要"增强损害赔偿的补偿、惩罚和威慑效果，降低维权成本，提高侵权代价"。❶

## 3.2 侵犯专利权损害赔偿的原则

### 3.2.1 全部赔偿

侵犯专利权的全部赔偿原则，是指侵权人应全部赔偿因其侵权行为给专利权人造成的损失。有学者指出，侵犯知识产权的全部赔偿原则是指"侵权行为人对受害人遭受的财产损失，负全部赔偿的责任，赔偿范围应与损失大小相当"。❷ 根据 TRIPS 协定第 45 条第 1 款规定，司法机关有权责令侵权者向权利所有人支付适当的损害赔偿费，以便弥补由于侵犯知识产权而给权利所有人造成的损害。一般认为，侵犯专利权的全部赔偿原则源于 TRIPS 协定的上述规定。

更准确地说，侵犯专利权的全部赔偿原则至少包括两方面的含义，其一是侵权人因对其侵权行为给专利权人造成的损失承担全部赔偿责任，即其侵权行为给专利权人造成了多大的损害，就应当承担多大的损害赔偿责任；其二是侵权人应当将其因侵权行为的获利全部赔偿给专利权人，不能使侵权人因为侵权行为获得经济利益。当然，如果侵权人因侵权行为的获利和专利权人因侵权行为的损失只能查明一项的，则适用已查明的情况确定损害赔偿责任，如果均能查明的，则应适用数额较大者确定损害赔偿数额。即使在参照专利许可使用费或由法官酌情确定赔偿数额，也应当根据案件的情况确定赔偿数额，尽量使侵权人承担的损害赔偿责任与专利权人因侵权所遭受的损失保持一致或大体相当。

### 3.2.2 请求赔偿

请求赔偿，是指侵权人承担的损害赔偿应当基于专利权人的请求确定。专利权是私权，专利权人可以要求侵权人承担损害赔偿责任，也可以放弃追究侵权人的损害赔偿责任。当专利权人未起诉侵权人承担损害赔偿责任，或者已经表示放弃追究侵权人的损害赔偿责任时，法官不得判决侵权人承担损害赔偿责任。此外，侵权赔偿数额不得超过专利权人诉讼主张的赔偿数额。这就是说，即使法院查明专利权人的损失或者

---

❶ 《最高人民法院关于当前经济形势下知识产权审判服务大局若干问题的意见》第 16 条（法发〔2009〕23 号）。

❷ 刘春田. 知识产权法 [M]. 北京：中国人民大学出版社，2000：117.

侵权人的获利超过专利权人诉讼请求的赔偿数额，也只能在原告诉讼请求范围内确定赔偿数额，而不宜超过原告请求范围确定赔偿数额。当然，此时人民法院全额支持专利权人诉讼请求的赔偿数额，但不得超过专利权人诉讼主张的数额另行确定赔偿数额。

### 3.2.3 合理赔偿

合理赔偿是指在侵犯专利权诉讼中专利权人因侵权所遭受的损失或者侵权人因侵权行为的获利均无法查明时，人民法院酌情确定的损害赔偿数额应当与专利权人因侵权行为遭受的损失大致相当。一般来说，即使专利权人因侵权行为所遭受的损失或者侵权人因侵权行为的获利的具体数额难以查明，但在大多数侵权诉讼中专利权人因侵权行为所遭受的损失或者侵权人因侵权行为的获利的大致范围是基本可以确定的，人民法院酌情确定的损害赔偿数额一般应当在该范围内，而不宜与该范围差距太大。

## 3.3 侵犯专利权诉讼中确定损害赔偿数额的方法

### 3.3.1 按照因被侵权所受到的实际损失确定

侵犯专利权给原告造成的实际损失，是指原告因被控侵权行为所遭受的实际损失，它要求原告的损失和侵权人的被控侵权行为具有因果关系。如果原告的损失不是被控侵权行为所造成的损失，则原告不能就该部分损失要求侵权人承担赔偿责任。

根据《专利纠纷司法解释2001》第20条第2款的规定，权利人因被侵权所受到的损失，可以根据专利权人的专利产品因侵权所造成销售量减少的总数乘以每件专利产品的合理利润所得之积计算；权利人销售量减少的总数难以确定的，侵权产品在市场上销售的总数乘以每件专利产品的合理利润所得之积可以视为权利人因被侵权所受到的损失。

### 3.3.2 按照侵权人因侵权所获得的利益确定

侵权人因侵权所获得的利益，是指侵权人因侵权行为所直接获得的利益，一般是指侵权人因侵权所获得的经济利益。按照侵权人因侵权所获得的利益确定赔偿数额，是指侵权人因侵权行为获得了多大的利益，就应当承担多大的损害赔偿责任，原则上不能让侵权人因侵权行为获得任何经济收益。"根据权利人的主张和被告无正当理由拒不提供所持证据的行为推定侵权获利的数额，要有合理的根据或者理由，所确定的数额要合情合理，具有充分的说服力。"❶

根据《专利侵权纠纷司法解释2009》第16条的规定，确定侵权人因侵权所获得的利益，应当限于侵权人因侵犯专利权行为所获得的利益，侵权人因其他权利所产生的利益，应当合理扣除。如侵权产品所使用的商标具有较高知名度时，在确定侵权人因侵犯专利权所获得的利益时，应当扣除侵权人因使用其商标所获得的利益。此外，侵犯发明、实用新型专利权的产品系另一产品的零部件的，应当根据该零部件本身的价值及其在实现成品利润中的作用等因素合理确定赔偿数额。侵犯外观设计专利权的

---

❶ 《最高人民法院关于当前经济形势下知识产权审判服务大局若干问题的意见》第16条（法发〔2009〕23号）。

产品为包装物的，应当按照包装物本身的价值及其在实现被包装产品利润中的作用等因素合理确定赔偿数额。

根据《专利纠纷司法解释 2001》第 20 条第 3 款的规定，侵权人因侵权所获得的利益可以根据该侵权产品在市场上销售的总数乘以每件侵权产品的合理利润所得之积计算。侵权人因侵权所获得的利益一般按照侵权人的营业利润计算，对于完全以侵权为业的侵权人，可以按照销售利润计算。

在原告广西梧州制药（集团）股份有限公司（以下简称"梧州制药公司"）与被告贵州宏奇药业有限公司（以下简称"宏奇公司"）、被告南宁市国人大药房有限责任公司（以下简称"国人公司"）侵犯发明专利权纠纷一案❶中，原告梧州制药公司诉称："妇炎净"胶囊是原告自主研制发明的一种治疗妇科疾病的中药复方制剂，2004 年 10 月 18 日，原告将"妇炎净"的处方剂量及制备方法以"一种治疗妇科疾病的中药复方制剂及其制备方法"向国家知识产权局申请发明专利，2006 年 12 月 6 日，获得发明专利授权。被告宏奇公司未经原告许可，即以生产经营为目的，大量生产"妇炎净"片，在全国大量销售，并在广西的各地市场销售，侵犯了原告对"妇炎净"依法拥有的中药品种保护权、国家秘密技术保护权和专利权。原告请求法院判令宏奇公司立即停止侵犯原告"妇炎净"专利权的行为，并赔偿其生产、销售"妇炎净"片所得 225 万元给原告，其中 225 万元包括赔偿损失 200 万元和支付制止侵权费用 25 万元。南宁市中级人民法院在认定被控侵权产品构成侵权后确定赔偿数额时认为，由于法院根据原告的证据保全申请对被告宏奇公司自 2007 年 7 月至 2009 年 7 月期间的"妇炎净"片产量统计表、"妇炎净"片车间月（年）报表、"妇炎净"片产量成本表、"妇炎净"片产品单位成本表、"妇炎净"片销售合同实施证据保全时，被告拒不提供上述报表及销售合同，仅提供一份《关于"妇炎净"片产销说明》，其中记载：从 2007 年 7 月至 2009 年 7 月被告共生产"妇炎净"片（24 片/盒、0.4 克/片）23 973 盒，共销售 222 699 盒。由此可以推定其销售总数超过其统计数，所得利润大于原告的请求赔偿额。同时，被告在答辩中自认按每年 249 个工作日，可达到 5 520 件/年的能力，24 粒/盒×240 盒/件，即可达到年产 1 324 800 盒的能力。而其每盒在市场上的零售价为 25.5 元。原告主张其专利产品每盒零售价 29 元，每盒 24 粒，毛利（税前的利润）是 66.6%。本院酌情确定其合理利润为 30% ~ 40%。那么，按被告销售的最保守数量 222 699 盒乘以每盒 29 元乘以 35% 的利润，就已达 2 260 394.85 元，因此，原告按照侵权产品在市场上销售的总数乘以每件专利产品的合理利润所得之积主张赔偿被告 200 万元，是合法合理的。被告主张其平均每盒销售价 4 元，每盒 24 粒，税前利润不到 10%，因其在证据保全时没有提供完整账册，可以推定其所得利润大于原告请求赔偿额；同时，其主张的每盒销售价 4 元，每盒 24

❶　广西壮族自治区南宁市中级人民法院民事判决书（2009）南市民三初字第 202 号。

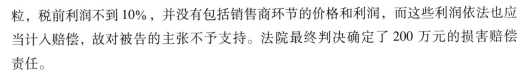

粒，税前利润不到 10%，并没有包括销售商环节的价格和利润，而这些利润依法也应当计入赔偿，故对被告的主张不予支持。法院最终判决确定了 200 万元的损害赔偿责任。

### 3.3.3　参照原告专利许可使用费的倍数合理确定

专利权是私权，专利权人可以自己实施专利，也可许可他人实施其专利。当专利权人许可他人实施其专利时，一般会收取许可使用费。当发生侵权行为需要确定侵权人的损害赔偿责任时，可以适当参照专利许可使用费确定损害赔偿数额。根据《专利纠纷司法解释 2001》第 21 条的规定，被侵权人的损失或者侵权人获得的利益难以确定，有专利许可使用费可以参照的，人民法院可以根据专利权的类别、侵权人侵权的性质和情节、专利许可使用费的数额、该专利许可的性质、范围、时间等因素，参照该专利许可使用费的 1～3 倍合理确定赔偿数额。

需要注意的是，参照原告专利许可使用费的倍数合理确定侵犯专利权的赔偿责任时，应当考察专利可使用费是否适宜作为确定侵权赔偿数额的参照标准。"注意参照许可费计算赔偿时的可比性，充分考虑正常许可与侵权实施在实施方式、时间和规模等方面的区别，并体现侵权赔偿金适当高于正常许可费的精神。"❶ 一般来说，如果专利许可使用的地域、时间范围与侵权使用的地域、时间范围相差较大，专利许可发生在侵权诉讼期间，专利权许可使用的双方当事人具有关联关系或者其他利害关系，专利许可使用费明显偏高或偏低的，可以不参照专利许可使用费确定侵权赔偿数额。

在原告广西梧州制药（集团）股份有限公司（以下简称"梧州制药公司"）与被告秦皇岛皇威制药有限公司（以下简称"皇威公司"）、被告广西友和古城大药房有限责任公司（以下简称"古城大药房"）侵犯发明专利权纠纷一案❷中，原告梧州制药公司诉称："妇炎净"胶囊是原告自主研制发明的一种治疗妇科疾病的中药复方制剂，2004 年 10 月 18 日，原告将"妇炎净"的处方剂量及制备方法以"一种治疗妇科疾病的中药复方制剂及其制备方法"向国家知识产权局申请发明专利，2006 年 12 月 6 日，获得发明专利授权。被告未经原告许可，即以生产经营为目的大量生产"妇炎净"片，在全国大量销售并在广西的各地市场销售。被告所生产"妇炎净"片的处方（含比例）与原告专利的权利要求 3 相同，完全落入原告专利的保护范围。原告请求法院判令被告皇威公司立即停止生产、销售侵犯原告名为"一种治疗妇科疾病的中药复方制剂及其制备方法"的"妇炎净"片的行为，并赔偿原告经济损失 300 万元及制止侵权费用 10 万元。南宁市中级人民法院在认定被控侵权产品构成侵权后确定赔偿数额时认为，由于法院根据原告的证据保全申请对被告皇威公司自 2008 年 6 月 30

---

❶　《最高人民法院关于当前经济形势下知识产权审判服务大局若干问题的意见》第 16 条（法发〔2009〕23 号）。

❷　广西壮族自治区南宁市中级人民法院民事判决书（2010）南市民三初字第 241 号。

日至 2010 年 6 月 30 日期间生产销售 "妇炎净" 片的《批生产记录》、《原始生产记录》、《入库、进仓单》、发货凭证、销售合同实施证据保全时，被告皇威公司拒不提供上述记录、单据及销售合同，致使本案权利人的损失或者侵权人获得的利益难以确定，因此本案赔偿数额参照专利许可使用费的倍数合理确定。原告专利以普通许可方式许可给东泰公司的专利使用费为每年 100 万元。被告皇威公司从 2006 年 7 月 18 日获得国家药监局颁发的《新药证书》后即开始生产、销售 "妇炎净" 片。根据《专利纠纷司法解释 2001》第 21 条规定的 "被侵权人的损失或者侵权人获得的利益难以确定，有专利许可使用费可以参照的，人民法院可以根据专利权的类别、侵权人侵权的性质和情节、专利许可使用费的数额、该专利许可的性质、范围、时间等因素，参照该专利许可使用费的 1 ~ 3 倍合理确定赔偿数额"，以及第 23 条规定的 "权利人超过 2 年起诉的，如果侵权行为在起诉时仍在继续，在该项专利有效期内，人民法院应当判决被告停止侵权行为，侵权损害赔偿数额应当自权利人向人民法院起诉之日起向前推算 2 年计算"，原告主张按其普通许可给东泰公司的专利使用费为每年 100 万元的 3 倍计算赔偿数额，请求赔偿 300 万元。综合考虑本案专利为药品的发明专利，专利许可为普通许可，专利许可使用年费为 100 万元，被告侵权时间超过 2 年，且被告在本院实施证据保全时拒不提供生产销售 "妇炎净" 片的《批生产记录》、《原始生产记录》、《入库、进仓单》、发货凭证、销售合同，亦说明其侵权所获得的利益大于该请求，故原告请求赔偿 300 万元合理，并判决确定了 300 万元的损害赔偿责任。

### 3.3.4 法定幅度内的酌情确定

法定幅度内酌情确定赔偿数额，简称法定赔偿，是指在无其他方法确定侵犯专利权的损害赔偿数额时，由法院根据专利权的类型、侵权行为的性质和情节等因素，在法律规定的赔偿范围内确定损害赔偿责任。

我国《专利法》早期在规定侵权人的损害赔偿责任时，并未规定侵权损害赔偿的幅度，但在司法实践中大量的侵权诉讼需要人民法院酌情确定侵权人的赔偿数额。为此，《专利纠纷司法解释 2001》在总结大量的司法审判经验的基础上，特别规定 "没有专利许可使用费可以参照或者专利许可使用费明显不合理的，人民法院可以根据专利权的类别、侵权人侵权的性质和情节等因素，一般在人民币 5 000 元以上 30 万元以下确定赔偿数额，最多不得超过人民币 50 万元。" 2008 年第三次修订的《专利法》第 65 条首次以法律的形式规定 "权利人的损失、侵权人获得的利益和专利许可使用费均难以确定的，人民法院可以根据专利权的类型、侵权行为的性质和情节等因素，确定给予 1 万元以上 100 万元以下的赔偿"。

需要指出的是，法定赔偿是指在法定幅度范围内的赔偿，如根据 2008 年第三次修订的《专利法》第 65 条的规定，适用法定赔偿的上限不得超过 100 万元。这里的赔偿数额应当是指我国法定流通的货币即人民币，而不是指其他任何货币。此外，在适用法定赔偿时除了赔偿的幅度是法定的外，具体确定赔偿数额的过程实际上是酌定的，因此所谓的法定赔偿更准确的概念应当是法定幅度内的酌定赔偿。

在原告美利肯公司诉被告浙江八方电信有限公司（以下简称"八方公司"）、杭州乐发网络技术有限公司（以下简称"乐发公司"）侵害发明专利权纠纷一案❶中，乐发公司从事了制造、许诺销售及销售侵犯原告专利权的产品的行为，原告请求法院判令被告赔偿其 195 万元。一审法院认为，由于专利权人的损失及被告的获利均无法查明，故依据乐发公司实施的侵权行为的性质、情节、时间、销售范围、产品的销售价格及一般利润率等因素予以酌定具体赔偿数额。

### 3.3.5　当事人协商确定

当事人协商确定赔偿数额，是指在侵犯专利权诉讼中由当事人就损害赔偿数额达成一致意见后，法院根据当事人协商的数额确定损害赔偿数额。《侵权责任法》第 20 条规定："侵害他人人身权益造成财产损失的，按照被侵权人因此受到的损失赔偿；被侵权人的损失难以确定，侵权人因此获得利益的，按照其获得的利益赔偿；侵权人因此获得的利益难以确定，被侵权人和侵权人就赔偿数额协商不一致，向人民法院提起诉讼的，由人民法院根据实际情况确定赔偿数额。"由此可见，《侵权责任法》不反对侵权诉讼的当事人协商确定侵权损害赔偿数额。

在侵犯专利权诉讼中，专利权人与侵权人单独就损害赔偿数额协商一致并由法院据此判决侵权人承担损害赔偿责任的情形并不多见。但是，如果专利权人与侵权人能够就损害赔偿数额达成一致意见，一般也就能就全案的和解处理达成一致意见，这种纠纷一般能够以调解或和解的方式处理。但是，不排除在某些情形下，当事人之间仅就赔偿数额协商一致，或者部分当事人就赔偿数额达成一致，但当事人就侵权人应当承担的其他侵权责任未达成协商一致，此时也可以根据当事人之间达成的赔偿数额或参照该数额确定损害赔偿责任。

## 3.4　侵犯专利权损害赔偿的证明责任

在一般侵权诉讼中，原告通常承担证明侵权责任全部构成要件的义务，损害赔偿的证明责任通常也归原告。原告不仅要证明侵权行为、损害后果，还要证明侵权行为与损害后果之间的因果关系。同样在侵犯专利权诉讼中，原告不仅要证明被告实施的被控侵权行为和原告遭受的侵权后果，而且同样也需要证明被控侵权行为与原告所遭受的侵权后果之间的因果关系。如果原告主张侵权人承担损害赔偿责任的，其还要证明因被控侵权行为所遭受的损害后果，包括损害后果的实际存在及损害后果的大小。但从专利司法实践来看，原告起诉被告侵犯其专利权，证明被告实施了被控侵权行为相对来说较为容易，专利侵权判定最重要的内容就是判断被控侵权物是否落入原告专利权的保护范围，被控行为是否侵犯了原告专利权。在判定被控行为构成侵权后需要

---

❶　北京市第二中级人民法院民事判决书（2010）二中民初字第 5950 号。

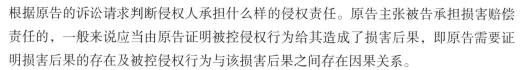

根据原告的诉讼请求判断侵权人承担什么样的侵权责任。原告主张被告承担损害赔偿责任的，一般来说应当由原告证明被控侵权行为给其造成了损害后果，即原告需要证明损害后果的存在及被控侵权行为与该损害后果之间存在因果关系。

但是，在某些侵犯专利权的诉讼中，原告很难证明损害后果，如侵权产品根本就没有上市销售，或者说被控侵权行为仅仅是许诺销售行为，并无实际的侵权产品上市，则原告因侵权行为所遭受的实际损害似乎并未实际发生。即使被控侵权产品已经实际上市销售，原告因为被控侵权行为必然遭受损失，但原告很难认定其实际遭受的损失的大小，甚至有时候其间的因果关系的证明都存在较大的难度。因为专利权人市场份额的降低和营业利润的减少可能出于多种原因，如市场竞争的激烈、专利权人的品牌不够响亮、专利权人的营销策略失误、产品的质量出现瑕疵等因素，被控侵权行为往往只是专利权人市场利益减少的因素之一，如果将专利权人的全部亏损都算在侵权人的头上，显然是不恰当的。事实上，如何计算专利权人因侵权行为遭受的实际损失，专利权人的亏损中有多少与侵权行为具有直接的利害关系，在绝大多数侵犯专利权诉讼中几乎是不可能完成的任务。尤其是在专利产品存在较多的市场替代产品时，侵权产品的上市不仅挤占了专利产品的市场，也必然挤占其替代产品的市场，在专利产品与其替代产品的市场份额不能确定的情况下，要由侵权人的获利确定侵权赔偿数额几乎也是不可能的。同样，如果侵权人通过制造、销售侵权产品获得了市场利润，也可能是基于多种因素导致的，侵权也许仅仅是侵权人获得市场利润的有限因素，要确定侵权与侵权人利润的精准的因果关系，同样是司法裁判中几乎不可能完成的任务。

我国《专利法》虽然规定侵权人应当承担损害赔偿责任，但鉴于损害赔偿的证明确实具有一定难度，尤其是要证明侵权人应当承担的具体赔偿数额，在大多数侵权诉讼中几乎是不可能的，因此《专利法》规定了确定侵犯专利权损害赔偿数额的多种方式。从司法实践来看，专利权人对损害赔偿的具体数额仍然负有举证义务，如专利权人应当举证证明其因侵权遭受的损失或侵权人因侵权所获得的利益。但如果专利权人不能举证证明侵权赔偿的具体数额且侵权行为又确实给专利权人造成损失的，则专利权人可以通过提供专利许可使用费的证据，请求法院参照专利许可使用费确定赔偿数额。在没有专利许可费可参照的情况下，专利权人还可以通过证明侵权的具体情节、侵权人的过错、侵权规模等事实，请求法院在法定范围内酌情确定侵权人的赔偿数额。法院"在确定损害赔偿时要善用证据规则，全面、客观地审核计算赔偿数额的证据，充分运用逻辑推理和日常生活经验，对有关证据的真实性、合法性和证明力进行综合审查判断，采取优势证据标准认定损害赔偿事实"。[1] 这就是说，在侵犯专利权诉讼中原告的举证责任实际上是有限的，它不同于原告几乎承担侵权责任构成要件全部

---

❶ 《最高人民法院关于当前经济形势下知识产权审判服务大局若干问题的意见》第 16 条（法发〔2009〕23 号）。

 专利侵权与诉讼

举证责任的一般侵权诉讼。由于举证能力的客观限制，侵权诉讼的原告一般只需证明侵权行为给其造成了损失，如果其能够证明侵权损失的具体数额或者因为侵权获利的具体数额，则可以按照该数额确定侵权赔偿的具体数额；如果原告不能证明侵权损失的实际数额或者侵权人因侵权行为获利的具体数额，可以请求法院依法酌定赔偿数额。

### 3.5  损害赔偿的抗辩制度

#### 3.5.1  专利法中的责任抗辩

《专利法》中除了侵权抗辩外，还存在责任抗辩。侵犯专利权诉讼中的责任抗辩是指被控侵权人为不承担侵权责任所主张的抗辩。广义的抗辩包括侵权抗辩，因为侵权抗辩的成功导致被控行为不被判定为侵权行为，则被控侵权人自然不会承担侵权责任。狭义的责任抗辩是在被控行为被判定为侵权行为的基础上，侵权人有关其不应承担全部或部分侵权责任的抗辩。一般讲的责任抗辩通常是指狭义的责任抗辩，由于其抗辩目的是免除侵权人承担全部或部分的侵权责任，故责任抗辩又可称为免责抗辩。

免责抗辩与侵权抗辩的区别在于，免责抗辩通常是在判定构成侵权后主张免除某些侵权责任，而侵权抗辩则是完全否认侵犯专利权的抗辩。二者的联系在于，侵权抗辩同样能够实现免责抗辩的目的，因为侵权抗辩如果成功，被告就不承担任何侵权责任。而免责抗辩通常是免除被告的部分侵权责任，一般不太可能免除被告的全部侵权责任。当然，如果免责抗辩成功其被免除的侵权责任恰恰就是专利权人主张的全部侵权责任，则此时的免责抗辩也是全部免责抗辩，但其与侵权抗辩相比，前者是否全部免责过于依赖原告的主张，因此是一种不真正的全部免责抗辩，故本书仍将其归类为部分免责抗辩；而后者是基于法定理由的免除全部侵权责任的抗辩。从这个意义上讲，侵权抗辩是一种免除全部侵权责任的免责抗辩，广义的免责抗辩包括免除被告全部侵权责任的不侵犯专利权的抗辩和狭义的免责抗辩，而狭义的免责抗辩就是免除部分侵权责任的抗辩。

#### 3.5.2  损害赔偿抗辩是一种免责抗辩

按照免责抗辩所针对的责任的不同，《专利法》中的责任抗辩主要可以分为不承担停止侵权行为的免责抗辩和不承担损害赔偿责任的抗辩。不承担损害赔偿责任的抗辩简称损害赔偿抗辩，是指专利权人要求侵权人承担损害赔偿责任时，侵权人有关其不应当承担损害赔偿责任或者不应当承担全部损害赔偿的抗辩。按照抗辩是否针对全部赔偿责任，损害赔偿抗辩可以分为不承担全部赔偿责任的损害赔偿抗辩、不承担部分赔偿责任的损害赔偿抗辩和不承担连带责任的损害赔偿抗辩。

一般来说，有侵权就应当有救济，有损害就应当有赔偿。但是，侵权责任的归责是确定侵权人的侵权责任，侵权人只为自己的侵权行为承担侵权责任，而且侵权人的侵权责任应当与其侵权行为所造成的损害后果相当，某些侵权人有正当理由的，还可

第5章

以依法不承担损害赔偿责任。《专利法》中典型的不承担全部赔偿责任的损害赔偿抗辩主要是指侵权产品的销售者能够提供合法来源时刻不承担损害赔偿责任的抗辩。

当然，在侵权法中当受害人对损害后果的发生也有过错，可以适当减轻侵权人的损害赔偿责任。这同样适用于侵犯专利权的诉讼，如果专利权人对侵权损害后果的发生或者对侵权损害后果的扩大具有过错的，可以适当减轻侵权人的损害赔偿责任。此外，数个侵权人如果未构成共同侵权却被错误判定为应承担连带赔偿责任时，任一侵权人均可主张不承担连带侵权责任的抗辩。

### 3.5.3 销售者不承担损害赔偿责任的抗辩

销售者不承担赔偿责任是在侵权产品的销售者能够提供侵权产品的合法来源时可不承担损害赔偿责任。一般来说，侵犯专利权的行为只要给专利权人造成了损失，侵权人都应当承担侵权责任。但是，我国《专利法》对侵权产品的销售行为网开一面，只要销售者能够提供合法来源的，可以免除损害赔偿责任。显然，销售者提供侵权产品的合法来源是其免除赔偿责任的抗辩事由。

从我国《专利法》的发展来看，侵权产品销售者的免责是逐步形成的。1984《专利法》第 62 条规定："有下列情形之一的，不视为侵犯专利权：……二、使用或者销售不知道是未经专利权人许可而制造并售出的专利产品的；……"该规定在 1993 年第二次修订的《专利法》中被完整地保留下来，这意味着根据当时《专利法》的规定，"使用或者销售不知道是未经专利权人许可而制造并售出的专利产品"是侵权抗辩的事由，"使用或者销售不知道是未经专利权人许可而制造并售出的专利产品的"行为不仅不承担损害赔偿责任，甚至根本就不视为侵犯专利权。2000 年第二次修订《专利法》时修改了上述规定，2000 年《专利法》第 63 条第 1 款在规定不视为侵权的情形后，其第 2 款规定："为生产经营目的使用或者销售不知道是未经专利权人许可而制造并售出的专利产品或者依照专利方法直接获得的产品，能证明其产品合法来源的，不承担赔偿责任。"2008 年第三次修订的《专利法》将 2000 年《专利法》的上述规定拆分为两条，其中第 70 条规定："为生产经营目的使用、许诺销售或者销售不知道是未经专利权人许可而制造并售出的专利侵权产品，能证明该产品合法来源的，不承担赔偿责任。"2000 年和 2008 年的《专利法》的上述规定实际上是为了落实 TRIPS 协定有关"获得信息权"的规定。TRIPS 协定第 47 条规定："成员可规定，只要并非与侵权的严重程度不协调，司法当局均应有权责令侵权人将卷入制造和销售侵权商品或提供侵权服务的第三方的身份及其销售渠道等信息提供给权利持有人。"根据 2008 年《专利法》的上述规定，不承担赔偿责任的范围已经从原来的侵权产品销售者扩展到侵权产品的许诺销售者、销售和使用者。这里只是以销售者为例探讨不承担损害赔偿责任的抗辩制度。

按照《专利法》的规定，销售者不承担赔偿责任的抗辩理由是其能够证明侵权产品合法的来源。侵权产品的合法来源是指侵权产品是通过合法途径取得的，故所有通过非法途径取得侵权产品的销售者都不能据此主张不承担赔偿责任。通过合法途径取得侵权产品，一般是指通过正常的市场交易活动取得，如通过电子商务取得侵权产品，通过百货商店购买的产品等。合法来源是指产品的来源合法，而不包括产品交易形式的某些缺陷。如销售者未出具发票可能违反关于发票管理的行政法规的规定，但并不能由此否定交易的合法性或产品来源的合法性。从司法实践来看，合法来源抗辩的分歧在于是否要求销售者必须具备主观善意，或者说销售者虽然能够提供侵权产品的合法来源，但如果其主观上是具有过错的，例如其明知是侵权产品仍取得该侵权产品并许诺销售、销售或使用的，是否应承担损害赔偿责任？本书认为，2008 年《专利法》第 70 条"为生产经营目的使用、许诺销售或者销售不知道是未经专利权人许可而制造并售出的专利侵权产品，能证明该产品合法来源的，不承担赔偿责任"的规定，已经表明侵权产品的使用、许诺销售或者销售行为人不承担赔偿责任至少应同时具备两个条件，即主观上不知道其使用、许诺销售或者销售的是未经专利权人许可而制造并售出的专利侵权产品，客观上其能够证明侵权产品的合法来源。这就是说，为生产经营目的使用、许诺销售或者销售的行为人只有在主观上不知道其使用、许诺销售或者销售的是侵权产品且能够提供合法来源的，才可能不承担损害赔偿责任。如果行为人明知其使用、许诺销售或者销售的产品是侵权产品仍然使用、许诺销售或者销售的，显然不符合《专利法》上述规定中的免责任条件，即使其能够提供侵权产品的合法来源，也不能免除其赔偿责任。

值得研究的是，从我国 1984 年《专利法》施行至今，关于侵权产品的销售者免责的规定虽然有较大变化，但其中均规定销售者必须不知道其销售的是侵权产品。因此可以说，我国《专利法》对于销售则免责的法定要件是一直坚持主观上不知道和客观上能够提供合法来源这两个要件的。但是，如果销售者仅仅是知道其销售的可能是侵权产品，并不见得其销售的必然是侵权产品，如专利权人向销售者发警告函称销售者销售的是侵权产品，但其并未提供生效判决或其他有效证据证明销售者销售的必然是侵权产品，则侵权人能否主张不承担赔偿责任？在曹某诉洪某侵犯"门锁（外装玻璃门）"外观设计专利权纠纷一案中，曹某系"门锁（外装玻璃门）"外观设计的专利权人，2004 年 1 月 5 日，曹某发现被告洪某经营的五金店销售的 ARDOR（爱尔达）猪耳形玻璃门锁，在产品外观设计上与原告专利图片相同，涉嫌侵犯其专利权，遂委托律师向被告洪某发去律师函，要求其停止专利侵权行为。2004 年 12 月 29 日，原告曹某发现被告洪某仍在销售 ARDOR（爱尔达）猪耳形玻璃门锁，遂委托律师在被告洪某经营的五金店购买了一套 ARDOR（爱尔达）猪耳形玻璃门锁，并向深圳市中级人民法院提起诉讼，要求被告立即停止侵权行为，赔偿经济损失 30 万元。被告洪某在诉讼中提供了控侵权产品的购货合同、付款凭证、发票等证据，并辩称"其销售的涉嫌侵权产品是从广州市荔湾区某商行购进的，其销售的涉嫌侵权产品有合法来源，故不应承担赔偿责任"。被告洪某为支持其抗辩主张，向法院提交了被控侵权产品的合法来源的证据。深圳中级人民法院经审理认为，被控侵权产落入原告外观设计专利权的保护范围，构成专利侵权。2004 年 1 月，原告委托律师向被告洪某发出警告函，要求被告洪某停止销售 ARDOR（爱尔达）猪耳形玻璃门锁，但 2004 年 12 月 29 日，原告发现被告洪某仍在销售上述专利侵权产品，尽管被告洪某举证证明其销售的上述侵权产品有合法来源，但因其主观上存在侵权恶意，故依法承担专利侵权的赔偿责任，故一审判决被告洪某立即停止侵犯原告专利权，并赔偿原告经济损失人民币 3 万元。❶ 审理本案的法官认为，被告洪某是涉案专利侵权产品的销售商，其能够举证证明其销售侵权产品来自案外生产商，客观上可以推定被告洪某在销售涉案专利侵权产品时，已尽了合理审查注意义务。但原告举证证明，原告曾警告被告洪某停止专利侵权行为，由于专利权的取得以公示为要件，故被告在接到专利侵权警告后，很容易通过查询等方式而知道其行为构成侵权，但被告怠于履行审查义务，仍在销售专利侵权产品，这表明被告洪某在主观上存在侵权的恶意，或者被告洪某在主观上的状态由"善意"因素转变为"恶意"因素。此时，因为原告举证证明被告存在侵权的恶意，故被告洪某因合法来源抗辩成立而被推定的"善意"，被专利权人提供的相反证据推翻，此时，只能认定其行为为"恶意"。由于被告只有满足"善意及合法来源抗辩"条件时，其才能被免除赔偿责任，但因被告缺乏"善意"要素，故其仍需承担侵犯原告专利权的民事赔偿责任。❷

显然，根据上述案例判决的逻辑，只要专利权人提示销售者其销售的产品是侵权产品，即使并没有实际证据证明销售者销售的产品确已构成侵权产品，侵权人继续销售该产品就不能不承担损害赔偿责任。那么，如果专利权人滥用其专利权打击竞争对手怎么办？专利权人只给竞争对手的销售者发给侵权函，而未提供有效证据证明竞争对手的产品确已构成侵权，竞争对手的产品销售者是否就必须承担赔偿责任？实际上，专利权人通过警告函或律师函发出的警告函，最多只能证明其已经提示销售者其销售的产品可能是侵权产品，而不能证明销售者实际销售的产品必然是侵权产品。这是销售者主观上只是知道其销售的产品可能是侵权产品，并不知道其销售的产品必然是侵权产品，此时销售者仍然"不知道是未经专利权人许可而制造并售出的专利侵权产品"。因此，在这种情况下判定销售者必然不具有善意似乎过于武断。这就是说，销售者知道其销售的产品可能是侵权产品，仍然属于"不知道是未经专利权人许可而制造并售出的专利侵权产品"的范围。只有专利权人能够证明销售者确已知道其销售的产品是侵权产品，而不仅仅是涉嫌侵权或具有侵权可能时，才能认定销售者不具有善意。典型的情形是，在先判决已经认定销售者销售的产品属于侵权产品，专利权人在向销售发警告函时，同时也向销售者提供了该在先判决，或者说销售者的销售行为已经被判定为侵权后，销售者仍继续销售同一侵权产品的，都可以认定销售者主观上

❶❷ 祝建军. 专利法中合法来源抗辩制度的司法运用［J］. 电子知识产权，2008（6）：54.

的非善意，此时即使销售者能够提供侵权产品的合法来源，也应当承担损害赔偿责任。

需要注意的是，侵权产品的使用、许诺销售或者销售者根据 2008 年《专利法》第 70 条的规定承担了损害赔偿责任后，其能否就该损害赔偿责任向侵权产品的制造者追偿？如果侵权产品的使用、许诺销售或者销售者主观上不知道其使用、许诺销售或者销售的是未经专利权人许可而制造并售出的专利侵权产品，只是因为不能提供合法来源被判决承担损害赔偿责任。随后侵权产品的使用、许诺销售或者销售者找到了侵权产品的制造者的，有权向侵权产品的制造者追偿其已经承担的损害赔偿责任。但是，在追偿过程中如果制造者能够证明其制造的被控侵权产品不侵权的，则该制造者无须为使用、许诺销售或者销售者已经承担的损害赔偿责任埋单。侵权产品的使用、许诺销售或者销售者可就其已经承担损害赔偿责任的判决依法申请再审。

### 3.5.4　侵权受害人与有过错的抗辩

在侵权法中，受害人有过失的，即侵权受害人对侵权行为的发生或者侵权后果的发生具有过错的，一般可以减轻侵权人承担的侵权责任。在侵犯专利权的诉讼中，当侵权受害人对侵权行为的发生或侵权后果的发生是否具有过错，一般不影响侵权行为构成侵权的认定。但是，在侵权责任的认定上，当侵权受害人对损害后果的发生或扩大具有过错时，在酌情确定侵权人的损害赔偿责任时，一般可以适当减轻侵权人的损害赔偿责任。至少对于因侵权人的过错所扩大的损害后果部分，侵权人可以不承担损害赔偿责任。

### 3.5.5　不承担连带责任的抗辩

连带责任的承担应当以数个侵权人的侵权行为构成共同侵权为前提。如果数个侵权人分别实施的侵权行为虽然均构成对原告专利权的侵犯，并且都造成了原告的财产损失，但因为数个侵权人分别实施的侵权行为在整体上没有形成共同侵权行为，则一般不宜判决数个侵权人承担连带赔偿责任。如果原告主张数个侵权人承担连带赔偿责任，被告可以抗辩称其被控行为未构成共同侵权故不应承担连带赔偿责任。例如被告中有的制造了被控侵权产品，有的销售了被控侵权产品，有的使用了被控侵权产品，如果这几个侵权人并没有侵权上的分工，则未构成共同侵权，不宜判决其承担连带赔偿责任。

### 3.6　侵犯专利权的替代责任和连带责任

替代责任和连带责任是侵权法中较为常见的责任承担方式。所谓替代责任是指，尽管从形式上看侵权行为是由行为人实施的，但行为人却不用对其侵权行为承担侵权责任，而由他人对该侵权行为承担侵权责任。连带责任是指任一共同侵权人均可就数个侵权人实施的共同侵权行为承担全部法律责任。在侵权法中比较典型的替代责任是雇主为雇工实施的行为承担全部责任，以及国家机关为国家机关工作人员实施的侵权

行为承担侵权责任。一般来说，雇工在履行职责或者国家机关工作人员在履行职务过程中侵犯他人合法权益的，应由雇主或国家机关承担全部侵权责任，但如果雇工或者国家机关的工作人员对侵权行为的发生具有主观过错的，雇主或国家机关在承担了侵权责任后，可以向其追偿。替代责任和连带责任表面上看都是由部分侵权人为其他侵权人的侵权行为向被侵权人承担侵权责任，但二者的区别十分明显，替代责任原则上不可追偿，或者说通常只有在被替代者对侵权行为的发生或持续有过错时才可能被追偿，而连带责任的承担者有权就超过其责任部分向其他侵权人追偿。

侵犯专利权的替代责任在侵犯专利权诉讼中适用的典型情形是雇工替代责任，即雇主雇佣他人实施侵犯专利权的行为，如果雇工本身并无任何过错，则雇工的侵权责任应由雇主全部承担。如果雇工对侵权行为的发生或持续是有过错的，如明知或应当知道其实施的是侵权行为仍然接受雇主的指派实施侵权行为的，则可能与雇主构成共同侵权并承担侵权责任。雇主的替代责任在侵犯专利权诉讼中有扩大适用的趋势，如在委托加工、承揽加工等情形，如果实际实施侵权行为的受托人或加工者完全是受他人委托或指派实施侵权行为，且其主观上并无过错，即不知道也没有合理理由应当知道其实施的是侵权行为的，则应由委托人承担全部侵权责任。当然，如果其对侵权行为的发生或持续是有过错的，如明知其实施的是侵权行为而仍为之，则其应与委托人承担共同侵权的责任。

侵犯专利权的替代责任在侵犯专利权诉讼中适用的另一种典型情形是上游侵权人为下游侵权人承担替代责任。根据商品在社会经济生活中的流通过程，侵犯专利权的行为可以分为源头型侵权行为、中间型侵权行为和终端型侵权行为，在下游侵权商并无侵权过错时，上游的侵权商应当替代下游的侵权商承担侵权责任，主要是赔偿责任。因此，侵权产品的制造者应为侵权产品在流通过程中所造成的全部侵权行为承担全部赔偿责任，包括侵权产品的许诺销售、销售、使用等环节中的侵权行为承担全部赔偿责任，同理，侵权产品的销售者应为购买者的使用行为承担全部赔偿责任。本书认为，这也是侵权法中替代责任在侵犯专利权诉讼中的典型适用情形。当然，从司法实践来看，只有下游侵权者对行为的发生没有过错时才可能由上游侵权者承担替代责任。如侵权产品的销售商不知道其销售的是侵权产品且能够提供合法来源的，则其可不承担赔偿责任，该赔偿责任实际上由其上游侵权者替代赔偿了。

侵犯专利权诉讼的替代责任的适用形式大致也可分为两种，一种是由下游侵权人先行承担侵权责任，然后再向其上游侵权人追偿，如使用侵权产品构成侵权后行为人可能先承担损害赔偿责任，然后可以向供货商或制造商追偿其已经承担的损害赔偿责任，甚至还可以要求供货商或制造商承担相应的损失。替代责任在侵犯专利权诉讼中的另一种适用形式是法律直接规定下游侵权人可以不承担全部或部分损害赔偿责任，由此实现该侵权责任向上游侵权人的转移。例如，2008 年《专利法》第 70 条规定"为生产经营目的使用、许诺销售或者销售不知道是未经专利权人许可而制造并售出的专利侵权产品，能证明该产品合法来源的，不承担赔偿责任"，表明下游侵权人如侵权产品的使用、许诺销售或者销售者对侵权行为的发生或持续如果不具有主观过错且能够提供合法来源的，则不承担损害赔偿责任，包括不用先承担损害赔偿责任后再向其上游侵权人追偿。《专利法》的上述规定实际上是引导权利人追究侵权产品使用、许诺销售或者销售者的上游侵权人的赔偿责任。

从目前的司法实践来看，连带责任和替代责任是侵犯专利权的民事责任适用的薄弱地带，相应的理论研究也没有跟上，司法实践也多是直接抄袭民法中侵权法的基本理论和做法，未能结合知识产权特别是专利权的实际情况作更为深入的总结研究。特别是替代责任在侵犯专利权民事责任的适用，是一个更为薄弱的环节。从积极保护知识产权和有效遏制侵权，实现专利权人和社会公众合法利益的平等保护的目的出发，替代责任的适用是一种治标更治本的方法，在侵犯专利权等各种知识产权的诉讼中将有很大的适用空间。

### 3.7 侵犯专利权诉讼中适用损害赔偿责任的几个问题

损害赔偿责任是侵犯专利权的主要法律责任之一。目前，我国专利立法及司法实践中损害赔偿责任的适用越来越成熟，已经形成了一套较为完善的体系。但是，侵犯专利权的诉讼实践在适用损害赔偿责任的时候，仍然有一些问题值得进一步研究。

#### 3.7.1 损害赔偿确定方法的顺序

我国《专利法》第65条规定："侵犯专利权的赔偿数额按照权利人因被侵权所受到的实际损失确定；实际损失难以确定的，可以按照侵权人因侵权所获得的利益确定。权利人的损失或者侵权人获得的利益难以确定的，参照该专利许可使用费的倍数合理确定。赔偿数额还应当包括权利人为制止侵权行为所支付的合理开支。权利人的损失、侵权人获得的利益和专利许可使用费均难以确定的，人民法院可以根据专利权的类型、侵权行为的性质和情节等因素，确定给予1万元以上100万元以下的赔偿。"该规定明确了确定损害赔偿数额的几种方法，即原告损失、被告获利、参照许可费及法定幅度内的酌定。从其规定来看，确定侵权损害赔偿数额的方法似乎是有适用顺序的，首先适用的是原告损失法，其次只有"实际损失难以确定的"才适用被告获利法，再次只有"权利人的损失或者侵权人获得的利益难以确定的"才适用参照许可费法，最后只有"权利人的损失、侵权人获得的利益和专利许可使用费均难以确定的"才由法官酌定赔偿数额。最高人民法院也要求"积极引导当事人选用侵权受损或者侵权获利方法计算赔偿，尽可能避免简单适用法定赔偿方法"，❶似乎也在一定程度上回应了《专利法》的上述规定。

可以肯定地说，在确定侵犯专利权的损害赔偿责任时，强调《专利法》规定的几

---

❶ 《最高人民法院关于当前经济形势下知识产权审判服务大局若干问题的意见》第16条（法发〔2009〕23号）。

种赔偿数额确定方式的顺序是有一定积极意义的。从《专利法》第 65 条的规定来看，其本身确实也有强调这种顺序的意思，如其规定"实际损失难以确定的"才适用被告获利法，似乎表明原告损失法的适用优先于被告获利法。同样，其规定"权利人的损失或者侵权人获得的利益难以确定的"，参照该专利许可使用费的倍数合理确定数额赔偿数额，似乎也表明被告获利法的适用优先于参照专利许可费确定损害赔偿数额的方法，因此在确定损害赔偿数额时强调法定几种方法适用的顺序性是具有法律依据的。同时，强调确定损害赔偿数额时法定方法适用的顺序性能够促使当事人尽量收集和提供有效证据来证明损害赔偿的数额，避免当事人对法院取证的过于依赖，或者过于依赖法院对酌定赔偿数额方法的适用。此外，强调确定损害赔偿数额时法定方法适用的顺序性有利于积极发挥损害赔偿责任填补和惩罚的基本功能，并在一定程度上能够限制法官在确定损害赔偿责任时可能的恣意妄为。

但是，即使承认强调《专利法》规定的几种赔偿数额确定方式适用上的顺序性，也应当认识到这种适用顺序不是机械和僵化的。例如根据我国《专利法》第 65 条的规定，侵犯专利权的赔偿数额按照权利人因被侵权所受到的实际损失确定，"实际损失难以确定的"，可以按照侵权人因侵权所获得的利益确定。这种规定是否意味着适用被告获利法必须以权利人因被侵权所受到的"实际损失难以确定"为前提，那么，谁来证明权利人因被侵权所受到的"实际损失难以确定"？怎样证明权利人因被侵权所受到的"实际损失难以确定"？是不是只要法院没有根据权利人的损失确定损害赔偿数额就意味着权利人因被侵权所受到的"实际损失难以确定"？权利人因被侵权所受到的"实际损失难以确定"是不是能够或者可以被证明？如果权利人因被侵权所受到的"实际损失难以确定"难以被证明的，就不能适用其他方式确定损害赔偿的数额？同样，《专利法》第 65 条规定"权利人的损失或者侵权人获得的利益难以确定的"参照专利许可使用费确定损害赔偿数额，"权利人的损失、侵权人获得的利益和专利许可使用费均难以确定的"才能由法官在法定幅度内酌定赔偿数额，这种层层递进的关系依然适用上述考问。

更进一步，如果严格强调《专利法》规定的几种赔偿数额确定方式适用上的顺序性而不能越雷池一步，虽然限制了法官的主观能动性，但也可能产生一些不利于保护专利权的后果，甚至可能是令人啼笑皆非的后果。例如，严格按照《专利法》规定的几种赔偿数额确定方式适用上的顺序确定侵权人的赔偿数额，如果现有证据能够证明权利人因侵权所受的实际损失难以确定的，就应当"按照侵权人因侵权所获得的利益确定"赔偿数额的，且只有"侵权人因侵权所获得的利益确定"也难以确定的，才能适用其他方法确定损害赔偿数额。这就是说，如果侵权人能够证明其因侵权行为所获得的利益，就应当根据该利益确定其赔偿数额。那么，如果侵权人能够证明其所获得的利益是零，或者是负数的，是否意味着侵权人可以不承担任何损害赔偿责任？如果这个结论能够成立，侵权人举证的积极性将大大提升，因为侵权人因为侵权行为没有

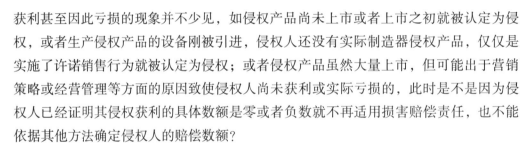

获利甚至因此亏损的现象并不少见，如侵权产品尚未上市或者上市之初就被认定为侵权，或者生产侵权产品的设备刚被引进，侵权人还没有实际制造器侵权产品，仅仅是实施了许诺销售行为就被认定为侵权；或者侵权产品虽然大量上市，但可能出于营销策略或经营管理等方面的原因致使侵权人尚未获利或实际亏损的，此时是不是因为侵权人已经证明其侵权获利的具体数额是零或者负数就不再适用损害赔偿责任，也不能依据其他方法确定侵权人的赔偿数额？

显然，仅仅因为侵权人未从侵权行为中获利就不能依据其他方法确定其损害赔偿责任，甚至由此导致侵权人不承担任何损害赔偿责任显然是不恰当的，对专利权人来说也是极不公平的，但这恰恰又是将《专利法》规定的几种赔偿数额确定方式适用上的顺序性推崇到极致的必然结果。因此，在看到《专利法》规定的几种赔偿数额确定方式适用上具有顺序性的同时，也应当看到这种适用顺序不是"神圣不可侵犯的"，限制法官在酌定损害赔偿数额上可能的恣意的同时，也应当承认法官在酌定侵权损害赔偿数额上的自由裁量权其实是不可避免的。

### 3.7.2 独占实施其专利后专利权人的诉权

对于专利权人来说，专利权的价值可以通过自己实施得到实现，也可以通过许可他人实施得到实现，当然也可以通过权利转让实现其专利权的价值。在许可他人实施其专利时，专利权人通过收取使用费的方式，可以全部或部分地实现其专利的价值。专利权人许可他人实施其专利有多种方式，其中独占实施许可是指专利权人许可他人实施其专利后，在同样的地域和时期内不得再许可其他人以同样的方式实施其专利，甚至专利权人自己在同样的地域和时期内也不得以同样的方式实施其专利。专利独占实施许可的被许可人取得的专利实施权是独家的，它可以排除包括专利权人在内的任何人在同样的地域和时期内也以同样的方式实施其专利。相对于其他专利许可方式来说，独占实施许可的被许可人通常要支付更多的专利许可使用费。

在司法实践中，当专利权人许可他人独占实施许可其专利后，如果发生侵权行为时专利权人能否起诉侵权行为要求损害赔偿？一般认为，如果专利许可实施合同对此有明确约定且该合同为有效合同的，或者专利权人与被许可人对此问题有其他专门约定的，应当从其约定。如果专利权人与被许可人对此虽有一致协商，但被控侵权行为未发生在专利许可使用合同约定的地域或期间，或者被控侵权行为不同于被许可人取得的独占实施方式，如被许可人取得的独占实施方式是制造和销售，而被控侵权行为是使用，则被控侵权行为不应受到专利独占许可实施合同的限制，专利权人有权起诉侵权行为并追究赔偿责任。但是，如果专利独占实施许可合同的有效期和有效地域内，被控侵权行为与被许可人获得独占许可的实施方式相同，且专利权人与被许可人未就侵权行为的追究协商一致的，此时被许可人享有完整的诉权并可独自追究侵权人包括损害赔偿责任在内的全部侵权责任，专利权人毫无疑问也有权追究侵权行为并有权追究侵权人承担停止侵权的法律责任。至于专利权人能否追究侵权人的损害赔偿责任，目前的判决大多给予了肯定的答案,其目的在于尽快制止侵权行为,防止侵权人赔偿能力的恶化。

在广东联邦家私集团有限公司(以下简称"联邦家私公司")诉盐城市朝阳实木家具厂(以下简称"朝阳家具厂")、北京富力轩家具销售有限公司(以下简称"富力轩公司")侵犯外观设计专利权纠纷一案● 中,联邦家私公司系第 ZL200830051139.4 号"床(YM08008 – AU)"的外观设计的专利权人。2010 年 2 月 25 日,联邦家私公司许可迪科家私(佛山)有限公司(以下简称"迪科公司")自 2010 年 2 月 25 日起至 2015 年 2 月 25 日期间独占实施其专利,许可使用费用为 20 万元/年,并约定在本合同履行过程中,如发生第三方对上述专利权的侵权行为,应由许可人对有关侵权人提起有关诉讼。2010 年 2 月 26 日,联邦家私公司发现朝阳家具厂网站上在推销被控侵权产品。2010 年 5 月 12 日,联邦家私公司富力轩公司处购买了被控侵权产品,并诉至法院请求判令两被告立即停止侵权行为,并立即销毁全部侵权产品和删除有关侵权网页内容并赔偿其损失人民币 15 万元。一审法院认定构成侵权后判决朝阳家具厂赔偿联邦家私公司经济损失及为诉讼支出的合理费用共计 12 万元。在二审诉讼中,朝阳家具厂辩称联邦家私公司的涉案专利已经许可给迪科公司独占实施,故其主张经济损失赔偿的主体不适格。二审法院认为,无论专利权是否许可他人实施,专利权人均有权起诉侵犯专利权的行为,并有权要求赔偿。本案涉案专利虽已独家许可给他人实施,但联邦家私公司作为涉案专利的权利人,仍有权起诉被控侵权行为并要求侵权人承担赔偿责任。朝阳家具厂与富力轩公司有关联邦家私公司主张经济损失赔偿的主体不适格的上诉理由依据不足,二审法院遂维持了原审判决。

### 3.7.3 酌定损害赔偿可否超过法定数额

在确定侵犯专利权的损害责任时,如果原告的损失、被告的获利均难以查明且也没有适当的许可使用费可供参考时,可以由法官酌情确定侵权人的赔偿责任。《专利法》第 65 条第 2 款规定:"权利人的损失、侵权人获得的利益和专利许可使用费均难以确定的,人民法院可以根据专利权的类型、侵权行为的性质和情节等因素,确定给予 1 万元以上 100 万元以下的赔偿。"显然,《专利法》在赋予法官酌情确定侵权人损害赔偿责任的同时,也在一定程度上限制了法官对赔偿数额的酌定,如规定了法官在酌定赔偿数额时必须考察侵权行为的性质、情节,而且还规定了法官酌定赔偿数额时的具体幅度。从审判实践来看,法官在酌定赔偿数额时,能否突破《专利法》第 65 条第 2 款规定的幅度限制,仍然是一个值得探讨的问题。

2008 年《专利法》第 65 条第 2 款首先规定法官酌定赔偿数额的上限即 100 万元人民币,此前司法实践中的上限是 50 万元人民币。问题是这个上限可以突破吗?在司法实践中曾经认为这个上限是不能突破的。但是,如果现有证据虽然不能证明权利

---

● 北京市高级人民法院民事判决书(2012)高民终字第 26 号和北京市第二中级人民法院民事判决书(2010)二中民初字第 15557 号。

人因侵权所遭受的损失或者侵权人因侵权的获利的具体数额，但足以认定权利人因侵权所遭受的损失或者侵权人因侵权的获利的具体数额大于甚至远远超过了法定赔偿幅度的上限的，能否突破法定赔偿幅度的上限？答案基本上是肯定的，只要权利人请求的损害赔偿数额也高于法定赔偿幅度的上限，就可以在超过法定赔偿幅度的上限确定损害赔偿的具体数额。这也得到了最高人民法院的认可和推广。"对于难以证明侵权受损或侵权获利的具体数额，但有证据证明前述数额明显超过法定赔偿最高限额的，应当综合全案的证据情况，在法定最高限额以上合理确定赔偿额。"❶ 当然，如果原告诉讼请求的赔偿数额没有超过法定赔偿幅度的上限，即使现有证据足以证明权利人因侵权所遭受的损失或者侵权人因侵权的获利的具体数额大于甚至远远超过了法定赔偿幅度的上限，也应当在原告诉讼请求范围内确定赔偿数额，而不是超越原告诉讼请求的范围来确定损害赔偿责任。在施特里克斯有限公司（以下简称"施特里克斯公司"）诉被告北京易初莲花连锁超市有限公司（以下简称"易初莲花公司"）、北京易初莲花连锁超市有限公司成府路店（以下简称"成府路店"）、中山市威菱电器有限公司（以下简称"威菱公司"）和浙江家泰电器制造有限公司（以下简称"家泰公司"）侵犯发明专利权纠纷一案❷中，一审法院在确定侵权赔偿数额时认为，家泰公司网站的"公司介绍"网页中记载的"该公司筹建于1984年，员工人数为420人，现达到年生产能力2 500万只温控器"，以及家泰公司所做广告中体现的其共生产多种型号的温控器产品的情况，故可以认定即使家泰公司生产的"KSD368 - D"温控器只占其生产的全部温控器的小部分，其数量也是可观的。家泰公司虽对此予以否认，但在法院向其送达证据保全的民事裁定书后，未向法院提交其财务账册以供审计，也未提交任何证据说明其实际生产"KSD368 - D"温控器的数量或利润证据，故由此产生的不利后果应由其自行承担。据此，法院在计算家泰公司应当承担的赔偿数额时，以"侵权人因侵权所获得的利益"为基础，综合考虑施特里克斯公司生产、销售温控器产品的可得利润，家泰公司生产、销售"KSD368 - D"温控器的生产数量等因素酌情确定家泰公司应承担的赔偿损失数额为人民币710万元。

另一个问题是，法官在确定损害赔偿数额时可否突破法定赔偿幅度的下限？本书认为，基于可以突破法定赔偿幅度的上限的原理，当现有证据虽然不能证明权利人因侵权所遭受的损失或者侵权人因侵权的获利的具体数额，但足以认定权利人因侵权所遭受的损失或者侵权人因侵权的获利的具体数额小于法定赔偿幅度的下限的，可以在低于该下限确定损害赔偿的数额。此外，如果权利人请求损害赔偿的数额本身就没有达到法定赔偿幅度的下限，即使现有证据足以认定权利人因侵权所遭受的损失或者侵

---

❶ 《最高人民法院关于当前经济形势下知识产权审判服务大局若干问题的意见》第16条（法发〔2009〕23号）。

❷ 北京市第一中级人民法院民事判决书（2010）一中民初字第1409号。

权人因侵权的获利的具体数额超过了法定赔偿幅度的下限的，法官酌定的数额也不应超过权利人请求的范围，即应在低于该下限的范围内确定损害赔偿的数额。在粘俊生诉北京艺海阁印章刻制中心（以下简称"艺海阁中心"）因侵犯实用新型专利权纠纷一案❶中，粘俊生是第 200820115180.8 号名称为"可携带信息芯片的金属印章"的实用新型（以下简称"涉案专利"）的专利权人，北京弘久盛科技发展有限公司在艺海阁中心处刻制的印章系侵犯涉案专利的产品，故粘俊生请求法院判令艺海阁中心立即停止侵权行为并赔偿赔偿其经济损失 9 998 元。一审法院在认定被控侵权产品构成侵权后确定赔偿数额时认为，由于粘俊生未提交证据证明其因被侵权所受实际损失或者艺海阁中心因侵权所获得的利益，故在综合考虑涉案专利的类别、艺海阁中心侵权的性质和情节等因素的基础上，酌情确定艺海阁中心赔偿粘俊生经济损失的数额；又由于粘俊生请求赔偿的数额低于法定赔偿数额的最低额，故对其该项诉讼请求予以支持。一审法院判决艺海阁中心立即停止侵权行为并赔偿粘俊生经济损失 9 998 元。二审法院认为：在依法酌定赔偿数额时，《专利法》规定的赔偿数额的下限并不是僵化不变的，如果确有不宜依据上述限额酌定赔偿数额的情形，可以根据案件的具体情况确定赔偿数额。本案各方当事人均未就侵权赔偿数额提供有效证据，原审法院在酌定赔偿数额时，综合考虑涉案专利的类别、艺海阁中心侵权的性质和情节等因素，特别是在考虑到专利权人的索赔数额未达到法律规定的酌定赔偿数额的下限后，在专利权人诉讼请求范围内确定的赔偿数额是恰当的，艺海阁中心有关原审判决确定的赔偿数额没有依据的上诉理由缺乏依据，本院不予支持。

## 4 合理支出的赔偿

侵犯专利权法律责任中的合理支出的赔偿，是指权利人为制止侵权行为所支付的律师费、取证费、交通食宿费、鉴定费等，只要是为制止侵权所必要的和合理的，均可请求由侵权人赔偿。TRIPS 协定第 45 条第 2 款规定："司法当局还应有权责令侵权人向权利持有人支付其他开支，其中可包括适当的律师费。"我国《专利法》第 65 条也特别规定："赔偿数额还应当包括权利人为制止侵权行为所支付的合理开支。"

在合理支出赔偿的适用上，首先，合理支出的赔偿应当以被控行为构成侵权为前提。合理支出是权利人为追究侵权行为所支出的合理费用，如果被控行为最终被认定为非侵权行为，则权利人为维权所支出的开支就不能由被控侵权人来承担。其次，合理支出的数额确定要考察其与权利人制止侵权的关联性。如果权利人所谓的合理支出与其维权无关，则不应作为应由侵权人承担的合理支出。再次，合理支出的数额确定要考虑其合理性，对于明显不合理的维权支出，不应支持或不应全额支持。专利权人

❶ 北京市高级人民法院民事判决书（2012）高民终字第 31 号和北京市第一中级人民法院民事判决书（2010）一中民初字第 10604 号。

· 225 ·

为制止侵权支付的律师费一般可予支持，但如果律师费明显不合理的，如专利权人索赔 5 万元而其律师费高达 100 万元的，一般不会全部支持其律师费。最后，合理支出赔偿数额的确定还要考察其必要性。如专利权人通过公证购买一份或少量的侵权产品即可实现证据保全的，但其实际购买了成千上万份侵权产品的，应当认为其多购买侵权产品的费用不是制止侵权所必需的，不应由侵权人赔偿。

从司法实践来看，合理支出的赔偿是否应包括在《专利法》规定的赔偿幅度范围内，曾经存在不少争议。有人认为合理支出的赔偿应包括在法定幅度范围内，即侵权人承担的包括权利人合理支出在内的损害赔偿数额不得超过法定幅度的上限，如不得超过 2008 年《专利法》规定的 100 万元人民币。应当说这种观点是有一定依据的，2008 年《专利法》第 56 条在规定法官酌定赔偿数额的幅度时，特别规定"赔偿数额还应当包括权利人为制止侵权行为所支付的合理开支"，从文义上确实可以得出包括权利人合理支出之内的损害赔偿不应超过法定上限的结论。《专利纠纷司法解释 2001》第 22 条也规定："人民法院根据权利人的请求以及具体案情，可以将权利人因调查、制止侵权所支付的合理费用计算在赔偿数额范围之内。"从性质上看，权利人的合理支出并不是侵权行为所造成的直接损失，它最多属于侵权行为造成的间接损失，似乎也是可以包括在法定损害赔偿数额范围内的。

但是，TRIPS 协定第 45 条在规定"损害赔偿"时特别规定："1. 对已知或有充分理由应知自己从事之活动系侵权的侵权人，司法当局应有权责令其向权利人支付足以弥补因侵犯知识产权而给权利持有人造成之损失的损害赔偿费。2. 司法当局还应有权责令侵权人向权利持有人支付其他开支，其中可包括适当的律师费。在适当场合即使侵权人不知、或无充分理由应知自己从事之活动系侵权，成员仍可以授权司法当局责令其返还所得利润或令其支付法定赔偿额，或二者并处。"显然，根据 TRIPS 协定的上述规定，合理支出是侵权人"向权利人支付足以弥补因侵犯知识产权而给权利持有人造成之损失的损害赔偿费"之外的赔偿。最高人民法院也认为："除法律另有规定外，在适用法定赔偿时，合理的维权成本应另行计赔。"❶ 事实上在大量的侵犯专利权案件中，权利人维权费用是相当高的，有的大型侵权设备价值几百万元甚至更多，权利人购买侵权设备的费用极其昂贵但可能又是维权所必须开支的费用，如果将合理支出包含在法定判定的上限以内，显然是不利于保护专利权人的合法利益，也不利于遏制侵权行为。因此，本书认为，《专利法》规定的侵权损害赔偿幅度不应包括权利人的合理支出，即法院可在侵权损害赔偿之外另行判决侵权人承担权利人的合理支出。

---

❶ 《最高人民法院关于当前经济形势下知识产权审判服务大局若干问题的意见》第 16 条（法发〔2009〕23 号）。

# 第3节　侵犯专利权诉讼中的临时措施

## 1　诉前禁令

### 1.1　知识产权诉前禁令的概念和分类

知识产权诉前禁令是诉讼禁令的一种，诉讼禁令是由司法机关禁止特定人实施特定行为的制度。在英美法中，禁令（Injunction）是衡平法上的救济措施，通常是在普通法对某种损害行为不能提供充分救济时，当事人就可寻求禁令来作为补救，因此，禁令是指法院签发的要求当事人做某事或某行为或者禁止其做某事或某行为的命令。❶诉讼禁令并不仅仅是指诉讼中的禁令，凡是与司法机关发布的与诉讼有关的禁令都可以称为诉讼禁令。按照诉讼禁令发布时间的不同，诉讼禁令可以分为诉前禁令、诉中禁令和诉后禁令。诉前禁令是指在起诉前由司法机关根据特定人的请求禁止他人实施特定行为的制度。诉中禁令是指在诉讼过程中司法机关禁止特定人实施特定行为的制度。诉后禁令通常是司法机关通过裁判禁止诉讼当事人实施特定行为的制度。按照效力期限的不同，诉讼禁令可以分为临时禁令和永久禁令。临时禁令是指司法机关在作出裁判前根据当事人的申请或审理案件的需要临时发布的禁令。根据临时禁令发布在诉前还是诉讼中，临时禁令可以分为诉前临时禁令和诉中临时禁令。永久禁令是指司法机关在作出生效裁判时发布的禁止诉讼当事人从事特定行为的命令。永久禁令之"永久"是相对而言的，如在取得原告许可时该永久禁令可能丧失对被告的约束力。

知识产权诉前禁令与是民事诉讼中诉前临时措施的一种，它也往往被称为知识产权诉前临时措施，但与诉讼临时措施是不同的概念。诉前禁令是针对行为的禁令，故又被称为行为保全，"行为保全是法院在判决作出之前为保护申请人的合法权益或保证将来判决的执行而应申请人的请求或者依职权要求被申请人作为或不作为的措施。"❷知识产权诉前禁令就是权利人在起诉前由司法机关根据权利人的诉前发布的禁止特定人正在实施的侵犯其专利权的行为或为实施侵犯其专利权的行为而正在实施的预备行为。诉讼临时措施是司法机关为维护司法审判程序的正常进行而采取的与诉讼有关的各种临时性措施。诉讼临时措施的最大特点就是临时性，它可以发生在诉讼前如诉前证据保全，也可以发生在诉讼中如先予执行。

作为一种临时措施，知识产权诉前禁令的这种"临时"是相对于生效裁判文书所

❶　HENRY CAMPBELL BLACK. Black's Law Dictionary［M］. 5th ed. Eagan, Minnesota：West publishing Co., 1979：705.

❷　李双元，欧福永. 现行国际民商事诉讼程序研究［M］. 北京：人民出版社，2006：227.

确定的禁令而言的。尽管司法机关在裁判文书中确定的禁令一般被视为永久禁令，但对知识产权来说永久禁令仅仅具有相对意义，事实上是不可能永久的。通常来说，知识产权诉讼中的"永久禁令"最长不会超过原告知识产权的有效期，而且如果被禁令者取得了权利人的谅解该永久禁令往往会名存实亡。

自 2000 年《专利法》明确规定诉前停止侵犯知识产权行为的制度以来，学术界和实务界都对知识产权的诉前禁令展开了研究。如有学者认为，"知识产权中的诉前禁令是为及时制止正在实施或即将实施的侵害权利人知识产权或有侵害之虞的行为，而在当事人起诉前根据其申请发布的一种禁止行为人从事某种行为的强制性命令。"❶有学者认为，"知识产权权利人或者利害关系人在起诉前申请并由法院裁定作出责令停止侵犯特定知识产权侵权行为的强制措施被称为诉前禁令或诉前责令停止侵权行为。"❷ 本书认为，诉前责令停止侵犯知识产权的措施，是指为切实保护知识产权，有效制止正在或即将实施的侵犯知识产权的行为，在当事人提起侵犯知识产权诉讼之前，人民法院根据权利人或者利害关系人的申请，依法作出的禁止或者限制被申请人从事某种行为的强制措施。

### 1.2 知识产权诉前禁令的起源和主要内容

知识产权诉前禁令是我国知识产权法在 20 世纪末和 21 世纪初为应对加入世界贸易组织的需要而增加规定的诉讼制度。TRIPS 协定第 44 条在规定"禁令"特别规定："司法当局应有权责令当事人停止侵权，尤其有权在海关一旦放行之后，立即禁止含有侵犯知识产权的进口商品在该当局管辖范围内进入商业渠道。对于当事人在已知、或有充分理由应知经营有关商品会导致侵犯知识产权之前即已获得或已预购的该商品，成员无义务授予司法当局上述权力。"第 50 条在"临时措施"中特别规定："1. 为了（a）制止侵犯任何知识产权活动的发生，尤其是制止包括刚由海关放行的进口商品在内的侵权商品进入其管辖范围的商业渠道；（b）保存被诉为侵权的有关证据。司法当局应有权下令采取及时有效的临时措施。2. 如果认为适当，司法当局应有权在开庭前依照一方当事人请求，采取临时措施，尤其是在一旦有任何迟误则很可能给权利持有人造成不可弥补的损害的情况下，或在有关证据显然有被销毁的危险的情况下。"当然，《民法通则》第 134 条和《侵权责任法》第 15 条规定的"停止侵害"、"排除妨碍"和"消除危险"可以被视为诉讼禁令的法源。

为落实 TRIPS 协定的上述规定，我国《专利法》增加规定了诉前禁令制度。2000年第二次修订的《专利法》第 61 条第 1 款规定："专利权人或者利害关系人有证据证明他人正在实施或者即将实施侵犯其专利权的行为，如不及时制止将会使其合法权益受到难以弥补的损害的，可以在起诉前向人民法院申请采取责令停止有关行为和财产

❶ 韩天岚. 知识产权诉讼中诉前禁令的适用［J］. 电子知识产权，2004（4）：33.
❷ 张耕. 知识产权民事诉讼研究［M］. 北京：法律出版社，2004：143.

保全的措施。"为落实《专利法》的上述规定，指导各级法院准确适用诉前禁令，最高人民法院 2001 年 6 月 7 日公布了《关于对诉前停止侵犯专利权行为适用法律问题的若干规定》（法释〔2001〕20 号）并自 2001 年 7 月 1 日起施行，对人民法院如何适用知识产权的诉前禁令作了较为详尽的规定。2008 年第三次修订的《专利法》第 66 条再次明确规定："专利权人或者利害关系人有证据证明他人正在实施或者即将实施侵犯专利权的行为，如不及时制止将会使其合法权益受到难以弥补的损害的，可以在起诉前向人民法院申请采取责令停止有关行为的措施。"随后，我国主要知识产权法都增加了诉前禁令的规定。

从 2008 年《专利法》第 68 条的规定来看，我国专利诉前禁令的主要内容是：专利权人或者利害关系人有证据证明他人正在实施或者即将实施侵犯专利权的行为，如不及时制止将会使其合法权益受到难以弥补的损害的，可以在起诉前向人民法院申请采取责令停止有关行为的措施。但申请人申请诉前禁令时应提供担保，人民法院认为申请人提供的担保不足的，可以要求其追加提供担保。申请人不提供担保或不按人民法院的要求追加提供担保的，驳回其申请。对于申请人提出的专利诉前禁令，人民法院应当自接受申请之时起 48 小时内作出裁定；有特殊情况需要延长的，可以延长 48 小时。人民法院裁定责令停止有关行为的，应当立即执行。当事人对裁定不服的，可以申请复议一次，但复议期间不停止裁定的执行。同时，申请人自人民法院采取诉前禁令之日起 15 日内不针对相关行为提起诉讼的，人民法院应当解除该措施。申请人未及时提起诉讼，或者其申请有错误的，其应当赔偿被申请人因停止有关行为所遭受的损失。

新修订的《民事诉讼法》吸收了《专利法》等知识产权法关于诉前禁令的规定，明确规定当事人可以申请行为保全，包括诉前行为保全和诉中行为保全，其中诉前行为保全与《专利法》等知识产权法关于诉前禁令的规定基本一致性。《民事诉讼法》第 100 条规定："人民法院对于可能因当事人一方的行为或者其他原因，使判决难以执行或者造成当事人其他损害的案件，根据对方当事人的申请，可以裁定对其财产进行保全、责令其作出一定行为或者禁止其作出一定行为；当事人没有提出申请的，人民法院在必要时也可以裁定采取保全措施。人民法院采取保全措施，可以责令申请人提供担保，申请人不提供担保的，裁定驳回申请。人民法院接受申请后，对情况紧急的，必须在 48 小时内作出裁定；裁定采取保全措施的，应当立即开始执行。"第 101 条规定："利害关系人因情况紧急，不立即申请保全将会使其合法权益受到难以弥补的损害的，可以在提起诉讼或者申请仲裁前向被保全财产所在地、被申请人住所地或者对案件有管辖权的人民法院申请采取保全措施。申请人应当提供担保，不提供担保的，裁定驳回申请。人民法院接受申请后，必须在 48 小时内作出裁定；裁定采取保全措施的，应当立即开始执行。申请人在人民法院采取保全措施后 30 日内不依法提起诉讼或者申请仲裁的，人民法院应当解除保全。"

### 1.3 专利诉前禁令的特征

#### 1.3.1 临 时 性

专利诉前禁令是司法机关在专利权人或利害关系人提起侵犯专利权诉讼之前根据其申请发布的禁令，这种禁令具有临时性，因为其针对的行为是否构成侵权尚未经过法院生效裁判的确认，司法机关发布诉前禁令禁止特定人实施特定行为是基于该行为具有较大的可能性，而不是基于该行为已经被判定为侵犯专利权的行为。专利权人或利害关系人负有在一定期限内提起侵犯专利权诉讼的义务。因此专利诉前禁令只能是一种临时措施，其最终的废存还有待随后生效裁判的检验。

#### 1.3.2 紧 迫 性

专利诉前禁令是指被禁止行为属于正在实施或者即将实施的行为，且该行为还有极大可能是侵犯专利权的行为，如未得到及时制止将会使权利人的合法权益受到难以弥补的损害。正是在这种情况紧急的情况下，司法机关根据权利人或利害关系人的申请作出诉前禁令，而且司法机关通常只能在较短的时间内作出裁定，故紧迫性是不言而喻的。

#### 1.3.3 必 要 性

诉前禁令是禁止特定人特定行为的诉讼制度，而且"禁制令是所有救济中最强有力的救济"。❶ 恰当的专利诉前禁令可以及时制止侵权行为，有效保护专利权人的利益，但如果不当的诉前禁令不仅会伤害公众的合法权益，也会极大地损害被申请人的利益。因此是否诉前禁令还必须审查是否有采取诉前禁令的必要性。如果被申请人具有较强的支付能力的，可以不采取诉前禁令；如果采取诉前禁令可能影响公众健康、环保以及其他重大社会利益时，可以不采取诉前禁令。一般来说，通常只有在不采取诉前禁令不足以保护申请人的重大合法权益时，才可以适当采取诉前禁令。

#### 1.3.4 预 防 性

从一定程度上讲，专利诉前禁令具有预防性。"禁令寻求的是预防损害，而不是补偿原告已经遭受的损害。"❷ 专利诉前禁令所针对的主要有两种行为，一种是他人正在实施的可能侵犯专利权的行为，一种是他人即将实施的可能侵犯专利权的行为。他人正在实施的可能侵犯专利权的行为并不是被依法判定为侵犯专利权的行为，他人即将实施的可能侵犯专利权行为也不是侵犯专利权行为本身，对其采取诉前禁令只是预防他人实际实施的行为构成侵权并给专利权人或利害关系人造成难以弥补的损害。

#### 1.3.5 救 济 性

专利诉前禁令是一种诉前救济措施。"诉前救济是指在向人民法院起诉之前，因

---

❶ 冀宗儒. 民事救济要论［M］. 北京：人民法院出版社，2005：156.
❷ 冀宗儒. 民事救济要论［M］. 北京：人民法院出版社，2005：167 – 168.

情形紧迫而依法律规定请求法院给予的救济。"❶ 诉前救济分为诉前禁令和诉前保全，诉前保全又分为诉前财产保全和诉前证据保全。可见，诉前禁令只是诉前救济的一种。日本有学者认为，如果审判所需时间太长，有时会失去其时效性，因此法律上也认可首先采取令其停止侵权行为的临时处理，形成一种使侵权行为暂时停止的法律状态。❷ 如果这种法律状态在诉前就形成了，则属诉前禁令的范围。专利诉前禁令就是针对可能的侵权行为在专利权人或利害关系尚未提起侵权诉讼前为其提供的救济措施。

## 1.4　专利诉前禁令的适用

专利诉前禁令其实是一种临时责任，由被控侵权人在其行为被判定为侵权行为之前先行承担停止被控行为的法律责任，一旦随后的生效裁判认定该被控行为构成侵权，则该临时责任就可以转化为正式的侵权责任。2000 年《专利法》确立了知识产权诉前禁令制度后，专利权诉前禁令的适用曾经迎来了一个高潮。但从近年来的司法实践来看，人民法院对知识产权诉前禁令的适用保持了克制的态度，严格把握法律条件，慎用诉前停止侵权措施。采取诉前停止侵权措施既要积极又要慎重，既要合理又要有效，要妥善处理有效制止侵权与维护企业正常经营的关系。❸ 从司法实践来看，专利诉前禁令的适用应注意以下几个方面的问题。

### 1.4.1　侵权可能性的审查

专利诉前禁令针对的他人正在实施或者即将实施的可能侵犯专利权的行为。诉前禁令的申请人必须提供有效证据来证明他人正在实施或者即将实施的行为可能是侵犯专利权的行为，而且这种可能性应当是较大的，至少侵权可能性要大于不侵权的可能性。申请人还附有诚实提供其专利有效性的证据的义务，在司法机关明确指令的情况下还负有提供其专利技术领域的现有技术的义务。司法机关应当在申请人提供的证据的基础上初步判断被控侵权产品落入申请人专利权保护范围的可能性，如已有生效判决认定被申请人此前的类似行为为侵权行为或被控侵权物已落入申请人专利权保护范围并被认定为侵权物，可以认定具有较大侵权可能性。诉前停止侵权主要适用于事实比较清楚、侵权易于判断的案件，适度从严掌握认定侵权可能性的标准，应当达到基本确信的程度。在专利侵权案件中，"如果被申请人的行为不构成字面侵权，其行为还需要经进一步审理进行比较复杂的技术对比才能作出判定时，不宜裁定责令诉前停止侵犯专利权；在被申请人依法已经另案提出确认不侵权诉讼或者已就涉案专利提出无效宣告请求的情况下，要对被申请人主张的事实和理由进行审查，慎重裁定采取有

---

❶ 张广良. 知识产权侵权民事救济 ［M］. 北京：法律出版社，2003：40.

❷ 冈田全启. 专利·商标侵权攻防策略 ［M］. 詹政敏，等，译，北京：知识产权出版社，2005：91.

❸ 《最高人民法院关于当前经济形势下知识产权审判服务大局若干问题的意见》第 14 条（法发〔2009〕23 号）。

关措施。"❶

### 1.4.2 "难以弥补的损害"的审查

在专利诉前禁令中,被禁止的行为可能给专利权人或者利害关系人造成的"难以弥补的损害"是指损害后果的严重性,如用金钱难以弥补的损害。专利权人或利害关系人在证明被禁止行为可能给其造成"难以弥补的损害"时,并不需要证明可能的侵权行为造成的损害在客观上是绝对的"难以弥补的损害"。专利权是财产权,侵犯专利权的损害主要表现为财产利益的损失,侵犯专利权的损害是否"难以弥补的损害"主要与侵权人的财务能力有关。"在认定是否会对申请人造成难以弥补的损害时,应当重点考虑有关损害是否可以通过金钱赔偿予以弥补以及是否有可执行的合理预期。"❷因此,"难以弥补的损害"是针对不同的侵权人而言的。"诉前停止侵权涉及当事人的重大经济利益和市场前景,要注意防止和规制当事人滥用有关权利。应考虑被诉企业的生存状态,防止采取措施不当使被诉企业生产经营陷入困境。"❸在被申请人具有较强的财务能力的情形,专利权人或利害关系人可能难以证明其申请禁止的行为会给其造成"难以弥补的损害",此时应慎重适用诉前禁令。

### 1.4.3 诉前禁令担保的审查

尽管根据 TRIPS 协定第 50 条第 3 款的规定,司法当局在提供临时措施时"有权责令申请人提供足以保护被告和防止申请人滥用权利的诉讼保证金,或提供与之相当的担保",但 2000 年《专利法》第 61 条在规定专利诉前禁令时,没有规定申请人应提供担保。为此,2001 年 7 月 1 日起施行《最高人民法院关于对诉前停止侵犯专利权行为适用法律问题的若干规定》弥补了 2000 年《专利法》的不足,其第 6 条规定:"申请人提出申请时应当提供担保,申请人不提供担保的,驳回申请。"司法解释的上述规定被吸收到 2008 年《专利法》中,该法第 66 条第 2 款规定:"申请人提出申请时,应当提供担保;不提供担保的,驳回申请。"根据《民事诉讼法》第 101 条第 1 款的规定,利害关系人申请采取保全措施"应当提供担保,不提供担保的,裁定驳回申请"。

从司法实践来看,担保金额的确定既要合理又要有效,主要考虑禁令实施后对被申请人可能造成的损失,也可以参考申请人的索赔数额。禁令作出后如果被申请人能够证明其因该禁令可能遭受的损失大于申请人提供的担保的,可以根据被申请人的申请要求申请人适当追加担保,也可以根据申请人与被申请人的约定担保数额追加担保。申请人无正当理由拒不执行司法机关追加担保的指令时,可以直接解除已经作出的诉前禁令。

### 1.4.4 不当禁令的赔偿

专利诉前禁令所针对的是具有一定侵权可能性的行为而不是已为生效判决所确认

---

❶❷❸ 《最高人民法院关于当前经济形势下知识产权审判服务大局若干问题的意见》第 14 条(法发〔2009〕23 号)。

的侵权行为。如果诉前禁令的发布确有错误给被申请人造成损失的，诉前禁令的申请人应当赔偿该损失。《民事诉讼法》第 105 条规定："申请有错误的，申请人应当赔偿被申请人因保全所遭受的损失。"

从司法实践来看，申请人应当赔偿被申请人因不当禁令造成的损失大致有四种情形：申请人未在法定期限内针对被禁止的行为提起侵权诉讼的，诉前禁令确有错误如其所针对的行为最终被司法判定为非侵权行为的；采取诉前禁令后申请人的专利权被依法宣告无效的；采取诉前禁令后申请人没有根据法院的指令追加担保导致该诉前禁令被解除的。"加强在诉前停止侵权措施申请错误时对受害人的救济，申请人未在法定期限内起诉或者已经实际构成申请错误，受害人提起损害赔偿诉讼的，应给予受害人应有的充分赔偿。对于为阻碍他人新产品上市等重大经营活动而恶意申请诉前停止侵权措施，致使他人的市场利益受到严重损害的情形，要注意给予受害人充分保护。"❶

不当禁令的损害赔偿范围包括被申请人因不当禁令所造成的全部损失。被申请人请求申请人赔偿因不当禁令给其造成的损失时，应当负有证明该损失的责任，被申请人不能证明该损失的，应当由人民法院根据案件的具体情况酌情确定，其酌定赔偿额可不受《专利法》第 65 条第 2 款法定赔偿幅度的限制。"对于为阻碍他人新产品上市等重大经营活动而恶意申请诉前停止侵权措施，致使他人的市场利益受到严重损害的情形，要注意给予受害人充分保护"，❷必要时可以适当加大申请人的赔偿责任。

## 2　证据保全

### 2.1　证据保全概述

证据保全是民事诉讼中较为常见的临时措施，它是指司法机关根据当事人的申请对特定证据进行保全的制度。《民事诉讼法》第 81 条第 1 款规定："在证据可能灭失或者以后难以取得的情况下，诉讼参加人可以向人民法院申请保全证据，人民法院也可以主动采取保全措施。"证据保全可以分为诉前证据保全和诉中证据保全。诉前证据保全是指权利人或利害关系人在提起民事诉讼之前请求人民法院保全特定证据的制度，诉中证据保全是指在诉讼过程中当事人请求人民法院保全特定证据的制度。

民事诉讼是涉及私权的诉讼，当事人对自己提出的主张，有责任提供证据。当事人不能提供证据来证明自己的主张的，应承担相应的法律后果。当事人不能提供有关证据确有正当理由的，可以申请人民法院调查取证，也可以申请人民法院采取证据保全措施。

---

❶❷　《最高人民法院关于当前经济形势下知识产权审判服务大局若干问题的意见》第 14 条（法发〔2009〕23 号）。

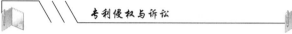

## 2.2  侵犯专利权诉讼中的证据保全

侵犯专利权诉讼是一种民事诉讼，诉讼当事人负有举证证明其诉讼主张的义务。但在某些特殊情形，当然可以申请人民法院采取证据保全。总体来说，当事人举证是原则，人民法院采取证据保全措施属于例外，通常是针对证据可能灭失或者以后难以取得的情况采取的临时措施。

侵犯专利权诉讼中证据保全也分为诉前证据保全和诉中证据保全。诉前证据保全是指专利权人或利害关系人在提起侵犯专利权诉讼之前申请人民法院采取的证据保全，诉中证据保全是专利权人或利害关系人在诉讼过程中申请人民法院采取的证据保全。从司法实务来看，诉中证据保全通常由人民法院知识产权庭处理，诉前证据保全通常由人民法院立案庭处理。相对来说，诉中证据保全比诉前证据保全的申请更可能获得法院的支持。

## 2.3  证据保全在侵犯专利权诉讼中的适用

2008 年《专利法》第 67 条第 1 款规定："为了制止专利侵权行为，在证据可能灭失或者以后难以取得的情况下，专利权人或者利害关系人可以在起诉前向人民法院申请保全证据。"据此，侵犯专利权诉讼中适用证据保全应当注意以几个问题。

首先，证据保全以当事人申请为主。根据《民事诉讼法》第 81 条规定，诉讼参加人可以向人民法院申请保全证据，人民法院也可以主动采取保全措施，但《专利法》没有规定人民法院可以主动采取证据保全措施。虽然人民法院可以根据《民事诉讼法》的上述规定主动采取证据保全措施，司法实践中人民法院虽可在侵犯专利权诉讼主动采取证据保全措施，但一般不会主动采取诉前证据保全措施。因此，如果当事人认为应当申请人民法院在诉讼中采取证据保全措施的，应当及时提出申请，当然如果人民法院在诉讼中发现有关证据可能灭失或者以后难以取得时，可以向相关当事人释明。

其次，申请法院保全证据应以必要性为前提。所谓保全证据的必要性是指相关证据确实与查清案件事实有关，且该证据确实存在可能灭失或者以后难以取得的情形。如果该证据与案件无关，或者该证据不存在可能灭失或者以后难以取得的情形的，一般不应采取证据保全措施。

再次，申请法院保全证据应按照法院要求提供担保。在侵犯专利权诉讼，有的证据本身就是一种财产，如侵犯专利权的产品固然是专利权人主张侵权的证据，同时也是侵权产品持有人的财产，甚至有的侵权产品价值不菲，如果采取证据保全可能导致无辜的侵权产品持有人的损失。有的证据保全过程需要发生一些费用，如购买产品的费用，支付证人交通费、食宿费等。因此，当事人申请人民法院采取证据保全时，人民法院决定采取证据保全的，可以根据案件审理的实际情况要求申请人交纳一定的担保金。此时，如果申请人拒不交纳相关担保的，则其有关保全证据的申请将很难获得法院的支持。

最后，诉前证据保全的申请人负有及时起诉的义务。专利权人或利害关系人提出的诉前证据保全申请符合条件的，人民法院应当自接受申请之时起 48 小时内作出裁定；裁定采取保全措施的，应当立即执行。申请人自人民法院采取保全措施之日起 15 日内不起诉的，人民法院应当解除该措施。需要注意的是，由于申请人未及时起诉，或者其提出的证据保全申请错误的给他人造成损失的，申请人应当承担相应的损害赔偿责任。

## 3  财 产 保 全

### 3.1  财产保全概述

财产保全是指在诉讼终结前为防止当事人赔偿能力的恶化，根据对方当事人的申请对其特定财产采取的临时性措施。

按照申请人提出财产保全的时间的不同，财产保全可以分为诉前财产保全和诉中财产保全。诉前财产保全是指当事人在提起诉讼前向人民法院请求保全特定财产的制度。《民事诉讼法》第 93 条第 1 款规定："利害关系人因情况紧急，不立即申请保全将会使其合法权益受到难以弥补的损害的，可以在提起诉讼或者申请仲裁前向被保全财产所在地、被申请人住所地或者对案件有管辖权的人民法院申请采取保全措施。"诉中财产保全指当事人在诉讼过程中向人民法院请求保全特定财产的制度。《民事诉讼法》第 100 条第 1 款规定："人民法院对于可能因当事人一方的行为或者其他原因，使判决难以执行或者造成当事人其他损害的案件，根据对方当事人的申请，可以裁定对其财产进行保全、责令其作出一定行为或者禁止其作出一定行为；当事人没有提出申请的，人民法院在必要时也可以裁定采取保全措施。"

按照财产保全启动程序的不同，财产保全可以分为依申请的财产保全和依职权的财产保全。依申请的财产保全是指人民法院根据当事人的申请采取的财产保全，依职权的财产保全是指在当事人没有申请的情况下人民法院根据案件审理的需要主动财产保全。通常来说，财产保全原则上应依当事人的申请而为之，人民法院较少依职权主动适用财产保全。

### 3.2  侵犯专利权诉讼中的财产保全

我国《专利法》并没有规定财产保全制度，作为一种民事诉讼，侵犯专利权诉讼中的财产保全主要适用民事诉讼法中的财产保全制度。因此，侵犯专利权诉讼中的财产保全一般也分为诉前财产保全和诉中财产保全。

从司法实践来看，侵犯专利权的诉中财产保全一般由人民法院知识产权庭处理，而诉前财产保全多由人民法院立案庭处理，侵犯专利权的诉讼一般较少采取诉前保全，相对来说，更为常见的是诉中保全。有时候即使专利权人或利害关系人提出诉前保全的诉前，人民法院立案庭也可能会告知其尽快提起诉讼，并等其提起诉讼后将相关诉前保全的申请交由人民法院知识产权庭处理，这样致使大量的诉前保全转化为诉中保全。

《民事诉讼法》中有关人民法院依职权采取保全措施的规定，主要是针对诉中保全而言的。专利权是一种私有财产权，人民法院不可能在专利权人或利害关系人提起诉讼之前依职权主动采取保全措施。事实上即使在诉讼过程中，人民法院依职权采取财产保全的情形也极为罕见，这符合民事诉讼的属性和专利权的私权性质。

### 3.3 财产保全在侵犯专利权诉讼中的适用

在侵犯专利权诉讼中适用财产保全应以必要性为限度。所谓必要性是指确实属于情况紧急不采取保全措施就会使判决不能执行或者难以执行，而且财产保全的范围通常应当与裁判幅度相当。在侵犯专利权诉讼中，财产保全往往会对被保全人的利益产生重大影响。因此专利权人或利害关系人在申请人民法院采取财产保全措施时，应当证明确有采取财产保全措施的必要。同时，考虑到财产保全属于人民法院在裁判之前采取的临时性措施，可以允许财产保全的范围与裁判幅度存在一定偏差，但这种偏差必须是合理的，财产保全的范围既不能明显高于裁判的幅度，也不应当明显低于裁判的幅度。

为防止专利权人或利害关系人滥用财产保全制度，人民法院裁定采取财产保全措施的，可以责令申请人提供担保。申请人不提供担保的，可驳回其有关财产保全的申请。同时，侵犯专利权诉讼适用财产保全的目的是防止侵权人支付能力的恶化，如果侵权人能够证明其有支付能力的，或者其及时提供了相应的反担保的，应当及时解除被保全的财产。

在侵犯专利权诉讼中，对于当事人提出的诉中财产保全的申请，情况紧急的必须在 48 小时内作出裁定；裁定采取财产保全措施的，应当立即开始执行。对于当事人提出的诉前保全财产的申请，人民法院接受申请后，必须在 48 小时内作出裁定；裁定采取财产保全措施的，应当立即开始执行。同时申请人在人民法院采取保全措施后 15 日内应向人民法院提起诉讼，未在 15 日内起诉的，人民法院应当解除财产保全。

《民事诉讼法》第 105 条规定："申请有错误的，申请人应当赔偿被申请人因财产保全所遭受的损失。"因此，在侵犯专利权诉讼中财产保全如果确有错误的，或者采取诉前保全后专利权人或利害关系人未及时起诉的，财产保全的申请人应当对被申请人造成的损失承担赔偿责任。

# 4 先予执行

## 4.1 先予执行概述

先予执行是指在作出生效裁判之前的执行。正是因为先予执行是发生在生效裁判之前，其才构成民事诉讼的一项临时措施。我国民事诉讼法对先予执行是有严格限制的，《民事诉讼法》第 106 条规定："人民法院对下列案件，根据当事人的申请，可以裁定先予执行：（一）追索赡养费、扶养费、抚育费、抚恤金、医疗费用的；（二）追索劳动报酬的；（三）因情况紧急需要先予执行的。"由此可见，先予执行主要适用于财产支付型民事责任。

## 4.2   侵犯专利权诉讼中先予执行

在侵犯专利权诉讼中，被告承担侵权责任通常应以被控行为构成侵权为前提。因此，一般来说侵犯专利权诉讼中不存在先予执行的问题，只有在例外情形才侵犯专利权诉讼有可能适用先予执行。

虽然从《民事诉讼法》第 106 条的规定来看，其主要适用于财产支付型民事责任，但由于其兜底条款为"因情况紧急需要先予执行的"，这就赋予人民法院一定的自由裁量权。《最高人民法院关于适用〈中华人民共和国民事诉讼法〉若干问题的意见》第 107 条规定："民事诉讼法第 97 条第（3）项规定的紧急情况，包括：（1）需要立即停止侵害、排除妨碍的；（2）需要立即制止某项行为的；（3）需要立即返还用于购置生产原料、生产工具货款的；（4）追索恢复生产、经营急需的保险理赔费的。"从某种意义上讲，专利诉前禁令也属于"因情况紧急需要先予执行的"情形，《最高人民法院关于贯彻执行〈中华人民共和国民法通则〉若干问题的意见（试行）》第 162 条规定："在诉讼中遇有需要停止侵害、排除妨碍、消除危险的情况时，人民法院可以根据当事人的申请或者依职权先行作出裁定。"因此，专利诉前禁令在意义上可以说是一种先予执行。

《民事诉讼法》第 107 条第 1 款规定："人民法院裁定先予执行的，应当符合下列条件：（一）当事人之间权利义务关系明确，不先予执行将严重影响申请人的生活或者生产经营的；（二）被申请人有履行能力。"在侵犯专利权诉讼中如果确实符合上述法律及司法解释规定的适用先予执行的条件的，也可裁定由被控侵权人先支付一定的损害赔偿金。

## 4.3   先予执行错误的赔偿

人民法院裁定先予执行的，可以要求申请人提供一定的担保。《民事诉讼法》第 107 条第 2 款规定："人民法院可以责令申请人提供担保，申请人不提供担保的，驳回申请。申请人败诉的，应当赔偿被申请人因先予执行遭受的财产损失。"从司法实践来看，先予执行的申请人往往缺乏担保能力，实践中其很少能够提供有效担保，这也是导致侵犯专利权诉讼不太可能大量适用先予执行的一个因素。对于已经执行的先予执行来说，如果确有错误的，申请人应当赔偿被申请人因先予执行遭受的财产损失。

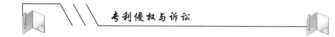

## 第4节　侵犯专利权的其他法律责任

### 1　侵犯专利权诉讼的民事制裁

侵犯专利权诉讼中的民事制裁，是指在侵犯专利权诉讼中除依法判决侵权人承担相应的侵权责任外，还可根据案件审理的实际情况对被告的违法行为给予的制裁。

从制裁的对象来看，侵犯专利权诉讼中的民事制裁并非限于对侵权人的制裁，作为原告的专利权人或其利害关系人如有违法行为时，也可以予以制裁。例如原告在搜集被告侵犯其专利权的证据时如果采取了违法手段，人民法院可以给予训诫等民事制裁。

从民事制裁的形式上看，民事制裁通常有训诫、责令具结悔过，收缴进行非法活动的财物和非法所得、罚款、拘留等形式。《民法通则》第 134 条第 3 款规定："人民法院审理民事案件，除适用上述规定外，还可以予以训诫、责令具结悔过，收缴进行非法活动的财物和非法所得，并可以依照法律规定处以罚款、拘留。"此外，销毁侵权产品、模具、专用设备是侵犯专利权诉讼中常见的制裁措施。

从制裁的客体来看，侵犯专利权诉讼中的民事制裁主要是针对当事人与该案有关的违法活动。例如侵权人的侵权活动不仅侵犯了原告专利权，还造成了其他损害后果且确有制裁必要的，或者侵权人不仅存在被控侵权行为，还存在其他与本案有关应予制裁的违法活动的。在侵犯专利权诉讼中发现与本案有关的违法行为需要给予制裁的，可适用《民法通则》第 134 条第 3 款规定，予以训诫、责令其悔过、收缴进行非法活动的财物和非法所得，或者依照法律规定处以罚款、拘留。

在侵犯专利权诉讼中需要采取收缴、罚款、拘留制裁措施，必须经院长批准，并另行制作民事制裁决定书。被制裁人对决定不服的，在收到决定书的次日起 10 日内可以向上一级人民法院申请复议一次，复议期间决定暂不执行。适用《民法通则》第 134 条第 3 款对公民处以罚款的数额为 500 元以下，拘留为 15 日以下。依法对法定代表人处以拘留制裁措施，也应为 15 日以下。

需要注意的是，根据最高人民法院 1993 年 11 月 4 日针对四川省高级人民法院的请示所作的《关于如何适用〈中华人民共和国民法通则〉第 134 条第 3 款的复函（试行）》的规定，人民法院审理民事案件采取民事制裁措施，依照法律规定处以罚款、拘留，是指人民法院审理民事案件，国家法律规定人民法院对违反民事法律的当事人可以处以罚款、拘留的，人民法院才可以处以罚款、拘留；如果法律规定由有关行政部门处以罚款、拘留的，应由有关行政部门予以处罚。

## 2　侵犯专利权的行政责任

侵犯专利权的行政责任，是指专利权人或利害关系人在发生侵权纠纷时请求管理专利工作的部门处理时，管理专利工作的部门责令侵权人承担的行政责任。也就是说，专利侵权纠纷发生后，专利权人或者利害关系人也可以向管理专利工作的部门申请调处，管理专利工作的部门认定侵权行为成立的，可以责令侵权人承担相应的行政责任。

专利侵权纠纷的行政解决途径是我国专利权"双轨制"保护模式的重要组成部分，也是我国在专利权的保护方面所具有的特色。从世界各国特别是发达国家的专利立法来看，对于专利侵权纠纷的解决主要以司法途径为主，鲜有行政权力介入以及行政责任的承担。我国首部《专利法》正式颁布前的审议稿也并未将有关专利侵权纠纷的行政处理规定纳入其中，但在其最终出台时，专利侵权纠纷的行政解决途径作为专利权的保护途径之一被写入《专利法》中，其理由主要是基于我国的具体国情，"考虑到专利权纠纷的处理是专业性很强的工作，以先由行政主管部门即专利管理机关处理为宜，"❶ 并且"当时司法薄弱，人民法院并不具备这样的审判力量"。❷ 1984 年《专利法》第 60 条第 1 款规定："未经专利权人许可，实施其专利的侵权行为，专利权人或者利害关系人可以请求专利管理机关进行处理，也可以直接向人民法院起诉。专利管理机关处理的时候，有权责令侵权人停止侵权行为，并赔偿损失；……"因此，当时立法机关的观点在于，专利管理机关主要是民事纠纷处理机关。❸ 由此可以看出，当时我国在专利权的保护方面，行政解决途径与司法途径并驾齐驱。从某种程度来讲，突出行政解决途径的色彩更浓重些，例如当时专利管理机关不仅可以处理专利侵权纠纷还可以责令赔偿损失。我国《专利法》的第二次修改则贯彻了"民事纠纷原则上应当通过司法程序解决"这一原则。❹ 例如 2000 年《专利法》第 57 条第 1 款的规定，"专利侵权纠纷的专利权人或者利害关系人可以向人民法院起诉，也可以请求管理专利工作的部门处理。管理专利工作的部门处理时，认定侵权行为成立的，可以责令侵权人立即停止侵权行为……进行处理的管理专利工作的部门应当事人的请求，可以就侵犯专利权的赔偿数额进行调节；调解不成的，当事人可以依照《民事诉讼法》向人民法院起诉。"从该条规定可以看出，行政解决途径与司法解决途径的双轨制保护模式虽未发生变化，但"向人民法院提起诉讼"的解决途径放在了首位，同

❶　赵元果. 中国专利法的孕育与诞生［M］. 知识产权出版社，2003：284.
❷　吴宁燕，王燕红. 论专利行政执法的必要性和发展方向——我国立法与修法立足国情的考虑// ［G］国家知识产权局条法司. 专利法研究 2003. 北京：知识产权出版社，2003：150 – 165.
❸　汤宗舜. 专利法解说［M］. 修订版. 北京：知识产权出版社，2002：340 – 342.
❹　国家知识产权局条法司. 中华人民共和国专利法修改条文的逐条说明// ［G］国家知识产权局专利法研究所. 专利法研究 2000. 北京：知识产权出版社，2001：52.

时，管理专利工作的部门不再有权责令赔偿损失，而仅可就赔偿问题进行调解，调解不成的，当事人仍需诉求人民法院进行解决，从而体现了向"司法程序解决民事纠纷"这一原则的转变。尽管如此，我国在专利权保护方面并未放弃行政解决途径，说明其在我国专利权保护中的不可或缺性。2008 年《专利法》的有关专利权的保护途径的规定仍沿袭了其第二次修改的成果，并未发生变化。随着《国家知识产权战略纲要》以及《全国专利事业发展战略（2011—2020 年)》的颁布，专利行政执法工作日益受到国家知识产权局和各地方管理专利工作的部门的普遍重视。针对侵犯知识产权、制售假冒伪劣商品的现象仍时有发生并且在一些地区和领域还比较严重的情况，国务院开展了多次专项执法行动，例如打击侵犯知识产权和制售假冒伪劣商品专项行动。❶ 为了建立健全专利行政执法工作长效机制，加强专利执法，国家知识产权局于 2011 年 6 月 27 日颁布《关于加强专利行政执法工作的决定》。通过上述举措进一步发挥侵犯专利权的行政责任的优势，与侵犯专利权的民事责任相互补充，加强对于专利权的保护。

根据现行《专利法》第 60 条的规定，侵犯其专利权引起纠纷的，专利权人或者利害关系人可以请求管理专利工作的部门处理。管理专利工作的部门处理时，认定侵权行为成立的，可以责令侵权人立即停止侵权行为，当事人不服的，可以自收到处理通知之日起 15 日内依照《行政诉讼法》向人民法院起诉；侵权人期满不起诉又不停止侵权行为的，管理专利工作的部门可以申请人民法院强制执行。进行处理的管理专利工作的部门应当事人的请求，可以就侵犯专利权的赔偿数额进行调解；调解不成的，当事人可以依照《民事诉讼法》向人民法院起诉。也就是说，对于侵犯专利权的行政责任而言，主要包括责令侵权人立即停止侵权行为的责任形式。对于侵犯专利权的赔偿数额，管理专利工作的部门仅能进行调解，这一点是同侵犯专利权的民事责任具有区别。

在认定专利侵权行为成立并且作出处理决定责令侵权人立即停止侵权行为的情况下，管理专利工作的部门应当采取有效制止侵权行为的措施。在侵权人制造专利侵权产品的情况下，管理专利工作的部门应当责令其立即停止制造行为，销毁制造侵权产品的专用设备、模具，并且不得销售、使用尚未售出的侵权产品或者以任何其他形式将其投放市场，如果侵权产品难以保存，那么应当责令侵权人销毁该产品。在侵权人未经专利权人许可使用专利方法的情况下，管理专利工作的部门应当责令侵权人立即停止使用行为，销毁实施专利方法的专用设备、模具，并且不得销售、使用尚未售出的依照专利方法所直接获得的侵权产品或者以任何其他形式将其投放市场。在侵权人销售专利侵权产品或者依照专利方法直接获得的侵权产品的情况下，管理专利工作的

---

❶ 国务院办公厅. 国务院办公厅关于印发打击侵犯知识产权和制售假冒伪劣商品专项行动方案的通知 [EB/OL]. [2012-11-25]. http://www.gov.cn/zwgk/2010-11/05/content_ 1739089.htm.

部门应当责令其立即停止销售行为，并且不得使用尚未售出的侵权产品或者以任何其他形式将其投放市场。在侵权人许诺销售专利侵权产品或者依照专利方法直接获得的侵权产品的情况下，管理专利工作的部门责令其立即停止许诺销售行为，消除影响，并且不得进行任何实际销售行为。在侵权人进口专利侵权产品或者依照专利方法直接获得的侵权产品的情况下，管理专利工作的部门应当责令侵权人立即停止进口行为；如果侵权产品已经入境，那么不得销售、使用该侵权产品或者以任何其他形式将其投放市场；如果侵权产品尚未入境，那么管理专利工作的部门可以将处理决定通知有关海关。

如果当事人对于管理专利工作的部门作出的行政行为不服，可以依据《行政诉讼法》的规定提起行政诉讼。根据《行政诉讼法》的相关规定和《专利行政执法办法》第 42 条的规定，管理专利工作的部门作出认定专利侵权行为成立并责令侵权人立即停止侵权行为的处理决定后，被请求人向人民法院提起行政诉讼的，在诉讼期间不停止决定的执行。

另外，《专利纠纷司法解释 2001》第 25 条规定："人民法院受理的侵犯专利权纠纷案件，已经过管理专利工作的部门作出侵权或者不侵权认定的，人民法院仍应当就当事人的诉讼请求进行全面审查。"也就是说，如果在管理专利工作的部门已经做出侵权或者不侵权认定之后当事人提起民事诉讼，人民法院需要就当事人的诉讼请求全面审查。

第 5 章

# 第6章 其他专利纠纷的民事诉讼

本章介绍了除侵犯专利权纠纷以外的其他专利纠纷民事诉讼。在最高人民法院颁布的民事案件案由中与其他专利纠纷相关的民事诉讼的三级案由多达数十种，其中涉及的法律关系纷繁众多。本章分为 10 节，针对专利代理人较为常见和关注的十种其他专利民事诉讼进行阐述。本章每节由三部分组成，即概述、法律问题及相关规定指引、主要问题辨析。概述部分帮助读者对该节所涉及的专利纠纷及其法律关系有大致了解；法律问题及相关规定指引部分列出该节所讨论的专利纠纷主要涉及的法律部门、法律问题以及相关规定，便于读者全面了解和检索相关的法律规定；主要问题辨析部分就该节所涉及的重点或疑难问题进行详细讨论，以便引起读者对这些问题的重视和进一步思考。

## 第1节 确认不侵犯专利权诉讼

### 1 概　　述

确认之诉是指当事人请求法院确认某种法律关系存在（积极）或者不存在（消极）的诉讼，确认不侵犯专利权诉讼属于消极的确认之诉，其目的主要有二，一是平衡权利人与义务人之间的诉权，二是消除权利义务不稳定的状态。例如，专利权人甲认为乙生产的产品落入其专利保护范围，遂向乙发出警告函指出乙侵害了其专利权并要求乙停止生产，而乙认为自己并未侵权，但甲自发出警告后便不再理会，即使乙之后催告其提起诉讼也不作回应，乙不得不担心甲随时可能提起的侵权诉讼。此情况如长期持续可能会导致乙无法决定是否继续、扩大或停止被指控侵权产品的生产，使甲乙之间的法律关系处于不稳定状态。另外，面对享有提起侵权诉讼主动权的专利权人，法律如果不赋予被警告人保护自己合法权益的权利显然有失公平。此种不稳定状态和权利失衡的根源在于专利权人可以针对被警告人提出了侵权指控却又迟迟不行使诉权，作为消极确认之诉的确认不侵犯专利权诉讼在制度设计上正是为了结束这种不稳定状态，平衡专利权人与被警告人的诉权。

尽管确认不侵权之诉并非专利领域所独有，例如通过确认之诉来确认物的所有权关系、合同关系等诉讼早已有之，然而在专利领域确认不侵权之诉却引起了广泛讨论，其原因是专利制度在权利主体、权利客体、权利取得、保护范围、侵权判断、归责原则、管辖等方面均存在不同于物权等其他民法领域的特殊性。基于这些特殊性所构建的专利制度也体现了专利权保护的特殊性，特别是从《专利法》的明文规定来看似乎更多地体现了对专利权人利益的倾斜。为此，消极的确认之诉这一制衡权利人的利益平衡机制在专利这一特殊领域出现之初，对于其是否也要根据专利制度的特殊性而相应地进行特别设计以及如何设计均引起了关注和讨论，涉及确认不侵犯专利权之诉的受理、管辖、诉讼主体、与侵权之诉的关系等诸多问题。

## 2 法律问题及相关规定指引

### 2.1 确认不侵犯专利权之诉的受理条件

2.1.1 确认不侵犯专利权之诉的一般受理条件

我国法律对确认不侵犯专利权之诉的受理并无明文规定，最早的依据通常被认为是 2002 年 7 月 12 日最高人民法院就苏州龙宝生物工程实业公司与苏州朗力福保健品有限公司请求确认不侵犯专利权纠纷一案所作的批复。❶ 该批复指出，依据《民事诉讼法》第 119 条和第 121 条的规定，对于符合条件的起诉人民法院应当受理。

根据《民事诉讼法》第 119 条，起诉必须符合下列条件：

① 原告是与本案有直接利害关系的公民、法人和其他组织。

② 有明确的被告。

③ 有具体的诉讼请求和事实、理由。

④ 属于人民法院受理民事诉讼的范围和受诉人民法院管辖。

上述批复指明了提起确认不侵犯专利权之诉应该满足对一般民事诉讼所要求的四项条件受理条件，符合条件的应当受理。

2.1.2 确认不侵犯专利权之诉的特殊受理条件

最高人民法院在《专利侵权纠纷司法解释 2009》中进一步明确规定了确认不侵犯专利权之诉的受理条件。

根据《专利侵权纠纷司法解释 2009》第 18 条，确认不侵犯专利权之诉的受理条件可包括：

① 权利人向他人发出侵犯专利权的警告。

② 被警告人或者利害关系人经书面催告权利人行使诉权。

③ 自权利人收到该书面催告之日起 1 个月内或者自书面催告发出之日起 2 个月内，权利人不撤回警告也不提起诉讼。

---

❶ 参见：《最高人民法院民事审判第三庭关于苏州龙宝生物工程实业公司与苏州朗力福保健品有限公司请求确认不侵犯专利纠纷案的批复》（〔2001〕民三他字第 4 号）。

当符合上述特殊受理条件并且符合《民事诉讼法》规定的民事诉讼一般受理条件时，被警告人或者利害关系人向人民法院提起请求确认其行为不侵犯专利权的诉讼的，人民法院应当受理。

### 2.2　确认不侵犯专利权之诉的实体判断

目前，与确认不侵犯专利权之诉有关的明文规定只涉及受理、管辖等程序问题，并不涉及确认不侵犯专利权之诉的实体判断，例如专利权保护范围的确定、是否落入专利权保护范围的判断、不侵权抗辩事由是否成立等。

论及确认不侵犯专利权之诉，不得不提到专利侵权诉讼，二者分别属于确认之诉和给付之诉，这两种诉讼形式是相互联系而又有区别的。其联系表现于确认之诉对给付之诉具有预决的意义。❶ 给付之诉往往以确认某种法律关系的存在与否为前提，如在侵权之诉中，首先要确认侵权行为的存在，才有停止侵权、赔偿损失等给付内容的判决。但是二者的区别也是明显的，确认之诉不涉及给付内容，而给付之诉是以给付为诉讼目的。❷ 确认之诉最大的特点是法院对确认之诉的判决只存在既判力，而没有执行力。❸ 因此，对于同样的侵权纠纷事实来说，侵犯专利权诉讼与确认不侵犯专利权诉讼在确认法律关系存在与否或者说判断是否构成侵权的方式以及结论方面是一致的。专利侵权诉讼中关于保护范围的确定、是否落入专利权保护范围的判断、是否存在不侵权抗辩事由等相关规定同样适用于确认不侵犯专利权之诉，在《专利法》和司法解释中也就没有对此单独作出规定。对于专利侵权判断的相关内容，可以参见本书其他章节，在此不再赘述。

## 3　主要问题辨析

### 3.1　权利人与被警告人或者利害关系人

确认不侵犯专利权之诉的作用之一是督促权利人及时行使诉权，因此权利人应当是具有提起专利侵权之诉的诉权的权利人，按照目前司法实践享有诉权的权利人包括专利权人、专利财产权利的继承人、独占许可合同及排他许可合同的被许可人。❹ 实践中，实际发出侵权警告的人可能并非是上述享有诉权的权利人，例如专利权人甲的普通许可被许可人或经销商乙向被警告人丙发出侵权警告。对此，曾有观点认为，诉讼主体与警告主体是不同的概念，"侵权警告"的意义在于证明确有争议事实的存在，警告发出就证明争议事实确实存在，如果因此将这种警告予以排除，则有可能使权利

❶ 何文燕，廖永安. 民事诉讼理论与改革的探索［M］. 北京：中国检察出版社，2002（10）：109.
❷ 何文哲，余晖. 对知识产权确认不侵权之诉的思考［J］. 人民司法，2006（1）.
❸ 张广良. 确认不侵权之诉及其完善［J］. 人民司法，2008（11）.
❹ 《最高人民法院关于对诉前停止侵犯专利权行为适用法律问题的若干规定》（法释〔2009〕20号）第1条.

人采用这种间接的警告形式，使受警告人及其利害关系人无法保护自己的权利，与设立确认不侵权诉讼的目的相悖。尽管侵权警告并不一定要是由"权利人"自己发出，但侵权警告是以"权利人"的诉权为基础的并且应当是体现"权利人"的真实意思，前例中侵权警告是否应视为甲向丙发出应视甲与乙的法律关系而定。如果侵权警告是以甲的名义发出并且得到甲授权或事后承认，乙与甲之间成立代理关系，发出侵权警告行为的效力归属于甲，因此应视为甲向丙发出侵权警告，丙可对甲提出确认不侵犯专利权之诉。如果乙是以自己名义发出侵权警告或者虽以甲的名义发出但未取得甲的授权或承认，乙擅自发出侵权警告的行为属于无权处分，对甲不发生效力，丙亦不得基于乙发出的侵权警告对甲提起确认不侵犯专利权之诉，否则将损害甲的利益。但是，如果乙在无权处分的情况下所作的侵权警告对丙造成损害（如损害商誉），丙可基于其他法律关系例如侵犯名誉权来对乙主张侵权损害赔偿。

可提起确认不侵权之诉的人包括被警告人及利害关系人。《专利侵权纠纷司法解释2009》第18条中"他人"或"被警告人"是指侵权警告的发送对象，包括特定人和非特定人。❶ 权利人通过在报纸刊登声明等方式警告使用了某种技术的产品制造者和销售者侵犯了其专利权，此情况下被警告人为非特定人，而如果仅是向某些制造者发去警告信，则被警告人为特定人。例如，在广州市兆鹰五金有限公司与王寅新确认不侵犯专利权纠纷上诉案❷中，兆鹰公司在《义乌商报》上发表《严正声明》，声明其是中国专利号为 ZL02226804.9、名称为"一种水烟筒"的合法专利权人，要求侵权商家立即停止销售侵权的"水烟筒"产品。之后，王寅新向兆鹰公司邮寄《关于"一种水烟筒"及"一种水烟筒吸烟软管"样品是否侵权征询函》、《侵权警告函》和《不侵权通告函》。因未得到兆鹰公司书面正式回函答复是否侵权，王寅新遂向法院提起诉讼，请求确认其设计的水烟筒产品不侵犯兆鹰公司的实用新型专利权。兆鹰公司承认收到王寅新向其邮寄的三封邮件，且未回复王寅新，但兆鹰公司认为其并没有向王寅新发出警告，因此，王寅新不是本案适格主体。浙江省高级人民法院判决认为，王寅新与本案有直接的利害关系，且其起诉同时符合有明确的被告、具体的诉讼请求和事实、理由以及属于人民法院受理民事诉讼的范围和受诉人民法院管辖等条件，故原审法院受理本案，并无不当。"利害关系人"应作广义理解。❸如被警告人为制造商，"利害关系人"应包括经销商等，反之，如被警告人为经销商，"利害关系人"则应包括制造商等。

## 3.2 侵权警告及催告的形式和实质

从《专利侵权纠纷司法解释2009》的字面来看，权利人向被警告人或利害关系

---

❶❸ 孔祥俊，王永昌，李剑. 解读关于审理侵犯专利权纠纷案件应用法律若干问题的解释// ［G］奚晓明. 解读最高人民法院司法解释之知识产权卷. 北京：人民法院出版社，2012.

❷ 浙江省高级人民法院民事判决书（2009）浙知终字第2号。

人发出警告的形式并无限制，而被警告人或者利害关系人向专利权人发出的催告应采用书面形式。从《专利侵权纠纷司法解释2009》对警告和催告形式要求的差异可以看出，法院要求确认不侵犯专利权之诉的原告在提起诉讼前应尽到更加谨慎的注意义务，即应履行书面告知义务。

由于在形式上没有限制，警告可为警告函、在报纸刊登声明等书面形式，也可以是召开新闻发布会以口头形式发出警告。在实质内容上，并非权利人向他人所作的任何带有"告诫"或"提醒"意味的意思表示均能构成作为提起确认不侵犯专利权之诉要件之一的"警告"，其衡量标准应当是看双方之间是否存在诉的利益，或者说是否确实存在实质性争议。例如，如果权利人甲寄给他人乙的信函内容仅仅是提出授权的要约或者是告知相关知识产权的存在，并无将提起侵权诉讼的意思表示，则在甲与乙之间并无实质争议，乙就不具备提起确认不侵犯专利权之诉的条件。另一方面，对于催告来说，其应表明被警告人不认可权利人的侵权主张并希望权利人提起诉讼来解决纷争，如果被警告人认可自己的行为构成侵权或者被警告人的答复表明希望与权利人协商解决纠纷的意愿，则二者之间不存在实质争议，故亦无提起确认不侵权之诉的必要。

综上，权利人向他人发出了侵权警告并使当事人之间产生了实质性争议是确认不侵犯专利权之诉的受理条件。

### 3.3　确认不侵犯专利权之诉的性质及管辖

对确认不侵犯专利权之诉的管辖曾有过不同看法，主要是以下两种主要观点。

第一种观点认为，请求确认不侵犯专利权之诉本质上属于侵权诉讼。有学者认为，"知识产权不侵权确认之诉是请求法院确认原告的行为是否构成侵权，属于侵权之诉。"❶ 其理由在于，确认不侵犯专利权之诉必须审理原告（被警告人或利害关系人）的涉案行为是否侵犯被告的专利权，而这同样是专利侵权之诉的审理对象。不同的是，侵权之诉的程序启动者是专利权人，而确认不侵犯专利权之诉的启动者是侵权纠纷的被警告人或利害关系人，二者均需对争议的行为是否构成侵权进行审理并作出判断。因此，从本质上讲，请求确认不侵犯专利权之诉实为侵权诉讼。根据《民事诉讼法》的规定，侵权行为诉讼的管辖法院包括被告住所地法院和侵权行为地法院。

第二种观点认为，请求确认不侵犯专利权之诉本质上属于确认之诉。有学者认为，确认不侵权之诉，也称否定或消极的确认之诉，本质上属于确认之诉、宣告之诉的一种。❷ 其理由在于，虽然确认不侵犯专利权之诉同样需要审查争议的行为是否侵犯专利权，但正如其案由所揭示的那样，确认不侵犯专利权之诉是对当事人之间是否存在某种法律关系的审查，即使其如同侵权之诉那样审查原告的行为是否侵犯专利权

---

❶ 邓宏光，唐文. 论知识产权不侵权确认之诉［J］. 法律适用，2006（1）：162.
❷ 汤茂仁. 确认不侵权案的受理条件及相关法律问题研究［J］. 法律适用，2006（6）：82.

人的专利权，其判决结果也要对原告行为是否侵犯被告专利权进行判断和确认，亦即需要对当事人之间是否存在侵权法律关系进行确认和判断，但并不涉及侵权责任的判定及承担，确认不侵犯专利权之诉本质上应为确认之诉。因此，确认不侵犯专利权之诉应适用一般管辖，即仅由被告住所地法院管辖。

请求确认不侵犯专利权之诉属于侵权诉讼的观点得到了司法实践的支持，最高人民法院在本田技研工业株式会社与石家庄双环汽车股份有限公司专利纠纷一案中河北高院和北京高院的请示批复认为：“一、确认不侵犯专利权诉讼属于侵权类纠纷，应依据侵权案件的管辖规定确定管辖；二、涉及同一事实的确认不侵犯专利权诉讼和专利侵权诉讼均属独立的诉讼，一方当事人提起的确认不侵犯专利权诉讼不因对方当事人另行提起专利侵权诉讼而被吸收，但为了避免就同一事实的案件为不同法院重复审判，法院应当依法移送管辖合并审理。”❶

实际上，侵权诉讼与确认之诉本来不是对立的诉讼分类，侵权诉讼通常是与合同诉讼、权属诉讼相对应的诉讼分类方式，而确认之诉通常是与形成之诉，给付之诉相对应的诉讼分类方式。尽管确认不侵犯专利权之诉属于确认之诉，但诉讼的地域管辖却并非基于诉讼是确认之诉、还是形成之诉或给付之诉这种诉讼分类来确定的，而是主要考虑两方面的因素：一是当事人住所地与法院辖区的关系；二是案件的相关事实与法院辖区的关系。最高人民法院认为，确认不侵犯专利权诉讼属于侵权类纠纷、由被告住所地法院或侵权行为地法院管辖，但并未否定其确认之诉的性质，因为二者的角度不同。从案件事实来看，侵权争议仍然是确认不侵犯专利权之诉的根源和双方争议的核心，侵权争议的发生地（即侵权行为地）与案件关系紧密，就此来说，确认不侵犯专利权之诉与侵权诉讼并无不同，二者都属于侵权类纠纷。因此，最高人民法院关于确认不侵犯专利权之诉的观点把握了确认不侵犯专利权之诉的核心，即侵权争议与管辖法院的关系。此外，最高人民法院在批复中还指出确认不侵犯专利权诉讼与专利侵权诉讼属独立的诉讼且不被后者吸收，由此来看最高人民法院也是考虑到确认不侵犯专利权诉讼与专利侵权诉讼在诉的性质上分属确认之诉和给付之诉，不能互相吸收。例如，在葛跃进等与浙江久盛地板有限公司确认不侵犯专利权纠纷上诉案❷中，浙江省高级人民法院认为，“久盛公司提出的确认不侵权之诉，是以确认该公司是否侵犯了葛跃进、德威公司的专利权为目的的诉讼，仅在诉讼请求的外在表现形式上与相对应的侵权之诉不同，而在诉讼管辖法院的确定上与相对应的侵权之诉并无差异。根据《最高人民法院关于审理专利纠纷案件适用法律问题的若干规定》第5条之规定，因侵犯专利权行为提起的诉讼，由侵权行为地或者被告住所地人民法院管辖，故

❶ 《最高人民法院关于本田技研工业株式会社与石家庄双环汽车股份有限公司、北京旭阳恒兴经贸有限公司专利纠纷案件指定管辖的通知》（〔2004〕民三他字第4号）。
❷ 浙江省高级人民法院民事裁定书（2009）浙辖终字第110号。

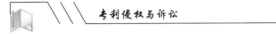

久盛公司自然可以选择葛跃进、德威公司主张的侵权行为地确定本案的管辖，即可选择原审法院对原审被告提起确认不侵犯专利权的诉讼。至于本案是否符合确认不侵权之诉的受理条件，与管辖异议案件无涉，本院在此不作审理。"

# 第2节  专利申请权、专利权权属诉讼

## 1  概    述

专利申请权、专利权权属纠纷是指当事人之间就专利申请权或专利权的归属所发生的纠纷，也就是说，当事人之间在确认谁是真正的权利人方面发生的争议。专利申请权和专利权可以原始取得，也就是在申请专利之前取得申请专利的权利；也可以继受取得，例如通过签订合同取得专利申请权或专利权。继受取得一般都有明确的合同约定，即使出现权属纠纷往往比较容易依照合同解决，其争议的核心通常体现为专利申请权或专利权转让合同纠纷，而原始取得却往往并非基于合同约定而是基于法律事实的发生，例如发明创造的完成，并不像合同约定那般明确，因此实践中专利申请权、专利权权属纠纷更多是涉及原始取得阶段。

专利申请权、专利权是与物权并列的一种财产所有权，专利申请权、专利权权属诉讼本身是财产所有权权属的确认之诉，但引起专利申请权和专利权权属纠纷的却可能是合同、侵权等债权原因，例如技术成果的共同开发人违反约定独自将技术成果申请专利，或者单位擅自将雇员的非职务发明以单位名义申请专利等。因此，专利申请权、专利权权属纠纷往往与合同、侵权纠纷存在紧密关联。

## 2  法律问题及相关规定指引

尽管专利申请权和专利权均是在专利申请提出以后才产生的权利，但引起专利申请权和专利权权属纠纷的争议事实却可能发生于专利申请提出之前，需要确定谁是有权申请专利的人。《专利法》第6条、第8条对在专利申请提出之前取得申请专利的权利主要涉及的三种情况作出规定，包括：①职务发明创造与非职务发明创造的界定；②合作完成的发明创造；③委托完成的发明创造。

《专利法》第6条第1款所定义的职务发明创造包括执行本单位的任务和主要利用本单位的物质技术条件完成两种情形。《专利法实施细则》第12条对本单位、执行本单位的任务以及本单位的物质技术条件作了进一步规定。除职务发明创造外，其余的发明创造均为非职务发明创造。根据《专利法》第6条第3款规定，对于利用本单位物质技术条件所完成的发明创造，单位与发明人或设计人可以对申请专利的权利以及专利权的归属进行约定。

在专利申请提出以前，完成的发明创造也称为技术成果，《合同法》中对技术成果的归属和申请专利的权利等也作出了与《专利法》一致的规定。

## 2.1　《专利法》

### 2.1.1　职务发明创造和非职务发明创造

根据《专利法》第 6 条规定，执行本单位的任务或者主要是利用本单位的物质技术条件所完成的发明创造为职务发明创造。职务发明创造申请专利的权利属于单位；申请被批准后，单位为专利权人。非职务发明创造，申请专利的权利属于发明人或者设计人；申请被批准后，发明人或者设计人为专利权人。利用本单位的物质技术条件所完成的发明创造，单位与发明人或者设计人订有合同，对申请专利的权利和专利权的归属作出约定的，从其约定。

根据《专利法实施细则》第 12 条规定，《专利法》第 6 条所称的本单位，包括临时工作单位，执行本单位的任务所完成的职务发明创造是指：

① 在本职工作中作出的发明创造。

② 履行本单位交付的本职工作之外的任务所作出的发明创造。

③ 退休、调离原单位后或者劳动、人事关系终止后 1 年内作出的，与其在原单位承担的本职工作或者原单位分配的任务有关的发明创造。

《专利法》第 6 条所称本单位的物质技术条件，是指本单位的资金、设备、零部件、原材料或者不对外公开的技术资料等。

### 2.1.2　完成的发明创造

根据《专利法》第 8 条规定，两个以上单位或者个人合作完成的发明创造，除另有协议的以外，申请专利的权利属于共同完成的单位或者个人；申请被批准后，申请的单位或者个人为专利权人。

### 2.1.3　受委托完成的发明创造

根据《专利法》第 8 条规定，单位或者个人接受其他单位或者个人委托所完成的发明创造，除另有协议的以外，申请专利的权利属于完成的单位或者个人；申请被批准后，申请的单位或者个人为专利权人。

## 2.2　《合同法》

### 2.2.1　技　术　成　果

根据《最高人民法院关于审理技术合同纠纷案件适用法律若干问题的解释》第 1 条第 1 款规定，技术成果是指利用科学技术知识、信息和经验作出的涉及产品、工艺、材料及其改进等的技术方案，包括专利、专利申请、技术秘密、计算机软件、集成电路布图设计、植物新品种等。

### 2.2.2　职务技术成果

根据《合同法》第 326 条规定，职务技术成果的使用权、转让权属于法人或者其

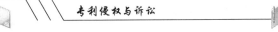

他组织的，法人或者其他组织可以就该项职务技术成果订立技术合同。职务技术成果是执行法人或者其他组织的工作任务，或者主要是利用法人或者其他组织的物质技术条件所完成的技术成果。

根据《最高人民法院关于审理技术合同纠纷案件适用法律若干问题的解释》第2条规定，《合同法》第326条第2款所称"执行法人或者其他组织的工作任务"，包括：①履行法人或者其他组织的岗位职责或者承担其交付的其他技术开发任务；②离职后1年内继续从事与其原所在法人或者其他组织的岗位职责或者交付的任务有关的技术开发工作，但法律、行政法规另有规定的除外。法人或者其他组织与其职工就职工在职期间或者离职以后所完成的技术成果的权益有约定的，人民法院应当依约定确认。

根据《最高人民法院关于审理技术合同纠纷案件适用法律若干问题的解释》第3条规定，《合同法》第326条第2款所称"物质技术条件"，包括资金、设备、器材、原材料、未公开的技术信息和资料等。

根据《最高人民法院关于审理技术合同纠纷案件适用法律若干问题的解释》第4条规定，《合同法》第326条第2款所称"主要利用法人或者其他组织的物质技术条件"，包括职工在技术成果的研究开发过程中，全部或者大部分利用了法人或者其他组织的资金、设备、器材或者原材料等物质条件，并且这些物质条件对形成该技术成果具有实质性的影响；还包括该技术成果实质性内容是在法人或者其他组织尚未公开的技术成果、阶段性技术成果基础上完成的情形。但下列情况除外：

① 对利用法人或者其他组织提供的物质技术条件，约定返还资金或者交纳使用费的；

② 在技术成果完成后利用法人或者其他组织的物质技术条件对技术方案进行验证、测试的。

### 2.2.3 非职务技术成果

根据《合同法》第327条规定，非职务技术成果的使用权、转让权属于完成技术成果的个人，完成技术成果的个人可以就该项非职务技术成果订立技术合同。

### 2.2.4 委托开发完成的发明创造

根据《合同法》第339条规定，委托开发完成的发明创造，除当事人另有约定的以外，申请专利的权利属于研究开发人。研究开发人取得专利权的，委托人可以免费实施该专利。研究开发人转让专利申请权的，委托人享有以同等条件优先受让的权利。

### 2.2.5 合作开发完成的发明创造

根据《合同法》第340条规定，合作开发完成的发明创造，除当事人另有约定的以外，申请专利的权利属于合作开发的当事人共有。当事人一方转让其共有的专利申请权的，其他各方享有以同等条件优先受让的权利。合作开发的当事人一方声明放弃其共有的专利申请权的，可以由另一方单独申请或者由其他各方共同申请。申请人取得专利权的，放弃专利申请权的一方可以免费实施该专利。合作开发的当事人一方不同意申请专利的，另一方或者其他各方不得申请专利。

### 2.2.6 原单位与现单位对技术成果的共享

根据《最高人民法院关于审理技术合同纠纷案件适用法律若干问题的解释》第5条规定，个人完成的技术成果，属于执行原所在法人或者其他组织的工作任务，又主要利用了现所在法人或者其他组织的物质技术条件的，应当按照该自然人原所在和现所在法人或者其他组织达成的协议确认权益。不能达成协议的，根据对完成该项技术成果的贡献大小由双方合理分享。

## 3 主要问题辨析

### 3.1 技术成果权、申请专利的权利、专利申请权及专利权

技术成果，是指利用科学技术知识、信息和经验作出的涉及产品、工艺、材料及其改进等的技术方案，包括专利、专利申请、技术秘密、计算机软件、集成电路布图设计、植物新品种等。技术成果权包括对技术成果的使用权、转让权、许可实施权等权利，其中也包括申请专利的权利。

申请专利的权利，是指发明创造完成以后，相关主体对该发明创造享有的提出专利申请的权利，即与发明创造相关的主体（发明人或设计人、其所在单位、受委托完成发明创造的发明人、共同发明人等）之间谁享有提出专利申请的权利。

专利申请权，根据我国专利实践通常理解为专利申请提交之后授权之前其申请人对其专利申请及其中记载的发明创造所享有的权利，包括使用、收益、处分等权利。

专利权，是指发明创造被授予专利权后权利人对专利权及其保护的发明创造享有的权利，包括使用、许可他人使用、禁止他人未经许可使用、收益、处分等权利。

从相互关系来看，专利申请和专利是以发明创造的完成为基础来进行区分的，在专利申请提出之前完成的发明创造是作为技术成果存在的，技术成果的所有人可以决定将其技术成果申请专利，也可以决定不申请并禁止他人未经许可将其技术成果申请专利，因此申请专利的权利是民法意义上的技术成果权的一项权能。对此，《合同法》中关于技术成果的使用权、转让权等技术成果权归属的规定与《专利法》中关于申请专利的权利归属的规定是一致的，涉及职务技术成果（发明创造）和非职务技术成果、委托开发以及合作开发的技术成果权的归属等。当然，由于申请专利的权利仅仅是技术成果权这一综合权利的一部分，技术成果的权利人甚至可以通过合同等方式将申请专利的权利与其他权利分别转让给不同的人来行使。在申请专利的权利被行使后，也就是专利申请被提出后，由提出专利申请的人取得专利申请权，最后专利申请经过审查被授予专利后产生专利权。

### 3.2 "发明创造"的范围和法律适用

《专利法》第 6 条是用于确定单位与发明人、设计人个人之间谁原始取得申请专利的权利，而申请专利的权利是以对发明创造的技术成果所有权为基础的。技术成果所有权的原始取得要依据属地原则来确定，也就是说，技术成果的原始归属要适用其完成地的法律来确定，基于技术成果的所有权来申请专利的权利同样也要适用技术成果（也就是发明创造）的完成地的法律判断。因此，《专利法》第 6 条中的"发明创造"应当是指在中国完成的发明创造，只要发明创造是在中国境内完成的，都应当适用本条来确定。同样，对于在外国完成的发明创造也应适用发明创造完成地国家的法律。

鉴于以上规定，现实中的一个问题是，如果两个外国人之间就某项在其本国完成但在中国申请专利的发明创造的权利归属产生纠纷，是否可以在中国提起诉讼并被受理。本书认为，因争议双方当事人均为外国人并且争议的标的是专利或专利申请的所有权，此种专利权属纠纷属于涉外财产权益纠纷，根据《民事诉讼法》第 265 条之规定，因合同纠纷或者其他财产权益纠纷，对在中华人民共和国领域内没有住所的被告提起的诉讼，如果合同在中华人民共和国领域内签订或者履行，或者诉讼标的物在中华人民共和国领域内，或者被告在中华人民共和国领域内有可供扣押的财产，或者被告在中华人民共和国领域内设有代表机构，可以由合同签订地、合同履行地、诉讼标的物所在地、可供扣押财产所在地、侵权行为地或者代表机构所在地人民法院管辖。由于专利申请权、专利权权属纠纷的标的为中国的专利申请权或专利权，位于中国境内，可以参照《民事诉讼法》第 265 条中基于诉讼标的物建立管辖的规定，由争议标的所在地法院，即北京市第一中级人民法院管辖，但根据国际私法所适用的实体法上仍然应当是发明创造完成地的法律。

同理，《专利法》第 8 条中的"发明创造"的范围以及法律适用应当与《专利法》第 6 条相同。

### 3.3 职务发明创造与非职务发明创造

#### 3.3.1 本单位的含义

《专利法》第 6 条中使用的"单位"一词，是指能够以自己的名义从事民事活动，独立享有民事权利和承担民事责任的组织，包括法人单位，也包括能够独立从事民事活动的非法人单位，例如个人独资企业、个人合伙企业。法人单位或者非法人组织的内部部门，例如公司内设的研发中心、大学的院系、研究所内的研究室等，由于不能独立地享有民事权利和承担民事义务，因此不属于《专利法》第 6 条所称的"单位"。❶

"本单位"应作广义理解，《专利法实施细则》第 12 条指出，本单位包括临时工

---

❶ 尹新天. 中国专利法详解［M］. 北京：知识产权出版社，2011：76.

作单位，主要针对借调、兼职、实习等建立临时劳动关系的情况，这种劳动关系并不限于通过签订劳动合同建立的劳动关系，也包括事实上成立的劳动关系。例如，在深圳唐锋电器实业有限公司等诉胡松等专利申请权权属案❶中，法院认为，从原告某电器实业有限公司与被告胡某的协议内容看，被告除了将技术作为投资外，还有关于被告领取薪金、享受医保、住房及有关待遇的内容，该部分内容具有一种劳动合同的性质，事实上被告也领取两原告的薪金和享受有关的养老保险、医疗保险等福利待遇，所以被告与原告公司建立劳动关系这点不能否定被告与原告具有事实上的劳动关系。

### 3.3.2 执行本单位任务所完成的发明创造

根据《专利法实施细则》第 12 条第 1 款规定，执行本单位任务涉及三种情况：①从事本职工作；②履行本职工作之外的任务；③在退休、离职后 1 年内作出的与本职工作或本职工作之外的任务有关的发明创造。

"本职工作"是发明人或设计人的职责范围内的工作，其中"职责"可从职和责两个方面来理解，"职"指的是工作的性质，"责"指的是工作的内容，对"职责"理解应当适当，不能过宽，例如不能认为凡是与发明人、设计人从事的工作或业务有联系的发明创造均属于职务发明；也不能过窄，例如不能理解为发明人、设计人从事的某个具体项目。从工作的性质和内容来看，例如发明人在单位的研发部门任职，其职责的性质就是从事研究、开发、设计等工作，假设其工作的内容是从事甲产品的研发，则就甲产品所完成的发明创造属于本职工作的职责范围，属于职务发明创造；而如果发明人属于单位的售后服务部门，其职责的性质是维修，内容是对单位所售出的产品提供售后维修和服务，那么对产品的研发应当认为不属于该发明人的职责范围，其完成发明创造应认为不属于职务发明。作为一个典型案例，在陶义诉北京市地铁地基工程公司发明专利权权属纠纷上诉案中，北京市高级人民法院认为，陶义作为构件厂厂长，其职责范围应当是领导和管理建筑构件的生产经营活动，地基施工不属于构件厂的经营范围，地基施工方面的研究和发明也不应认为是构件长厂长的本职工作。❷

"本职工作之外的任务"是指根据单位的特别安排承担的职责范围以外的任务。与"本职工作"的判断一样，判断是否属于职责范围以外的任务也应当从职和责（也就是工作的性质和内容）两个方面来判断。例如，发明人在单位的研发部门任职，如果单位本来安排发明人从事关于甲产品的 A 项目的研发工作，临时将其调入关于该产品的相关 B 项目从事研发工作，因为工作职责的性质和内容均没有发生实质变化，这种变动一般应当认为是单位在职权范围内对其雇员在本职工作范围内的正常安排，因

---

❶ 上海市第二中级人民法院（1999）沪二中知初字第 126 号、上海市高级人民法院民事判决书（2000）沪高知终字第 73 号。

❷ 北京市高级人民法院民事判决书（1992）高经终字第 15 号。

此仍属于本职工作的范围。对于前例，如果发明人一直是从事甲产品的研发工作，单位临时安排其从事乙产品的研究开发，尽管这种其职责的性质没有发生变化，但内容已经发生了实质改变，应当认为是本职工作之外的任务。如果发明人本来属于单位的售后服务部门，其职责是对单位所售出的产品提供售后维修和服务，单位下达任务临时安排其从事一项设计任务，那么该任务无论在性质和内容上都不属于该发明人的职责范围，其就该设计任务所完成的发明创造就属于履行本单位交付的本职工作之外的任务所作的发明创造。从证据的角度来看，因为本职工作之外的任务不属于发明人、设计人正常的职责范围内，通常单位会专门向发明人、设计人发出通知、任务书等，或者存在相关的会议记录等佐证。

"退休、离职后1年内作出的与本职工作或本职工作之外的任务有关的发明创造属于职务发明创造"的规定是专利法根据发明创造完成过程的复杂性和连续性对于发明人、设计人原单位提供的保护，因为发明创造的完成是复杂的智力劳动过程具有一定的连续性，单位的雇员在离职、退休时可能其从事的研发工作尚未完成，这样其在离开原单位后的一段时间内作出的发明创造往往与其在原单位承担的本职工作或原单位分配的研发任务有密切关联。同时，此规定也兼顾到发明人、设计人自由选择工作的权利以及其可能任职的新单位的利益。将时间限定为1年，其起算点应当是正式办理完退休、离职手续之日。尽管如此，原单位可能会担心一些不诚信的雇员将执行本职工作或者本职工作之外的任务已经基本完成的发明创造留到离开原单位1年后才完成并申请专利。然而，这种风险并非源于法律制度的不完善，也不能完全依靠法律本身来解决，实际上对风险的担心可以督促单位建立严格的研发管理制度，在研发过程中随时保存研发进展的记录，并且在劳动合同或保密协议中与雇员约定严格的研发成果披露责任、保密责任和违约责任，从而通过单位的主动作为来将风险降到最低。此外，在必要的情况下，根据《劳动合同法》第23条、第24条的规定，单位也可以与雇员签订竞业限制协议或在劳动合同中增加相应的条款，约定雇员不得在合同解除或中止后2年内到与本单位生产或经营同类产品、从事同类业务的有竞争关系的其他单位或者自己生产或经营同类产品、从事同类业务。

需要指出的是，在《专利法实施细则》第12条第1款关于执行本单位任务完成的发明创造所涉及的三种情况中，尽管从事本职工作和履行本职工作之外的任务两种情况并没有直接提到发明创造的完成时间，"完成的"已表明这两种情况下发明创造应当是在从事本职工作和履行本职工作之外的任务期间作出的，否则，不应认定为职务发明创造。

### 3.3.3 主要是利用本单位的物质技术条件完成的发明创造

在专利法中，"主要是利用本单位的物质技术条件完成的发明创造"与从事本职工作和履行本职工作以外的任务属于并列情形，但相对于后二者其与单位的关联更远，只有在不属于后二者的情况下才需要进行判断。

根据《专利法实施细则》第 12 条第 2 款后半部分，"本单位物质技术条件"包括本单位的资金、设备、零部件、原材料或者不对外公开的技术资料等，其中技术条件比物质条件对于发明创造的完成更为重要，因为如零部件、原材料是可以花钱购买的，设备的使用是可以支付一定代价的，资金是可以返还的，这些都不是构成职务发明创造的主要因素。构成职务发明创造的主要因素应当是技术，即发明人、设计人长期在本单位从事某种工作，通过学习、观察、讨论、实践等，可以学到的在本单位以外学不到的许多知识、技术、经验等东西，正是因为这些东西是由企业提供给他的，是他借以作出发明创造的基础，如果发明人、设计人以本单位特有的知识、经验、资料、数据为基础作出的发明创造，其权利不能归属于本企业，对企业来说就是很不公平的。❶

根据《专利法》第 6 条的规定，首先，对物质技术条件的利用应当是为了完成发明创造，而不是其他目的，例如在陶义诉北京市地铁地基工程公司发明专利权属纠纷上诉案中，北京市高级人民法院判决认为，只有当物质条件的利用是为了完成某个发明创造，而不是为了实施该发明创造时，该发明创造才属于职务发明创造。❷ 其次，完成发明创造过程中对本单位物质技术条件的利用要达到"主要利用"的程度才属于职务发明创造，相反对发明创造的完成没有实质性帮助的利用则可以认为是不属于"主要利用"，作出的发明创造也不是职务发明创造，在考虑是否属于"主要利用"时要考虑前面所述物质条件和技术条件对于完成发明创造所作的贡献的不同。根据《最高人民法院关于审理技术合同纠纷案件适用法律若干问题的解释》第 4 条规定，"主要利用法人或者其他组织的物质技术条件"包括下面两种情况：①在技术成果的研究开发过程中全部或者大部分利用了法人或者其他组织的资金、设备、器材或者原材料等物质条件，并且这些物质条件对形成该技术成果要具有实质性的影响；②该技术成果实质性内容是在法人或者其他组织尚未公开的技术成果、阶段性技术成果基础上完成的情形。例如，在桂希衡与徐孝蓉等专利权权属纠纷上诉案❸中，贵州省高级人民法院认为，"本案中桂希衡担任的是兴义公路局的领导职务，履行行政领导职责，研究沥青改性剂并非其本职工作，也不是单位给其安排的工作任务，而且其在研究过程中，委托单位实验室所作的试验不属于主要利用本单位的物质技术条件，而是在其技术方案已经完成后，委托单位对其进行验证或测试，因此桂希衡的委托试验行为即使没有向单位缴费，也不属于主要利用法人或者其他组织的物质技术条件"。

### 3.3.4　单位与发明人、设计人就发明创造归属的约定

根据《专利法》第 6 条第 3 款的规定，单位和发明人、设计人可以对发明创造的

❶　汤宗舜. 专利法解说［M］. 修订版. 北京：知识产权出版社，2002：50。

❷　北京市高级人民法院民事判决书（1992）高经终字第 15 号。

❸　贵州省高级人民法院民事判决书（2009）黔高民三终字第 3 号。

归属进行约定，但通过合同约定归属的发明创造仅限于利用本单位的物质技术条件所完成的发明创造，不包括从事本职工作或者履行本职工作之外的任务所完成的发明创造。

与《专利法》第6条第1款中"主要是利用本单位的物质技术条件完成的发明创造"的规定不同，该条第3款中没有"主要"的要求，也就是说"利用本单位的物质技术条件完成的发明创造"包括了"主要是利用本单位的物质技术条件完成的发明创造"和"不是主要利用本单位的物质技术条件完成的发明创造"两种情形，这体现了在发明创造属于"利用本单位的物质技术条件完成"的情况下专利法对于对合同双方意思自治的尊重。

### 3.3.5 业余兼职完成的发明创造

除《专利法》及其实施细则规定的情况外，《全国法院知识产权审判工作会议关于审理技术合同纠纷案件若干问题的纪要》还对实践中出现的职工兼职完成的发明创造的权利归属问题进行了规定。根据该纪要的规定，职工于本岗位职责或者其所在单位交付的任务之外从事业余兼职活动或者与他人合作完成的技术成果的权益，按照其与聘用人（兼职单位）或者合作人的约定确认。没有约定或者约定不明确，当事人可以依照《合同法》第61条的规定签订补充协议；不能达成补充协议的，按照《合同法》第326条和第327条的规定确认，即职务技术成果的使用权、转让权属于法人或者其他组织；非职务技术成果的使用权、转让权属于完成技术成果的个人。依照前述规定处理时不得损害职工所在的法人或者其他组织的技术权益。

## 3.4 专利申请权、专利权纠纷的诉讼时效

《专利法》没有对专利权权属纠纷的诉讼时效问题作出明确规定，而根据作为一般法的《民法通则》第135条，在没有特别规定的情况下向人民法院请求保护民事权利的诉讼时效期间为2年。实践中，就专利权权属诉讼是否适用《民法通则》一般规定的2年诉讼时效曾出现过不同观点。第一种观点认为，在《专利法》没有特别规定的情况下，专利申请权、专利权权属纠纷应当适用《民法通则》第135条规定的2年诉讼时效，自授权之日起计算。第二种观点认为，由于侵权而导致的专利权权属纠纷应当依照《专利纠纷司法解释2001》第23条适用关于持续侵权的诉讼时效，即专利权存在的期限，而由于合同纠纷导致的专利申请权、专利权权属纠纷则应适用《民法通则》规定的2年诉讼时效。第三种观点认为，专利权应与传统民法上的物权法律地位相同，如同物权的确认之诉一样，专利权的权属纠纷不适用诉讼时效的规定。

在司法实践中，上述三种观点在不同的案件中都曾有过体现。近年来，第三种观点逐渐成为主流观点，因为根据民法理论，作为一种消灭时效，诉讼时效的客体仅是

债权请求权，而债权请求权以外的权利，如物权、人格权，则不受诉讼时效的限制。与物权一样，作为依法创设的一种对世权、绝对权、支配权，专利权的权利变动同样具有无因性，也就是其权利变动不受其原因行为（债权行为）的影响，当然也不应受到其原因行为的诉讼时效的影响。特别是，2008 年最高人民法院在《关于审理民事案件适用诉讼时效制度若干问题的规定》第 1 条中指出，"当事人可以对债权请求权提出诉讼时效抗辩……"尽管该条并未直接列出不适用诉讼时效抗辩的权利种类，但从该条仍可以解读出最高人民法院认为诉讼时效主要适用于债权请求权。此后，一些法院在涉及专利申请权、专利权权属纠纷的诉讼时效问题时对最高人民法院的上述规定进行了引用并对诉讼时效的适用进行了阐释。例如，在上海航天设备制造总厂诉上海交通大学专利申请权权属纠纷案❶中，上海市第一中级人民法院认为，就我国现行的法律规定来看，《民法通则》第 135 条以及《最高人民法院关于审理民事案件适用诉讼时效制度若干问题的规定》中关于民事案件适用诉讼时效的规定，均明确了适用诉讼时效的权利范围主要为债权请求权。同时，《专利法》第 62 条关于诉讼时效的规定，也是针对专利权被侵犯所产生的损害赔偿之债，同样属于债权请求权。而本案系权利归属纠纷，原告诉讼的目的是为了要求对系争专利申请权项下的发明创造成果之所有权进行确认。因此，对于此类所有权权属的确认请求权之诉并不适用诉讼时效的规定。

## 第3节　发明人、设计人署名权诉讼

### 1　概　　述

随着现代工业的发展，越来越多的发明创造不是仅仅由单个人独自完成的，而是或多或少地借助他人的协助，甚至是通过与很多人的合作来完成的。并非所有参与完成发明创造的人都可以被称为发明人或设计人，发明人、设计人署名权诉讼旨在确定纠纷的当事人之间谁是或不是发明创造的真正完成人，享有或不享有署名权。尽管发明人、设计人的署名权属人身权，其本身并不直接涉及经济利益，然而现实中的纠纷却往往存在经济利益的影子。例如，共同完成的非职务发明创造申请专利后，发明人、设计人资格将决定谁是专利的共有人，而对于职务发明创造，发明人、设计人资格也将影响谁有权获得奖励和报酬。

---

❶　上海市第一中级人民法院民事判决书（2008）沪一中民五（知）初字第 112 号。

## 2 法律问题及相关规定指引

### 2.1 《专利法》

#### 2.1.1 发明人、设计人的署名权

根据《专利法》第17条第1款的规定，发明人或者设计人有权在专利文件中写明自己是发明人或者设计人。

#### 2.1.2 发明人、设计人的确定

《专利法实施细则》第13条进一步明确，专利法所称的发明人或者设计人，是指对发明创造的实质性特点作出创造性贡献的人。在完成发明创造过程中，只负责组织工作的人、为物质技术条件的利用提供方便的人或者从事其他辅助工作的人，不是发明人或者设计人。

### 2.2 《合同法》

#### 2.2.1 技术成果完成人的署名权

根据《合同法》第328条规定，完成技术成果的个人有在有关技术成果文件上写明自己是技术成果完成者的权利和取得荣誉证书、奖励的权利。

#### 2.2.2 技术成果完成人的确定

根据《最高人民法院关于审理技术合同纠纷案件适用法律若干问题的解释》第6条的规定，《合同法》中所称完成技术成果的"个人"，包括对技术成果单独或者共同作出创造性贡献的人，亦即技术成果的发明人或者设计人。人民法院在对创造性贡献进行认定时，应当分解所涉及技术成果的实质性技术构成。提出实质性技术构成并由此实现技术方案的人，是作出创造性贡献的人。提供资金、设备、材料、试验条件，进行组织管理，协助绘制图纸、整理资料、翻译文献等人员，不属于完成技术成果的个人。

## 3 主要问题辨析

### 3.1 发明人、设计人

在一项发明创造完成的过程中，可能会有很多人参与，但并非所有的人都是发明人或者设计人。根据《专利法实施细则》第13条的规定，发明人、设计人要对发明创造的"实质性特点"作出"创造性贡献"。

对于实质性特点，就发明和实用新型来说，可以理解为对使得发明或实用新型具有创造性的区别技术特征；对于外观设计而言，可以理解为对使得外观设计相对现有设计或者现有设计特征的组合具有实质性区别的设计特征。

对于创造性贡献，《专利法实施细则》第13条从反面作出规定，即发明人、设计

人不包括负责组织工作的人、提供物质技术条件的人或者从事其他辅助工作的人。因为发明创造是对技术所作的改进，由上面的反面规定可以看出，发明人或设计人是在技术上对发明创造的实质性特点作出了实质性贡献的人。例如，在桂希衡与徐孝蓉等专利权权属纠纷上诉案中，贵州省高级人民法院认为，本案专利的发明点不是发现老胶可以用于沥青改性，而是在于找到了老胶用于沥青改性时与蒽油的配比，以及其制备方法。徐孝蓉在作证中承认是桂希衡在安排她进行老胶代替黑油的实验后，桂希衡找到了代替黑油的配方，由此可以推知是桂希衡进行了创造性的研究，徐孝蓉只是做了一些辅助性工作。根据《中华人民共和国专利法》第 12 条关于"专利法所称发明人或者设计人，是指对发明创造的实质性特点作出创造性贡献的人。在完成发明创造过程中，只负责组织工作的人、为物质技术条件的利用提供方便的人或者从事其他辅助工作的人，不是发明人或者设计人"的规定，因此发明人应为桂希衡。

### 3.2　确定发明人、设计人的基准和证据考量

专利申请在提交之时都会记载发明人或设计人，国家知识产权局专利局不会主动审查专利申请上记载的发明人、设计人的准确性，在出现纠纷并向法院提起诉讼之前，法院也不会介入发明人、设计人署名权纠纷，在此情况下专利申请文件上记载的发明人或设计人应视为发明人或设计人。

在当事人提起发明人、设计人署名权纠纷诉讼后，法院就要根据《专利法实施细则》第 13 条的规定确定谁是对发明创造的实质性特点作出创造性贡献的人。然而，对于发明和实用新型来说，由于权利要求书是在说明书中记载的内容的基础上概括得出的，权利要求所要求保护的发明创造往往只是说明书记载的发明创造的一部分，二者所涉及的发明人也可能不同。例如，一发明专利的说明书中分别由发明人甲完成的 A 产品和发明人乙完成的 B 方法，而权利要求书中仅要求保护 A 产品。在此情况下，是以说明书中记载的发明创造为准还是以权利要求书记载的发明创造为准来确定发明人，其结论可能不同，例如对于前例基于说明书会得出甲、乙均为发明人的结论，而基于权利要求书则只有乙是发明人。

本书认为，对于发明和实用新型来说，《专利法实施细则》第 13 条中所称的"实质性特点"可与《专利法》第 22 条第 3 款作相同理解，而"实质性特点"是专利法对要求保护的发明创造提出的要求，也就是对权利要求书记载的发明创造的要求。因此，对于发明和实用新型来说，应当基于权利要求书所记载的发明创造来确定发明人。进一步而言，由于权利要求书中记载的内容往往既包括现有技术又包括有"实质性特点"的内容，应当基于"有实质性特点"的内容，也就是权利要求相对于现有技术的区别特征来确定发明人。例如，在蒙超诉刘鹏等发明发明创造发明人、设计人署

---

❶　贵州省高级人民法院民事判决书（2009）黔高民三终字第 3 号。

名权纠纷案❶中，北京市第一中级人民法院认为，将蒙超的上述技术方案与涉案专利1的权利要求1相比较，前者除未包含后者权利要求1所述"PDA的控制口线接锁相环电路输入端"这一技术特征外，其余的技术特征均相同，并且给出了特征"PDA的控制口线接锁相环电路输入端"的技术启示，因此认定蒙超对涉案专利1作出了创造性贡献，其作为涉案专利1的发明人或者设计人依法享有在涉案专利1授权文本上写明自己是发明人或者设计人的权利。

对于外观设计来说，其要求保护的内容都是由图片或照片表示的，因此不存在基于哪个文件来确定设计人的问题，但因为简要说明可以用来解释发明的设计要点，在确定外观设计的"实质性特点"时可以参照简要说明来确定。

然而，从证据的角度看，在一些纠纷中各方当事人提供的证据可能都不能证明哪个发明人对专利文件中记载的哪些内容作出了实质性贡献，因此无法确定专利文件上记载的发明人是否是真正的发明人。在此情况下，专利申请文件本身的记载将是更可信的证据，应以专利文件上的记载为准确定发明人身份。同样，在没有充分证据来证明发明人之间各自对发明创造的哪些实质性特点作出贡献的情况下，应当推定各发明人共同作出了贡献。例如，在姜金楼诉项宗映等发明创造设计人署名权纠纷案❷中，上海市第一中级人民法院认为，作为专利权人的陆杰公司及其法定代表人项宗映在收到专利证书后就知道了专利证书记载的设计人署名情况，但第三人陆杰公司从2005年3月起直至本案诉讼前长达数年期间内，从未对被告赵斌的设计人身份提出异议，故应视为第三人陆杰公司认可被告赵斌对涉案专利所作的创造性贡献，原告姜金楼要求确认被告赵斌不是系争专利设计人的诉讼请求缺乏事实和法律依据，因此不予支持。

此外，对于发明和实用新型来说，由于申请文件要经过国家知识产权局专利局的审查，其权利要求的内容可能会发生变化，在授权后，如果有人提起专利无效，权利要求书也可能会进行修改；对于外观设计来说，图片或者照片以及简要说明在审查过程中也可能会经历删除、修改等。因此，用于确定发明人、设计人的文件可能处于变化的状态。在没有出现发明人、设计人署名权纠纷的情况下，无论发明人或者设计人是否实际上发生了变化，仍应依据专利文件上的记载推定发明人或设计人，而当出现发明人或者设计人署名权纠纷时，应当以纠纷审理时权利要求记载的技术内容或者图片、照片所表示的外观设计为基准来确定发明人或者设计人。例如，一项发明或实用新型在授权后可能因他人提出无效请求而被宣告部分无效，如果发明人署名权纠纷发生在无效决定作出之前，仍应推定权利要求是有效的并基于推定有效的权利要求判断发明人资格，而如果发明人署名权纠纷发生在无效决定作出之后，由于宣告无效的权

❶ 北京市第一中级人民法院民事判决书（2011）一中民初字第3903号。
❷ 上海市第一中级人民法院民事判决书（2007）沪一中民五（知）初字第357号。

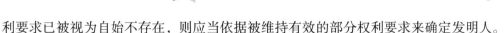

利要求已被视为自始不存在，则应当依据被维持有效的部分权利要求来确定发明人。

## 3.3 诉讼时效

《专利法》没有对发明人、设计人署名权纠纷的诉讼时效问题作出明确规定。根据《民法通则》第135条的规定，在没有特别规定的情况下向人民法院请求保护民事权利的诉讼时效期间为2年。然而，根据民法理论，作为一种消灭时效，诉讼时效的客体仅主要是债权请求权，而请求权以外的权利，如物权、人格权，则不受诉讼时效的限制。

专利或专利申请包括财产权利和人身权利，发明人、设计人的署名权属于人身权的范畴，人身权是与人的自身不可分离亦不可转让的没有直接财产内容的民事权利，发明人或设计人署名权诉讼旨在解决当事人之间关于发明人或设计人身份的纠纷，不属于诉讼时效的客体，因此不应当适用《民法通则》第135条规定的2年诉讼时效的限制。

# 第4节 职务发明创造发明人、设计人奖励、报酬诉讼

## 1 概　　述

专利制度的根本目的在于鼓励发明创造，授予独占性的专利权是专利制度对于专利权人向发明创造所作投入的回报和鼓励。对于非职务发明创造来说，发明人或设计人可以通过申请专利并且利用专利法所赋予的独占实施权来获取经济利益，而对于职务发明创造来说，单位可以通过将职务发明创造申请专利、取得专利权并实施受到专利权保护的发明创造从而获得专利制度所赋予的利益。然而，任何发明创造都是由人来完成的，专利制度需要将这种鼓励延伸到产生发明创造的源泉，也就是发明人和设计人，包括中国在内的很多国家在专利法中规定被授予专利权的单位要向职务发明创造的发明人或者设计人给予奖励和报酬。

## 2 法律问题及相关规定指引

通过奖酬来鼓励和回报职务发明创造或职务技术成果的发明人或设计人是鼓励创新、推动科技进步的重要手段，在《专利法》、《合同法》、《促进科技成果转化法》中均有体现，以《专利法》的规定最为详尽。

《专利法》第16条就职务发明创造的发明人、设计人获得奖励和报酬的权利作出规定，权利主体是发明人、设计人，义务主体是单位，单位应当给予职务发明创造的发明人、设计人的物质回报分成两个部分，即奖励和报酬。《专利法实施细则》第76~78条对单位与发明人、设计人之间就支付奖励和报酬的方式和数额的约定（包括

第6章

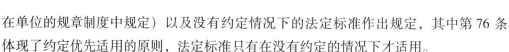

在单位的规章制度中规定）以及没有约定情况下的法定标准作出规定，其中第76条体现了约定优先适用的原则，法定标准只有在没有约定的情况下才适用。

## 2.1 《专利法》

### 2.1.1 发明人、设计人的奖励报酬权

根据《专利法》第16条的规定，被授予专利权的单位应当对职务发明创造的发明人或者设计人给予奖励；发明创造专利实施后，根据其推广应用的范围和取得的经济效益，对发明人或者设计人给予合理的报酬。

### 2.1.2 约定的奖励、报酬支付方式和数额

根据《专利法实施细则》第76条的规定，被授予专利权的单位可以与发明人、设计人约定或者在其依法制定的规章制度中规定《专利法》第16条规定的奖励、报酬的方式和数额。企业、事业单位给予发明人或者设计人的奖励、报酬，按照国家有关财务、会计制度的规定进行处理。

### 2.1.3 法定的奖励支付方式和数额

根据《专利法实施细则》第77条的规定，被授予专利权的单位未与发明人、设计人约定也未在其依法制定的规章制度中规定《专利法》第16条规定的奖励的方式和数额的，应当自专利权公告之日起3个月内发给发明人或者设计人奖金。一项发明专利的奖金最低不少于3 000元；一项实用新型专利或者外观设计专利的奖金最低不少于1 000元。由于发明人或者设计人的建议被其所属单位采纳而完成的发明创造，被授予专利权的单位应当从优发给奖金。

### 2.1.4 法定的报酬支付方式和数额

根据《专利法实施细则》第78条的规定，被授予专利权的单位未与发明人、设计人约定也未在其依法制定的规章制度中规定《专利法》第16规定的报酬的方式和数额的，在专利权有效期限内，实施发明创造专利后，每年应当从实施该项发明或者实用新型专利的营业利润中提取不低于2%或者从实施该项外观设计专利的营业利润中提取不低于0.2%，作为报酬给予发明人或者设计人，或者参照上述比例，给予发明人或者设计人一次性报酬；被授予专利权的单位许可其他单位或者个人实施其专利的，应当从收取的使用费中提取不低于10%，作为报酬给予发明人或者设计人。

## 2.2 《合同法》

### 2.2.1 职务技术成果完成人的奖励、报酬权

根据《合同法》第326条的规定，法人或者其他组织应当从使用和转让职务技术成果所取得的收益中提取一定比例，对完成该项职务技术成果的个人给予奖励或者报酬。

根据《合同法》第330条的规定，当事人之间就具有产业应用价值的科技成果实施转化订立的合同，参照技术开发合同的规定。

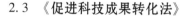

### 2.3　《促进科技成果转化法》

#### 2.3.1　科技成果转化的含义

根据《促进科技成果转化法》第 2 条的规定，科技成果转化是指为提高生产力水平而对科学研究与技术开发所产生的具有实用价值的科技成果所进行的后续试验、开发、应用、推广直至形成新产品、新工艺、新材料，发展新产业等活动。

#### 2.3.2　基于职务技术成果的转让给予的奖励

根据《促进科技成果转化法》第 29 条规定，科技成果完成单位将其职务科技成果转让给他人的，单位应当从转让该项职务科技成果所取得的净收入中，提取不低于 20% 的比例，对完成该项科技成果及其转化作出重要贡献的人员给予奖励。

#### 2.3.3　基于职务技术成果的实施给予的奖励

根据《促进科技成果转化法》第 30 条规定，企业、事业单位独立研究开发或者与其他单位合作研究开发的科技成果实施转化成功投产后，单位应当连续 3~5 年从实施该科技成果新增留利中提取不低于 5% 的比例，对完成该项科技成果及其转化作出重要贡献的人员给予奖励。采用股份形式的企业，可以对在科技成果的研究开发、实施转化中作出重要贡献的有关人员的报酬或者奖励，按照国家有关规定将其折算为股份或者出资比例。该持股人依据其所持股份或者出资比例分享收益。

## 3　主要问题辨析

### 3.1　"职务发明创造"的范围

《专利法》及其实施细则中关于职务发明创造发明人、设计人奖励、报酬的条款并未指明"职务发明创造"的范围，如果仅依据字面解释，似乎包括所有在中国被授予专利权的发明创造，而不论发明创造是在中国完成还是在外国完成，也不论专利权人及发明人、设计人是中国人还是外国人。

尽管"职务发明创造"的范围尚待进一步的法规或司法解释予以明确，但是目前已有较多观点认为，从立法宗旨来看，专利制度的目的在于鼓励发明创造，给予职务发明创造的发明人、设计人奖励和报酬就是落实该立法宗旨的具体措施之一。因此，《专利法》要鼓励的是在中国产生更多的发明创造，从立法宗旨来看关于职务发明创造发明人、设计人奖励、报酬的条款中提到的"发明创造"应当指的在中国境内完成的发明创造。此外，"职务发明创造"首先出现在《专利法》第 6 条中，其中规定了"职务发明创造"申请专利的权利属于单位，本条关于单位应当向发明人、设计人支付奖励和报酬的规定中第 6 条的适用为前提的，也就是说，只有当发明创造为职务发明创造时才适用本条。如前所述，《专利法》第 6 条中的"发明创造"指的是在中国完成的发明创造，本条中的"发明创造"亦应作同样的理解，也就是说，本条仅仅适用于在中国境内完成的发明创造而不适用于在外国境内完成的发明创造，进一步而言，"被授予专利权"的单位也仅仅包括就在中国境内完成的发明创造获得中国专利权的单位，不包括就在外国完成的发明创造获得中国专利权的单位。❶

### 3.2 发明人、设计人奖酬的约定优先原则及限制

《专利法实施细则》第77条和第78条都在开始部分明确了奖励和报酬的法定标准的适用条件，也就是只有在单位未与发明人、设计人按照第76条就奖励和报酬的方式和数额作出约定也未在其规章制度中作出规定的情况下才会适用。由此可见，《专利法实施细则》第76条相对于第77条和第78条具有优先适用的效力。

契约有广义和狭义之分，对于单位和发明人来说，狭义的契约是双方共同签署的劳动合同等，而广义上的契约则包括双方之间相互作出和要遵守的各种明示和默示的承诺。单位依法制定的规章制度可视为一种广义的契约，因为作为雇员的发明人、设计人同意与单位建立劳动关系可认为是对其规章制度的认可并愿意遵守，因此单位依法制定的规章制度相对于法定标准的优先适用也是约定优先原则的体现。

尽管约定和规章制度相对于法定标准具有优先适用效力，《专利法实施细则》第76条同时又对单位与发明人、设计人能够约定的内容进行限制，将其限定为奖励、报酬的方式和数额，其中隐含的含义是单位不能与发明人、设计人约定或者在规章制度中规定单位不给予奖励和报酬，也不能通过约定雇员的工资视为包含奖励和报酬等变相地不给予奖励和报酬。例如，在某微电子装备有限公司与吴某职务发明创造发明人奖励纠纷上诉案❷中，上海市第一中级人民法院认为，上诉人依据奖励办法中发明人离职后涉及的奖励不予发放的规定，不予支付。由于支付被上诉人奖励是上诉人的法定义务，上诉人在其制定的奖励办法中是不能对该义务的承担加以限制或免除的。另一方面，因为单位和发明人、设计人约定的内容包括方式和数量，实际上约定的奖励和报酬并不仅限于货币形式，也可以包括股权、期权、培训、带薪休假等诸多方式。尽管《专利法》第16条对奖励和报酬有"合理"的要求，但由于意思自治是合同的灵魂并且在很多情况下是否"合理"难于界定，只要不存在明显不合理的情况下，应当尽量尊重单位和发明人、设计人之间就奖励和报酬的约定。

### 3.3 专利法与合同法、促进科技成果转化法的关系

《专利法》、《合同法》、《促进科技成果转化法》中都包括关于对职务发明创造完成人或者职务科技成果完成人奖励的相关规定。从相互关系来看，根据《专利法》，作为发明人、设计人获得奖励和报酬基础的发明创造是已申请专利并且授予专利权的特殊技术成果，由于《专利法》属于特别法，当职务技术成果属于被授予专利权的发明创造的情况下，应适用《专利法》中关于发明人、设计人奖励和报酬的相关规定。

---

❶ 尹新天. 中国专利法详解［M］. 北京：知识产权出版社，2011：193.
❷ 上海市第一中级人民法院民事判决书（2011）沪一中民五（知）终字第144号。

根据《促进科技成果转化法》第 2 条的规定，科技成果转化是指为提高生产力水平而对科学研究与技术开发所产生的具有实用价值的科技成果所进行的后续试验、开发、应用、推广直至形成新产品、新工艺、新材料，发展新产业等活动。因此，《促进科技成果转化法》所涉及的"科技成果"是按照该法第 2 条的定义进行了转化的科技成果。此外，根据《促进科技成果转化法》第 29 条的规定，有权获得奖励的人不仅包括科技成果的完成人，还包括对其转化作出重要贡献的人员。实践中，由于对于科技成果完成人的贡献比例往往并不容易确定。例如，在刘法新诉济源市农业科学研究所职务技术成果完成人奖励纠纷上诉案❶中，河南省高级人民法院认为，根据《促进科技成果转化法》第 29 条参与技术转让净收入奖励分配人员包括职务科技成果完成人和为成果转化作出贡献的其他人员，而刘某仅为技术成果完成人，其他人员并不明确。因此，无论是具体奖励数额还是参与奖励分配人员均无法确定。

《合同法》第 326 条对于奖酬仅作了原则性的规定，仅仅指出法人或者其他组织应当从使用和转让职务技术成果所取得的收益中提取一定比例对完成该项职务技术成果的个人给予奖励或者报酬，但并没有给出奖励或报酬的具体的比例。因此，在就奖励或报酬产生纠纷时，职务技术成果的完成人往往缺乏具体、明确的依据来支持自己的诉讼请求。

## 第5节　专利申请权、专利权转让合同诉讼

### 1　概　　述

专利申请权和专利权都是财产权，因此与其他财产权一样是可以转移的，通过协议转让是专利申请权和专利权发生转移的最常见方式。由于专利权客体的无形性和专利对技术实施权的排他性，与有形财产的物权转让相比，专利权的权利变动会对公众利益的影响更大，涉及的法律关系更多。

专利申请权、专利权转让合同是平等主体的当事人之间就专利旨在变更专利申请权、专利权权属而订立的协议，其具有一般合同的共性，要受到《合同法》的调整，由于专利申请权和专利权都是依据专利法产生的财产性权利，因此也要符合《专利法》的相关规定。此外，当专利申请权、专利权转让合同的一方为外国人时，该转让合同属于技术进出口合同，专利申请权、专利权转让合同属于要符合《技术进出口管理条例》的相关规定。

---

❶ 河南省高级人民法院民事判决书（2009）豫法民三终字第 75 号。

## 2 法律问题及相关规定指引

### 2.1 《专利法》

#### 2.1.1 专利申请权和专利权的可转让性

根据《专利法》第10条第1款的规定，专利申请权和专利权可以转让。

#### 2.1.2 专利申请权、专利权转让的生效要件

根据《专利法》第10条第3款的规定，转让专利申请权或者专利权的，当事人应当订立书面合同，并向国务院专利行政部门登记，由国务院专利行政部门予以公告。专利申请权或者专利权的转让自登记之日起生效。

#### 2.1.3 向外转让专利申请权、专利权的手续

根据《专利法》第10条第2款的规定，中国单位或者个人向外国人、外国企业或者外国其他组织转让专利申请权或者专利权的，应当依照有关法律、行政法规的规定办理手续。

#### 2.1.4 专利权无效的溯及力

根据《专利法》第47条的规定，宣告无效的专利权视为自始即不存在，宣告专利权无效的决定，对已经履行的专利实施许可合同和专利权转让合同，不具有追溯力。但是因专利权人的恶意给他人造成的损失，应当给予赔偿。依照前款规定不返还专利侵权赔偿金、专利使用费、专利权转让费，明显违反公平原则的，应当全部或者部分返还。

### 2.2 《合同法》

#### 2.2.1 合同的形式

根据《合同法》第10条的规定，当事人订立合同，有书面形式、口头形式和其他形式。法律、行政法规规定采用书面形式的，应当采用书面形式。当事人约定采用书面形式的，应当采用书面形式。

#### 2.2.2 合同书形式的合同的成立时间

根据《合同法》第32条的规定，当事人采用合同书形式订立合同的，自双方当事人签字或者盖章时合同成立。

#### 2.2.3 合同的生效

根据《合同法》第44条的规定，依法成立的合同，自成立时生效。法律、行政法规规定应当办理批准、登记等手续生效的，依照其规定。

#### 2.2.4 合同的无效

##### 2.2.4.1 合同无效的一般情形

根据《合同法》第52条的规定，有下列情形之一的，合同无效：

① 一方以欺诈、胁迫的手段订立合同，损害国家利益。

② 恶意串通，损害国家、集体或者第三人利益。

③ 以合法形式掩盖非法目的。

④ 损害社会公共利益。

⑤ 违反法律、行政法规的强制性规定。

#### 2.2.4.2 技术合同无效的特殊情形

对于技术合同来说，除《合同法》第52条规定的合同无效情形外，《合同法》还根据技术合同的特点对技术合同的无效情形作出了特殊规定。

根据《合同法》第329条规定，非法垄断技术、妨碍技术进步或者侵害他人技术成果的技术合同无效。

《最高人民法院关于审理技术合同纠纷案件适用法律若干问题的解释》第10条规定，下列情形属于合同法第329条所称的"非法垄断技术、妨碍技术进步"：

① 限制当事人一方在合同标的技术基础上进行新的研究开发或者限制其使用所改进的技术，或者双方交换改进技术的条件不对等，包括要求一方将其自行改进的技术无偿提供给对方、非互惠性转让给对方、无偿独占或者共享该改进技术的知识产权。

② 限制当事人一方从其他来源获得与技术提供方类似技术或者与其竞争的技术。

③ 阻碍当事人一方根据市场需求，按照合理方式充分实施合同标的技术，包括明显不合理地限制技术接受方实施合同标的技术生产产品或者提供服务的数量、品种、价格、销售渠道和出口市场。

④ 要求技术接受方接受并非实施技术必不可少的附带条件，包括购买非必需的技术、原材料、产品、设备、服务以及接收非必需的人员等。

⑤ 不合理地限制技术接受方购买原材料、零部件、产品或者设备等的渠道或者来源。

⑥ 禁止技术接受方对合同标的技术知识产权的有效性提出异议或者对提出异议附加条件。

#### 2.2.5 可变更、可撤销的合同

根据《合同法》第54条的规定，下列合同，当事人一方有权请求人民法院或者仲裁机构变更或者撤销：

① 因重大误解订立的。

② 在订立合同时显失公平的。

一方以欺诈、胁迫的手段或者乘人之危，使对方在违背真实意思的情况下订立的合同，受损害方有权请求人民法院或者仲裁机构变更或者撤销。当事人请求变更的，人民法院或者仲裁机构不得撤销。

#### 2.2.6 合同无效或被撤销的法律后果

根据《合同法》第58条的规定，合同无效或者被撤销后，因该合同取得的财产，

应当予以返还；不能返还或者没有必要返还的，应当折价补偿。有过错的一方应当赔偿对方因此所受到的损失，双方都有过错的，应当各自承担相应的责任。

### 2.2.7　技术进出口合同的特殊诉讼时效

根据《合同法》第129条的规定，因技术进出口合同争议提起诉讼或者申请仲裁的期限为4年，自当事人知道或者应当知道其权利受到侵害之日起计算。

### 2.2.8　技术转让合同的形式

根据《合同法》第342条的规定，技术转让合同应当采用书面形式。

### 2.2.9　技术进出口合同的法律适用

根据《合同法》第355条的规定，法律、行政法规对技术进出口合同或者专利、专利申请合同另有规定的，依照其规定。

## 2.3　技术进出口

### 2.3.1　技术进出口的范围

根据《技术进出口管理条例》第2条的规定，技术进出口是指从中华人民共和国境外向中华人民共和国境内，或者从中华人民共和国境内向中华人民共和国境外，通过贸易、投资或者经济技术合作的方式转移技术的行为。技术进出口行为包括专利权转让、专利申请权转让、专利实施许可、技术秘密转让、技术服务和其他方式的技术转移。

### 2.3.2　禁止或限制进口或出口的技术

根据《技术进出口管理条例》第8～10条及第31～34条的规定，国务院外经贸主管部门会同国务院有关部门，制定、调整并公布禁止或者限制进口以及出口的技术目录。对于属于禁止进口或出口类的技术，不得进口或出口。禁止或限制进口或出口类的技术，禁止或者限制进口或出口。对于属于限制进口或出口类的技术，实行许可证管理；未经许可，不得进口或出口。

### 2.3.3　技术进口或出口合同的生效日

根据《技术进出口管理条例》第16条及第38条的规定，对属于限制进口或出口类的技术，技术进口或出口经许可的，由国务院外经贸主管部门颁发技术进口或出口许可证。技术出口合同自技术进口或出口许可证颁发之日起生效。

### 2.3.4　自由进口或出口的技术

根据《技术进出口管理条例》第17条及第39条的规定，对属于自由进口或出口的技术，实行合同登记管理。进口或出口属于自由进口或出口类的技术，合同自依法成立时生效，不以登记为合同生效的条件。

## 3 主要问题辨析

### 3.1 专利申请权、专利权转让合同的订立形式

《合同法》第10条规定："当事人订立合同，有书面形式、口头形式和其他形式，法律、行政法规规定采用书面形式的，应当采用书面形式。"《专利法》第10条规定："转让专利申请权或者专利权的，当事人应当订立书面合同。"因此，专利申请权、专利权转让合同属于要式合同，必须采用书面形式，否则合同不生效。

### 3.2 专利申请权、专利权转让合同的生效与权利变动的生效

专利申请权、专利权的转让合同是一种债权行为，可以由当事人依据约定自由创设，并具有相对性，只在当事人之间发生法律效力。专利申请权、专利权本身与不动产物权一样，是依法创设的一种财产权，具有绝对性，得对抗一般人，其权利变动与不动产物权类似，要进行登记以便公示。专利申请权、专利权的转让不仅要满足债权合同的生效条件，还要履行专利申请权、专利权的权利变动公示所需的有关手续，否则，如同物权变动的无因性一样，专利申请权、专利权的权利变动也不受其原因行为（合同之债）左右。例如，甲与乙签订协议将其一项专利权转让给乙，但没有办理专利权的权属变更手续，其后甲又将同一专利协议转让给丙，并且办理了权利变动的登记手续。尽管乙与甲的合同签订再先并且有效，但由于未办理专利权的权利变动手续而未完成专利权的转让，乙只能依据其与甲的有效合同要求甲承担违约责任，而不能取得该专利的专利权，也不能依据其与甲之间的债权（合同）来对抗甲与丙已完成的专利权转让。

对于作为债权行为的专利申请权、专利权的转让合同，《合同法》第32条规定："当事人采用合同书形式订立合同的，自双方当事人签字或者盖章时合同成立。"第44条前半部分规定，依法成立的合同，自成立时生效。因此，对于一般的专利申请权、专利权的转让合同来说，只要当事人双方签字或者盖章，合同就会生效，即在当事人之间产生法律约束力。例如，在罗平诉赖国运等专利权转让合同纠纷案❶中，关于合同效力的认定，南宁市中级人民法院认为，《专利法》第10条第3款规定"转让专利申请权或者专利权的，当事人应当订立书面合同，并向国务院专利行政部门登记，由国务院专利行政部门予以公告。专利申请权或者专利权的转让自登记之日起生效。"该条并未规定合同办理登记后生效，只规定专利申请权或者专利权的转让即转移自登记之日起生效。根据《最高人民法院关于适用〈中华人民共和国合同法〉若干问题的解释（一）》第9条第1款的规定，"法律、行政法规规定合同应当办理登记手续，但未规定登记后生效的，当事人未办理登记手续不影响合同的效力，合同标的物

---

❶ 南宁市中级人民法院民事判决书（2003）南市民三初字第3号。

所有权及其他物权不能转移。"因此,原告罗平与被告赖国运、黄尊敬就转让专利权(或专利申请权)签订的《技术转让合同书》,虽然未向国务院专利行政部门办理登记和公告,但这并不影响合同的效力。

然而,根据《合同法》第44条后半部分的规定,法律、行政法规规定合同应当办理批准、登记等手续生效的,依照其规定。

对于专利申请权、专利权的权利变动来说,除订立有效的转让合同外,根据《专利法》第10条,转让专利申请权或者专利权的,当事人应当订立书面合同,并向国务院专利行政部门登记,由国务院专利行政部门予以公告,专利申请权或者专利权的转让自登记之日起生效。也就是说,专利申请权或者专利权的权利变动自登记之日起生效。

### 3.3 涉外专利申请权、专利权转让合同

根据《合同法》第355条规定,法律、行政法规对技术进出口合同或者专利、专利申请合同另有规定的,依照其规定。《专利法》第10条第2款也规定,中国单位或者个人向外国人、外国企业或者外国其他组织转让专利申请权或者专利权的,应当依照有关法律、行政法规的规定办理手续。如果未办理规定的手续,这样的专利申请权、专利权转让合同不生效。

《合同法》和《专利法》中所说的有关技术进出口合同的法律、行政法规主要包括《对外贸易法》和《技术进出口管理条例》,其中根据《技术进出口管理条例》,专利权转让、专利申请权转让属于技术进出口行为,国务院外经贸主管部门等会公布禁止或者限制出口的技术目录。对于禁止进出口类的技术,不得进出口,当然就此类技术即使签订了技术出口转让合同也不能生效。对于限制进出口类的技术,实行许可证管理,未经许可,不得进出口,技术进出口经许可的,由国务院外经贸主管部门颁发技术进口或出口许可证,技术进口或出口合同自许可证颁发之日起生效。对于自由进出口类的技术,合同自依法成立时生效,不以登记为合同生效的条件。由于外观设计专利不涉及技术,因此《技术进出口管理条例》对于外观设计专利申请或专利转让合同并不适用。

实践中,在将专利权人为中国单位或个人的专利申请或者专利转让给外国单位或者个人时,需要向国家知识产权局提供技术出口许可证或者技术出口合同登记证。

### 3.4 专利权、专利申请权转让合同对实施及许可实施行为的影响

除通过转让专利申请权、专利权来兑现其财产权利的价值外,专利申请权、专利权的权利人实现其财产权利的价值更常采用的方式是自己实施或者许可给他人实施专利申请权、专利权。

根据《最高人民法院关于审理技术合同纠纷案件适用法律若干问题的解释》第24条规定,订立专利权转让合同或者专利申请权转让合同前,让与人自己已经实施发

明创造，在合同生效后，受让人要求让与人停止实施的，人民法院应当予以支持，但当事人另有约定的除外。让与人与受让人订立的专利权、专利申请权转让合同，不影响在合同成立前让与人与他人订立的相关专利实施许可合同或者技术秘密转让合同的效力。

### 3.5　专利申请被驳回、视为撤回的影响

尽管专利权可能被宣告部分无效或全部无效而影响其稳定性，尚未获得授权的专利申请比专利权更不稳定，在授权之前即可能被驳回、撤回或视为撤回。

根据《最高人民法院关于审理技术合同纠纷案件适用法律若干问题的解释》第23 条的规定，专利申请权转让合同当事人以专利申请被驳回或者被视为撤回为由请求解除合同，该事实发生在依照《专利法》第 10 条第 3 款的规定办理专利申请权转让登记之前的，人民法院应当予以支持；发生在转让登记之后的，不予支持，但当事人另有约定的除外。专利申请因专利申请权转让合同成立时即存在尚未公开的同样发明创造的在先专利申请被驳回，当事人依据《合同法》第 54 条第 1 款第（2）项规定的显失公平为由请求予以变更或者撤销合同的，人民法院应当予以支持。例如，上诉人全解生、陈平与被上诉人佛山市顺德区松工电器有限公司、原审被告严腾华专利权转让合同纠纷一案❶中，广东省高级人民法院认为，该专利进入实质性审查阶段后，国家知识产权局于 2009 年 1 月 23 日向松工电器公司发出第一次审查意见通知书，要求松工电器公司按该通知书提出的审查意见对申请文件进行修改。2009 年 10 月 21 日，该发明专利申请被视为撤回。由于专利申请被视为撤回的时间是在专利申请权已转让给松工电器公司以后，由于严腾华、松工电器公司亦没有证据证明双方另有约定，故本院对严腾华、松工电器公司解除上述协议的请求不予支持。

最高人民法院的上述司法解释中未包括专利申请被撤回的情形，因为作为转让方的专利申请人在办理专利申请权转让登记之前如擅自撤回专利申请，则构成违约，不属于合同解除、撤销或变更的情形。

# 第6节　专利实施许可合同诉讼

## 1　概　　述

专利实施许可合同是专利权人或其授权的人作为转让方，许可受让方在一定的范围内实施专利，受让方支付约定的使用费所订立的合同。专利实施许可合同属于技术合同，技术合同是技术成果的交易关系在法律上的反应，因此专利实施许可合同受合

---

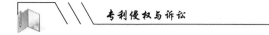

同法的调整。同时，由于专利实施许可合同的标的是专利技术，具有特殊性，因此专利实施许可合同还受到专利法的调整。技术合同的基本原则之一是有利于技术成果的应用和科学技术进步，因此在合同法当中一方面尽可能地尊重技术合同当事人的意思自治，保障当事人在合法的范围内行使权利；另一方面，禁止当事人损害公共利益和他人利益、妨碍技术进步。因此，专利实施许可合同一般都是比较复杂的合同，涉及的法律关系和法律规定众多，包括《合同法》、《专利法》、《技术进出口条例》以及相关的司法解释等。

## 2 法律问题及相关规定指引

本节涉及的专利实施许可合同与上节的专利权、专利申请权转让合同都属于技术合同的范畴，关于技术合同的一部分规定都适用，例如上节的法律问题及相关规定指引部分中关于合同效力、专利权被宣告无效的溯及力等问题的规定同样适用于本节的专利实施许可合同，在本节不再重复列出。

### 2.1 专利实施许可合同的范围、内容

根据《合同法》第 342 条的规定，技术转让合同包括专利权转让、专利申请权转让、技术秘密转让、专利实施许可合同。因此，专利实施许可合同属于技术转让合同的一种。

根据《最高人民法院关于审理技术合同纠纷案件适用法律若干问题的解释》第 22 条的规定，《合同法》第 342 条规定的"技术转让合同"，是指合法拥有技术的权利人，包括其他有权对外转让技术的人，将现有特定的专利、专利申请、技术秘密的相关权利让与他人，或者许可他人实施、使用所订立的合同。但就尚待研究开发的技术成果或者不涉及专利、专利申请或者技术秘密的知识、技术、经验和信息所订立的合同除外。技术转让合同中关于让与人向受让人提供实施技术的专用设备、原材料或者提供有关的技术咨询、技术服务的约定，属于技术转让合同的组成部分。因此发生纠纷的，按照技术转让合同处理。当事人以技术入股方式订立联营合同，但技术入股人不参与联营体的经营管理，并且以保底条款形式约定联营体或者联营对方支付其技术价款或者使用费的，视为技术转让合同。

根据《合同法》第 324 条的规定，技术合同的内容由当事人约定，一般包括以下条款：

① 项目名称。

② 标的的内容、范围和要求。

③ 履行的计划、进度、期限、地点、地域和方式。

④ 技术情报和资料的保密。

⑤ 风险责任的承担。

⑥ 技术成果的归属和收益的分成办法。

⑦ 验收标准和方法。

⑧ 价款、报酬或者使用费及其支付方式。

⑨ 违约金或者损失赔偿的计算方法。

⑩ 解决争议的方法。

⑪ 名词和术语的解释。

与履行合同有关的技术背景资料、可行性论证和技术评价报告、项目任务书和计划书、技术标准、技术规范、原始设计和工艺文件，以及其他技术文档，按照当事人的约定可以作为合同的组成部分。技术合同涉及专利的，应当注明发明创造的名称、专利申请人和专利权人、申请日期、申请号、专利号以及专利权的有效期限。

## 2.2 专利实施许可的方式

根据《最高人民法院关于审理技术合同纠纷案件适用法律若干问题的解释》第25条的规定，专利实施许可包括以下方式：

① 独占实施许可，是指让与人在约定许可实施专利的范围内，将该专利仅许可一个受让人实施，让与人依约定不得实施该专利。

② 排他实施许可，是指让与人在约定许可实施专利的范围内，将该专利仅许可一个受让人实施，但让与人依约定可以自行实施该专利。

③ 普通实施许可，是指让与人在约定许可实施专利的范围内许可他人实施该专利，并且可以自行实施该专利。

当事人对专利实施许可方式没有约定或者约定不明确的，认定为普通实施许可。专利实施许可合同约定受让人可以再许可他人实施专利的，认定该再许可为普通实施许可，但当事人另有约定的除外。

根据《最高人民法院关于审理技术合同纠纷案件适用法律若干问题的解释》第27条的规定，排他实施许可合同让与人不具备独立实施其专利的条件，以一个普通许可的方式许可他人实施专利的，人民法院可以认定为让与人自己实施专利，但当事人另有约定的除外。

## 2.3 无约定时共有人的许可实施权

根据《专利法》第15条的规定，专利申请权或者专利权的共有人对权利的行使有约定的，从其约定。没有约定的，共有人可以单独实施或者以普通许可方式许可他人实施该专利；许可他人实施该专利的，收取的使用费应当在共有人之间分配。

## 2.4 专利实施许可合同的有效期

根据《合同法》第344条的规定，专利实施许可合同只在该专利权的存续期间内有效。专利权有效期限届满或者专利权被宣布无效的，专利权人不得就该专利与他人订立专利实施许可合同。

根据《最高人民法院关于印发全国法院知识产权审判工作会议关于审理技术合同纠纷案件若干问题的纪要的通知》第 62 条规定，专利实施许可合同对实施专利的期限没有约定或者约定不明确，依照《合同法》第 61 条的规定不能达成补充协议的，受让人实施专利不受期限限制。

### 2.5　许可人的权利担保和技术指导义务

根据《合同法》第 345 条的规定，专利实施许可合同的让与人应当按照约定许可受让人实施专利，交付实施专利有关的技术资料，提供必要的技术指导。

《合同法》第 353 条规定："受让人按照约定实施专利、使用技术秘密侵害他人合法权益的，由让与人承担责任，但当事人另有约定的除外。"

对于技术进口合同，《技术进出口管理条例》第 24 条规定，技术进口合同的让与人应当保证自己是所提供技术的合法拥有者或者有权转让、许可者。技术进口合同的受让人按照合同约定使用让与人提供的技术，被第三方指控侵权的，受让人应当立即通知让与人；让与人接到通知后，应当协助受让人排除妨碍。技术进口合同的受让人按照合同约定使用让与人提供的技术，侵害他人合法权益的，由让与人承担责任。第 25 条规定，技术进口合同的让与人应当保证所提供的技术完整、无误、有效，能够达到约定的技术目标。

### 2.6　维持专利有效的义务

根据《最高人民法院关于审理技术合同纠纷案件适用法律若干问题的解释》第 26 条的规定，专利实施许可合同让与人负有在合同有效期内维持专利权有效的义务，包括依法缴纳专利年费和积极应对他人提出宣告专利权无效的请求，但当事人另有约定的除外。

根据《最高人民法院关于印发全国法院知识产权审判工作会议关于审理技术合同纠纷案件若干问题的纪要的通知》第 61 条规定，专利实施许可合同让与人应当在合同有效期内维持专利权有效，但当事人另有约定的除外。在合同有效期内，由于让与人的原因导致专利权被终止的，受让人可以依据《合同法》第 94 条第（4）项的规定解除合同，让与人应当承担违约责任；专利权被宣告无效的，合同终止履行，并依据《专利法》的有关规定处理。

### 2.7　关于不得质疑条款

《对外贸易法》第 30 规定，知识产权权利人有阻止被许可人对许可合同中的知识产权的有效性提出质疑、进行强制性一揽子许可、在许可合同中规定排他性返授条件等行为之一，并危害对外贸易公平竞争秩序的，国务院对外贸易主管部门可以采取必要的措施消除危害。

根据《最高人民法院关于审理技术合同纠纷案件适用法律若干问题的解释》第 10 条第（6）项的规定，禁止技术接受方对合同标的技术知识产权的有效性提出异议或者对提出异议附加条件属于垄断技术、妨碍技术进步的行为。

### 2.8　技术改进的归属

根据《合同法》第 354 条的规定，"当事人可以按照互利的原则，在技术转让合同中约定实施专利、使用技术秘密后续改进的技术成果的分享办法。没有约定或者约定不明确，依照本法第 61 条的规定仍不能确定的，一方后续改进的技术成果，其他各方无权分享。"

### 2.9　许可费的变更

根据《最高人民法院关于审理技术合同纠纷案件适用法律若干问题的解释》第 34 条的规定，当事人一方以技术转让的名义提供已进入公有领域的技术，或者在技术转让合同履行过程中合同标的技术进入公有领域，但是技术提供方进行技术指导、传授技术知识，为对方解决特定技术问题符合约定条件的，按照技术服务合同处理，约定的技术转让费可以视为提供技术服务的报酬和费用，但是法律、行政法规另有规定的除外。依照前款规定，技术转让费视为提供技术服务的报酬和费用明显不合理的，人民法院可以根据当事人的请求合理确定。

### 2.10　被许可人不得擅自再许可的义务

根据《专利法》第 12 条的规定，被许可人无权允许合同规定以外的任何单位或者个人实施该专利。

《合同法》第 346 条也规定，专利实施许可合同的受让人应当按照约定实施专利，不得许可约定以外的第三人实施该专利；并按照约定支付使用费。

### 2.11　诉讼时效

根据《合同法》第 129 条的规定，因技术进出口合同争议提起诉讼或者申请仲裁的期限为 4 年，自当事人知道或者应当知道其权利受到侵害之日起计算。

### 2.12　管　辖

根据《最高人民法院关于审理技术合同纠纷案件适用法律若干问题的解释》第 42 条、第 43 条的规定，技术合同纠纷案件一般由中级以上人民法院管辖。各高级人民法院根据本辖区的实际情况并报经最高人民法院批准，可以指定若干基层人民法院管辖第一审技术合同纠纷案件。其他司法解释对技术合同纠纷案件管辖另有规定的，从其规定。合同中既有技术合同内容，又有其他合同内容，当事人就技术合同内容和其他合同内容均发生争议的，由具有技术合同纠纷案件管辖权的人民法院受理。

## 3　主要问题辨析

### 3.1　专利实施许可合同的形式

尽管《专利法》第 12 条规定，任何单位或者个人实施他人专利的，应当与专利权人订立实施许可合同，向专利权人支付专利使用费，但并未规定专利实施许可合同必须采取书面形式，因此专利实施许可合同并非要式合同，除书面形式外，还可以采取口头形式，甚至默示方式。例如，在佛山市南海区真心莲坊铝合金箱架厂诉江西天仙精藏设备有限公司侵犯外观设计专利权纠纷案❷中，江西省宜春市中级人民法院认为，权利人吕东兴将涉案专利授权原告独家生产、销售、使用的行为属于专利独家许可实施行为，双方当事人虽然未按照我国《专利法》第12条规定签订书面实施许可合同，但吕东兴向原告授权其实施涉案专利的行为，应视为向原告发出了要约，原告根据吕东兴委托书的内容实施了该专利，实质上是对该要约的承诺行为。因此，上述双方当事人的行为符合签订合同的要约与承诺规则，应受我国法律保护，因此原告享有涉案专利独家生产、销售、使用权。

实践中，专利实施许可合同可能以不同的形式呈现，对于是否属于专利实施许可合同，应当依据法律关系的实质进行判断。例如，在赵建民与赵陵专利实施许可合同纠纷上诉案❷中，江苏省高级人民法院认为，尽管当事人双方签订过《联营合作合同书》，根据双方签订的《补充协议草案》及《补充协议》的约定，赵陵授权赵建民生产、加工（包括委托加工）、销售其专利产品，而赵建民支付相应的许可费用，该约定内容符合专利实施许可法律关系的特征。在《联营合作合同书》未实际履行的情况下，《补充协议草案》及《补充协议》也未直接涉及《联营合作合同书》，故不能将其理解为对《联营合作合同书》有关条款的补充，而只能视为双方间另行形成专利实施许可法律关系。从合同履行情况看，赵建民于2006年3月15日向赵陵支付款项并开具了领款事由为"预付2006年度专利许可费"收据的事实，也进一步证明双方间存在着专利实施许可法律关系。因此，双方间法律关系的性质应为专利实施许可法律关系，而非合伙法律关系。

## 3.2 被许可人不得擅自再许可的义务与委托他人加工

根据《专利法》第12条以及《合同法》第346条的规定，被许可人无权允许合同规定以外的任何单位或者个人实施该专利，然而在实际的生产经营活动中被许可人往往不可能独自生产被许可的专利技术所涉及的产品组成部分，甚至在一些情况下，被许可人需要将被许可的专利技术所涉及的整个产品委托他人进行生产，这种委托加工是企业实际生产经营的需要，获得的产品在委托加工中委托加工单位仅仅委托加工所生产出的产品。例如，在赵建民与赵陵专利实施许可合同纠纷上诉案❸中，在专利实施许可法律关系中，有时被许可人可能因自身不具备生产制造能力而委托第三方加工制造专利产品。该委托加工行为应视为是被许可人自身制造行为的延续。《补充协议草案》及《补充协议》已明确表明涉案专利的被许可方为赵建民、授权内容包括

❶ 江西省宜春市中级人民法院民事判决书（2010）宜中民三初字第4号。
❷❸ 江苏省高级人民法院民事判决书（2009）苏民三终字第0018号。

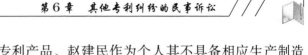
（由赵建民）委托（第三方）加工专利产品、赵建民作为个人其不具备相应生产制造能力的情况下，涉案专利产品实际由江苏省扬州市牙刷实业公司制造且该公司在产品外包装上标注有"专利许可生产商扬州市牙刷实业公司"字样符合相关法律规定，这并不能得出其直接许可江苏省扬州市牙刷实业公司制造专利产品的结论，涉案专利的被实施许可方系赵建民而非江苏省扬州市牙刷实业公司。

### 3.3 专利实施许可合同备案及其效力

根据《专利法实施细则》第14条第2款的规定，专利权人与他人订立的专利实施许可合同，应当自合同生效之日起3个月内向国务院专利行政部门备案，但该条并未明确备案对于专利实施许可合同有何效力，特别是备案是否影响专利实施许可合同的生效以及经过备案的专利实施许可合同是否可以对抗善意第三人。

关于备案是否影响专利实施许可合同的生效，无论在专利法还是其他法律中均没有规定专利实施许可合同的生效必须以备案为前提，因此备案并非专利实施许可合同的生效要件，是否备案并不影响专利实施许可合同的生效，这一观点也得到了司法实践的确认。例如，在宁波启发制刷有限公司诉宁波中蔺对外贸易有限公司等专利侵权纠纷案❶中，宁波市中级人民法院认为，两被告据以引用的该管理办法并未规定备案系专利实施许可合同的生效条件。根据国务院颁布的《专利法实施细则》第15条第2款的规定，专利权人与他人签订的专利实施许可合同，应当自合同生效之日起3个月内向国务院专利行政部门备案。可见，备案并非专利实施许可合同的生效条件。

对于经备案的专利实施许可合同是否能够对抗善意第三人，在实践中却有着不同的理解。一种观点认为，专利许可合同的备案具有公示作用，经过备案的专利实施许可合同可以对抗善意第三人。例如，在冷泰山等诉段传国等侵犯专利权纠纷案❷中，长沙市中级人民法院认为，原告泰山塑料厂与专利权人冷泰山签订了专利独占实施许可使用合同，依据《专利实施许可合同备案管理办法》第5条的规定，当事人应当在专利实施许可合同生效之日起3个月内办理备案手续。可见，备案是一种行政管理行为，未办理备案手续，并不影响许可合同之效力，但一经备案，就产生公示作用，即对抗第三人的效力，同时也取得了《专利实施许可合同备案管理办法》第6条规定的相应权利，即申请诉前禁令和请求地方备案管理部门进行处理等。由于本案中两原告未举证证明其签订的专利独占实施许可合同经过了国家知识产权局备案，因此，原告泰山塑料厂虽为该专利的独占实施许可使用人，但其在发现专利权受到侵犯时，亦不能对抗专利权人以外的第三人。该案判决中引用的《专利实施许可合同备案管理办法》第6～8条中对专利实施许可合同备案的作用予以明确，包括：①已经备案的专利实施许可合同的受让人可以向人民法院提出诉前责令被申请人停止侵犯专利权行为

---

❶ 浙江省宁波市中级人民法院民事判决书（2006）甬民四初字第36号。
❷ 湖南省长沙市中级人民法院民事判决书（2007）长中民三初字第0367号。

的申请，独占专利实施许可合同的受让人可以依法单独向人民法院提出申请，排他专利实施许可合同的受让人在专利权人不申请的情况下，可以提出申请。②经过备案的专利合同的受让人对正在发生或者已经发生的专利侵权行为，也可以依照《专利法》第57条的规定，请求地方备案管理部门处理。③当事人凭专利合同备案证明办理外汇、海关知识产权备案等相关手续。④经过备案的专利合同的许可性质、范围、时间、许可使用费的数额等，可以作为人民法院、管理专利工作的部门进行调解或确定侵权纠纷赔偿数额时的参照。然而，该《专利实施许可合同备案管理办法》在已于2011年废止，在新颁布的《专利实施许可合同备案办法》中并删除了前述关于专利实施许可合同备案作用的内容。另一种观点认为，专利法等现有法律制度中并未明确专利实施许可合同备案具有"登记对抗"作用，即使未进行备案，合法订立的有效专利许可合同也应当受到保护。例如，在南京希科集团有限公司与珠海汇贤有限公司专利侵权纠纷案❶中，广东省高级人民法院认为，上诉人与蒋建华签订的《发明专利实施许可合同书》有效，在本案专利的转让中转让双方当事人未将专利转让事实告知南京希科集团有限公司，因此南京希科集团有限公司只要依专利许可协议支付专利许可费，其实施该专利行为是有正当理由的，其对珠海汇贤企业有限公司的专利侵权抗辩，理由成立。珠海汇贤企业有限公司提出南京希科集团有限公司未经其许可，而生产、销售专利产品构成侵权的主张，理由不足，本院不予支持。

# 第7节　假冒他人专利诉讼

## 1　概　　述

在2008年进行修改以前，《专利法》中对"假冒"行为和"冒充"行为进行了区分，"假冒"他人专利是指在产品、产品的包装或者宣传材料上加上专利权人的专利标记或者专利号，使人相信该产品是专利权人的专利产品的行为，而"冒充"专利是指将非专利产品冒充专利产品、将非专利方法冒充专利方法的欺骗行为。假冒他人专利和冒充专利行为的共同点在于它们都是一种作假行为，两种行为的区别是前者冒用的是他人获得并仍然有效的专利，而后者冒用的是实际上并不存在的专利，但是二者的违法责任差异巨大，假冒他人专利可能要承担民事、行政甚至刑事责任，而冒充专利则只需承担较有限的行政责任。尽管"假冒"与"冒充"在字面和理论上存在差异，实践中违法行为人杜撰的专利号可能与他人的专利号相同，也可能是根本不存在的，构成假冒他人专利的行为或者冒充他人专利的行为往往存在偶然因素，冒充专

---

❶　广东省高级人民法院民事判决书（2002）粤高法民三终字第153号。

利行为对社会正常秩序的危害性也不一定亚于假冒他人专利的行为，但二者承担责任上的巨大差异显得不尽合理。因此，2008 年修改《专利法》后根据有关建议现行专利法中不再对"假冒"和"冒充"行为进行区分，而是将二者合并成为假冒专利行为。

## 2 法律问题及相关规定指引

### 2.1 《专利法》

《专利法》第 17 条第 2 款从正面规定，专利权人有权在其专利产品或者该产品的包装上标明专利标识。

《专利法》第 63 条规定了假冒专利行为的责任，包括民事责任、行政责任和刑事责任，其中对民事责任和刑事责任仅仅是援引，其认定标准和责任需要依据相关法律来确定。对于假冒专利行为的行政查处，根据《专利法》第 64 条规定，管理专利工作的部门拥有询问、调查、检查、查阅、复制、查封、扣押等职权。

《专利法实施细则》第 84 条第（1）～（4）项列举的假冒专利行为可以看出，假冒专利行为从性质上式上可以分为两类，一是在产品的生产、销售、宣传等实际的商业活动中虚假地使用专利标识，二是伪造或者变造专利证书等文件。该条第（5）项是关于假冒专利行为的兜底条款，给出了判断假冒专利行为的核心思想，即，使得公众混淆、将未被授予专利权的技术或者设计误认为是专利技术或者专利设计的行为就属于假冒专利行为。《专利法实施细则》第 84 条第 2 款、第 3 款分别规定了不属于假冒专利行为的一种特殊情况以及对销售不知道是假冒专利的产品的罚款责任免除。

#### 2.1.1 有权标注专利标识的人和标注方式

根据《专利法》第 17 条第 2 款的规定，专利权人有权在其专利产品或者该产品的包装上标明专利标识。

根据《专利标识标注办法》第 4 条的规定，在授予专利权之后的专利权有效期内，专利权人或者经专利权人同意享有专利标识标注权的被许可人可以在其专利产品、依照专利方法直接获得的产品、该产品的包装或者该产品的说明书等材料上标注专利标识。

#### 2.1.2 按照规定标明专利标识的义务

根据《专利法实施细则》第 83 条的规定，专利权人依照《专利法》第 17 条的规定，在其专利产品或该产品的包装上标明专利标识的，应当按照国务院专利行政部门规定的方式予以标明。专利标识不符合前款规定的，由管理专利工作的部门责令改正。

#### 2.1.3 专利标识的内容

根据《专利标识标注办法》第 5 条的规定，标注专利标识的，应当标明下述内容：

① 采用中文标明专利权的类别，例如中国发明专利、中国实用新型专利、中国外观设计专利。

② 国家知识产权局授予专利权的专利号。

除上述内容之外，可以附加其他文字、图形标记，但附加的文字、图形标记及其标注方式不得误导公众。

2.1.4　假冒专利行为

根据《专利法实施细则》第 84 条的规定，下列行为属于假冒专利的行为：

① 在未被授予专利权的产品或者其包装上标注专利标识，专利权被宣告无效后或者终止后继续在产品或者其包装上标注专利标识，或者未经许可在产品或者产品包装上标注他人的专利号。

② 销售前项所述产品。

③ 在产品说明书等材料中将未被授予专利权的技术或者设计称为专利技术或者专利设计，将专利申请称为专利，或者未经许可使用他人的专利号，使公众将所涉及的技术或者设计误认为是专利技术或者专利设计。

④ 伪造或者变造专利证书、专利文件或者专利申请文件。

⑤ 其他使公众混淆，将未被授予专利权的技术或者设计误认为是专利技术或者专利设计的行为。

2.1.5　不属于假冒专利行为的情形

根据《专利法实施细则》第 84 条的规定，专利权终止前依法在专利产品、依照专利方法直接获得的产品或者其包装上标注专利标识，在专利权终止后许诺销售、销售该产品的，不属于假冒专利行为。

2.1.6　假冒专利的行政责任及其他责任

根据《专利法》第 63 条的规定，假冒专利的，除依法承担民事责任外，由管理专利工作的部门责令改正并予公告，没收违法所得，可以并处违法所得四倍以下的罚款；没有违法所得的，可以处 20 元以下的罚款；构成犯罪的，依法追究刑事责任。

2.1.7　销售者罚款的免除

根据《专利法实施细则》第 84 条的规定，销售不知道是假冒专利的产品，并且能够证明该产品合法来源的，由管理专利工作的部门责令停止销售，但免除罚款的处罚。

2.1.8　管理专利工作的部门对假冒专利行为的调查权

根据《专利法》第 64 条的规定，管理专利工作的部门根据已经取得的证据，对涉嫌假冒专利行为进行查处时，可以询问有关当事人，调查与涉嫌违法行为有关的情况；对当事人涉嫌违法行为的场所实施现场检查；查阅、复制与涉嫌违法行为有关的合同、发票、账簿以及其他有关资料；检查与涉嫌违法行为有关的产品，对有证据证明是假冒专利的产品，可以查封或者扣押。管理专利工作的部门依法行使前款规定的职权时，当事人应当予以协助、配合，不得拒绝、阻挠。

## 2.2　民　　法

### 2.2.1　假冒专利的民事责任

根据《民法通则》第118条的规定，公民、法人的著作权（版权）、专利权、商标专用权、发现权、发明权和其他科技成果权受到剽窃、篡改、假冒等侵害的，有权要求停止侵害，消除影响，赔偿损失。

根据《侵权责任法》第15条的规定，承担侵权责任的方式主要有：停止侵害、排除妨碍、消除危险、返还财产、恢复原状、赔偿损失、赔礼道歉、消除影响、恢复名誉。

### 2.2.2　法律责任的重合

根据《民法通则》第110条的规定，对承担民事责任的公民、法人需要追究行政责任的，应当追究行政责任；构成犯罪的，对公民、法人的法定代表人应当依法追究刑事责任。

根据《侵权责任法》第4条的规定，侵权人因同一行为应当承担行政责任或者刑事责任的，不影响依法承担侵权责任。因同一行为应当承担侵权责任和行政责任、刑事责任，侵权人的财产不足以支付的，先承担侵权责任。

# 3　主要问题辨析

## 3.1　专利标识的内容和范围

《专利法》和《专利法实施细则》中并未对何为专利标识给出定义，作为参照《专利标识标注办法》第5条规定，标注专利标识的，应当标明下述内容：

① 采用中文标明专利权的类别，例如中国发明专利、中国实用新型专利、中国外观设计专利。

② 国家知识产权局授予专利权的专利号。

除上述内容之外，可以附加其他文字、图形标记，但附加的文字、图形标记及其标注方式不得误导公众。

由《专利标识标注办法》第5条的内容可见，专利标识最主要和常见的内容是：专利权的类别和专利号，然而也不排除存在其他内容和形式的专利标识，例如存在"本产品受中国专利保护"等字样，因此专利标识应当是指使得或者可能使得公众认为所标示的产品或技术受到专利保护的标识。

《专利法》、《专利法实施细则》及相关行政法规也没有明确"专利标识"仅是指中国专利标识还是也包含外国专利标识，然而，实践中却经常可以看到一些商品（特别是进口商品）上标注有外国专利的专利标识或者外国专利的申请号等情况。对此，本书认为，《专利法》中关于专利授权和专利保护的规定均是指的中国专利，"专利产品"是指受中国专利保护的产品。因此，从《专利法》第 17 条第 2 款来看，专利权人有权在其专利产品或者该产品的包装上标明专利标识应当是指在中国取得专利权的专利权人有权在其受中国专利保护的产品或产品的包装上标明中国专利的专利标识，也就是说，专利标识指的是中国专利标识。

至于如何规范在中国市场上出现的产品上标注外国专利标识的行为，本书认为，对于标注虚假的外国专利号或其他外国专利标识，误导公众的，其行为实质是一种对产品不实的陈述和宣传，在没有制定相应的规定之前可以通过规范市场行为和产品质量的《反不正当竞争法》、《产品质量法》等相关法律、法规、规章予以调整，甚至可以在将来通过设立专门的规定予以规范。然而，即便如此，外国专利标识并不属于中国专利法意义上的专利标识，对外国专利标识的虚假使用也不属于我国专利法意义上的假冒专利行为。

### 3.2 假冒专利行为的界定

《专利标识标注办法》第 4 条规定了专利标识的合法使用行为，包括在授予专利权之后的专利权有效期内，专利权人或者经专利权人同意享有专利标识标注权的被许可人可以在其专利产品、依照专利方法直接获得的产品、该产品的包装或者该产品的说明书等材料上标注专利标识。

由上述定义可看出，专利标识的合法使用行为要满足三个条件，一是专利权处于有效期，二是使用人有权使用专利标识，三是使用对象应与专利相关。

从第一个条件看，标注根本不存在的专利号、将非专利产品称为专利产品、将专利申请称为专利、标注专利申请号但未注明"专利申请，尚未授权"等字样、在专利权被宣告无效后或者终止后继续在产品或者其包装上标注专利标识都会构成假冒专利；

从第二个条件来看，在专利标识所指示的专利处于有效期的情况下，如果专利并不属于标注专利标识的行为人而是属于他人，并且也没有获得专利权人的许可，则其行为构成假冒专利行为，这在 2008 年《专利法》修改以前称为假冒"他人"专利行为。

从第三个条件来看，尽管专利权处于有效期并且标注专利标识的人是专利权人或经其许可的人，如果在非专利产品、产品包装或产品宣传材料等上标注不相关的有效专利的专利号，此种行为也属于假冒专利行为。例如，甲拥有某项处于保护期内的有效专利，该专利的独立权利要求包括 A、B、C 三个特征，甲在该专利的基础上对其实际生产和销售的产品进行了改进，改进后的产品只包括特征 A 和 B，不包括特征 C，但甲仍在改进后的产品上标注该专利的专利号，实际上改进后的产品未落入该专利的保护范围，因而构成假冒专利。

此外，假冒专利行为还包括伪造或者变造专利证书、专利文件或者专利申请文件这一特殊行为，称之特殊，原因在于其余假冒专利行为均是在产品的生产、销售、宣传等实际的商业活动中虚假地使用专利标识，也就是使用假冒专利标识的目的是使人误将非专利产品认为是专利产品，而伪造或变造专利文件本身并不会导致公众的这种误认。

### 3.3　假冒他人专利行为及法律责任

《专利法实施细则》第 84 条列举了典型的假冒专利行为，包括：

① 在未被授予专利权的产品或者其包装上标注专利标识，专利权被宣告无效后或者终止后继续在产品或者其包装上标注专利标识，或者未经许可在产品或者产品包装上标注他人的专利号。

② 销售第①项所述产品。

③ 在产品说明书等材料中将未被授予专利权的技术或者设计称为专利技术或者专利设计，将专利申请称为专利，或者未经许可使用他人的专利号，使公众将所涉及的技术或者设计误认为是专利技术或者专利设计。

④ 伪造或者变造专利证书、专利文件或者专利申请文件。

除伪造或者变造专利证书等专利文件这一特殊假冒专利行为外，其余的假冒专利行为包括两种情况，第一种情况是假冒“他人”专利，其中行为人不是专利权人，也没有获得专利权人的许可，却在其产品、产品包装或说明书等文件上标注“他人”的有效专利的专利标识。在此情况下，专利标识通常是指专利号，否则无法确认其是否属于他人的专利标识。第二种情况是假冒专利行为并不涉及“他人”，产品、产品包装或说明书等文件上标注的专利标识并非指向“他人”的有效专利。

假冒专利纠纷是在上述第一种情况，即假冒“他人”专利的情况下产生的，因为只有假冒专利行为涉及“他人”，才有与他人产生纠纷的可能性，而其余的假冒专利行为只是损害了公众的利益和专利管理行政秩序，并不涉及相对人。例如，在梁武与蒙夏冰等侵害实用新型专利权纠纷上诉案[1]中，海南省高级人民法院认为，梁武在已批发销售的 300 个便携式蚊香盒的底部标注“专利产品仿冒必究，专利号：200620132938. X”字样，而专利号 ZL200620132938. X 的专利权人是严朝彬、蒙夏冰，梁武未经专利权人许可在销售的便携式蚊香盒上标注他人的专利号，已构成假冒专利行为，应当承担停止侵权、赔偿损失的民事责任。

专利侵权行为是侵权人未经专利权人许可而实施其专利的行为，本质上是侵犯了专利权人对专利权保护范围内的技术方案的独占实施权，而假冒专利行为的本质是侵权人未经专利权人许可而使用其专利的专利标识，前者仅涉及专利权人的财产权，不

---

[1]　海南省高级人民法院民事判决书（2011）琼民三终字第 17 号。

涉及对公共利益的损害，后者侵犯的是专利权人的专利标记权，此外还可能因为其虚假标注的专利标识对公众造成误导以及对专利管理秩序造成破坏，可能受到行政处罚甚至刑事制裁。

假冒"他人"专利行为的法律责任包括民事责任、行政责任和刑事责任。

就民事责任来说，根据《侵权责任法》第15条的规定，承担侵权责任的方式主要有：停止侵害、排除妨碍、消除危险、返还财产、恢复原状、赔偿损失、赔礼道歉、消除影响、恢复名誉。这些承担侵权责任的方式，可以单独适用，也可以合并适用。对于假冒专利行为来说，承担侵权责任的方式主要包括停止侵害和赔偿损失。鉴于假冒专利行为可能对公众造成误导，必要时也可责令侵权人消除影响。例如，在王潞、李桂霞诉北京顺城电子技术公司侵犯专利权纠纷案❶中，北京市第一中级人民法院认为，因原告受侵害的是一种财产权利，故原告要求被告登报赔礼道歉的诉讼请求无法律依据，本院不予支持。但鉴于被告的侵权可能会给原告造成不良影响，故被告应承担消除影响的民事责任，因此判决被告北京顺城电子技术公司于本判决生效之日起7日内在其网站主页上发表声明，以消除其因侵权给原告造成的不良影响。特别要强调的是，由于假冒专利行为侵犯的是专利标记权，与侵犯专利权行为对专利的财产权造成的损害不同，在停止侵权时仅是指停止假冒他人专利的行为，例如可以通过删除在产品上、广告、说明书等宣传品上标识的他人专利标记，而不一定要彻底停止销售、甚至销毁产品本身。在计算损害赔偿时，也不应当使用计算侵犯专利权的损害赔偿所采用的侵权人获得的利益、许可费的合理倍数等方式，❷ 而是应当根据假冒他人专利行为在误导公众购买侵权人的产品中所起的作用以及因误导公众而给专利权人造成的不良影响等合理确定。

假冒专利行为的行政责任在《专利法》第63条中进行了具体规定，包括由管理专利工作的部门责令改正并予公告，没收违法所得，可以并处违法所得四倍以下的罚款；没有违法所得的，可以处20元以下的罚款。

假冒专利情节严重的，还可能要承担刑事责任。尽管2008年《专利法》修改是对假冒他人专利行为和冒充专利行为合并为假冒专利行为。然而，《刑法》尚未作出相应修改，第216条的规定仍然是"假冒他人专利，情节严重的，处3年以下有期徒刑或者拘役，并处或者单处罚金"。基于刑法的罪刑法定原则，目前《刑法》第216条只适用于假冒"他人"专利的行为，并不适用于冒充专利行为。伪造、变造专利证书等专利文件的行为可能触犯《刑法》第280规定的伪造、变造、买卖国家机关公文、证件、印章罪，但因该纠纷一般并不涉及民事纠纷，在此不作详细阐述。

第6章

---

❶ 北京市第一中级人民法院民事判决书（2003）一中民初字第11336号。
❷ 程永顺. 专利诉讼［M］. 北京：专利文献出版社，1993：270.

# 第8节 发明专利临时保护期使用费诉讼

## 1 概 述

发明专利临时保护期是与发明专利的"早期公开、延迟审查"制度配合设立的机制，用于对发明专利申请人提供适当的补偿。很多国家对于发明专利申请采用"早期公开、延迟审查"制度，其益处在于，一方面，"延迟审查"使得申请人可以有足够的时间考虑是否有必要启动实质审查程序；另一方面，"早期公开"使得专利申请中的技术信息不至于因为审查的延迟以及通常耗时较久的实质审查程序而妨碍向公众及时传播。

发明专利申请公布后，第三人通过阅读公布的申请文件就可以了解发明的内容，从而实施该发明。由于从公布到授权公告这段时间内，发明专利申请尚未被授予专利权，不能获得《专利法》第11条所规定的保护，无法禁止他人实施其发明，这种情况与专利法以"公开"换取"保护"的利益平衡机制不符，为了弥补"早期公开、延迟审查"制度带来的对发明专利申请人不利的利益失衡，《专利法》设立了发明专利申请公布后的"临时保护期"机制，即发明专利申请公布后，申请人可以要求实施其发明创造的单位或者个人支付适当的费用。由于实用新型专利和外观设计专利都是在授权公告的同时获得了专利保护，并不需要这种"临时保护期"机制。

## 2 法律问题及相关规定指引

### 2.1 《专利法》

#### 2.1.1 发明专利临时保护期使用费

根据《专利法》第13条规定，发明专利申请公布后，申请人可以要求实施其发明的单位或者个人支付适当的费用。

#### 2.1.2 发明专利临时保护期使用费纠纷的处理时间及途径

根据《专利法实施细则》第85条规定，管理专利工作的部门应当事人请求，可以对发明专利申请公布后专利权授予前使用发明而未支付适当费用的纠纷进行调解，当事人请求管理专利工作的部门调解的，应当在专利权被授予之后提出。

### 2.2 《民事诉讼法》

根据《民事诉讼法》第28条的规定，因侵权行为提起的诉讼，由侵权行为地或者被告住所地人民法院管辖。

## 3 主要问题辨析

### 3.1 临时保护期内的权利内容和权利行使时间

根据《专利法》第 13 条的规定，发明专利申请公布后的临时保护期内，申请人所拥有的权利是"可以要求实施其发明的单位或者个人支付适当的费用"，该项权利在本质上不同于发明专利获得授权后专利权人所拥有的禁止他人未经许可实施其专利的专利权。临时保护所规定的要求支付适当费用的权利是建立在他人"实施"的基础之上，也就是说，在临时保护期内他人可以不经申请人的许可而实施其发明，申请人所拥有的权利仅仅是要求实施其发明的单位或者个人支付适当的费用。

发明专利申请公布后，经过实质审查后最终存在两种可能的结果，一是被授予专利权，二是未被授予专利权（包括被驳回、被撤回或者被视为撤回）。在后者的情况下，对申请人来说，因为其专利申请不能被授权以及获得保护，也就不存在"早期公开"带来对其不利的权利失衡问题，因此也就不应当向其提供临时保护。对于前者，向申请人提供"临时保护"是必要的。然而，在专利申请被授予专利权之前，是无法判断"临时保护"对于申请人来说是否必要。为此，当申请人与实施其发明的单位或个人就发明专利临时保护期使用费（包括是否应当支付使用费以及使用费的数额）产生纠纷的情况下，留待在专利申请获得授权后解决显得更合理。基于以上原因，《专利法》第 13 条规定申请人"可以要求"而不是"有权要求"支付合理的使用费。

根据《专利法实施细则》第 85 条的规定，发明专利临时保护期使用费纠纷，当事人请求管理专利工作的部门调解的，应当在专利权被授予之后提出。实践中，法院在处理发明专利临时保护期使用费诉讼时也作同样的处理。

### 3.2 临时保护的保护范围

因为在临时保护期内要经历实质审查，发明专利申请的公布文本和授权公告文本中权利要求的内容很可能不同，随之而来的问题是临时保护的保护范围是以公布文本还是以授权公告文本中的权利要求为准来确定。

上述问题的答案还要从公众和专利申请人两方面的利益平衡来考虑。如前所述，"临时保护"机制是为了平衡"早期公开、延迟审查"制度带来的对发明专利申请人不利的利益失衡，专利申请最终被授权是其获得"临时保护"的基础。因此，从专利申请人角度来看，只要能够获得与专利授权公告文本中权利要求所确定的保护范围一致的"临时保护"，就可以实现"临时保护"机制的目的，即弥补"早期公开、延迟审查"制度带来的对申请人不利的利益失衡。然而，从公众角度来看，尽管很多国家在审查中限制扩大保护范围的修改，现实当中仍可能出现授权公告文本比公布文本中的权利要求所确定的保护范围扩大的情况，因为在临时保护期内授权公告的权利要求尚不可得，打算实施该发明的公众只能参照公布文本中的权利要求来判断是实施行为是否会落入"临时保护"的范围。如果最终的授权公告文本相对于公布文本的权利要求扩大了保护范围，并且依据授权公告文本的权利要求来确定"临时保护"的范围，将会损害公众对于公布文本的信赖利益。因为对专利申请进行修改的主动权掌握在申请人手中的，公众信赖利益的保护更需要保护。

例如，《欧洲专利公约》在设立临时保护制度时充分考虑了专利申请人和公众的利益平衡，2000年修改的《欧洲专利公约》第69条规定：

① 一件欧洲专利或一件欧洲专利申请的保护范围以权利要求的内容为准，说明书和附图可以用于解释权利要求。

② 在授予欧洲专利权之前的期间内，一件欧洲专利申请所提供的保护范围以被公布的专利申请的权利要求书内容为准。但是，被授予的欧洲专利或者经异议、限制或者撤销程序修改后的欧洲专利未扩大保护范围的，对欧转专利申请的保护范围具有追溯力。

根据上述规定，如果授权的欧洲专利或者经过异议、限制、撤销程序修改后的欧洲专利的权利要求保护范围大于公布的欧洲专利申请的权利要求保护范围，则欧洲专利申请临时保护的范围仍以公布的欧洲专利申请的权利要求为准；反之，如果授权时的欧洲专利或者经过异议、限制、撤销程序修改后的欧洲专利的权利要求保护范围不大于公布的欧洲专利申请的权利要求保护范围，则欧洲专利申请临时保护的范围就要以授权的欧洲专利的权利要求或者经过异议、限制、撤销程序修改后的欧洲专利的权利要求为准。❶

《专利法》、《专利法实施细则》对临时保护的保护范围并未作出明确规定，但基于"临时保护"机制的设立目的以及申请人与公众间的利益平衡，在将来的立法中也可借鉴《欧洲专利公约》就临时保护的保护范围作出类似规定。

### 3.3　适当的使用费

由于"临时保护"是为了弥补"早期公开、延迟审查"制度带来的对申请人不利的利益失衡而专门设立的一项特殊机制，临时保护的使用费不同于侵犯专利权的损害赔偿，而是基于"临时保护"这一特殊机制对专利申请人提供的补偿。

侵权损害赔偿的数额要用以弥补专利权人因侵权行为受到的损失，与之不同的是，发明专利的申请人基于临时保护只能主张"合理的费用"。设立临时保护的原因在于"早期公开"制度，如果没有被"早期公开"，发明专利申请中的发明在授权之前也处于不公开的状态，尽管未获得专利权保护，申请人可以通过合同约定将其发明作为技术成果许可给他人使用，收取许可使用费，因此临时保护期的"合理使用费"类似于许可使用费。并且，由于临时保护期内可能实施发明专利申请的人是不特定的

---

❶ 尹新天. 中国专利法详解［M］. 北京：知识产权出版社，2011：177.

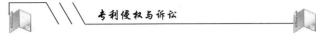

人，其实施不具有独占或排他的权利，只相当于普通许可的被许可人的权利，因此临时保护期"合理使用费"可以参照技术成果的普通许可的许可费进行计算。

此外，本书认为，由于在临时保护期内实施发明专利申请的单位或者个人只能在有限的时间内实施发明专利申请，专利申请一旦被授权则不得不停止其实施行为，而专利申请的授权时间又是不确定的，与技术成果的普通许可相比，临时保护期内的实施行为甚至更不稳定。因此，在参照普通许可的使用费进行计算时，要考虑实施的时间以及这种实施的临时性。

### 3.4 管　　辖

如前所述，临时保护是为弥补"早期公开、延迟审查"制度带来的对专利申请人不利的利益失衡而设立的一项特殊制度，基于这一制度专利申请人获得主张"合理使用费"的权利，临时保护期使用费不同于专利侵权损害赔偿，临时保护期使用费纠纷也不属于一般意义上的侵犯专利权纠纷。然而，另一方面，其在本质上也是一类与专利有关的侵权纠纷，是关于在临时保护期收取使用费的权利的侵权纠纷，因此应当依据《民事诉讼法》第29条关于侵权诉讼的管辖确定原则来确定发明专利保护期使用费纠纷的管辖。例如，在山东新发药业有限公司与浙江杭州鑫富药业股份有限公司、上海爱兮缇国际贸易有限公司发明专利临时保护期使用费纠纷案❶中，最高人民法院认为，《专利法》第13条规定："发明专利申请公布后，申请人可以要求实施其发明的单位或者个人支付适当的费用。"这里的"实施"与《专利法》第11条所称的"实施"系同一概念，应当作出相同的解释，即指制造、使用、许诺销售、销售、进口。任何人在发明专利临时保护期内以制造、使用、许诺销售、销售、进口等任何一种方式实施该发明的，专利权人都有权在该发明专利授权后提起诉讼要求支付适当的使用费。在发明专利临时保护期使用费纠纷中，除了权利人只能就使用费问题主张损害赔偿的民事责任而不能请求实施人承担停止侵权等其他民事责任以外，在其他问题上与一般意义上的侵犯专利权纠纷并无本质不同，发明专利临时保护期使用费纠纷在案件性质上与侵犯专利权纠纷最为类似，因此在法律或者司法解释对发明专利保护期使用费纠纷的管辖作出特别规定之前，可以参照侵犯专利权纠纷的管辖规定确定发明专利保护期使用费纠纷的管辖。

## 第9节　专利代理合同诉讼

### 1　概　　述

专利代理是指专利代理机构以委托人的名义，在代理权限范围内，办理专利申请

---

❶ 最高人民法院民事判决书（2008）民申字第81号。

或者办理其他专利事务。专利代理属于委托代理，委托代理的委托人和受托人之间通常都会签订委托合同，就委托事项、代理权限、代理费等达成的协议。当委托人和专利代理机构就专利代理委托协议中的约定事项或专利代理机构和专利代理人的法定义务产生纠纷而又不能协商解决时，一方向法院提起诉讼时，就会产生专利代理合同诉讼。

专利代理关系涉及三方主体，即被代理人（本人）、代理人和相对方三者之间的相互关系，其中专利代理机构与相对方之间的关系属于外部关系，专利代理机构与委托人之间的关系属于内部关系，专利代理合同专利代理机构与委托人之间就相互间的内部关系所做的约定。除专利代理合同中明确约定的内容外，在履行委托事务的过程中，专利代理机构和专利代理人还要遵守《专利代理条例》、《专利代理人职业道德和执业纪律规范》、《专利代理惩戒规则》等法规、规章中规定的法定义务。

# 2 法律问题及相关规定指引

## 2.1 民 法

### 2.1.1 民事法律行为的代理

根据《民法通则》第 63 条的规定，公民、法人可以通过代理人实施民事法律行为。代理人在代理权限内，以被代理人的名义实施民事法律行为。被代理人对代理人的代理行为，承担民事责任。依照法律规定或者按照双方当事人约定，应当由本人实施的民事法律行为，不得代理。

### 2.1.2 代理的种类

根据《民法通则》第 64 条的规定，代理包括委托代理、法定代理和指定代理。委托代理人按照被代理人的委托行使代理权，法定代理人依照法律的规定行使代理权，指定代理人按照人民法院或者指定单位的指定行使代理权。

### 2.1.3 委托代理的形式

根据《民法通则》第 65 条的规定，民事法律行为的委托代理，可以用书面形式，也可以用口头形式。法律规定用书面形式的，应当用书面形式。书面委托代理的授权委托书应当载明代理人的姓名或者名称、代理事项、权限和期间，并由委托人签名或盖章。

### 2.1.4 代理人的尽职义务

代理人不履行职责而给被代理人造成损害的，应当承担民事责任。

### 2.1.5 授权不明情况下的民事责任

根据《民法通则》第 65 条的规定，委托书授权不明的，被代理人应当向第三人承担民事责任，代理人负连带责任。

### 2.1.6 无权代理及责任承担

根据《民法通则》第 66 条的规定，没有代理权、超越代理权或者代理权终止后的行为，只有经过被代理人的追认，被代理人才承担民事责任。未经追认的行为，由行为人承担民事责任。本人知道他人以本人名义实施民事行为而不作否认表示的，视为同意。代理人和第三人串通、损害被代理人的利益的，由代理人和第三人负连带责任。第三人知道行为人没有代理权、超越代理权或者代理权已终止还与行为人实施民事行为给他人造成损害的，由第三人和行为人负连带责任。

## 2.2 《合同法》

### 2.2.1 委托合同

根据《合同法》第 396 条的规定，委托合同是委托人和受托人约定，由受托人处理委托人事务的合同。

### 2.2.2 受托人按照指示处理委托事务的义务

根据《合同法》第 399 条的规定，受托人应当按照委托人的指示处理委托事务。需要变更委托人指示的，应当经委托人同意；因情况紧急，难以和委托人取得联系的，受托人应当妥善处理委托事务，但事后应当将该情况及时报告委托人。

### 2.2.3 受托人亲自处理委托事务的义务

根据《合同法》第 400 条的规定，受托人应当亲自处理委托事务。经委托人同意，受托人可以转委托。转委托经同意的，委托人可以就委托事务直接指示转委托的第三人，受托人仅就第三人的选任及其对第三人的指示承担责任。转委托未经同意的，受托人应当对转委托的第三人的行为承担责任，但在紧急情况下受托人为维护委托人的利益需要转委托的除外。

### 2.2.4 受托人的报告义务

根据《合同法》第 401 条的规定，受托人应当按照委托人的要求，报告委托事务的处理情况。委托合同终止时，受托人应当报告委托事务的结果。

### 2.2.5 受托人收取报酬的权利

根据《合同法》第 405 条的规定，受托人完成委托事务的，委托人应当向其支付报酬。因不可归责于受托人的事由，委托合同解除或者委托事务不能完成的，委托人应当向受托人支付相应的报酬。当事人另有约定的，按照其约定。

### 2.2.6 受托人的过错责任

根据《合同法》第 406 条的规定，有偿的委托合同，因受托人的过错给委托人造成损失的，委托人可以要求赔偿损失。无偿的委托合同，因受托人的故意或者重大过失给委托人造成损失的，委托人可以要求赔偿损失。受托人超越权限给委托人造成损失的，应当赔偿损失。

### 2.2.7 委托合同的解除

根据《合同法》第 410 条的规定，委托人或者受托人可以随时解除委托合同。因解除合同给对方造成损失的，除不可归责于该当事人的事由以外，应当赔偿损失。

第 6 章

## 2.3　专利代理

### 2.3.1　专利代理的含义

根据《专利代理条例》第 2 条的规定，专利代理是指专利代理机构以委托人的名义，在代理权限范围内，办理专利申请或者办理其他专利事务。

### 2.3.2　专利事务的委托和办理

根据《专利代理条例》第 9 条的规定，专利代理机构接受委托，承办业务，应当有委托人具名的书面委托书，写明委托事项和委托权限。专利代理机构可以根据需要，指派委托人指定的专利代理人承办代理业务。专利代理机构接受委托，承办业务，可以按照国家有关规定收取费用。

### 2.3.3　专利代理机构的责任和惩戒

#### 2.3.3.1　避免利益冲突

根据《专利代理条例》第 10 条的规定，专利代理机构接受委托后，不得就同一内容的专利事务接受有利害关系的其他委托人的委托。

#### 2.3.3.2　专利代理机构的违规行为及惩戒

根据《专利代理惩戒规则》第 6 条的规定，专利代理机构有下列情形之一的，应当责令其改正，并给予惩戒：

① 申请设立时隐瞒真实情况，弄虚作假的。

② 擅自改变主要登记事项的。

③ 擅自设立分支机构的。

④ 年检逾期又不主动补报的。

⑤ 以不正当手段招揽业务的。

⑥ 接受委托后，无正当理由拒绝进行代理的。

⑦ 就同一专利申请或者专利案件接受有利害关系的其他委托人的委托的。

⑧ 因过错给当事人造成重大损失的。

⑨ 从事其他违法业务活动或者违反国务院有关规定的。

### 2.3.4　专利代理人的责任和惩戒

#### 2.3.4.1　在委托权限内处理委托事务的义务

根据《专利代理人职业道德和执业纪律规范》第 20 条的规定，专利代理人不得超越委托权限，不得利用委托关系从事与委托代理事务无关的活动。

#### 2.3.4.2　尽职义务

根据《专利代理人职业道德和执业纪律规范》第 6 条的规定，专利代理人应当诚实守信，尽职尽责，优质、高效地为委托人服务。

#### 2.3.4.3　避免利益冲突

根据《专利代理人职业道德和执业纪律规范》第 18 条和第 23 条的规定，专利代

理人不得就同一内容的专利事务接受有利害关系的双方或多方当事人的委托，在与委托人依法解除委托关系后，不得在同一内容的专利事务中接受有利害关系的他方当事人的委托。

#### 2.3.4.4 保密义务

根据《专利代理人职业道德和执业纪律规范》第 10 条的规定，专利代理人应当保守在执业活动中知悉的委托人的技术、商业秘密，不得泄露、剽窃或利用这些秘密损害委托人的合法权益。

#### 2.3.4.5 专利代理人的违规行为及惩戒

根据《专利代理条例》第 25 条的规定，专利代理人有下列行为之一，情节轻微的，由其所在的专利代理机构给予批评教育。情节严重的，可以由其所在的专利代理机构解除聘任关系，并收回其《专利代理人工作证》；由省、自治区、直辖市专利管理机关给予警告或者由中国专利局给予吊销《专利代理人资格证书》处罚：

① 不履行职责或者不称职以致损害委托人利益的。

② 泄露或者剽窃委托人的发明创造内容的。

③ 超越代理权限，损害委托人利益的。

④ 私自接受委托，承办专利代理业务的，收取费用的。

前款行为，给委托人造成经济损失的，专利代理机构承担经济赔偿责任后，可以按一定比例向该专利代理人追偿。

此外，根据《专利代理惩戒规则》第 7 条的规定，专利代理人有下列情形之一的，应当责令其改正，并给予本规则第 5 条规定的惩戒：

① 同时在两个以上专利代理机构执业的。

② 诋毁其他专利代理人、专利代理机构的，或者以不正当方式损害其利益的。

③ 私自接受委托、私自向委托人收取费用、收受委托人财物、利用提供专利代理服务的便利牟取当事人争议的权益、或者接受对方当事人财物的。

④ 妨碍、阻扰对方当事人合法取得证据的。

⑤ 干扰专利审查工作或者专利行政执法工作的正常进行的。

⑥ 专利行政部门的工作人员退休、离职后从事专利代理业务，对本人审查、处理过的专利申请案件或专利案件进行代理的。

⑦ 泄露委托人的商业秘密或者个人隐私的。

⑧ 因过错给当事人造成重大损失的。

⑨ 从事其他违法业务活动的。

## 3 主要问题辨析

### 3.1 民法上的代理与专利代理

代理制度在民法体系中的规定最为完善。民法上的代理是指代理人在代理权限内以被代理人（本人）名义与第三人（相对人）为民事法律行为，由此产生的法律效果直接归属于被代理人的法律制度。

专利代理机构接受委托处理的受委托事务不仅包括为民事法律行为，例如代理当事人处理专利权的转让或许可等事务，还包括代为在国家知识产权局处理专利申请、处理无效事务等行政法律关系事务，以及代为在法院进行专利诉讼等诉讼代理事务。尽管这些其他法律关系中关于代理制度的规定还不完善，但是由于它们在代理人与被代理人的内部关系以及代理人与相对方的外部关系等方面与民法上的代理制度有诸多共同之处，可以参照民法上的代理制度来处理。

代理可以分为委托代理、法定代理和指定代理。根据《专利代理条例》第 2 条的定义，专利代理是指专利代理机构以委托人的名义，在代理权限范围内，办理专利申请或者办理其他专利事务。由此可见，专利代理属于委托代理，接受委托人委托的代理人是专利代理机构。

### 3.2　专利代理人的代理行为

尽管根据《专利代理条例》的规定对外接受委托的代理人是专利代理机构，然而专利代理合同中约定的委托事务最终是由专利代理人在完成的，相关法规、规章只是提到专利代理机构可以指派专利代理人来"承办"受委托事务并没有明确专利代理人"承办"行为的性质。基于部分民法学说的观点，就专利代理机构和专利代理人的内部关系来说，专利代理人根据专利代理机构的指派来"承办"受委托事务也属于代理，专利代理人和专利代理机构分别是受托人和委托人，专利代理机构的"指派"可以认为是代理权的授予行为，理由是代理权的授予，除明示外，亦得以默示为之，如同雇用店员出售商品，由其事实可间接推知其被授予代理权。❶ 然而，专利代理机构"指派"专利代理人处理受委托事务是基于特定的职务关系，并且该"指派"权利是根据相关法律规定赋予的，不同于一般的"转委托"，不必要求专利代理机构从委托人处获得"转委托权"。

### 3.3　专利代理合同与授权委托书

代理权的授予分为内部授权和外部授权，外部授权的目的是用于向第三方表示代理人获得了权授予，例如向国家知识产权局提交的授权委托书即属外部授权；内部授权则是由委托人向代理人作出的，并且内部授权往往只是委托人与代理人之间的专利代理合同的一部分内容，在专利代理合同中双方还要就代理费数额及支付方式、代理人处理代理事务的权限和程序、委托人的配合义务、合同解除、争议解决等内容进行约定。实践中，委托人与代理人之间的纠纷往往是由于专利代理合同没有约定或约定不明造成的。

---

❶　王泽鉴. 民法总则［M］. 北京：北京大学出版社，2009：364.

委托合同并非要式合同，可以采用书面形式或口头形式，以及默示方式，其中书面形式是指合同书、信件和数据电文（包括电报、电传、传真、电子数据交换和电子邮件）等可以有形地表现所载内容的形式。例如，在白杰等与北京集佳知识产权代理有限公司专利代理合同纠纷上诉案❶中，法院认为，基于白杰与集佳公司之间往来电子邮件等现有证据，已反映出白杰与集佳公司作为委托代理合同双方在合同订立过程中较为完整的要约、承诺行为。又如，在上海智信专利代理有限公司与上海复高软件开发有限公司专利代理合同纠纷案❷中，法院认为，本案系专利代理合同纠纷，合同的主要内容为原告委托被告做好专利代理事务，具体包括撰写专利申请文件等，根据查明的事实，原告已经根据被告提供的技术交底材料撰写了专利申请文件并根据被告的反馈进行了修改，故应视为原告已经履行了合同的主要义务，被告在收到原告撰写的专利申请文件后并未拒绝接受原告撰写的专利申请文件，相反，被告对原告撰写的专利申请文件进行了修改，并再次发给原告，因此被告以其自身的行为表明接受了原告撰写的专利申请文件，即被告接受了原告履行的该项合同义务，据此原、被告之间的就涉案专利的《委托代理合同》已经成立。

实践中，由于准备正式的合同书需要花费时间和精力，专利代理机构可能只要求委托人提供授权委托书而未签订书面的专利代理合同，或者是通过信件、传真、电子邮件等方式与委托人商定委托事项和要求，这些协议方式尽管也属于书面形式，但与合同书相比其记载的内容往往比较零散，并且只集中委托事项、代理费等有限的内容，不够全面和详细，专利代理合同诉讼往往是在委托人与专利代理机构没有约定或者约定不明的情况下产生的。通过签订内容比较完善的合同书，可以使指引双方当事人根据合同的约定作出合理的预期，从而减少纠纷的产生。

### 3.4　专利代理机构、专利代理人的责任及归责原则

在从委托人处接受委托处理专利事务的专利代理关系中，专利代理机构代理人，需要尽到代理人的义务。由于专利代理涉及行政法律关系中的代理、诉讼代理及民事法律行为的代理等不同法律关系，除专利代理合同中明确约定的义务外，专利代理机构作为受托人需要履行一般法（如《民法通则》、《合同法》等）对代理人规定的一般义务和特别法（如《专利代理条例》、《专利代理惩戒规则》等）对专利代理人设定的特别义务。此外，由于专利代理机构与专利代理人之间本质上均是处理受委托事务的代理人，二者在处理受委托事务的义务方面具有一致性，相关法规、规章中对最终处理委托事务的专利代理人设定的义务也适用于专利代理机构。根据《专利代理条例》第25条的规定，专利代理人因过错给委托人造成经济损失的，首先由专利代理机构来承担经济赔偿责任，在专利代理机构承担责任后，可以按一定比例向该专利代

❶ 北京市高级人民法院民事判决书（2010）高民终字第1197号。
❷ 上海市第二中级人民法院民事判决书（2011）沪二中民五（知）初字第51号。

理人追偿。

根据前面列出的相关法律、法规、规章作为受托人的专利代理机构和专利代理人所应承担的主要义务包括以下方面：

① 按照委托人指示处理委托事务的义务。

② 亲自处理委托事务的义务。

③ 报告义务。

④ 避免利益冲突的义务。

⑤ 尽职义务。

⑥ 保密义务。

从归责原则看，根据《合同法》第 406 条的规定，有偿的委托合同，因受托人的过错给委托人造成损失的，委托人可以要求赔偿损失。受托人超越权限给委托人造成损失的，应当赔偿损失。《合同法》上述规定亦适用于专利代理的损害赔偿归责，由此可知，在委托范围内，专利代理机构和专利代理人处理受委托事务时因过错给委托人造成损失的，其赔偿损失的责任实行过错原则，而超越委托权限本身即是过错，给委托人造成损失的，自然也要承担赔偿责任。除民事责任外，《专利代理惩戒归责》第 6 条、第 7 条亦规定，专利代理机构和专利代理人因过错给当事人造成重大损失的，还要受到行政上的处罚。

## 第 10 节　擅自转让、许可实施专利诉讼

### 1　概　　述

擅自转让、许可实施专利是行为人在没有转让或许可实施专利的权利的情况下，本质上属于一种无权处分行为，其形成原因众多，可能涉及无权代理、共有权、合同违约等不同的法律关系，其处理原则和结果也因所涉及的法律关系不同而存在不同。

### 2　相关法律规定指引

#### 2.1　《专利法》

2.1.1　专利实施许可合同受让人的义务

根据《专利法》第 12 条的规定，任何单位或者个人实施他人专利的，应当与专利权人订立实施许可合同，向专利权人支付专利使用费。被许可人无权允许合同规定以外的任何单位或者个人实施该专利。

2.1.2　专利权共有

根据《专利法》第 15 条的规定，专利申请权或者专利权的共有人对权利的行使

第 6 章

有约定的，从其约定。没有约定的，共有人可以单独实施或者以普通许可方式许可他人实施该专利；许可他人实施该专利的，收取的使用费应当在共有人之间分配。除前款规定的情形外，行使共有的专利申请权或者专利权应当取得全体共有人的同意。

## 2.2 民 法

### 2.2.1 无权代理

根据《民法通则》第66条的规定，没有代理权、超越代理权或者代理权终止后的行为，只有经过被代理人的追认，被代理人才承担民事责任。本人知道他人以本人名义实施民事行为而不作否认表示的，视为同意。未经追认的行为，由行为人承担民事责任。第三人知道行为人没有代理权、超越代理权或者代理权已终止还与行为人实施民事行为给他人造成损害的，由第三人和行为人负连带责任。

### 2.2.2 侵害财产权的民事责任

根据《民法通则》第117条的规定，侵占国家的、集体的财产或者他人财产的，应当返还财产，不能返还财产的，应当折价赔偿。损坏国家的、集体的财产或者他人财产的，应当恢复原状或者折价赔偿。受害人因此遭受其他重大损失的，侵害人并应当赔偿损失。

## 2.3 《合同法》

### 2.3.1 无权代理订立的合同及效力

根据《合同法》第48条的规定，行为人没有代理权、超越代理权或者代理权终止后以被代理人名义订立的合同，未经被代理人追认，对被代理人不发生效力，由行为人承担责任。

### 2.3.2 被代理人的追认权及相对人的催告权和撤销权

根据《合同法》第48条的规定，对于无权代理人订立的合同，相对人可以催告被代理人在1个月内予以追认。被代理人未作表示的，视为拒绝追认。合同被追认之前，善意相对人有撤销的权利。撤销应当以通知的方式作出。

### 2.3.3 表见代理

根据《合同法》第49条的规定，行为人没有代理权、超越代理权或者代理权终止后以被代理人名义订立合同，相对人有理由相信行为人有代理权的，该代理行为有效。

### 2.3.4 无权处分人订立的合同的效力

根据《合同法》第51条的规定，无处分权的人处分他人财产，经权利人追认或者无处分权的人订立合同后取得处分权的，该合同有效。

### 2.3.5 合同违约责任

根据《合同法》第122条的规定，因当事人一方的违约行为，侵害对方人身、财产权益的，受损害方有权选择依照本法要求其承担违约责任或者依照其他法律要求其承担侵权责任。

### 2.3.6 专利实施许可合同的受让人的义务

根据《合同法》第 346 条的规定，专利实施许可合同的受让人应当按照约定实施专利，不得许可约定以外的第三人实施该专利；并按照约定支付使用费。

### 2.3.7 专利实施许可合同受让人的责任

根据《合同法》第 351 条的规定，实施专利或者使用技术秘密超越约定的范围的，违反约定擅自许可第三人实施该项专利或者使用该项技术秘密的，应当停止违约行为，承担违约责任；违反约定的保密义务的，应当承担违约责任。

## 3 主要问题辨析

### 3.1 擅自转让、许可实施专利的性质和效力

专利权的转让和许可实施属于财产权利，可以由专利权人本人为之，也可以由其代理人为之。此外，被许可人在经过专利权人许可的情况下也可以进行分许可来许可他人实施专利。擅自转让、许可实施专利是对专利没有转让、许可权利的人未经许可所为的转让、许可实施行为，在性质上属于无权处分行为。无权处分行为不属于《专利法》第 11 条所列的制造、使用、许诺销售、销售、进口等独占实施权的范围，因此不属于专利侵权行为。

擅自转让、许可实施专利往往要订立转让合同或实施许可合同，根据《合同法》第 51 条的规定，无处分权人处分他人财产，经权利人追认或者无处分权人订立合同后取得处分权的，该合同有效。因此，在经过权利人追认或者取得处分权之前，擅自转让、许可实施专利所订立的合同处于效力未定状态。如果经过权利人追认或者取得处分权，该合同有效；反之，擅自转让、许可实施专利所订立的合同对权利人不发生效力。在此情况下，如果无权处分人因擅自转让、许可实施专利而从他人处获取的转让费、许可使用费等，根据《民法通则》第 117 条规定，应予返还，给他人造成损失的，应当承担赔偿责任。擅自转让、许可实施专利给权利人造成损失的，则因其与权利人的法律关系不同可能构成违约或侵权，将在下面分别介绍。例如，在杜浩等与被上诉人青岛森田金属有限公司专利权转让合同纠纷上诉案❶中，山东省高级人民法院认为，涉案专利权转让证明的转让人为森田公司，受让人为李继宗、杜浩，李继宗既非森田公司的法定代表人，也没有证据证明其经过森田公司的合法授权，故李继宗无权代表森田公司签署涉案专利权转让证明处分森田公司的专利权，其在涉案专利权转让证明的转让人处的签名不能代表森田公司的真实意思。因此，杜浩、李继宗变更专利权人的行为是一种无权处分行为，原审判决认定涉案专利权转让合同无效是正

---

❶ 山东省高级人民法院民事判决书（2009）鲁民三终字第 24 号。

确的。

## 3.2 擅自转让、许可实施专利的常见形态

擅自转让、许可实施专利的无权处分人与专利权人往往存在或曾经存在这样那样的关系，对专利权人及专利权的情况有一定了解，其中常见的包括代理人超越代理权或代理权结束后以专利权人的名义所为，或共有人在未征得全体共有人同意的情况下所为，再或是没有许可权的被许可人未经专利权人允许许可他人实施专利。

### 3.2.1 无权代理和表见代理

无权代理本质上是一种无权处分行为，根据《民法通则》第66条第1款的规定，没有代理权、超越代理权或者代理权终止后的行为，只有经过本人的追认，本人才承担民事责任。未经追认的行为，由行为人承担民事责任。没有代理权的无权处分人擅自转让、许可实施专利的行为如果给本人造成损害的，属于侵权行为，根据《民法通则》第117条应当承担损害赔偿责任。超越代理权或者代理权终止后擅自转让、许可实施专利给本人造成损失的，可能违反其与本人之间的委托协议，构成违约，承担违约责任。

然而，行为人虽为无权代理，但是相对人有理由相信行为人有代理权的，构成表见代理，该代理行为有效。此外，本人知道他人以本人名义实施民事行为而不作否认表示的，视为本人同意，在此情况下无权代理人签订的转让、许可实施专利有效。

### 3.2.2 共有权人的无权处分

根据《专利法》第15条的规定，专利申请权或者专利权的共有人对权利的行使有约定的，从其约定。没有约定的，共有人可以单独实施或者以普通许可方式许可他人实施该专利。除此之外，行使共有的专利申请权或者专利权应当取得全体共有人的同意。

专利权共有人的无权处分可能是在全体共有人有约定的情况下违反约定擅自转让、许可他人实施专利，也可能是在全体共有人没有约定的情况下擅自转让专利或给予他人独占或排他许可。在全体共有人有约定的情况下，擅自转让、许可他人实施专利的共有人可能违反其与其他共有人之间的协议，构成违约，承担违约责任；在对此没有约定的情况下，则需承担侵权责任。

### 3.2.3 被许可人擅自许可他人实施专利

根据《专利法》第12条和《合同法》第346条的规定，被许可人无权允许合同规定以外的任何单位或者个人实施专利。根据《合同法》第351条，违反约定擅自许可第三人实施专利，应当停止违约行为，承担违约责任。

根据《最高人民法院关于印发全国法院知识产权审判工作会议关于审理技术合同纠纷案件若干问题的纪要的通知》第66条规定，除当事人另有约定的以外，专利实施许可合同的受让人将受让的专利与他人合作实施或者入股联营的，属于《合同法》第352条规定的未经让与人同意擅自许可第三人实施专利的行为。

# 第7章 专利民事诉讼的审判程序和执行程序

专利民事诉讼是解决与专利有关的民事纠纷的重要途径，是定纷止争，维护当事人合法权益的重要保障，也是本书的重点章节之一。本章参考一般民事诉讼法教材的编写体例，全面地介绍了专利民事诉讼中各个诉讼阶段的重要知识，以便专利代理人能够了解并掌握专利民事诉讼程序的法律规定和实务知识。本章共分为4节。第1节为"一审程序"，详细阐述了起诉、受理、送达、答辩、举证期限、诉讼证据、开庭审理以及第三人撤销之诉等一审程序各个环节中涉及的重要法律规定和实务知识。第2节为"二审程序"。我国实行两审终审制，上诉权是当事人的重要诉讼权利之一，二审程序的启动是当事人行使诉权的结果，本节重点介绍了二审程序不同于一审程序的相关法律规定，包括二审程序的启动、二审程序的审理方式、二审程序的审理范围以及二审裁判等内容。第3节为"再审程序"。再审程序属于审判监督程序，既有可能适用一审程序，也有可能适用二审程序，本节主要针对再审程序的特有制度进行阐述，包括再审程序的三种启动方式以及各种启动方式下的相关法律规定、再审程序的审理范围以及再审程序和一、二审程序的关系。第4节为"执行程序"。一份有效的民事裁判书只有得到充分的执行，才能使当事人的合法权益真正得到实现。本节主要介绍了执行程序的一般规定，如执行机构、执行依据、执行管辖、执行开始、执行措施、执行中止以及执行终结等。

## 第1节 一审程序

## 1 起诉与受理

### 1.1 案件的受理

专利民事诉讼的起诉状等法律文书递交到人民法院以后，人民法院首先要对其进行审查，根据审查结果，认为符合起诉条件的，决定立案审理，从而引起诉讼程序的开始，这个过程称为案件的受理。

根据新修订的《民事诉讼法》第119条规定的起诉条件，人民法院要审查：①原告是否与本案有直接利害关系；②是否有明确的被告；③是否有具体的诉讼请求和事实、理由；④是否属于其受理民事诉讼的范围以及受诉人民法院是否具有管辖权。根据审查的结果，如果符合起诉条件的，人民法院必须予以受理。人民法院决定受理的案件，应当在收到起诉状的次日起 7 日内立案，并通知当事人。人民法院认为起诉状内容有欠缺的，应当限期原告补正。人民法院审查决定立案后，应当编立卷号，向原告发出案件受理通知书，并告知原告预交案件受理费。另外，根据《民事诉讼法》第 123 条的规定，对于不符合起诉条件的，应当在 7 日内作出裁定书，不予受理。原告对裁定不服的，可以提起上诉。也就是说，根据《民事诉讼法》，对于不符合《民事诉讼法》第 119 条规定的起诉条件的案件，人民法院必须作出书面的裁定。并且，当事人可以针对不予受理的裁定提起上诉，避免了过去人民法院对当事人的起诉既不受理也不说明理由的情况，保证了当事人诉权的行使。

### 1.2  法律文书的送达

诉讼程序开始后，人民法院即开始进行审理前的准备。而送达是人民法院审理前的准备工作中的一项重要内容。送达是指人民法院依照法定的方式和程序，将法律文书送交当事人和其他诉讼参与人的行为。送达的主体是人民法院，送达的对象是当事人或者其他诉讼参与人。送达的法律文书除了起诉状副本以外，还包括答辩状副本，传票、通知书、判决书和裁定书等法律文书，也称为诉讼文书。

《民事诉讼法》第 7 章第 2 节和《最高人民法院关于适用〈中华人民共和国民事诉讼法〉若干问题的意见》（以下简称《适用意见》）等司法解释对送达方式和程序做了明确的规定。送达必须按照法定的方式和程序进行，否则不能产生送达的法律效力。

根据《民事诉讼法》第 7 章第 2 节和《适用意见》等司法解释，送达的方式❶主要有以下 7 种。

（1）直接送达

直接送达，又称交付送达，是指人民法院指派专人将诉讼文书直接面交受送达人签收的方式。具体分为以下几种情形：

① 受送达人是公民的，交其本人签收，本人不在交他的同住成年家属签收。

② 受送达人是法人或者其他组织的，应当由法人的法定代表人、其他组织的主要负责人或者该法人、组织负责收件的人签收。

③ 受送达人有诉讼代理人的，可以送交其代理人签收。

④ 受送达人已向人民法院指定代收人的，送交代收人签收。

采用直接送达方式送达的，受送达人的同住成年家属，法人或者其他组织的负责收件的人，诉讼代理人或者代收人在送达回证上签收的日期为送达日期。

---

❶ 关于涉外专利民事诉讼的送达请参见本书第 10 章涉外专利诉讼中的特殊问题。

（2）留置送达

留置送达是指受送达人拒绝签收向其送达的诉讼文书时，送达人依法将诉讼文书放置在受送达人的住所并履行相应手续即视为完成送达的送达方式。根据《民事诉讼法》第86条的规定，受送达人或者他的同住成年家属拒绝接收诉讼文书的，送达人可以邀请有关基层组织或者所在单位的代表到场，说明情况，在送达回证上记明拒收事由和日期，由送达人、见证人签名或者盖章，把诉讼文书留在受送达人的住所；也可以把诉讼文书留在受送达人的住所，并采用拍照、录像等方式记录送达过程，即视为送达。根据《民事诉讼法》第86条，留置送达分为两种情况，一种情况是受送达人或者他的同住成年家属拒绝接收诉讼文书，送达人可以邀请有关基层组织如居（村）民委员会、街道办事处或者受送达人所在单位的代表到场，说明情况，在送达回证上记明拒收事由和日期，由送达人、见证人签名或者盖章，把诉讼文书留在受送达人的住所，即视为送达。但是，在实际当中，也时常发生有关基层单位组织或者所在单位的代表或其他见证人不愿意在送达回证上签字或盖章的情况。在这种情况下，根据《适用意见》第82条的规定，如果受送达人拒绝接收诉讼文书，有关基层单位组织或者所在单位的代表及其他见证人不愿在送达回证上签字或盖章的，由送达人在送达回证上记明情况，把诉讼文书留在受送达人住所，即视为送达。留置送达的另一种情况是受送达人或者他的同住成年家属拒绝接收诉讼文书，而送达人无法邀请到有关基层组织或者所在单位的代表到场或者见证人拒绝见证的情况。在这种情况下，人民法院可以把诉讼文书留在受送达人的住所，并采用拍照、录像等方式记录送达过程，即视为送达。留置送达的规定提高了送达的效率，在一定程度上解决了困扰人民法院的送达难的问题。此外，根据《适用意见》第81条和第83条，法人的法定代表人或者其他组织的主要负责人或者其办公室、收发室、值班室等负责收件的人拒绝签收或者盖章的，适用留置送达。受送达人指定诉讼代理人为代收人的，向诉讼代理人送达时，若其拒绝签收，也适用留置送达。但是，根据《适用意见》第84条的规定，调解书不适用留置送达，应当由其本人或者其指定的代收人签收。

（3）委托送达

委托送达是指受理诉讼的人民法院直接送达诉讼文书有困难时，依法委托其他人民法院代为送达的送达方式。委托送达与直接送达具有同等的法律效力。根据《适用意见》第86条的规定，委托其他人民法院代为送达的，委托法院应当出具委托函，并附需要送达的诉讼文书和送达回证。受送达人在送达回证上签收单日期为送达日期。

（4）邮寄送达

邮寄送达是指人民法院将需要送达的诉讼文书通过邮局通过挂号信或者专递邮寄给受送达人的送达方式。受诉法院采用邮寄送达的送达方式通常是受送达人居住地离受诉人民法院路途较远，直接送达有困难而采取的送达方式。根据2004年通过的

第7章

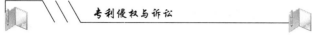

《最高人民法院关于以法院专递方式邮寄送达民事诉讼文书的若干规定》，人民法院直接送达诉讼文书确有困难的，可以交由国家邮政机构以人民法院专递邮寄送达。采用邮寄送达，与委托送达一样，与人民法院直接送达具有同等的法律效力。根据《民事诉讼法》第88条的规定，邮寄送达的，以回执上注明的收件日期为送达日期。这里的回执指的并非是送达回证而是邮件回执。根据《适用意见》第85条的规定，邮寄送达，应当附有送达回证。挂号信回执上注明的收件日期与送达回证上注明的收件日期不一致的，或者送达回证没有寄回的，以挂号信回执上注明的收件日期为送达日期。根据该条的精神，采用专递邮寄送达的送达日期亦应相同处理。因此，需要特别注意的是，采用邮寄送达的送达日期并非一定是受送达人在送达回证上签收的日期。当送达回证上注明的日期与挂号信或专递邮件回执上注明的收件日期不一致或者送达回证没有寄回时，是以邮件回执注明的日期为送达日期的。实践中，有的当事人或者代理人收到人民法院通过邮寄的方式送达的法律文书后通常在送达回证上填写的签收日期要晚于实际收到的日期，而以送达回证上填写日期作为送达日期计算答辩期限行举证期限，有可能存在逾期的风险。所以，在邮寄送达情况下当事人或者诉讼代理人要严格掌握和计算送达日期，以免错过相关时限。

下面是有关邮寄送达的一些具体规定。根据《最高人民法院关于以法院专递方式邮寄送达民事诉讼文书的若干规定》第1条的规定，人民法院直接送达诉讼文书有困难的，可以交由国家邮政机构（以下简称"邮政机构"）以法院专递方式邮寄送达，但有下列情形之一的除外：

① 受送达人或者其诉讼代理人、受送达人指定的代收人同意在指定的期间内到人民法院接受送达的。

② 受送达人下落不明的。

③ 法律规定或者我国缔结或者参加的国际条约中约定有特别送达方式的。

当事人起诉或者答辩时应当向人民法院提供或者确认自己准确的送达地址，并填写送达地址确认书。当事人拒绝提供的，人民法院应当告知其拒不提供送达地址的不利后果，并记入笔录。送达地址确认书的内容应当包括送达地址的邮政编码、详细地址以及受送达人的联系电话等内容。当事人要求对送达地址确认书中的内容保密的，人民法院应当为其保密。当事人在第一审、第二审和执行终结前变更送达地址的，应当及时以书面方式告知人民法院。当事人拒绝提供自己的送达地址，经人民法院告知后仍不提供的，自然人以其户籍登记中的住所地或者经常居住地为送达地址；法人或者其他组织以其工商登记或者其他依法登记、备案中的住所地为送达地址。

邮政机构按照当事人提供或者确认的送达地址送达的，应当在规定的日期内将回执退回人民法院。邮政机构按照当事人提供或确认的送达地址在5日内投送三次以上未能送达，通过电话或者其他联系方式又无法告知受送达人的，应当将邮件在规定的日期内退回人民法院，并说明退回的理由。

第7章

受送达人指定代收人的，指定代收人的签收视为受送达人本人签收。邮政机构在受送达人提供或确认的送达地址未能见到受送达人的，可以将邮件交给与受送达人同住的成年家属代收，但代收人是同一案件中另一方当事人的除外。受送达人及其代收人应当在邮件回执上签名、盖章或者捺印。受送达人及其代收人在签收时应当出示其有效身份证件并在回执上填写该证件的号码；受送达人及其代收人拒绝签收的，由邮政机构的投递员记明情况后将邮件退回人民法院。

有下列情形之一的，即为送达：

① 受送达人在邮件回执上签名、盖章或者捺印的。

② 受送达人是无民事行为能力或者限制民事行为能力的自然人，其法定代理人签收的。

③ 受送达人是法人或者其他组织，其法人的法定代表人、该组织的主要负责人或者办公室、收发室、值班室的工作人员签收的。

④ 受送达人的诉讼代理人签收的。

⑤ 受送达人指定的代收人签收的。

⑥ 受送达人的同住成年家属签收的。

签收人是受送达人本人或者是受送达人的法定代表人、主要负责人、法定代理人、诉讼代理人的，签收人应当当场核对邮件内容。签收人发现邮件内容与回执上的文书名称不一致的，应当当场向邮政机构的投递员提出，由投递员在回执上记明情况后将邮件退回人民法院。签收人是受送达人办公室、收发室和值班室的工作人员或者是与受送达人同住成年家属，受送达人发现邮件内容与回执上的文书名称不一致的，应当在收到邮件后的 3 日内将该邮件退回人民法院，并以书面方式说明退回的理由。

因受送达人自己提供或者确认的送达地址不准确、拒不提供送达地址、送达地址变更未及时告知人民法院、受送达人本人或者受送达人指定的代收人拒绝签收，导致诉讼文书未能被受送达人实际接收的，文书退回之日视为送达之日。受送达人能够证明自己在诉讼文书送达的过程中没有过错的，不适用该规定。❶

（5）转交送达

转交送达是指人们法院将诉讼文书交受送达人所在部队或者有关单位代收后转交给受送达人的送达方式。代为转交的机关、单位收到诉讼文书后，必须立即交受送达人签收。转交送达主要包括以下几种情形，一种是受送达人是军人的情形，要送达的诉讼文书通过其所在部队团以上的政治机关转交。一种是受送达人被监禁的，要送达的诉讼文书通过其监所转交。还有一种情形是受送达人被采取强制性教育措施的，要送达的诉讼文书通过其所在的强制性教育机构转交。在转交送达的情况下，受送达人

---

❶ 《最高人民法院关于以法院专递方式邮寄送达民事诉讼文书的若干规定》（法释〔2004〕13 号）。

在送达回证上签收单日期为送达日期。

（6）公告送达

公告送达是指受送达人下落不明或者用上述方法无法送达的情况下人民法院以张贴公告、登报等办法将诉讼文书公之于众，经过一定时间，法律上即视为送达的一种特殊送达方式。根据《民事诉讼法》第 92 条和《适用意见》第 88 条、第 89 条的规定，受送达人下落不明，或者用本节规定的其他方式无法送达的，公告送达。自发出公告之日起，经过 60 日，即视为送达。公告送达，可以在法院的公告栏、受送达人原住所地张贴公告，也可以在报纸上刊登公告；对公告送达方式有特殊要求的，应按要求的方式进行公告。公告期满，即视为送达。公告送达起诉状或上诉状副本的，应说明起诉或上诉要点，受送达人答辩期限及逾期不答辩的法律后果；公告送达传票，应说明出庭地点、时间及逾期不出庭的法律后果；公告送达判决书、裁定书的，应说明裁判主要内容，属于一审的，还应说明上诉权利、上诉期限和上诉的人民法院。

（7）采用传真、电子邮件等简易方式送达

采用传真、电子邮件等简易方式送达是 2013 年 1 月 1 日施行的新修订的《民事诉讼法》新增加的规定。在此之前，在 2006 年 7 月公布的《最高人民法院关于涉外民事或商事案件司法文书送达问题若干规定》第 10 条规定，向在中华人民共和国领域内没有住所的受送达人送达司法文书，人民法院可以通过传真、电子邮件等能够确认收悉的其他适当方式向受送达人送达。有些地方人民法院对于国内的送达人也曾尝试过传真、电子邮件的送达方式。但是需要征得受送达人的同意。现在这种送达方式已经以法律的形式予以确认。根据《民事诉讼法》第 92 条的规定，"经受送达人同意，人民法院可以采用传真、电子邮件等能够确认其收悉的方式送达诉讼文书，但判决书、裁定书、调解书除外。采用前款方式送达的，以传真、电子邮件等到达受送达人特定系统的日期为送达日期。"

## 2 答辩期、管辖权异议和诉讼程序中止

### 2.1 答辩期

根据《民事诉讼法》第 125 条的规定，"人民法院应当在立案之日起 5 日内将起诉状副本发送被告，被告应当在收到之日起 15 日内提出答辩状。答辩状应当记明被告的姓名、性别、年龄、民族、职业、工作单位、住所、联系方式；法人或者其他组织的名称、住所和法定代表人或者主要负责人的姓名、职务、联系方式。人民法院应当在收到答辩状之日起 5 日内将答辩状副本发送原告。被告不提出答辩状的，不影响人民法院审理。"答辩期间属于法定期间，对于法定期间，除法律另有规定外，人民法院不得依职权或者依当事人的申请而予以变更，必须予以遵守。在答辩期间，被告方除了提交答辩状以外，还有两项重要的诉讼权利可以行使，即提出管辖权异议和在

侵权专利权诉讼程序提出中止审理请求的权利。对于管辖权异议，如果当事人逾期提交且不存在法定事由的话，人民法院将不再予以考虑。对于侵权专利权诉讼程序中止审理请求，如果延期提交的话，则也可能导致人民法院不予考虑的后果，需要引起注意。对于答辩状，被告可以在答辩期内提交，也可以不提交。不提交答辩状不会影响人民法院的审理。有时被告不提交答辩状也是出于其诉讼策略的考虑。

## 2.2 管辖权异议

对于专利民事诉讼案件，受诉人民法院应该是具有管辖权的人民法院。但是，人民法院在受理立案时也可能会发生错误。为此，《民事诉讼法》设置了"管辖异议"的程序。管辖权异议必须满足以下几个条件：

① 必须是当事人提出，如本诉的被告提出。

② 必须是在答辩期内提出，例如国内的被告方必须要在收到起诉状 15 日内提出，否则法院将不予审查。

任何一方当事人对法院针对管辖权异议请求所做的裁定不服，可以在 10 日内到上一级人民法院进行上诉。对于二审裁定仍然不服的，当事人可以申诉，但不影响裁定的执行。管辖权异议的一审及二审的审限各为 30 日。

管辖权异议是当事人的一项权利。由于管辖权异议的一审及二审的审限各为 30 日，故整个程序完结一般情况下需要 2～3 个月时间。在实践当中，有一些被告利用管辖异议来拖延诉讼程序，也有一些被告利用管辖异议来争取一定的时间，以便有更多的时间收集、准备证据。因此，有的被告收到起诉状等法律文书后，不管案情如何，首先就是提出管辖异议，走完管辖异议程序再说。管辖权异议制度在某种程度上被异化。但是，为了保证公平，管辖权异议制度的存在还是必要的。

然而，值得注意的是，《民事诉讼法》第 127 条增加了一款关于管辖权异议的规定，即当事人未提出管辖异议，并应诉答辩的，视为受诉人民法院有管辖权，但违反级别管辖和专属管辖规定的除外。此外，《民事诉讼法》第 200 条关于再审的理由中，也取消了管辖错误的再审事由。由此可见，在不违反级别管辖和专属管辖的规定的前提下，当事人在答辩期内未提出管辖异议，并应诉答辩的，将视为受诉人民法院有管辖权并不认为发生管辖错误。当事人不能就此作为上诉或者再审的理由。

## 2.3 诉讼程序中止

诉讼程序一旦开始，通常就会按照程序一直进行下去。但是在特殊情况下，人民法院可以或者应当中止诉讼程序。根据《民事诉讼法》第 150 条的规定，下列情况诉讼程序应当中止：

① 一方当事人死亡，需要等待继承人表明是否参加诉讼的。

② 一方当事人丧失诉讼行为能力，尚未确定法定代理人的。

③ 作为一方当事人的法人或者其他组织终止，尚未确定权利义务承受人的。

④ 一方当事人因不可抗拒的事由，不能参加诉讼的。

⑤ 本案必须以另一案的审理结果为依据，而另一案尚未审结的。

⑥ 其他应当中止诉讼的情形。

中止诉讼的原因消除后，恢复诉讼。

在侵犯专利权诉讼程序中，对于被告而言，有时中止诉讼程序可能对其更为有利。例如，如果继续进行审理很有可能被认定为侵权而原告所依据的涉案专利不符合《专利法》和《专利法实施细则》的相关规定，属于应当予以无效的专利，那么被告就应当尽快向专利复审委员会提出宣告专利无效宣告请求，同时向审理侵权诉讼的人民法院提出中止审理请求。如果相关专利被最终宣告无效的话，那么提起侵权诉讼的原告自然就失去了起诉他人专利侵权的权利基础，使得被告的反击达到了"一剑封喉"的目的。相反，如果被告未向专利复审委员会提出无效宣告请求也未向人民法院提出中止审理请求，法院经过审理认定被控侵权物落入专利保护范围并作出生效判决，如果判决已经执行完毕，即使后来涉案专利被宣告无效，该专利被无效的事实一般也不会对已经执行完毕原来的侵权判决产生溯及力。因此，在被控侵权物落入专利保护范围的可能性较大且涉案专利存在被无效或部分无效的可能性时，被告及时请求人民法院中止审理已经开始的侵权诉讼程序是非常重要的。

另外，在被告未向人民法院提出中止审理请求的情况下，人民法院经审查认为判决结果可能会与专利无效宣告程序的结果相冲突的，人民法院也有权中止诉讼程序。

有关侵犯专利权诉讼程序的中止的具体规定将在本书第8章进行详细阐述。

## 3 举 证 期 限

### 3.1 举证期限的确定

举证期限，也称举证时限、举证时效，是指负有举证责任的民事诉讼当事人应当在法律规定或法院指定的期限内向法院提交证明其主张的有关证据材料，否则将承担丧失向法院提交证据材料的机会的法律后果的制度。举证期限的设立是为了克服原来证据随时提出主义的弊端，可以极大地避免有些当事人搞证据突袭，提高审判效率。

根据《民事诉讼法》第65条规定，当事人对自己提出的主张应当及时提供证据。人民法院根据当事人的主张和案件审理情况，确定当事人应当提供的证据及其期限。当事人在该期限内提供证据确有困难的，可以向人民法院申请延长期限，人民法院根据当事人的申请适当延长。当事人逾期提供证据的，人民法院应当责令其说明理由；拒不说明理由或者理由不成立的，人民法院根据不同情形可以不予采纳该证据，或者采纳该证据但予以训诫、罚款。

从上述规定可以看出，当事人对自己提出的主张有及时提供证据的义务。另一方面，由于民事案件类型繁多，情况复杂，不宜通过法律来规定一个统一的举证期限，而是有人民法院根据当事人的主张和案件审理情况来确定举证期限。对于有些证据，当事人在举证期限内提供确有困难的，可以向人民法院说明情况或提供必要证据说明，请求人民法院延长举证期限。人民法院审查后认为情况属实，应当根据情况适当延长举证期限。对于当事人无故逾期提供证据或者逾期提供证据的理由不成立的，人民法院将视情况决定采纳或者不采纳相关证据。对于某些逾期证据人民法院决定采纳的，人民法院可能会对当事人予以训诫或者罚款。该规定对于督促当事人及时提供证据，提高诉讼效率具有积极的意义。

关于举证期限，根据《最高人民法院关于民事诉讼证据的若干规定》第33条规定，人民法院应当在送达案件受理通知书和应诉通知书的同时向当事人送达举证通知书。举证通知书应当载明举证责任的分配原则与要求、可以向人民法院申请调查取证的情形、人民法院根据案件情况指定的举证期限以及逾期提供证据的法律后果。举证期限可以由当事人协商一致，并经人民法院认可。由人民法院指定举证期限的，指定的期限不得少于30日，自当事人收到案件受理通知书和应诉通知书的次日起计算。根据《最高人民法院关于民事诉讼证据的若干规定》中有关举证时限规定的通知，前述举证期限是指在适用一审普通程序审理民事案件时，人民法院指定当事人提供证据证明其主张的基础事实的期限，该期限不得少于30日。但是，人民法院在征得双方当事人同意后，指定的举证期限可以少于30日。前述的举证期限届满后，针对某一特定事实或特定证据或者基于特定原因，人民法院可以根据案件的具体情况，酌情指定当事人提供证据或者反证的期限，该期限也不受"不得少于30日"的限制。

另外，根据《最高人民法院关于民事诉讼证据的若干规定》第36条的规定，当事人在举证期限内提交证据材料确有困难的，应当在举证期限内向人民法院申请延期举证，经人民法院准许，可以适当延长举证期限。当事人在延长的举证期限内提交证据材料仍有困难的，可以再次提出延期申请，是否准许由人民法院决定。

### 3.2 举证期限内应当完成的事项

在举证期限内，当事人应当完成以下事项：

① 提交支持其主张的证据。根据《民事诉讼法》的规定，当事人对自己提出的主张应当及时提供证据。如果当事人逾期提供证据的，人民法院将责令其说明理由；拒不说明理由或者理由不成立的，人民法院根据不同情形可以不予采纳该证据，或者采纳该证据但予以训诫、罚款。因此，当事人应当在举证期限内提交支持其主张的证据，以避免对其不利的法律后果。

② 增加当事人、变更诉讼请求或者提起反诉的，应当在举证期限届满前提出。但是在诉讼过程中，当事人主张的法律关系的性质或者民事行为的效力与人民法院根据案件事实作出的认定不一致的，不受举证期限的限制，人民法院应当告知当事人可以变更诉讼请求。当事人变更诉讼请求的，人民法院应当重新指定举证期限。

③ 延期举证请求，当事人在举证期限内提交证据材料确有困难的，应当在举证期限内向人民法院申请延期举证并说明理由，经人民法院准许，可以适当延长举证期限。当事人在延长的举证期限内提交证据材料仍有困难的，可以再次提出延期申请，是否准许由人民法院决定。

### 3.3 举证期限与管辖异议的冲突的处理

根据《民事诉讼法》和《最高人民法院关于民事诉讼证据的若干规定》的相关规定，如果当事人在举证期限届满后提交证据材料的，人民法院可能不予采纳，举证人应承担相应的法律后果。因此，举证期限对于当事人的重要性是显而易见的。通常在人民法院向原、被告送达的法律文书中，即指定了举证期限。

《民事诉讼法》第 127 条规定："人民法院受理案件后，当事人对管辖权有异议的，应当在提交答辩状期间提出。"第 125 条规定："人民法院应当在立案之日起 5 日内将起诉状副本发送被告，被告在收到之日起 15 日内提出答辩状。"可见，管辖权异议期间应为被告收到起诉状副本之日起 15 日。从司法实践情况看，向被告送达应诉通知书的同时就会送达起诉状副本，举证期限的起算日同答辩期间的起算日往往是相同的，但二者的终止日却不同，通常是答辩期间先终止，举证期限后结束。如果被告在答辩期间提出管辖权异议，其举证期限应如何计算？

在 2008 年《最高人民法院关于适用〈关于民事诉讼证据的若干规定〉中有关举证时限规定的通知》发布以前，司法实务中对这一问题有不同的做法。第一种做法是，被告提出管辖权异议后，受诉法院原来确定的举证期限自动终止，在确定了管辖权后，有管辖权的法院再重新确定举证期限。其理由是，管辖权异议是案件实体审理的先决条件，在受诉法院对案件是否具有管辖权尚未最终确定之前，其无权确定举证期限，已经确定的举证期限自然应失效。第二种做法是，被告提出管辖权异议并不影响受诉法院确定的举证期限，但会导致举证期限的中止，管辖权异议争议审结后，再继续计算举证期限。其理由是，无论受诉法院最终是否具有管辖权，其确定的举证期限都应具有法律效力。第三种做法是对前两种做法的综合，被告提出管辖权异议后，原来确定的举证期限终止，在管辖权异议程序结束后，重新确定举证期限，一般不超过两周。《最高人民法院关于适用〈关于民事诉讼证据的若干规定〉中有关举证时限规定的通知》发布后，这一问题已经得到明确解决，即"当事人在一审答辩期内提出管辖权异议的，人民法院应当在驳回当事人管辖权异议的裁定生效后，依照《最高人民法院关于民事诉讼证据的若干规定》第 33 条第 3 款的规定，重新指定不少于 30 日的举证期限。但在征得当事人同意后，人民法院可以指定少于 30 日的举证期限。"因此，举证期限与管辖异议的冲突的问题迎刃而解。

此外，如果举证期限届满后，当事人申请延长的，人民法院应当依照《民事诉讼法》第 65 条和《最高人民法院关于民事诉讼证据的若干规定》的有关规定办理，不能因为案件经过了管辖异议程序就不准许当事人申请延长举证期限。需要注意的是，在多个被告参加的共同诉讼案件中，未提出管辖权异议的其他被告的举证期限也应同样处理，原告的举证期限也会中止。

## 4　关于新证据的问题

为了保证诉讼的效率，避免证据随时提出主义的弊端，在民事诉讼中规定了举证期限，即当事人应当在举证期限内提出支持其主张的证据，否则可能要视为放弃举证的权利，承担对其不利的法律后果。但是，根据《民事诉讼法》第 139 条的规定，当事人可以在法庭上提交新的证据。也就是说，对于新的证据，是可以不受举证期限限制的。关于新的证据，《最高人民法院关于民事诉讼证据的若干规定》第 41 条给出了解释，即《民事诉讼法》第 125 条❶第 1 款规定的"新的证据"，是指以下情形：

① 一审程序中的新的证据包括：当事人在一审举证期限届满后新发现的证据；当事人确因客观原因无法在举证期限内提供，经人民法院准许，在延长的期限内仍无法提供的证据；

② 二审程序中的新的证据包括：一审庭审结束后新发现的证据；当事人在一审举证期限届满前申请人民法院调查取证未获准许，二审法院经审查认为应当准许并依当事人申请调取的证据。

除了上述的证据属于新证据以外，《最高人民法院关于民事诉讼证据的若干规定》还规定了视为新证据的情况。《最高人民法院关于民事诉讼证据的若干规定》第 43 条规定，当事人经人民法院准许延期举证，但因客观原因未能在准许的期限内提供，且不审理该证据可能导致裁判明显不公的，其提供的证据可视为新的证据。

除了新的证据可以不受举证限制以外，对于超过举证期限递交的证据，确实会对案件的审理产生重大影响的，如果不予考虑的话，对持有证据的当事人是不公平的。为了对《最高人民法院关于民事诉讼证据的若干规定》进行补充，《最高人民法院关于新证据认定的若干程序的规定（试行）》作出了一些变通的做法。

根据该规定，人民法院对于当事人超过举证期限提交的证据，按照以下方式处理：

① 举证期限届满后，一方当事人在庭审前或庭审时向法庭提交证据的，就该证据已超过举证期限提出异议，应由对方当事人自行提出，法官一般不主动提示。如对方当事人未提出证据超过举证期限的抗辩，亦未拒绝质证，可直接进行质证，不再对该证据是否属于新证据进行审核。

---

❶　指 2007 年《民事诉讼法》，对应 2012 年新修订的《民事诉讼法》第 139 条。

② 举证期限届满后，当事人在庭审前或庭审时向法庭提交证据的，对方当事人认为该证据不是新证据，已超过举证期限，并表示不同意质证的，法官应当就该证据是否属于新证据，听取双方意见。提供证据的一方当事人须对该证据属于新证据承担举证责任。由法官决定有关证据是否属于新证据。听取双方意见后，法官认为属于新证据的，应当将认定的结果明确告知对方当事人，要求其进行质证。

③ 当事人在庭审结束后再向法官提交证据的，法官进行初步审查认为属于新证据且确有必要的，可以组织听取双方意见。法官进行初步审查认为不属于新证据的，一般不再组织质证。听取双方意见后，法官认为属于新证据的，应当将认定的结果明确告知对方当事人，要求其进行质证。

在上述②和③的情况下，在针对某证据是否属于新证据，听取双方意见的过程中，一方当事人提出要进一步收集证据进行反驳的，法官可以根据案件的具体情况，指定一个新的举证期限。

法官在听取当事人意见后，认定不属于新证据的，可以询问对方当事人是否同意质证。不同意质证的，不再就该证据组织质证。若法官暂时无法对该证据是否符合新证据的认定条件作出判断的，也可以要求对方当事人先进行质证，但法官应告知当事人质证并不表示认可该证据是新证据。如果当事人不同意质证的，法官应告知该当事人，如法院认定属于新证据的，其现在不同意质证，将被视为放弃质证权。

## 5 开庭审理

开庭审理是指人民法院在当事人和其他诉讼参与人的参加下，按照法定程序和形式对诉讼案件进行审理的过程。开庭审理是一审程序的中心环节和必经阶段，主要包括以下几个方面。

### 5.1 开庭准备

开庭准备是开庭审理的预备阶段，主要完成几个方面的内容：

① 决定案件是否公开审理。根据《民事诉讼法》第 134 条，开庭审理分为公开审理和不公开审理。涉及商业秘密的案件，经当事人申请，法院可以决定不公开审理。

② 通知当事人和其他诉讼参与人。人民法院确定开庭审理的日期后，应当在开庭前 3 日将传票送达当事人，将出庭通知书送达其他诉讼参与人。对于当事人或其他诉讼参与人在外地的，应留有必要的在途时间，以利于对于当事人和诉讼参与人参加诉讼。

③ 发布开庭审理公告。公开审理的案件，人民法院应当发出公告。公告内容包括当事人姓名或名称，案由，开庭的时间和地点，以便于公众旁听，新闻媒体报道，接受社会的监督。公告地点一般在法院门前的公示栏或者电子公告栏。

④ 查明当事人和其他诉讼参与人是否到庭。由书记员查明当事人和其他诉讼参与人是否到庭。如果发生未到庭情况，应查明传票、通知书是否送达以及未到庭原因，并向审判长报告。审判长根据《民事诉讼法》第 143 条，第 144 条作出处理，即原告经传票传唤，无正当理由拒不到庭的，可以按撤诉处理；被告反诉的，可以缺席判决。被告经传票传唤，无正当理由拒不到庭的，可以缺席判决。如果当事人和其他诉讼参与人都已到庭，书记员向当事人和其他诉讼参与人即旁听观众宣布法庭纪律。

## 5.2　审理开始

首先，由审判长宣布开庭。然后核对当事人，宣布案由，宣布审判人员和书记员名单，告知当事人有关的权利义务。询问当事人是否提出回避请求。如果没有回避，审理继续进行；如果提出回避请求，则宣布暂时休庭，决定是否准许回避请求。若回避请求不予支持，则合议庭将审核诉讼代理人的代理资格和代理权限。

## 5.3　法庭调查

法庭调查是开庭审理的重要阶段，法庭将向当事人和其他诉讼参与人审查核实各种证据。案件进入实质性审理阶段。根据《民事诉讼法》及相关司法解释的规定，法庭调查按下列顺序进行。

（1）当事人陈述

当事人陈述按照原告、被告、第三人的顺序依次进行。首先，由原告口头陈述具体的诉讼请求、理由和事实或者宣读起诉状。其次，由被告口头陈述事实和答辩意见或者宣读答辩状。对于原告的诉讼请求提出反诉的，讲明具体的请求和理由。如果有第三人参加诉讼的话，有独立请求权的第三人说明其具体的诉讼请求、事实和理由，无独立请求权的第三人针对原、被告的陈述提出承认或者否认的意见。最后，原、被告对第三人的陈述发表意见。当事人陈述完毕后，审判长可以就争执的焦点或不明确的问题向当事人询问，归纳争议焦点或者法庭调查重点，并征求当事人意见。

（2）当事人出示证据并相互质证

根据《民事诉讼法》和《最高人民法院关于民事诉讼证据的若干规定》的规定，证据应当在法庭上出示，并由当事人互相质证。未经质证的证据，不能作为认定案件事实的依据。当事人出示证据时，应当说明证据的名称、种类、来源、内容及证明对象等，其他当事人质证时，对证据的真实性、合法性和关联性发表承认和否认的意见，如否认的话要说明理由和依据。法庭调查中，出示证据并质证的顺序按照原告、被告和第三人的顺序进行，即先由原告出示证据，被告、第三人进行质证；然后由被告出示证据，原告、第三人进行质证。最后由第三人出示证据，原告、被告进行质证。按照规定，法庭在对各类证据质证时要按照下述顺序进行：

① 证人作证。按照《民事诉讼法》和《最高人民法院关于民事诉讼证据的若干

规定》的规定，证人应当出庭作证，接受当事人的质询。证人确有困难❶不能出庭作证的，应人民法院许可，可以提交书面证言或者视听资料或者通过视听传输技术手段作证。当事人申请证人出庭作证应当经人民法院许可。证人在人民法院组织双方当事人交换证据时出席陈述证言的，可视为出庭作证。证人出庭时，首先要查明证人的身份，告知其权利义务和作伪证的法律后果。证人应当客观的陈述了解的案件情况。证人作完证后，法庭要征询各方当事人的对证人证言的意见。需要特别注意的是，证人不得旁听法庭审理，否则将丧失作为证人的资格。这类情况在实际当中并不鲜见。

② 出示书证、物证和视听资料。除涉及国家秘密、商业秘密和个人隐私的证据应当保密，不得在公开开庭时出示以外，当事人提交的证据、法庭调查收集的证据，都应该法庭上出示并接受质证。除《最高人民法院关于民事诉讼证据的若干规定》第49条规定的可以不出示证据原件的情况外，当事人应当出示证据的原件。

③ 宣读鉴定意见。对于案件中涉及的专门性问题，例如，技术特征的相同和等同问题经法庭准许由当事人共同委托或者法院指定委托鉴定人进行鉴定的，鉴定人应当出庭接受当事人质询。鉴定人出庭后先宣读鉴定意见，然后由当事人发表意见。经法庭允许，当事人也可以向鉴定人提出问题。鉴定人因为特殊情况不能出庭的，鉴定意见可由审判人员代为宣读。当事人对鉴定意见有疑问的，经法庭允许，可由鉴定人以书面的方式答复当事人的质询。

④ 宣读勘验笔录。如果法院在庭审之前对有关物品或者现场进行过勘验的，要在法定调查时宣读勘验笔录并出示相关材料。当事人可以对勘验笔录发表意见或者在法庭允许的前提下向勘验人发问。

法定调查结束前，法院应该对法定调查认定的事实和当事人争议的焦点问题进行归纳总结，以便于案件的进一步审理。

在司法实践当中，存在着当事人要求补充证据，或者要求重新鉴定的，或者勘验的情况，是否准许由法院决定。一旦法院认为确有必要可以准许，补充的证据、重做的鉴定、勘验结论必须再次开庭接受质证。

### 5.4 法庭辩论

法庭辩论，是指在双方当事人在法庭审判人员的主持下，在法庭调查的基础上，就有争议的事实和法律问题进行论证和辩论的诉讼活动。法庭辩论按照以下顺序进行：

① 原告及其诉讼代理人发言。

② 被告及其诉讼代理人答辩。

③ 第三人及其诉讼代理人发言或者答辩。

---

❶ 《民事诉讼法》第73条规定了证人不能出庭作证的几种情形。

④ 相互辩论。

一轮辩论结束后，法庭可根据实际情况决定是否进行下一轮辩论。进行下一轮辩论的，法庭将告知当事人不要重复以前发言的内容。

## 5.5　最后陈述

法庭辩论结束后，法庭将给当事人最后陈述意见的机会。双方当事人可以简单地表明是否仍坚持原来的请求和主张。法庭根据实际情况，应当询问双方当事人是否有接受调解的意愿。当庭能够达成调解协议的，由审判长签发调解书。双方当事人签字后即发生法律效力。当庭没有调解组织调解，庭后有调解必要和可能的，应于休庭后组织调解。调解不成的，应该及时判决。

## 5.6　合议庭评议的宣告判决

法庭辩论结束后，审判长宣布休庭，合议庭进行评议。合议庭根据法庭调查和法庭辩论的情况，就案件的性质、认定的事实、适用的法律以及是非责任进行评议并得出结论。合议庭实行少数服从多数的原则。评议情况制成笔录，不同意见也一并如实记入笔录，由合议庭成员签名。合议庭评议是秘密进行的，合议笔录也不对外公开。经过合议作出的民事裁判，可以当庭宣布的，当庭宣布，不能当庭宣布的另定日期宣布。

## 5.7　法庭笔录

在开庭审理中，人民法院书记员要对法庭审判的活动的全部真实情况进行记录。这种由书记员制作的反映法庭审理案件真实情况的记录，称为法庭笔录。法庭笔录记录了当事人的主张和陈述、证据的质证、人民法院对事实的认定以及当事人的辩论内容。这些内容是法院裁判的重要依据，也是上诉人民法院和再审人民法院审理上诉和再审案件必不可少的文件。庭审结束后当事人要在法庭笔录上签字和注明日期。如果法庭笔录有错误或者不符之处，应当及时指出并在法院允许的情况下进行更正或者更改。

## 5.8　审结期限

审结期限是人民法院审理案件的期限，也称为审限。《民事诉讼法》第 149 条规定，人民法院适用普通程序审理的案件，应当在立案之日起 6 个月内审结。有特殊情况需要延长的，由本院院长批准，可以延长 6 个月；还需要延长的，报请上级人民法院批准。根据《民事诉讼法》第 270 条的规定，人民法院审理涉外民事案件的期间，不受该法第 149 条审限的限制。

# 6　撤销之诉

## 6.1　撤销之诉制度的建立

撤销之诉是《民事诉讼法》新设的诉讼制度，它是指对他人生效裁判文书或调解书依法请求撤销的诉讼制度。1991 年制定并于 2007 年修订的《民事诉讼法》第 56 条分两款，其中第 1 款规定："对当事人双方的诉讼标的，第三人认为有独立请求权的，有权提起诉讼。"第 2 款规定："对当事人双方的诉讼标的，第三人虽然没有独立请求权，但案件处理结果同他有法律上的利害关系的，可以申请参加诉讼，或者由人民法院通知他参加诉讼。人民法院判决承担民事责任的第三人，有当事人的诉讼权利义务。"《民事诉讼法》第 56 条在原有内容的基础上增加第 3 款规定："前两款规定的第三人，因不能归责于本人的事由未参加诉讼，但有证据证明发生法律效力的判决、裁定、调解书的部分或者全部内容错误，损害其民事权益的，可以自知道或者应当知道其民事权益受到损害之日起 6 个月内，向作出该判决、裁定、调解书的人民法院提起诉讼。人民法院经审理，诉讼请求成立的，应当改变或者撤销原判决、裁定、调解书；诉讼请求不成立的，驳回诉讼请求。"这就是撤销之诉。

## 6.2 撤销之诉的管辖法院

撤销之诉的管辖法院是作出发生法律效力的判决、裁定、调解书的人民法院。

如果发生法律效力的判决、裁定、调解书的人民法院是一审法院作出的，即该判决或裁定是一审终审；或者一审法院作出后各方当事人均未上诉；或者该调解书是一审程序中达成的调解书，该案纠纷应该调解书而结案的，则应向该一审法院提出撤销之诉。

如果发生法律效力的判决、裁定、调解书的人民法院是二审法院作出的，即一审法院作出判决或裁定后，各方当事人提出上诉，二审法院作出了终审判决或裁定，或者在二审调解结案的，则应向二审法院提出撤销之诉。

如果发生法律效力的判决、裁定、调解书的人民法院是再审法院作出的，即该判决或裁定是一审终审或者二审终审后，再审法院依法对该案进行再审，并在再审程序中形成再审判决或裁定，或者由再审法院调解结案的，则应向该再审法院提出撤销之诉。

## 6.3 提起撤销之诉的条件

### 6.3.1 提起撤销之诉的当事人是原诉的第三人

2007 年修订的《民事诉讼法》第 56 条原本是规定第三人的，新修订的《民事诉讼法》在第 56 条增加规定了撤销之诉，并且明确规定第三人可以提起撤销之诉。因此，当事人之外的其他当事人，如共同诉讼的当事人是不能提起撤销之诉的。

### 6.3.2 原诉第三人因不能归责于其本人的事由未参见参加原诉

民事诉讼中的第三人制度为有独立请求权或者无独立请求权的当事人参加诉讼提供了合法途径，第三人应当依法参加到他人提起的诉讼中去。但是，如果第三人确有正当理由不能参加到他人诉讼中去的，撤销之诉为其提供了救济渠道。这里的"不能归责于其本人的事由"通常包括不可抗力、意外事件，不知道民事权益受到侵害以及

第 7 章

原诉系恶意诉讼等情形。

### 6.3.3　原诉裁判或调解结果错误并损害了其民事权益

第三人由于不能归责于其本人的事由未能参加诉讼，但该诉讼的结果损害其民事权益的，第三人可以提起程序撤销之诉。这里，第三人要有证据证明生效裁判或调解书确有错误使其民事权益受到侵害。例如，有证据证明第三人系原诉所涉专利的真正的权利人，而原诉的原告以专利权人的身份放弃了对被控侵权行为的追究，则真正的专利权人可以依法提出撤销之诉。

### 6.3.4　撤销之诉应当在自知道或者应当知道其民事权益受到损害之日起6个月内提出

原诉已经审结，如果得以执行将会对社会关系产生一定影响。第三人及时提出撤销之诉，有利于尽快查明案件事实，稳定社会关系。为此，《民事诉讼法》第56条撤销之诉应当在自知道或者应当知道其民事权益受到损害之日起6个月内提出。需要注意的是，这6个月是不变期间，第三人未在6个月内提出撤销之诉的，将丧失提出撤销之诉的资格。

## 6.4　撤销之诉的审理

人民法院经对撤销之诉进行审理，认为撤销之诉的诉讼请求成立的，应当改变或者撤销原判决、裁定、调解书；认为程序撤销之诉的诉讼请求不成立的，应当驳回诉讼请求。撤销之诉适用一审程序进行审理，当事人不服撤销之诉的审理结果的，可以依法提出上诉。

撤销之诉的结果是撤销原判决、裁定、调解书的，应当撤销原判决、裁定、调解书确有错误并损害第三人民事权益的部分，其结果既可以是全部撤销，也可以是部分撤销。原判决、裁定、调解书一旦撤销，当事人不得就原诉申请再审，但可以就撤销之诉提出上诉。

原诉判决、裁定、调解书确有错误的，第三人既可以提起撤销之诉，也可以申请再审，但当事人只能择一。这就是说，当事人如果提起了撤销之诉，就不能就原判决、裁定、调解书申请再审；当事人如果就原判决、裁定、调解书申请再审，就不得提起撤销之诉。

# 第2节　二审程序

我国民事诉讼实行两审终审制。当事人不服一审法院作出的判决，有权在规定的期限内提出上诉，从而开始二审程序。二审程序是上诉审程序，也是终审程序。

## 1　二审程序的启动

《民事诉讼法》第164条规定，当事人不服地方人民法院第一审判决、裁定的，

第7章

有权向上一级人民法院提起上诉。上诉的提起要符合以下条件：

① 上诉的对象必须是法定可以上诉的判决和裁定。可以上诉的判决包括：一审判决、二审法院发回原审法院重审的判决、按照第一审程序对一审生效判决进行再审作出的判决。可以上诉的裁定包括：不予受理的裁定、管辖权异议的裁定和驳回起诉的裁定。

② 上诉人必须适格。可以提起上诉的人包括一审的原告、被告、有独立请求权的第三人以及一审判决中确认其承担义务的无独立请求权的第三人。提起诉讼的一方为上诉人，另一方当事人、有独立请求权的第三人或者法院确认承担义务的无独立请求权的第三人为被上诉人。双方当事人和第三人都提出上诉的，都是上诉人。

③ 上诉必须在法定期限内提出。《民事诉讼法》第 164 条规定，对判决提起上诉的期限为 15 日，对裁定提起上诉的期限为 10 日。上述期限均自判决书、裁定书送达之日的次日开始起算。❶

④ 必须要提交上诉状。《民事诉讼法》第 165 条规定，上诉应当递交上诉状。如果在一审法院的裁定书或者判决书送达时，当事人仅仅口头表示上诉，未在法定上诉期递交上诉状的，视为未提出上诉。当然，人民法院有义务告知当事人必须在法定上诉期内提出上诉状。❷

根据《民事诉讼法》第 166 条规定，上诉状应当通过原审法院提出，并按照对方当事人或者代表人的人数提出副本。当事人直接向第二审人民法院递交上诉状的，第二审人民法院应当在 5 日内将上诉状移交原审人民法院。按照通常理解，既然是向二审人民法院提起上诉，应该直接向二审人民法院提出。为什么法律规定要通过一审法院提出呢？原因在于一审诉讼程序审结后，诉讼案件卷宗是保存在一审法院的。如果当事人通过一审人民法院提起上诉的话，由一审人民法院来审查上诉是否超过法定期间及其他上诉条件是否满足更为容易和方便而且效率更高。

一审人民法院收到上诉状，应当在 5 日内将上诉状副本送达对方当事人，对方当事人可在收到 15 日内提出答辩状。人民法院在收到答辩状之日起 5 日内将副本送达上诉人。对方当事人不答辩的，不影响人民法院审理。一审法院收到上诉状、答辩状后，应当在 5 日内连同全部案卷和证据，报送第二审人民法院。

第二审人民法院收到一审人民法院报送的上诉状、答辩状以及全部案卷后，还要对上诉是否符合上诉条件进行审查，认为符合上诉条件的，予以立案。不符合条件的，裁定驳回上诉。

---

❶ 《适用意见》第 165 条。
❷ 《适用意见》第 178 条。

## 2 二审程序的审理方式

第二审人民法院审理上诉案件，以开庭审理为原则，以不开庭审理而径行裁判为例外。凡是需要对证据重新审查或者当事人提出新证据的，应当开庭审理。根据《民事诉讼法》第169条规定，第二审人民法院对上诉案件，经过阅卷、调查和询问当事人，对没有提出新的事实、证据或者理由，合议庭认为不需要开庭审理的，可以不开庭审理。《适用意见》第188条就可以径行裁判的情况进行了规定：

① 一审就不予受理、驳回起诉和管辖权异议作出裁定的案件。

② 当事人提出的上诉请求明显不能成立的案件。

③ 原审裁判认定事实清楚，但适用法律错误的案件。

④ 原判决违反法定程序，可能影响案件正确判决，需要发回重审的案件。

## 3 二审程序的审理范围

二审程序是对一审程序可能发生的错误进行救济，同时也给任何一方当事人发现的足以改变一审判决的新证据提供了审理的机会，尽可能地保证诉讼从程序到实体的公平正义。根据《民事诉讼法》第168条的规定，二审人民法院应当对上诉请求的有关事实和适用法律进行审查。该项规定明确了二审并非对一审当中所有的问题进行审理，而仅仅是针对当事人上诉请求的有关事实和适用法律进行审查。然而，依据《适用意见》第180条的规定，第二审人民法院如果发现在上诉请求以外原判确有错误的，也应予以纠正。《最高人民法院关于民事经济审判方式改革问题的若干规定》第35条作出了更加明确的规定，第二审案件的审理范围应当围绕当事人上诉请求的范围进行，当事人没有提出请求的，不予审查。但判决违反法律禁止性规定，侵犯社会公共利益，或者他人利益的除外。

## 4 二审裁判

第二审人民法院对上诉案件进行审理后，应根据对上诉案件的审理结果，分别情况，作出处理。

### 4.1 对不服一审判决的上诉案件的处理

（1）判决驳回上诉，维持原判决

根据《民事诉讼法》第170条第1款第1项的规定，第二审人民法院对上诉案件经过审理后，确认原判决认定事实清楚，适用法律正确的，应当判决驳回上诉，维持原判决。

（2）依法改判

根据《民事诉讼法》第170条第1款第（2）项、第（3）项的规定，依法改判有两种情况：

① 上诉案件经过第二审人民法院审理后，认为原判决认定事实错误或者适用法律错误的依法予以改判。在此种情况下，第二审人民法院也可以撤销或变更原判决。

② 上诉案件经过第二审人民法院审理后，认定基本事实不清的第二审人民法院可以在查清事实的基础上予以改判。在此种情况下，第二审人民法院也可以撤销原判决，发回原审人民法院重审。

（3）撤销原判，发回重审

撤销原判、发回重审适用于三种情况：

① 上诉案件经过第二审人民法院审理后，认为原判决认定事实错误，或者适用法律错误，除第二审人民法院可以在纠正事实和法律错误的基础上自行改判或者变更原判决以外，第二审法院也可以撤销原判发回原审人民法院重审。

② 上诉案件经过第二审人民法院审理后，发现原审判决认定基本事实不清的，除查清事实后改判以外，以裁定的方式撤销原判决，发回原审人民法院重审。

③ 上诉案件经过第二审人民法院审理后，发现原审判决遗漏当事人或者违法缺席判决等严重违反法定程序的，裁定撤销原判决，发回原审人民法院重审。根据最高人民法院的司法解释，《适用意见》第181条，下述情况可以认为原审判决违反法定程序，应发回原审法院重审："①审理本案的审判人员、书记员应当回避未回避的；②未经开庭审理而作出判决的；③适用普通程序审理的案件当事人未经传票传唤而缺席判决的；④其他严重违反法定程序的。"

对于发回重审的案件，原审人民法院应当按照第一审程序另行组成合议庭。原合议庭组成人员不得加入新的合议庭。重审案件是按照第一审程序审理，所作判决仍然是一审判决。当事人对判决结果不服，可以上诉。

原审人民法院对发回重审的案件作出判决后，当事人提起上诉的，第二审人民法院不得再次发回重审。

### 4.2 对不服一审裁定的上诉案件的处理

根据《民事诉讼法》第171条规定的可以上诉的裁定包括：不予受理的裁定，管辖权异议的裁定，驳回起诉的裁定。第二审人民法院对不服第一审人民法院的裁定的上诉，经过审查，认为认定事实清楚，适用法律正确的，可以径行作出裁定，驳回上诉，维持原裁定。认为原裁定认定事实错误或者适用法律错误的，根据不同类型的裁定，分别作出处理。对于不予受理裁定的上诉，查明原裁定确有错误的，第二审人民法院在撤销原裁定的同时，指令第一审人民法院立案受理；对于驳回起诉的裁定的上诉，查明原裁定确有错误的，第二审人民法院在撤销原裁定的同时，指令第一审人民法院进行审理；对于管辖权异议裁定的上诉，查明原裁定确有错误的，第二审人民法院在撤销原裁定的同时，重新作出正确的裁定。

# 第3节 再审程序

再审程序又称为审判监督程序，是指为了纠正已经发生法律效力的裁判中的错误，而对案件再次进行审理的程序。再审程序，并不是每一个民事案件必经程序，而仅仅是针对符合再审条件的民事案件的一种特殊的审判程序。2007 年《民事诉讼法》对再审部分做了较大的修改，对再审的条件做了明确和细化，对再审程序也做了调整，在某种程度缓解了再审难的问题。《民事诉讼法》在总结实践经验的基础上对再审程序作了进一步修改和完善。

## 1 再审程序的启动

### 1.1 当事人申请再审

当事人申请再审是指民事诉讼的当事人对已经发生法律效力的判决、裁定、调解书认为有错误，向原审人民法院或者上一级人民法院申请再审的行为。当事人申请再审，是启动再审程序的主要方式。

#### 1.1.1 当事人申请再审的事由

2007 年《民事诉讼法》对当事人申请再审的法定事由做了明确的规定，由原来的 5 项情形具体化为 13 项。《民事诉讼法》对再审程序的法定事由作了进一步调整。

《民事诉讼法》第 200 条规定，当事人的申请符合下列情形之一的，人民法院应当再审：

① 有新的证据，足以推翻原判决、裁定的。

② 原判决、裁定认定的基本事实缺乏证据证明的。

③ 原判决、裁定认定事实的主要证据是伪造的。

④ 原判决、裁定认定事实的主要证据未经质证的。

⑤ 对审理案件需要的主要证据，当事人因客观原因不能自行收集，书面申请人民法院调查收集，人民法院未调查收集的。

⑥ 原判决、裁定适用法律确有错误的。

⑦ 审判组织的组成不合法或者依法应当回避的审判人员没有回避的。

⑧ 无诉讼行为能力人未经法定代理人代为诉讼或者应当参加诉讼的当事人，因不能归责于本人或者其诉讼代理人的事由，未参加诉讼的。

⑨ 违反法律规定，剥夺当事人辩论权利的。

⑩ 未经传票传唤，缺席判决的。

⑪ 原判决、裁定遗漏或者超出诉讼请求的。

⑫ 据以作出原判决、裁定的法律文书被撤销或者变更的。

第7章

⑬ 审判人员审理该案件时有贪污受贿，徇私舞弊，枉法裁判行为的。

另外，根据《民事诉讼法》第 201 条规定，当事人对已经发生法律效力的调解书，提出证据证明调解违反自愿原则或者调解协议的内容违反法律的，可以申请再审。经人民法院审查属实的，应当再审。

### 1.1.2 当事人申请再审的法院

根据《民事诉讼法》第 199 条的规定，当事人对已经发生法律效力的判决、裁定，认为有错误的，可以向上一级人民法院申请再审；当事人一方人数众多或者当事人双方为公民的案件，也可以向原审人民法院申请再审。当事人申请再审的，不停止判决、裁定的执行。

### 1.1.3 当事人申请再审的期限

为了促使当事人及时行使申请再审的权利，稳定民事法律关系，也为了人民法院再审工作的顺利进行，《民事诉讼法》对当事人申请再审规定了期限限制。根据《民事诉讼法》第 205 条规定，当事人申请再审，应当在判决、裁定发生法律效力后 6 个月内提出；有该法第 200 条第 1 项、第 3 项、第 12 项、第 13 项规定情形的，自知道或者应当知道之日起 6 个月内提出。因此，一般情况下，当事人提出再审时应当注意不要超过 6 个月的期限限制。

### 1.1.4 当事人申请再审的程序

《民事诉讼法》第 203 条对再审的程序做了规定，当事人申请再审的，应当提交再审申请书等材料。人民法院应当自收到再审申请书之日起 5 日内将再审申请书副本发送对方当事人。对方当事人应当自收到再审申请书副本之日起 15 日内提交书面意见；不提交书面意见的，不影响人民法院审查。人民法院可以要求申请人和对方当事人补充有关材料，询问有关事项。

根据《最高人民法院关于适用〈中华人民共和国民事诉讼法〉审判监督程序若干问题的解释》第 3 条的规定，再审申请书应载明下列事项：

① 申请再审人与对方当事人的姓名、住所及有效联系方式等基本情况；法人或其他组织的名称、住所和法定代表人或主要负责人的姓名、职务及有效联系方式等基本情况。

② 原审人民法院的名称，原判决、裁定、调解文书案号。

③ 申请再审的法定情形及具体事实、理由。

④ 具体的再审请求。

《民事诉讼法》第 204 条规定，人民法院应当自收到再审申请书之日起 3 个月内审查，符合该法规定的，裁定再审；不符合该法规定的，裁定驳回申请。有特殊情况需要延长的，由本院院长批准。该项规定改变了原民诉法在再审审查的期限方面没有规定的局面，使得当事人对再审申请何时有结果有了一定的预期，也减少了人民法院在再审审查期限方面的任意性，对解决再审难的问题具有积极

第 7 章

的意义。

### 1.1.5 当事人申请再审的新证据

《民事诉讼法》第 200 条再审理由之一就是有新的证据，足以推翻原判决、裁定。那么什么样的证据是新证据呢?《最高人民法院关于民事诉讼证据的若干规定》第 44 条规定，"《民事诉讼法》第 179 条❶第 1 款第（1）项规定的'新的证据'，是指原审庭审结束后新发现的证据。"此外，根据《最高人民法院关于适用〈中华人民共和国民事诉讼法〉审判监督程序若干问题的解释》第 10 条规定，新的证据应包括下述证据:

① 原审庭审结束前已客观存在庭审结束后新发现的证据。

② 原审庭审结束前已经发现，但因客观原因无法取得或在规定的期限内不能提供的证据。

③ 原审庭审结束后原作出鉴定结论、勘验笔录者重新鉴定、勘验，推翻原结论的证据。

④ 当事人在原审中提供的主要证据，原审未予质证、认证，但足以推翻原判决、裁定的，应当视为新的证据。

## 1.2 人民法院决定再审

人民法院决定再审，是指人民法院发现本院或者下级人民法院的生效判决、裁定、调解书发现确有错误的，依职权启动再审程序，对原案件进行再审。

根据《民事诉讼法》第 198 条的规定，人民法院决定再审有三种情况:

① 各级人民法院院长对本院已经发生法律效力的判决、裁定，调解书发现确有错误，认为需要再审的，应当提交审判委员会讨论决定。由于各级人民法院的院长和审判委员会具有审判监督权。因此，当各级人民法院院长发现本院已经发生法律效力的判决、裁定，发现确有错误，认为需要再审的，应当提交审判委员会讨论决定是否再审。

② 最高人民法院对地方各级人民法院已经发生法律效力的判决、裁定，调解书发现确有错误的，有权提审或者指令下级人民法院再审。最高人民法院是国家的最高审判机关，对地方各级人民法院具有审判监督权。当最高人民法院发现地方各级人民法院已经发生法律效力的判决、裁定，发现确有错误时，有权自行审理，即提审，或者指令下级人民法院再审。指令下级人民法院再审的，下级人民法院应当依法再审并向最高人民法院报告审判结果。

③ 上级人民法院对下级人民法院已经发生法律效力的判决、裁定，调解书发现确有错误的，有权提审或者指令下级人民法院再审。由于上级人民法院对下级人民法院的审判工作具有监督权，因此上级人民法院发现下级人民法院已经发生法律效力的判

第
7
章

---

❶ 2007 年《民事诉讼法》条款，对应 2012 年新修订、2013 年 1 月 1 日起实施的《民事诉讼法》第 200 条。

决、裁定，发现确有错误时，有权提审，或者指令下级人民法院再审。

### 1.3 人民检察院的抗诉

检察院抗诉是启动再审程序的途径之一。检察院抗诉是指人民检察院对人民法院作出的判决、裁定或者调解书认为符合法定抗诉条件依法提请人民法院对案件重新进行审理的一种诉讼行为。根据《民事诉讼法》第 208 条规定，"最高人民检察院对各级人民法院已经发生法律效力的判决、裁定，上级人民检察院对下级人民法院已经发生法律效力的判决、裁定，发现有本法第 200 条规定情形之一的，或者发现调解书损害国家利益、社会公共利益的，应当提出抗诉。地方各级人民检察院对同级人民法院已经发生法律效力的判决、裁定，发现有本法第 200 条规定情形之一的，或者发现调解书损害国家利益、社会公共利益的，可以向同级人民法院提出检察建议，并报上级人民检察院备案；也可以提请上级人民检察院向同级人民法院提出抗诉。各级人民检察院对审判监督程序以外的其他审判程序中审判人员的违法行为，有权向同级人民法院提出检察建议。"

根据《民事诉讼法》第 211 条的规定，"人民检察院提出抗诉的案件，接受抗诉的人民法院应当自收到抗诉书之日起 30 日内作出再审的裁定；有本法第 200 条第（1）～（5）项规定情形之一的，可以交下一级人民法院再审，但经该下一级人民法院再审的除外。"该条规定明确了人民检察院提出抗诉后，人民法院必须进行再审以及开始再审程序的时间。提高了检察院抗诉的效率。检察院抗诉的再审人民法院必须再审，不存在驳回的问题，这一点是与当事人申请再审不同的。

## 2 再审程序的审理范围

人民法院应当在具体的再审请求范围内或在抗诉支持当事人请求的范围内审理再审案件。当事人超出原审范围增加、变更诉讼请求的，不属于再审审理范围，但涉及国家利益、社会公共利益，或者当事人在原审诉讼中已经依法要求增加、变更诉讼请求，原审未予审理且客观上不能形成其他诉讼的除外。

经再审裁定撤销原判决，发回重审后，当事人增加诉讼请求的，人民法院依照《民事诉讼法》第 140 条的规定处理，即可以合并审理。

## 3 再审程序和一、二审程序的关系

一旦裁定再审，人民法院应作出裁定，中止原判决、裁定、调解书的执行。目的是为了避免再审的案件被撤销变更判决后，强制执行可能给当事人的合法权益造成更大的损害。但新修订的《民事诉讼法》第 206 条新列举了几类可以不中止执行的案件类型，如追索赡养费、抚养费、抚恤金、医疗费用、劳动报酬等案件。

若裁定再审由原审法院进行的，应当另行组成合议庭。原合议庭成员不得参加新组成的合议庭。

除最高人民法院或者上级人民法院提审的外，再审案件，原审是第一审审结的，再审时适用第一审普通程序进行，经过再审所做的判决，裁定，仍是第一审的判决，裁定，当事人不服可以上诉。

再审的案件，原来是二审审结的，再审时仍适用二审程序进行审理，审结终结所做的裁判是最终的裁判，当事人不得上诉。

最高人民法院或上级人民法院提审的再审案件，不论原来是一审还是二审，一律按照二审程序审理，所做裁判是终审的裁判，当事人不得上诉。

再审程序虽然不是每一个民事案件的必经程序，但是由于其是对已经发生法律效力的裁判进行纠正的唯一途径，因此成为一审程序和二审程序的有益补充，也是当事人发现民事案件被错判后的重要的救济手段。例如，在日本株式会社禧玛诺诉中国宁波某公司和中国慈溪某公司专利侵权再审一案[1]中，株式会社禧玛诺是中国专利ZL94119343.8发明名称为"自行车的前拨链器"的专利权人。禧玛诺发现中国宁波某公司和中国慈溪某公司涉嫌制造、销售前述专利产品。因此，禧玛诺公司针对上述两家公司的专利侵权行为提起了诉讼。虽然禧玛诺认为两被告的产品落入其专利保护范围并构成侵权，但是一审和二审法院并没有支持其诉讼请求。禧玛诺不服浙江省高级人民法院的终审判决，在再审期限内向最高人民法院提出再审。最高人民法院受理后经过审核，作出了由浙江省高级人民法院再审的裁定。经过浙江省高级人民法院再审，撤销了原来的判决，认定两被告的产品落入禧玛诺专利的保护范围，侵犯了禧玛诺的专利权，判决两被告停止侵权，赔偿损失。

# 第4节　执 行 程 序

专利民事诉讼案件经过人民法院审理、判决并发生法律效力后，如果原告方胜诉，则被告方必须要承担履行判决的义务。然而在现实当中，被告不主动履行判决的情况还是比较常见的。在被告拒绝履行判决义务的情况下，原告方只能请求法院进入执行程序来强制执行。此外，其他一些法律文书，例如发生法律效力调解书等，在当事人拒绝履行的情况下，也要通过执行程序来保证履行。下面对执行程序作以简要介绍。

## 1　执行程序的一般规定

### 1.1　执 行 机 构

执行机构是人民法院内部设置的负责执行工作、实现执行任务的专门职能机构。

---

[1]　最高人民法院民事裁定书（2007）民三监字第1-1号。

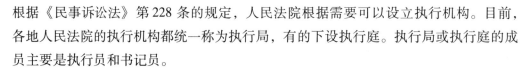

根据《民事诉讼法》第 228 条的规定，人民法院根据需要可以设立执行机构。目前，各地人民法院的执行机构都统一称为执行局，有的下设执行庭。执行局或执行庭的成员主要是执行员和书记员。

## 1.2　执行依据

执行依据是执行机构据以执行的法律文书，主要包括人民法院制作的具有执行内容的法律文书，例如民事判决、裁定、调解书；其他机关制作的需要由人民法院执行的法律文书，例如仲裁机构制作的仲裁裁决书；人民法院承认并执行的外国法院判决、裁定或者国外的仲裁机构的仲裁裁定书等。

## 1.3　执行管辖

执行管辖是指划分人民法院办理执行案件的权限和分工。也就是说，据以执行的法律文书由哪一个法院来执行。根据《民事诉讼法》第 224 条的规定，发生法律效力的民事判决、裁定，以及刑事判决、裁定中的财产部分，由第一审人民法院或者与第一审人民法院同级的被执行的财产所在地人民法院执行。

法律规定由人民法院执行的其他法律文书，由被执行人住所地或者被执行的财产所在地人民法院执行。

## 1.4　委托执行

委托执行是指有管辖权的人民法院遇到特殊情况，依法将本应由本法院执行的案件交有关的法院代为执行。依照《民事诉讼法》第 229 条的规定，被执行人或者被执行的财产在外地的，可以委托当地人民法院代为执行。受委托人民法院收到委托函件后，必须在 15 日内开始执行，不得拒绝。执行完毕后，应当将执行结果及时函复委托人民法院；在 30 日内如果还未执行完毕，也应当将执行情况函告委托人民法院。受委托人民法院自收到委托函件之日起 15 日内不执行的，委托人民法院可以请求受委托人民法院的上级人民法院指令受委托人民法院执行。

## 1.5　执行承担和执行担保

执行承担是指在执行程序中出现特殊情况，被执行人的义务由其他公民、法人或组织履行的情况。执行承担仅限于法律规定的特殊情况。根据《民事诉讼法》第 232 条的规定，作为被执行人的公民死亡的，以其遗产偿还债务；作为被执行人的法人或者其他组织终止的，由其权利义务承受人履行义务。

在执行过程中，被执行人确有困难暂时没有偿付能力，向法院提供担保，经申请执行人同意，人民法院决定暂缓执行及期限。被执行人在暂缓执行期限届满后仍不履行义务，人民法院可以直接执行担保财产或担保人的财产。

## 1.6　执行和解和执行回转

执行和解是指在执行过程中，申请执行人和被执行人自愿协商，达成协议，经人民法院审查批准后，结束执行程序。根据《民事诉讼法》第 230 条的规定，在执行中，双方当事人自行和解达成协议的，执行员应当将协议内容记入笔录，由双方当事人签名或者盖章。申请执行人因受欺诈、胁迫与被执行人达成和解协议，或者当事人不履行和解协议的，人民法院可以根据当事人的申请，恢复对原生效法律文书的执行。

执行回转是执行完毕后，由于法定的原因已经执行的财产的全部或者部分返还给被执行人，恢复至执行程序开始前的状态。

《民事诉讼法》第 233 条规定，执行完毕后，据以执行的判决、裁定和其他法律文书确有错误，被人民法院撤销的，对已被执行的财产，人民法院应当作出裁定，责令取得财产的人返还；拒不返还的，强制执行。

对于执行完毕后，专利权被宣告无效的，根据《专利法》第 47 条的规定，宣告专利权无效的决定，对在宣告专利权无效前人民法院作出并已执行的专利侵权的判决、调解书，已经履行或者强制执行的专利侵权纠纷处理决定，以及已经履行的专利实施许可合同和专利权转让合同，不具有追溯力。但是以下两种情况例外：

① 因专利权人的恶意给他人造成的损失的。

② 不返还专利侵权赔偿金、专利使用费、专利权转让费，明显违反公平原则的。

属于第一种情况的，可以要求被告赔偿损失，属于第二种情况的，可以要求执行请求人全部和部分返还。这种情况下，可以请求人民法院执行回转。由人民法院作出执行回转裁定，责令取得财产的一方全部或者部分返还财产，拒不执行的，人民法院可以采取必要的强制措施。

# 2 执 行 开 始

执行程序的启动方式有两种，一是权利人申请执行，二是审判人员的移送执行。移送执行通常仅限于特定情形的案件，例如判决、裁定具有交付赡养费、抚育费、抚养费、医药费等内容的案件，具有财产执行内容的刑事判决、裁决书；涉及国家、集体或者公民重大利益的案件。因此，大多数执行程序是由权利人申请执行的。

## 2.1 申 请 执 行

胜诉的一方当事人根据生效的法律文书，对对方拒不履行义务的情况下，向有管辖权的人民法院申请执行，例如专利民事案件的一审是由中级人民法院作出的，则当事人应当向作出一审判决的中级人民法院提出申请执行。若一审是由高级人民法院作出的，则应当向作出一审判决的高级人民法院提出执行请求。

## 2.2 申请执行的期限

根据《民事诉讼法》第 239 条的规定，申请执行的期间为 2 年。申请执行时效的中止、中断，适用法律有关诉讼时效中止、中断的规定。前述期间的计算，从法律文书规定履行期间的最后一日起计算；法律文书规定分期履行的，从规定的每次履行期

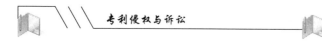

间的最后一日起计算；法律文书未规定履行期间的，从法律文书生效之日起计算。

## 3 执行措施

执行措施是人民法院根据执行案件的特点所采取的实现生效法律文书所确定的债权人权利的方法和手段。

根据《民事诉讼法》的规定，以及最高人民法院的相关司法解释，执行措施主要有以下几种：

（1）财产的执行措施

包括：查询、冻结、划拨被执行人存款；扣留、提取被执行人收入；查封、扣押、冻结、拍卖、变卖被执行人财产等。

（2）对知识产权特殊财产的执行措施

包括禁止被执行转让其专利权、商标权、著作权等。采取前述措施后，被执行人仍拒不履行的，执行机构有权对被执行人所有的知识产权采取拍卖、变卖等执行措施。

（3）行为的执行措施

包括：①强制交付法律文书指定交付的财物或凭证；②强制完成法律文书指定的行为等。

（4）特殊执行措施

包括：①搜查被执行人隐匿的财产；②加倍支付迟延履行期间债务利息和支付迟延履行金；③余债务继续履行等。

例如，在执行专利侵权赔偿判决时，人民法院可以利用财产的执行措施，查询、冻结、划拨被执行人银行账户的存款，在被执行人没有可供执行的银行存款的情况下，可以赔偿额以内查封、扣押、冻结、拍卖、变卖被执行人的其他财产，例如债券、股票、基金份额、动产、不动产等财产，交付执行请求人。有可执行的知识产权权时，可以采取拍卖、变卖等措施。在执行专利权属纠纷专利权归属于原告所有的判决时，人民法院可以利用行为的执行措施，在被告拒不履行的情况下，由人民法院向国家知识产权局发出协助执行通知书，国家知识产权局在收到后必须办理该专利权转移手续。在采用拍卖和变卖的执行措施时，优先采用拍卖的方式。不适于拍卖或者当事人双方同意不进行拍卖的，人民法院可以委托有关单位变卖或者自行变卖。国家禁止自由买卖的物品，交有关单位按照国家规定的价格收购。

## 4 执行中止

执行中止是指在执行过程中。由于某种特殊情况的发生，执行程序暂时停止。在特殊情况消除以后再恢复执行。包括以下几种情况：

① 执行申请人表示可以延期执行的。

② 案外人对执行标的提出执行异议的。

③ 一方当事人为公民时死亡或者一方当事人为法人或其他组织时终止，尚未确定权利义务承受人的。

④ 人民法院认为应当中止执行的其他情形。

人民法院决定中止执行的应当作出裁定。当中止的原因消除后，由当事人申请，或者由人民法院依照依职权恢复执行程序。

例如，在侵权专利权诉讼的判决的执行过程中，专利权被专利复审委员会宣告无效，被执行人可以请求人民法院中止执行。

# 5 执 行 终 结

执行终结是在执行过程中，由于发生特殊情况，使得执行程序无法或者无须继续进行，从而结束执行程序。根据《民事诉讼法》第257条，有下列情形之一的，人民法院裁定终结执行：

① 申请人撤销申请的。

② 据以执行的法律文书被撤销的。

③ 作为被执行人的公民死亡，无遗产可供执行，又无义务承担人的。

④ 追索赡养费、扶养费、抚育费案件的权利人死亡的。

⑤ 作为被执行人的公民因生活困难无力偿还借款，无收入来源，又丧失劳动能力的。

⑥ 人民法院认为应当终结执行的其他情形。

执行终结应当作出裁定并制作裁定书，裁定书应写明终结执行的理由和法律依据，并由执行员、书记员署名，加盖人民法院印章。执行终结的裁定当事人不能提起上诉，也不能复议。

# 第8章　侵犯专利权民事诉讼要点

侵犯专利权的诉讼是本书最重要的知识内容。在第 7 章中，已经对专利民事诉讼的一般理论知识和法律规定作了全面的介绍。侵犯专利权的诉讼作为专利民事诉讼的一种，不仅具备专利民事诉讼的共性，还具备其自身的一些特点。本章对侵犯专利权的诉讼程序要点进行了详细阐述，以便使专利代理人对这一常见专利民事诉讼类型有更深入认识和理解。本章共分为 3 节。第 1 节为"侵犯专利权民事诉讼案件的管辖"，介绍了侵犯专利权诉讼案件的管辖的主要内容，包括级别管辖、地域管辖和指定管辖。第 2 节为"侵犯专利权民事诉讼的相关法律问题"，主要内容包括起诉与受理、诉讼当事人的适格、实用新型专利及外观设计专利的评价报告、诉讼时效、证据保全、诉前禁令、诉讼程序的中止、专门性问题的解决。第 3 节为"侵犯专利权民事诉讼的证据及证明责任"，主要内容包括证据、证据种类、证据的效力及证据的取得等内容。

## 第1节　侵犯专利权民事诉讼案件的管辖

侵犯专利权的诉讼案件属于民事诉讼案件的一种。民事诉讼案件的管辖的一般规定同样适用于侵犯专利权诉讼案件。但是，由于侵犯专利权的诉讼案件的特点，其管辖与一般的民事诉讼的管辖相比也有其特殊性。

### 1　级　别　管　辖

级别管辖是指划分上下级人民法院之间受理第一审侵犯专利权诉讼案件的分工和权限。由于侵犯专利权诉讼案件的复杂性和专业性，加之我国各地区经济发展不平衡，并非所有的人民法院都具有审理侵犯专利权案件的管辖权。最高人民法院对包括侵犯专利权纠纷案件在内的 15 种专利纠纷案件的级别管辖做了特别规定。根据《专利纠纷司法解释 2001》第 2 条规定，专利纠纷案件的第一审案件由各省、自治区、直辖市人民政府所在地的中级人民法院和最高人民法院指定的中级人民法院管辖。也就是说，侵犯专利权诉讼案件的一审法院是部分中级人民法院，即各省、自治区、直辖市人民政府所在地的中级人民法院和最高人民法院指定的中级人民法院。最高人民法院指定的中级人民法院最初仅仅是一些经济特区和计划单列市所在地的中级人民法院，后来逐步扩大到一些沿海及经济相对发达地区的中级人民法院。随着专利纠纷案件的增多和地方人民法院审判经验的增强，最高人民法院在全国各地陆续指定了越来越多的中级人民法院审理专利纠纷第一审案件。截至 2011 年年底，可以受理侵犯专利权纠纷的中级人民法院已经达到了 82 个。❶ 另外，从 2009 年开始，最高人民法院也开始尝试指定一些基层人民法院，例如江苏省昆山市人民法院，浙江省义乌市人民法院和北京市海淀区人民法院，审理部分实用新型和外观设计侵权纠纷的第一审案件，改变了以往侵犯专利权诉讼案件只能由中级人民法院一审的做法。

　　此外，根据《民事诉讼法》有关级别管辖的规定，最高人民法院根据诉讼标的额划分了中级人民法院和高级人民法院分别作为一审法院的受案范围。根据 2010 年 2 月 1 日起执行的《最高人民法院关于调整地方各级人民法院管辖第一审知识产权民事案件标准的通知》的规定，高级人民法院管辖诉讼标的额在 2 亿元以上的第一审知识产权民事案件，以及诉讼标的额在 1 亿元以上且当事人一方住所地不在其辖区或者涉外、涉港澳台的第一审知识产权民事案件。除前述标准以下的第一审知识产权民事案件，除应当由经最高人民法院指定具有一般知识产权民事案件管辖权的基层人民法院管辖的以外，均由中级人民法院管辖。侵犯专利权纠纷案件同样适用该标准。

　　经最高人民法院指定具有一般知识产权民事案件管辖权且可以审理实用新型和外观设计侵权案件的基层人民法院目前包括昆山市人民法院、义乌市人民法院和北京市海淀区人民法院。昆山市和义乌市人民法院管辖区内诉讼标的额在 500 万元以下的第一审实用新型专利和外观设计专利纠纷案件；北京市海淀区人民法院管辖辖区内诉讼标的额在 500 万元以下，以及诉讼标的额在 500 万元以上 1 000 万元以下且当事人住所地均在北京市高级人民法院辖区的第一审侵犯实用新型专利和外观设计专利权纠纷案件。

　　表 8 - 1 为截至 2011 年年底可以受理侵权专利权纠纷一审案件的人民法院一览。

表 8 - 1　受理侵权专利权纠纷一审案件的人民法院一览

| 北京（3 个） | 一中院、二中院、海淀区人民法院（仅限实用新型和外观设计） |
| --- | --- |
| 上海（2 个） | 一中院、二中院 |
| 天津（2 个） | 一中院、二中院 |
| 重庆（2 个） | 一中院、五中院 |
| 浙江（11 个） | 杭州中院、温州中院、金华中院、宁波中院、台州中院、嘉兴中院、湖州中院、绍兴中院、衢州中院、丽水中院、义乌市人民法院（仅限实用新型和外观设计） |
| 广东（8 个） | 广州中院、深圳中院、珠海中院、汕头中院、佛山中院、东莞中院、江门中院、中山中院 |

　　❶ 最高人民法院．中国法院知识产权司法保护状况（2011 年）［EB/OL］．［2013 - 03 - 13］．http：//www. court. gov. cn/xwzx/tt/201204/t201204t9176081. htm.

续表

| 江苏（12个） | 南京中院、苏州中院、南通中院、镇江中院、盐城中院、无锡中院、常州中院、徐州中院、泰州中院、扬州中院、连云港中院、昆山市人民法院（仅限实用新型和外观设计） |
|---|---|
| 山东（6个） | 济南中院、青岛中院、烟台中院、潍坊中院、淄博中院、东营中院 |
| 福建（3个） | 福州中院、厦门中院、泉州中院 |
| 江西（3个） | 南昌中院、景德镇中院、宜春中院 |
| 辽宁（3个） | 沈阳中院、大连中院、葫芦岛中院 |
| 新疆（3个） | 乌鲁木齐中院；新疆生产建设兵团农十二师中院、农八师中院 |
| 湖北（3个） | 武汉中院、宜昌中院、襄樊中院 |
| 湖南（2个） | 长沙中院、株洲中院 |
| 内蒙古（2个） | 呼和浩特中院、包头中院 |
| 四川（2个） | 成都中院、绵阳中院 |
| 黑龙江（2个） | 哈尔滨中院、齐齐哈尔中院 |
| 广西（2个） | 南宁中院、柳州中院 |
| 河北（1个） | 石家庄中院 |
| 山西（1个） | 太原中院 |
| 陕西（1个） | 西安中院 |
| 河南（2个） | 郑州中院、洛阳中院 |
| 安徽（1个） | 合肥中院 |
| 吉林（1个） | 长春中院 |
| 海南（1个） | 海口中院 |
| 贵州（1个） | 贵阳中院 |
| 云南（1个） | 昆明中院 |
| 西藏（1个） | 拉萨中院 |
| 甘肃（1个） | 兰州中院 |
| 青海（1个） | 西宁中院 |
| 宁夏（1个） | 银川中院 |

第8章

## 2　地　域　管　辖

级别管辖确定了侵犯专利权诉讼案件由哪一级人民法院管辖的问题，但是并没有确定具体由哪一个人民法院管辖。要想确定由哪一个人民法院管辖就需要靠地域管辖来解决。地域管辖是指按照人民法院的辖区和案件的隶属关系来划分诉讼管辖。地域管辖的作用在于确定同级法院在各自辖区内受理第一审案件的分工和权限。

《专利纠纷司法解释2001》第5条对专利侵权的地域管辖做了明确规定，即"因侵犯专利权行为提起的诉讼，由侵权行为地或者被告住所地人民法院管辖。侵权行为地包括：被控侵犯发明、实用新型专利权的产品的制造、使用、许诺销售、销售、进口等行为的实施地；专利方法使用行为的实施地，依照该专利方法直接获得的产品的使用、许诺销售、销售、进口等行为的实施地；外观设计专利产品的制造、销售、进口等行为的实施地；假冒他人专利的行为实施地。上述侵权行为的侵权结果发生地"。2008年《专利法》将外观设计的许诺销售行为也纳入侵权行为，故根据最高人民法院司法解释的精神，上述侵权行为地还应包括外观设计专利产品的许诺销售地。

《专利纠纷司法解释2001》第6条规定："原告仅对侵权产品制造者提起诉讼，未起诉销售者，侵权产品制造地与销售地不一致的，制造地人民法院有管辖权；以制造者与销售者为共同被告起诉的，销售地人民法院有管辖权。"依据该条规定，可以在侵权产品制造地与销售地不一致的情况下，在侵权产品的销售地在起诉销售者同时把制造者也作为共同被告起诉。从而可以避开在制造者所在地或制造地起诉制造者，避免和减少制造者对诉讼可能造成的干扰和地方保护主义的不利因素。

另外，《专利纠纷司法解释2001》第6条还规定，"如果销售者是制造者分支机构，原告在销售地起诉侵权产品制造者制造、销售行为的，销售地人民法院有管辖权。"需要说明的是，这里所指的分支机构是由制造者设立的，不具有法人资格，其民事责任由制造者承担的分支机构，故规定可以在销售地直接起诉制造者的制造和销售行为。这里的分支机构在不同的企业或行业有不同的名称，如在有些企业称为分公司，有些企业称为分厂、分店等。

在实践中，在遵循上述地域管辖的规定时，需要注意以下几个问题：

（1）关于销售地的问题

在侵权专利权诉讼当中，很多情况下都是通过利用《专利纠纷司法解释2001》第6条的销售地的联接因素来建立管辖法院的。因此，销售地的确定对确定管辖是非常重要的。在实践中，可以建立管辖权的销售地应限于销售行为发生地，例如商店、卖场、展销会等销售行为的实际发生地或者履行地。而产品的存放地、中转地和约定交付地法院一般不享有管辖权。对于许诺销售侵犯专利权行为，许诺销售者住所地、许诺销售行为地人民法院具有管辖权，其中许诺销售行为地是指许诺销售者发布许诺销售的广告行为地、侵权产品销售合同的签订地等。但是，许诺销售中涉及的侵权产品的约定交付地人民法院不能取得管辖权。

（2）关于法人住所地的问题

根据《最高人民法院关于适用〈中华人民共和国民事诉讼法〉若干问题的意见》第4条的规定，法人的住所地是指法人的主要营业地或者主要办事机构所在地。当法人营业执照上的登记注册地址与其主要营业地或者主要办事机构所在地不一致时，应根据上述法律及司法解释的规定，以其主要营业地或者主要办事机构所在地为住所地，而不能以营业执照登记的注册地址为住所地。在审判实践中，往往并不实际审查法人营业执照登记的注册住址是不是其主要营业地或者主要办事机构所在地，而直接以法人营业执照上登记的注册地址为其住所地。这种认定的基础是推定法人营业执照上登记的注册地址就是其主要营业地或者主要办事机构所在地，在大多数情况下这种推定是成立的。但是，如果有证据证明法人的主要营业地或者主要办事机构所在地与营业执照上登记的地址不一致的，应当以主要营业地或者办事机构所在地为准。

（3）关于多个侵权主体的管辖问题

在侵犯专利权诉讼当中，对多个侵权主体起诉如何确定管辖是一个比较复杂的问题。除依照《专利纠纷司法解释2001》第6条规定，以制造者与销售者为共同被告起诉的，销售地人民法院有管辖权的情况以外，其他情况下多个被控侵权主体能否在某地作为共同被告被起诉，主要判定标准为其是否构成共同侵权。

例如，在中原特钢与赵士英等专利侵权纠纷管辖权异议案❶中，赵士英是一方法专利的专利权人。赵士英在内蒙古高级人民法院起诉包头钢铁（集团）有限责任公司（以下简称"包钢公司"）（住所地为内蒙古自治区包头市），河南中原特殊钢集团有限责任公司（以下简称"中原特钢公司"）（住所地为河南省济源市承留乡小寨村），鞍钢集团新钢铁有限责任公司（以下简称"鞍钢公司"）（住所地为鞍山市铁西区），天津钢管集团有限公司（以下简称"天钢公司"）（住所地为天津市东丽区津塘路）专利侵权。中原特钢公司是专利方法的使用者，分别与鞍钢公司、包钢公司、天钢公司签订了购销或承揽合同。鞍钢公司、包钢公司、天钢公司分别是依专利方法直接获得的产品的使用者。中原特钢提出了管辖权异议。最高人民法院在管辖权异议二审裁定中认为：该案的焦点问题是原告能否以专利方法被控使用者和依专利方法直接获得产品的被控使用者为被告向依专利方法直接获得产品的被控使用者所在地法院提起专利侵权诉讼。因包钢公司被控使用依专利方法直接获得的产品，系直接源于中原特钢公司被控使用的专利方法，中原特钢公司的被控行为是否构成侵权，是包钢公司的被控行为是否构成侵权的重要条件，故二者的被控侵权行为具有密切联系，应当合并审理。因此，原告以专利方法使用者和依专利方法直接获得产品的使用者为被告起诉的，其选择提起诉讼的依专利方法直接获得产品的使用地人民法院有管辖权。原审被告包钢公司系依专利方法直接获得产品的被控使用者，其住所地位于内蒙古自治区高级人民法院辖区内，故内蒙古自治区高级人民法院对赵士英起诉中原特钢公司、包钢公司的方法专利侵权诉讼有管辖权。因鞍钢公司、天钢公司与包钢公司均无直接的法律关系，且赵士英并未举证证实鞍钢公司、天钢公司与中原特钢公司、包钢公司在主观上有共同侵权的过错，故鞍钢公司、天钢公司不应成为内蒙古自治区高级人民法院所受理的该方法专利侵权诉讼的被告，但赵士英可以依法向有管辖权的法院另行起诉。

在上述案例中，最高人民法院认为，中原特钢公司被控使用的专利方法是否构成

---

❶ 最高人民法院民事裁定书（2005）民三终字第7号。

侵权，是包钢公司的被控行为是否构成侵权的重要条件，故二者的被控侵权行为具有密切联系，所以应当合并审理。而原告没有举证证明鞍钢公司、天钢公司与中原特钢公司、包钢公司在主观上有共同侵权的过错，故鞍钢公司、天钢公司不应成为内蒙古自治区高级人民法院所受理的方法专利侵权诉讼的被告，但是原告可以依法向有管辖权的法院另行起诉。

## 3 指定管辖

指定管辖，是指上级人民法院以裁定方式，指定下级人民法院对某一案件行使管辖权。根据《民事诉讼法》第 36 条、第 37 条规定，指定管辖主要包括三种情况：

① 人民法院发现受理的案件不属于本院管辖的，应当移送有管辖权的人民法院。受移送的人民法院认为受移送的案件依照规定不属于本院管辖的，应当报请上级人民法院指定管辖。

② 有管辖权的人民法院由于特殊原因，不能行使管辖权，由上级人民法院指定管辖。所谓特殊原因，包括事实上和法律上的原因。事实上的原因，如有管辖权的人民法院遇到了不可抗力的事由（地震、水灾等）无法行使管辖权；法律上的原因，如因当事人申请回避或者审判人员自行回避、受诉法院的审判人员无法组成合议庭对案件进行审理的情形。

③ 人民法院之间因管辖权发生争议，由争议双方协商解决；协商解决不了的，报请它们的共同上级人民法院指定管辖。所谓管辖权发生争议，是指人民法院之间都认为其没有管辖权，或者都认为其有管辖权。发生争议的原因可能是因为法院之间辖区界限不明，或者对法律规定理解不同，也可能是其他原因。例如，出于地方保护主义的考虑，为了保护当地经济利益而争先立案。发生争议后，相关法院应该协商解决，协商不成时应报请它们的共同上级人民法院指定管辖。发生争议的法院同属一个省、自治区、直辖市的两个中级人民法院，由该省、自治区、直辖市的高级人民法院及时指定管辖；如发生争议的法院为跨省、自治区、直辖市的人民法院，高级人民法院协商不成的，由最高人民法院指定管辖。

例如，在最高人民法院关于本田技研工业株式会社与石家庄双环汽车股份有限公司、北京旭阳恒兴经贸有限公司专利纠纷案件指定管辖一案❶中，因本田技研工业株式会社认为石家庄双环汽车股份有限公司侵犯了其外观设计专利权向石家庄双环汽车股份有限公司发出警告函，故石家庄双环汽车股份有限公司在河北省石家庄市中级人民法院提起了不侵权之诉。后来，本田技研工业株式会社向北京市高级人民法院起诉石家庄双环汽车股份有限公司、北京旭阳恒兴经贸有限公司侵犯其多项外观设计专利

---

❶《最高人民法院关于本田技研工业株式会社与石家庄双环汽车股份有限公司、北京旭阳恒兴经贸有限公司专利纠纷案件指定管辖的通知》（〔2004〕民三他字第 4 号）。

权。由此，发生管辖权争议。河北省高级人民法院以关于石家庄双环汽车股份有限公司与本田技研工业株式会社确认不侵犯专利权纠纷一案管辖争议问题向最高人民法院提出请示报告。北京市高级人民法院以本田技研工业株式会社诉石家庄双环汽车股份有限公司、北京旭阳恒兴经贸有限公司侵犯外观设计专利权纠纷一案管辖权问题也向最高人民法院提出请示报告。最高人民法院认为：确认不侵犯专利权诉讼属于侵权类纠纷，涉及同一事实的确认不侵犯专利权诉讼和专利侵权诉讼，均属独立的诉讼，一方当事人提起的确认不侵犯专利权诉讼不因对方当事人另行提起专利侵权诉讼而被吸收，但为了避免就同一事实的案件为不同法院重复审判，人民法院应当依法移送管辖合并审理。该案当事人针对不同专利所提出的诉讼请求，不论其具体请求内容和依据的事实、理由如何，均系可分之诉，可以依法由有管辖权的人民法院分别审理。河北省高级人民法院请示的由河北省石家庄市中级人民法院于 2003 年 10 月 16 日立案受理的石家庄双环汽车股份有限公司诉本田技研工业株式会社确认不侵犯专利权纠纷案，涉及本田技研工业株式会社名称为"汽车"的 01319523.9 号外观设计专利。北京市高级人民法院请示的由该院于 2003 年 11 月 24 日立案受理的本田技研工业株式会社诉石家庄双环汽车股份有限公司、北京旭阳恒兴经贸有限公司专利侵权纠纷案，涉及本田技研工业株式会社名称为"汽车"的 01319523.9 号外观设计专利和名称为"汽车保险杠"的 01302609.7 号和 01302610.0 号外观设计专利。河北省石家庄市中级人民法院在同案中还受理了石家庄双环汽车股份有限公司增加的确认不侵犯本田技研工业株式会社 01302609.7 号和 01302610.0 号外观设计专利的诉讼请求，并应北京旭阳恒兴经贸有限公司的申请通知其作为第三人参加该案诉讼。但从当事人未交纳案件受理费的事实和签收有关送达回证的日期看，不能表明河北省石家庄市中级人民法院在北京市高级人民法院立案受理专利侵权诉讼案件之前已经实际依法受理了该增加的诉讼请求。由于河北省石家庄市中级人民法院受理的该确认不侵犯专利权诉讼和北京市高级人民法院受理的专利侵权诉讼，均涉及本田技研工业株式会社 01319523.9 号、01302609.7 号和 01302610.0 号外观设计专利，均需要对是否存在有关的侵权法律关系分别作出认定，但两个法院就不同专利发生的纠纷立案受理的时间先后有所不同。根据 2007 年《民事诉讼法》第 37 条第 2 款和《最高人民法院关于在经济审判工作中严格执行〈中华人民共和国民事诉讼法〉的若干规定》第 2 条之规定，北京市高级人民法院应当将其受理的涉及本田技研工业株式会社关于汽车的 01319523.9 号外观设计专利的诉讼移送河北省石家庄市中级人民法院合并审理，河北省石家庄市中级人民法院应当将其受理的涉及本田技研工业株式会社关于保险杠的 01302609.7 号和 01302610.0 号外观设计专利的诉讼移送北京市高级人民法院合并审理。

该案是指定管辖的一个比较典型的案例。

## 第2节 侵犯专利权民事诉讼的相关法律问题

### 1 起诉与受理

侵犯专利权诉讼起诉的条件与一般民事诉讼起诉的条件相同，即起诉必须符合《民事诉讼法》的相关规定。根据《民事诉讼法》第119条，起诉必须符合下列条件：

① 原告是与本案有直接利害关系的公民、法人和其他组织。

② 有明确的被告。

③ 有具体的诉讼请求和事实、理由。

④ 属于人民法院受理民事诉讼的范围和受诉人民法院管辖。

在起诉阶段，只要原告准备的诉讼材料，形式上符合上述要求，法院一般即应该受理。在举证期限内，原告还可以继续补充证据。需要注意的是，一旦原告准备对被控侵权者提起起诉，就应该做好充分的准备。要想取得最后的胜诉，仅仅达到起诉受理的条件是远远不够的。当然，对有些侵犯专利权的案件，原告对于有些侵权证据因为客观原因很难收集，可能还要依赖人民法院的调查取证或者采取证据保全措施才能获取。在起诉时，原告应当尽可能提供被控侵权人的初步侵权证据，这样也将有利于人民法院支持原告的证据保全请求。例如，在安巴福莱克斯国际有限公司诉上海某公司侵犯其专利权诉讼案❶中，原告方的第98808801.0号专利涉及一种大型的输送设备，被告涉嫌侵犯了原告的专利。由于被控侵权产品价格较高且需要定制，比较难于取证，原告成功地在被告参加展会时取得了展示的样机照片及产品手册，得到了被告的产品落入原告的专利的保护范围的初步证据。原告依据取得的被告侵权的初步证据向上海第二中级人民法院提起诉讼并请求法院进行证据保全并获得准许。通过人民法院的证据保全，成功地取得了被告侵权的直接证据，最终取得了胜诉。

### 2 诉讼当事人的适格

民事诉讼当中的当事人包括原告、被告和第三人。作为民事诉讼的当事人应当适格。根据《民事诉讼法》第48条的规定，公民、法人和其他组织可以作为民事诉讼的当事人。因此，公民、法人和其他组织是法律规定的具有当事人能力，可以作为民事诉讼当事人的主体。对于这三类当事人主体，《最高人民法院关于适用民事诉讼若干问题的意见》（以下简称《适用意见》）做了明确的规定。

#### 2.1 公 民

公民在民事诉讼当中，可以以自己的名义起诉或者应诉，成为原告和被告。根据

---

❶ 上海市第二中级人民法院民事判决书（2008）沪二中民五（知）初字第314号。

《适用意见》，下面的情形也以公民作为诉讼当事人：

① 以业主为当事人。在诉讼中，个体工商户以营业执照上登记的业主为当事人。有字号的，应在法律文书中注明登记的字号。营业执照上登记的业主与实际经营者不一致的，以业主和实际经营者为共同诉讼人。

② 以雇主为当事人。个体工商户、农村承包经营户、合伙组织雇用的人员在进行雇用合同规定的生产经营活动中造成他人损害的，其雇主是当事人。

③ 以直接责任人为当事人。法人或者其他组织应登记而未登记即以法人或者其他组织名义进行民事活动，或者他人冒用法人、其他组织名义进行民事活动，或者法人或者其他组织依法终止后仍以其名义进行民事活动的，以直接责任人为当事人。

## 2.2 法　人

法人可以以自己的名义进行活动。享有民事权利和承担民事义务。法人作为当事人情形还有以下几种：

① 法人非依法设立的分支机构，或者虽依法设立，但没有领取营业执照的分支机构，以设立该分支机构的法人为当事人。

② 法人或者其他组织的工作人员因职务行为或者授权行为发生的诉讼，该法人或其他组织为当事人。

③ 企业法人合并的，因合并前的民事活动发生的纠纷，以合并后的企业为当事人；企业法人分立的，因分立前的民事活动发生的纠纷，以分立后的企业为共同诉讼人。

④ 企业法人未经清算即被撤销，有清算组织的，以该清算组织为当事人；没有清算组织的，以作出撤销决定的机构为当事人。

## 2.3 其　他　组　织

其他组织，是指合法成立，有一定的组织和财产，但又不具备法人资格的组织。其他组织虽然不具备法人资格，但是他们能够以自己的名义独立进行民事活动，享有民事权利和承担民事义务。根据《适用意见》第40条规定，其他组织包括：①依法登记领取营业执照的私营独资企业、合伙组织；②依法登记领取营业执照的合伙型联营企业；③依法登记领取我国营业执照的中外合作经营企业、外资企业；④经民政部门核准登记领取社会团体登记证的社会团体；⑤法人依法设立并领取营业执照的分支机构；⑥中国人民银行、各专业银行设在各地的分支机构；⑦中国人民保险公司设在各地的分支机构；⑧经核准登记领取营业执照的乡镇、街道、村办企业；⑨符合本条规定条件的其他组织。

## 2.4 原告的适格

原告是为了维护自己或者自己管理的他人的民事权益，以自己的名义向人民法院起诉并开始诉讼程序的人。根据《民事诉讼法》第119条规定，"原告是与本案有直接利害关系的公民、法人和其他组织。"《专利法》第 60 条规定："未经专利权人许可，实施其专利，即侵犯其专利权，引起纠纷的，由当事人协商解决；不愿协商或者协商不成的，专利权人或者利害关系人可以向人民法院起诉。"因此，侵犯专利权诉讼的原告是指专利权人和利害关系人。关于利害关系人的概念和范围，在《专利法》中并没有给出明确的定义，在《民事诉讼法》及其他相关法规中也没有给出明确的定义。但是，最高人民法院在司法解释中对"利害关系人"范围进行了说明。例如，在《最高人民法院关于对诉前停止侵犯专利权行为适用法律问题的若干规定》第 1 条中对"利害关系人"的范围有如下阐述，"利害关系人，包括专利实施许可合同的被许可人、专利财产权利的合法继承人等。专利实施许可合同被许可人中，独占实施许可合同的被许可人可以单独向人民法院提出申请；排他实施许可合同的被许可人在专利权人不申请的情况下，可以提出申请。"由此可见，可以作为侵犯专利权诉讼的原告提起诉讼的"利害关系人"应当包括：①专利实施许可合同的被许可人，在专利实施许可合同被许可人中，独占实施许可合同的被许可人可以单独向人民法院提起诉讼，在排他实施许可合同的被许可人在专利权人不起诉的情况下，可以提起诉讼；②专利财产权利的合法继承人。另外，在司法实践中，专利普通许可合同的被许可人，在专利权人的明确授权的情况下，也可以提起诉讼。关于此点，并没有明确的法律规定或者司法解释，只是在《最高人民法院关于审理商标民事纠纷案件适用法律若干问题的解释》（法释〔2002〕32 号）中在对商标侵权纠纷中被许可人的法律地位进行了规定。

## 2.5　被告的适格

被告作为一方当事人，除了应当具有民事诉讼权利能力和民事诉讼行为能力以外，还要与原告之间发生了民事权利义务的争议或被诉侵害了原告的民事权益。在侵犯专利权诉讼中，被告是指被控实施专利侵权行为的公民、法人或其他组织，包括侵犯发明、实用新型专利权的产品的制造者、使用者、许诺销售者、进口者，侵犯专利方法使用者，依照该专利方法直接获得的产品的使用者、许诺销售者、进口者；外观设计专利产品的制造者、销售者、许诺销售者和进口者等。需要注意的是，就某一案件而言，前述专利侵权行为的实施者是否能够成为该案适格的被告，尚取决于受诉法院对其被控侵权行为是否具有管辖权。例如，权利人发现在甲地的公司 A 和乙地公司 B 分别销售由公司 C 制造的侵犯其专利权的产品。权利人在甲地人民法院起诉销售者公司 A、公司 B 和制造者公司 C 侵犯其专利权。尽管公司 B 也构成侵权，由于公司 B 与公司 A 没有关联，如果也不存在共同侵权的情况的话，甲地人民法院对公司 B 并无管辖权。因此，公司 B 在该案中并非适格的被告。权利人需要到有管辖权的法院另行起诉公司 B 的侵权行为。这样的话，公司 B 可以成为另一诉讼案件的适格的被告。

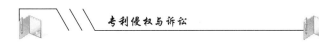
## 3 实用新型专利及外观设计专利的评价报告

根据《专利法》第 61 条的规定，专利侵权纠纷涉及实用新型专利或者外观设计专利的，人民法院或者管理专利工作的部门可以要求专利权人或者利害关系人出具由国务院专利行政部门对相关实用新型或者外观设计进行检索、分析和评价后作出的专利权评价报告，作为审理、处理专利侵权纠纷的证据。之所以这样规定，是由于实用新型专利和外观设计专利并没有经过实质性审查，虽然已经被授予了专利权，但是仅仅是满足了形式上的要求，不一定满足授予专利权的实质性条件。例如，对于实用新型专利而言是否满足新颖性和创造性的要求，对于外观设计专利而言是否与现有设计或者现有设计特征的组合相比具有明显区别等并不能确定。因此，人民法院在审理涉及实用新型专利或者外观设计专利的专利侵权纠纷时，可以视情况要求作为原告的专利权人或者利害关系人出具由国务院专利行政部门对相关实用新型或者外观设计进行检索、分析和评价后作出的专利权评价报告，作为审理时的参考。例如，作为在被告提出中止审理请求时是否中止诉讼的参考。

实际上，在 2008 年《专利法》之前，对于涉及实用新型专利侵权纠纷诉讼案件，最高人民法院曾在《专利纠纷司法解释 2001》❶ 第 8 条中明确规定了提起侵犯实用新型专利权诉讼的原告，应当在起诉时出具由国务院专利行政部门作出的检索报告。当时之所以没有要求涉及外观设计专利侵权诉讼案件的原告起诉时提交外观设计的检索报告，是因为当时国务院专利行政部门还不具备提供外观设计检索报告的能力。

专利评价报告与专利检索报告除了名称不同之外，还具有如下区别：①专利评价报告必须由专利权人或者利害关系人提出，而检索报告不限于此。②专利评价报告只能申请一次，而检索报告没有次数限制。③专利评价报告作出后，社会公众可以查阅、复制，而检索报告只提供给报告请求人。

需要注意的是，在 2008 年《专利法》施行后，根据国家知识产权局颁布的《实施新专利法的过渡办法》的规定，只有对 2009 年 10 月 1 日以后（有优先权的，以优先权日为准）申请并授权的实用新型和外观设计，才适用 2008 年《专利法》第 61 条的规定，国家知识产权局才给出具所述的"评价报告"。对于在 2009 年 10 月 1 日之前授权，或者在 2009 年 10 月 1 日之前已经申请但是在 2009 年 10 月 1 日之后授权的实用新型专利，国家知识产权局只能提供检索报告。

## 4 诉 讼 时 效

### 4.1 诉讼时效的一般规定

诉讼时效是指民事权利受到侵害的权利人在法定的时效期间内不行使权利，当时效

---

❶ 全称为《最高人民法院关于审理专利纠纷案件适用法律问题的若干规定》（法释〔2001〕21 号）。

期间届满时，即丧失了请求人民法院依诉讼程序强制义务人履行义务之权利的制度。设立诉讼时效制度的目的不是对侵权人的宽容，而是为了督促权利人在权利受到侵害后及时行使权利，有利于人民法院及时处理民事纠纷，维护社会经济关系的和谐稳定。

《民法通则》对民事权利受到侵害时请求人民法院予以保护的诉讼时效进行了规定，即除法律另有规定以外，向人民法院请求保护民事权利的诉讼时效期间为 2 年。诉讼时效期间从知道或者应当知道权利被侵害时起计算。

《民法通则》还对诉讼时效的中止和中断进行了规定，即在诉讼时效期间的最后 6 个月内，因不可抗力或者其他障碍不能行使请求权的，诉讼时效中止。从中止时效的原因消除之日起，诉讼时效期间继续计算。诉讼时效因提起诉讼、当事人一方提出要求或者同意履行义务而中断，从中断时起，诉讼时效期间重新计算。

《民法通则》规定的最长诉讼时效为 20 年，从权利被侵害之日起超过 20 年的，人民法院不予保护。有特殊情况的，人民法院可以延长诉讼时效期间。最长诉讼时效不适用中止和中断的规定。

当事人起诉时超过诉讼时效的，丧失胜诉权。原告的诉讼请求不再得到法院的支持。

需要特别指出的是，《民事诉讼法》并没有规定人民法院是否应当主动对诉讼时效问题进行审查。在实践当中，人民法院曾长期坚持依职权进行审查。但是，根据《最高人民法院关于审理民事案件适用诉讼时效制度若干问题的规定》第 3 条的规定，当事人未提出诉讼时效抗辩，人民法院不应对诉讼时效问题进行释明及主动适用诉讼时效的规定进行裁判。该规定彻底扭转了人民法院之前的做法，而且明确了当事人可以超过诉讼时效为理由进行抗辩。根据"谁主张、谁举证"的原则，当事人进行诉讼时效抗辩时必须举证，来证明原告起诉已经超过诉讼时效。在被告已经举出初步证据的情况下，举证责任转移到原告，原告需要提供其起诉没有超出诉讼时效，或者提供其有时效中止和中断的证据，否则将要承担不利的法律后果。

## 4.2　专利侵权诉讼时效

专利侵权诉讼的诉讼时效在 1984 年的《专利法》中就已经作出了规定。早于 1987 年实施的《民法通则》。《专利法》虽然经过三次修改，但是诉讼时效的规定并无变化。根据《专利法》第 68 条第 1 款规定，侵犯专利权的诉讼时效为 2 年，自专利权人或者利害关系人得知或者应当得知侵权行为之日起计算。《专利法》中规定的诉讼时效在文字表述上与《民法通则》中的规定略有差异，例如《专利法》中用的是"得知或者应当得知"，而《民法通则》中使用的是"知道或者应当知道"。《专利法》在几次修改当中虽然并未把这一表述与《民法通则》进行统一，但是含义是一致的。在 2001 年 7 月 1 日起施行的《专利纠纷司法解释 2001》第 23 条的规定当中，对侵权专利权的诉讼时效又做了阐述，即侵犯专利权的诉讼时效为 2 年，自专利权人或

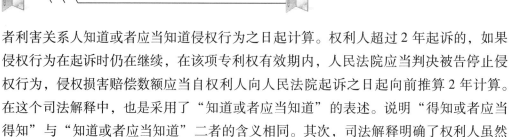

者利害关系人知道或者应当知道侵权行为之日起计算。权利人超过 2 年起诉的，如果侵权行为在起诉时仍在继续，在该项专利权有效期内，人民法院应当判决被告停止侵权行为，侵权损害赔偿数额应当自权利人向人民法院起诉之日起向前推算 2 年计算。在这个司法解释中，也是采用了"知道或者应当知道"的表述。说明"得知或者应当得知"与"知道或者应当知道"二者的含义相同。其次，司法解释明确了权利人虽然超过了 2 年的诉讼时效，但是如果侵权行为在起诉时仍在继续，在该项专利权有效期内，人民法院应当判决被告停止侵权行为，侵权损害赔偿数额应当自权利人向人民法院起诉之日起向前推算 2 年计算。

在具体适用专利侵权诉讼时效时，如何认定"得知或者应当得知"是判断权利人是否超过诉讼时效起诉的一个重要问题。

"得知"是指明确知道某种客观事实的一种主观状态，即权利人明确知道被控侵权人侵权的事实。"得知"通常需要由权利人承认来证明，例如权利人的自认，也可以通过事实可以直接认定权利人知道侵权行为的发生，例如权利人向被控侵权人发出的指控侵权的警告信。权利人在警告信中对被控侵权人的产品或使用的方法与专利做了特征对比并得出了侵权的结论，并由此要求被控侵权方停止侵权等。该警告信应该可以作为证据证明权利人"得知"侵权行为的证据。至于该证据真实性是否能被采信则是另外的问题。此外，权利人和利害关系人依据证据对被控侵权人的侵权行为请求行政机关处理，向法院提起诉讼等，都可以视为权利人已经"得知"侵权行为的发生证据。当然，请求行政机关处理，向法院起诉的行为会引起诉讼时效的中断。诉讼时效将在行政机关处理程序和法院诉讼程序完结后重新开始计算。

"应当得知"是一种推定，是指没有证据直接证明权利人知道侵权行为发生，但是根据一定的客观事实和规律，推定权利人"应当知道"侵权行为发生的一种状态。在实践中，可以证明权利人"知道"侵权行为发生的主观状态的情况是不太多的。更多的情况都是通过一定的客观事实和规律，推定权利人"应当知道"。需要注意的是，这里的推定也是需要证据来支持的。推定"应当知道"是否成立也是要取决于证据对比的结果。客观地说，虽然根据证据可以推定出权利人"应当知道"权利受到侵害，但是可能确实存在由于权利人疏忽大意或者认识错误，致使应当知道的事实没有知道的情况，但同时也不排除权利人实际已经知道权利受到侵害，只是出于不同目的。例如，怠于行使权利，或者出于"放水养鱼"的想法，不急于行使权利，而佯称不知的情况。权利人的"不知"的抗辩理由实际上通常是很难认定的。由于诉讼时效制度就是为了督促权利人在权利受到侵害后及时行使权利，便于人民法院及时处理民事纠纷，维护社会经济关系的和谐稳定，因此，"应当得知"应当理解为不管权利人实际上是否知道自己的权利受到侵害，只要有证据可以推定权利人应当知道其权利受到侵害，就应当视为"应当得知"。因此，有学者提出，"不管权利人实际上是否知道自己的权利受到侵害，只要客观上存在应当知道的条件和可能，由于权利人主观上的过错或者过失，本应知道却没有知道其权利受到侵害，法律上也视为"应当得知。"❶ 对于是否属于"应当得知"，必须根据具体证据反映的客观事实来具体分析、判断才能得出正确的结论。

专利侵权诉讼时效适用一般民事诉讼的诉讼时效的中止、中断规定以及最长 20 年保护期间及时效延长的规定。

例如，在成都市川恒洁具有限公司与徐哲元、寇闻芳专利侵权纠纷案❷中，徐哲元于 2002 年 5 月 29 日获得国家知识产权局（以下简称"国知局"）授予的"盥洗盆"外观设计专利权，专利号为 ZL01352336.8。2003 年 2 月，徐哲元向广元市知识产权局（以下简称"广元知产局"）递交了专利侵权纠纷处理请求书，称寇闻芳销售的双洗衣盆侵犯了其外观设计专利权。2003 年 3 月 4 日，广元知产局到寇闻芳的经营场所广元鸿仕达洁具商场进行了现场调查取证。2003 年 8 月 5 日，广元知产局作出广知决字（2003）2 号处理决定书，认定寇闻芳销售的双洗衣盆侵犯了徐哲元的专利权，要求其立即停止销售。寇闻芳不服广元知产局的上述处理决定，向四川省成都市中级人民法院提起行政诉讼。该院于 2003 年 11 月 21 日作出（2003）成行初字第 20 号行政判决书，判决维持了广元知产局的处理决定书中关于寇闻芳立即停止销售徐哲元拥有专利权的专利产品的决定。寇闻芳不服原审法院上述行政判决，提起上诉，二审仍然维持了一审判决。

徐哲元于 2005 年 4 月向四川省成都市中级人民法院起诉川恒公司和寇闻芳的侵权行为并要求赔偿损失。川恒公司主张徐哲元的起诉已经超过诉讼时效。关于川恒公司侵权是否超过诉讼时效期间，成都市中级人民法院查明，广元知产局的处理决定书并未载明寇闻芳销售的双洗衣盆系川恒公司制造，寇闻芳当时也未答辩其销售的双洗衣盆系川恒公司制造，故川恒公司主张从 2003 年 3 月 4 日开始，徐哲元就知道川恒公司制造了该产品并应从此计算诉讼时效期间无事实依据。从现有证据看，寇闻芳最早提出其销售的产品系川恒公司制造的意见是在 2003 年 8 月 22 日提起行政诉讼时，而徐哲元于 2005 年 4 月起诉并未超过 2 年的诉讼时效期间。故该院对川恒公司的该项主张不予支持，一审判决川恒公司停止侵权并赔偿损失人民币 6 万元。

川恒公司不服原审法院上述民事判决，向四川省高级人民法院提起上诉。在二审中，川恒公司为证明徐哲元至少在 2003 年 3 月 5 日就应当知道寇闻芳销售的双洗衣盆是由川恒公司制造并销售给寇闻芳的事实，向该院申请调查收集广元知产局在审理广知决字〔2003〕2 号案件中的相关文书资料及实物证据。2006 年 7 月 25 日，该院向广元知产局调查收集了广元知产局在审理广知决字〔2003〕2 号案中，寇闻芳分别两次向该局提交的答辩书及该局分别两次向徐哲元送达该答辩书的送达回执单等 8 份证

❶　程永顺. 中国专利诉讼 [M]. 北京：知识产权出版社，2005.
❷　四川省高级人民法院民事判决书（2006）川民终字第 372 号。

据材料（其中，徐哲元于 2003 年 3 月 10 日收到寇闻芳同年 3 月 8 日作出的答辩书）。经过质证，该院认为：对寇闻芳于 2003 年 3 月 8 日作出的答辩书，因该证据材料为本院依法向广元知产局调查收集的，有送达回证佐证，该局也明确答复徐哲元于 2003 年 3 月 10 日收到该答辩书，且徐哲元也未提供证据证明其于 2003 年 3 月 10 日收到寇闻芳的其他答辩书，故该院对该证据予以采纳。

该院除认定原审判决查明的事实外，另补充查明广元知产局审理的广知决字〔2003〕2 号案件卷宗中，寇闻芳在 2003 年 3 月 8 日作出的答辩书主要记载：该商场所销售的川恒公司制造的双洗衣盆，是经专利权人即该公司经理何东北独占许可制造的。徐哲元于 2003 年 3 月 10 日收到了该答辩书。因此，二审法院认定徐哲元向川恒公司主张侵权民事责任已超过 2 年诉讼时效期间，因徐哲元没有提供证据证明川恒公司有持续的侵权行为及在 2005 年 4 月仍在制造、销售侵权产品，故判决川恒公司不再承担民事责任。

在该案中，二审人民法院根据相关证据，正确地认定了诉讼时效的起算时间。对一审人民法院的判决依法进行了改判。是支持诉讼时效抗辩的一个典型案例。

又如，在蔡东青诉中山市潘氏兄弟玩具有限公司专利侵权纠纷案❶中，原告蔡东青拥有名为"一种具有速度升级遥控玩具车"实用新型专利，专利号为 ZL01209703.9。获得专利权后不久，原告即发现被告中山市潘氏兄弟玩具有限公司生产和销售与原告专利几乎完全一样的产品，故于 2002 年 6 月向广东省知识产权局申请行政调处，广东省知识产权局于 2002 年 6 月 18 日对被告采取调处行动，并于 2002 年 10 月 8 日作出专利侵权纠纷处理决定书认定被告侵犯了其专利权。因被告拒绝赔偿原告因侵权所遭受的经济损失，故原告于 2004 年 7 月 20 日向法院提起诉讼。在诉讼中被告辩称：原告在 2002 年 6 月 18 日以前就知道侵权事实，根据现行《民事诉讼法》的时效规定，原告已经超过了 2 年的诉讼时效，要求法院驳回原告的诉讼请求。广州市中级人民法院经审理后认为，侵犯专利权的诉讼时效为 2 年，自专利权人知道或应当知道权利被侵害时起计算。诉讼时效因提起诉讼、当事人一方提出要求或者同意履行义务而中断。广东省知识产权局于 2002 年 6 月 18 日应原告的请求处理被告的侵权行为，2002 年 10 月 8 日广东省知识产权局作出认定侵权决定书，故该案诉讼时效从原告向知识产权局请求行政调处时起中断，且行政机关调处期间不计入诉讼时效内，该案诉讼时效应从广东省知识产权局 2002 年 10 月 8 日作出认定侵权决定书之日起重新计算。原告蔡东青于 2004 年 7 月 20 日向法院提起诉讼，并未超出法定诉讼时效，被告抗辩不成立。

在上述案例中，人民法院对诉讼时效及诉讼时效的中断的认定是十分准确的，没有支持被告的诉讼时效抗辩理由。

---

❶ 广东省广州市中级人民法院民事判决书（2004）穗中法民三知初字第 736 号。

## 5  证 据 保 全

证据保全是侵犯专利权诉讼中非常重要的临时措施。关于证据保全的临时措施以及侵犯专利权诉讼的临时措施已在本书第5章第3节中进行了详细的阐述。需要进一步说明的是，证据保全措施适用的条件是在证据可能灭失或者以后难以取得的情况下，基于当事人的请求或者人民法院依职权而采取的保全证据的措施。由于侵犯专利权诉讼的特点，有些情况下，侵权的直接证据在侵权人那里，原告很难取得。例如侵犯方法专利的案件，侵权涉及大型设备的案件，在这种情况下，请求人民法院采取证据保全的临时措施是一个可行的取证的办法。在司法实践中也得到了人民法院很高的支持率。

由于诉前证据保全是在被控侵权人事先不知晓的情况下进行，所以获得证据的成功率可能会高于诉中证据保全。但是从司法实务来看，诉前证据保全通常由人民法院立案庭处理，而诉中证据保全通常由人民法院知识产权庭处理，相对来说诉前证据保全的申请与诉中证据保全相比获得法院的支持率要低。为了提高人民法院对诉讼证据保全请求的支持的可能性，应该注意以下几个方面，这几个方面也是人民法院是否准许证据保全所审查的重点：

① 证据保全请求应当向证据所在地、被申请人住所地或者对案件有管辖权的人民法院提出。

② 申请人应为适格的主体，即专利权人或者利害关系人。

③ 提交的证据保全申请书要符合形式要件，包括：申请人、被申请人的基本情况；证据保全的证据的具体内容，范围和地点；申请的理由，例如证据可能灭失或者以后难以取得，当事人及诉讼代理人自行难以收集的具体说明。

④ 必要的相关证据，除证明专利权有效、稳定的证据以外，还要提供被告侵权的初步证据。❶

人民法院通过对上述内容的审查，虽然尚不能得出构成侵权的肯定性结论，但是至少可以使得法官形成"存在侵权行为可能性较大"的初步内心确信，以增加人民法院对证据保全请求的支持的可能性。❷

对于诉前证据保全，必须要在人民法院采取证据保全措施之日起15日内提起诉讼，否则人民法院将解除证据保全措施。

---

❶ 《民事诉讼法》第81条。

❷ 深圳市中级人民法院关于知识产权案件证据保全工作的调查报告［EB/OL］.［2012－07－06］. http://wenku. baidu. com/view/55c75fd1240c844769eaeea0. html.

## 6 诉前禁令

诉前禁令，亦即停止侵权的临时措施。根据《专利法》第 66 条规定，专利权人或者利害关系人有证据证明他人正在实施或者即将实施侵犯专利权的行为，如不及时制止将会使其合法权益受到难以弥补的损害的，可以在起诉前向人民法院申请采取责令停止有关行为的措施。有关诉前禁令的临时措施在本书第 5 章第 3 节侵犯专利权的临时措施部分也已经进行了详细的阐述。

申请诉前禁令，应当注意以下几个方面：

① 应当向有管辖权的人民法院提出。

② 申请人应为适格的主体，即专利权人或者利害关系人。

③ 提交的诉前禁令申请书要符合形式要件，包括：申请人、被申请人的基本情况；诉前禁令的具体内容，范围和地点；申请的理由，即证明他人正在实施或者即将实施侵犯专利权的行为，如不及时制止将会使其合法权益受到难以弥补的损害的理由。

④ 必要的相关证据，包括申请人享有权利的证据和侵权行为正在实施或者即将实施的证据。证明被申请人正在实施或者即将实施侵犯专利权的证据包括侵权行为的类型、侵权行为的客体，以及专利权利要求与被控侵权物之间的分析对比。为了提高诉前禁令的支持率，可以进一步提供被控侵权物的技术方案与专利权利要求的技术方法相同或者等同的专家意见或者鉴定报告。如果有在先判决的，可以提供在先判决的法律文书作为辅助材料。

⑤ 提供适当的担保，担保的数额需要与人民法院协商确定。法院确定担保的数额主要考虑责令停止相关行为的规模、数量和范围，以及因诉前禁令颁发错误被申请人可能受到的损失等因素。担保的形式可以是金钱担保，也可以是其他方式的保证，例如抵押担保和第三方担保等。

针对诉前禁令的申请，人民法院主要进行以下方面的审查：

① 侵权可能性；

② "难以弥补的损害"；

③ 诉前禁令担保的审查；

④ 禁令的作出与否可能对社会公共利益造成的影响。

具体审查标准请参见本书第 5 章第 3 节的相关内容。

人民法院应当自接受申请之时起 48 小时内作出裁定；有特殊情况需要延长的，可以延长 48 小时。人民法院在审查中确有必要的，可以召集双方当事人就有关事项进行说明。裁定责令停止有关行为的，应当立即执行。当事人对裁定不服的，可以申请复议一次；复议期间不停止裁定的执行。根据《最高人民法院关于对诉前侵犯专利

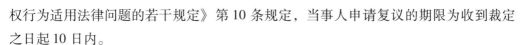

权行为适用法律问题的若干规定》第 10 条规定，当事人申请复议的期限为收到裁定之日起 10 日内。

申请人在申请证据保全措施之前必须做好起诉的准备，根据《专利法》第 66 条第 4 款的规定，申请人自人民法院采取责令停止有关行为的措施之日起 15 日内不起诉的，人民法院应当解除该措施。

另外，申请临时禁令必须对可能的风险进行评估。根据《专利法》第 66 条第 5 款的规定，申请有错误的，申请人应当赔偿被申请人因停止有关行为所遭受的损失。因此，在侵犯专利权诉讼中，权利人申请临时禁令时必须要非常慎重，需要对专利的稳定性，构成侵权的可能性，可能给被申请人带来损失等进行认真的评估，以避免一旦出现申请错误，付出高额的赔偿。

关于临时禁令的效力期限问题，《最高人民法院关于对诉前侵犯专利权行为适用法律问题的若干规定》第 14 条规定，停止侵犯专利权行为裁定的效力，一般应维持到终审法律文书生效时止。人民法院也可以根据案情，确定具体期限；期限届满时，根据当事人的请求仍可作出继续停止有关行为的裁定。

# 7　诉讼程序的中止

《专利纠纷司法解释 2001》对专利侵权纠纷诉讼案件的中止审理做了规定。根据该司法解释第 9 条的规定，人民法院受理的侵犯实用新型、外观设计专利权纠纷案件，被告在答辩期间内请求宣告该项专利权无效的，人民法院应当中止诉讼，但具备下列情形之一的，可以不中止诉讼：

① 原告出具的检索报告未发现导致实用新型专利丧失新颖性、创造性的技术文献的。

② 被告提供的证据足以证明其使用的技术已经公知的。

③ 被告请求宣告该项专利权无效所提供的证据或者依据的理由明显不充分的。

④ 人民法院认为不应当中止诉讼的其他情形。

根据上述规定，对于侵权实用新型和外观设计专利纠纷案件，如果被告在答辩期间内提出宣告专利权无效并请求人民法院中止审理的，人民法院原则上应当中止审理。这样做主要是因为实用新型和外观设计专利没有经过实质审查，被无效的可能性比较大。如果径行审理并判决的话，判决结果极有可能与无效宣告程序的结果相冲突。但是，如果原告能够提供证据，例如专利检索报告或者专利评价报告，证明实用新型专利具备新颖性和创造性，人民法院可以不中止诉讼，因为将来法院的判决结果与无效宣告程序的结果相冲突的可能性相对较小。或者被告有证据证明其采用的是公知技术的话，人民法院也可以不中止诉讼，因为只要被告的证据能够证明其采用的是公知技术，则公知技术抗辩成立，人民法院应当判定被告不构成侵权，而不必考虑涉案专利的有效性问题。该司法解释同时规定，人民法院认为有其他不应当中止诉讼的情形的话，也可以不中止审理。由此可见，人民法院对于是否中止诉讼具有很大的自由裁量权。

该《专利纠纷司法解释 2001》第 10 条还规定，人民法院受理的侵犯实用新型、外观设计专利权纠纷案件，被告在答辩期间届满后请求宣告该项专利权无效的，人民法院不应当中止诉讼，但经审查认为有必要中止诉讼的除外。

根据该条规定，对于实用新型和外观设计专利侵权诉讼，被告要注意在答辩期内向专利复审委员会提出无效宣告请求同时向人民法院提出中止审理请求，否则人民法院通常不再考虑被告的中止审理请求。这样做的原因在于，法院要保证审判的效率，避免被告拖延诉讼，继续进行侵权行为。否则，被告随时提出无效宣告请求和中止审理请求，法院都要中止审理的话，对于原告是不公平的。当然，该规定也有例外的情况，就是经人民法院经审查认为有必要中止诉讼的，还是可以中止诉讼的。与《专利纠纷司法解释 2001》第 9 条的规定的精神一样，人民法院对于是否中止诉讼具有裁量权。

该司法解释第 11 条规定，人民法院受理的侵犯发明专利权纠纷案件或者经专利复审委员会审查维持专利权的侵犯实用新型、外观设计专利权纠纷案件，被告在答辩期间内请求宣告该项专利权无效的，人民法院可以不中止诉讼。根据该规定，对于发明专利侵权诉讼，被告在答辩期间内请求宣告该项专利权无效（并请求人民法院中止诉讼）的，人民法院可以不中止诉讼，这是因为发明专利已经经过实质审查，具有一定稳定性。人民法院原则上是可以不中止诉讼的。但是，即使经过实质性审查了，也不能保证审查过程中不发生错误，例如审查员没有检索到已经存在的足以破坏专利新颖性和创造性的对比文件而错误地授予专利权的情况。因此，对于是否中止诉讼，法院还要根据被告提供的证据视具体情况而定。例如，如果被告提供证据证明原告的专利极有可能被无效，那么人民法院还是可以中止诉讼的。

对于经专利复审委员会审查维持专利权的侵犯实用新型、外观设计专利权纠纷案件，该实用新型专利和外观设计专利的稳定性得到了增强，人民法院可以不中止诉讼。但是，无效宣告程序毕竟不是审查程序，并不是对专利的全面的审查，所以其稳定性还是有欠缺的。对于是否中止诉讼，法院还要根据原、被告提供的证据视具体情况而定，例如如果被告提供新的证据证明原告的专利极有可能被无效，那么人民法院还是可以中止诉讼的。

总之，根据上述司法解释，诉讼程序中止请求应当最好在答辩期内提出，才能尽可能地达到使得人民法院中止诉讼程序的目的。

## 8 专门性问题

民事诉讼涉及的专门性问题，是指在民事诉讼中，属于案件证明对象范围内的事项。例如，技术特征是否相同或者等同，是否属于现有技术等。在专利纠纷诉讼中，由于技术性强，很多专门性问题可能超出了审判人员的知识范围。例如，对于某些技术领域的专利的技术特征的含义的解释，技术特征相同或等同的判定等问题，如果对该技术领域不了解，会给案件的审理和解决带来障碍和不利。而这些问题是解决纠纷所无法回避的。在司法实践中，对于专门性问题的解决主要有几种方式。

（1）人民陪审员

人民陪审员制度在我国司法审判中的一项基本制度，人民陪审员在司法实践中正发挥着越来越重要的作用。特别是在专业性或技术性较强的专利纠纷案件中，具有专业技术背景陪审员可以弥补职业法官专业知识不足的缺点，克服职业法官因缺乏专业知识所容易发生的裁判错误。但是，由于人民陪审员也仅仅是对某一特定技术领域有所了解，不可能是所有技术领域的专家，而且人民法院也不可能针对所有技术领域的案件都配备熟悉该技术领域的专家。故对于专门性问题，还需要借助其他方式或手段来解决。

（2）专家辅助人

考虑到人民法院在审理技术性的案件中可能会遇到的问题，《民事诉讼法》第79条规定，当事人可以申请人民法院通知有专门知识的人出庭，就鉴定人作出的鉴定意见或者专业问题提出意见。《最高人民法院关于民事诉讼证据的若干规定》第61条规定，"当事人可以向人民法院申请由一至二名具有专门知识的人员出庭就案件的专门性问题进行说明。人民法院准许其申请的，有关费用由提出申请的当事人负担。审判人员和当事人可以对出庭的具有专门知识的人员进行询问。经人民法院准许，可以由当事人各自申请的具有专门知识的人员就案件中的问题进行对质。具有专门知识的人员可以对鉴定人进行询问。"

上述的具有专门知识的人也称为专家辅助人。利用专家辅助人的参与，在一定程度上可以对专门性问题的解决起到一定的作用。但是，由于《民事诉讼法》和《最高人民法院关于民事诉讼证据的若干规定》对专家辅助人的性质并未确定，对专家辅助人应适用何种程序规则也没有规定。比如，专家辅助人是否属于证人，是否应当适用证人的相应程序规则等都没有规定，还需要不断地完善。

（3）司法鉴定

司法鉴定是指在诉讼活动中鉴定人运用科学技术或者专门知识对诉讼涉及的专门性问题进行鉴别和判断并提供鉴定意见的活动。❶

根据《民事诉讼法》第76条规定，当事人可以就查明事实的专门性问题向人民法院申请鉴定。当事人申请鉴定的，由双方当事人协商确定具备资格的鉴定人；协商

---

❶ 《全国人民代表大会常务委员会关于司法鉴定管理问题的决定》第1条。

不成的，由人民法院指定。当事人未申请鉴定，人民法院对专门性问题认为需要鉴定的，应当委托具备资格的鉴定人进行鉴定。《最高人民法院关于民事诉讼证据的若干规定》第 26 条规定，当事人申请鉴定经人民法院同意后，由双方当事人协商确定有鉴定资格的鉴定机构、鉴定人员，协商不成的由人民法院指定。《人民法院对外委托司法鉴定管理规定》第 2 条规定，人民法院司法鉴定机构负责统一对外委托和组织司法鉴定。

需要注意的是，司法鉴定的对象是专门性问题，而不是法律问题。例如，在专利侵权纠纷中的司法鉴定，司法鉴定机构要鉴定的是有关的技术特征是否相同或者等同，而不是对是否构成侵权进行鉴定。司法鉴定要严格地遵守相关法律法规、司法解释的规定。司法鉴定报告应包括以下内容：

① 委托人姓名或者名称、委托鉴定的内容。

② 委托鉴定的材料。

③ 鉴定的依据及使用的科学技术手段。

④ 对鉴定过程的说明。

⑤ 明确的鉴定结论。

⑥ 对鉴定人鉴定资格的说明。

⑦ 鉴定人员及鉴定机构签名盖章。

除了当事人协商委托的鉴定机构和法院指定的鉴定机构，有时当事人为了对有些专门性的技术问题，例如技术特征的相同或者等同，亦单方自行委托司法鉴定进行鉴定，然后作为证据交到法院。根据《最高人民法院关于民事诉讼证据的若干规定》第 28 条的规定，一方当事人自行委托有关部门作出的鉴定结论，另一方当事人有证据足以反驳并申请重新鉴定的，人民法院应予准许。

（4）专家咨询

司法鉴定具有专业性强、客观中立的优势，但是并非每个案件都适合司法鉴定。如果每个案件一旦遇到专门性问题就都通过司法鉴定来解决的话，显然势必将造成大量案件审理的迟延和社会资源的浪费。因此，人民法院在案件审理当中遇到专门性问题时，除了采用司法鉴定的方式解决以外，更多是采取专家咨询的方式。人民法院的审判人员可以就案件审理当中遇到的专门性问题，向该领域的技术专家咨询。通过专家讲解，使得审判人员可以对专门性问题进行判断，得出正确的结论。前文提到的专家辅助人参与诉讼虽然也能起到一定作用，但是考虑到专家辅助人是当事人单方申请并承担费用，申请的专业人员可能会迎合的当事人的需要而带有一定的倾向性。因此，在司法实践中，也需要审判人员对专家辅助人的意见作出判断。这时采用专家咨询的方式，也有利于审判人员对专门性问题作出判断，得出正确的结论。

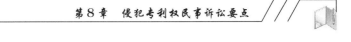

# 第3节 侵犯专利权民事诉讼的证据及证明责任

在侵犯专利权诉讼中，原被告哪一方能够胜诉，与其提交的证据密切相关。俗话说，"打官司，就是打证据"，说明了证据的重要性。

## 1 侵犯专利权民事诉讼中的主要证据

### 1.1 原告的主要证据

#### 1.1.1 主体资格证明

为了证明诉讼当事人的主体资格，原告要提供必要证据予以证明，原告为个人时，需要提供身份证明，例如居民身份证、护照等可以证明其身份的证据；原告为法人或其他组织时，需要提供合法有效的企业、事业单位营业执照副本等，或合法登记手续文件等证据。

此外，原告还需要提供证明被告主体资格的证据，如果被告的工商登记档案。

#### 1.1.2 权利证据

为了行使专利权，原告必须提供作为起诉依据的合法有效的专利权的证据、专利权内容的证据，以及其为专利权人或者利害关系人的证据。这类证据主要包括：①专利证书；②专利授权文本；③专利公报；④专利登记簿副本；⑤专利年费缴费凭证。专利年费交费凭证不是证明专利权有效的必要证据，但可以作为专利权有效的辅助证据。通常，专利登记簿副本可更为准确、直接地证明专利权有效及其他相关的法律状态。

提起诉讼的原告是利害关系人的，如继承人要提供合法有效的遗嘱或继承的证明文件，独占被许可人要提供独占许可合同，排他许可人要提供权利人放弃起诉的证明文件；在普通许可的情况下，要提供专利权人授权证明文件等。

对于专利权共有的情况下，共有人中一方提起诉讼的，另一方不愿意起诉的，要提供另一方放弃起诉的证明。

#### 1.1.3 侵权证据

被告侵权的证据，可以是各种能否证明被告侵权的证据，包括制造侵权产品、销售或许诺销售的证据，使用侵权方法的证据，进口侵权产品的证据。侵权产品、设备的样品、产品宣传手册、广告、销售发票、报关单及被告网站中登载的信息等均可作为证据。此外，为了证明侵权所制作的专家证言，技术鉴定等也可以归属于侵权证据。

需要指出的是，在获取侵权证据时，侵权证据所证明的侵权行为发生时的权利主体应当与起诉时的权利主体相一致。如果在侵权证据取得后，专利权主体发生变化的，例如专利权发生转让的（以国家知识产权局登记之日为准），由于专利权的转让

并不当然地导致专利权人将追求转让之前的侵权行为的权利转让给受让人，因此可能会给受让人行使权利造成障碍，甚至可能面临被驳回起诉的风险。

### 1.1.4 赔偿证据

原告请求赔偿的证据包括原告因被侵权所遭受的损失的证据，被告非法获利的证据例如被告的产量、销售额、利润率或行业利润率等等，以及专利权人与他人签订的许可合同等证据。

### 1.1.5 其他证据

其他与侵犯专利权诉讼相关的证据。

## 1.2 被告的主要证据

### 1.2.1 主体资格证据

与原告相同，详见本节1.1的内容。

### 1.2.2 抗辩证据

例如，现有技术抗辩的证据，先用权抗辩的证据，原告超过诉讼时效的证据、合法来源证据及其他抗辩证据等。

## 2 证据的种类

根据《民事诉讼法》的规定，证据的种类有以下八种：书证、物证、视听资料，电子数据、证人证言、当事人陈述、鉴定意见和勘验笔录。

### 2.1 书 证

书证，是指以文字、符号、图形等所记载的内容和表达的思想来证明案件事实的证据。书证的主要形式包括各种书面文件，如专利证书、专利登记簿副本、专利说明书、专利实施许可合同、被告产品说明书、被控侵权产品的宣传材料等。

### 2.2 物 证

物证是以其本身的特征来证明案件事实的物品，例如被控侵权产品的样品。通过对被控侵权产品样品的特征的分析，与涉案专利权利要求的比对，一般即可判断出是否落入专利的保护范围。有时一件物证也可能是书证。例如，被控侵权产品上的标签和铭牌是通过文字信息来证明被控侵权产品的制造者是谁，生产日期是什么时间等，它又属于书证。

### 2.3 视听资料

视听资料是利用录音、录像、计算机存储的资料和数据来证明案件的事实的证据。例如，在展览会的现场。对涉嫌侵权的产品、设备进行录像，对涉嫌侵权参展方对设备特征的描述进行录音而取得的视听资料。

### 2.4 电子数据

电子数据，是指以电子形式存在的，作为证据使用的，通过电子技术和设备而形成的证据。常见的电子证据包括电子邮件、电子签章、电子记录、电子数据交换、计算机光盘或磁盘、网页等。在专利侵权诉讼中，可能用到电子证据包括例如被控侵权人许诺销售被控侵权产品的电子邮件、被控侵权人的网页宣传等等。

### 2.5　证人证言

证人是指知晓案件事实并应当事人的要求和法院的传唤到法庭作证的人。证人就案件事实向法院所作的陈述，被称为证人证言。证人包括单位和个人两大类。例如，在专利侵权诉讼中，原告方提供的证明被控侵权技术特征与专利权利要求的技术特征相同或者实质上相同的专家证言。被告提供的被控侵权产品有合法来源的证人证言等。

### 2.6　当事人陈述

当事人陈述，是指当事人在诉讼中就与本案有关的事实，尤其作为诉讼请求根据或者反驳诉讼请求根据的事实，向法院所作的陈述。在诉讼中，当事人向法院要做很多陈述，例如证据来源的陈述、要证明的法律关系的陈述等。可能作为诉讼证据的，只是当事人关于案件事实的陈述。当事人陈述如对己方不利，一般具有免除对方当事人证明的效力。而对自己有力的陈述，必须经过其他证据证明为真实的情况下，才能作为人民法院认定案件事实的依据，否则当事人的陈述一般不具有证明效力。

### 2.7　鉴定意见

鉴定意见，是指鉴定人运用专业知识，专门技术对案件中的专门性问题进行分析、鉴别、判断后作出的意见。例如，由司法鉴定机构作出的有关专利技术特征是否相同或等同的鉴定意见。

### 2.8　勘验笔录

勘验笔录，是指审判人员在诉讼过程中对与争议有关的现场、物品进行查验、测量、拍照后制作的笔录，是通过勘查、检验等方法形成的证据。

## 3　证据的效力

### 3.1　证据的基本要求

作为有效的证据，必须同时满足以下三点：

①　证据必须具有客观性，必须是客观存在的事实。而不是想象的、虚构的和捏造的。

②　必须与待证事实存在联系，据具有关联性。

③　必须是符合法律要求，不为法律所禁止。当事人、诉讼代理人和法院在收集证据时，应符合法律的要求，不得违反法律的规定。例如，当事人在制作录音录像资料作为证据时，不得采用法律禁止的在他人住所安装窃听器，或者摄像探头，进行偷

拍、偷录。另外，在当事人禁止拍照、录像的工作场所，进行偷拍或偷录，一般也是不能视为合法取得的证据。

### 3.2 证据的证明力

根据《最高人民法院关于民事诉讼证据的若干规定》第 77 条的规定，人民法院就数个证据对同一事实的证明力，可以依照下列原则认定：

① 国家机关、社会团体依职权制作的公文书证的证明力一般大于其他书证。

② 物证、档案、鉴定结论、勘验笔录或者经过公证、登记的书证，其证明力一般大于其他书证、视听资料和证人证言。

③ 原始证据的证明力一般大于传来证据。

④ 直接证据的证明力一般大于间接证据。

⑤ 证人提供的对与其有亲属或者其他密切关系的当事人有利的证言，其证明力一般小于其他证人证言。

## 4 证据的取得

### 4.1 证据取得的主要途径

#### 4.1.1 当事人自行收集

根据《民事诉讼法》的基本原则，当事人对自己的主张有提供证据的义务，否则可能要承担不利的法律后果。因此，专利侵权诉讼中的证据除客观原因不能得到以外，都应该由提出主张的当事人来收集提供。如前文提到的主体资格证据、权利证据、侵权证据、索赔证据等。在这些证据中，主体资格证据和权利证据都比较容易获得，相对比较难获得的证据是被告的侵权证据和索赔证据。由于经过公证的证据的证明力高于一般的证据的证明力，当事人自行收集证据最好经过公证的方式进行收集。

#### 4.1.2 请求人民法院调查收集

根据《民事诉讼法》第 64 条的规定，当事人及其诉讼代理人因客观原因不能自行收集的证据，或者人民法院认为审理案件需要的证据，人民法院应当调查收集。这里的"客观原因"是个极具弹性的概念，法院在操作上有较大的自由裁量空间。为了克服该种弊端，《最高人民法院关于民事诉讼证据的若干规定》第 17 条作出了"列举加概括"式规定，对客观原因作出了列举性解释，规定了人民法院可依当事人的申请调查收集证据的情况和范围："（一）申请调查收集的证据属于国家有关部门保存并须人民法院依职权调取的档案材料；（二）涉及国家秘密、商业秘密、个人隐私的材料；（三）当事人及其诉讼代理人确因客观原因不能自行收集的其他材料。"在当事人及其诉讼代理人因客观原因不能自行收集的证据的情况下，请求人民法院调查的规定对当事人来讲是非常重要的。在当事人提出请求的情况下，人民法院在审查后确认的确是

第 8 章

当事人因客观原因不能自行取证的，应当调查收集。而且，在《民事诉讼法》第200条第（5）项中规定，对审理案件需要的主要证据，当事人因客观原因不能自行收集，书面申请人民法院调查收集，人民法院未调查收集的，可成为请求法院再审的理由。按照《最高人民法院关于民事诉讼证据的若干规定》中的相关规定，当事人及其诉讼代理人申请人民法院调查收集证据，不得迟于举证期限届满前7日。

### 4.1.3　请求人民法院证据保全

专利侵权诉讼案件的取证有时会非常困难，特别是一些涉及大型设备的专利侵权案件或者非新产品的制造方法专利侵权案件。这时请求人民法院进行证据保全有时会取得事半功倍的效果。证据保全的本意是为了避免证据灭失将来难以取得而要求法院采取的措施。但是这一临时措施近年来已经广泛用于权利人难以取证的情况的取证。证据保全分为诉前证据保全，起诉的同时和诉中证据保全。诉前证据保全是2009年10月1日施行的新《专利法》所新增加的内容。由于诉前证据保全可以在被告事前并不知晓的情况下进行，被告来不及准备销毁、藏匿侵权证据，所以成功率相对较高。有关证据保全的相关内容，详见本书第5章第3节的内容。

### 4.2　举证责任分配

举证责任，又称证明责任。举证责任分配就是证明责任的分担，换句话说就是由谁来承担证明责任。在侵犯专利权诉讼中，举证责任的分配主要分为三种情况：

（1）法律、法规及司法解释对举证责任没有明确规定的，按照"谁主张，谁举证"的一般原则处理

《民事诉讼法》第64条规定："当事人对自己提出的主张，有责任提供证据。"《最高人民法院关于民事诉讼证据的若干规定》第2条规定："当事人对自己提出的诉讼请求所依据的事实或者反驳对方诉讼请求所依据的事实有责任提供证据加以证明。没有证据或者证据不足以证明当事人的事实主张的，由负有举证责任的当事人承担不利后果。"该规定是民事诉讼的举证责任分配的一般原则。在侵犯专利权诉讼当中，当事人主张专利权受到侵犯，要求被告停止侵权并赔偿损失，就要承担一定的举证责任来支持其提出的主张，例如要提供其拥有合法有效的权利的证据，被告侵权的证据，因为被告侵权给其造成损失的证据或者被告非法获利的证据等证据。当然，有些证据因为客观原因当事人确有困难而无法取得，需要依靠人民法院调查收集或者采取证据保全的措施才能完成，但从原则上说，如果当事人对自己的主张无法完成举证，将承担败诉的风险。

（2）法律及司法解释有明确规定的，按照规定

例如，《专利法》第61条规定的"专利侵权纠纷涉及新产品制造方法的发明专利的，制造同样产品的单位或者个人应当提供其产品制造方法不同于专利方法的证明"，即举证责任倒置。

第8章

（3）根据法律及司法解释的规定，不需要举证

根据《最高人民法院关于民事诉讼证据的若干规定》第9条的规定，下列事实，当事人无须举证证明：①众所周知的事实；②自然规律及定理；③根据法律规定或者已知事实和日常生活经验法则，能推定出的另一事实；④已为人民法院发生法律效力的裁判所确认的事实；⑤已为仲裁机构的生效裁决所确认的事实；⑥已为有效公证文书所证明的事实。对于①、③、④、⑤、⑥项，当事人有相反证据足以推翻的除外。

根据上述举证责任分配的规则，一方当事人完成举证责任后，举证责任则转移到另一方当事人。

另外，根据《最高人民法院关于民事诉讼证据的若干规定》第75条的规定，有证据证明一方当事人持有证据无正当理由拒不提供，如果对方当事人主张该证据的内容不利于证据持有人，可以推定该主张成立。

## 4.3　举证责任倒置

在侵犯专利权诉讼当中，举证责任倒置是指本应由主张专利权受到侵犯的原告承担的举证责任改由被诉侵权的被告承担不侵权的举证责任的一种特殊情况。《专利法》第61条规定，"专利侵权纠纷涉及新产品制造方法的发明专利的，制造同样产品的单位或者个人应当提供其产品制造方法不同于专利方法的证明。"《最高人民法院关于民事诉讼证据的若干规定》第4条第1款也规定，"因新产品制造方法发明专利引起的专利侵权诉讼，由制造同样产品的单位或者个人对其产品制造方法不同于专利方法承担举证责任。"法律上之所以规定举证责任倒置，是因为在有些特殊的侵权案件中，有些侵权的客观事实，原告难以取得证据，如果一概地适用"谁主张，谁举证"的一般原则，可能会过大地加重一方当事人的举证责任。例如，在新产品的制造方法专利侵权情形，由于产品和制造产品的方法都是新的，如果有人制造出了该新的产品，则使用与专利方法相同的方法的可能性比较大，该制造方法专利的权利人或者利害关系人也有理由怀疑该人采用了其专利方法。但是，要举证证明该人采用何种方法制造的该新产品确实非常困难的事情。而对于该人，如果其采用的方法的确是与专利方法不同的方法的话，则可以轻易地举证证明其不侵权。因此，为了平衡当事人之间的举证责任分担，对于新产品的制造方法侵权的举证责任做了上述的举证责任倒置的特殊规定。

需要指出的是，在1984年《专利法》中，对所有的产品的制造方法专利的侵权举证责任都是由被告方举证，并未区分新产品还是旧产品。在1992年修改《专利法》时，将举证责任倒置的范围限制到新产品的制造方法。也就是说，只要是侵犯专利权的诉讼当中涉及的专利是在1993年1月1日以前提出的专利申请和根据该申请授予的专利涉及产品制造方法的，不管其产品是否是"新"产品，一律适用举证责任倒置。只要原告举证证明被告生产了相同的产品，被告即有责任举证其所采用的是何种方

第8章

法。如果被告不能举证证明其采用的方法与专利方法不同，则人民法院就可以支持原告的主张，认定被告的行为构成侵权。但是，由于不对产品是否是新产品进行区分，在实践当中也带来许多问题。例如，如果一个专利是已有产品的制造方法专利，该专利权人或者利害关系人只要证明他人制造了相同产品，就可以起诉他人侵犯其专利权，根据法律规定，被诉侵权人就必须承担举证责任，证明其采用的方法与专利方法不同，如果被诉侵权人不能举证证明其采用的方法与专利方法不同，则可能就要承担侵权的后果。由于是已有产品，客观上可能已经存在多种制造方法。专利权人利用举证责任倒置的法律规定可以到处去起诉制造相同产品的人侵犯其专利权，而这些采用已有制造方法的人就会不胜其扰，必须要耗费时间和精力去应诉并承担其采用不同方法的举证责任，同时也占用宝贵的诉讼资源。从另一方面来说，由于已有产品可能已经存在多种已有的制造方法，实际上被诉侵权人可以容易地举证证明其采用的是与原告的专利方法不同的方法。故对侵犯已有产品的制造方法专利的诉讼也设置举证责任倒置的效果并不佳。考虑到存在上述缺点，故在 1992 年第一次修改《专利法》时，将侵犯产品的制造方法专利诉讼的举证责任倒置的规定限制到仅适用于新产品的制造方法专利的情形。由于举证责任倒置的规定存在上述变化，在实务中要注意区分涉案专利的申请日，以便正确适用举证责任倒置的法律规定。

　　需要注意的是，所谓举证责任倒置并不是原告方不需要任何举证。原告方还是要承担一定的举证责任，例如必须要举证证明被告生产了相同的产品，并且要提出初步证据证明涉案产品属于新产品。关于何为新产品，《专利侵权纠纷司法解释 2009》第17 条给出了解释，"产品或者制造产品的技术方案在专利申请日以前为国内外公众所知的，人民法院应当认定该产品不属于专利法第 61 条第 1 款规定的新产品。"因此，如果被告不同意原告的新产品的主张，需要提出反证，由人民法院结合原、被告方的证据综合考虑判断涉案产品是否属于新产品。

# 第9章　专利行政诉讼

　　本章对专利行政诉讼中的关键法律制度与疑难实务问题进行了分析研究。第 1 节介绍专利行政诉讼的历史沿革，从历史维度分析了现行专利行政诉讼相关法律制度的缘起。第 2 节介绍专利行政诉讼的特点，尤其是专利行政诉讼相对于一般行政诉讼所具有的特点，以便于更好地理解专利行政诉讼所特有的相关法律制度。第 3 节介绍专利行政诉讼的基本原则，包括合法性审查原则、以行政决定为限原则、当事人诉讼权利平衡原则。第 4 节介绍专利行政诉讼的主体，重点是主体资格判断的核心要件。第 5 节介绍专利行政诉讼的客体，包括准行政行为的可诉性以及既判力理论对于专利行政诉讼客体判定的影响等。第 6 节介绍专利行政诉讼的审理依据与审查范围，主要包括专利行政诉讼的审理依据、对"参照规章"的理解、对"合法性全面审查"的理解、国家赔偿的相关法律问题和审查范围中程序与实体之间的关系等。第 7 节介绍专利行政诉讼的证据和举证，包括专利行政诉讼中可以接纳的"新的证据"以及公知常识性证据材料的证明力等问题。第 8 节介绍专利行政诉讼的审理程序与裁判方式，包括起诉与受理、一审程序和二审程序、审判监督程序的通常审理思路、专利行政诉讼的裁判方式等。考虑到不服专利复审委员会行政决定提起的行政诉讼是专利行政诉讼中最为重要的组成部分，本章的讨论集中于不服专利复审委员会行政决定提起的行政诉讼，兼顾其他专利行政诉讼的情形。

# 第1节　专利行政诉讼的历史沿革

　　为了全面了解专利行政诉讼各项法律制度的演进，首先对于专利行政诉讼的历史沿革加以介绍，以便于读者更为深刻地理解现行专利行政诉讼相关法律制度的缘起。专利行政诉讼经历了 20 余年的发展历程，大致经历了如下阶段。

## 1　专利行政诉讼的历史阶段

　　自 1985 年《专利法》实施以来，我国专利行政诉讼经历了经济庭民事诉讼程序阶段、经济庭行政诉讼程序阶段、知识产权庭行政诉讼程序阶段、行政庭与知识产权庭行政程序阶段和知识产权庭统一审理阶段。

### 1.1　经济庭民事诉讼程序阶段（1985～1990 年）

　　1984 年 3 月，我国全国人民代表大会常务委员会第四次会议通过《专利法》，并定于 1985 年 4 月 1 日起实施。1985 年 2 月 16 日，最高人民法院颁布《关于开展专利审判工作的几个问题的通知》。

（1）关于专利行政诉讼的审理范围

《最高人民法院关于开展专利审判工作的几个问题的通知》规定，"根据专利法和专利法实施细则的规定，应当由人民法院经济审判庭审理专利案件有下列七类：①关于是否应当授予发明专利权的纠纷案件；②关于宣告授予的发明专利权无效或者维持发明专利权的纠纷案件；③关于实施强制许可的纠纷案件；④关于实施强制许可使用费的纠纷案件；⑤关于专利申请公布后、专利权授予前使用发明、实用新型、外观设计的费用的纠纷案件；⑥关于专利侵权的纠纷案件（包括假冒他人专利尚未构成犯罪的案件）；⑦关于转让专利申请权或者专利权的合同纠纷案件。"

（2）关于专利行政诉讼的管辖

《最高人民法院关于开展专利审判工作的几个问题的通知》规定，"上列收案范围中 1~4 类案件，均由北京市中级人民法院作为第一审法院，北京市高级人民法院为第二审法院。"

（3）关于专利行政诉讼的当事人

《最高人民法院关于开展专利审判工作的几个问题的通知》规定，"关于是否应当授予发明专利权的纠纷案件、关于宣告授予的发明专利权无效或者维持发明专利权的纠纷案件，应当以专利复审委员会为被告；关于实施强制许可的纠纷案件，应当以国家专利局为被告；关于实施强制许可使用费的纠纷、侵犯专利权的纠纷、专利申请公布后专利权授予前使用发明、实用新型、外观设计的费用的纠纷不服国家专利局或者专利管理机关所作的裁决或者处理决定向人民法院起诉的案件，仍应以在国家专利局或者专利管理机关处理时的争议双方为诉讼当事人。"

（4）关于专利行政诉讼的诉讼程序

《最高人民法院关于开展专利审判工作的几个问题的通知》规定，"人民法院审理各类专利纠纷案件，应当按照民事诉讼法（试行）和专利法规定的诉讼程序进行。"这与当时没有行政诉讼法律规定的国情背景紧密相关。

### 1.2 经济庭行政诉讼程序阶段（1990~1993 年）

1989 年 4 月 4 日，第七届全国人民代表大会第二次会议通过《行政诉讼法》，并自 1990 年 10 月 1 日起施行。全国各级人民法院相继成立行政审判庭，审理行政诉讼案件。但是，以专利复审委员会为被告的专利行政诉讼案件并未划归行政审判庭，仍由经济审判庭审理。而以中国专利局为被告的、不服中国专利局行政决定或者行政复议决定的专利行政诉讼则交由北京市中级人民法院行政审判庭审理。

### 1.3 知识产权庭行政诉讼程序阶段（1993~2002 年）

1993 年 6 月，北京市高级人民法院和北京市中级人民法院率先成立知识产权庭，将分散在民事审判庭中的知识产权纠纷案件集中到知识产权庭审理。以专利复审委员会为被告的专利行政纠纷案件调整到知识产权庭审理。

其间，1995 年 5 月 17 日，北京市高级人民法院撤销原北京市中级人民法院，组建北京市第一中级人民法院和北京市第二中级人民法院。按照属地管辖，以中国专利局和专利复审委员会为被告的专利行政诉讼案件归北京市第一中级人民法院管辖。

另外，1995 年 7 月 7 日作出的《最高人民法院关于不服专利管理机关对专利申请权纠纷、专利侵权纠纷的处理决定提起诉讼，人民法院应作何种案件受理问题的答复》第 2 条规定："专利管理机关依据《专利法》第 60 条的规定，作出责令侵权人停止侵权行为，并赔偿损失的处理决定，若当事人一方或双方对专利管理机关作出的处理决定不服，以专利管理机关为被告提起诉讼的，人民法院应作为行政案件受理。"明确针对地方专利管理机关的处理决定提起的诉讼属于行政诉讼。

## 1.4 行政庭、知识产权庭行政诉讼程序阶段（2002～2009 年）

2002 年 5 月 21 日作出的《最高人民法院关于专利法、商标法修改后专利、商标相关案件分工问题的批复》规定："为适应加入世界贸易组织的要求，我国专利法、商标法进行了相应的修改，取消了专利复审委员会和商标评审委员会的行政终局决定制度，规定当事人不服专利复审委员会和商评委的决定或裁定的，可以向人民法院提起诉讼。按照《行政诉讼法》有关规定，此类案件应由北京市高、中级人民法院管辖。确定人民法院审理此类案件的内部分工既要严格执行有关法律规定，又要照顾当前审判实际，避免对涉及同一知识产权的行政审判与民事审判结果发生矛盾。据此，对于人民法院受理的涉及专利权或者注册商标专用权的民事诉讼，当事人就同一专利或者商标不服专利复审委员会无效宣告审查决定或者商评委裁定而提起诉讼的行政案件，由知识产权审判庭审理；不服专利复审委员会或者商评委的复审请求审查决定或者裁定的其他行政案件，由行政审判庭审理。"

自此，当事人不服专利复审委员会具体行政行为提起的行政诉讼案件，如果存在民事诉讼，则由知识产权审判庭审理；如果没有民事诉讼，则由行政审判庭审理。

## 1.5 知识产权庭统一审理阶段（2009 年 7 月 1 日至今）

2009 年 6 月 22 日，第 1469 次最高人民法院审判委员会讨论通过的《最高人民法院关于专利、商标等授权确权类知识产权行政案件审理分工的规定》第 1 条明确规定，"下列一、二审案件由北京市有关中级人民法院、北京市高级人民法院和最高人民法院知识产权审判庭审理：（一）不服专利复审委员会作出的复审请求审查决定和无效宣告请求审查决定的案件；（二）不服国务院专利行政部门作出的实施专利强制许可决定和实施专利强制许可的使用费裁决的案件；（三）不服国务院工商行政管理部门商标评审委员会作出的商标复审请求审查决定和裁定的案件；（四）不服国务院知识产权行政部门作出的集成电路布图设计复审请求审查决定和撤销决定的案件；（五）不服国务院知识产权行政部门作出的使用集成电路布图设计非自愿许可决定的案件和使用集成电路布图设计非自愿许可的报酬裁决的案件；（六）不服国务院农业、林业行政部门植物新品种专利复审委员会员会作出的植物新品种复审请求审查决定、无效宣告请求审查决定和更名决定的案件；（七）不服国务院农业、林业行政部门作出的实施植物新品种强制许可决定和实施植物新品种强制许可的使用费裁决的案件。"《最高人民法院关于专利、商标等授权确权类知识产权行政案件审理分工的规定》第2条规定，"当事人对于人民法院就第1条所列案件作出的生效判决或者裁定不服，向上级人民法院申请再审的案件，由上级人民法院知识产权审判庭负责再审审查和审理。"

自此，当事人不服专利复审委员会具体行政行为提起的行政诉讼案件，当事人不服国务院专利行政部门作出的实施专利强制许可决定和实施专利强制许可的使用费裁决的案件，当事人不服国务院知识产权行政部门作出的集成电路布图设计复审请求审查决定和撤销决定的案件；当事人不服国务院知识产权行政部门作出的使用集成电路布图设计非自愿许可决定的案件和使用集成电路布图设计非自愿许可的报酬裁决的案件，均由知识产权审判庭审理。同时，当事人不服国家知识产权局行政复议决定提起的行政诉讼仍由行政审判庭审理。

## 2 专利行政诉讼的演进总结

如前所述，自1985年《专利法》实施以来，我国专利行政诉讼经历了经济庭民事诉讼程序阶段、经济庭行政诉讼程序阶段、知识产权庭行政诉讼程序阶段、行政庭与知识产权庭行政程序阶段和知识产权庭统一审理阶段。这一历史背景也使得专利行政诉讼过程中出现一些借鉴民事诉讼相关法律制度的特点。但是，需要指出的是，就演进过程来看，我国对于专利行政诉讼属于行政诉讼这一本质属性并无争议，专利行政诉讼应当遵守《行政诉讼法》等相关法律制度的规定以及行政法与行政诉讼法学基本法理的要求，同时考虑其所具有的独特特点。

# 第2节　专利行政诉讼的特点

正如本章第1节所述，专利行政诉讼从其根本属性上属于行政诉讼，但是其具有民事诉讼的某些特征。第1节对于专利行政诉讼历史阶段的回顾也体现了上述特点，亦即在《行政诉讼法》颁布实施之前，专利行政诉讼建构在民事诉讼制度基础之上；在《行政诉讼法》颁布实施之后，专利行政诉讼立足于行政诉讼制度的基本要求。专利行政诉讼与其他行政诉讼一样，均具有被告的恒定性、客体特定性和目的恒定性。

第9章

专利侵权与诉讼

也就是说，专利行政诉讼的被告是具有法定职权的行政主体，上述行政主体包括行政机关和法律、法规授权的组织；❶ 专利行政诉讼的客体是对于具体行政行为的合法性的审查；专利行政诉讼的目的是为了保障公民、法人和其他组织的合法权益不受行政违法行为的侵犯，保障行政机关依法有效地行使职权。

但是，相对于一般行政诉讼而言，专利行政诉讼主要呈现如下特点。

## 1 主体多方性

鉴于专利管理事务涉及专利授权、确权、侵权调查与调处等多个环节和方面，所以专利行政诉讼的主体包括专利申请人、专利权人、无效宣告请求人、被控侵权人等。最具有特点的是，普通行政诉讼的诉讼主体通常为行政相对人与行政主体，而在当事人不服专利复审委员会无效宣告请求审查决定和集成电路布图设计撤销决定提起的行政诉讼中，通常存在有独立请求权的第三人。也就是说，在无效宣告请求人不服专利复审委员会无效宣告请求审查决定提起行政诉讼的情况下，专利权人通常作为有独立请求权的第三人参加行政诉讼；专利权人提起行政诉讼的情况通常亦是如此，无效宣告请求人通常作为有独立请求权的第三人参加行政诉讼。

## 2 被告固定性

专利行政诉讼的被告，是指其根据《专利法》的授权实施了具体行政行为，作为原告的个人或者组织指控侵犯其行政法上的合法权益，而由人民法院通知参加行政诉讼的行政主体。❷ 在行政诉讼中，行政机关和法律法规授权的组织等行政主体始终为被告，不能作为原告，这是行政诉讼的一大特点。大部分专利行政诉讼的被告是专利复审委员会，另外还有国家知识产权局和地方管理专利工作的部门等。❸ 就这个意义而言，专利行政诉讼的被告相对固定。

## 3 争议的技术性与法律性统一

专利行政诉讼的审理内容经常涉及对于发明或者实用新型的新颖性、创造性以及外观设计是否符合《专利法》第 23 条的规定等专利授权条件法律适用的合法性判断。由于这些条款的法律适用更多地涉及技术事实的认定和理解，并且需要站在本领域技术人员的角度加以判断，不仅需要结合本领域技术人员所知晓和应当知晓的技术内容，而且需要站在本领域技术人员相应的认知能力和认知水平上加以考量。

---

❶ 姜明安. 行政法与行政诉讼法［M］. 3 版. 北京：北京大学出版社，高等教育出版社，2007：111 - 112.
❷ 姜明安. 行政法与行政诉讼法［M］. 3 版. 北京：北京大学出版社，高等教育出版社，2007：111 - 112.
❸ 程永顺. 中国专利诉讼［M］. 北京：知识产权出版社，2005：10.

第9章

## 4 管辖专属性

当事人不服国家知识产权局和专利复审委员会的具体行政行为提起的行政诉讼，均由北京市第一中级人民法院（原为北京市中级人民法院）一审管辖，由北京市高级人民法院二审管辖。这一规定明显不同于一般行政诉讼案件。一般行政诉讼案件的管辖法院分布在全国各地，并且以地域管辖为主，重点放在基层人民法院。

## 5 关联交叉性

专利行政诉讼经常与专利侵权诉讼相互交叉，这种循环式的交叉诉讼在其他行政诉讼中是非常罕见的。

在专利行政诉讼中，无效宣告请求人和专利权人对专利复审委员会宣告专利权无效或者维持专利权有效的决定不服，向人民法院提起的专利行政诉讼，很多与专利侵权诉讼交叉进行。在专利侵权诉讼中，一旦被告向专利复审委员会请求宣告专利权无效，专利复审委员会依法启动专利无效宣告程序，专利侵权程序可能会中止审理。如果无效宣告请求人或者专利权人对于专利复审委员会无效宣告请求审查决定不服的，提起专利行政诉讼。例如，施耐德电气低压（天津）有限公司请求宣告正泰集团股份有限公司实用新型专利无效纠纷案就与国内最高赔偿额的专利侵权诉讼相互交叉。该纠纷的具体案情如下：2006 年 8 月 2 日，正泰集团股份有限公司以侵犯专利权为由，将施耐德电气低压（天津）有限公司等诉至浙江省温州市中级人民法院。2006 年 8 月 21 日，施耐德电气低压（天津）有限公司向专利复审委员会提出无效宣告请求。2007 年 4 月 29 日，专利复审委员会作出了无效宣告请求审查决定，维持修改后的权利要求 1 有效。2007 年 9 月 26 日，温州市中级人民法院专利侵权诉讼作出一审判决：施耐德电气低压（天津）有限公司专利侵权成立，并于判决生效之日起 10 日内赔偿正泰损失 3.3 亿元。2007 年 7 月 18 日，施耐德电气低压（天津）有限公司不服专利复审委员会无效宣告请求决定，向北京市第一中级人民法院提起行政诉讼。2007 年 10 月 9 日，施耐德电气低压（天津）有限公司不服一审判决，向北京市高级人民法院提起上诉。2009 年 3 月 26 日，北京市高级人民法院作出二审判决，维持专利复审委员会的无效宣告请求审查决定。2009 年 4 月 15 日，正泰、施耐德全球和解，施耐德天津公司在尊重正泰涉案专利的基础上，支付正泰 1.575 亿元人民币补偿金。❶ 在该案件中，专利侵权诉讼一审判决在无效宣告请求审查决定作出后得以作出，专利侵权诉讼二审程序中的和解在专利行政诉讼二审判决作出之后达成，充分体现了专利行政

---

❶ 中国知识产权研究会专利委员会，最高人民法院中国应用法学研究所，国家知识产权局专利复审委员会. 专利名案解读（二）——20 起典型专利纠纷案例评析［M］. 北京：知识产权出版社，2011：55 – 75.

诉讼和专利侵权诉讼之间的相互交叉。正是由于专利行政诉讼和专利侵权诉讼所具有的这种关联交叉性，要求专利代理人需要进行整体分析，充分考虑两种程序相互之间的影响，制定相应的诉讼策略。

在以地方管理专利工作的部门为被告的专利行政诉讼中，有时也会遇到由于当事人向专利复审委员会提起无效宣告请求产生了另外一个专利行政诉讼，造成前一个专利行政诉讼可能需要中止程序。在这种情况下，两个专利行政诉讼之间也具有一定的关联交叉性。

# 第3节  专利行政诉讼的基本原则

在专利行政诉讼中，尤其是以专利复审委员会、国家知识产权局和地方管理专利工作的部门为被告的专利行政诉讼中，除了应当遵循民事诉讼、刑事诉讼和行政诉讼所共同遵循的人民法院独立行使审判权原则、以事实为依据并以法律为准绳原则、当事人诉讼法律地位平等原则、使用本民族语言文字进行诉讼原则、辩论原则、人民检察院法律监督原则等共同基本原则之外，还应当遵循合法性审查原则、以行政决定为限原则、当事人诉讼权利平衡原则和不适用调解原则等。

## 1  合法性审查原则

### 1.1  合法性审查原则的背景与地位

合法性审查原则是在专利行政诉讼中明确人民法院与行政主体之间的相互关系，确定人民法院审判职能的基本准则。人民法院的行政审判职能，一方面在于保护公民、法人和其他组织的合法权益，另一方面在于维护和监督行政主体依法行使行政职权。其中的"维护"，意味着运用国家司法权力使得行政主体的具体行政行为通过司法审查，使得行政争议最终解决；其中的"监督"意味着对违法的具体行政行为予以撤销使其不具有法律效力，或者要求行政主体重新作出具体行政行为。实现"维护"和"监督"的统一，就需要遵守具体行政行为的合法性审查原则。

### 1.2  合法性审查原则的法律依据

《行政诉讼法》第5条规定："人民法院审理行政案件，对具体行政行为是否合法进行审查。"可见，行政诉讼是人民法院通过对具体行政行为的合法性审查，实现司法对行政的一定监督与制约。❶专利行政诉讼亦不例外，其审查范围系行政行为的合法性。

---

❶ 姜明安. 行政诉讼法学 [M]. 北京：北京大学出版社，1993：43.

### 1.3 合法性审查原则的基本含义

首先，专利行政诉讼中司法审查的对象是具体行政行为，对于专利复审委员会作出的具体行政行为而言，司法审查的对象不仅包括专利复审委员会作出的复审请求审查决定、无效宣告请求审查决定、集成电路布图设计撤销审查决定，还包括以结案通知书形式作出的具体行政行为。其次，专利行政诉讼中司法审查限于合法性。最后，专利行政诉讼中司法审查的结论是判断性评价。根据《行政诉讼法》第 54 条的规定，"人民法院经过审理，根据不同情况，分别作出以下判决：（一）具体行政行为证据确凿，适用法律、法规正确，符合法定程序的，判决维持。（二）具体行政行为有下列情形之一的，判决撤销或者部分撤销，并可以判决被告重新作出具体行政行为：1. 主要证据不足的；2. 适用法律、法规错误的；3. 违反法定程序的；4. 超越职权的；5. 滥用职权的。（三）被告不履行或者拖延履行法定职责的，判决其在一定期限内履行。（四）行政处罚显失公正的，可以判决变更。"由此可见，人民法院只能作出具体行政行为是否合法的评价，不能代替行政主体行使国家行政管理权。在专利行政诉讼中，人民法院认为具体行政行为合法的，应当予以维持；认为具体行政行为违法的，应当予以撤销，由行政主体重新作出具体行政行为，不能代替行政主体进行审查。

## 2 以行政决定为限原则

专利行政诉讼的缘起在于，当事人对于国家知识产权局、专利复审委员会以及地方管理专利工作的部门所作出的具体行政行为不服，而国家知识产权局、专利复审委员会以及地方管理专利工作的部门所作出的具体行政行为通常基于当事人的申请并且依据法定程序作出。❶ 人民法院在专利行政诉讼案件的审理中，应当以行政决定的内容作为专利行政诉讼案件审理范围的依据。❷ 也就是说，专利行政诉讼案件主要对于行政决定的合法性进行审查，而非对于专利权的有效性进行审查。对于行政决定中没有涉及的证据、理由等通常不能作为评价行政决定合法性的依据。

例如，某专利权无效宣告请求案件中，无效宣告请求人以涉案专利相对于某对比文件不具备新颖性和创造性为由提起无效宣告请求。专利复审委员会经过审查，以涉案专利不符合《专利法》22 条第 2 款关于新颖性的规定为由宣告专利权全部无效，并且明确在涉案专利不符合《专利法》22 条第 2 款关于新颖性的规定前提下，对于其他无效宣告请求的理由不予评述。在专利行政诉讼中，即使人民法院经过审理认为，所引用的对

---

❶ 根据《集成电路布图设计保护条例》第 20 条的规定，"布图设计获准登记后，国务院知识产权行政部门发现该登记不符合本条例规定的，应当予以撤销，通知布图设计权利人，并予以公告。布图设计权利人对国务院知识产权行政部门撤销布图设计登记的决定不服，可以自收到通知之日起 3 个月内向人民法院起诉。"这表明集成电路布图设计的撤销由专利复审委员会依职权作出。另外，根据《专利审查指南 2010》的规定，专利权无效宣告请求案件也存在依职权审查的情形。

❷ 程永顺. 中国专利诉讼 [M]. 北京：知识产权出版社，2005：35.

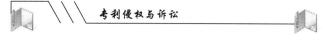

比文件不足以证明涉案专利权利要求不具备新颖性，但是所引用的对比文件足以证明涉案专利权利要求不具备创造性，也应当撤销无效宣告请求审查决定，而非在判决中引入涉案专利是否符合《专利法》第 22 条第 3 款的相关内容。

## 3 当事人诉讼权利平衡原则

当事人诉讼权利平衡原则是支配专利行政诉讼当事人诉讼权利与义务的基本因素。在专利行政诉讼中，诉讼当事人的诉讼权利并不完全对等，当时诉讼当事人的诉讼权利相互平衡。

在专利行政诉讼中，作为被告的行政主体旨在于请求人民法院维持行政决定，因此其享有委托代理权、提供证据权、答辩权、申请回避权、辩论权和上诉权等，但是并不享有起诉权和反诉权。为了切实保障当事人之间的诉讼权利平衡，专利行政诉讼中让行政被告承担特殊的法定义务或者强化原告的权利，例如被告承担证明被诉具体行政行为合法的举证责任，不得在行政诉讼中自行向原告和证人收集证据等。

在专利行政诉讼中，相对于一般行政诉讼而言，其具有的重要特点在于主体多方性。也就是说，在当事人不服专利复审委员会无效宣告请求审查决定和集成电路布图设计撤销决定提起的行政诉讼中，通常存在有独立请求权的第三人。也就是说，在无效宣告请求人不服专利复审委员会无效宣告请求审查决定提起行政诉讼的情况下，专利权人通常作为第三人参加行政诉讼；专利权人提起行政诉讼的情况通常亦是如此。这种情况下，第三人的法律地位属于有独立请求权的第三人，具有独立的答辩权、上诉权等程序性权利和实体性权利。

# 第4节 专利行政诉讼的主体

专利行政诉讼作为行政诉讼的一种，首先需要判断主体合法性、客体合法性以及是否属于人民法院的受案范围。可以说，专利行政诉讼主体判定，是每个专利行政诉讼案件的必经程序，构成专利行政诉讼制度的基础。本节全面梳理专利行政诉讼主体判定中存在的疑难法律问题，以期对理解专利行政诉讼制度的法律适用有所帮助。

## 1 专利行政诉讼主体的判定要件

行政诉讼法律关系的主体，是指行政诉讼权利和行政诉讼义务的承担者，其包括行政诉讼主体和其他诉讼参加人。其中，行政诉讼主体，是指人民法院和当事人、第三人以及共同诉讼人，不包括行政诉讼参加人。亦即，行政诉讼主体，是指因具体行政行为发生争议，以自己的名义到人民法院起诉、应诉和参加诉讼，并受法律裁判约

第9章

束的公民、法人或者其他组织以及行政机关。❶ 具体到针对专利无效行政决定的专利行政诉讼而言，专利行政诉讼当事人为无效宣告请求人、专利权人和专利复审委员会。其中，行政相对人所享有的、可以为诉的权利，被称为诉权。所谓诉权是指，当事人享有的请求国家给予司法保护的权利，合法权益受到侵害或者法律关系发生争议时，当事人请求人民法院行使司法权保护合法权益或者解决就纠纷的权利。❷

根据《最高人民法院关于执行〈中华人民共和国行政诉讼法〉若干问题的解释》第 12 条的规定，与具体行政行为有法律上利害关系的公民、法人或者其他组织对该行为不服的，可以依法提起诉讼。因此，专利行政诉讼主体适格的主要要求在于，具备法律上利害关系和具备当事人能力。❸

## 1.1　与具体行政行为之间的利害关系判断

专利行政诉讼主体，应当与争议具体行政行为之间存在法律上利害关系。

### 1.1.1　诉 的 利 益

诉的利益，即实施诉讼的利益，是"法律上利害关系"的本质。只有具有诉的利益，该当事人才是适格的当事人，应当说，诉的利益是救济领域的概念，具有决定"让其进入诉讼之前，就作出驳回起诉的裁定"，还是"让其进入诉讼，并作出实体判断"的筛选作用。❹ 一般而言，"诉的利益"的判断，即"法律上利害关系"的判断，主要判断其是否为审查决定的行政相对人，是否受到行政诉讼法律裁判约束，以及是否以自己的名义到人民法院起诉、应诉和参加诉讼。上述三个要件构成"法律上利害关系"的必要条件，亦即需全部具备上述条件方能构成"法律上利害关系"。另外，上述三个要件之间相互支持，相互佐证。

在"一种习字格及其应用"一案❺中，涉案发明专利申请的申请人系黄小玲，复审请求审查决定中的复审请求人亦系黄小玲。在专利行政诉讼中，黄毅针对上述复审请求审查决定提起行政诉讼。并且现有证据无法证明二者之间存在直接法律意义上的关系。一审、二审法院均认定，黄毅不具备行政诉讼主体资格。在该案中，提起行政诉讼和提起上诉的黄毅并非复审请求人，从而与复审请求审查决定之间并不存在利害关系。不属于因与行政争议存在直接利害关系而参加行政诉讼、并且其诉讼权利和义务受到专利行政诉讼的实体结果影响的诉讼主体。

### 1.1.2　诉 讼 承 担

在诉讼程序进行中，当发生一定法律事实的情况下将会出现诉讼承担的问题。具

❶ 张正钊，胡锦光. 李元起. 行政法与行政诉讼法［M］. 4 版. 北京：中国人民大学出版社，2009：300.
❷ 江伟，肖建国. 民事诉讼法［M］. 4 版. 北京：中国人民大学出版社，2008：45.
❸ 张鹏. 专利授权确权制度原理与实务［M］. 北京：知识产权出版社，2012：281－288.
❹ 江伟，肖建国. 民事诉讼法［M］. 4 版. 北京：中国人民大学出版社，2008：135.
❺ 国家知识产权局专利复审委员会第 15330 号复审请求审查决定、北京市第一中级人民法院行政判决书（2009）一中行初字第 1196 号和北京市高级人民法院行政判决书（2009）高行终字第 1348 号.

体而言，当诉讼进行之中，一方当事人发生了法定的事由，需要将其诉讼权利转移给另一人，由该人承当原当事人已经开始的诉讼，这就是诉讼承担，也称诉讼权利的承担或者诉讼权利义务的承担。❶ 学术界通常认为，诉讼承担有三个前提：一是当事人属于传统意义上的正当当事人；二是诉讼正在进行中；三是出现了特定的事由。新当事人要承受原当事人的诉讼权利。诉讼承担的本质在于当事人诉讼地位的承受，当事人的诉讼权利义务转移给案外人，由案外人作为本案当事人继续诉讼。❷ 产生诉讼承担的法定事由一般都是因当事人实体权利义务发生转移；即实体法规定的权利义务主体的变更决定了诉讼承担有存在的必要性。在民事诉讼中，这些事由主要有：（1）诉讼进行中当事人死亡，由继承人或遗产管理人承担诉讼。德国、日本和我国民事诉讼法都有此规定。（2）诉讼进行中，一方当事人为法人，法人人格消灭，由承受权利义务的主体承担诉讼。（3）在诉讼中当事人转移其实体权利义务，可以引起诉讼承担。

在诉讼系属判断中，大陆法系国家承认当事人一方或他方有转让系争物或移转其所主张的请求权的权利。对于继受人加入原权利义务的当事人（即前事主）的诉讼的态度，有两种不同的立法例，一是当事人恒定主义；一是诉讼继受主义。我国诉讼承担制度中采用当事人恒定主义抑或诉讼继受主义存在较大争议，另外有观点认为我国在对待此类诉讼承担既判力问题时应由双方当事人协商决定采纳当事人恒定主义或是诉讼继受主义。❸ 然而，通常意义上而言，在我国民事诉讼中，民事权利义务的主体应同时是诉讼权利义务的主体。如果当事人的民事权利义务转移给案外人，其诉讼权利义务也随之转移给案外人，案外人将取代原民事权利义务主体在诉讼中的地位，承担其权利和义务。❹ 与之相似，专利行政诉讼中，如果与该专利相关的权利义务转移给案外人，其诉讼权利义务也随之转移给案外人，案外人将取代原民事权利义务主体在诉讼中的地位，承担其权利和义务。

例如，在"半连续离心纺丝机每锭多离心缸及其控制结构"一案❺中，无效宣告请求人及行政诉讼一审原告均为九江化纤股份有限公司。在行政诉讼二审程序中，声称继承九江化纤股份有限公司诉讼权利的九江金源化纤有限公司提起上诉。为了证明其具有上诉资格，九江金源化纤有限公司提交关于变更上诉人名义的声明、江西省政府赣府字〔2006〕52 号文件和资产重组协议作为证据。其中，关于变更上诉人名义

❶ 江伟. 中国民事诉讼法教程［M］. 北京：中国人民大学出版社，1989：127；杨荣新. 民事诉讼法学［M］. 北京：中国政法大学出版社，1997：151.

❷ 谭兵. 民事诉讼法学［M］. 北京：法律出版社，1997：175.

❸ 赵沛沛. 诉讼承担之既判力思考——对当事人恒定主义和诉讼继受主义的评析［J］. 韶关学院学报，2006，27（8）：1－9.

❹ 肖建华. 诉权与实体权利主体相分离的类型化分析［EB/OL］.［2012－06－16］. http：//www. civillaw. com. cn/article/default. asp？id＝9717.

❺ 国家知识产权局专利复审委员会第 8544 号无效宣告请求审查决定、北京市第一中级人民法院行政判决书（2006）一中行初字第 1335 号和北京市高级人民法院行政判决书（2007）高行终字第 308 号.

的声明记载，仁和药业借壳上市，承受九江化纤股份有限公司的"壳"并更名为此名称，九江金源化纤有限公司承受九江化纤股份有限公司除"壳"之外的资产和债务。江西省政府赣府字〔2006〕52 号文件记载，同意九江化纤股份有限公司采取"壳资分离、资产置换"的重组方式资产重组协议。资产重组协议记载，九江金源化纤有限公司从九江化纤股份有限公司获得与化纤行业生产相关的资产、负债、人员等。二审判决认定九江金源化纤有限公司具有诉权，判决维持无效宣告请求审查决定。

但是，在"半连续离心纺丝机导丝装置"一案❶中，无效宣告请求人及行政诉讼一审原告亦均为九江化纤股份有限公司。在行政诉讼二审程序中，声称继承九江化纤股份有限公司诉讼权利的九江金源化纤有限公司提起上诉。为了证明其具有上诉资格，九江金源化纤有限公司提交关于变更上诉人名义的声明、江西省政府赣府字〔2006〕52 号文件和资产重组协议作为证据。证据材料的内容与"半连续离心纺丝机每锭多离心缸及其控制结构"一案基本相同。二审法院作出裁定，认定出庭的九江金源化纤有限公司不具有行政诉讼主体资格，具有行政诉讼主体资格的九江化纤股份有限公司两次合法传唤都未出庭，因此裁定驳回上诉。

本书认为，在"半连续离心纺丝机每锭多离心缸及其控制结构"一案中，随着借壳上市所产生的公司分立，民事权利义务的主体变更为公司派生分立后的民事主体连带承担。从而，诉讼权利义务的主体亦应当包括公司派生分立后的所有民事主体。鉴于如果当事人的民事权利义务转移给派生分立后的所有民事主体，其诉讼权利义务也随之转移给派生分立后的所有民事主体，派生分立后的所有民事主体将取代原民事权利义务主体在诉讼中的地位，承担其权利和义务。因此，九江金源化纤有限公司具有诉讼主体资格，具有诉权。

## 1.2 当事人能力的判断

当事人能力，是指可以作为诉讼当事人的能力或者资格。❷ 其系一种抽象的能力或者资格，具有这种能力或者资格的人，并不必然地成为当事人，能够实际地成为当事人，还需要在具体案件中通过起诉或者被诉来实现。专利行政诉讼中"当事人能力"的判断，与其他行政诉讼、民事诉讼和刑事诉讼相比基本相同。

通常而言，就自然人、法人、其他组织三类典型的行政诉讼主体而言，自然人的当事人能力通常始于出生终于死亡❸，法人的当事人能力不受经营范围的限制，抽象

---

❶ 国家知识产权局专利复审委员会第 8545 号无效宣告请求审查决定、北京市第一中级人民法院行政判决书（2006）一中行初字第 1336 号和北京市高级人民法院行政裁定书（2007）高行终字第 237 号。

❷ 江伟，肖建国．民事诉讼法［M］．4 版．北京：中国人民大学出版社，2008：128．

❸ 通常而言，自然人的当事人能力与民事权利能力一样，始于出生终于死亡。但是自然人的当事人能力和民事权利能力具有一定的分离性。例如，为了保护死者的人格利益，通常把诉讼实施权赋予死者的继承人，使其享有当事人能力，从而具有当事人资格。但是，显然这些例外情形在专利行政诉讼中通常不存在，因此不是本部分讨论的重点。

地赋予到每一个法人，其他组织同样享有当事人能力。

较为特殊的情形是，个体工商户、企业集团、商品交易市场、职工持股会、有限责任公司设立中的筹备组等是否具有当事人能力的问题。下面结合案例加以探讨。

例如，在"一种玻璃门锁"一案❶中，高要市金利粤中五金制品厂和高要市金利昌华五金厂提出无效宣告请求。在无效宣告程序中将高要市金利粤中五金制品厂和高要市金利昌华五金厂列为无效宣告请求人。在其后针对这一决定的行政诉讼一审和二审程序中两审法院均将高要市金利粤中五金制品厂的业主和高要市金利昌华五金厂的业主列为行政诉讼主体。

结合《最高人民法院关于适用〈中华人民共和国民事诉讼法〉若干问题的意见》第 64 条的规定，首先，个人经营者的性质和地位仍然只是个人，只是其从事经营活动而已。个体经营者与个人独资企业相比的主要区别在于，其主要从事流动摊贩、业余的制作贩卖、一次性交易等非固定、非稳定的经营行为，亦即没有固定生产经营场所或者只是从事季节性经营的经营者。因此，就当事人地位角度而言，个人经营者对于民事权利和民事义务不具有独立的承担能力。其次，虽然《专利法》将无效宣告请求权的提出主体定义为包括专利权人在内的任何人（以外观设计专利权与在先合法权利冲突为理由提出无效宣告请求的情况除外），并且就无效宣告制度的内涵而言，并不以请求人与专利权人之间的民事法律关系作为必要前提，不需要有任何民事义务或者责任承担上的考虑，请求人仅仅需要提出适格的"质疑"，该质疑在很大程度上固定了专利无效宣告程序的审查范围，但是考虑到法律意义上主体应当是适格的民事主体，将《专利法》作为私法的组成部分立足民事法律的基本属性加以分析，因此，《专利法》中述及的"任何人"应当是适格的民事诉讼主体。最后，考虑到行政行为的要求，无论是科以行政责任还是以行政法律关系主体的身份进入行政程序，无论是否实际上会承担责任或者享有权利，均应该有相应的主体资格。因此，个体工商户不享有无效宣告程序中的主体地位和诉讼主体地位。现行法的规定亦能够体现这一点。例如《最高人民法院关于适用〈中华人民共和国民事诉讼法〉若干问题的意见》第 46 条规定，"在诉讼中，个体工商户以营业执照上登记的业主为当事人。有字号的，应当在法律文书中注明登记的字号。"

因此，在"一种玻璃门锁"一案中，高要市金利粤中五金制品厂和高要市金利昌华五金厂提出无效宣告请求，应当在专利行政诉讼中变更为高要市金利粤中五金制品厂的业主和高要市金利昌华五金厂的业主。

对于企业集团、商品交易市场、职工持股会、有限责任公司设立中的筹备组等是否具有当事人能力的问题，可以采用类似上述个体工商户是否具有当事人能力的判断

---

❶ 国家知识产权局专利复审委员会第 13201 号无效宣告请求审查决定、北京市第一中级人民法院行政判决书（2009）一中行初字第 1889 号和北京市高级人民法院行政判决书（2010）高行终字第 522 号。

思路加以判断。就企业集团而言，根据《企业集团登记管理暂行规定》所规定的"企业集团经登记主管机关核准登记，发给《企业集团登记证》，该企业集团即告成立"，究其本质而言，企业集团是法人之间的联合体，不具备独立的企业法人资格，各个集团成员以自己的名义自主经营并且独立承担民事责任。因此，经过核准登记取得企业集团登记证的企业集团并不具有当事人能力，在专利行政诉讼时应当以作为其成员的企业法人作为专利行政诉讼主体。与之类似，商品交易市场是开办单位的经营场所，不具备独立承担民事责任的能力，在专利行政诉讼中应当以开办单位作为当事人。经过核准登记并且取得社会团体法人资格的职工持股会具备当事人能力，但是未经过登记而以职工持股会的名义进行集资入股活动的情况下，职工持股会不具备当事人能力。有限责任公司设立中的筹备组没有独立的财产并且无法独立承担民事责任，不具备当事人能力。

## 2　专利行政诉讼中的第三人

行政诉讼中的第三人，是指同提起诉讼的具体行政行为具有利害关系，为了维护自己的合法权益而参加诉讼的个人或者组织。❶ 根据《行政诉讼法》第 27 条的规定，"同提起诉讼的具体行政行为有利害关系的其他公民、法人或者其他组织，可以作为第三人申请参加诉讼，或者由人民法院通知参加诉讼。"就行政诉讼中的第三人的判定而言，与被诉具体行政行为具有利害关系是行政诉讼第三人的显著特征，有无利害关系是确定第三人能否参加诉讼的唯一依据。❷ 可见，在一般行政诉讼中，第三人参加诉讼的条件是比较严格的。

然而，在专利行政诉讼中第三人参加诉讼的情况是比较常见的。根据《专利法》第 46 条第 2 款的规定，"对专利复审委员会宣告专利权无效或者维持专利权的决定不服的，可以自收到通知之日起 3 个月内向人民法院起诉。人民法院应当通知无效宣告请求程序的对方当事人作为第三人参加诉讼。"也就是说，不服专利复审委员会无效宣告请求审查决定提起的专利行政诉讼中，强制第三人参加该行政诉讼并且明确规定了人民法院所具有的通知义务。

对于专利行政诉讼中的第三人而言，法律实务中具有较大争议的是集成电路布图设计撤销案件的第三人地位。根据《集成电路布图设计保护条例》第 20 条的规定，"布图设计获准登记后，国务院知识产权行政部门发现该登记不符合本条例规定的，应当予以撤销，通知布图设计权利人，并予以公告。布图设计权利人对国务院知识产权行政部门撤销布图设计登记的决定不服的，可以自收到通知之日起 3 个月内向人民法院起诉。"根据《集成电路布图设计保护条例实施细则》第 29 条第 2 款的规定，

❶❷　姜明安. 行政法与行政诉讼法 [M]. 3 版. 北京：北京大学出版社，高等教育出版社，2007：515.

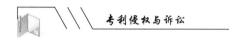 

"撤销布图设计专有权的，应当首先通知该布图设计权利人，要求其在指定期限内陈述意见。期满未答复的，不影响专利复审委员会作出撤销布图设计专有权的决定。"可见，根据《集成电路布图设计保护条例》和《集成电路布图设计保护条例实施细则》的规定，集成电路布图设计专有权的撤销是专利复审委员会依职权进行审查的。然而，在实务中，专利复审委员会通常需要在集成电路布图设计撤销意见提出人提出的撤销意见作出集成电路布图设计撤销决定。在这样的背景下，集成电路布图设计撤销意见提出人是否具备专利行政诉讼主体资格在法律实务中存在一定争议。

有观点认为，集成电路布图设计专有权的撤销程序通常基于撤销意见提出人提出的撤销请求而启动，并且在审理过程中通常会举行集成电路布图设计专有权的撤销意见提出人和权利人共同参加的口头审理，集成电路布图设计专有权撤销决定的内容通常以撤销意见提出人提出撤销请求的理由、证据和法律依据为基础作出，集成电路布图设计撤销意见提出人与专利复审委员会集成电路布图设计专有权撤销决定这一具体行政行为具有法律上的利害关系，或者说具备"诉的利益"，因此属于专利行政诉讼的适格主体。并且，在集成电路布图设计权利人提起的专利行政诉讼中，集成电路布图设计撤销意见提出人具有独立的答辩权和上诉权。

另一种观点认为，集成电路布图设计专有权的撤销是专利复审委员会依职权进行审查的，专利复审委员会对于集成电路布图设计专有权的撤销决定并非基于撤销意见提出人提出的撤销意见作出，这一点与专利权无效宣告程序存在很大的不同，因此集成电路布图设计撤销意见提出人仅仅起到"举发"的作用，并非与专利复审委员会集成电路布图设计专有权撤销决定这一具体行政行为具有法律上的利害关系，或者说不具备"诉的利益"，因此不是专利行政诉讼的适格主体。

## 3　合并口头审理后的专利行政诉讼主体

专利行政诉讼主体的特殊问题之一，在于专利权无效宣告程序合并口头审理之后，当事人针对无效宣告请求审查决定提起行政诉讼的情况。

根据《专利审查指南2010》第四部分第三章第4.5节的规定，针对一项专利权的多个无效宣告案件，尽可能合并口头审理。针对不同专利权的无效宣告案件，部分或者全部当事人相同且案件事实相互关联的，专利复审委员会可以依据当事人书面请求或者自行决定合并口头审理。在合并口头审理的情况下，如果使用一个无效宣告请求人提出的某无效宣告请求理由和证据足以宣告专利权无效，那么可以根据该无效宣告请求理由和证据宣告专利权无效，对于其他无效宣告请求人提出的无效宣告请求的理由和证据以及该无效宣告请求人提出的其他无效宣告请求的理由和证据可以不予评述。这种情况下，为了避免发出多份无效宣告请求审查决定对于审理侵权案件的人民法院或者地方管理专利工作的部门造成不必要的混淆，同时也避免对于社会公众造成

第9章

的不必要的混淆，专利复审委员会通常会在一份无效宣告请求审查决定中列明所有无效宣告请求人。

在这种情况下，法律实践中存在的争议在于，对于无效宣告请求审查决定没有采取其无效宣告请求的理由和证据的无效宣告请求人，能否作为专利行政诉讼的当事人，以及如果其能够作为专利行政诉讼的当事人，那么其所享有的诉讼权利如何。

有观点认为，鉴于无效宣告请求审查决定将无效宣告请求审查决定没有评述其无效宣告请求的理由和证据的无效宣告请求人同样列入无效宣告请求人之中，其在专利权无效宣告程序中同样构成专利权人的对方当事人。根据《专利法》第46条第2款的规定，人民法院应当通知无效宣告请求程序的对方当事人作为第三人参加诉讼。因此，对于无效宣告请求审查决定没有评述其无效宣告请求的理由和证据的无效宣告请求人而言，其应当具有专利行政诉讼的诉讼主体资格，并且人民法院应当通知其参加专利行政诉讼。同时，其对于被诉无效宣告请求审查决定的合法性享有答辩权等诉讼权利。

另一种观点认为，无效宣告请求审查决定没有评述其无效宣告请求的理由和证据的无效宣告请求人应当具有专利行政诉讼的诉讼主体资格，但是鉴于无效宣告请求审查决定没有评述其所提出的无效宣告请求的理由和证据，其针对其他无效宣告请求人所提出的无效宣告请求的理由和证据在专利行政诉讼中应当没有陈述意见的权利。目前，法律实践中多持有这种观点，无效宣告请求审查决定没有评述其无效宣告请求的理由和证据的无效宣告请求人应当具有专利行政诉讼的诉讼主体资格，但是仅对于审查程序等享有陈述意见的权利。

还有一种观点认为，由于无效宣告请求审查决定没有评述其无效宣告请求的理由和证据，所以无效宣告请求审查决定没有评述其无效宣告请求的理由和证据的无效宣告请求人与该无效宣告请求审查决定之间没有法律上的利害关系，即没有"诉的利益"，因此不构成专利行政诉讼的适格主体。

## 第5节　专利行政诉讼的客体

如第4节所述，专利行政诉讼作为行政诉讼的一种，首先需要判断客体合法性、主体合法性以及是否属于人民法院的受案范围。本节主要讨论专利行政诉讼中的客体判定。

### 1　专利行政诉讼客体的一般表现形式

一般而言，专利行政诉讼的争议对象在于被诉具体行政行为即作出的书面行政决定是否合法。

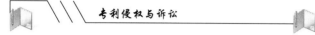

具体而言，首先，对于不服专利复审委员会具体行政行为提起的专利行政诉讼而言，其客体为专利复审委员会作出的专利申请复审请求审查决定、专利权无效宣告请求审查决定和集成电路布图设计撤销决定。其次，对于不服国家知识产权局具体行政行为提起的专利行政诉讼而言，其客体为国家知识产权局作出的行政复议决定、国家知识产权局作出的强制许可决定或者实施强制许可的使用费裁决。再次，对于不服地方专利管理工作的部门的具体行政行为提起的专利行政诉讼而言，其客体为地方管理专利工作的部门针对专利侵权、专利假冒作出的处理决定。最后，对于当事人不服海关的具体行政行为提起的专利行政诉讼而言，其客体为海关对于专利侵权案件的查处决定。

## 2  准行政行为的可诉性

对于专利行政诉讼的客体制度而言，突出的法律问题在于，在专利权无效宣告程序和专利申请复审程序中，除了无效宣告请求审查决定和复审请求审查决定之外的其他准行政行为是否可以作为专利行政诉讼的客体。

对于准行政行为是否具有可诉性的问题，存在较大争议。准行政行为的概念源于欧洲大陆法系的行政法理论，是指符合行政行为的特征，包含行政行为的某些基本要素，但又因欠缺某些或某个要素而不同于一般行政行为的一类行政行为。在通常情况下，准行政行为包括以下四种行为：受理行为、通知行为、确认行为和证明行为。❶其中，针对行政机关接受行政相对人的申请并启动行政程序的行为，属于行政诉讼的受案范围。

对于专利复审、无效宣告程序而言，行政诉讼的客体则为行政决定。根据《专利法》第 41 条和第 46 条的规定，专利复审委员会对复审请求和宣告专利权无效的请求作出行政决定。驳回无效宣告请求的结案通知书是程序类行政决定的类型之一，其用于对已经受理的复审或者无效宣告案件，在审查时认定不符合受理条件的情况加以处理，从法律属性而言类似于对当事人的诉权加以裁决，系对请求人提出的请求是否符合程序法要求的一种具体处理行为，亦是作出的一种行政决定。

例如，在"一种用于生产石英谐振器基座支架片的框架带"实用新型无效纠纷一案❷中，无效宣告请求被受理之后，专利复审委员会发现请求人并未结合证据具体说明无效理由，故发出结案通知书驳回无效请求。请求人提起行政诉讼的主要理由在于，即便不受理，也应当作出不予受理决定，而不应当发出结案通知书。一审法院认为：请求人未具体说明无效理由，不应予以受理。受理后经审查认定不符合受理条件

❶ 江必新. 中国行政诉讼制度的完善：行政诉讼法修改问题实务研究 ［M］. 北京：法律出版社，2005：56 - 65.

❷ 北京市第一中级人民法院行政判决书（2008）一中行初字第 1548 号。

的，作出驳回无效宣告请求的决定。结案通知书是决定的一种方式。

在"一种用于生产石英谐振器基座支架片的框架带"实用新型无效纠纷一案中，驳回无效宣告请求的结案通知书是程序类行政决定的类型之一，其用于对于已经受理的复审或者无效宣告案件，在审查时认定不符合受理条件的情况加以处理，从法律属性而言类似于对当事人的诉权加以裁决，系对请求人提出的请求是否符合程序法要求的一种具体处理行为，亦即作出的一种行政决定。因此，不服驳回无效宣告请求的结案通知书，应当可以提起专利行政诉讼。对于上述驳回无效宣告请求的结案通知书提起的行政诉讼中，应当对结案通知书的合法性进行审查。

## 3 既判力理论对客体判定的影响

对于专利行政诉讼的客体制度而言，另外一个突出的法律问题在于，既判力理论对于客体判定的影响。下面加以讨论。❶

既判力的作用，是指既判力制度价值目标得以实现的方式。既判力制度最主要的功能作用就在于通过判决终局性的达成，来帮助在观念上确立一种规范的秩序并使其相对地固定下来，进而诱导社会空间内的秩序形成。❷ 就既判力的作用范围而言，包括主观范围和客观范围，其中主观范围又被称为既判力的主体界限，是指判决既判力对哪些范围的人具有作用力。下面重点分析客观范围。

既判力的客观范围，是既判力理论制度实践和理论中最为重要的问题，是既判力理论的核心问题之一，也是诉讼法学者长期争论的焦点。❸ 既判力的客观范围，又称既判力的客观界限，是指确定判决中的哪些事项具有既判力。大陆法系的传统理论认为，法官在判决主文中作出的判断产生既判力，换言之，既判力的客观范围原则上限于判决主文中的判断。对于具有既判力的判决事项，当事人不得再向法院提起诉讼，也不得在后诉中主张与该判决事项不一致的事项，后诉法院不能受理当事人对已判决事项的起诉，也不能作出与前诉判决事项相矛盾的判断。上述观点亦有比较法研究结论加以支持。例如，《日本民事诉讼法》第 199 条规定，"确定判决，对主文内容有既判力。"由于判决的主文内容是法院关于权利或者法律关系存在与否的裁决，因此既判力客观范围适用的原则限于已经裁判的法律关系，反之，未经裁判的法律关系不发生判决的既判力。

涉及既判力的客观范围与专利行政诉讼客体的判定问题，根据判决既判力的客观范围，可以识别哪些事项已经被判决所决定，因而排除以后的诉讼再次对其进行争论，即经过前诉之后哪些纠纷事实已经不容再行争议，哪些事实则还有要求裁判所作

---

❶ 张鹏. 专利授权确权制度原理与实务 [M]. 北京：知识产权出版社，2012：289-296.
❷ 王亚新. 对抗与判定——日本民事诉讼的基本结构 [M]. 北京：清华大学出版社，2002：348.
❸ 张卫平. 民事诉讼：关键词展开 [M]. 北京：中国人民大学出版社，2005：311.

第9章

出判断的余地。❶ 对包括专利行政诉讼在内的行政诉讼的诉讼目的的认识有保护权利说与解决纠纷说两种对立的观点。❷（1）保护权利说：更加强调尊重当事人的处分权和辩论权，强调对当事人实体权利和诉讼权利的保护，因而主张采用诉讼既判力学说，对既判力客观范围作限缩解释，既判力的客观范围较小。（2）解决纠纷说：注重纠纷的一次性解决和诉讼经济原则，在诉讼标的的确定上，主张以诉的声明为标准，其诉讼标的的范围相对较大，因而既判力的客观范围也就较大。（3）立足综合既判力说：既判力的客观范围应当限于判决主文中的判断，并且限于原告在言词辩论程序中所主张的权利或者法律关系，❸ 并且不及于判决的理由。其中，既判力的客观范围不得及于判决理由的依据在于，判决的内容包括被裁判的诉讼标的和裁判的理由，其中裁判的理由涉及裁判者对案件的事实判断和法律判断，上述法律判断并不具有既判力效果，法院对于此案的裁判只限于诉讼标的，既判力只及于该诉讼标的。具体到专利行政诉讼而言，既判力的客观范围及于判决主文对不服行政决定的原告所主张内容的判断。

例如，在"钢筋砼用空心管及其制作方法、专用模具"一案❹中，无效宣告请求人于 2006 年 7 月 7 日提出无效宣告请求，专利复审委员会于 2007 年 12 月 20 日作出第 10837 号无效宣告请求审查决定，宣告本专利权利要求 26～30、32、33、39～42、54、56、73、83、86 无效，在权利要求 1～25、31、34～38、43、53、55、57～72、74～82、84、85 的基础上维持专利权有效。专利权人不服上述无效宣告请求审查决定提起行政诉讼，北京市第一中级人民法院于 2008 年 10 月 18 日作出（2008）一中行初字第 410 号行政判决，维持无效宣告请求审查决定中关于权利要求 56、73、83、86 无效的决定，撤销关于宣告本专利权利要求 26～30、32、33、39～42、54 无效的决定。北京市高级人民法院于 2008 年 12 月 12 日作出（2008）高行终字第 713 号行政判决维持上述一审判决。专利复审委员会重新成立专利复审委员会进行审查，并于 2009 年 11 月 13 日作出第 14121 号无效宣告请求审查决定。专利权人仍不服上述无效宣告请求审查决定，以无效宣告请求审查决定认定权利要求 56、73、83、86 不具备创造性属认定事实错误为由提起行政诉讼，北京市第一中级人民法院作出（2010）一中知行初字第 1201 号行政裁定书，认定第 14121 号无效宣告请求审查决定为已经生效的（2008）一中行初字第 410 号行政判决和（2008）高行终字第 713 号行政判决的效力所羁束，故依据《最高人民法院关于执行〈中华人民共和国行政诉讼法〉若干问题的

---

❶ 王亚新. 对抗与判定——日本民事诉讼的基本结构［M］. 北京：清华大学出版社，2002：367.
❷ 姜明安. 行政诉讼法［M］. 北京：北京大学出版社，1993：55 – 58.
❸ 张卫平. 民事诉讼：关键词展开［M］. 北京：中国人民大学出版社，2005：312.
❹ 国家知识产权局专利复审委员会第 10837 号无效宣告请求审查决定、北京市第一中级人民法院行政判决书（2008）一中行初字第 410 号和北京市高级人民法院行政判决书（2008）高行终字第 713 号；国家知识产权局专利复审委员会第 14121 号无效宣告请求审查决定、北京市第一中级人民法院行政裁定书（2010）一中知行初字第 1201 号。

解释》第44条第1款的规定，驳回原告的起诉。

在该案中，上次专利行政诉讼已经审理和裁判过的相关事实认定和法律适用，属于判决主文对不服行政决定的原告所主张内容的判断，具有既判力。亦即，人民法院针对第10837号无效宣告请求审查决定作出的（2008）一中行初字第410号行政判决和（2008）高行终字第713号行政判决对权利要求56、73、83、86创造性的认定，属于判决主文对不服行政决定的原告所主张内容的判断。对于为生效判决的效力（亦即既判力）所羁束的诉讼标的，应当属于不予受理的范畴，不应当作为专利行政诉讼的客体。

# 第6节　专利行政诉讼的审理依据与审查范围

行政诉讼的审理依据，是行政诉讼审理过程中所依据的规范性法律文件的外延。行政诉讼的审查范围，又称行政诉讼的审查标准，是指人民法院审理行政案件的程度或者深度。❶

## 1　专利行政诉讼的审理依据

专利行政诉讼的审理依据包括法律、行政法规、地方性法规和司法解释，参照规章。

首先，《行政诉讼法》第52条第1款规定："人民法院审理行政案件，以法律和行政法规、地方性法规为依据。地方性法规适用于本行政区域内发生的行政案件。"对于专利行政诉讼案件而言，其审理依据包括法律、行政法规和具体行政行为所发生区域内生效的地方性法规。其中，法律仅指全国人大及其常委会制定的基本法律和一般法律，行政法规是指国务院按照行政法规制定程序颁布实施的规范性文件。对于以专利复审委员会为被告的专利行政诉讼案件而言，其审理依据主要包括法律和行政法规，即《专利法》和《专利法实施细则》。

其次，最高人民法院司法解释是法的渊源之一，根据《人民法院组织法》第33条的规定，"最高人民法院对于审判过程中如何具体运用法律、法令的问题，进行解释。"根据《最高人民法院关于执行〈中华人民共和国行政诉讼法〉若干问题的解释》第62条的规定，"人民法院审理行政案件，适用最高人民法院司法解释的，应当在裁判文书中援引。人民法院审理行政案件，可以在裁判文书中引用合法有效的规章及其他规范性文件。"也就是说，司法解释虽然不是立法，但是具有执行立法的性质，其也属于一种法的渊源，可以成为专利行政诉讼的法律依据。

---

❶　姜明安. 行政法与行政诉讼法［M］. 3版. 北京：北京大学出版社，高等教育出版社，2007：463-464.

最后，对于规章而言，《行政诉讼法》第 53 条第 1 款规定，"人民法院审理行政案件，参照国务院部、委根据法律和国务院的行政法规、决定、命令制定、发布的规章以及省、自治区、直辖市和省、自治区的人民政府所在地的市和经国务院批准的较大的市的人民政府根据法律和国务院的行政法规制定、发布的规章。"因此，人民法院在审理专利行政诉讼案件时，参照规章。

## 2 "参照规章"的理解

在专利行政诉讼中"参照规章"的基本含义是，人民法院在对专利复审委员会行政决定的合法性进行审查时，可以参照适用《专利审查指南 2010》的有关规定，但《专利审查指南 2010》的内容与上位法相抵触的除外。可以从以下两个方面理解"参照规章"的含义：

一方面，参照不同于依据，参照对于人民法院对于专利行政诉讼案件的审查不具有绝对的约束力。如果规章与高位阶的规范性法律文件相抵触或者超越法定权限，那么人民法院可以不予参照。如果行政主体具体行政行为是依据正确的规章作出的，人民法院应当参照规章认定具体行政行为适用法律正确；如果行政主体具体行政行为所依据的规章与法律、法规不一致，那么人民法院根据法律、法规的规定作出判决。

另一方面，参照不意味着人民法院在适用规章的问题上可以任意裁量。规章属于法的渊源，人民法院对于合法有效的规章必须适用和引用。如果规章与高位阶的规范性法律文件不相抵触并且没有超越法定权限，那么人民法院应当予以参照。也就是说，如果行政主体具体行政行为所依据的规章与法律、法规不相冲突，则其规定即为具有普遍约束力的规范性法律文件。正如《最高人民法院关于裁判文书引用法律、法规等规范性法律文件的规定》第 5 条的规定，"行政裁判文书应当引用法律、法律解释、行政法规或者司法解释。对于应当适用的地方性法规、自治条例和单行条例、国务院或者国务院授权的部门公布的行政法规解释或者行政规章，可以直接引用。"

在"染色机"一案❶中，信达公司以"染色机（J）"、"染色机（K）"、"染色机（L）"、"染色机（M）"、"染色机（N）"五项外观设计专利不符合 2000 年 8 月 25 日修改后的《专利法》第 23 条和 2002 年 12 月 28 日修订后的《专利法实施细则》第 13 条第 1 款的规定为由，向专利复审委提出无效宣告请求。专利复审委员会无效宣告请求审查决定认为窗口数量相近的外观设计专利相互近似，在专利权人未选择放弃本专利或对比专利的情况下，属于重复授权，宣告本专利无效。一审判决认为，2002 年

---

❶ 国家知识产权局专利复审委员会第 7858 号、第 7859 号、第 7861 号、第 7862 号无效宣告请求审查决定，北京市第一中级人民法院（2006）一行初字第 540 号、第 541 号、第 542 号、第 543 号行政判决书，北京市高级人民法院（2006）高行终字第 469 号、第 470 号、第 471 号、第 472 号行政判决书，最高人民法院（2008）行提字第 4 号、第 5 号、第 6 号、第 7 号行政判决书。

12月28日修订后的《专利法实施细则》第13条第1款规定，同样的发明创造只能被授予一项专利。《审查指南2006》第一部分第三章第4.5.1节规定，同样的外观设计是指两项外观设计相同或者相近似。这一规定是完全符合2002年修订后的《专利法实施细则》第13条第1款的立法目的。科万公司关于同样的外观设计只是指相同的外观设计的主张，是对《专利法》的曲解，不符合上述立法宗旨。维持无效宣告请求审查决定。

二审判决认为，对于外观设计而言，《审查指南2006》规定"同样的外观设计是指两项外观设计相同或者相近似"。当不同主体就同一产品申请两项以上相近似的外观设计，以及同一主体先后就同一产品申请两项以上相近似的外观设计时，《审查指南2006》的上述规定并无不妥。但是同一主体就相同产品同日申请了两项以上相近似的外观设计时，则《审查指南2006》的上述规定明显与《专利法》及其实施细则的立法本意不符。这种情况下，"同样的外观设计"仅应解释为外观设计相同，而不应包括相近似的情况。因此，二审判决对于《审查指南2006》的规定未予参照。

经专利复审委员会申诉，最高人民法院提审此案。最高人民法院认为，2002年12月28日修订后的《专利法实施细则》第13条第1款系关于禁止重复授权的规定，即同样的发明创造只能被授予一项专利。就外观设计而言，为防止外观设计专利权之间的相互冲突，无论是相同的外观设计，还是相近似的外观设计，也不论是否为同一申请人，均应按照上述行政法规的规定授予一项专利权。在本案中，二审判决关于同一主体同日就相同产品申请两项以上近似的外观设计不适用2002年12月28日修订后的《专利法实施细则》第13条的认定，没有现行法律的依据。专利复审委被诉决定依据《专利法实施细则》及《审查指南2006》的相关规定，将同样的外观设计解释为两项外观设计相同或者相近似，并无不当。

本案的法律适用在一定程度上体现了"参照规章"的理解。二审判决以《审查指南2006》与《专利法》及《专利法实施细则》的立法本意不符为由没有参照其的相关规定，再审判决则认为二审判决关于同一主体同日就相同产品申请两项以上近似的外观设计不适用2002年12月28日修订后的《专利法实施细则》第13条的认定，没有现行法律的依据。由此体现出，如果行政主体具体行政行为所依据的规章与法律、法规不相冲突，则其规定即为具有普遍约束力的规范性法律文件。

## 3 "合法性全面审查"的理解

在纷繁复杂的专利行政诉讼中，如何处理当事人诉讼理由和人民法院全面审查之间的关系，是一个值得深入思考的问题。专利行政诉讼的合法性审查范围，不应当小于原告的诉讼理由，并且不应当大于无效宣告请求审查决定的认定。也就是说，原告的诉讼理由和无效宣告请求审查决定的认定界定了专利行政诉讼的合法性审查范围。

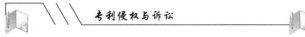

理论界和实践部门一般均将行政诉讼合法性审查的内容概括为职权依据、法律适用、事实证据、法律程序和执法目的五个方面。较为特殊的是，行政关系与民事关系的交合与合法性审查，是指对那些行政裁决、行政确认、行政登记等以民事关系作为其行为基础和行为内容的行政行为合法性审查，行政管理领域的广泛性使许多行政行为的作出立足于对相关民事争议的裁决或对有关民事关系的确认、变更或撤销，这些行政行为所建立的行政法律关系便涵盖着一定的民事法律关系，民事关系因行政行为而得以稳固，而行政行为则因民事关系的客观表现和证据证明得到合法性方面的保证。❶复审请求审查决定和无效宣告请求审查决定的合法性审查，具有上述特点。究其制度价值，复审请求审查决定和无效宣告请求审查决定的合法性审查作为行政关系与民事关系的交合与合法性审查，不仅具有实现司法对行政的一定监督与制约的制度价值，亦具有吸纳当事人对于行政行为不满的制度价值。

基于上述制度价值的分析，专利行政诉讼中合法性审查范围的判断，需要将原告的诉讼理由作为考虑因素之一，对于原告的所有诉讼理由均应当加以审查。亦即，专利行政诉讼的合法性审查范围，不应当小于原告的诉讼理由，并且不应当大于无效宣告请求审查决定的认定。也就是说，原告的诉讼理由和无效宣告请求审查决定的认定界定了专利行政诉讼的合法性审查范围。

在"清洁器吸棉管废棉截留装置"实用新型专利无效纠纷一案❷中，再审裁定指出，在无效请求人有关新颖性的无效理由中，对证据5是和其他证据结合使用以证明使用公开的，并非用于证明出版物公开；将证据5作为出版物公开的主张是在有关创造性的无效理由中提出的，而且也是与其他证据结合起来使用。专利复审委员会对于证据5也是在将其与其他证据结合是否构成使用公开的问题上进行了评价。从无效请求人在专利复审委员会无效宣告审查程序中的意见陈述和证据使用目的看，应当认为无效请求人在无效宣告审查程序中并未明确单独依据证据5提出本专利权利要求10不具备新颖性的无效理由。在无效请求人未明确主张、专利复审委员会也未就此予以审查认定的情况下，二审判决以各方当事人对证据5记载的有关技术方案与本专利权利要求10相同这一事实不持异议为由，直接依据证据5对本专利新颖性予以审查认定，超出了无效审查决定的审查范围，违反了行政诉讼中的合法性审查原则。专利复审委员会的有关申请再审理由成立。

该案体现出合法性全面审查的理解。专利行政诉讼中司法审查的对象是具体行政行为，对于专利复审委员会作出的具体行政行为而言，司法审查的对象不仅包括专利复审委员会作出的复审请求审查决定、无效宣告请求审查决定、集成电路布图设计撤

---

❶ 吴偕林. 行政诉讼合法性审查三题［J］. 法学，2002（6）：25 – 29.

❷ 国家知识产权局专利复审委员会第 4988 号无效宣告请求审查决定、北京市第一中级人民法院行政判决书（2003）一中行初字第 522 号、北京市高级人民法院行政判决书（2004）高行终字第 95 号以及最高人民法院行政裁定书（2007）行提字第 3 号。

销审查决定，还包括以结案通知书形式作出的具体行政行为。需要特别注意的是，专利行政诉讼中司法审查的对象并非涉案专利的有效性问题。因此，专利行政诉讼的合法性审查范围，应当小于等于专利复审委员会行政决定的认定。

在"高压万向黄油枪"实用新型专利无效纠纷一案❶中，针对无效请求人提出的无效宣告请求，专利复审委员会 5083 号无效宣告请求审查决定认定：涉案专利符合《专利法实施细则》第 2 条第 2 款的规定，符合《专利法实施细则》第 21 条第 2 款的规定，请求人提供的证据 4 没有任何印刷及公开时间的信息，不能证明涉案专利不具备新颖性和创造性，"证据 13（95243552.7 号中国实用新型专利）用于证明涉案专利不具备新颖性"属于一事不再理的范畴，因此维持专利权有效。无效宣告请求人不服上述决定，向北京市第一中级人民法院提起行政诉讼。原告的诉讼理由包括：（1）证据 4 上印有 1996 年 6 月 4~7 日字样，能够证明涉案专利不具备新颖性；（2）涉案专利没有给出必要技术特征，套 16 和轴套 17 属于没有记载在独立权利要求中的必要技术特征；（3）涉案专利与证据 13 相比技术领域、所要解决的技术问题、技术方案和预期技术效果相同。一审判决认为，"证据 4 原件中载明了其公开时间，被诉决定有关'证据 4 没有任何印刷及公开时间的信息，不能证明涉案专利不具备新颖性和创造性'的认定不能成立"，故撤销被诉决定。专利复审委员会经过重新审查，作出第 7849 号无效宣告请求审查决定，根据生效判决纠正了对于证据 4 的认定，同时仍然认定涉案专利符合《专利法实施细则》第 2 条第 2 款和《专利法实施细则》第 21 条第 2 款的规定。无效宣告请求人不服上述决定，再次向北京市第一中级人民法院提起行政诉讼。一审判决以被诉决定对于"涉案专利符合专利法实施细则第 21 条第 2 款的规定"认定事实错误为由，撤销被诉决定；二审判决维持原判。

在"高压万向黄油枪"实用新型无效纠纷一案中，在第一次行政诉讼中，虽然当事人对于证据 4 的认定，涉案专利是否符合《专利法实施细则》第 2 条第 2 款和《专利法实施细则》第 21 条第 2 款的规定均提出异议，但是人民法院判决应当对于审查决定的其他内容（涉案专利符合《专利法实施细则》第 2 条第 2 款的规定、符合《专利法实施细则》第 21 条第 2 款的规定）加以审查。因此，专利行政诉讼的合法性审查范围，应当大于等于原告的诉讼理由。

综上所述，人民法院审理专利授权、确权行政案件，应当根据当事人在提起行政诉讼或者上诉时提出的诉讼请求以及主张的具体事实和理由，对行政决定的合法性进行审查。同时，当事人在提起诉讼时虽未主张，但人民法院发现行政决定在审查程序、事实认定或者法律适用等方面存在其他错误的，可以一并审查，不受当事人请求

---

❶ 国家知识产权局专利复审委员会第 5083 号无效宣告请求审查决定、北京市第一中级人民法院行政判决书（2003）一中行初字第 627 号；国家知识产权局专利复审委员会第 7849 号无效宣告请求审查决定、北京市第一中级人民法院行政判决书（2006）一中行初字第 593 号和北京市高级人民法院行政判决书（2003）高行终字第 370 号。

范围的限制。同时，专利行政诉讼的合法性审查范围应当限于专利复审委员会行政决定的认定。也就是说，专利行政诉讼的合法性审查范围，不应当小于原告的诉讼理由，并且不应当大于专利复审委员会行政决定的认定。

## 4  国家赔偿的相关法律问题

针对无效宣告请求审查决定提起国家赔偿诉讼的相关法律问题，阐述如下。

首先，就国家赔偿的适用范围而言，仅限于无效宣告请求审查决定作出的过程中存在故意、重大过失或者恶意的情形。依据行政法理论和专利复审委员会宣告无效的职能，专利复审委员会的专利无效宣告请求审查决定是对行政规范的使用具有一定灵活性的行政行为，属于行政裁量行为。对于行政裁量行为而言，裁量不当的行政行为必须达到严重的程度才应由国家承担行政赔偿责任。换言之，对于没有达到这一标准的裁量不当行为，国家不必负责。因此，如果专利复审委员会的无效宣告请求审查决定被撤销，只有在造成损害后果并且能够认定在决定作出的过程中存在故意、重大过失或者恶意时，才需要承担行政赔偿责任。

其次，就国家赔偿的责任后果而言，仅限于直接损失。即根据《国家赔偿法》第36条第（8）项规定，"对财产权造成其他损害的，按照直接损失给予赔偿。"如果无效宣告请求审查决定被撤销从而造成损害后果并且能够认定在决定作出的过程中存在故意、重大过失或者恶意的情况下，将仅对于所造成的直接损失进行赔偿，即限于交通费、住宿费等为进行该无效宣告请求审查程序所付出的费用。

## 5  审查范围中程序与实体的关系

根据行政诉讼法的规定，人民法院在专利行政诉讼中对于具体行政行为的合法性进行审查。其中，具体行政行为的合法性既包括实体合法性又包括程序合法性，既包括事实认定的合法性又包括法律适用的合法性。所以，就专利行政诉讼的审查范围而言，同样既包括实体合法性又包括程序合法性，既包括事实认定的合法性又包括法律适用的合法性。

人民法院在专利行政诉讼案件中发现行政程序存在一定问题的情况下，是否需要对实体合法性进行审查，在法律实践中存在不同做法。通常而言，如果上述行政程序所存在的问题已经达到程序违法的程度，那么根据《行政诉讼法》第54条的规定，人民法院应当以程序违法为由判决撤销具体行政行为。但是，如果上述行政程序所存在的问题并未达到程序违法的程度而是仅仅构成程序瑕疵，那么人民法院可以对于实体合法性进行审查，并根据实体合法性和程序合法性审查的综合结果作出判决。

这是因为，如果仅仅依据程序瑕疵撤销无效宣告请求审查决定，并不涉及实体法律问题的事实认定和法律适用，那么专利复审委员会在纠正程序问题的基础上重新作出无效宣告请求审查决定，当事人如果对于该无效宣告请求审查决定不服的，则需要再次提起专利行政诉讼，对于无效宣告请求人和专利权人都构成时间和精力的耗费。例如，在"防治油、水、氢泄漏机构"一案❶中，在专利无效宣告程序中，2006年2月23日进行口头审理。2006年8月23日，国家知识产权局作出著录项目变更通知，将专利权人变更。在此之后，专利复审委员会作出维持专利权有效的无效宣告请求审查决定。该案件中，变更前后的专利权人分别为某公司的法定代表人和该公司。无效宣告请求人提起行政诉讼，专利权人认为被诉无效宣告请求审查决定符合听证原则并未损害其合法权利，人民法院认为专利复审委员会在明知涉案专利权权属变更的情况下，没有给变更后的专利权人陈述意见的机会。在存在主体变更情况的当事人都不认为无效宣告请求审查程序中的程序问题损害其合法权利的情况下，基于上述程序瑕疵撤销无效宣告请求审查决定对于当事人而言可能并无益处。

# 第7节　专利行政诉讼的证据和举证

用法律解决问题是一个法律分析的过程，在案件审理或审查中，法律适用的过程是裁判者查明争议事实并按照逻辑演绎过程把这些事实归属于某个规则之下的过程。❷专利行政诉讼同样如此。对于专利行政诉讼中的证据认定，例如书证、物证、证人证言、电子证据等证据材料的真实性、合法性和关联性的认定，以及证据链的判断，主要参照专利权无效宣告程序中相关证据规则进行，本节对于这些问题不再赘述。本部分主要讨论专利行政诉讼中的"新的证据"等问题。

## 1　专利行政诉讼中"新的证据"

就对待专利行政诉讼中当事人所提交的、在行政程序中没有出现过的证据的情况，原则上人民法院不予接纳。但是在某些特殊情形下，为了实现实体公正，需要加以考虑。

### 1.1　案卷排他主义规则

就专利行政诉讼中当事人所提交的、在行政程序中没有出现过的证据的情况，处理的基本原则是，人民法院审理专利确权行政案件，当事人向人民法院提交其在行政程序中未曾提交过的证据的，人民法院一般不予采纳。也就是说，人民法院在审理专

---

❶　国家知识产权局专利复审委员会第8663号无效宣告请求审查决定、北京市第一中级人民法院行政判决书（2006）一中行初字第1653号和北京市高级人民法院行政判决书（2007）高行终字第32号。

❷　E. 博登海默. 法理学：法律哲学与法律方法［M］. 邓正来，译. 北京：中国政法大学出版社，2004：509－512.

利行政诉讼案件时，与审理一般行政诉讼案件相同，需要遵循案件排他主义规则。案卷排他主义规则，又称案卷主义规则或者案卷排他性规则，是指行政行为只能以案卷作为根据，即以经过听证在卷的证据为事实根据，不能在案卷之外，以当事人未知悉的和未质证的证据为根据，行政认知除外。❶ 也就是说，行政主体在作出具体行政行为时，应当以行政程序中形成的案卷作为根据，案卷外的任何材料不能作为作出该具体行政行为的依据；在行政诉讼中，人民法院对具体行政行为的合法性审查只能以行政案卷中记载的事实为对象，人民法院不能接受行政主体在具体行政行为作出之后或者在诉讼程序中收集的证据。

我国《行政诉讼法》、《最高人民法院关于执行〈中华人民共和国行政诉讼法〉若干问题的解释》和《最高人民法院关于行政诉讼证据若干问题的规定》中对于案卷排他主义规则均有所规定。《行政诉讼法》第 33 条规定，在诉讼过程中，被告不得自行向原告和证人收集证据。《最高人民法院关于执行〈中华人民共和国行政诉讼法〉若干问题的解释》第 30 条第 1 款规定，被告及其诉讼代理人在作出具体行政行为后自行收集的证据不能作为认定被诉具体行政行为合法性的依据。《最高人民法院关于行政诉讼证据若干问题的规定》第 60 条则规定，下列证据不能作为认定被诉具体行政行为合法的依据：①被告及其诉讼代理人在作出具体行政行为后或者在诉讼程序中自行收集的证据；②被告在行政程序中非法剥夺公民、法人或者其他组织依法享有的陈述、申辩或者听证权利所采用的证据；③原告或者第三人在诉讼程序中提供的、被告在行政程序中未作为具体行政行为依据的证据。根据上述规定，在行政诉讼中，原告、被告和第三人在诉讼程序中提供的、在行政程序中未作为具体行政行为依据的证据，通常不能作为认定被诉具体行政行为合法的依据。

通常情况下，在专利行政诉讼中应当严格遵循案卷排他主义规则的要求，在复审程序和无效宣告程序中没有出现过的证据不作为评价复审请求审查决定和无效宣告请求审查决定的依据。这样的做法具有法理和实务依据。

首先，如前所述，案卷排他主义规则是行政诉讼中的一般性规则，专利行政诉讼中亦应当遵守。

其次，如果在专利行政诉讼中接受在行政程序中没有出现的证据，则使得《专利审查指南 2010》对于举证期限的规定形同虚设。《专利审查指南 2010》第四部分第三章第 4.3.1 节规定，请求人在提出无效宣告请求之日起 1 个月内补充证据的，应当在该期限内结合该证据具体说明相关的无效宣告理由，否则，专利复审委员会不予考虑；请求人在提出无效宣告请求之日起 1 个月后补充证据的，专利复审委员会一般不予考虑，但下列情形除外：针对专利权人以合并方式修改的权利要求或者提交的反证，请求人在专利复审委员会指定的期限内补充证据，并在该期限内结合该证据具体说明

---

❶ 刘善春，毕玉谦，郑旭，等. 诉讼证据规则研究 [M]. 北京：中国法制出版社，2000：781.

相关无效宣告理由的；在口头审理辩论终结前提交技术词典、技术手册和教科书等所属技术领域中的公知常识性证据或者用于完善证据法定形式的公证文书、原件等证据，并在该期限内结合该证据具体说明相关无效宣告理由的。同时，《专利审查指南2010》第四部分第三章第4.3.2节规定，专利权人应当在专利复审委员会指定的答复期限内提交证据，但对于技术词典、技术手册和教科书等所属技术领域中的公知常识性证据或者用于完善证据法定形式的公证文书、原件等证据，可以在口头审理辩论终结前补充；专利权人提交或者补充证据的，应当在上述期限内对提交或者补充的证据具体说明；专利权人提交的证据是外文的，提交其中文译文的期限适用该证据的举证期限；专利权人提交或者补充证据不符合上述期限规定或者未在上述期限内对所提交或者补充的证据具体说明的，专利复审委员会不予考虑。显然，如果在专利行政诉讼中还允许当事人提交新证据，那么上述关于举证期限的严格规定将形同虚设，显然不利于专利权无效纠纷的尽快解决。

最后，如果在专利行政诉讼中接受在行政程序中没有出现的证据，则对于无效宣告程序中的另外一方当事人构成审级损失。在专利行政诉讼中接受在行政程序中没有出现的证据，则对于无效宣告程序中的另外一方当事人而言，缺少了一次在专利权无效宣告程序就上述证据的接纳、采信以及证明力等内容陈述意见的机会，显然对于无效宣告程序中的另外一方当事人有所不公。

## 1.2 主要例外情形

如前所述，专利行政诉讼对于证据的认定应当以案卷排他主义为原则，通常不接受专利行政诉讼中当事人所提交的、在行政程序中没有出现过的证据。但是，处于案件公平公正审理的需要，在非常特殊的例外情形下，可以接受专利行政诉讼中当事人所提交的、在行政程序中没有出现过的"新的证据"。可以接受的"新的证据"主要是在被宣告专利权无效或者部分无效的情况下，专利权人提交新的证据，根据该新的证据足以推翻行政决定的审查结论，并且该新的证据系在行政程序中的举证期限届满后新发现的证据。

之所以在这种情况下将其认定为行政诉讼法意义上的"新的证据"，从而予以接纳。主要原因在于，在专利权被宣告无效或者部分无效的情况下，如果对于上述证据一概不予考虑，那么专利权人的实体权利将完全无法救济。出于实体权利救济的需要，通常将"在被宣告专利权无效或者部分无效的情况下，专利权人提交新的证据，根据该新的证据足以推翻行政决定的审查结论，并且该新的证据系在行政程序中的举证期限届满后新发现的证据"认定为行政诉讼法意义上的"新的证据"。需要强调的是，上述"新的证据"必须系在行政程序中的举证期限届满后新发现的证据，这也是《行政诉讼法》关于"新的证据"的必然要求。当事人在行政程序中已获得相关证据，能够向专利复审委员会提交但未能提交，并且不能作出合理说明的，人民法院应

第9章

当不予采纳。例如，在"女性计划生育手术 B 型超声监测仪"一案❶中，专利复审委员会以权利要求相对于对比文件不具备创造性为由，宣告 200420012332.3 号实用新型专利权全部无效。一审判决维持上述无效宣告请求审查决定。专利权人不服一审判决，上诉至北京市高级人民法院。在上诉期间，专利权人提交了 4 组新证据。北京市高级人民法院认定："……在本院二审审理期间，胡颖提交的新证 1、3 能够证明本专利以及依照本专利的技术方案生产的 B 超监视妇科手术仪解决了现有技术中如何提高人工流产手术的成功率，减少手术并发症的发生，解决妇产科医生在盲视下手术的问题。新证 2、3 能够证明依照本专利的技术方案生产的 B 超监视妇科手术仪已经在全国推广并通过政府采购占有一定的市场份额。上述证据能够证明本专利已经取得商业上的成功，而且这种成功是由于该实用新型的技术特征直接导致的。"基于此，判决认定第 12728 号无效决定中关于本专利权利要求 1 的创造性认定不妥，判决撤销了专利复审委员会第 12728 号无效宣告请求审查决定。最高人民法院认为，"本案中，在无效宣告程序中，专利权人没有主张本专利在商业上获得了成功，也没有提交关于本专利在商业上成功的证据。因此，专利复审委员会在对本专利进行创造性判断时，没有考虑商业成功的因素，并无不当。专利权人在二审阶段提交证据证明其专利产品获得了商业成功……但是，上述证据中载明湖北、河南、黑龙江省人口与技术生育委员会采购了 116 台本专利产品，从产品的销售量来看，尚不足以证明本专利产品达到了商业上成功的标准。因此，二审判决基于新证据 2 和 3 得出本专利已经取得商业上的成功，证据不足，本院不予支持。"可见，最高人民法院虽然并未认定涉案专利产品构成商业上的成功，但是仍然接纳了上述证据，只是认为上述证据不足以证明涉案专利产品达到了商业上成功的标准。

## 2 公知常识性证明材料

### 2.1 公知常识认定的制度演进

无效宣告程序中裁判者对于事实的查明和判断，在制度设置上借鉴了民事诉讼程序中的相关制度。从《审查指南 1993》开始，即确定了当事人对其主张负有举证责任。❷《审查指南 2001》和《审查指南 2006》对这一规定进一步明确和细化。❸❹ 值得注意的是，在《审查指南 2006》中，第四部分第八章第 4.4 节专门规定了"公知常识"的举证，同时在第四部分第三章第 4.1 节规定："专利复审委员会可以依职权认

---

❶ 国家知识产权局专利复审委员会第 12728 号无效宣告请求审查决定、北京市第一中级人民法院行政判决书（2009）一中知行初字第 911 号、北京市高级人民法院行政判决书（2009）高行终字第 1441 号以及最高人民法院行政判决书（2012）行提字第 8 号。

❷ 《审查指南 1993》第四部分第三章第 3.1 节之（1）。

❸ 《审查指南 2001》第四部分第一章第 11.3 节。该版本指南中，将举证责任小节单列出来。

❹ 《审查指南 2006》将证据相关的规定单独成章。

定技术手段是否为公知常识，并可引入……等所属技术领域中的公知常识性证据。"《专利审查指南 2010》亦持有相同观点。

## 2.2 公知常识认定的法律属性

就公知常识的认定而言，属于一种类似于司法认知的行政认知行为，亦即，公知常识之于本领域技术人员，与众所周知的事实之于一般民众，其法律地位实属相同。从而，公知常识证据与公知常识之间的关系，属于认知关系，而非证明关系。首先，就认知制度的法律渊源而言，行政认知乃至司法认知这一概念或可追溯到罗马法上"显著之事实，无须证明"，或英美法学者所普遍认为的市民法和教会法上的"已经知道的无须证明"。❶ 根据美国《联邦证据规则》第 201 条规定，对于属于裁判性事实范围内的（1）审判法院辖区内众所周知的事实和（2）通过借助某种其准确性不容置疑的来源而能够准确和易于确定的事实，可以进行司法认知。❷ 其次，就认知制度的内在逻辑而言，我国《最高人民法院关于行政诉讼证据若干问题的规定》第 68 条第（1）项和第（2）项规定的"众所周知的事实"和"自然规律及定理"，均属于司法认知的范畴，在行政程序中也存在类似于司法认知的行政认知，即行政机关直接认定众所周知的事实和根据无可争辩的渊源容易确定的事实，将其作为作出行政裁决的依据。❸ 再次，就认知制度的法律适用而言，公知常识是本领域技术人员普遍知晓的技术内容，众所周知的事实是一般民众普遍知晓的事实内容，公知常识之于本领域技术人员，与众所周知的事实之于一般民众，其法律地位实属相同。另外，《专利法》法律适用的基础在于本领域技术人员这一概念，亦即本领域技术人员的能力渗透到公开换取垄断这一制度价值的方方面面，判断说明书是否公开充分、权利要求是否得到说明书支持、权利要求是否具备新颖性和创造性等均需要建立在本领域技术人员这一概念的理性理解的基础之上。

## 2.3 公知常识的认定

公知常识应当具有确定性，应当是确证无疑的事实，而不能够被合理质疑。如果当事人对于是否属于公知常识存在争议，那么主张其属于公知常识的一方当事人应当举证证明或者充分说明。其中所谓的"充分说明"，需要形成合理的逻辑使得裁判者形成正确的认知。

在"燃煤、油、气常压热水锅炉"一案❹中，涉案专利权利要求 1 为："一种燃

第9章

---

❶ 周萃芳. 司法认知论［M］. 北京：中国公安大学出版社，2008：11-12.

❷ 罗纳德·J. 艾伦，理查德·B. 库恩斯，埃莉诺·斯威夫特. 证据法文本、问题和案例［M］. 3 版. 张保生，王进喜，赵滢，译. 北京：高等教育出版社，2006：880.

❸ 孔祥俊. 审理专利商标复审行政案件适用证据规则的若干问题［J］. 法律适用，2005（4）.

❹ 国家知识产权局专利复审委员会第 3974 号无效宣告请求审查决定以及北京市第一中级人民法院行政判决书（2001）一中行初字第 309 号、北京市高级人民法院行政判决书（2002）高行终字第 202 号和最高人民法院行政判决书（2009）行提字第 4 号。

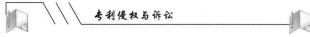

煤、油、气常压热水锅炉，包括炉体及炉体内的炉膛、集热箱和烟筒，其特征在于炉膛上部设置加煤口，下部设置除渣口，炉膛内中上部设置炉排，炉排上部为预热室，下部为燃净室，预热室侧面设置燃烧器接口。"无效宣告请求人提交的证据1公开了一种高效节能双层炉排反烧锅炉，它的上层水管反烧炉排是平面波浪型布置。从附图中可以看出，其也具有炉膛、烟囱、加煤口和除渣口，同时炉膛中设有炉排将炉膛分为两个部分。但是证据1没有公开权利要求1中的"预热室侧面设置燃烧器接口"这一技术特征。

专利复审委员会认为，证据1没有公开权利要求1的"预热室侧面设置燃烧器接口"的技术特征，而该技术特征使得权利要求所保护的常压热水锅炉具有燃煤、油、气三用的功能，在对锅炉本体无须做大的改造、变动情形下实现多种燃料的互换使用，因此权利要求1所要求保护的技术方案与现有技术相比具有实质性特点和进步，具有创造性。

北京市第一中级人民法院一审判决维持了该决定。无效宣告请求人不服上述判决提起上诉。北京市高级人民法院二审判决认为，在涉案专利申请日前已经有使用煤、油、气作为燃料的三用锅炉，这种三用锅炉中有在炉门之侧开设燃烧器接口的技术方案，这种技术方案是三用锅炉中普遍使用的，作为该技术领域的技术人员应当知悉的，可以作为该技术领域的一般技术常识。上述的三用锅炉包括常压热水锅炉。根据"燃煤、油、气常压热水锅炉"实用新型专利权利要求书和说明书，"预热室侧面设置燃烧器接口"的技术特征与上述的常识是相同的，故该技术特征属于该领域的常识。由于三用锅炉的出现，早于"燃煤、油、气常压热水锅炉"实用新型专利的申请日，故应认定是在"燃煤、油、气常压热水锅炉"实用新型专利申请日之前，上述常识即已存在。对于常压热水锅炉技术领域的常识，该技术领域的普通技术人员均应当知悉，专利复审委员会不应要求无效宣告请求人为证明是不是常识而提交证据。

最高人民法院认为，在专利无效行政诉讼程序中，法院在无效宣告请求人自主决定的对比文件结合方式的基础上，依职权主动引入公知常识以评价专利权的有效性，并未改变无效宣告请求理由，有助于避免专利无效宣告程序的循环往复，并不违反法定程序；法院在依职权主动引入公知常识时，应当在程序上给予当事人就此发表意见的机会。本案当事人对于"预热室侧面设置燃烧器接口"这一技术特征是否属于公知常识存在争议，而无效宣告请求人又未能举证证明，况且专利复审委员会也不认为属于公知常识，对于审理案件的法官而言，在没有证据或者具有充分理由的情况下，并应得出该争议特征属于公知常识的结论，更不能将该争议特征认定为诉讼法意义上的众所周知的事实而免除当事人的举证责任。据此，撤销二审判决，维持一审判决和被诉无效宣告请求审查决定。

由"燃煤、油、气常压热水锅炉"一案可知，公知常识应当具有确定性，应当是确证无疑的事实，而不能够被合理质疑。如果当事人对于是否属于公知常识存在争议，那么主张其属于公知常识的一方当事人应当举证证明或者充分说明。

当事人向人民法院提交的、用于证明本领域普通技术人员在专利申请日应当具有的知识水平和能力的本领域公知常识性证据材料，以及当事人向人民法院提交的、用于证明一般消费者在专利申请日应当具有的知识水平和能力的惯常设计证据材料，是否受到案卷排他主义规则的约束，在实践中存在争议。有观点认为，由于公知常识之于本领域技术人员，与众所周知的事实之于一般民众，其法律地位实属相同。从而，公知常识证据与公知常识之间的关系，属于认知关系，而非证明关系。因此，其作为形成正确司法认知的材料，不受到案卷排他主义规则的约束。另一种观点认为，《专利审查指南 2010》第 4 部分第 3 章第 4.3.1 节和第 4.3.2 节分别规定，请求人和专利权人可以在口头审理辩论终结前提交技术词典、技术手册和教科书等所属技术领域中的公知常识性证据或者用于完善证据法定形式的公证文书、原件等证据。因此《专利审查指南 2010》对于公知常识性证据材料的举证期限给出了明确规定，不应当在专利行政诉讼中给予当事人更多的举证机会。需要补充的是，如果公知常识性证据属于上述第一部分所介绍的无效宣告请求审查决定宣告专利权无效的情况下专利权人提交的证据，那么该公知常识性证据与无效宣告请求审查决定宣告专利权无效的情况下专利权人提交的其他证据没有差别，通常应当予以采信。

## 3　基于复审决定的专利行政诉讼举证

复审请求人不服专利复审委员会作出的复审决定，可以提起专利行政诉讼。在该专利行政诉讼中，专利复审委员会负有举证责任。

如果复审决定的主要法律依据为《专利法》第 5 条，第 25 条，第 2 条第 2 款，第 20 条第 1 款，第 22 条第 4 款，第 26 条第 3 款、第 4 款、第 5 款，第 31 条第 1 款或者《专利法实施细则》第 20 条第 2 款，那么，主要提交的证据包括复审决定书所针对的文本。如果当事人同时对于程序合法性提出异议，还需要提交驳回决定所针对的文本、复审通知书等。如果复审决定的主要法律依据为《专利法》第 9 条，那么需要提交涉案专利以及可能构成重复授权的专利文件。如果复审决定的主要法律依据为《专利法》第 33 条或者第 43 条第 1 款，那么通常需要提交原始申请文本、复审决定所针对的文本等。如果复审决定的主要法律依据为《专利法》第 22 条第 2 款或者第 3 款，通常需要提交涉案专利、对比文件等。

在实务中存在一定争议的问题在于，如果复审决定的主要法律依据为《专利法》第 22 条第 2 款或者第 3 款，并且所引用的对比文件为外文的情况。众所周知的审查实践是，我国专利实质审查过程中可能引用外文文献作为对比文件，并且在实质审查过程中并不针对该外文文献向当事人提供翻译文本。因此，如果当事人提出复审请求，那么在复审程序中也会直接引用该外文文献，并不会向当事人提供翻译文本。通常认

为，立足我国法律实践的现状，专利复审委员会在复审通知书以及复审决定中所引用的对比文件所公开的技术内容，可以看做其所使用部分的中文译文。如果当事人对于该部分中文译文有争议，那么应当提供相应的中文译文。

## 4 基于无效宣告请求审查决定的专利行政诉讼举证

无效宣告请求人、专利权人不服专利复审委员会作出的无效宣告请求审查决定，可以提起专利行政诉讼。在该专利行政诉讼中，专利复审委员会负有举证责任。

通常而言，在无效宣告请求人、专利权人不服专利复审委员会作出的无效宣告请求审查决定提起的专利行政诉讼中，专利复审委员会一般会结合原告起诉状中不服无效宣告请求审查决定的相关部分提交相应证据。也就是说，专利复审委员会提交的证据通常大于原告起诉状中不服无效宣告请求审查决定相关部分所涉及的证据，小于无效宣告请求审查决定所涉及的所有证据。如果无效宣告请求人、专利权人对于无效宣告请求审查决定的审查程序有所异议，专利复审委员会还会提交口头审理记录表、当事人的相关意见陈述书等作为证据。

鉴于此，专利行政诉讼原告在起诉状中尽量应当列明针对无效宣告请求审查决定的所有异议点。在起诉状中，针对无效宣告请求审查决定的各个异议点可以根据重点做详略得当的描述，但是尽量全部列明。否则，如果在专利行政诉讼庭审中增加诉讼理由或者相关证据，通常需要专利复审委员会补充提交证据和补充提交答辩意见，甚至导致再次开庭审理。显然，这无益于专利行政诉讼案件的高效审理。

## 第8节 专利行政诉讼的审理程序与裁判方式

专利行政诉讼的审理程序与一般行政诉讼的审理程序具有类似之处，通常包括一审程序、二审程序，有些案件还包括审判监督程序。本节主要介绍专利行政诉讼在审理程序的实务操作方面所存在的特点，以及专利行政诉讼的裁判方式。

## 1 起诉与受理

行政诉讼的起诉，是指公民、法人或者其他组织，认为行政主体的具体行政行为侵犯其合法权益，向人民法院提起诉讼，请求人民法院行使国家审判权、审查具体行政行为的合法性并向其提供法律救济以保护其合法权益的诉讼行为。❶ 根据《行政诉讼法》第41条的规定，适格的起诉包括如下条件：认为具体行政行为侵犯其合法权益的公民、法人或者其他组织，有明确的被告，有具体的诉讼请求和事实根据，属于

---

❶ 姜明安. 行政法与行政诉讼法[M]. 3 版. 北京：北京大学出版社，高等教育出版社，2007：546－547.

人民法院受案范围和受诉人民法院管辖。人民法院需要对于原告的起诉进行审查，以确定其是否符合受理的条件。其中，人民法院审查的主要内容包括：相应案件是否属于人民法院行政诉讼的受案范围和受诉人民法院管辖，是否遵循了法律关于行政复议与行政诉讼关系的规定，是否符合法律对于起诉期限的规定，是否属于重复诉讼。其中，在法律实践中需要特别注意是否符合法律对于起诉期限的规定。

起诉期限，是指行政相对人对具体行政行为不服，向人民法院提起行政诉讼的法定期限。超过起诉期限，相对人就丧失了对该具体行政行为提起诉讼的权利。❶ 正如其他类型的行政诉讼一样，《行政诉讼法》第 39 条对于可直接起诉的具体行政行为设定了相应的起诉期限。《行政诉讼法》第 39 条规定，公民、法人或者其他组织直接向人民法院提起诉讼的，应当在知道作出具体行政行为之日起 3 个月内提出。法律另有规定的除外。对于专利行政诉讼而言，《专利法》也对不服专利复审委员会的复审请求审查决定、无效宣告请求审查决定和集成电路布图设计撤销决定作出了 3 个月起诉期限的规定。实践中，基于对当事人诉权的保障，专利复审委员会作出的复审请求审查决定、无效宣告请求审查决定和集成电路布图设计撤销决定均在决定中书面告知诉权。

在"对讲机（PX－555）"一案❷中，专利复审委员会于 2007 年 11 月 27 日将第 10663 号无效宣告请求审查决定以书面方式邮寄送达至专利权人在专利申请阶段指定的"联系人"处。按照当时适用的《专利法》、《专利法实施细则》以及《专利审查指南》的规定，对于上述无效决定的起诉期限，应自发文日起 15 日推定当事人收到该文件并起算起诉期限，同时如果当事人有相反证据可证明其实际收到日晚于该日期的，以实际收到日计算。专利权人陈伟于 2008 年 3 月 25 日针对该无效决定提起行政诉讼；并针对专利复审委员会指出的该诉讼超出了法定的起诉期限问题，举出了该"联系人"的接收、转送文件的记录，认为专利权人实际从"联系人"处收到该决定的日期为 2008 年 1 月 30 日。但该文件记录同时显示，专利权人的"联系人"于 2007 年 12 月 4 日收到上述决定。针对上述理由，专利复审委员会认为，原告陈伟的起诉由于超过了起诉期限应驳回该起诉。一审法院驳回原告起诉，该裁定经上诉后被维持。

就"对讲机（PX－555）"一案而言，由于专利申请事务的整个程序本身需要较长时间，且即使在专利权授予之后，在专利权的相当长的有效期限内，期间的各种书面文件交换均需通过邮件的方式进行，这些书面文件均因涉及时效利益而必须及时送达，为了解决现实生活中存在的当事人住所地与当事人经常居住地分离，以及当事人

---

❶ 姜明安. 行政法与行政诉讼法 [M]. 3 版. 北京：北京大学出版社，高等教育出版社，2007：551.

❷ 国家知识产权局专利复审委员会第 10663 号无效宣告请求审查决定、北京市第一中级人民法院行政裁定书（2008）一中行初字第 721 号和北京市高级人民法院第行政裁定书（2009）高行终字第 233 号。

经常居住地不固定等问题，专利法实施细则中设置了联系人制度。该制度本质上仍然是委托代理关系，需要从民法上委托代理的角度来理解，无论是从专利法实施细则的规定还是基于"联系人"的字面含义，均可以解读出，申请人于请求书中填写联系人，是一种授权行为，联系人基于上述授权行为，取得了接收文件的代理权限。受托人在代理权限之内的行为，法律后果必然也必须及于委托人。不能以其从受托人（联系人）处实际取得文件的时间来计算起诉期限。

在"数字音频信息在其存储媒介上的多路调制编码方法与装置"一案❶中，专利复审委员会于 2006 年 12 月 30 日将无效宣告请求审查决定邮寄送达给专利权人 DTS 公司。其后，于 2007 年 4 月 5 日，原告 DTS 公司在专利权无效宣告程序阶段的委托代理人向北京市第一中级人民法院提起行政诉讼，但同时并未提交原告的法定代表人身份证明、委托手续及其他能够证明该代理人取得行政诉讼代理权限的证据材料。该案件的审理期间，原告向北京市第一中级人民法院递交了授权委托书，但是该委托书的签署日期为 2007 年 8 月 22 日。并且，原告直至 2008 年 11 月才递交授权委托书的公证认证文件。经过审理后，一审法院裁定驳回原告起诉。

就"数字音频信息在其存储媒介上的多路调制编码方法与装置"一案而言，专利行政程序，无论是何种阶段，其均为行政程序，与针对行政决定而提起的行政诉讼程序，是两个性质、目标和价值均不同的程序，并非基于时间上的先后性而可以被理解为程序上的延续。由此可见，在专利行政程序中的代理人，并非必然可以代行政相对人提起行政诉讼，其需要获得以行政相对人的名义为起诉行为的资格和能力，即必须获得行政相对人在相应行为范围内的授权。就诉讼行为，没有合法的授权委托书的代理人与案件当事人之间不存在委托诉讼代理的法律关系；持不合格的委托书的代理人，不能视为当事人的诉讼代理人，也就不能代表当事人为诉讼行为，不能代替当事人行使诉权和承担诉讼中的义务。法律为起诉设置了很低的门槛，如果当事人连"有明确的被告、是利害关系当事人"这样的基本条件都无法满足，那么不构成一个合格的起诉，仅仅是一种随意的、没有法律意义的言论表达而已。如果认为向法院提出"请求"就完成了"起诉"，那么，任何非特定法律关系的人，都可以向法院主张一个不合格的"诉"。原告 DTS 公司在无效宣告程序中的委托代理人于 2007 年 4 月 5 日向北京市第一中级人民法院递交材料的行为，并不是起诉行为，不构成合格的诉。

在"产品防伪方法"一案❷中，专利复审委员会于 2008 年 2 月 22 日向当事人发出第 11039 号无效宣告请求审查决定，并在决定中告知了诉权和起诉期限，载明"当事人对本决定不服的，可以根据《专利法》第 46 条第 2 款的规定，自收到本决定之

---

❶ 国家知识产权局专利复审委员会第 9369 号书面无效宣告请求审查决定、北京市第一中级人民法院行政裁定书（2008）一中行初字第 1828 号。

❷ 国家知识产权局专利复审委员会第 11039 号无效宣告请求审查决定、北京市第一中级人民法院行政裁定书（2009）一中行初字第 976 号。

日起三个月内向北京市第一中级人民法院起诉"。2008 年 3 月 31 日，原告向北京市第一中级人民法院邮寄递交了"发明专利'产品防伪方法'提请重新复议报告"，该报告中载明了"……提请国知局专利局法律事务处重新审定复议"。2008 年 8 月 22 日，北京市第一中级人民法院以该"报告"不符合立案要求将该"报告"退回原告。2008 年 11 月 26 日，原告向北京市第一中级人民法院递交了行政起诉状。其后，一审法院裁定驳回原告起诉。

就"产品防伪方法"一案而言，第 11039 号无效宣告请求审查决定的发文日为 2008 年 2 月 19 日，并且在该决定的正文部分结尾处进行了明确的诉权和起诉期限的告知。原告于 2008 年 3 月 31 日向北京市第一中级人民法院递交材料《发明专利"产品防伪方法"提请重新复议报告》，并不具有明确的起诉的意思表示，其表达的是复议请求的意思，鉴于法律将复审决定和无效决定排除在行政复议的受案范围之外，所以上述行为不能认为其在起诉期限内提起了诉讼。此后，其于 2008 年 11 月 26 日提起的诉讼超出了法定的起诉期限。

## 2　一审程序和二审程序

行政诉讼的一审程序通常包括审理前的准备、开庭审理两个阶段，开庭审理通常包括预备、法庭调查、法庭辩论、评议和宣判五个阶段。二审程序则可以选择使用书面审理和开庭审理两种审理方式。

就专利行政诉讼而言，人民法院在开庭审理程序方面积累了丰富的经验，并且基于专利行政诉讼所具有的特点探索了高效的庭审方式。通常而言，在专利行政诉讼的一审程序中，尤其是以专利复审委员会为被告的专利行政诉讼的一审程序中，因为专利行政诉讼所具有的技术性和法律性交织的特点，通常将法庭调查和法庭辩论两个阶段合二为一。在合并后的法庭调查和法庭辩论阶段，一审人民法院通常会按照被诉的行政决定的顺序，要求原告逐一明确其对于被诉的行政决定所存在的异议。然后针对上述异议点，由原被告双方陈述意见、进行辩论。同时，本书认为，上述做法可能导致原告在起诉状中本未提及的异议而在庭审中加以提出，从而降低审判效率、不利于实现公正。因此建议人民法院结合原告具体的诉讼理由，逐一进行审理。

在专利行政诉讼的二审程序中，通常要求上诉人明确其上诉的主要理由，然后结合其他行政诉讼主体的陈述，确定主要争议焦点。然后针对主要争议焦点，由各方当事人陈述意见、进行辩论。

## 3　审判监督程序

根据《行政诉讼法》的规定，能引起人民法院再审程序的条件包括以下四项：①当事人对已经发生法律效力的判决、裁定，认为确有错误的，可以向原审人民法院或者上一级人民法院提出申诉;②人民法院院长根据其他信息来源,对本院已经发生法律效力的判决、裁定,发现违反法律、法规规定认为需要再审的,应当提交审判委员会决定是否再审;③上级人民法院根据其他信息来源,对下级人民法院已经发生法律效力的判决、裁定,发现违反法律、法规规定的,有权提审或者指令下级人民法院再审;④人民检察院对人民法院已经发生法律效力的判决、裁定,发现违反法律、法规规定的,有权按照审判监督程序提出抗诉。❶

也就是说,对于当事人而言,不服生效判决或者裁定的,可以选择向原审人民法院或者上一级人民法院提出申诉,或者向人民检察院提出抗诉请求。申诉和抗诉两种审判监督程序启动机制的区别在于,对人民检察院按照审判监督程序提出抗诉的行政案件,人民法院必须再审;对人民检察院按照审判监督程序提出抗诉的行政案件,人民检察院派员参加庭审。《最高人民法院关于检察院对行政诉讼进行法律监督具体程序问题请示的答复》指出,"参照《民事诉讼法》第186条和第188条的规定,对人民检察院按照审判监督程序提出抗诉的行政案件,人民法院应当再审。再审开庭时,应当通知人民检察院派员出席法庭,并将裁判结果告诉提出抗诉的人民检察院。人民检察院在审查拟提出抗诉的行政案件时,可以向人民法院调阅有关案件材料。"

在"芒硝开采方法"一案❷中,上海太平洋化工(集团)淮安元明粉有限公司、南风集团淮安元明粉有限公司于2001年8月17日向专利复审委员会提出无效宣告请求,中国地质科学院勘探技术研究所于2001年12月14日向专利复审委员会提出无效宣告请求,上述无效宣告请求人提出的无效理由均为:①专利权人在专利申请阶段对申请文件的修改不符合《专利法》第33条的规定。②本专利不具备《专利法》第22条规定的创造性。专利复审委员会作出第5528号无效宣告请求审查决定,以不具备创造性为由宣告专利权无效。北京市第一中级人民法院(2004)一中行初字第176号行政判决维持上述行政决定。北京市高级人民法院(2004)高行终字第318号行政判决撤销被诉行政决定以及一审判决,其认为:专利复审委员会行政决定认为"对比文件3记载的老井改造方案中的老井下的溶腔在连通井开始设计、施工前就已经形成,因此本领域技术人员很容易想到根据已形成的溶蚀腔中心确定连通井的水平走向以及造斜井段的终止点深度和位置"是错误的,因为老卤井不必再测量、计算连通井造斜井段的终止点深度和位置。因此,撤销上述行政决定。

最高人民检察院于2006年11月3日作出高检行抗〔2006〕8号行政抗诉书,以二审判决认定本案专利具备创造性的主要证据不足为由对本案提出抗诉。据此,北京市高级人民法院审判监督庭重审该案,在开庭审理过程中,北京市高级人民检察院派

❶ 姜明安. 行政诉讼法学 [M]. 北京:北京大学出版社,1993:169-170.
❷ 关于本案的详细分析,参见:中国知识产权研究会专利委员会,最高人民法院中国应用法学研究所,国家知识产权局专利复审委员会. 专利名案解读(二)——20起典型专利纠纷案例评析 [M]. 北京:知识产权出版社,2011:253-268.

员出席法庭并且宣读抗诉书。经过审理，北京市高级人民法院作出（2007）高行抗终字第135号行政判决，撤销二审判决，维持无效决定。

洪泽银珠化工集团有限公司针对上述（2007）高行抗终字第135号行政判决向最高人民法院提出申诉，最高人民法院经过听证后作出（2010）知行字第8号驳回再审申请通知书，驳回再审申请人的再审请求。❶

"芒硝开采方法"一案系我国首例最高人民检察院抗诉的专利行政诉讼案件。其体现了如果当事人不服生效判决或者裁定，那么可以选择向原审人民法院或者上一级人民法院提出申诉，或者向人民检察院提出抗诉请求。对人民检察院按照审判监督程序提出抗诉的行政案件，人民法院必须再审。同时，抗诉必须由作出生效判决或者裁定的人民法院的上级人民检察院向作出生效判决或者裁定的人民法院的上级人民法院提出抗诉，人民法院应当再审。再审开庭时，应当通知人民检察院派员出席法庭，并将裁判结果告诉提出抗诉的人民检察院。人民检察院在审查拟提出抗诉的行政案件时，可以向人民法院调阅有关案件材料。

## 4 裁判方式

根据《行政诉讼法》第54条的规定，"人民法院经过审理，根据不同情况，分别作出以下判决：（一）具体行政行为证据确凿，适用法律、法规正确，符合法定程序的，判决维持。（二）具体行政行为有下列情形之一的，判决撤销或者部分撤销，并可以判决被告重新作出具体行政行为：1. 主要证据不足的；2. 适用法律、法规错误的；3. 违反法定程序的；4. 超越职权的；5. 滥用职权的。（三）被告不履行或者拖延履行法定职责的，判决其在一定期限内履行。（四）行政处罚显失公正的，可以判决变更。"

在专利行政诉讼中，目前常见的裁判方式是维持被诉决定和撤销被诉决定。也就是说，人民法院审理专利授权确权行政案件时，认为行政决定认定事实清楚、适用法律正确、审理程序合法的，应当判决维持被诉的行政决定；认为行政决定存在《行政诉讼法》第54条第2款第（2）项规定的情形的，亦即被诉的行政决定主要证据不足、或者适用法律法规错误、或者违反法定程序、或者超越职权、或者滥用职权的一般应当判决撤销行政决定，并责令国家知识产权局专利复审委员会重新作出行政决定。

在专利行政诉讼中并不适用变更判决。正如《行政诉讼法》第54条所明确规定

---

❶ 国家知识产权局专利复审委员会作出第5528号无效宣告请求审查决定、北京市第一中级人民法院行政判决书（2004）一中行初字第176号、北京市高级人民法院行政判决书（2004）高行终字第318号、最高人民检察院高检行抗〔2006〕8号行政抗诉书、北京市高级人民法院行政判决书（2007）高行抗终字第135号和最高人民法院驳回再审申请通知书（2010）知行字第8号。

的，变更判决仅仅适用于"行政处罚显失公正"这一情形。对于专利行政诉讼而言，显然不符合变更判决的适用前提。因此，人民法院不能直接判决专利权的效力。"根据我国行政诉讼法的规定，即使专利复审委员会的决定错误，法院也不能直接予以变更，只能判决撤销或者一并要求重作决定。在判决主文中直接对涉案专利权的效力作出宣告判决，超出了行政诉讼法及其司法解释有关裁判方式的规定，缺乏充分的法律依据。在现行的行政诉讼法律框架下，人民法院审理专利无效纠纷案件，应当依法按照合法性审查原则，对所争议专利权是否符合专利法规定的专利授权实质性条件等问题作出判断。但对于宣告专利权有效性问题，仍应遵循现行法律规定的裁判方式进行。"❶ 根据行政诉讼法的有关规定，人民法院审理专利无效行政纠纷案件，应当对被诉行政决定的合法性进行审查，虽然在审查中可以对所争议专利权是否符合专利法规定的专利授权实质条件等问题作出判断，但不宜在判决主文中直接表述专利权的效力。原二审判决直接维持本案争议专利有效不当。❷

在专利行政诉讼中能否采取"部分撤销被诉决定"的裁判方式目前尚存在争议。有观点认为，行政决定涉及一项发明或者实用新型专利的多项权利要求，人民法院经审理认为行政决定关于其中一部分权利要求的审查结论错误，其余正确的，可以判决撤销行政决定中错误的部分，维持其他正确的部分。行政决定涉及一件专利申请中的多项外观设计专利，人民法院经审理认为行政决定关于其中一部分外观设计专利的审查结论错误，其余正确的，可以判决撤销行政决定中错误的部分，维持其他正确的部分。另一种观点认为，行政决定属于不可分割的一个具体行政行为，不宜采取"部分撤销被诉决定"的裁判方式。

第9章

---

❶ 最高人民法院行政裁定书（2007）行提字第 3 号。
❷ 最高人民法院行政判决书（2008）行提字第 4 号。

# 第 10 章　涉外专利诉讼中的特殊问题

涉外专利诉讼是指具有涉外因素的专利诉讼，包括涉外专利民事诉讼、涉外专利行政诉讼以及涉外专利刑事诉讼。相对于一般国内专利诉讼，这三大类涉外专利诉讼在诉讼程序等问题上具有一定的特殊性，本章将对这些特殊问题加以介绍。本章第 1 节和第 2 节介绍涉外专利民事诉讼的管辖以及法律适用。本章第 3 节和第 4 节介绍涉外专利民事诉讼和涉外专利行政诉讼的证据和期间的特别规定。这两类涉外专利诉讼的主体可能是外国人、无国籍人、外国企业或组织，我国相关法律法规对域外主体和涉外当事人在诉讼程序、期间以及主体资格证据等程序性要求均有一些特别规定。本章第 5 节简要介绍了国际司法协助和区际司法协助等有关司法协助的相关内容。

## 第 1 节　涉外专利诉讼的管辖

涉外专利民事诉讼的管辖包含两个层面：一是国际管辖层面，即应由哪个国家行使管辖的问题；一是国内管辖层面，即应由国内哪一级法院或哪一个法院行使管辖的问题。❶

涉外专利民事诉讼，其属于涉外民事诉讼的一种。在国际管辖层面上，主要依据我国《民事诉讼法》以及《最高人民法院关于适用〈中华人民共和国民事诉讼法〉若干问题意见》中的相关规定。在国内管辖层面上，在确定我国法院对涉外专利民事诉讼具有管辖权的基础上，仍应适用我国关于专利民事诉讼管辖的相关规定。本节将就涉外专利民事诉讼的管辖进行具体阐述。

## 1　涉外专利民事诉讼的国际管辖权依据

### 1.1　普通地域管辖

我国《民事诉讼法》没有关于涉外民事案件普通管辖的专门规定，但根据《民事诉讼法》第 259 条的规定，涉外民事诉讼程序特别规定中没有规定的，适用民事诉讼法的其他有关规定。一般而言，普通地域管辖适用"原告就被告原则"，由被告住所地人民法院管辖。也就是说，我国法院可以作为被告住所地法院对涉外专利民事诉讼

---

❶　参见：赵相林. 国际司法 ［M］. 3 版. 北京：中国政法大学出版社，2011.

案件行使管辖权。

## 1.2　特别地域管辖

《民事诉讼法》第 265 条规定："因合同纠纷或者其他财产权益纠纷，对在中华人民共和国领域内没有住所的被告提起诉讼，如果合同在中华人民共和国领域内签订或者履行，或者诉讼标的物在中华人民共和国领域内，或者被告在中华人民共和国领域内有可供扣押的财产、或者被告在中华人民共和国领域内设有代表机构，可以由合同签订地、合同履行地、诉讼标的物所在地、可供扣押财产所在地、侵权行为地或者代表机构住所地人民法院管辖。"

根据上述规定可知，涉外专利纠纷案件，即使被告在我国领域内没有住所，只要专利合同签订地、专利合同履行地、专利申请权及专利权登记地、被告可供扣押的财产所在地、侵犯专利权行为地以及被告代表机构所在地在我国领域内，我国法院可以对该涉外专利纠纷案件行使管辖权。由于知识产权的地域性特征，涉外专利民事诉讼的客体一般为我国专利权法律关系。也就是说，在国际管辖层面上，我国法院对本国授予的专利权涉外纠纷案件一般均具有管辖权。具体应由哪一级、哪一个法院管辖，属于国内管辖层面的问题。

## 1.3　专　属　管　辖

专属管辖是指法律强制规定某类案件只能由特定法院管辖，其他法院无权管辖，也不允许当事人协议变更管辖。与其他法定管辖相比，专属管辖具有优先性、排他性与强制性。在国际管辖层面上，我国法律并未对涉外专利民事案件进行专属管辖。在国内管辖层面上，在确定我国法院对涉外专利民事案件具有管辖权以后，我国法院对专利案件进行指定管辖。

## 1.4　协　议　管　辖

2007 年《民事诉讼法》第 242 条规定："涉外合同或者涉外财产权益纠纷的当事人，可以用书面协议选择与争议有实际联系的地点的法院管辖。选择中华人民共和国人民法院管辖的，不得违反本法关于级别管辖和专属管辖的规定。"2007 年《民事诉讼法》第 242 条规定于涉外民事诉讼程序的特别规定当中。随着新修订的《民事诉讼法》的颁布，我国国内协议管辖与涉外协议管辖的规定现已统一，因此，2007 年《民事诉讼法》第 242 条已经不再规定在涉外民事诉讼程序的特别规定当中，而是与国内协议管辖统一规定在《民事诉讼法》第 34 条中。

《民事诉讼法》第 34 条规定："合同或者其他财产权益纠纷的当事人可以书面协议选择被告住所地、合同履行地、合同签订地、原告住所地、标的物所在地等与争议有实际联系的地点的人民法院管辖，但不得违反本法对级别管辖和专属管辖的规定。"

根据上述法律规定可知，我国法律允许涉外专利合同纠纷案件的当事人协议选择管辖的法院，但对协议选择的管辖法院具有一定的限制。

## 1.5 应诉管辖

2007 年《民事诉讼法》第 243 条规定："涉外民事诉讼的被告对人民法院管辖不提出异议，并应诉答辩的，视为承认该人民法院为有管辖权的法院。"2007 年《民事诉讼法》第 243 条规定于涉外民事诉讼程序的特别规定当中。随着新修订的《民事诉讼法》的颁布，应诉管辖也适用于在我国国内的诉讼管辖，因此，2007 年《民事诉讼法》第 242 条已经不再规定在涉外民事诉讼程序的特别规定当中，而是与国内协议管辖统一规定在《民事诉讼法》第 127 条第 2 款中。

《民事诉讼法》第 127 条第 2 款规定："当事人为提出管辖异议，并应诉答辩的，视为受诉人民法院有管辖权，但违反级别管辖和专属管辖的除外。"

由此可知，我国法院可以根据应诉管辖的规定对涉外专利民事案件行使管辖权。

## 1.6 集中管辖

《最高人民法院关于涉外民商事案件诉讼管辖若干问题的规定》中将涉外民商事案件统一归由中级以上人民法院和有一定审判力量的基层法院集中管辖。虽然涉外专利民事案件属于涉外民商事案件的一种，然而，由于我国相关法律对专利案件的管辖有特别的规定，根据特别法优于一般法的原则，该关于涉外民商事案件集中管辖的规定不适用于涉外专利民事案件。❶

## 2 涉外专利民事诉讼管辖法院的确定

我国法院针对专利纠纷案件遵循指定管辖的原则。《最高人民法院关于适用〈中华人民共和国民事诉讼法〉若干问题的意见》第 2 条第 1 款规定："专利纠纷案件由最高人民法院确定的中级人民法院管辖。"《最高人民法院关于审理专利纠纷案件适用法律问题的若干规定》第 2 条规定："专利纠纷第一审案件，由各省、自治区、直辖市人民政府所在地的中级人民法院和最高人民法院指定的中级人民法院管辖。"关于涉外专利民事诉讼，在确定我国法院具有管辖权以后，应遵循上述专利纠纷案件指定管辖的规定，即应由各省、自治区、直辖市人民政府所在地的中级人民法院、各经济特区中级人民法院和最高人民法院同意指定的中级人民法院作为第一审法院，相应的各高级人民法院作为第二审法院。

少数的涉外专利诉讼案件由于诉讼标的的数额巨大或有重大影响等可能由高级法院作为一审管辖法院，最高人民法院为二审法院。❷ 根据 2010 年 2 月 1 日起执行的《最高人民法院关于调整地方各级人民法院管辖第一审知识产权民事案件标准的通知》的规定，高级人民法院管辖诉讼标的额在 2 亿元以上的第一审知识产权民事案件，以

---

❶ 最高人民法院民事裁定书（2010）民申字第 1114 号。

❷ 蒋志培. 中国专利诉讼模式［EB/OL］.［2012 - 10 - 17］. http：//old. chinacourt. org/public/detail. php? id = 23745&k_ author = .

及诉讼标的额在 1 亿元以上且当事人一方住所地不在其辖区或者涉外、涉港澳台的第一审知识产权民事案件。除前述标准以下的第一审知识产权民事案件，除应当由经最高人民法院指定具有一般知识产权民事案件管辖权的基层人民法院管辖的以外，均由中级人民法院管辖。关于侵犯专利权纠纷案件同样适用该标准，详见本书第 8 章的内容。

总之，在国际管辖层面上，由于知识产权的地域性特征，我国法院对本国授予的专利权涉外纠纷案件一般均具有管辖权。在国内管辖层面上，涉外专利民事纠纷应遵循我国法院对专利纠纷案件的指定管辖规定，同时，还应遵循《民事诉讼法》及其司法解释中有关地域管辖的规定，从而确定具体有管辖权的法院。

## 3 涉外专利民事诉讼管辖中的特殊情形

（1）涉外专利侵权纠纷中的管辖问题

根据我国《民事诉讼法》及《最高人民法院关于适用〈中华人民共和国民事诉讼法〉若干问题的意见》的规定，一般涉外专利侵权诉讼由被告住所地或者侵权行为地的指定审理专利纠纷案件的人民法院管辖。在某些情况下，涉外专利侵权诉讼的被告为在我国境内没有住所的外国人，此时该案件具有管辖权的法院应由侵权行为地的指定审理专利纠纷案件的人民法院管辖。例如，涉外专利侵权纠纷，假设原告为中国人，被告为在中国境内无住所的外国人，侵权行为地为中国辽宁省营口市，由于我国专利纠纷适用指定管辖原则即由各省、自治区、直辖市人民政府所在地的中级人民法院和最高人民法院指定的中级人民法院管辖，而辽宁省营口市中级人民法院不具备审理专利案件的资格，因此这一涉外专利侵权纠纷的管辖法院应为辽宁省省会城市中级人民法院管辖，其管辖法院应为沈阳市中级人民法院。关于如何确定侵权行为地，其与一般专利侵权案件的确定方式相同，主要规定在《最高人民法院关于适用〈中华人民共和国民事诉讼法〉若干问题的意见》、《最高人民法院关于审理专利纠纷案件适用法律问题的若干规定》以及《最高人民法院关于全国部分法院知识产权审判工作座谈会纪要》等法律文件中，详见本书第 8 章的内容，在此并不赘述。

（2）涉外专利合同纠纷中的协议管辖问题

依据当事人意思自治的原则，涉外专利合同纠纷的当事人可以协议选择管辖法院，即可以用书面协议选择与争议有实际联系的地点的法院管辖，但仍受下述条件的约束：①必须有书面的协议；②协议的管辖法院须与争议有实际联系；③不得违反我国级别管辖及专属管辖的规定。也就是说，涉外专利合同纠纷当事人如果想通过合同约定的方式选择管辖法院，不得违反上述规定，否则该管辖法院的约定无效。在上诉人韩国 MGAME 公司（MGAME CORPORATION）与被上诉人山东聚丰网络有限公司、原审第三人天津风云网络技术有限公司网络游戏代理即许可合同纠纷管辖权异议案❶中，最高人民法院认为：该协议管辖法院条款首先约定了因协议产生纠纷所适用的实体法，即中国法律，进而约定了因协议产生纠纷的解决机构，即接受新加坡司法管辖。上诉人与被上诉人在本案中仅对协议选择外国司法机构管辖的效力问题有争议。根据 2007 年《民事诉讼法》第 242 条的规定，涉外合同当事人协议选择管辖法院应当选择与争议有实际联系的地点的法院，而本案当事人协议指向的新加坡，既非当事人住所地，又非合同履行地、合同签订地、标的物所在地，同时本案当事人协议选择实用的法律也并非新加坡法律，上诉人也未能证明新加坡与本案争议有其他实际联系。因此，应当认为新加坡与本案争议没有实际联系。相应地，涉案合同关于争议管辖的约定应属无效约定，不能作为确定本案管辖的依据。上诉人据此约定提出的有关争议管辖问题的主张，不能得到支持。另外，在当事人选择管辖法院的约定无效的情况下，应当根据受诉地国家有关涉外案件管辖的其他法律规则确定案件的管辖。根据本案查明的事实，涉案合同的权利许可地域范围即"指定区域"专指"中国内地"，可见，争议合同系在中华人民共和国领域内履行。有关 MGAME 公司履行技术服务义务的地点也明确约定为聚丰网络公司的场所。在此情况下，应当认为聚丰网络公司的所在地山东省也是合同履行地。据此，山东省高级人民法院作为本案合同履行地法院，对本案具有管辖权。通过上述案例的判决可知，对于涉外案件当事人协议选择管辖法院的问题，2007 年《民事诉讼法》第 242 条以及现行《民事诉讼法》第 34 条中关于"可以用书面协议选择与争议有实际联系的地点的法院管辖"的规定，应当理解为属于授权性规范，而非指示性规范，即涉外合同或者涉外财产权益纠纷案件当事人协议选择管辖法院时，应当选择与争议有实际联系的地点的法院，否则，该法院选择协议即属无效；同时，对于这种选择管辖法院的协议，既可以是事先约定，也可以是事后约定，但必须以书面形式予以固定和确认。据此，按照我国现行法律规定，对于涉外合同或者涉外财产权益纠纷案件当事人协议选择管辖法院的问题，仍应当坚持书面形式和实际联系原则。❷ 涉外专利合同作为涉外合同的一种，在当事人协议选择管辖法院时，也应遵守上述原则。

　　另外，值得注意的两点是：①协议管辖只适用于一审管辖法院，不适用于二审管辖法院；②若涉外专利合同纠纷当事人协议约定外国法院对其争议享有非排他性管辖权时，可以认定该协议并没有排除其他国家有管辖权法院的管辖权。如果一方当事人向我国法院提起诉讼，我国法院依照《民事诉讼法》的有关规定对案件享有管辖权的，可以受理。

---

❶　最高人民法院民事裁定书（2009）民三终字第 4 号。
❷　奚晓明. 最高人民法院知识产权审判案例指导：第二辑［M］. 北京：中国法制出版社，2012：350 –
351.

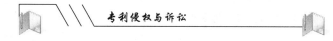

（3）涉外专利权属纠纷管辖法院的确定问题

涉外专利权权属纠纷案件的管辖，根据一般地域管辖原则，应由被告住所地指定审理专利纠纷案件的人民法院管辖。由于涉外案件的被告有可能为在中华人民共和国领域内没有住所的外国人，此时，如何确定管辖法院，我国法律并未作出直接的规定。例如，涉外专利权权属纠纷的原告为中国人，被告为在中国境内没有住所的外国人，由于专利权属纠纷的诉讼标的为专利权的归属关系，参照上述特殊地域管辖中有关诉讼标的物管辖连接点的规定，可由专利登记地，即国家知识产权局所在地的中级人民法院管辖。

（4）其他问题

在涉外专利民事诉讼中，对我国法院和外国法院都享有管辖权的涉外专利纠纷案件，一方当事人向外国法院起诉且被受理后又就同一争议向我国法院提起诉讼，或者对方当事人就同一争议向我国法院提起诉讼的，外国法院是否已经受理案件或者作出判决，不影响我国法院行使管辖权，但是否受理，由我国法院根据案件具体情况决定。外国法院判决已经被我国法院承认和执行的人民法院不予受理。我国缔结或者参加的国际条约另有规定的，按规定办理。

# 第2节　涉外专利诉讼的法律适用

法律适用问题是国际私法领域的特有问题。对于一件涉外专利民事案件来讲，我国法院在确定其具有管辖权后，紧接着需要解决的便是借助冲突规范的指引确定准据法来解决实体问题。从以往的实践来看，我国法院偏向于适用本国法律来审理涉外专利案件，涉外案件的判决中缺少对法律适用方面的分析。2011年4月1日起施行的《涉外民事关系法律适用法》是我国第一部单行的国际私法，首次对涉外知识产权关系的法律适用问题作出了规定，为我国法院利用冲突规范援引准据从而解决实体问题提供了明确的法律依据。

## 1　冲突规范

### 1.1　冲突规范的概念

冲突规范（conflict rules），又称法律适用规范、法律选择规范，它是指出某种涉外民事关系应该适用何国法律来调整的规范。冲突规范本身并不直接规定涉外民事关系当事人之间的具体权利义务，而只是指明应该适用哪一国法律来确定这种权利义务，因而通过这一指引使有关国家的实体法最终得到适用。❶

---

## 1.2 准据法的概念

准据法（lex causae，applicable law）系指经冲突规范指引，用以确定国际民商事法律关系当事人权利义务的具体实体法规则，是国际私法一个非常重要的专有术语。❶

## 1.3 冲突规范的结构

冲突规范在结构上由"范围"和"系属"两个部分组成。"范围"是指冲突规范所要调整的民事关系或要处理的法律问题；"系属"则是调整这一民事关系或处理该法律问题所应适用的法律。❷ 例如，《涉外民事关系法律适用法》第48条规定："知识产权的归属和内容，适用被请求保护地法律。"这条冲突规范的"范围"是知识产权的归属和内容法律关系，"系属"是被请求保护地法律。

## 1.4 冲突规范的类型

根据冲突规范中"系属"的不同规定，冲突规范可分为四种基本类型：

单边冲突规范，即明确规定适用某国法律的冲突规范。

双边冲突规范，其"系属"既不明确规定适用内国法，也不明确适用外国法，而是提供一个以某种标志（即连接点）为导向的法律适用原则，只有根据这一标志，结合某一具体民事关系的有关事实情况，才能推定该民事关系应该适用内国法还是外国法。

选择适用的冲突规范，即其"系属"有两个或两个以上连接点，但只选择其中之一所指引的准据法来调整某种国际民商事关系的冲突规范。

重叠适用的冲突规范，即其"系属"中有两个或两个以上的连接点，并且同时适用于某种国际民事关系的冲突规范。❸

# 2 专利权关系的法律适用

## 2.1 专利权归属和内容的法律适用

《涉外民事关系法律适用法》第48条规定："知识产权的归属和内容，适用被请求保护地法律。"

从该条冲突规范可以看出，其"范围"是知识产权的归属和内容法律关系，"系属"是被请求保护地。根据《最高人民法院关于审理专利纠纷案件适用法律若干规定》对专利纠纷案件的分类，除专利侵权纠纷和专利合同纠纷外，其他纠纷均可以归为专利权归属和内容的纠纷。被请求保护地法律是指被请求保护的权利地法律，即专利申请地、专利权授权地法律。在实践中，我国法院关于专利纠纷案件严格实行地域

---

❶ 参见：赵相林. 国际司法 [M]. 3 版. 北京：中国政法大学出版社，2011：104.

❷ 参见：赵相林. 国际司法 [M]. 3 版. 北京：中国政法大学出版社，2011：93.

❸ 参见：赵相林. 国际司法 [M]. 3 版. 北京：中国政法大学出版社，2011：94–96.

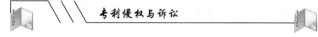

性保护的原则，我国法院审理的有关专利权的归属和内容的案件为中国专利权的归属和内容，被请求保护地应为中国，适用我国法律进行审理。

## 2.2 专利权侵权的法律适用

《涉外民事关系法律适用法》第50条规定："知识产权的侵权责任，适用被请求保护地法律，当事人也可以在侵权行为发生后协议选择适用法院地法律。"

从该条冲突规范可以看出，其"范围"是知识产权的侵权责任法律关系，"系属"是被请求保护地或者是法院地。另外，从该条冲突规范可知，在侵权行为发生后，当事人可以协议选择适用法院地法，该规定体现了当事人意思自治的原则。但立法允许当事人就专利侵权案件协议选择适用法院地法存在很大的争议，适用法院地法律可以避免外国法查明的诉累，但有可能破坏知识产权的地域性特征。侵权责任问题不仅涉及侵权行为的认定问题还涉及侵权损害赔偿的问题。根据《巴黎公约》独立性原则，同一发明在不同国家所获得的专利权彼此无关，即各成员国独立地按本国的法律规定给予或拒绝、或撤销、或终止某项发明专利权，不受其他成员国对该专利权处理的影响。当被请求保护地与法院地不一致时，如果双方当事人协议适用法院地法律来判定是否构成侵权，则有可能对《巴黎公约》的独立性原则构成一定的挑战。

## 2.3 专利权转让和许可使用的法律适用

《涉外民事关系法律适用法》第49条规定："当事人可以协议选择知识产权转让和许可使用适用的法律。当事人没有选择的，适用本法对合同的有关规定。"第41条规定："当事人可以协议选择合同适用的法律。当事人没有选择的，适用履行义务最能体现该合同特征的一方当事人经常居所地法律或者其他与该合同最有密切联系的法律。"也就是说，当事人可以协议选择专利权转让和许可使用所适用的法律。没有选择的，适用履行义务最能体现该合同特征的一方当事人经常居所地法律或者其他与该合同最有密切联系的法律。值得注意的事，该条规定将当事人意思自治的范围限定在知识产权转让和许可使用合同关系本身应适用的法律，而作为知识产权本体关系的权利归属和内容，包括取得、效力、范围、期限、终止等问题，则应适用被请求保护地的法律。

# 第3节 涉外专利诉讼证据中的特殊问题

涉外专利诉讼的涉外性导致在其诉讼环节中往往会出现域外证据或者外文证据等，这些证据在我国法院的使用方式和使用效力均具有特殊性。另外，外国人在我国参加诉讼时，其主体资格的证明方式、委托代理人的手续以及参加诉讼及旁听庭审的手续等问题亦不同于一般的专利诉讼。本节主要针对涉外专利诉讼证据中的特殊问题进行阐述。

# 1　外国人在我国参加诉讼的若干问题

## 1.1　外国当事人主体资格证明

外国当事人在我国参加诉讼必须提交能够证明其主体资格的证据，证明其为适格的当事人，具备相应的诉讼主体资格，如法人的注册资料，自然人的身份证明等。当外国当事人为法人时，应提交其法定代表人或者有权代表该法人参加诉讼的人的身份证明。另外，外国当事人主体资格证明材料作为证据的一种，大多来源于境外且并非为中文材料，既属于域外证据又属于外文证据。也就是说，外国当事人应提交经过公证、认证的主体资格证明材料及相应的中文译文。有关域外证据的公证认证以及外文证据的翻译问题，将在后文详述。

值得注意的是，当外国当事人为自然人时，若其亲自到人民法院法官面前，出示护照等有效身份证明及入境证明，并提交上述材料的复印件，可不再要求办理公证、认证手续。❶ 当外国当事人为法人时，由于法人的注册资料原件通常存在于专门机构中，公证员证明其所附的资料内容与原始登记资料相同，此时在公证证明中所附的注册资料一般为复印件或转抄件。❷

## 1.2　外国当事人委托代理人参加诉讼的委托手续

根据我国诉讼法及其相关司法解释的规定，外国当事人可以委托代理人参加诉讼，但需要委托律师代理诉讼的，必须委托中华人民共和国的律师。外国当事人可以委托本国人为诉讼代理人，也可以委托本国律师以非律师身份担任诉讼代理人，外国驻华使、领馆官员，受本国公民的委托，可以以个人名义担任诉讼代理人，但在诉讼中不享有外交特权和豁免权。

《民事诉讼法》第 264 条的规定："在中华人民共和国领域内没有住所的外国人、无国籍人、外国企业和组织委托中华人民共和国律师或者其他人代理诉讼，从中华人民共和国领域外寄交或者托交的授权委托书，应当经所在国公证机关证明，并经中华人民共和国驻该国使领馆认证，或者履行中华人民共和国与该所在国订立的有关条约中规定的证明手续后，才具有效力。"《最高人民法院关于执行〈中华人民共和国行政诉讼法〉若干问题的解释》第 97 条规定："人民法院审理行政案件，除依照行政诉讼法和本解释外，可以参照民事诉讼的有关规定。"根据上述规定可知，如果外国当事人在我国境外出具授权委托书，委托代理人参加诉讼，应当提交经过公证、认证的授权委托书。如果在我国境内出具授权委托书，经我国的公证机关公证后，则不再要求办理认证手续。外国当事人是自然人或法人时，如果该自然人或者有权代表该法人出

---

❶　《最高人民法院关于进一步做好边境地区涉外民商事案件审判工作的指导意见》（法发〔2010〕57 号）。

❷　黄英. 涉外商事案件中境外证据的审查与认定［J］. 法治论丛，2003（1）：49－52.

具授权委托书的人亲自到人民法院法官面前签署授权委托书的，则不再要求办理公证、认证手续。

值得注意的是，授权委托书均是当事人本人（如是法人，则是法定代表人本人或有权代表公司参加诉讼的人）在公证员面前亲自签署的，公证员对当事人的签字及授权委托的意思表示真实性予以证明。此时在公证证明中所附的授权委托书均是当事人签署的原件。❶

当事人出具的授权委托书若使用的是除中文以外的语言文字时，该外国当事人还应提交相应的中文译文。

### 1.3 外国人在我国参加诉讼的语言、文字事宜以及旁听庭审事宜

《民事诉讼法》第 262 条规定："人民法院审理涉外民事案件，应当使用中华人民共和国通用的语言、文字。当事人要求提供翻译的，可以提供，费用由当事人承担。"

根据司法主权独立原则，我国法院在审理涉外专利诉讼案件时使用中华人民共和国通用的语言、文字。涉外专利诉讼中的外国当事人不得要求我国法院使用除中华人民共和国通用的语言、文字进行审理，如果该外国当事人不通晓中华人民共和国通用的语言、文字要求提供翻译的，应当准许，但费用由当事人自行承担。

外国人在我国法院旁听法庭审理时应携带其有效的身份证明文件及有效的入境证明。

## 2 域外证据、外文证据的相关问题

### 2.1 域外证据的公证、认证以及涉港澳台地区证据的证明手续

#### 2.1.1 法律规定

《最高人民法院关于民事诉讼证据若干规定》第 11 条规定："当事人向人民法院提供的证据系在中华人民共和国领域外形成的，该证据应当经所在国公证机关予以证明，并经中华人民共和国驻该国使领馆予以认证、或者履行中华人民共和国与该所在国订立的有关条约中规定的证明手续。当事人向人民法院提供的证据是在香港、澳门、台湾地区形成的，应当履行相关的证明手续。"

《最高人民法院关于行政诉讼证据若干问题的规定》第 16 条规定："当事人向人民法院提供的在中华人民共和国领域外形成的证据，应当说明来源，经所在国公证机关证明，并经中华人民共和国驻该国使领馆认证，或者履行中华人民共和国与证据所在国订立的有关条约中规定的证明手续。当事人提供的在中华人民共和国香港特别行政区、澳门特别行政区和台湾地区内形成的证据，应当具有按照有关规定办理的证明手续。"

---

❶ 黄英. 涉外商事案件中境外证据的审查与认定 [J]. 法治论丛，2003（1）：49 - 52.

**2.1.2 域外证据的公证、认证程序**

当事人向人民法院提供的在中华人民共和国领域外形成的证据应当在所在国公证机关公证，并经我国驻该国使领馆认证，或履行中国与该所在国订立的有关条约规定的证明手续。但如果其所在国与我国没有外交关系，则该证据应经与我国有外交关系的第三国驻该国使领馆认证，再转由我国驻该第三国使领馆认证。❶

**2.1.3 涉及中国香港、澳门、台湾地区证据的证明手续程序**

如果当事人提交给法院的证据形成于中国香港、澳门、台湾地区，相关证明手续具体如下：

① 在中国香港地区形成的证据，需经我国司法部委托的香港地区律师公证，同时应当由中国法律服务（香港）有限公司加盖转递专用章；

② 在中国澳门地区形成的证据，需经我国司法部派驻澳门地区的中国（内地）公证员公证，同时应当由中国法律服务（澳门）有限公司加盖转递专用章。

③ 在中国台湾地区形成的证据，应经台湾地区当地的公证机构公证，并由台湾海基会根据《海峡两岸公证书使用查证协议》将有关证明材料通过人民法院法院所在地省、自治区、直辖市的公证员协会查证。

### 2.2 外文证据的翻译

《民事诉讼法》第70条第2款规定："提交外文书证，必须附有中文译文。"

《最高人民法院关于民事诉讼证据若干规定》第12条规定："当事人向人民法院提供外文书证或者外文说明资料，应当附有中文译本。"

《最高人民法院关于行政诉讼证据若干问题的规定》第17条规定："当事人向人民法院提供外文书证或者外国语视听资料的，应当附有由具有翻译资质的机构翻译的或者其他翻译准确的中文译本，由翻译机构盖章或者翻译人员签名。"

上述法律规定明确了在我国法院使用外文证据时，应提供相应的中文译文。值得注意的是，《最高人民法院关于民事诉讼证据若干规定》和《最高人民法院关于行政诉讼证据若干问题的规定》关于外文证据的规定略有不同，在专利行政诉讼当中，如专利无效行政诉讼、专利复审行政诉讼等，中文译文具备两个条件：①应由具有翻译资质的机构翻译或其他人员翻译且准确无误；②应由翻译机构盖章或翻译人员签名。但一般认为民事诉讼中的外文证据的中文译文形式应参照行政诉讼中的规定处理。

# 第4节 涉外专利诉讼的期间

涉外专利诉讼的期间适用我国诉讼法中关于涉外案件的特别规定。由于涉外案件

---

❶ 成都市中级人民法院《涉外民商事诉讼指南》第28条。

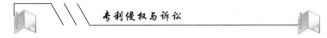

的特殊性，如涉外案件的当事人为在我国境内没有住所的外国人、无国籍人或者外国企业或组织的，为了保障这些当事人在我国能够及时有效的行使其诉讼权利，对其适用期间有特别的规定。

# 1　涉外专利行政诉讼中的特殊起诉期限

（1）专利复审行政诉讼以及专利无效行政诉讼中外国人起诉期限的特殊规定

《专利法》第 41 条第 2 款规定："专利申请人对专利复审委员会的复审决定不服的，可以自收到通知之日起 3 个月内向人民法院起诉。"

《专利法》第 47 条第 2 款规定："对专利复审委员会宣告专利权无效或者维持专利权的决定不服的，可以自收到通知之日起 3 个月内向人民法院起诉。人民法院应当通知无效宣告请求程序的对方当事人作为第三人参加诉讼。"

根据我国《专利法》中的上述规定可知，专利复审行政诉讼以及专利无效行政诉讼的一般起诉期限均为 3 个月。我国第一审专利行政案件统一由北京市第一中级人民法院管辖。北京市高级人民法院的相关规定虽然不具有普遍适用的法律效力，但对北京市第一中级人民法院的司法实践具有约束力。考虑到涉外专利诉讼的原告或者第三人的涉外因素，外国当事人在我国参加诉讼时其主体资格的证明文件以及委托书须履行相应的公证、认证手续，而公证、认证手续在各国的做法和程序的不同导致其办理时间的长短无法估计，为保障外国当事人有效的行使其起诉的权利，《北京市高级人民法院关于行政审判适用法律问题的解答（三）》中指出："律师事务所或者有关代理机构受外国自然人、法人的委托代理行政诉讼事宜，律师事务所或者有关代理机构在法律规定的起诉期限内向法院递交起诉状和委托人签署的委托书的传真件或者电子邮件等初步证明，并在起诉后的 3 个月内（如有特殊情况难以如期办理的应当及时向受案法院说明原因）向受案法院递交委托书的公证、认证文件的，可以视为没有超过起诉期限。"该解答对北京市第一中级人民法院审查专利行政诉讼案件的起诉期限具有约束力和指导意义。

根据北京市高级人民法院的上述解答中的规定，涉外专利行政诉讼中，外国当事人：①在法定起诉期间内向北京市第一中级人民法院提交起诉状以及委托人签署的委托书副本作为起诉的初步证明；②如无特殊情况，在起诉后的 3 个月内提交委托书的公证、认证文件。在满足①和②的条件下，可以视为没有超过起诉期限。

（2）专利行政查处诉讼的特殊起诉期限。

《专利法》第 60 条规定："未经专利权人许可，实施其专利，即侵犯其专利权，引起纠纷的，由当事人协商解决；不愿协商或者协商不成的，专利权人或者利害关系人可以向人民法院起诉，也可以请求管理专利工作的部门处理。管理专利工作的部门处理时，认定侵权行为成立的，可以责令侵权人立即停止侵权行为，当事人不服的，可以自收到处理通知之日起 15 日内依照《中华人民共和国行政诉讼法》向人民法院起诉；……"

根据上述规定可知，以管理专利工作的部门为被告的专利查处案件的起诉期限为 15 日。

## 2　涉外专利诉讼的答辩及上诉期间

《民事诉讼法》第 268 条规定："被告在中华人民共和国领域内没有住所的，人民法院应当将起诉状副本送达被告，并通知被告在收到起诉状副本后 30 日内提出答辩状。被告申请延期的，是否准许，由人民法院决定。"

《民事诉讼法》第 269 条规定："在中华人民共和国领域内没有住所的当事人，不服第一审人民法院判决、裁定的，有权在判决书、裁定书送达之日起 30 日内提起上诉。被上诉人在收到上诉状副本后，应当在 30 日内提出答辩状。当事人不能在法定期间提起上诉或者提出答辩状，申请延期的，是否准许由人民法院决定。"

《最高人民法院关于执行〈中华人民共和国行政诉讼法〉若干问题的解释》第 97 条规定："人民法院审理行政案件，除依照行政诉讼法和本解释外，可以参照民事诉讼的有关规定。"

根据《民事诉讼法》的上述规定可知，涉外专利诉讼中我国领域内没有住所的当事人的答辩期及上诉期为 30 日，而一般国内案件的答辩期为 15 日，对第一审法院的判决的上诉期为 15 日，对第一审法院的裁定的上诉期为 10 日。

根据《最高人民法院关于适用〈中华人民共和国民事诉讼法〉若干问题的意见》第 311 条的规定，当事人双方分别居住在我国领域内和领域外，对第一审人民法院判决、裁定的上诉期，居住在我国领域内的为 15 日（或 10 日）；居住在我国领域外的为 30 日。双方的上诉期均已届满没有上诉的，第一审人民法院的判决、裁定即发生法律效力。根据上述规定可知，在涉外专利诉讼中，当事人双方有可能适用不同的上诉期限，第一审人民法院的判决或裁定自双方的上诉期均届满而生效。

根据《最高人民法院关于适用〈中华人民共和国民事诉讼法〉若干问题的意见》第 307 条的规定，对不在我国领域内居住的被告，经用公告方式送达诉状或传唤，公告期满不应诉，人民法院缺席判决后，仍应将裁判文书依照《民事诉讼法》的规定公告送达。自公告送达裁判文书满 6 个月❶的次日起，经过 30 日的上诉期当事人没有上诉的，一审判决即发生法律效力。

---

❶　根据新颁布的《民事诉讼法》第 267 条第 1 款第（8）项的规定，公告送达期间现为 3 个月。

第 10 章

在涉外专利诉讼中，答辩期间、上诉期间的特别规定仅适用于在我国境内没有住所的当事人，该规定是为了保障在我国境内没有住所的当事人能够及时有效的行使其相应的诉讼权利。

### 3 涉外专利诉讼的审理期限

《民事诉讼法》第 270 条规定："人民法院审理涉外民事案件的期间，不受本法第 149 条、176 条规定的限制。"

《最高人民法院关于执行〈中华人民共和国行政诉讼法〉若干问题的解释》第 97 条规定："人民法院审理行政案件，除依照行政诉讼法和本解释外，可以参照民事诉讼的有关规定。"

涉外专利诉讼与一般涉外案件一样，其审理期限不受民事诉讼法所规定的审理期限的限制。根据我国《民事诉讼法》中的相关规定，无特殊情况下的一般专利诉讼的一审审理期限为 6 个月；二审审理期限为 3 个月，涉外专利诉讼的审理不受前述审理期限的限制。

# 第 5 节　涉外专利诉讼的司法协助

司法协助是指根据本国缔结或者参加的国际条约，或者按照互惠的原则，人民法院和外国法院可以相互请求，代为送达文书，调查取证以及进行其他诉讼行为。根据我国《民事诉讼法》第二十七章"司法协助"中的规定，我国司法协助的内容包括代为送达文书、调查取证以及外国法院判决和外国仲裁裁决的承认与执行。由于涉外专利诉讼程序中往往会发生司法协助的问题，因此，本节将就司法协助的相关内容加以阐述。

另外，由于我国是一个多法域的国家，本节最后还简单介绍了有关中国内地与香港特别行政区、澳门特别行政区以及台湾地区之间的区际司法协助的内容。

## 1 国际司法协助

### 1.1 我国国际司法协助的法律适用原则

（1）国家主权原则

《民事诉讼法》第 279 条规定："人民法院提供司法协助，依照中华人民共和国法律规定的程序进行。外国法院请求采用特殊方式的，也可以按照其请求的特殊方式进行，但请求采用的特殊方式不得违反中华人民共和国法律。"

《民事诉讼法》第 276 条第 2 款规定："外国法院请求协助的事项有损于中华人民共和国的主权、安全或者社会公共利益的，人民法院不予执行。"

（2）对等互惠原则

根据《民事诉讼法》第二十七章"司法协助"中的规定，我国司法协助要么依据有我国缔结或者参加的国际条约的规定，要么依据有对等互惠关系，这正是对等互惠原则的体现。

## 1.2 我国国际司法协助的机关

我国负责统一对外联系并转递有关司法文书司法外文书的机关是司法部。我国司法协助的具体执行机关是法院。

## 1.3 域外送达

域外送达是指一国法院根据国际条约或者本国法律或按照互惠原则将诉讼文书和非讼文书送交给居住在国外的当事人或者其他诉讼参与人的行为。

### 1.3.1 我国关于域外送达的主要法律依据

①《关于向国外送达民事或商事司法文书和司法外文书的公约》（以下简称《海牙送达公约》）。

② 我国与其他国家签订的双边司法协助条约。

③《民事诉讼法》及其相关司法解释。

④《涉外民事或商事案件司法文书送达问题若干规定》（以下简称《涉外送达规定》）。

### 1.3.2 我国关于域外送达的方式

《民事诉讼法》第 267 条规定："人民法院对在中华人民共和国领域内没有住所的当事人送达诉讼文书，可以采用下列方式：（一）依照受送达人所在国与中华人民共和国缔结或者共同参加的国际条约中规定的方式送达；（二）通过外交途径送达；（三）对具有中华人民共和国国籍的受送达人，可以委托中华人民共和国驻受送达人所在国的使领馆代为送达；（四）向受送达人委托的有权代其接受送达的诉讼代理人送达；（五）向受送达人在中华人民共和国领域内设立的代表机构或者有权接受送达的分支机构、业务代办人送达；（六）受送达人所在国的法律允许邮寄送达的，可以邮寄送达，自邮寄之日起满 3 个月，送达回证没有退回，但根据各种情况足以认定已经送达的，期间届满之日视为送达；（七）不能用上述方式送达的，公告送达，自公告之日起满 3 个月，即视为送达。"

根据上述规定可知，我国法院向外国法院送达诉讼文书的途径包括：条约途径、外交途径、个人送达、邮寄送达、公告送达。另外，《涉外送达规定》又规定了两种方式：①直接送达，即当事人我国领域出现可直接送达；②其他适当方式送达，即如传真、电子邮件等，该方式应为对方国家不禁止且能够确认对受送达人已收悉。

《民事诉讼法》第 277 条 1 款、第 2 款规定："请求和提供司法协助，应当依照中华人民共和国缔结或者参加的国际条约所规定的途径进行；没有条约关系的，通过外交途径进行。外国驻中华人民共和国的使领馆可以向该国公民送达文书和调查取证，但不得违反中华人民共和国的法律，并不得采取强制措施……"

根据上述规定可知，外国法院向我国领域内受送达人送达的途径包括：条约途径和外交途径。外国驻我国使领馆可以向其本国公民送达文书，但不得违反我国法律，并不得采取强制措施。

### 1.3.3　《海牙送达公约》中的声明

我国加入《海牙送达公约》时声明：①指定司法部为中央机关负责接收和转送司法文书和司法外文书；②对公约第8条第2款声明保留，即只有在文书送达给文书发出国国民时，才能采用领事送达方式在我国境内送达；③反对公约第10条规定的方式在我国境内送达，也就是反对邮寄送达和个人送达。❶

## 1.4　域 外 取 证

域外取证是指基于国际条约或互惠原则，被请求国协助请求国调查案情，获得或收集证据的活动。域外取证具有更严格的属地性，如果没有证据所在国的准许，是不能在该外国境内实施取证行为的。

### 1.4.1　我国关于域外取证的主要法律依据

①《关于从国外调取民事或商事证据公约》（以下简称《海牙取证公约》）。

② 我国与其他国家签订的双边司法协助条约。

③《民事诉讼法》及其相关司法解释。

### 1.4.2　我国关于域外取证的方式

我国已加入《海牙取证公约》，该公约共2章42条，主要调查取证方式有：①请求书方式；②外交或领事方式；③特派员方式。

### 1.4.3　《海牙取证公约》中的声明

我国在加入1970年《海牙取证公约》时声明：①对于普通法国家旨在进行审判前文件调查的请求书，仅执行已在请求书中列明并与案件有直接密切联系的文件调查请求；②对"特派员取证"方式予以保留。

## 1.5　国家间法院判决的承认与执行

### 1.5.1　外国法院判决在我国的承认与执行

《民事诉讼法》第281条规定："外国法院作出的发生法律效力的判决、裁定，需要中华人民共和国人民法院承认和执行的，可以由当事人直接向中华人民共和国有管辖权的中级人民法院申请承认和执行，也可以由外国法院依照该外国与中华人民共和国缔结或者参加的国际条约的规定，或者按照互惠原则，请求人民法院承认和执行。"

《民事诉讼法》第282条规定："人民法院对申请或者请求承认和执行的外国法院

---

❶ 参见：赵相林. 国际私法［M］. 3版. 北京：中国政法大学出版社，2011：421.

作出的发生法律效力的判决、裁定，依照中华人民共和国缔结或者参加的国际条约，或者按照互惠原则进行审查后，认为不违反中华人民共和国法律的基本原则或者国家主权、安全、社会公共利益的，裁定承认其效力，需要执行的，发出执行令，依照本法的有关规定执行。违反中华人民共和国法律的基本原则或者国家主权、安全、社会公共利益的，不予承认和执行。"

《最高人民法院关于适用〈中华人民共和国民事诉讼法〉若干问题的意见》第318 条规定："当事人向中华人民共和国有管辖权的中级人民法院申请承认和执行外国法院作出的发生法律效力的判决、裁定的，如果该法院所在国与中华人民共和国没有缔结或者共同参加国际条约，也没有互惠关系的，当事人可以向人民法院起诉，由有管辖权的人民法院作出判决，予以执行。"

根据上述规定可知，外国法院作出的判决、裁定，要在我国得到承认与执行，可以由当事人直接向我国有管辖权的法院提出，即在我国为被执行人住所地或财产所在地的中级人民法院，也可以由外国法院按照条约的规定或者互惠原则请求我国法院承认与执行。

请求承认与执行的判决或者裁定必须是已经发生法律效力的判决或裁定。另外，我国与许多国家签订的双边司法协助条约规定，原判决国法院必须有管辖权，审判程序公正，且不予正在我国国内进行或已经终结的诉讼相冲突。

最后，如果某国与我国既无条约关系也不存在互惠关系时，我国对该外国法院的判决是不予以承认与执行的，我国法院应退回其司法协助的请求并说明理由。在此种情形下，当事人可以向我国法院起诉，由有管辖权的法院作出判决并予以执行。

### 1.5.2　我国法院判决在外国的承认与执行

《民事诉讼法》第 280 条第 1 款规定："人民法院作出的发生法律效力的判决、裁定，如果被执行人或者其财产不在中华人民共和国领域内，当事人请求执行的，可以由当事人直接向有管辖权的外国法院申请承认和执行，也可以由人民法院依照中华人民共和国缔结或者参加的国际条约的规定，或者按照互惠原则，请求外国法院承认和执行。"

《最高人民法院关于适用〈中华人民共和国民事诉讼法〉若干问题的意见》第320 条规定："当事人在我国领域外适用人民法院的判决书、裁定书，要求我国人民法院证明其法律效力的，以及外国法院要求我国人民法院证明判决书、裁定书的法律效力的，我国作出判决、裁定的人民法院，可以本法院的名义出具证明。"

根据上述规定可知，当事人和我国法院都可以成为向外国法院提出承认和执行的请求主体，这种资格的享有一方面取决于当事人的选择，另一方面也取决于判决作出国和被请求国法律的规定。❶

---

❶　参见：赵相林. 国际私法［M］. 3 版. 北京：中国政法大学出版社，2011：432.

## 1.6 国际商事仲裁裁决的承认与执行

### 1.6.1 国际商事仲裁裁决在我国的承认与执行

（1）中国涉外仲裁裁决在本国的承认与执行

《民事诉讼法》第 273 条规定："经中华人民共和国涉外仲裁机构裁决的，当事人不得向人民法院起诉。一方当事人不履行仲裁裁决的，对方当事人可以向被申请人住所地或者财产所在地的中级人民法院申请执行。"

（2）外国仲裁裁决在中国内地的承认和执行

我国承认和执行外国仲裁裁决主要分三种情况：①依据《纽约公约》承认与执行；②依据我国缔结的有关双边协定进行；③对于没有条约关系的，按照互惠原则办理。

申请我国法院承认和执行另一缔约国领土内作出的仲裁裁决，是由仲裁裁决的一方当事人提出的。对于当事人的申请，应由我国下列地点的中级人民法院受理：①被执行人为自然人的，为其户籍所在地或者居住地；②被执行人为法人的，为其主要办事机构所在地；③被执行人在我国无住所、居所或者主要办事机构，但有财产在我国境内的，为其财产所在地。

### 1.6.2 我国仲裁裁决在外国的承认与执行

《民事诉讼法》第 280 条第 2 款规定："中华人民共和国涉外仲裁机构作出的发生法律效力的仲裁裁决，当事人请求执行的，如果被执行人或者其财产不在中华人民共和国领域内，应当由当事人直接向有管辖权的外国法院申请承认和执行。"

《仲裁法》第 72 条规定："涉外仲裁委员会作出的发生法律效力的仲裁裁决，当事人请求执行的，如果被执行人或者其财产不在中华人民共和国领域内，应当由当事人直接向有管辖权的外国法院申请承认和执行。"

外国法院承认和执行我国仲裁裁决的情况：①依据《纽约公约》承认与执行；②依据与我国缔结的有关双边协定进行；③按照互惠原则办理。

## 2 区际司法协助

区际司法协助是指在一个主权国家内部，不同法域之间代为送达文书，调查取证以及进行其他诉讼行为。

### 2.1 与中国香港、澳门、台湾地区之间的送达

#### 2.1.1 法律依据

①《关于内地与香港特别行政区法院相互委托送达民商事司法文书的安排》（以下简称《内地与香港特别行政区安排》）。

②《关于内地与澳门特别行政区法院就民商事案件互相委托送达司法文书和调取证据的安排》（以下简称《内地与澳门特别行政区安排》）。

③《最高人民法院关于涉港澳民商事案件司法文书送达问题若干规定》。

④《涉台民事诉讼文书送达的若干规定》。

⑤《关于涉港澳民商事案件司法文书送达若干规定》。

### 2.1.2 中国内地与香港地区的送达

根据《内地与香港特别行政区安排》，内地法院和香港特别行政区法院可以相互委托送达民商事司法文书。双方委托送达司法文书，均需通过内地各高级人民法院和香港特别行政区高等法院进行。最高人民法院的司法文书可以直接委托香港特别行政区高等法院送达。受委托方对委托方委托送达的司法文书的内容和后果不负法律责任。

### 2.1.3 中国内地与澳门地区的送达

内地人民法院与澳门特别行政区法院就民商事案件（在内地包括劳动争议案件，在澳门特别行政区包括民事劳工案件）相互委托送达司法文书，依据《内地与澳门特别行政区安排》进行。双方互相委托送达司法文书，均须通过内地各高级人民法院和澳门特别行政区终审法院进行。最高人民法院与澳门特别行政区终审法院可以直接相互委托送达。受委托方对委托方法委托送达的司法文书的内容和后果不负法律责任。

### 2.1.4 中国大陆与台湾地区的送达

大陆人民法院审理涉台民事案件向住所地在台湾地区的当事人送达民事诉讼文书，以及人民法院接受台湾地区有关法院的委托代为向大陆的当事人送达民事诉讼文书，适用《涉台民事诉讼文书送达的若干规定》。人民法院按照两岸认可的途径代为送达台湾地区法院的民事诉讼文书，主要处理方式：①在收到台湾地区有关法院的委托函后，经审查符合条件的，应在收到委托函之日起 2 日内完成送达，并按照原途径退回送达回证；②民事诉讼文书中确定的出庭日期或其他期限逾期的，受委托的人民法院亦应予以送达；③人民法院不能送达的，应当附函写明情况，将未完成送达的委托材料依原途径退回；④受委托的人民法院对委托送达的司法文书的内容和后果不负法律责任。

## 2.2 与中国香港、澳门、台湾地区之间的调查取证

### 2.2.1 主要法律依据

即《关于内地与澳门特别行政区法院就民商事案件互相委托送达司法文书和调取证据的安排》。

### 2.2.2 中国内地与澳门地区的调查取证

根据《内地与澳门特别行政区安排》，内地法院和澳门特别行政区法院可以相互委托调查取证。双方委托调查取证，均需通过内地各高级人民法院和澳门特别行政区终审法院进行。最高人民法院与澳门特别行政区终审法院可直接委托调取证据。本安排在执行过程中遇有问题，应当通过最高人民法院与澳门特别行政区终审法院协商

解决。

### 2.3 与中国香港、澳门、台湾地区相互执行法院判决

#### 2.3.1 法律依据

①《内地与澳门特别行政区关于相互认可和执行民商事判决的安排》。

②《关于内地与香港特别行政区法院相互认可和执行当事人协议管辖的民商事案件判决的安排》。

③《关于人民法院认可台湾地区有关法院民事判决的规定》。

④《关于人民法院认可台湾地区有关法院民事判决的补充规定》。

#### 2.3.2 中国内地与香港地区相互认可与执行民商事判决

根据《关于内地与香港特别行政区法院相互认可和执行当事人协议管辖的民商事案件判决的安排》的规定，申请认可和执行民商事判决，在内地向被申请人住所地、经常居住地或者财产所在地的中级人民法院提出，在香港地区向香港特别行政区高等法院提出。被申请人住所地、经常居住地或者财产所在地在内地不同的中级人民法院辖区的，申请人应当选择向其中一个人民法院提出认可和执行的申请，不得分别向两个或者两个以上人民法院提出申请。被申请人的住所地、经常居住地或者财产所在地，既在内地又在香港地区的，申请人可以同时向两地法院提出申请，两地法院分别执行判决的总额，不得超过判决确定的数额，已经部分或者全部执行判决的法院应当根据对方法院的要求提供已执行判决的情况。

#### 2.3.3 中国内地与澳门地区相互认可与执行民商事判决

根据《内地与澳门特别行政区关于相互认可和执行民商事判决的安排》的规定，内地有权受理认可和执行判决申请的法院为被申请人住所地、经常居住地或者财产所在地的中级人民法院。两个或两个以上中级人民法院均有管辖权的，申请人应当选择向其中一个中级人民法院提出申请。澳门特别行政区有权受理认可判决申请的法院为中级法院，有权执行的法院为初级法院。被申请人在内地和澳门地区均有可供执行财产的，申请人可以向一地法院提出执行申请。申请人向一地法院提出执行申请的同时，可以向另一地法院申请查封、扣押或者冻结被执行人的财产。待一地法院执行完毕后，可以根据该地法院出具的执行情况证明，就不足部分向另一地法院申请采取处分财产的执行措施。两地法院执行财产的总额，不得超过依据判决和法律规定所确定的数额。

#### 2.3.4 中国大陆与台湾地区相互认可与执行民商事判决

台湾地区有关法院的民事判决，当事人的住所地、经常居住地或者被执行财产所在地在其他省、自治区、直辖市的，当事人可以在该判决发生效力后 1 年内，根据《关于人民法院认可台湾地区有关法院民事判决的规定》向人民法院申请认可。申请由申请人住所地、经常居住地或者被执行财产所在的中级人民法院受理。

现阶段，中国内地与香港特别行政区及澳门特别行政区均有双方的协助安排，而中国大陆与台湾地区之间的司法协助还仅限于我国国内的相关法律规定。

### 2.4 与中国香港、澳门、台湾地区相互执行仲裁裁决

#### 2.4.1 主要法律依据

①《内地与香港特别行政区裁决执行安排》。

②《内地与澳门特别行政区仲裁裁决执行安排》。

#### 2.4.2 中国内地与香港地区相互认可和执行仲裁裁决

内地或者香港地区作出的仲裁裁决，一方当事人不履行仲裁裁决的，另一方当事人可以向被申请人住所地或者财产所在地的法院申请执行。上述的"有关法院"，在内地是指被申请人住所地或者财产所在地的中级人民法院，在香港地区是指香港特区高等法院。被申请人住所地或者财产所在地在内地不同的中级人民法院管辖内的，申请人可以选择其中一个人民法院申请执行裁决，不得分别向两个或者两个以上的人民法院提出申请。被申请人的住所地或者财产所在地，既在内地又在香港地区的，申请人不得同时分别向两地有关法院提出申请，只有在一地法院执行不足以偿还其债务时，才可就不足部分向另一地法院申请执行，两地法院先后执行仲裁裁决的总额，不得超过裁决数额。

#### 2.4.3 中国内地与澳门地区相互认可和执行仲裁裁决

内地或者澳门地区作出的仲裁裁决，一方当事人不履行的，另一方当事人可以向被申请人住所地、经常居住地或者财产所在地的有关法院申请认可和执行。内地有权受理认可和执行仲裁裁决申请的法院为中级人民法院。两个或者两个以上中级人民法院均有管辖权的，当事人应当选择向其中一个中级人民法院提出申请。澳门地区有权受理认可仲裁裁决申请的法院为中级法院，有权执行的法院为初级法院。

第
**10**
章

# 参考文献

## 中文著作

[1] 汤宗舜. 专利法解说（修订版）[M]. 3版. 北京：知识产权出版社，2002.

[2] 郑成思. 知识产权论 [M]. 北京：法律出版社，2001.

[3] 江伟，肖建国. 民事诉讼法 [M]. 4版. 北京：中国人民大学出版社，2008.

[4] 吴汉东. 科学发展与知识产权战略实施 [M]. 北京：北京大学出版社，2012.

[5] 张建华. 仲裁新论 [M]. 北京：中国法制出版社，2002.

[6] 江伟. 仲裁法 [M]. 北京：中国人民大学出版社，2010.

[7] 姜明安. 行政法与行政诉讼法 [M]. 3版. 北京：北京大学出版社，高等教育出版社，2007.

[8] 程永顺. 专利侵权判定实务 [M]. 北京：法律出版社，2002.

[9] 奚晓明，孔祥俊. 最高人民法院知识产权审判案例指导：第二辑 [M]. 北京：中国法制出版社出版，2010.

[10] 程永顺. 专利纠纷与处理 [M]. 北京：知识产权出版社，2012.

[11] 尹新天. 专利权的保护 [M]. 2版. 北京：知识产权出版社，2005.

[12] 史尚宽. 债法总论 [M]. 北京：中国政法大学出版社，2000.

[13] 尹新天. 中国专利法详解 [M]. 北京：知识产权出版社，2011.

[14] 张广良. 知识产权侵权民事救济 [M]. 北京：法律出版社，2003.

[15] 赵秉志. 侵犯知识产权犯罪研究 [M]. 北京：中国方正出版社，1999.

[16] 王迁. 知识产权法教程 [M]. 北京：中国人民大学出版社，2007.

[17] 刘春田. 知识产权法 [M]. 北京：中国人民大学出版社，2000.

[18] 张新宝. 侵权责任法原理 [M]. 北京：中国人民大学出版社，2005.

[19] 赵相林. 国际私法 [M]. 3版. 北京：中国政法大学出版社，2011.

[20] 于阜民. 专利权的刑事保护 [M]. 北京：社会科学文献出版社，2005.

[21] 胡充寒. 外观设计专利侵权判定理论与实务研究 [M]. 北京：法律出版社，2010.

[22] 全国人大常委会法制工作委员会经济法室. 《中华人民共和国专利法》解释及实用指南 [M]. 北京：中国民主法制出版社，2009.

[23] 姜伟. 知识产权刑事保护研究 [M]. 北京：法律出版社，2004.

[24] 张正钊，胡锦光，李元起. 行政法与行政诉讼法 [M]. 4版. 北京：中国人民大学出版社，2009.

[25] 国家知识产权局专利复审委员会. 专利行政诉讼概论与案例精解 [M]. 北京：知识产权出版社，2011.

[26] 张鹏. 专利授权确权制度原理与实务 [M]. 北京：知识产权出版社，2012.

[27] 闫文军. 专利权保护范围 [M]. 北京：法律出版社，2007.

[28] 何文燕，廖永安. 民事诉讼理论与改革的探索 [M]. 北京：中国检察出版社，2002.

## 中文论文

[1] 程永顺. 浅议外观设计的侵权判定 [J]. 知识产权，2004（2）.

[2] 张广良. 确认不侵权之诉及其完善. 人民司法 [J]. 2008（11）.

[3] 汤茂仁. 确认不侵权案的受理条件及相关法律问题研究 [J]. 法律适用，2006（6）.

[4] 姚兵兵. 外观设计专利侵权判定时已有设计内容应予排除——评李培申诉某太阳能热水器公司外观设计侵权案 [N]. 中国知识产权报，2006 - 08 - 16（6）.

[5] 周云川. 浅谈外观设计侵权诉讼 [J]. 中国发明与专利，2001（1）.

[6] 王承志. 论涉外知识产权审判中的法律适用问题 [J]. 法学评论，2012（1）.

[7] 徐新. 外观设计专利权保护范围的解释原则——以外观设计专利侵权判定为视角 [J]. 知识产权，2009，19（11）.

[8] 张广良. 论专利权保护范围的确定原则 [J]. 电子知识产权，2009（10）.

[9] 朱理，邰中林. 知识产权侵权责任若干问题——知识产权责任调研课题成果论证会综述 [N]. 人民法院报，2008 - 09 - 25（5）.

[10] 郭晓望. 谈几种专利侵权责任的适用 [J]. 人民司法，2003（3）.

[11] 仪军. 抵触申请在实践中的应用 [J]. 电子知识产权，2002（12）.

[12] 韩天岚. 知识产权诉讼中诉前禁令的适用 [J]. 电子知识产权，2004（4）.

[13] 李国庆. 侵害知识产权损害赔偿若干问题探讨 [J]. 法学评论，2006（2）.

[14] 李永波. 审慎专利许可过程中的 OEM、ODM 条款 [J]. 中国知识产权，2012（4）.

[15] 齐树洁，蔡从燕. 江苏轻纺公司诉香港裕亿公司等侵权纠纷上诉案评析——关于仲裁制度价值、争议事项可仲裁性及仲裁条款独立性等问题 [J]. 厦门大学法律评论，2001（1）.

[16] 徐妤. 知识产权仲裁的理论与实践 [J]. 仲裁研究，2008.

[17] 吴传毅. 论法律原则 [J]. 湖南政法管理干部学院学报，2002（2）.

[18] 李高峰. 浅析我国专利侵权中的归责原则 [J]. 政法论丛，2002（6）.

[19] 何文哲，余晖. 对知识产权确认不侵权之诉的思考 [J]. 人民司法，2006（1）.

[20] 周根才，高毅龙. 外观设计专利侵权判定若干问题 [J]. 法律适用，2007（5）.

[21] 邓宏光，唐文. 论知识产权不侵权确认之诉 [J]. 法律适用，2006.

[22] 邱聪智. 庞德民事归责理论之评介 [J]. 台大法学论丛，11（2）.

[23] 黄英. 涉外商事案件中境外证据的审查与认定 [N]. 法治论丛，2003（1）.

## 电子文献

[1] 专利复审委员会. 专利复审委员会评选并发布十件 2011 年度重大案件 [EB/OL]. [2012 - 06 - 16]. http：//www. sipo - reexam. gov. cn/xwgg/fswxw/201204/t20120416_ 142976. html.

[2] 国家知识产权局专利复审委员会. 复审委与北京市知识产权局首次开展专利案件联合办理工作 [EB/OL]. [2012 - 06 - 16]. http：//www. sipo - reexam. gov. cn/xwgg/fswxw/201202/t20120227_ 141563. html.

［3］广东省知识产权局. 首例专利确权与专利侵权行政处理程序衔接案审结［EB/OL］.［2012 – 06 – 16］. http：//www. gdipo. gov. cn/shared/news_ content. aspx? news_ id =6432.

［4］广东省知识产权局. 发挥行政执法优势快速处理涉外专利纠纷案［EB/OL］.［2012 – 06 – 16］. http：//www. gdipo. gov. cn/shared/news_ content. aspx? news_ id =6593.

［5］钟华. 试析外观设计相近似性的判断主体［EB/OL］.［2012 – 6 – 19］. http：//www. acpaa. cn/dl_ yjdt. asp? news_ id =52&catid =32.

## 外文著作

［1］F. Scott Kieff, Pauline Newman. Principles of Patent Law：Cases and Materials［M］. 5th Edition. Foundation Press, 2011.

［2］David Bainbridge. Intellectual Law［M］. 4th Edition. Financial Times Pitman Publishing, 1999.

［3］J. Thomas McCarthy, Roger E. Schechter, David J. Franklyn. McCarthy's Desk Encyclopedia of Intellectual Property［M］. 3rd Edition. Washington, D. C. ：The Bureau of National Affairs, Inc. , 2004.